Karl Friedrich Becker, Adolf Schmidt, Eduard Arnd

Karl Friedrich Becker's Weltgeschichte

Karl Friedrich Becker, Adolf Schmidt, Eduard Arnd

Karl Friedrich Becker's Weltgeschichte

ISBN/EAN: 9783743326231

Hergestellt in Europa, USA, Kanada, Australien, Japan

Cover: Foto ©ninafisch / pixelio.de

Manufactured and distributed by brebook publishing software
(www.brebook.com)

Karl Friedrich Becker, Adolf Schmidt, Eduard Arnd

Karl Friedrich Becker's Weltgeschichte

Karl Friedrich Becker's
Weltgeschichte.

Achte neu bearbeitete, bis auf die Gegenwart fortgeführte Ausgabe.

Herausgegeben

von

Adolf Schmidt,
ordentl. Professor der Geschichte an der Universität Jena.

Mit der Fortsetzung

von

Eduard Arnd.

Achtzehnter Band.

Neueste Geschichte V.

Berlin,

Verlag von Duncker und Humblot.

1863.

Geschichte

der neuesten Zeit

1789 bis 1860

von

Eduard Arnd.

———

Fünfter Band.

———————

Berlin,

Verlag von Duncker und Humblot.

1863.

Inhalt des achtzehnten Bandes.

Neueste Geschichte. Dritter Zeitraum.

Beginn und Wachsthum der Reaktion in Europa nach Napoleon's Sturz.

Seite

23. Spanien während der letzten Jahre Ferdinand VII. — Hinneigung der apostolischen Partei zu dem Infanten Don Karlos. — Ferdinand VII. Vermählung mit der neapolitanischen Prinzessin Marie Christine. — Aufhebung des seit Philipp V. bestehenden Erbfolgegesetzes. — Ferdinand VII. Tod. — Thronbesteigung seiner ältesten Tochter unter dem Namen Isabella II. — Regentschaft der Königin-Mutter Marie Christine. — Ansprüche des Infanten Don Karlos. — Die baskischen Provinzen. — Zumalacarregui. — Mehrjähriger Kampf zwischen den Anhängern der Königin Isabella und des Infanten Don Karlos. — Königliches Statut. — Volks- und Militäraufstände. — Verfassungsveränderungen. — Espartero. — Maroto. — Vertrag von Bergara. — Vertreibung des Infanten Don Karlos aus Spanien und Besiegung seiner Partei   1

24. Portugal unter der Herrschaft des Infanten Don Miguel. — Verhältniß Don Miguel's zu den fremden Mächten. — Kampf zwischen Don Pedro und Don Miguel. — Besiegung dieses letzteren. — Wiederherstellung der Konstitution von 1826. — Maria II. in den Besitz des portugiesischen Throns gesetzt. — Don Pedro's Tod   37

25. Belgien seit dem Anfange der Regierung Leopold I. bis zum Friedensschlusse mit den Niederlanden   50

26. Griechenland unter der Verwaltung des Grafen Capo d'Istria. — Beschlüsse der Londoner Konferenz in Bezug auf die Grenzen und die Regierungsform des griechischen Staates. — Prinz Leopold von Sachsen-Koburg nimmt den griechischen Thron anfänglich an, lehnt ihn aber zuletzt ab. — Streitigkeiten Capo d'Istria's mit der Familie Mauromichalis. — Seine Ermordung. — Kämpfe zwischen den verschiedenen Parteien. — Prinz Otto von Bayern zum Könige von Griechenland ernannt. — Regentschaft während der Minderjährigkeit des Königs Otto. — Hindernisse, welche in Griechenland der Einfüh-

Seite

rung eines geregelten Staatslebens entgegenstehen. — König Otto's
Selbstregierung 56

27. Das türkische Reich. — Aufstände in Bosnien und Albanien. — Sultan
Mahmud II. und Mehemed Ali, Vicekönig von Egypten. — Beider
Streben. — Krieg zwischen ihnen. — Schlachten von Konieh und
Nisib. — Europäische Dazwischenkunft. — Vierbundvertrag. — Frankreich's anfänglicher Einspruch und endliche Nachgiebigkeit. — Mehemed Ali auf die Herrschaft über Egypten beschränkt. — Rußland's religiöser und politischer Einfluß. — Vortheile, in deren Besitz es sich
befindet. — Hohe Stellung England's. — Tiefer Gegensatz und Eifersucht zwischen England und Rußland 73

28. Deutschland. — Fortdauernder Kampf zwischen der Reaktion und dem
Liberalismus. — Geheime Verbindungen zum Umsturze des Bestehenden. — Das Frankfurter Attentat. — Verschärfung der Reaktion. — Die Wiener Konferenzbeschlüsse. — Eifersucht zwischen Oesterreich und Preußen. — Bedeutung des Zollvereins. — Die hannoverische Verfassungsfrage. — Streitigkeiten der preußischen Regierung
mit der katholischen Hierarchie am Rhein und im Großherzogthum
Posen. — Tod König Friedrich Wilhelm III. 96

29. Frankreich seit dem Tode Casimir Perier's. — Republikanischer Aufstand bei Gelegenheit der Leichenfeier des General Lamarque. — Legitimistische Bewegung in der Vendée. — Verhaftung der Herzogin
von Berry. — Maßregeln gegen die Tagespresse und die Vereine. —
Aufstand in Lyon. — De la Fayette's Tod. — Unterrichtsgesetz. —
Höllenmaschine. — Septembergesetze. — Häufiger Ministerwechsel. —
Soult, Broglie, Guizot, Thiers, vorzugsweise zu der Staatsverwaltung herangezogen, aber der Gang der Regierung von Ludwig Philipp I.
selbst bestimmt. — Doktrinaire. — Thierspartei. — Opposition. —
Verfehlte Versuche des Prinzen Ludwig Napoleon, in Straßburg und
Boulogne, die Julimonarchie zu stürzen. — Wiederholte Mordan-
fälle auf den König. — Krieg in Algerien. — Verhältniß Ludwig Philipp I. zum Auslande 129

30. Spanien seit der Beendigung des Bürgerkrieges. — Marie Christine's und Espartero's Regentschaft. — Die Königin Isabella II. von
den Kortes für volljährig erklärt. — Narvaez. — Revision der Verfassung. — Vermählung der Königin 162

31. Portugal unter der Regierung der Königin Maria II. 170

32. Die skandinavischen Staaten: Dänemark — Schweden — Norwegen — von 1830 bis 1848 174

33. Die deutsche Entwickelung von dem Tode Friedrich Wilhelm III. bis
zu den revolutionairen Bewegungen des Jahres 1848. — Vergebliche
Versuche Friedrich Wilhelm IV. die in Deutschland und Preußen vorhandenen Gegensätze auszusöhnen. — Widerspruch zwischen den Ueberzeugungen dieses Königs und dem Geiste der Zeit. — Vereinigter
Landtag. — Sinken des absolutistischen Princips in Preußen und
Drang nach konstitutionellen Garantien 186

Seite

34. Frankreich von der Lösung der orientalischen Frage bis zu der Februarrevolution. — Ministerium SoultGuizot. — Napoleon's Ueberreste nach Paris gebracht. — Verbreitung socialistischer und kommunistischer Ideen unter den arbeitenden Klassen. — Plötzlicher Tod des Herzogs von Orleans. — Regentschaftsgesetz. — Anregung einer Wahlreform. — Guizot Ministerpräsident. — Spaltung in der Majorität der Deputirtenkammer. — Reformbankette. — Innere Gährung. — Volksaufstand in Paris. — Ludwig Philipp's Abdankung. — Flucht der königlichen Familie. — Sturz der Juliusmonarchie . . 223

Neueste Geschichte. Vierter Zeitraum.

Die neuesten Begebenheiten seit der FebruarRevolution.

1. Frankreich von der FebruarRevolution bis zur Wahl Louis Napoleon's zum Präsidenten der Republik 273
2. Deutschland im Jahre 1849 314
3. Italien von dem Aufstande in Sicilien im Jahre 1848 bis zu der Rückkehr Pius IX. nach Rom im April 1850 363
4. Ungarn's Erhebung gegen Oesterreich vom März 1848 bis zum August 1849 387
5. Frankreich von der Wahl Louis Napoleon's zum Präsidenten der Republik bis zur Errichtung des Kaiserthrons 402
6. Deutschland von dem Frankfurter Septemberaufstande bis zur Wiederherstellung des Bundestages 423
7. Der Krimkrieg 451
8. Deutschland von der Wiederherstellung des Bundestags bis zur Einsetzung der Regentschaft in Preußen 516
9. Der italienische Krieg 535
10. Außereuropäische Ereignisse von Napoleon's Sturz bis 1860 . . . 568

Neueste Geschichte.

Dritter Zeitraum.

Beginn und Wachsthum der Reaktion in Europa nach Napoleon's Sturz.

23. Spanien während der letzten Jahre Ferdinand VII. — Hinneigung der apostolischen Partei zu dem Infanten Don Karlos. — Ferdinand VII. Vermählung mit der neapolitanischen Prinzessin Marie Christine. — Aufhebung des seit Philipp V. bestehenden Erbfolgegesetzes. — Ferdinand VII. Tod. — Thronbesteigung seiner ältesten Tochter unter dem Namen Isabella II. — Regentschaft der Königin-Mutter Marie Christine. — Ansprüche des Infanten Don Karlos. — Die baskischen Provinzen. — Zumalacarregui. — Mehrjähriger Kampf zwischen den Anhängern der Königin Isabella und des Infanten Don Karlos. — Königliches Statut. — Volks- und Militairaufstände. — Verfassungsveränderungen. — Espartero. — Maroto. — Vertrag von Bergara. — Vertreibung des Infanten Don Karlos aus Spanien und Besiegung seiner Partei.

Ferdinand VII. war 1823 durch ein französisches Heer von 100,000 Mann in seine unumschränkte Gewalt wieder eingesetzt worden. Die demokratische Konstitution von Kadix würde sich allerdings auch ohne die bewaffnete Dazwischenkunft der Franzosen nicht lange lebensfähig gezeigt, und Modifikationen im monarchischen Sinne erfahren haben. Aber es ist eben so gewiß, daß der Absolutismus, ohne die fremde Intervention, und die Hülfe, welche dieselbe den reaktionairen Elementen in Spanien angedeihen ließ, nicht wieder sein Haupt erhoben haben würde. Die extremen Parteien würden sich durch ihre gegenseitigen Reibungen allmälig geschwächt, und, da in der neueren Geschichte Spaniens keine so tiefen und hartnäckigen Gegensätze wie in der Frankreichs vorhanden sind, endlich verschwunden sein. Das konstitutionelle Princip hatte, obgleich durch die Uebertreibungen in seiner Anwendung auf Irrwege geführt, in den höheren und mittleren

Klassen der Nation, wie die Folgezeit bewiesen, tiefe Wurzel geschlagen, und würde, ohne seinen gewaltsamen Umsturz durch einen auswärtigen Angriff nach und nach die Massen mit einem Verständniß für die Bedingungen seines Daseins erfüllt haben. Es war dies um so wahrscheinlicher, da es kein Land giebt, wo die verschiedenen Stände einander im gewöhnlichen Leben so nahe wie in Spanien stehen, und wo sie, ungeachtet der Ungleichheit des Ranges, Vermögens und Bildungsgrades, von dem gemeinsamen Bande der Nationalität so fest umschlungen werden.

Ein gemäßigter Absolutismus kann, wo er den Volksgeist einmal gefesselt hat, durch das Bedürfniß der Ruhe und die Macht der Gewohnheit lange die Lage der Dinge überleben, unter welcher er entstanden und gewissermaßen nothwendig geworden war. Aber das System, welches Ferdinand VII. und die Partei, durch welche er regierte, befolgten, war zu roh und gewaltsam, regte zu sehr zum Widerspruche auf, kehrte seine verderblichen Seiten zu rücksichtslos heraus, um von Dauer sein zu können. Das spanische Volk hatte in der Epoche von 1808 bis 1814 zu Großes gethan und erlebt, und war von dem furchtbaren Kriegssturme zu sehr geweckt worden, um in den früheren Halbschlummer zurückfallen zu können.

Die reaktionaire Partei in und außer Spanien, welche 1823 den Krieg gegen die Kortes herbeiführte, hatte von der Wiederherstellung des Absolutismus die Beruhigung Spaniens und Erstickung der liberalen Ideen erwartet. Es trat aber das äußerste Gegentheil ein. Spanien war während der Zeit, wo Ferdinand VII. eine unumschränkte Gewalt ausübte, von Ausbrüchen innerer Gährung, von Verschwörungen, Aufständen, Hinrichtungen, noch mehr als unter der Herrschaft der Kortes erfüllt. Nach dem Tode dieses Königs sollten dieselben Grundsätze, welchen er einen Vertilgungskrieg angekündigt, und deren Verfechter er in Tod oder Verbannung getrieben hatte, ungeachtet aller einzelnen Hemmungen und Hindernisse, zum Durchbruch und zur Geltung kommen. Es trat die eigenthümliche Erscheinung ein, daß der Thron einer Königin nur durch Männer vertheidigt und erhalten werden konnte, die ihr Vater, während seines Lebens, dem Henker zu überliefern bereit gewesen war.

Ferdinand VII. hatte, nachdem seine Familie von Napoleon des Throns beraubt worden, beinahe acht Jahre in einer obwohl immer königlichen Gefangenschaft in Frankreich zugebracht, mit Allem versehen, was ihm, seinem Range und seinen Gewohnheiten nach, als nothwendig erscheinen konnte, — ausgenommen die Freiheit. Jeder andere einigermaßen begabte Fürst, und es fehlte Ferdinand VII. nicht an natürlichem Talent, würde eine solche Lage zur Vermehrung seiner Kenntnisse, zu belehrenden Ver-

gleichungen, zwischen dem Geist, der Geschichte, der Gesetzgebung des
Volkes, über welches er regiert hatte, und desjenigen, unter welchem er als
ein Verbannter lebte, angewandt haben. Es hätte dies ihm um so näher
gelegen, da ihm, bei der großartigen Erhebung der spanischen Nation ge=
gen Napoleon, die Aussicht auf eine Wiedereinsetzung in seine frühere
Stellung nie ganz verschwunden war. Auf solche Weise hatte einst Lud=
wig XVIII. seinen Aufenthalt in England zu benutzen verstanden, und
daraus die Aufklärung geschöpft, die ihm später eine zehnjährige, unter den
schwierigsten Umständen geführte Regierung möglich machen sollte. Selbst
der unglückliche Ludwig XVI. hatte, während seiner hoffnungslosen Ge=
fangenschaft im Temple, eifrig dem Studium der Geschichte obgelegen,
wie das Inhaltsverzeichniß der ihm gelieferten Bücher beweist. Von Fer=
dinand VII. war nichts Aehnliches geschehen. Er hatte die langen Jahre
in Balençay in vollkommener Unthätigkeit zugebracht. Die Zeit, welche ihm
seine vielfältigen Andachtsübungen und körperlichen Erholungen übrig
ließen, war von ihm mit den leersten Zerstreuungen ausgefüllt worden.
Nach seiner Rückkehr nach Spanien war ihm nie der Gedanke eingefallen,
zwischen dem, ungeachtet der von Napoleon begangenen politischen Fehler,
im Innern trefflich organisirten Frankreich und dem Chaos, welches die alte
spanische Monarchie darbot, eine Vergleichung anzustellen, und die mit
seiner Vorliebe für eine unumschränkte Gewalt verträglichen Verbesse=
rungen eintreten zu lassen. Es war ihm als das Bequemste erschienen, den
ganzen alten Zustand mit allen seinen Mißbräuchen und Widersprüchen
wiederherzustellen. Alle Gegenstände der inneren und äußeren Politik
überließ er seinen Vertrauten und Günstlingen und bekümmerte sich um
die Regierung nur in so weit, als sie Maßregeln zur Unterdrückung und
Verfolgung der Anhänger des konstitutionellen Systems betraf.

Ferdinand VII. hätte indessen, als er 1814 nach Spanien zurück=
kehrte, selbst von seinem Standpunkte aus, nichts zu strafen und zu rächen
gehabt. Er konnte die Konstitution von Kadix, als mit seinen Rechten un=
verträglich, verwerfen, durfte aber nicht vergessen, daß er, ohne die Be=
geisterung, mit welcher die Nation von den Kortes bei Vertheidigung ihrer
Unabhängigkeit gegen die Franzosen erfüllt worden, nie seinen Thron
wiedererlangt haben würde. Wenn die Kortes damals nicht die oberste Ge=
walt an sich genommen, und dadurch in die Regierung so viel Einheit und
Ordnung, als der Krieg verstattete, gebracht hätten, so würde selbst die
englische Hülfe vergeblich gewesen sein, und Napoleon seinen Zweck, die
Eroberung Spaniens und die Erhebung seiner Dynastie auf den spanischen
Thron, vollständig erreicht haben. Ungeachtet dessen hatte Ferdinand VII.

1 *

nach seiner Rückkehr die Kortes als Usurpatoren, und einen großen Theil derer, welche seine Rechte gegen Napoleon vertheidigt hatten, als Feinde behandelt.

Die Verblendung des Geistes und Verderbtheit des Charakters ging bei Ferdinand VII. so weit, daß er selbst aus der Epoche von 1820 bis 1823 keine Aufklärung und Belehrung zu ziehen verstand. Ohne Rücksicht auf die Ursachen, welche 1820 die Erneuerung der Konstitution von Kadix, den Abfall des Heeres und den Aufstand ganzer Provinzen veranlaßt hatten, führte er die Regierung, nachdem er durch fremde Hülfe in die verlorene Machtvollkommenheit wiedereingesetzt worden, in gewohnter Weise fort. Er dachte nicht im entferntesten daran, durch Verbesserungen in der Verwaltung, wie dies ihm leicht möglich gewesen wäre, die Ausübung seiner unumschränkten Gewalt mit den Bedürfnissen des Landes in Uebereinstimmung zu bringen. Ferdinand VII. war 1823 nach seiner Befreiung einzig von dem Gefühl geleitet worden, nicht nur an denen, welche ihn persönlich verletzt, sondern auch an allen, welche ven konstitutionellen Ideen auf irgend eine Art gedient, oder denselben Vorschub geleistet hatten, eine so weit ausgedehnte Rache als möglich zu nehmen. Alle diejenigen, welche nicht, wie er selbst, unbedingte Anhänger des Alten waren, wurden von ihm als Gegner angesehen. Da er sich bewußt war, denen, welche während seiner Gefangenschaft seinen wankenden Thron und die spanische Nationalität mit der größten Anstrengung gestützt hatten, mit dem schwärzesten Undanke gelohnt zu haben, da es nicht außerhalb des Bereiches der Möglichkeit lag, daß das Volk, über seine Lage und seine Rechte aufgeklärt, ihn zu einer strengen Rechenschaft ziehen könnte, so glaubte er jede freie Bewegung, jeden geistigen Fortschritt im Keime ersticken zu müssen. Die durch ihn von Anfang seiner Regierung an begangenen zahllosen Ungerechtigkeiten hatten für ihn eine beständige Steigerung der Willkühr und Härte nothwendig gemacht. Er besorgte, daß jede Nachgiebigkeit, jedes Zugeständniß an den Geist der Zeit ihm den Untergang bringen würde. Daher der Haß, mit welchem er jede Regung der Freiheit verfolgte, ein Haß, der noch mehr aus persönlichen Gründen, als aus politischen Ueberzeugungen entsprang.

Ferdinand VII. hatte gleich nach seiner Befreiung durch den Herzog von Angouleme alle vom Tage der Annahme der Konstitution an getroffenen Maßregeln für ungültig erklärt, und die früheren Einrichtungen sammt und sonders wiederhergestellt. Der Rath von Kastilien, welcher insofern in Spanien eine ähnliche Stellung wie das Pariser Parlament in der altfranzösischen Monarchie einnahm, als ihm die Beschlüsse des Staats=

rathes zur Begutachtung vorgelegt werden sollten, bildete nach wie vor dem Namen nach die oberste Reichsbehörde, übte aber geringen Einfluß aus. Obgleich, wie alle anderen Staatsstellen, mit entschiedenen Gegnern der Kortes besetzt, schien er der äußersten Fraktion der absolutistischen und klerikalen Partei in dem Eifer für Altar und Thron nicht weit genug zu gehen, und wurde häufig der Lauheit angeklagt.

Unter den Ministern neigten sich die Einen mehr zur Milde in An= wendung des herrschenden Systems, so weit solche damals geübt werden konnte, die Anderen mehr zur Strenge hin. An der Spitze der gemäßig= ten Partei stand der Graf von Ofalia, ein Diplomat von freiem Blick, der im Auslande gelebt hatte, und mit dem Absolutismus gern einige admini= strative Reformen verbunden hätte. Er konnte mit seinen Ansichten nicht durchdringen. Tadeo de Calomarde, von dunkler Herkunft und beschränk= ter Einsicht, aber dem Könige durch seinen Haß gegen alle Neuerungen werth, arbeitete Ofalia bei jeder Gelegenheit entgegen, und wußte ihn bald ganz zu verdrängen. Calomarde war in seiner Eigenschaft als Justiz= minister besonders mit Anwendung der gegen die Anhänger der Kortes ge= gebenen Gesetze beauftragt, und wurde von der extremen Partei mit großem Vertrauen betrachtet. Zahllose Erlasse, Hinrichtungen, Kerkerstrafen, Vermögenseinziehungen, Verbannung betreffend, wurden von ihm unter= zeichnet. Er suchte eine Zeit lang dem Könige und der Geistlichkeit gleich= mäßig zu willfahren. Es wurde ihm dies oft schwer gemacht. Denn Ferdinand VII. stimmte zwar mit den Leitern der klerikalen Partei in der Verfolgung der Konstitutionellen, aber nicht über die letzten Zwecke der Reaktion überein, eine Meinungsverschiedenheit, welche sich erst später deutlich herausstellen sollte, aber schon damals vorhanden war. Während die Hierarchie diesen König, welcher ihr weder durch seinen Charakter noch sein Regierungssystem vollkommen zusagte, nur als Mittel zur Aus= rottung des Liberalismus zu brauchen, und die Früchte ihres Sieges einst seinem Bruder dem Infanten Don Karlos zuzuwenden dachte, wollte Fer= dinand VII., ungeachtet seiner Strenggläubigkeit, sich die Geistlichkeit, in weltlicher Beziehung, eben so wie alle anderen Stände, unterordnen, und sah sie nur als eine Stütze, aber nicht als das Ziel des Absolutismus an. Calomarde schmeichelte dieser Neigung des Königs, rieth ihm bei einigen Gelegenheiten zum Widerstande gegen die Eingriffe des römischen Hofes in das spanische Kirchenwesen, sollte sich aber zuletzt entschieden auf Seite der Hierarchie und des Don Karlos schlagen, und seine so schwer errungene und mühsam behauptete Stellung ganz verlieren.

Neben und über dem Ministerium und überhaupt allen öffentlichen

Behörden stand die aus Prälaten, Mönchen, Militairs, Hofleuten beste=
hende Camarilla, zu welcher aber auch zuweilen Personen aus den niedrigsten
Verhältnissen hinzugezogen wurden, durch welche man dem Könige Dinge
mitzutheilen pflegte, die er vielleicht von höher gestellten Personen mit
Mißtrauen aufgenommen hätte. Ferdinand VII. zeigte, wie sein Ver=
wandter und Zeitgenosse, der König Ferdinand I. beider Sicilien, eine auf=
fallende Neigung zur Berührung und Unterhaltung mit Leuten aus den
unteren Volksklassen, deren Sprache, Sitte und Anschauungsweise ihm an=
genehm und geläufig war, und zu welchen er, ungeachtet des unermeßlichen
Unterschiedes der äußeren Stellung, geistig zu gehören schien. Es geschah
nicht selten, daß er einen ihm scheinbar zufällig aufstoßenden Wasserträger
oder umherwandelnden Verkäufer zu sich winkte, und ihn um seine Mei=
nung über die Maßregeln der Behörden, über das, was in der Menge
von dem Gange der Regierung geurtheilt wurde, befragte. Er bildete sich
ein, auf diese Weise etwas von der öffentlichen Stimmung aus unmittel=
barster Quelle zu erfahren. Er irrte sich. In der Regel waren dieß Leute,
die von bedeutenden Persönlichkeiten zu einer solchen Berührung mit dem
Könige angestiftet, und denen der Inhalt ihrer Mittheilungen vorher ange=
geben worden war. Es kam aber vor', daß durch den Eindruck, den solche
Gespräche in dem Könige zurückließen, der Sturz der ersten Civil= und
Militairbeamten entschieden wurde.

In der Camarilla traten damals besonders der königliche Beichtvater
Viktor Saez, der glühendste Feind der konstitutionellen Partei, aber im
Uebrigen unterrichteter als gewöhnlich spanische Priester, und ein noch
junger und früher ganz unbedeutend gewesener Mann Namens Ugarte
hervor, der, äußerst fein und verschlagen, Ferdinand VII. eine Zeit
lang unentbehrlich geworden war. Auch gehörten dazu einige junge Adelige
ersten Ranges: wie der Herzog von Alagon, der Graf von Casa Irujo,
der Marquis von Montenegro, die, dem Könige durch ihre Heiterkeit an=
genehm, ihn mit Dem, was in den höheren Kreisen der Gesellschaft gethan
und gesprochen wurde, bekannt machten, aber unter einer dem Anschein
nach absichtslosen Form immer politische Zwecke verfolgten. Die Mit=
glieder dieser Camarilla wechselten übrigens häufig, je nach der Laune und
dem Belieben des Königs, der, im höchsten Grade zum Mißtrauen geneigt,
keine dauernden Neigungen hegte, und sich darin gefiel, die mit ihm in Be=
rührung kommenden Personen plötzlich emporsteigen oder sinken zu lassen.
Es war deshalb nicht immer leicht zu sagen, wie gerade die Camarilla zu=
sammengesetzt war. Manche ihrer Mitglieder, wie Viktor Saez und Casa
Irujo, sollten für eine Zeit lang Minister werden. Im Ganzen machte

sie immer nur die zwar einflußreiche aber private Umgebung des Kö=
nigs aus.

Die Camarilla stützte sich, wie die Regierung selbst, außer der per=
sönlichen Gunst des Königs, auf „die Apostolischen", sogenannt, weil sie
in der vollständigen Wiederherstellung der Inquisition, des Mönchsthums,
der früheren Herrschaft der Kirche, das einzig mögliche Heil für Spanien
erkennen wollten. An ihrer Spitze standen der Franziskanermönch Chrillo,
der, ungeachtet des Klosterlebens, mit der Politik der größeren europäischen
Höfe bekannt war; der General Eguia, welcher schon 1814 bei Ferdi=
nand VII. in Valencia gewesen; der Marquis von Mata Florida, welcher
zu derselben Zeit dem Könige die Adresse der sogenannten „Perser",
in welcher die Abschaffung der Konstitution von Kadix verlangt wurde,
übergeben hatte. Diese Partei, die in ganz Spanien verzweigt war, besaß
in Madrid einen Ausschuß, im Publikum „apostolische Junta" genannt,
der, ohne officiell anerkannte Gewalt, durch seinen Einfluß die inneren
und äußeren Verhältnisse des Landes leitete. Kein königliches Dekret
ward vorbereitet oder unterzeichnet, ohne Chrillo, Eguia u. s. w. vorher
über ihre Meinung gehört zu haben. Die Apostolischen waren Absolu=
tisten, weil sie die unumschränkte Königsmacht zur Ausführung ihrer Ab=
sichten für unentbehrlich hielten, aber es ward von ihnen die Monarchie
nur als Mittel für die Theokratie in Betracht gezogen. Es schwebte ihnen
als Ideal die Epoche Philipp II. und seiner nächsten Nachfolger vor, und
sie wollten die Anhänger der neuen Ideen im neunzehnten Jahrhundert,
eben so wie ihre Vorgänger einst die Mauren und Protestanten, belehren
oder ausrotten, besonders aber Letzteres, da dies leichter zu sein schien.

Es hatte in Spanien, im sechzehnten und siebenzehnten Jahr=
hundert, ungeachtet der Inquisition und alles sonstigen Druckes, immer ein
großes geistiges Leben, wie die Poesie und Kunst jener Zeit beweisen, ge=
geben. Es war dies die Nachwirkung des unter Karl V. und Philipp II.,
durch die Eroberung Amerika's und die Kämpfe der Provinzen und Komu=
nen für ihre Freiheiten, im spanischen Volke entstandenen Aufschwunges
gewesen. Diese Elemente der Anregung und Erhebung, welche damals
dem einbrechenden Verderben eine Zeit lang das Gleichgewicht hielten,
waren aber längst verschwunden, und die Nation würde, wenn sie einem
so seelenlosen Despotismus, wie dem der apostolischen Junta, auf lange
hätte verfallen können, einem moralischen Tode entgegen gegangen sein.
Da dies aber in unserer Zeit, wo die Volksgeister nicht ersterben, sondern
sich neu beleben, nicht wohl möglich war, so konnte die klerikale und absolu=
tistische Reaktion, ungeachtet der sie begünstigenden Umstände, ihre Zwecke

selbst für den Augenblick nur unvollständig erreichen, und es sollten ihre Bestrebungen zuletzt das Gegentheil von Dem, was sie sich vorgesetzt hatte, herbeiführen.

Gewöhnlich wird in neuerer Zeit in den Ländern, in welchen Bewegungen im Sinne der Freiheit stattfinden, das stehende Heer als Mittel zur Erhaltung oder Wiederherstellung des Despotismus angewandt. In Spanien konnte dies nicht der Fall sein, da es 1820 die Armee gewesen, welche Ferdinand VII. zur Annahme der Konstitution von Kadix gezwungen hatte. Obgleich dieselbe seit 1823 durchaus neu organisirt, Generale und Officiere einer sorgfältigen Prüfung ihres politischen Verhaltens unterworfen worden, vor der selbst Palafor, der Vertheidiger Saragossa's, nicht bestand, und die Soldaten großentheils neu angeworben waren, so konnte sich die Reaktion doch nicht auf das stehende Heer verlassen. Es ward deshalb von der apostolischen Partei eine besondere Miliz, die königlichen Freiwilligen genannt, errichtet und über ganz Spanien verbreitet. Diese, obgleich regelmäßig eingetheilt und bewaffnet, leisteten nur zu gewissen Zeiten Dienste, und wurden nur in solchem Falle besoldet. Gleichwohl legte ihre Erhaltung, da sie sehr zahlreich waren, dem Staate große Opfer auf. Sie wurden besonders aus dem Landvolke, und dem in Spanien überall vorhandenen, arbeitsscheuen, aber zu Abenteuern und Kämpfen geneigten, städtischen Pöbel genommen. Sie hielten sich für die Vertreter der alten kirchlichen und staatlichen Rechtgläubigkeit, und waren in jedem Augenblick bereit, der apostolischen Partei ihren Arm zu leihen. Von ihren Oberen ward auf die Weisungen des Paters Cyrillo oder des Generals Eguia mehr als auf die des Königs oder des Kriegsministers gehört. Zahllose Unordnungen und Gewaltthätigkeiten, Erpressungen, Räubereien, Todtschläge, wurden von den königlichen Freiwilligen, unter politischen Vorwänden, verübt. Die herrschende Partei sah ihnen alles nach, da sie sich nur auf sie verlassen zu können glaubte.

Der innere Zustand Spaniens in dieser Epoche war aber nicht nur im höchsten Grade gewaltsam, sondern auch immer schwankend geblieben. Es gelang der Reaktion nicht, ihre Gegner gänzlich zu besiegen, ihnen jede Lebensregung unmöglich zu machen, und die durch auswärtige Hülfe angefangene Unterwerfung derselben aus eigenen Mitteln zu vollenden. Ungeachtet der von der apostolischen Junta und den königlichen Freiwilligen im Lande geübten Schreckensherrschaft, that sich von Zeit zu Zeit die Opposition der Konstitutionellen durch Verbindungen, Verschwörungen, Aufstände kund, die, blutig unterdrückt, immer wieder erneuert wurden.

Im August 1824 erhob der General Francesco Valdez, der unter

den Kortes mit Auszeichnung gedient hatte, mitten unter dem schein=
baren Verzweifeln seiner Partei an dem Gelingen ihrer Pläne, plötzlich
in Andalusien die Fahne des Aufstandes, bemächtigte sich, an der Spitze
einiger tausend entlassener Soldaten und ihm freiwillig zuströmender Hir=
ten und Bauern, der Stadt Chimena und des Forts und der Insel Ta=
rifa, und ließ überall, wo er Fuß faßte, die Konstitution von Kadix ver=
kündigen. Die königlichen Behörden waren selbst in dem festen Kadix nicht
ohne Besorgniß vor den Folgen dieses kühnen Handstreiches, da unter den
Linientruppen sich Spuren von Aufregung und Neigung zu Abfall und
Meuterei zeigten. Da aber der Aufstand sich nicht verbreitete, so mußte
sich Baldez zuletzt auf die Insel und das Fort Tarifa beschränken, wo er
von einer französischen Division unter dem General Latour = Foissac, nach
einem verzweifelten Widerstande, überwältigt wurde. Er entkam mit eini=
gen seiner Officiere nach Tanger, wo der Kaiser von Marokko ihm einen
großmüthigen Schutz angedeihen ließ, und seine von der spanischen Regie=
rung verlangte Auslieferung verweigerte. Aber die in Tarifa Gefangenen
büßten mit dem Leben, und die Konstitutionellen wurden in allen Theilen
Spaniens mit erneuerter Wuth verfolgt.

Der unglückliche Ausgang dieser und ähnlicher Unternehmungen
schreckte Gleichgesinnte nicht von der Nachahmung ab. Die Erregbarkeit und
Unerschrockenheit des spanischen Charakters, der Haß und die Verachtung
gegen das herrschende System trieben die Konstitutionellen, sobald auch nur
die entfernteste Aussicht auf Erfolg erschien, häufig zu den unbesonnensten
Wagestücken an. Niemand in dieser Partei glaubte an einen endgültigen
Sieg der Gegner. Spanien bot damals auch in der That einen in dieser
Weise selten da gewesenen Anblick dar. Die tapfersten Generale, die ersten
Redner, die erleuchtesten Geister der Nation waren geächtet, und hatten um
ihr Leben zu retten, aus der Heimath flüchten müssen. An ihre Stelle
waren Mönche und Höflinge getreten, welche, den Beistand des Auslandes,
den verwirrten Sinn der Massen und die Lähmung der öffentlichen Mei=
nung benutzend, sich des Ruders bemächtigt hatten, und eine Gewaltherr=
schaft ausübten, welche die innersten Keime der Gesittung und Freiheit zu
zerstören drohte.

Der Nerv jeder Regierung, die Finanzverwaltung, war in tiefere
Unordnung, als selbst früher in den traurigsten Zeiten der Monarchie, ge=
rathen. Die von den Kortes beschlossenen Reformen, die für die Zukunft
Früchte zu tragen versprachen, waren aufgehoben worden. Die Kapitel,
Stifter und Klöster traten wieder in den Besitz ihrer eingezogenen Güter
zurück. Adel und Geistlichkeit wurden in einer Zeit für steuerfrei erklärt,

wo die producirenden Klassen, noch an den Folgen des verheerenden
Krieges gegen Napoleon leidend, von seitdem nie endenden inneren Un=
ruhen in ihren Erwerbszweigen gehindert, immer mehr verarmten. Durch
den Abfall der südamerikanischen Kolonien war der überseeische Handel
gänzlich gelähmt, und der Kunstfleiß wurde durch einen in keinem anderen
Lande in solchem Grade getriebenen Schleichhandel erdrückt. Ferdi=
nand VII. hatte sich, ungeachtet des Anrathens des französischen Kabinets,
nicht dazu entschließen können, die unter den Kortes abgeschlossenen An=
leihen anzuerkennen, und durch diese Weigerung den spanischen Kredit im
Auslande zerstört. Die einheimischen Kapitalisten trauten der Regierung
nicht. Es wurden mehrmals Zwangsanleihen ausgeschrieben, die aber
wenig eintrugen. Auswärtige Banquierhäuser schossen nur unter den für
Spanien drückendsten Bedingungen Geld vor, und der König, die Ca=
marilla, die einflußreichsten Hofleute nahmen von den auf diese Art erhal=
tenen Summen einen großen Theil zu ihrem eigenen Gebrauche von vorn=
herein fort. Der damalige Finanzminister Burgos, der früher ein An=
hänger des Königs Joseph Napoleon gewesen, dann sich auf Seite der
Kortes geschlagen hatte, und zuletzt zu den Apostolischen übergegangen war,
ein überaus listiger und verschlagener Mann, welcher der Partei, zu wel=
cher er sich gerade hielt, unentbehrlich zu werden verstand, bereicherte sich
auf eine früher in Spanien unerhörte Weise.

Die Beamten, welche nicht in besonders günstigen Beziehungen zu
den Machthabern standen, wurden unregelmäßig oder gar nicht bezahlt.
In vielen Garnisonen gingen die Soldaten betteln, und selbst Generale
konnten sich oft nicht die nöthigsten Bedürfnisse verschaffen. Dem General
Castannos, dem Sieger von Bailen, war einmal sein Gehalt so lange aus=
geblieben, daß er kein Geld zu Winterkleidern hatte. Es kamen damals,
ein in Spanien sonst äußerst seltener Fall, unter Personen der gebildeten
Klassen, pensionirten Officieren und Beamten, die sich aller Hülfsmittel
beraubt, und in einer hoffnungslosen Lage sahen, häufig Selbstmorde vor.
Ueberall durchzogen Räuberschaaren das Land, bestehend aus entlassenen
Soldaten der konstitutionellen Armee; aus Milicianos, welche nicht in ihre
Heimath zurückkehren konnten, ohne sich dem Tode von der Hand der könig=
lichen Freiwilligen auszusetzen; oder aus sogenannten Glaubenssoldaten,
die von irgend einem Mönche angeführt, unter dem Vorwande, die Feinde
des Altares und des Thrones aufzusuchen und zu vertilgen, alles ohne Un=
terschied der Partei brandschatzten. Die leitenden Minister folgten einan=
der, auf Ofalia Zea Bermudez, auf diesen der Herzog von Infantado
u. s. w., ohne daß dies in der Lage des Ganzen eine merkliche Veränderung

hervorgebracht hätte. Ohne die glückliche geographische Lage Spaniens, seine natürlichen Hülfsmittel, ohne den eigenthümlichen Charakter der Bevölkerung, die ungeachtet ihrer Leidenschaftlichkeit, zur Ertragung aller Entbehrungen geschickt, in Bezug auf materielle Dinge äußerst genügsam und geduldig ist, würde eine allgemeine Anarchie entstanden und die Staatsmaschine aus ihren Fugen gegangen sein.

Mitten unter diesen Unordnungen und diesem Elend dauerten die Ränke der sich am Hofe gegenseitig anfeindenden Parteileiter und die Kämpfe ihrer Anhänger in den Provinzen fort. Von den Konstitutionellen, deren dem Tode und dem Kerker entgangene Häupter sämmtlich in der Verbannung lebten, konnte damals kein Gewicht in die Wagschale geworfen werden. Die verwegenen Unternehmungen einzelner Führer, welche sich in abgelegenen Gegenden erhoben oder an unbewachten Punkten der Küste landeten, und das Volk zu den Waffen riefen, wurden meist in ihrem eigenen Blute erstickt. Es waren jetzt die beiden Fraktionen der absolutistischen Partei, die, welche den Thron unter die Leitung der Hierarchie stellen, und die, welche ihn in weltlichen Dingen ganz unabhängig wissen wollten, die um die Herrschaft stritten. Don Karlos ward durch die von ihm dargelegten Gesinnungen immer mehr die Hoffnung der Apostolischen, die von seiner Seite ein völliges Eingehen auf alle ihre Pläne hofften, während die reinen Monarchisten, von ihren Gegnern vorwurfsvoll Politiker genannt, an Ferdinand VII. festhielten. Die Mehrheit der Apostolischen wollte den König Ferdinand nicht entthronen, da die Krone, bei dessen Kinderlosigkeit und wankender Gesundheit, ohnedies bald seinem Bruder zufallen mußte, sie beabsichtigte aber ihn durch Verschwörungen und Aufstände in Furcht zu setzen, und zur Nachgiebigkeit gegen ihre Rathschläge zu zwingen. Sie zeigte ihm auf der einen Seite die im Hintergrunde lauernden Konstitutionellen, die auf seinen Untergang sannen, auf der anderen Seite die Unzufriedenheit der eigenen Partei, die von seiner Regierung ein entschieneres Auftreten im Sinne der Kirche und des Widerstandes gegen die Neuerer verlangte. Der düstere und zaghafte Sinn Ferdinand VII. war von Schreckbildern erfüllt, und wurde von entgegengesetzten Einflüssen hin und her gezogen. Er fürchtete sich, den Apostolischen vor den Kopf zu stoßen, und konnte doch nicht in alle ihre Forderungen einwilligen, weil er sich sonst aller eigenen Macht begeben hätte.

Es gab jetzt unter den Apostolischen, wie früher unter den Liberalen, eine extreme Fraktion, welche den Umständen in keiner Weise nachgeben, und ihre Grundsätze unmittelbar in Anwendung gesetzt sehen wollte. Dieser Partei erschien es zu weit aussehend, den Tod Ferdinand VII. abzu-

warten, um Don Karlos als König zu begrüßen. Vergebens suchten die=
sen Fanatikern die Einsichtsvolleren unter den eigenen Gesinnungsgenossen
begreiflich zu machen, daß ein Unternehmen gegen den rechtmäßigen Trä=
ger der Krone die Armee, und die im Lande noch zahlreich anwesenden
französischen Truppen gegen sich haben, und nie die Anerkennung des mo=
narchischen Auslandes finden würde. Aber die exaltirten Apostolischen
rechneten auf die Mönche und die königlichen Freiwilligen, und beschlossen
loszuschlagen. Ein Franzose von der dunkelsten Herkunft Namens Bes=
sières, der in spanische Militairdienste getreten und General geworden
war, stellte sich an die Spitze eines Aufstandes gegen die königliche Regie=
rung, schlug anfänglich die ihm entgegen gesandten Linientruppen, fand
aber bei dem Volk nicht die gehoffte Unterstützung, und wurde zuletzt bei
Siguenza in Neukastilien überwältigt, gefangen, und am 23. August
(1825) mit mehren seiner Officiere erschossen.

Das Ministerium hatte zur Besiegung Bessières einen anderen in
der Geschichte jener Zeit viel genannten Franzosen, den General Grafen
de Espanna, verwandt. Espanna, aus einer alten südfranzösischen Fami=
lie stammend, hatte vor 1789 in den Haustruppen Ludwig XVI. gedient,
war dann ausgewandert, und in der spanischen Armee bis zum Range
eines General=Capitains emporgestiegen. Sein ursprünglicher Name war
d'Espagne gewesen, den er aber aus Haß gegen sein der Revolution an=
heim gefallenes Vaterland in be Espanna umgewandelt hatte. Dieser
Mann, obgleich den Grundsätzen der Apostolischen hold, hielt sich in seiner
Eigenschaft als Militair bei vorkommenden Konflikten an den König, und
wüthete jetzt gegen Bessières Anhänger, wie früher gegen die Konstitutio=
nellen, die er nach 1823 in Massen dem Tode und Galeeren überliefert
hatte. De Espanna that sich selbst in jener Zeit und in Spanien durch
seinen Hang zur Grausamkeit hervor.

Nach der Niederlage Bessières ließ das Ministerium (Zea Bermu=
dez), im Vertrauen auf den davon getragenen Erfolg und den Beistand des
Königs, unter den Apostolischen viele Verhaftungen vornehmen, und suchte
Ferdinand VII. den gegen ihn selbst gerichtet gewesenen Zweck des Auf=
standes und dessen Gefahr zu enthüllen. Der König schien hiervon über=
zeugt zu sein, erlaubte den Ministern einen Augenblick lang nach Belieben
zu walten, lenkte dann aber wieder ein, rief die Häupter der apostolischen
Junta an den Hof zurück, und räumte ihnen von Neuem Einfluß ein.
Seine Umgebungen wurden nicht müde, die Konstitutionellen als die ge=
heimen Anstifter jeder gegen ihn ausbrechenden Bewegung darzustellen.
Sein Urtheil sträubte sich zuweilen gegen solche Einflüsterungen, da

zwiſchen der letzten Empörung und den Anhängern der Kortes kein Zuſammenhang denkbar war, aber er glaubte, ſelbſt von den ärgſten Ausſchweifungen der Apoſtoliſchen immer noch weniger als von den Folgen des
konſtitutionellen Princips bedroht zu werden.

Ein beſonderer Gegenſtand der Klage für die Apoſtoliſchen beſtand
darin, daß Ferdinand VII. ſich ſeit 1823 beharrlich geweigert hatte, die
Inquiſition wiederherzuſtellen, nicht aus Abneigung gegen die Idee dieſes Inſtituts, welche ihm im Gegentheil bei ſeinem Charakter hätte zuſagen müſſen, ſondern weil er beſorgte, der extremen Partei dadurch gegen
ſich und ſeine Regierung eine Waffe in die Hand zu geben. Mehre Biſchöfe hatten das Glaubensgericht aus eigener Macht in ihren Diöceſen
wieder eingeſetzt, aber der Mangel der königlichen Sanktion lähmte ſeine
Wirkſamkeit. Die Mönche klagten den König deshalb hart an, und waren
geneigt, ihn und ſeine Miniſter mit den „Negros" (Schwarzen d. h. Liberalen) zuſammenzuwerfen, ungefähr in der Art, wie früher die Janitſcharen in Konſtantinopel ihnen mißfällige Sultane als „Giaurs" (Ungläu-
bige) bezeichneten. Denn den Spaniern, ſonſt der katholiſchſten und ritter-
lichſten aller Nationen, in welcher ſich bisher am meiſten gewiſſe Vorſtellungen und Sitten des Mittelalters erhalten hatten, war wegen ihrer
langen Berührung mit den Arabern, wider Willen, ein ſtarker Zuſatz von
orientaliſchem Weſen unter chriſtlichen Formen, beigemiſcht geblieben.

Die extreme Partei war durch Beſſières und vieler anderen Getreuen Untergang keineswegs eingeſchüchtert worden. Ihr Fanatismus
wurde beſonders durch das in ihr enthaltene mönchiſche Element immer
wieder angefacht, welches, um Gegenwart und Zukunft unbekümmert, nur
von der Erreichung ſeines Zieles, der Ausrottung aller neuen Ideen in
Spanien, auf welche Art es geſchehen und welche Folgen es nach ſich ziehen möge, erfüllt war. Der Gedanke, Don Karlos an die Stelle Ferdinand VII. zu ſetzen, griff unter den Apoſtoliſchen immer mehr um ſich.
Als Vorbereitung zu einem Angriff auf den König ſtreuten ſie die Nachricht aus, derſelbe ſei bereit, zu Gunſten ſeines Bruders abzudanken.
Ueberall durchzogen ſogenannte Glaubensſchaaren die von Linienmilitair
entblößten Provinzen, und kündigten unter dem Rufe: „Es lebe Don Karlos! Es leben die Mönche und die heilige Inquiſition!" die bevorſtehende
Herrſchaft ihres Lieblings an. Endlich brach im September 1827 in Katalonien eine offene Empörung aus. Zuerſt wurden gegen die wirklichen
oder vermeintlichen Anhänger der Kortes die blutigſten Ausſchweifungen
verübt, dann die der Regierung treu gebliebenen Truppen angegriffen. Die
Befehlshaber der Aufſtändiſchen ließen auf ihren Zügen die Gutsbeſitzer,

Ortsobrigkeiten, die reichen Privatleute, die ihnen nicht entgegen kamen und sich ihnen alsbald anschlossen, erschießen, und ihr Eigenthum plündern und verheeren. Ein allgemeiner Schrecken ging diesen Banden voraus und führte ihnen noch mehr Anhänger als die Uebereinstimmung mit ihren Grundsätzen zu. Denn für den Augenblick war es das Sicherste sich mit ihnen zu vereinigen.

Die Aufständischen nannten sich, um ihre wahren Absichten eine Zeit lang zu verhüllen, nicht Karlisten, obgleich sie es waren, sondern „Aggraviados del Rey" (die vom Könige Beleidigten), indem sie behaupteten, Bessières und seine Gefährten seien ungerechter Weise hingerichtet, und die vom Könige den Apostolischen gemachten Zusagen nicht erfüllt worden. Die englische Regierung hatte damals eben ein Geschwader vor Lissabon geschickt, um von Don Miguel für britischen Unterthanen angethane Verletzungen Genugthuung zu fordern, und das französische Kabinet hatte von Ferdinand VII. abermals die Erlassung einer umfassenden Amnestie und die Annahme einer gemäßigten Politik, als einziges Mittel zur Wiederherstellung der inneren Ruhe, verlangt. Die wahren Gesinnungen der Aufständischen traten in der Art hervor, wie von ihnen diese Ereignisse mit Ferdinand VII. in Verbindung gebracht wurden. In allen nordspanischen Städten wurden nächtliche Maueranschläge gefunden, worin es hieß: „Die Engländer in den Tajo! Die Franzosen in den Ebro! Die Konstitutionellen in die Hölle! Den König zum Teufel!" Ihre Streitmacht war unterdessen auf 14,000 Mann herangewachsen, und sie schickten sich an in Katalonien einzubrechen, wo sie von Gleichgesinnten erwartet wurden. An ihrer Spitze standen Carvajal, Joseph de Esangs, Ballester u. s. w., alle aus den früheren inneren Kämpfen her wohlbekannt. Ferdinand VII. setzte sich endlich selbst gegen Katalonien hin in Bewegung, und schickte zugleich den Grafen de Espanna mit allen verfügbaren Truppen gegen die Aggraviados ab. Die Regierung war diesmal klug genug, den Vorbereitungen zum Angriff einige Handlungen der Milde vorangehen zu lassen. Dem katalonischen Landvolke wurden die noch schuldigen Steuern zum Theil erlassen, und Erleichterungen bei Eintreibung der laufenden Abgaben gewährt. Espanna wußte unter den Anführern der Aggraviados Uneinigkeit und Eifersucht gegen einander zu erregen, griff sie unversehens mit überlegener Macht an, ließ ihnen nach einer Niederlage keine Zeit sich zu sammeln, und trieb sie zuletzt ganz aus einander. Die Mönche hatten in vielen katalonischen und navarresischen Klöstern zu den Waffen gegriffen. Alle Gefangene der Art, ältere wie jüngere, Priester wie Layenbrüder, wurden ohne Ausnahme erschossen. Espanna schritt jetzt gegen die Apostolischen mit derselben blutigen Härte, wie früher gegen die Konstitutionellen ein. Er setzte sein Schreckensregiment noch lange Zeit hindurch in Barcelona fort, zu dessen Gouverneur er ernannt wurde. Als Ferdinand VII. seinen Einzug in diese Stadt, von Espanna und dessen Truppen begleitet, hielt, wurde er vom Volke mit dem tiefsten Stillschweigen und mühsam verhaltenem Unwillen empfangen, denn es sah aus, als habe er in Espanna's Person dem Henker selbst die oberste Gewalt in Katalonien übertragen. Die Apostolischen waren für den Augenblick außer Stande Espanna zu widerstehen, aber sie vergaßen die Rache an ihm nicht, sondern schoben sie nur auf, und er sollte viele Jahre nachher durch ihre Hände ein trauriges und blutiges Ende nehmen.

Es trat unterdessen ein Ereigniß ein, welches unter anderen Umständen nur das häusliche Dasein Ferdinand VII. berührt haben würde, aber durch die Lage der königlichen Familie und die Stimmung der Parteien für Spanien von großen Folgen wurde. Die Königin Amalie Josepha, eine Tochter des Prinzen Maximilian von Sachsen, war im Juni 1829 gestorben, und der König ohne Kinder geblieben. Der Wunsch seinem Thron Leibeserben zu hinterlassen, bestimmte ihn zu einer vierten Vermählung, und es wurde hierzu die Prinzessin Marie Christine, durch ihre Mutter eine Nichte Ferdinand VII., und Tochter Franz I., Königs beider Sicilien, gewählt, deren blühende Jugend ihrem Gemahl Hoffnung auf Nachkommenschaft gewähren konnte. Im December (1829) fand das Beilager statt. Dieses Ereigniß war ein Donnerschlag für die Anhänger des Don Karlos, die, bei der Kränklichkeit des Königs, an den Entschluß zu einer neuen Verbindung lange nicht geglaubt, und als er feststand, die Ausführung vergeblich zu hindern getrachtet hatten. Die gänzliche Niederlage, welche die Aggraviados zwei Jahre vorher erlitten hatten, die Ernennung von wachsamen, unternehmenden und dem Könige ergebenen General-Kapitainen in den Provinzen machten es den Karlisten unmöglich, ihrer Unzufriedenheit durch eine offene Schilderhebung alsbald Nachdruck zu geben. Einzelne Versuche zu Erregung von Unruhen endigten mit dem Tode oder der Flucht ihrer Anstifter. Die Leiter der apostolischen Partei gedachten die nächste Entwickelung der Dinge abzuwarten, ihre Anhänger zusammenzuhalten, aber keinen voreiligen Widerstand gegen die Regierung zu unternehmen. Sie glaubten, daß der König durch diese Vermählung seine Lebenskraft noch früher, als sonst geschehen wäre, erschöpfen würde, und hofften ihre Absichten nach seinem Tode ohne Schwierigkeiten erreichen zu können.

Die früheren Gemahlinnen Ferdinand VII. waren auf ihn ohne Einfluß gewesen. Die letztverstorbene Königin Amalie Josepha hatte zwar, persönlich milden Sinnes, Maßregeln der Strenge in einzelnen Fällen abzuwenden gesucht, aber das Chaos von Hofintriguen, welches sie umgab, nicht durchschauen können, und war von den unaufhörlichen Gewaltthätigkeiten und Erschütterungen, die das Land zerrissen, zurückgestoßen worden. Die Zeit, welche ihr ihre häufigen Krankheiten frei ließen, war mit Andachtsübungen ausgefüllt gewesen, und sie hatte eine durchaus leidende Rolle gespielt. Marie Christine, lebhafteren und kräftigeren Geistes, ihrer Jugend und Schönheit sich bewußt, und durch ihre neapolitanische Herkunft politischen Bewegungen nicht so fremd wie ihre deutsche Vorgängerin auf dem Thron, ließ durch ihr ganzes Auftreten, selbst ehe sie noch eine unabhängige Stellung einnehmen konnte, ahnen, daß sie in das Geschick Spaniens thätig eingreifen würde.

Ferdinand VII. fühlte sich durch den Besitz seiner lebhaften und reizenden Gemahlin eine Zeit lang wie verjüngt, obgleich dieser Zustand bald vorübergehen sollte, und durch ihren Einfluß sogar zu einigen Handlungen der Großmuth veranlaßt, die jedoch die Rückkehr zu seiner wahren Natur nicht lange verhindern konnten. Als Marie Christine sich guter Hoffnung fühlte, und Aussicht auf Nachkommenschaft vorhanden war, faßte Ferdinand VII. den folgenschweren Entschluß, das von Philipp V., dem ersten spanischen Könige seines Stammes, im Jahre 1713 mit Bewilligung der damaligen Kortes eingeführte Erbfolgegesetz, durch welches die Frauen vom Throne ausgeschlossen wurden, aufzuheben, und das alte kastilianische Successionsrecht, vermöge dessen die Töchter und Enkelinnen eines Königs ein näheres Anrecht zur Krone als dessen Brüder und Neffen besaßen, wiederherzustellen. Das Dekret, pragmatische Sanktion genannt, welches diese wichtige Veränderung in den bestehenden Hausgesetzen enthielt, wurde am 29. März 1830 bekannt gemacht.

Dieser Schritt Ferdinand VII. regte, bei der Lage der Parteien in Spanien, und der in einem großen Theile Europa's über politische Principien herrschenden Meinungsverschiedenheit, zu den verschiedenartigsten Beurtheilungen, Anklagen und Vertheidigungen auf. Die Absolutisten verwarfen die pragmatische Sanktion aus dem Grunde, weil Ferdinand VII. nicht die Quelle des Rechts entstellen dürfe, aus welcher seine eigene Gewalt entsprungen sei. Philipp V. sei, als der erste König eines auf dem spanischen Throne neuen Stammes, befugt gewesen, das in seinem Hause geltende Successionsrecht auch auf das ihm zugefallene Reich überzutragen. Das salische Gesetz wäre durch die Zustimmung der damaligen Kortes für die Nachfolger Philipp V. verbindlich geworden, und könne nicht von einem einzelnen Willen umgestoßen werden. Das Bekenntniß des katho= lischen Glaubens und die Beobachtung des Erbfolgegesetzes ständen als innere und äußere Nothwendigkeiten über dem Belieben eines spanischen Monarchen, so unumschränkt derselbe auch in anderer Beziehung sein möge. Hierauf erwiederten die Liberalen, daß Philipp V., da er nicht durch Eroberung, sondern durch Erbrecht auf den spanischen Thron gestiegen, das Grundgesetz des Landes nicht habe abändern dürfen, und daß die Kortes von 1713 keine Vertreter des Nationalwillens gewesen wären. Die spa= nische Monarchie habe nur durch die Anerkennung des weiblichen Thronfolge= rechts ihre Abrundung und Vollendung erhalten. Ohne dieses Succeffions= recht der Frauen, welches von Isabella der Katholischen an so mächtig in die Geschichte Spaniens eingegriffen, hätte nach dem Tode des letzten Nach= kommen Philipp II., nicht der Herzog von Anjou, sondern der Kaiser Leopold I., als der nächste männliche Agnat der spanischen Habsburger, das beste Recht auf die spanische Krone gehabt. Das Grundgesetz eines Landes könne aber nicht verjähren, und seine Unterbrechung sei nicht einer Abschaffung gleich zu achten. Was die Kortes von 1713 betrifft, so stände ihrer Erklärung eine entgegengesetzte und spätere der Kortes von 1789 unter Karl IV. entgegen.

Da Principienfragen, welche sich in unabhängigen Staaten und Völkern erheben, durch das Gewicht der öffentlichen Meinung oder die Gewalt der Waffen, aber nicht durch juristische Deduktionen, entscheiden werden, so ist dieser Streit unter den Publicisten der beiden Schulen, in welche Europa getheilt war, ein rein theoretischer geblieben. Im Grunde handelte es sich dabei weder um die Vorzüge des männlichen noch des weiblichen Thronfolgerechts, weder um die Kortes von 1713 noch um die von 1789, sondern um die Zukunft des Absolutismus und Konstitutiona= lismus in Spanien. Kam die pragmatische Sanktion zur Herrschaft, so war vorauszusehen, daß, bei dem bald zu erwartenden Ableben Ferdi= nand VII. und der Minderjährigkeit seiner Tochter, Marie Christine als Regentin sich, um den Ansprüchen des absolutistischen Don Karlos zu widerstehen, den Liberalen zuwenden würde. Behielt dagegen das falische Gesetz die Oberhand, so mußte der Bund der Hierarchie mit dem unum= schränkten Königthum in Spanien noch enger als früher werden.

Die nicht lange nach Bekanntmachung der pragmatischen Sanktion eingetretene Juliusrevolution hatte in Spanien einen großen Eindruck hervorgebracht. Ferdinand VII. war davon auf das empfindlichste über= rascht worden, und schob die Anerkennung Ludwig Philipp's eine Zeit lang in der Hoffnung auf, daß ein Angriff der nordischen Mächte den neuen

Thron stürzen würde. In mehren unter dem Einflusse des spanischen Hofes stehenden Tagesblättern wurden bittere Ausfälle auf die Revolution und den aus ihr hervorgegangenen König gefunden. Der russische Einfluß war damals im spanischen Kabinet vorherrschend. Ludwig Philipp begünstigte eine Zeit lang, um Ferdinand VII. Furcht einzujagen, die Plane der spanischen Ausgewanderten, und verstattete ihnen, nicht nur sich in den Departements der Ost= und Westpyrenäen zu versammeln, sondern unterstützte sie auch mit bedeutenden Geldsummen. Im Oktober (1830) überschritten Mina, Valdez, Lopez Bannos, Bigos, mit ihren Anhängern die spanische Grenze, verkündigten aber diesmal nicht die Wiederherstellung der Konstitution von Kadix, sondern gaben ungeachtet aller Betheuerungen für die Freiheit, gemäßigtere Grundsätze zu erkennen. Die spanische Regierung hatte aber Zeit gehabt, die bedrohten Punkte mit ihren besten Generalen und zuverlässigsten Truppen besetzen zu lassen, und der Versuch der politischen Flüchtlinge, ohnedies mit ungenügenden Streitkräften unternommen, mißlang. Alle, welche lebend in die Hände der Sieger fielen, wurden niedergemacht. Das spanische Kabinet hatte unterdessen die Juliusrevolution anerkannt. Sobald dies geschehen, nahm Ludwig Philipp sogleich eine andere Haltung gegen die spanischen Ausgewanderten an, ließ sie streng beobachten, und bald nachher entwaffnen und in das Innere von Frankreich abführen.

Diese Aufstandsversuche an der nordfranischen Grenze veranlaßten einige verwegene Führer der konstitutionellen Partei sich im Süden zu zeigen. Im März 1831 landete von Gibraltar aus der General Manzanares an der andalusischen Küste, in der Absicht sich der Isla de Leon und Kadix zu bemächtigen, wurde aber überwältigt und mit 40 seiner Begleiter hingerichtet. Nicht lange nachher hatte der Oberst Torrijos dasselbe Schicksal, der Malaga überraschen wollte, und mit 54 seiner Gefährten erschossen wurde. In beiden Fällen war keine Untersuchung eingeleitet, und kein Unterschied zwischen den Häuptern der Unternehmung und den von ihnen Verführten gemacht worden.

Am 10. Oktober 1830 hatte Marie Christine ihrem Gemahl eine Tochter geschenkt, welche, in Erinnerung an die berühmteste spanische Königin, in der Taufe den Namen Isabelle erhielt, und zur Thronerbin und Prinzessin von Asturien erklärt wurde. Marie Christine war durch die Erfüllung eines vom Könige so lange gehegten Wunsches in seiner Gunst noch gestiegen. Als er aber im September 1832 schwer erkrankte, und dem Tode nahe zu sein schien, gelang es seinem Beichtvater und dem sich in der Nähe befindlichen Minister Calomarde ihn, in einem Augenblicke halber Bewußtlosigkeit, zur Unterzeichnung eines von ihnen in Bereitschaft gehaltenen Dekrets zu bewegen, durch welches die pragmatische Sanktion vom 29. März 1830 widerrufen wurde. Nachdem Ferdinand VII. wieder zu sich gekommen, und die Königin ihm das Geschehene zu Gemüth führte, gerieth er in heftigen Zorn, zerriß das letzte Dekret und befahl Calomarde zu verhaften, der, mit seines Gebieters Sinnesart bekannt, sich schleunigst auf die Flucht begab. Zea Bermudez, welcher nach seinem Austritt aus dem Ministerium Botschafter in London geworden, ward zurückgerufen, und an die Spitze einer neuen Verwaltung gestellt. Ehe derselbe jedoch noch angekommen war, übergab Ferdinand VII. durch ein Dekret vom 4. Oktober der Königin die Regierung während seiner Krankheit. Marie Christine, um die Neigung und Unterstützung der unterdrückten aber zahlreichen konstitutionellen Partei für eine Zukunft zu gewinnen, deren Gefahren sie nicht verkennen konnte, erließ eine Amnestie, von welcher nur die Kortesmitglieder, welche 1823 in Sevilla für die zeitweilige Absetzung Ferdinand VII. gestimmt, und die Flüchtlinge, welche sich an der Spitze der letzten Aufstände befunden hatten, ausgenommen waren. Die Universitäten und höheren Bildungsanstalten, welche seit Jahren fast alle geschlossen gewesen, wurden wieder eröffnet, und der Einfluß der Geistlichkeit auf den öffentlichen Unterricht beschränkt. Im Anfang Januar 1833 übernahm Ferdinand VII. wieder die Regierung aus den Händen seiner Gemahlin, widerrief noch einmal feierlich das ihm während seiner letzten Krankheit von Calomarde abgedrungene Dekret und bestätigte die pragmatische Sanktion, kränkelte aber fast ununterbrochen, und verschied am 29. September 1833 im Alter von neun und vierzig Jahren.

Dieser König muß, wenn man einzig seine Regierungshandlungen in Betracht zieht, und von seiner Erziehung, den Eindrücken, welche er in seiner Familie und seinen Umgebungen erhielt, und den drangvollen Umständen, unter welchen er später regierte, absieht, als einer der verwerflichsten Charaktere seines Stammes und Landes erscheinen. Er ist aber, obgleich er ohne Zweifel als Mensch und Fürst niedrig gestanden, doch vielleicht noch mehr unglücklich als bösartig gewesen. In seiner Jugend von seiner eigenen Mutter gehaßt, deren anstößiges Verhältniß zu einem Günstlinge ihn als Sohn und Prinzen beleidigte, durch seinen schwachen Vater Demüthigungen von Seiten dieses Günstlings ausgesetzt, welcher sogar im Geheimen damit umging, ihn vom Throne auszuschließen zu lassen, fand er selbst in den früh eingegangenen Vermählungen, die ihm auferlegt wurden, kein Glück, sondern sah sich in seinen innersten Zuständen von seiner Mutter und deren Günstling ausgekundschaftet, verläumdet und ver-

2*

folgt. Als Ferdinand bei der allgemeinen Unzufriedenheit der Nation mit seines Vaters Regierung durch einen Aufstand auf den Thron gesetzt worden, gerieth er bald nachher in Napoleon's Gewalt, der ihn zur Entsagung auf seine Rechte zwang, und ihn lange gefangen hielt. Nach Spanien zurückgekehrt, fand er ein von wüthigen Parteikämpfen zerrissenes Volk, welches die Leidenschaft, mit welcher es bisher den gemeinsamen Feind bekämpft hatte, jetzt gegen sich selbst lehrte. Von der Natur nicht mit der nöthigen Kraft und Einsicht ausgestattet, um sich über diese inneren Erschütterungen zu stellen, ward er in deren Strudel mit hineingerissen. Was ihm jedoch mit Recht vorgeworfen werden kann, ist, daß er sich den schlechtesten in seinem Lande vorhandenen Elementen anschloß, und nie einen Versuch machte, die besseren herauszufinden, und mit ihrer Hülfe eine auf den Grundsätzen der Gerechtigkeit und Mäßigung ruhende Regierung zu bilden.

Ferdinand VII. war mit der Freiheit nur unter den Zügen bekannt geworden, welche sie in der schlimmsten Zeit der französischen Revolution, und bei einigen großen Volksbewegungen in Spanien, gezeigt hatte. Sie flößte ihm noch mehr Schrecken als Abneigung ein, und er hielt sein Dasein mit ihr für unverträglich. Denn obgleich ohne allen natürlichen Beruf zur Herrschaft über Andere, fühlte er sich durch Gewohnheit und Selbstsucht an seine Stellung gebunden. Es war ihm deshalb auch nie eingefallen, obgleich er von 1814 bis 1829, wo seine Vermählung mit Marie Christine ihm einige Freude gewährte, ein ödes, von Anhängern wie von Gegnern gequältes Leben geführt hatte, die Bürde, welche auf ihm lastete, abzuwerfen, und sich, wie zuweilen weniger unglückliche und begabtere Fürsten gethan, in den Schatten des Privatstandes zurückzuziehen. Er fühlte und begriff nichts über den Kreis hinaus, in welchen ihn der Zufall der Geburt gestellt hatte. Ferdinand VII. ist übrigens keine isolirte Erscheinung in seinem Volke gewesen, wie man dies wohl sonst bei einzelnen Despoten in der Geschichte gesehen hat. In allen Klassen der spanischen Nation gab es damals Leute wie dieser König, deren Treiben sich in dem Dunkel ihrer äußeren Stellung verlor, während seine Handlungen der ganzen Welt bekannt wurden. Seine Umgebungen sind meist noch mehr als er selbst zu Willkür, Treulosigkeit und Grausamkeit geneigt gewesen. Es war übrigens ein Glück für ihn, daß er damals vom Schauplatz abgerufen wurde. Er würde der im spanischen Volke zunehmenden Gährung nicht lange mehr widerstanden, und in dem wilden Zusammenstoßen der Parteien vielleicht ein gewaltsames Ende gefunden haben.

Die erstgeborene damals erst dreijährige Tochter Ferdinand VII.

wurde im ersten Augenblick, ohne Schwierigkeit, in allen großen Städten Spaniens, unter dem Namen Isabella II., zur Königin ausgerufen. Der verstorbene König hatte in einem Testament seine Wittwe zur Regentin des Reiches ernannt, ihr aber einen Regentschaftsrath beigegeben, dessen Berathungen die von ihr zu erlassenden Verordnungen vorgelegt werden sollten, an dessen Gutachten sie jedoch nicht gebunden war. Zea Bermudez blieb erster Minister, und suchte einige Ordnung in die Verwaltung zu bringen, namentlich eine größere Centralisirung einzuführen, konnte aber bei dem traurigen Zustande der Finanzen nichts ausrichten. Der Königin-Regentin kamen bald nach dem Tode ihres Gemahls geheime Winke und Rathschläge zu, sich dem konstitutionellen System zu nähern, indem sie, den Angriffen der Karlisten ausgesetzt, und mit ihrer Tochter sonst ganz allein dastehend, nur so die Unterstützung einer zahlreichen Partei für sich gewinnen könne. Aber Zea Bermudez war ein Freund des sogenannten aufgeklärten Despotismus, und glaubte durch die Einführung administrativer Reformen den Karlisten widerstehen zu können, ohne den Liberalen Zugeständnisse machen zu dürfen. Die Regierung hätte eine solche Haltung früher mit Erfolg annehmen, und dadurch die unumschränkte Monarchie vielleicht auf lange hinaus erhalten können, aber unter den jetzt vorhandenen Umständen war der Königin Marie Christine eine Neutralität zwischen den beiden großen Parteien, in welche das spanische Volk sich theilte, unmöglich geworden.

Don Karlos hatte sich schon vor dem Tode Ferdinand VII. zu seinem Neffen Don Miguel nach Portugal gewandt, und von dort aus gegen die pragmatische Sanktion protestirt. Ohne den ihm hierauf gewordenen Befehl, sich nach Italien zu begeben, zu beachten, schloß er sich noch fester an den portugiesischen Thronusurpator an, auf dessen Machtbeständigkeit er damals baute, und von welchem er, nach dem Tode Ferdinand VII., bei seinen Ansprüchen auf die spanische Krone unterstützt zu werden hoffte. Don Karlos ward aber in den Sturz Don Miguel's mit verwickelt, und mußte sich auf ein britisches Kriegsschiff flüchten, von welchem er nach England gebracht wurde. Dort erhielt er von seinen Anhängern die Einladung, sich nach den baskischen Provinzen zu begeben, wo seine Partei unterdessen festen Fuß gefaßt hatte, und von wo aus sie das Geschick Spaniens entscheiden zu können glaubte.

Die baskischen Provinzen (Biscaya, Guipuzcoa und Alava) waren von je her mit der spanischen Monarchie mehr nur verbunden als ihr einverleibt gewesen. Die kastilische Krone hatte einst die Herrschaft über sie nicht durch Eroberung oder Erbschaft, sondern durch frei eingegangene

Verträge gewonnen. Während von Karl V. an, die spanischen Provinzen und Kommunen nach und nach ihre früheren Freiheiten verloren, und die Regierung unumschränkt wurde, hatten die Basken ihre alten Gerechtsame (fueros vom lateinischen forum) ungeschmälert erhalten. Sie besaßen nicht nur ihre eigene Rechtspflege und Verwaltung, ausschließend von Einheimischen ausgeübt, sondern konnten nur mit ihrer Einwilligung besteuert werden, stellten keine Rekruten, und durften sogar, ohne die Zustimmung ihrer Provinzialversammlungen, nicht mit königlichen Truppen belegt werden. Der Unabhängigkeitssinn und die bewährte Tapferkeit dieser Bevölkerung, welche nur durch einen blutigen Krieg zu besiegen gewesen wäre, der Werth eines guten Verhältnisses zu ihr wegen des benachbarten Frankreichs, welches sie, im Falle eines Bruches mit Spanien, sogleich unter seinen Schutz genommen und ihnen dieselben Rechte gewährt haben würde, hatten die spanischen Könige veranlaßt, einen ihrem übrigen Regierungssystem so widerstrebenden Zustand zu dulden. Die baskischen Freiwilligen hatten dagegen den Spaniern bei allen ihren Kriegen gute Dienste geleistet, und ihre Guerillas sich bei der Vertheidigung gegen Napoleon besonders hervorgethan. In den baskischen Städten war unter den gebildeten Ständen spanische Sitte und Sprache nach und nach vorherrschend geworden, obgleich auch dort das einheimische Element nie ganz verschwand, auf dem Lande aber hatte das Volk durchaus seine Eigenthümlichkeit bewahrt, und nichts von fremdem Einfluß erfahren. Der Landbesitz war daselbst sehr vertheilt, und alle Klassen waren, da unter ihnen eine vollkommene rechtliche Gleichheit bestand, bei allen Gelegenheiten unter einander eng verbunden aufgetreten. Der Baske entfernte sich nur aus Noth oder Gewinn aus der Heimath, und kehrte womöglich immer wieder dahin zurück. Dieses Volk war aber nicht nur politisch frei geblieben, sondern auch die großen moralischen Uebelstände im übrigen Spanien hatten sich nicht über jene Gegenden verbreiten können. Obgleich dem katholischen Glauben sehr zugethan, hatten die Basken keine eigentliche Herrschaft der Geistlichkeit über sich geduldet. Die dortigen Priester und Mönche gehörten immer den baskischen Provinzen an, und waren wie alle anderen Klassen von der Vorliebe für die eigenthümlichen Rechte und Freiheiten der Heimath erfüllt. Aus diesen Gründen hatte der spanische Liberalismus in der baskischen Bevölkerung keine Wurzeln schlagen können, da dieselbe schon Alles besaß, was jener erst hoffte und suchte. Die Basken waren im Gegentheil für die alten Zustände in dem Spanien südlich vom Ebro, weil sie ihre bevorzugte Stellung so am besten erhalten zu können glaubten. Sie wollten nicht in einem wenn auch besser organisirten Spanien aufgehen.

Das in materieller Beziehung wichtigste Privilegium der baskischen Provinzen bestand darin, daß es an ihrer Grenze gegen Frankreich hin keine spanische Zolllinie gab. Sie konnten die französischen Fabrikate, ohne Eingangssteuer zu bezahlen, beziehen, und entrichteten eine solche erst, wenn sie dieselben nach den benachbarten spanischen Provinzen ausführen wollten. Außer dem regelmäßigen Vortheile, den diese ausnahmsweise Stellung den Basken gewährte, hatte sich unter ihnen, in Folge derselben, ein äußerst gewinnreicher Schleichhandel nach Spanien ausgebildet, der allmälig in die Lebensgewohnheiten der unteren Klassen eingedrungen war. Die Konstitution von Kadix hatte, aus Vorliebe für die Anwendung allgemeiner Grundsätze, die Basken der im übrigen Spanien herrschenden Gesetzgebung und auch dem spanischen Zollwesen unterwerfen wollen. Während des Krieges gegen Napoleon war an die Ausführung dieser Maßregel nicht zu denken gewesen. Das Verhalten der Kortes hatte aber die üble Wirkung, die Basken gegen das konstitutionelle System einzunehmen. Als Ferdinand VII. nach seiner Rückkehr nach Spanien die Fueros der baskischen Provinzen anerkannte, fiel ihm die Bevölkerung zu, und nahm den Umsturz der Verfassung mit Beifall auf. Die Noth und das Joch, welches auf dem ganzen übrigen Spanien unter der Regierung dieses Königs lastete, ward von den Basken nicht getheilt, welche sich nach wie vor selbst verwalteten und besteuerten, und deren Wohlstand während des allgemeinen Elends sogar zunahm. Gegen das Ende seines Lebens hatte Ferdinand VII., auf Zea Bermudez Veranlassung, welcher in Spanien eine administrative Centralisation einführen wollte, den Plan erfaßt, die Zölle an die französische Grenze zu verlegen, wodurch die Basken großen Schaden erlitten hätten. Es waren zu diesem Zweck schon Truppen nach dem Norden hin beordert worden. Die Kunde von dieser Absicht hatte die Bevölkerung im höchsten Grade aufgeregt, und diese erklärte laut, einer solchen Maßregel nöthigenfalls einen bewaffneten Widerstand entgegenzusetzen. Alle diese Umstände: die von Natur feste Lage der baskischen Provinzen, die den Widerstand leicht machte, die kriegerische Tüchtigkeit der Bevölkerung und ihr der Vergangenheit zugewandter Sinn; die in ihr noch aus den Zeiten der Kortes herrührende Abneigung gegen die Madrider Regierung, bewogen die Anhänger des geistlichen und weltlichen Despotismus diese Gegenden zum Mittelpunkt ihrer Unternehmungen für die Erhebung des Don Karlos auf den Thron zu machen, und von dort aus jede neue Gestaltung des öffentlichen Lebens in Spanien zu bekämpfen.

Am 3. Oktober (1833) brach in Bilbao (Hauptſtadt von Biscaya) und am 7. Oktober in Vittoria (Hauptſtadt von Alava) ein Aufſtand zu Gunſten des Don Karlos aus, der daſelbſt zum König ausgerufen wurde. Das benachbarte Landvolk hatte dieſe beiden Städte überraſcht, und daſelbſt mehre durch ihre Anhänglichkeit an die Königin Marie Chriſtine bekannte Perſonen ermordet. Aber die Einwohner ermannten ſich wieder, und zwangen, von einigen Linientruppen unterſtützt, die Kar= liſten zur Flucht, wobei eines der früher beſonders thätig geweſenen Werk= zeuge der apoſtoliſchen Partei, der Guerillaführer Santos-Ladron, gefangen und hingerichtet wurde.

In allen übrigen Theilen des Baskenlandes griff aber der karliſtiſche Aufſtand raſch um ſich. Da dort jeder Bauer und Hirt, ſelbſt in fried= lichen Zeiten mit Gewehr und Pulver verſehen iſt, und die Einfuhr an Kriegsbedarf von Frankreich eine Zeit lang nicht verhindert wurde, ſo ſtand bald die ganze Bevölkerung unter den Waffen. Ein Stabsofficier Na= mens Zumalacarregui (ein geborener Baske, der früher zu keiner Partei gehört hatte), erhob ſich jetzt für Don Karlos, entweder weil er nur ſo eine Rolle ſpielen konnte, oder weil er die Fueros für bedroht hielt, und riß, ungeachtet einzelner Nebenbuhler, die oberſte Leitung des Aufſtandes an ſich. Das bedeutende Organiſirungstalent dieſes Mannes führte in die zuſammengelaufenen Schaaren ſeiner Landsleute bald eine feſte Ordnung ein. Die Volkserhebung verbreitete ſich über Navarra und einen Theil von Katalonien und Aragonien, und als Don Karlos im Juli 1834 in der Mitte ſeiner Anhänger erſchien, fand er eine regelmäßig eingerichtete Streitmacht vor, mit welcher er einen mehrjährigen Krieg gegen das ganze übrige Spanien aushalten konnte.

Es erhoben ſich zwar auch außerhalb der baskiſchen Provinzen und der angrenzenden Landestheile, in mehren anderen Gegenden, karliſtiſche Guerillas, aber ohne beſonderen Erfolg, und ohne die Bevölkerung auf ihre Seite ziehen zu können. Die königlichen Freiwilligen waren ſchon vor Ferdinand VII. Tode ſo gründlich aufgelöſt und entwaffnet worden, daß ſie nirgends mehr mit Nachdruck auftreten konnten. Dagegen reg= ten ſich jetzt die ſo lange unterdrückt geweſenen Konſtitutionellen mit großem Eifer für ihre Sache, thaten ſich, zum Theil gegen den Willen der Regierung, in Nationalgarden oder Milizen, wie zur Zeit der Kor= tes, zuſammen, und gewannen in allen größeren Städten die Oberhand. Aus den Provinzen liefen Adreſſen, meiſt von den daſelbſt kommandiren= den Generalen unterſtützt, an die Königin-Regentin ein, welche das Verlangen nach einer freien Verfaſſung zu erkennen gaben. Zen Ber=

wurde mußte im Januar 1834, wegen seiner absolutistischen Gesinnungen, seine Entlassung nehmen. Martinez de la Rosa, einst Sekretair der Regentschaft von Cadix, der aber jetzt gemäßigtere Grundsätze angenommen, und einer der ersten unter den geflüchteten Konstitutionellen, der von der ertheilten Amnestie Gebrauch gemacht hatte, wurde an die Spitze einer neuen Verwaltung gestellt. Der oben erwähnte, unvermeidliche und ränkevolle Burgos trat als Finanzminister ein, ließ es sich aber, weil er einen endlichen Sieg der absolutistischen Partei für möglich hielt, angelegen sein, alle freisinnigen Maßregeln zu verzögern und zu beschränken. Die Geldnoth zwang die Regierung zu einer Anleihe von 200 Mill. Realen (50 Mill. Fr.), und es wurde in dem betreffenden Dekret, um den fremden Kapitalisten Vertrauen einzuflößen, zum erstenmal seit 1823, auf die unter den Kortes abgeschlossenen Anleihen Bezug genommen, und deren Anerkennung in Aussicht gestellt.

Am 10. April 1834 wurde endlich unter der Benennung „königliches Statut" eine Verfassung, als Ausfluß der Macht der Krone, bekannt gemacht. Die Kortes sollten, aus zwei Kammern, die Mitglieder der ersten Proceres (Pairs), die der zweiten Procuradores (Deputirte) genannt, bestehend, ein zweijähriges Budget bewilligen können, bei der Gesetzgebung zugezogen werden müssen, aber nur über die ihnen von der Regierung vorgelegten Anträge berathen dürfen. Die übrigen Institutionen des Repräsentativstaates, wie Verantwortlichkeit der Minister, Geschwornengericht, Preßfreiheit fehlten. Die Censur wurde durch königliche Dekrete verschärft. Diese Konstitution war weniger freisinnig als die französische von 1814, aber im Vergleiche zu der unter Ferdinand VII. bestandenen Willkürherrschaft immer für einen bedeutenden Fortschritt zu erachten. Das Eis des Stillstandes ward damit gebrochen, und, so viele Schwankungen und Abirrungen vom rechten Wege auch noch bevorstanden, der Nation eine freie Bewegung möglich gemacht, ohne welche kein moralisches oder politisches Ziel erreicht werden kann.

Ein Theil der Liberalen hatte jedoch, in Betracht der bei der Königin-Regentin vorausgesetzten Gesinnung, und der ihr bei der Vertheidigung des Thrones ihrer Tochter unentbehrlichen Hülfe der konstitutionellen Partei, mehr Zugeständnisse erwartet. Eine bedenkliche Gährung that sich auf vielen Punkten des Landes kund. Die unteren Volksklassen in Madrid, welche früher die Konstitutionellen bei jeder Gelegenheit verwünscht und die Absolutisten hatten hoch leben lassen, waren jetzt wie umgewandelt. Als die Cholera nach der Hauptstadt kam, wurden, unter

dem Vorwande, die Mönche hätten die Brunnen vergiftet, die Klöster
erstürmt, und deren Bewohner niedergemacht. Im Januar 1835 kam es
in Madrid zu einer Militairrevolte, bei welcher der General Canterac,
welcher sie unterdrücken wollte, das Leben verlor. Die Sitzungen der am
21. Julius (1834) eröffneten Kortes waren äußerst stürmisch, und es
wurde von der Regierung mehr verlangt, als diese in Erwägung der allgemeinen Lage des Landes bewilligen zu dürfen glaubte. Martinez de la
Rosa, mehr Schriftsteller, Redner und Dichter als praktischer Politiker,
und zu wenig Parteimann, was in jener Zeit nothwendig gewesen wäre,
mußte am 2. Juni (1835) sein Amt niederlegen, und dem Grafen Toreno Platz machen.

Das Umsichgreifen des karlistischen Aufstandes in Nordspanien,
die inneren Unruhen, der Mangel an eigenen Hülfsquellen veranlaßten
die Königin Marie Christine sich um Hülfe im Auslande umzusehen.
England und Frankreich hatten die belgische Revolution vor dem Einschreiten der absolutistischen Mächte geschützt, obgleich Belgien durch den
Wiener Kongreß für einen integrirenden Theil des Königreiches der
Niederlande erklärt worden war. Es konnte erwartet werden, daß sie ihre
Dazwischenkunft in den spanischen Angelegenheiten nicht versagen würden, wo es sich um keine Veränderung der Dynastie oder des Terri-
toriums, sondern nur um die Vertheidigung der Rechte einer Königin
gegen ihren Oheim handelte, welche die große Mehrheit der Nation für
sich hatte, während letzterer nur in einigen Provinzen anerkannt war.
Da Portugal sich in einem ähnlichen Verhältniß befand, so wurde es
dem spanischen Kabinet nicht schwer, Don Pedro, den Vormund und
Vater der Königin, Donna Maria da Gloria, zu einem ähnlichen
Schritte bei der englischen und französischen Regierung zu veranlassen.
Der Fürst von Talleyrand, der damals noch als französischer Botschafter in London weilte, und sich der Unabhängigkeit der Belgier besonders
günstig erwiesen hatte, faßte bei Gelegenheit der spanischen und portugiesischen Thronstreitigkeiten den Plan, die vier Westmächte, England,
Frankreich, Spanien und Portugal zu einem Bunde zu vereinigen, und
dadurch gegen die drei nordischen Mächte ein Gegengewicht aufzustellen.
Ludwig Philipp mußte viel daran liegen, Don Karlos nicht den spanischen Thron besteigen zu lassen, da Spanien sonst der Sammelplatz der
französischen Legitimisten geworden wäre. In England waren damals
die Whig's am Ruder, die dem konstitutionellen System, überall wo es
besteht oder mit Aussicht auf Erfolg sich regt, geneigt sind. Es kam deshalb am 22. April (1834) zwischen den genannten vier Mächten ein

Vertrag, die Quabrupelallianz genannt, zu Stande, in welchem Eng=
land und Frankreich Isabella II. als Königin von Spanien und Ma=
ria II. als Königin von Portugal anerkannten, und England, vermöge
seines alten Bündnisses mit Portugal, gegen Don Miguel eine bewaff=
nete Hülfe zu leisten versprach. Ludwig Philipp machte sich dagegen,
seiner mehr als vorsichtigen Politik auch in diesem Falle treu bleibend,
vor der Hand nur dazu anheischig, die französische Grenze gegen Spa=
nien hin zu besetzen, und den Karlisten jede Zufuhr an Kriegsbedarf
und Verbindung mit dem Auslande auf dieser Seite abschneiden zu
lassen. Er fürchtete, bei einer thätigen Unterstützung der Königin Isa=
bella II., mit den nordischen Mächten in Konflikt zu gerathen. In
Folge dieses Vertrags war Don Miguel aus Portugal vertrieben, und
seine Nichte in den Besitz ihres Thrones gesetzt worden.

Unterdessen war der Krieg gegen die Karlisten in den baskischen
Provinzen, obgleich die Madrider Regierung alle ihr zu Gebot stehenden
Mittel dazu verwandte, ohne Erfolg geführt worden. Die Ankunft des
Don Karlos, dessen Schwäche und Unfähigkeit seinen Anhängern eine
Zeit lang entging, hatte ihren Eifer für seine Sache erhöht. Er ließ
seine Familie nachkommen, und nahm für gewöhnlich seinen Sitz in der
kleinen, aber durch ihre Lage vor Ueberfällen gesicherten Stadt Onate
(Guipuzcoa), wo sich ein Hof und eine Regierung um ihn bildete, seine
Anhänger aus allen Theilen Spanien's sich versammelten, und die ihm
günstig gestimmten nordischen Mächte und seine zahlreichen Freunde unter
den englischen Tories sich mit ihm in Verbindung setzten. Sein Ober=
general Zumalacarregui war so thätig und geschickt, wußte seine
Schaaren so anzufeuern, das Terrain so gut zu benutzen, daß die Chri=
stinos (so wurden gewöhnlich die Truppen der Königin Isabella II. ge=
nannt), sich, ungeachtet ihrer Ueberlegenheit an Zahl, vergebens abmüh=
ten, demselben einen Vortheil abzugewinnen, und einer ihrer Generale
nach dem anderen an den unübersteiglichen Bergwällen scheiterte, oder in
den undurchbringlichen Thälern zu Grunde ging. Sarsfield, Quesada,
Baldez richteten nichts gegen Zumalacarregui aus. Selbst Mina, übri=
gens von früheren Anstrengungen, Wunden und Krankheit erschöpft,
mußte sich unverrichteter Sache zurückziehen. Indessen war es immer
ein bedenkliches Anzeichen für den Ausgang des Aufstandes, daß die
größeren Städte selbst in den baskischen Provinzen Don Carlos nicht
geneigt waren, den Christinos bei deren Annäherung die Thore öff=
neten, und Bilbao, der befestigte Hauptort jener Gegenden, den Kar=
listen einen entschiedenen Widerstand entgegensetzte. Bei der Belage=

rung dieser Stadt fiel der tapfere und unermüdliche Zumalacarregui
(14. Juni 1835), der sich dem feindlichen Feuer bei jeder Gelegenheit
zu verwegen aussetzte, und der bei längerem Leben Don Karlos vielleicht
zum König von Spanien gemacht haben würde, so weit dies wenigstens
durch militairische Operationen möglich gewesen wäre.

Graf Toreno, der, nach Martinez de la Rosa Rücktritt, die lei=
tende Hand im spanischen Kabinet geworden, stammte aus einer alten
asturischen Familie, hatte sich, noch sehr jung, in dem Befreiungskriege
gegen die Franzosen und dann in den Kortes ausgezeichnet, und die Zeit
seiner zweimaligen Verbannung in Paris zugebracht, wo er mit den Ko=
ryphäen der liberalen Opposition in genaue Berührung getreten war.
Toreno galt bei Allen, welche mit ihm näher bekannt geworden, nicht
nur für einen äußerst fähigen und geistreichen Mann — die beste spa=
nisch geschriebene Geschichte des Befreiungskrieges rührt von ihm her —
sondern auch für den ausgezeichnetsten Diplomaten und Finaucier seiner
Partei. Aber die Reaktion hatte unter Ferdinand VII. zu leidenschaftlich ver=
fahren, als daß jetzt, wo entgegengesetzte Grundsätze zur Herrschaft gekom=
men, dieselben nicht auch auf die Spitze gestellt und in ihrer Anwendung
übertrieben worden wären. Der öffentlichen Meinung genügten die von dem
königlichen Statut verliehenen Rechte nicht mehr. Vergebens versprach To=
reno für die Zukunft alles, was man verlangte: Preßfreiheit, Verantwort=
lichkeit der Minister u. s. w., wollte aber für den Augenblick alle Kraft und
Thätigkeit auf die Bezwingung des karlistischen Aufstandes gewandt
wissen, der nicht diese oder jene Modalität des konstitutionellen Systems,
sondern dieses selbst in Frage stellte, und den Despotismus wiederher=
zustellen drohte. Die Ungeduld und Unzufriedenheit eines zahlreichen
Theiles der liberalen Partei war aber nicht zu beschwichtigen. In meh=
ren großen Städten wurden von der aufgeregten Menge die ärgsten
Ausschweifungen begangen. Der zur Stillung der Unruhen nach Bar=
celona herbeigeeilte General Bassa ward ermordet. In Madrid selbst
brach am 16. August (1835) in der Nationalgarde ein Aufstand gegen
die Regierung aus, der nur mit äußerster Anstrengung von dem General
Quesada überwältigt werden konnte. Die Hauptstadt wurde hierauf in
Belagerungszustand erklärt, zahlreiche Verhaftungen erfolgten, und die
Regierung schien zur Ergreifung strenger Sicherheitsmaßregeln geneigt
zu sein. Aber das Ministerium konnte sich nicht mehr auf das Linien=
militair verlassen. Als der Graf las Navas, der sich in den Kortes
durch seine heftige Opposition bemerkbar gemacht, und an den letzten Un=
ruhen in Madrid betheiligt hätte, von Andalusien aus mit einigen tau=

send Mann gegen die Hauptstadt heranzog, gingen zwei Infanterieregimenter, welche gegen ihn geschickt worden, zu ihm über. Toreno, der keinen Stützpunkt mehr für sich sah, reichte am 15. September (1835) seine Entlassung ein.

Mendizabal, ein Banquier, der, wie die meisten ausgezeichneten Spanier zweimal in der Verbannung gelebt hatte, erhielt nach Toreno's Abgang das Finanzministerium, welches damals der wichtigste Verwaltungszweig war. Er gehörte mehr der demokratischen als konstitutionellen Partei an, obgleich er für Spanien die republikanische Staatsform nicht für geeignet hielt. Aber die Volkssouverainetät machte in seinen Augen die Grundlage jeder freien Verfassung aus, und er glaubte Spanien nur durch Ergreifung außerordentlicher Maßregeln vor den Gefahren des immer drohender heranwachsenden Bürgerkrieges bewahren zu können. Die bei Gelegenheit der letzten Unruhen erlassenen Strafverfügungen wurden aufgehoben, und Reformen des königlichen Statuts im liberalen Sinne in Aussicht gestellt. Mendizabal verlangte von dem am 16. November (1835) zusammengetretenen Kortes ein Vertrauensvotum, welches ihn ermächtigte, die Steuern nach einem früheren Gesetz ohne neue Ermächtigung noch eine Zeit lang fort erheben, und auf dem Verwaltungswege vermehren zu dürfen, die Nationalgarden zu mobilisiren, und die gesammte waffenfähige Mannschaft von achtzehn bis vierzig Jahren einzuberufen. Aber die Geldnoth, welche schon vorher groß gewesen, hatte seit dem Beginn des karlistischen Aufstandes noch zugenommen. Aus vielen Gegenden liefen gar keine Abgaben, aus anderen kamen sie unvollständig ein. Mendizabal setzte endlich den Antrag auf Einziehung aller Besitzungen der Mönchsklöster, mit Ausnahme einiger wenigen Wohlthätigkeitsanstalten der Art, und Abschaffung aller Nonnenklöster durch, welche von weniger als zwanzig Personen bewohnt wurden. Noch während der Berathung dieses Gesetzes zeigte es sich, welche tiefe Veränderung das unter Ferdinand VII. befolgte Unterdrückungssystem wenigstens in den städtischen Klassen der Nation hervorgebracht hatte. Fast überall kam die Bevölkerung der Ausführung der von Mendizabal beschlossenen Maßregel in gewaltsamer Weise zuvor. Die Mönche wurden alsbald vertrieben, hier und da selbst ermordet, die Klöster häufig in Brand gesteckt oder niedergerissen. Besonders wurde gegen den Dominikanerorden gewüthet, der bis 1820 mit seinen Mitgliedern die Glaubensgerichte besetzt, und später unaufhörlich an der Wiederherstellung der Inquisition gearbeitet hatte.

Mendizabal's mehr kühne als geschickte Anordnungen halfen den

Finanzverlegenheiten nicht ab. Die inneren Unruhen lähmten die Ver=
waltung, und die Klostergüter wurden nicht sogleich verkauft oder trugen
wenig ein. Die an den Mönchen verübten blutigen Frevel mißfielen der
gemäßigten Partei, welche fürchtete, daß die unteren Volksklassen sich an
solche Zügellosigkeit gewöhnen, und immer willkührlicher und wilder
werden würden. Um die dringendsten Ausgaben zu bestreiten, mußten
die Steuern in voraus erhoben werden. Die Unternehmungen gegen die
Karlisten waren von keinem Erfolge gekrönt. Mendizabal sah sich im
Mai 1836 zur Niederlegung seiner Stelle genöthigt.,

Isturiz, bisher Präsident der zweiten Kammer der Kortes, früher
ein Gesinnungsgenosse Mendizabal's, zuletzt aber sein entschiedener
Gegner, wurde an die Spitze einer neuen Verwaltung gestellt. Da sein
Vorgänger unter den Prokuradoren viele Anhänger zählte, so löste er
die Kortes auf, und ließ neue Wahlen ausschreiben. Aber bald verbrei=
tete sich im ganzen Lande die Meinung, daß das neue Ministerium mit
reaktionären Plänen umgehe, die Freiheit unterdrücken, und mit den
Karlisten unterhandeln wolle. In allen größeren Städten von Corunna
bis Malaga brachen Unruhen aus. Die Wiederherstellung der Kon=
stitution von Kadix wurde verlangt. In Madrid konnte die Regierung
die Bewegung nur durch Auflösung der Nationalgarde, Beschlagnahme
der oppositionellen Blätter und Einführung des Belagerungszustandes
unterdrücken. Aber während dies in der Hauptstadt gelang, empörte sich
plötzlich das vierte Garderegiment, das in dem königlichen Lustschlosse
La Granja, nur einige Meilen von Madrid entfernt, lag, und wo sich
Marie Christine den Sommer über aufzuhalten pflegte. In der Nacht vom
12. zum 13. August (1836) drangen die Soldaten, unter Anführung eines
Sergeanten Namens Garcia, bis in das Schlafgemach der Regentin
ein, und zwangen sie die Einführung der Konstitution von Kadix zu
versprechen. Am 15. August erschien ein Dekret, wodurch die abgedrun=
gene Zusage erfüllt, zugleich aber erklärt wurde, daß die zusammentre=
tenden Kortes über die Verfassungsfrage zu entscheiden haben würden.
Die Minister, welche sich über ihre Hülfsmittel getäuscht, und die Gäh=
rung für nicht so verbreitet und tief gehend gehalten hatten, waren aus
dem Lande entflohen. Sie würden bei längerem Verweilen in die größte
Gefahr gerathen sein. Ihre vorzüglichste militairische Stütze, General
Quesada, von welchem mehre Empörungen in der Hauptstadt unter=
drückt worden, der sich jetzt aber von den Truppen verlassen sah, wollte
sich ebenfalls in Sicherheit setzen, wurde aber in der Nähe von Madrid
von dem wüthenden Volke erkannt und ermordet.

Ein durch seine freisinnige Meinungen bekannter Staatsmann und Redner, Calatrava, wurde von der Regentin mit der Bildung eines neuen Ministeriums beauftragt. Obgleich die Wahlen zu den Kortes während der größten Aufregung stattgefunden hatten, so lehnte diese Versammlung gleichwohl die Wiederherstellung der Konstitution von Kadix ab. Die neue von ihr berathene Verfassung, die am 18. Juni 1837 bekannt gemacht wurde, sprach zwar den Grundsatz der Volkssouverainetät aus, führte Preßfreiheit, Geschwornengerichte, Vereinsrecht ein, ließ aber nicht nur das Zweikammersystem bestehen, sondern räumte auch dem Throne ein absolutes Veto gegen die Beschlüsse der Kortes ein. Die Mitglieder der ersten Kammer, welche statt Proceres, Senatoren hießen, wurden, den Bestimmungen dieses neuen Grundgesetzes gemäß, von der Krone auf Lebenszeit, nach einer von den Wählern angefertigten Liste ernannt, mußten aber ein bedeutendes jährliches Einkommen (50,000 Realen oder 3611 Thaler) nachweisen können. Die Ausübung des Wahlrechts hing von der Entrichtung einer Grund- oder Gewerbsteuer von 200 Realen oder 14 Thalern ab. Die Wahlfähigkeit für die zweite Kammer, deren Mitglieder nicht mehr Prokuradores, sondern Deputirte genannt wurden, war an keinen Census gebunden. Diese Verfassung ist, obwohl sie im Laufe einer so bewegten Zeit, wie die, welche Spanien noch auf lange hinaus bevorstehen sollte, mehrfache Erschütterungen und Abänderungen erfahren· hat, der erste feste Ausgangspunkt für eine Umgestaltung der spanischen Zustände gewesen.

Der vornehmste Grund der in Spanien herrschenden Zerrüttung lag in der Willkürherrschaft Ferdinand VII., der mit vollen Händen und wie zu seiner Lust den Samen der Zwietracht und Unruhe ausgestreut hatte, der nach ihm so reichlich aufgehen sollte. Seine Wittwe, Marie Christine, schlug eine von der seinigen ganz verschiedene Bahn ein, zeigte sich eben so freisinnig und mild, als er zu Unterdrückung und Verfolgung geneigt gewesen, hätte aber, selbst bei größerer Weisheit und Kraft, nicht vermocht, den Nachwirkungen einer so langen und traurigen Regierung alsbald ein Ende zu machen. Hierzu kam noch, daß sie nicht von Mängeln frei war, die, unter ruhigeren Zuständen als in Spanien, nicht über die Schwellen des Hoflebens hinaus kund geworden wären, aber in einem von Parteien zerrissenen Lande, wo selbst der Besitz der obersten Gewalt bestritten war, schonungslos vor die Oeffentlichkeit gezogen wurden. Marie Christine hatte, von ihrer Jugend verführt, und in Nachahmung der in ihrer neapolitanischen Heimath herrschenden Freiheit der Sitten, in ihrem Privatleben nicht die Würde und Zurückhaltung bewiesen, welche eine so hohe Stellung,

wie die Regentschaft über ein großes Reich, ihr hätte auflegen sollen.
Nicht lange nach dem Tode ihres Gemahls war sie von einem Leibgardisten
Namens Munoz (später zum Herzoge von Riancarez erhoben), so ange=
zogen worden, daß sie eine heimliche Ehe mit ihm einging. Munoz hatte in
der Garde du Corps Ferdinand VII. gedient, wo, wie früher in der fran=
zösischen Truppe desselben Namens, die Soldaten Officiersrang bekleideten,
und ihrer Herkunft nach dem kleineren Adel oder höheren Bürgerstande an=
gehörten. Die Mutter Ferdinand VII., die Königin Marie Luise, hatte
mit Manuel Godoy, nachmals der Friedensfürst genannt, ebenfalls einem
ehemaligen Garde du Corps, während des Lebens ihres Gemahls, ein
unerlaubtes Verhältniß unterhalten, und Godoy war Munoz nur an
Selbstsucht und Ehrgeiz, aber keineswegs an Talent oder Charakter über=
legen gewesen. Aber für die Menge hatte damals über den Vorgängen am
Hofe ein Schleier gelegen, und sie war mit denselben unbekannt oder gegen
dieselben gleichgültig geblieben. Seitdem hatte die öffentliche Meinung
eine gänzliche Umwandlung erfahren.

Marie Christine's Verhältniß, obgleich von der Kirche geheiligt,
wurde sowohl von den Karlisten als der exaltirten Fraktion der Konstitu=
tionellen gegen das von der jungen Fürstin vertretene System ausgebeutet,
und von den ungünstigsten Erklärungen begleitet. Die extremen Parteien
behaupteten, daß sie durch ihre zweite Vermählung das Recht auf die Re=
gentschaft verwirkt habe. Zum Glück für Spanien kehrte sich Marie
Christine an diese Angriffe nicht, und behielt, nach wie vor, die oberste Ge=
walt, die ohne sie in die Hände des Don Karlos gefallen wäre, der davon
einen noch übleren Gebrauch als Ferdinand VII. gemacht haben würde.
Aber das Mißtrauen, welches gegen Marie Christine in einem Theile der
Nation nach ihrer zweiten Vermählung entstand, legte ihrer Regierung
noch größere Hindernisse als ohne dieses Verhältniß statt gefunden hatten,
in den Weg. Eine andere Schwierigkeit für sie bestand darin, daß sie die
Generale, welche sie gegen die Karlisten verwandte, nicht ausschließend nach
deren militairischen Fähigkeiten, sondern auch nach den politischen Ueber=
zeugungen wählen zu müssen glaubte, da sie von den Demokraten fast eben
so viel wie von den Absolutisten zu fürchten hatte. Diese und ähnliche,
unter den vorhandenen Umständen schwer zu umgehende, Rücksichten
traten aber der Kraft und Einheit in der Kriegführung störend entgegen.

Zumalacarregui's Tod vor Bilbao war ein unersetzlicher Verlust für
die Sache des Don Karlos gewesen. Die treffliche Organisation, welche
er dem baskischen und navarresischen Aufstande gegeben, hatte ihn zwar
überlebt, aber nach ihm wußte Niemand mehr von diesen Mitteln einen so

geschickten und kühnen Gebrauch wie er zu machen. Indessen scheiterten mehre Jahre lang alle Anstrengungen der christinoschen Generale, die Karlisten aus ihren festen Stellungen zu vertreiben. Ein Heer der Königin nach dem andern verschwand am Fuße der uneinnehmbaren Bergkessel, oder kehrte nach kurzem Eindringen in dieselben gebrochen und erschöpft zurück. Die von Madrid ausgesandten Heerführer wechselten noch schneller als die dort ernannten Minister. Die Soldaten, meist im Innern und Süden Spaniens rekrutirt, da ein großer Theil des Nordens der Königin feindlich oder wenigstens gleichgültig gegen sie gesinnt war, hegten gegen Basken und Navarresen eine nationale Abneigung, und ließen sich in diesem Kriege die furchtbarsten Ausschweifungen und Grausamkeiten zu Schulden kommen, die dann von den Gegnern, wo möglich, noch überboten wurden. Der Kampf nahm eine Zeit lang einen so unmenschlichen Charakter an, daß nicht nur die Gefangenen niedergemacht wurden, als sei dies ein regelmäßiger und erlaubter Brauch, sondern dasselbe zuweilen auch an bejahrten Frauen und unmündigen Knaben geschah.

Karlistische Anführer von besonders unternehmendem Geist, wie Cabrera, Gomez, durchbrachen mehrmals die ihnen entgegengesetzten feindlichen Linien, zogen in einem Theile Spaniens, plündernd und brandschatzend, umher, und ließen die Ortsvorsteher und andere angesehene Einwohner, die als Christinos bekannt waren, und sich nicht durch die Flucht gerettet hatten, ohne weiteres erschießen. Indessen ward dadurch im wesentlichen die Lage der Dinge nicht verändert. Sobald die karlistischen Banden sich entfernt hatten, kehrte wieder alles unter die Regierung der Königin Isabelle zurück. Da der Aufstand außerhalb des Bodens, wo er begonnen hatte, keine wahrhaften Fortschritte machte, so war vorauszusehen, daß sich eher die baskischen Provinzen als das ganze übrige Spanien an Mannschaft und Geld erschöpfen würden.

Die Anhänger des Don Karlos trachteten vor allem danach, eine bedeutende Stadt in ihre Gewalt zu bekommen, weil sie wußten, daß dies namentlich auf die nordischen Höfe einen großen Eindruck zu Gunsten des Prätendenten hervorbringen, ihm vielleicht deren Anerkennung verschaffen würde. So lange die Karlisten über kahle Berghöhen und in waldigen Schluchten hin und her zogen, und sich mit dem Besitze kleiner Städte und Dörfer begnügen mußten, schien der Kampf sich keinem politischen Ziele zu nähern. Don Karlos ließ deshalb zum zweitenmal Bilbao belagern, ohne es einnehmen zu können (1836). Vom Glück bisher im Ganzen begünstigt, stieß er bei dieser Gelegenheit auf einen Mann, an dessen Thatkraft und Einsicht zuletzt sein ganzes Unternehmen zu Grunde gehen sollte.

Baldomero Espartero, Sohn eines Stellmachers aus einem Dorfe
der Mancha, war, ursprünglich zum geistlichen Stande bestimmt, bei der
nationalen Erhebung gegen die Franzosen, als Freiwilliger in das Heer ge=
treten, und hatte, ohne Gelegenheit zu besonderer Auszeichnung zu finden,
den langen Kampf gegen Napoleon und dessen Marschälle durchgemacht
und später in Amerika gedient. Niemand ahnte damals die Rolle, die er
einst zu spielen bestimmt war. Er hatte sich indessen während des Krieges
militairische Erfahrung erworben, und später seine Muße zur Kenntniß
der politischen Lage Spaniens angewandt. Als es nach dem Tode Ferdi=
nand VII. darauf ankam, eine bestimmte Partei zu wählen, schloß sich Es=
partero der Königin=Regentin an. Eine Zeit lang anderen am Hofe be=
kannteren und beliebteren Generalen untergeordnet, war er in deren Nieder=
lagen gegen die Karlisten verwickelt gewesen. Es gelang ihm endlich sich
zum erstenmal bei der Belagerung Bilbao's bemerkbar zu machen, das,
schon in großer Gefahr schwebend, von ihm durch einen kühnen Ausfall,
bei welchem er sich persönlich sehr hervorthat, gerettet wurde. Hierauf zum
Oberbefehlshaber der Expeditionsarmee gegen die Karlisten ernannt, brachte
er ihnen in der Schlacht bei Luchana (24. December 1836) eine empfind=
liche Niederlage bei, und zwang sie sich in ihre Gebirge zurückzuziehen.

Von dem ausdauernden Muthe und der begeisterten Aufopferung der
Basken und Navarresen wurden diese Verluste bald ersetzt. Im Frühlinge
1837 drangen die Karlisten unter Villareal, Zariateguy, Gomez, Ca=
brera in Aragonien ein, warfen die Christinos bei Huesca, gingen über
den Ebro, und rückten gegen Valencia vor. Aber Don Karlos wagte es
nicht. die stark besetzte und befestigte Stadt anzugreifen, sondern schlug den
Weg nach Madrid ein. Die Hauptstadt war von Linientruppen entblößt,
und die Nachricht vom Anrücken des Feindes hatte einen allgemeinen
Schrecken verursacht. Aber Espartero, der unterdessen von der Regentin
in Calatrava's Stelle (18. August 1837) zum Haupte einer neuen Ver=
waltung ernannt war, und eine unbeschränkte Verfügung über die be=
waffnete Macht erhalten hatte, zog in Eilmärschen herbei, deckte Madrid,
und wußte jede Blöße, welche sich seine Gegner gaben, zu benutzen. Don
Karlos, welcher auf eine allgemeine Schilderhebung des Landvolkes zu
seinen Gunsten gerechnet hatte, sah sich gänzlich getäuscht. Er zog eine
Zeit lang in den kastilischen Ebenen, ohne Anhang zu finden, hin und her,
und wandte sich endlich nach dem Ebro zurück. Espartero folgte ihm auf
dem Fuße nach, schlug ihn auf verschiedenen Punkten, und zuletzt am
14. Oktober bei Huerta del Rey so, daß das karlistische Heer sich fast auf=

löste, und in wilder Flucht dem Baskenlande zueilte, um dort den Kampf noch eine Zeit lang mit möglichster Anstrengung fortzusetzen.

Dieser verfehlte Zug in das Innere Spaniens sollte über den ganzen Krieg entscheiden. Der Umstand, daß in dem Stammlande und Mittel= punkte des spanischen Volksthums, in Kastilien, bei Don Karlos Annäherung alles ruhig geblieben, schlug die lang gehegte Täuschung nieder, daß Don Karlos die Mehrheit der Nation für sich habe, und die Massen nur auf seine Anwesenheit warteten, um sich für ihn auszusprechen.

Don Karlos persönliche Unfähigkeit vollendete den üblen Eindruck, den sein zunehmendes Kriegsunglück angefangen hatte. Seine Erziehung war eben so wie die Ferdinand VII. vernachlässigt gewesen, und er dabei geistig noch starrer und träger als dieser geblieben. Die schmeichlerischen Berichte fremder Agenten und Militairs, die ihn umgaben, und in ihm einen mittelalterthümlichen Charakter und Vertreter des altspanischen Wesens erkennen wollten, konnten die Leichtgläubigkeit eine Zeit lang irre führen, aber vor entgegengesetzten unparteiischen Beurtheilungen, und der Gewalten der Thatsachen nicht Stich halten. Don Karlos war weder Staats = noch Kriegsmann, leitete und entschied selbst nichts, sondern gab sich unbedingt dem Rathe einiger Geistlichen hin, welche über die Verdienste der zu ihrer Partei gehörigen Generale nach dem Grade der Frömmigkeit richteten, welche sie an denselben bemerkten. Die Camarilla, denn Don Karlos besaß eine solche wie einst Ferdinand VII., wenn auch nicht so zahl= reich und glänzend, wurde von dem Bischofe von Leon und dem Höflinge Arias Tejeiro geleitet, welche die Heerführer erhoben und stürzten, die Pläne für die Feldzüge entwarfen, und mit den Agenten des Auslandes unterhandelten.

Der Pater Cyrillo, welcher Erzbischof von Havanna geworden, aber die europäischen Verhältnisse nie außer Acht gelassen hatte, war unter= dessen im karlistischen Hauptquartier angekommen. Von diesem in seinen Ideen übertriebenen, aber seiner Natur nach geistreichen Manne ward alsbald die Unfähigkeit der Umgebungen des Prätendenten, und die Un= möglichkeit auf diesem Wege vorwärts zu kommen, begriffen. Er rieth Don Karlos, dem bisher wenig hervorgetretenen General Maroto, der mit der Camarilla auf gespanntem Fuße stand, aber großen Einfluß auf das Kriegsvolk besaß, den Oberbefehl zu übergeben. Aber Cyrillo hatte sich, ungeachtet seiner Feinheit und Erfahrung, in Maroto's Charakter gänzlich geirrt. Letzterer wollte sich erst seiner militairischen Nebenbuhler entle= digen, und dann den Prätendenten selbst von sich abhängig machen. Zu dem Ende übergab er mehre Führer der exaltirten Partei, die Generale

3 *

Garcia, Sanz, Carmona, Guergué, und den Intendanten der Armee, Jbanez, weil sie sich angeblich zu seinem Untergange verschworen haben sollten, einem aus ihm ergebenen Officieren zusammengesetzten Kriegs= gerichte, von welchem sie zum Tode verurtheilt wurden. Als Don Karlos von diesem Verfahren hörte, befahl er die Freilassung der Angeklagten, die sich immer als seine treuesten Anhänger gezeigt hatten. Aber Maroto, an= statt zu gehorchen, ließ sie am 18. Februar (1839) in Estella, einer kleinen Stadt in Navarra, erschießen. Die Truppen, welche jetzt Don Karlos gegen Maroto schickte, um ihn des Kommandos zu entsetzen, und zur Rechen= schaft zu ziehen, gingen zu letzterem über. Der Prätendent verlor plötzlich den Muth, bestätigte Alles was sein eigenmächtiger und gewaltthätiger General gethan hatte, und willigte außerdem in die Entfernung seiner vertrautesten Günstlinge ein, des Bischofs von Leon, des Paters Larraga, seines Beichtvaters, des Arias Tejeiro, welcher bei ihm die Stelle eines Rathes und Gesellschafters, wie einst Ugarte eine Zeit lang bei Ferdi= nand VII., bekleidet hatte. Diese und einige dreißig andere Mitglieder der apostolischen Partei, welche sich in Don Karlos Lager befanden, wurden an die französische Grenze abgeführt, und ihnen die Rückkehr verboten.

Nachdem Maroto den Prätendenten auf diese Art isolirt hatte, knüpfte er im geheimen Unterhandlungen mit Espartero an, während welcher der Krieg, obwohl immer matter, fortgeführt wurde. Maroto hatte die nicht mehr zu verkennende Erschöpfung der baskischen Provinzen und die zu= nehmende Erkaltung der Bevölkerung gegen Don Karlos bemerkt, und hielt diesen für verloren. Er wollte sich in den Augen seiner Gegner ein Ver= dienst erwerben, indem er den Sturz des Prätendenten nicht nur abwar= tete, sondern zu ihm beitrug. Er ließ sich von Espartero absichtlich aus einer ungünstigen Stellung in die andere drängen, und schloß endlich mit ihm am 31. August (1839) zu Bergara, in Guipuzcoa, einen Vertrag ab, vermöge dessen die karlistische Hauptmacht, 21 Bataillone und 3 Schwa= drone, zu den Christinos überging. Maroto bemäntelte seinen Verrath, wie gewöhnlich unter ähnlichen Umständen geschieht, mit dem patriotischen Vorwande, dem Bürgerkriege, welcher Spanien seit sechs Jahren zerriß, ein Ende zu machen. Es wäre aber ehrenvoller gewesen, den Prätendenten entweder früher zu verlassen, ohne ihn zu verrathen, oder bei ihm auszu= harren, als sein Stern zu sinken anfing. Die Fueros der Basken wurden von der Königin=Regentin bestätigt, die aufgestandenen Provinzen er= kannten dagegen die Königin Jsabella II. und die Konstitution von 1837 an. Maroto und die übrigen karlistischen Generale und Officiere, welche sich unterwarfen, behielten ihre militairischen Grade, Orden und Gehälter, die Mannschaft ward in ihre Heimath entlassen. Der früher mehrmals genannte Graf de Espanna wurde um diese Zeit, von einigen seiner ehemaligen Parteigenossen, welche aber die von ihm in den letzten Regierungs=jahren Ferdinand VII. gegen die Apostolischen begangenen Verfolgungen nicht vergessen hatten, überfallen, und, zur nächtlichen Stunde, an Händen und Füßen gebunden, in einen Waldstrom geworfen, wo man am anderen Tage seine Leiche fand, ohne daß dieser Frevel an den Urhebern gerächt worden wäre. Am 14. September (1839) überschritt Don Karlos die französische Grenze, und es wurde ihm und seiner Familie von der franzö=sischen Regierung ein erzwungener Aufenthalt in Bourges angewiesen. Cabrera, nächst Zumalacarregui, der fähigste und unternehmendste aller karlistischen Heerführer, setzte den Kampf in Oberkatalonien noch bis zum Juli 1840 fort, mußte aber, von Espartero unaufhörlich gedrängt, sich zuletzt ebenfalls nach Frankreich flüchten. Maroto, von allen Parteien ge=ring geschätzt, begab sich nach dem ehemaligen spanischen Amerika, wo er später in tiefster Dunkelheit endigte.

---

24. Portugal unter der Herrschaft des Infanten Don Miguel. — Verhältniß Don Miguel's zu den fremden Mächten. — Kampf zwischen Don Pedro und Don Miguel. — Besiegung dieses letz·teren. — Wiederherstellung der Konstitution von 1826. — Ma· ria II. in den Besitz des portugiesischen Thrones gesetzt. — Don Pedro's Tod.

Es war der absolutistischen und klerikalen Partei gelungen, durch ihren Einfluß auf die rohe und unwissende Menge, und durch die gegen die mittleren Klassen angewandten Einschüchterungen und Drohungen, die Einberufung der sogenannten Kortes von Lamego herbeizuführen, welche den Infanten Don Miguel eingeladen hatten, die portugiesische Krone in Besitz zu nehmen (23. Junius 1828). Es war dies aber nicht eine kon=stituirende Versammlung gewesen, wie deren in neuerer Zeit mehrmals ge=sehen worden, welche streitige Thronansprüche entschieden oder eine Ver=fassung festgesetzt hätte, sondern sie hatte nur ein unzweifelhaftes Recht, wie es ihrer Meinung nach das des zweiten Sohnes Johann VI. auf die portugiesische Krone war, anerkannt, und dasselbe für die Nation ver=bindlich erklärt. An den Gesetzen und Einrichtungen selbst war nichts ge=

ändert, und Don Miguel nach Auflösung dieser Kortes in seiner Re=
gierungsgewalt unumschränkt geblieben.

Der Entschluß Don Pedro's, seinen Bruder zum Regenten von
Portugal während der Minderjährigkeit seiner Tochter zu ernennen, und
ihm dieselbe zur Gemahlin zu bestimmen, war ein in jeder Beziehung
verfehlter Plan gewesen. Don Miguel hatte sich früher nicht nur gegen
die Konstitution der Kortes, sondern auch gegen seinen Vater Johann VI.
verschworen, und es hätte vorausgesehen werden können, daß er gegen
seine Nichte noch weniger Rücksichten beobachten würde. Es waren von
ihm schon so viele Treulosigkeiten und Verräthereien begangen worden,
daß seine Versprechungen und Eidschwüre keine Bürgschaft gewähren
konnten. Da er, nachdem sein Bruder in Brasilien regierte, ein Recht
auf die portugiesische Krone zu haben glaubte, so hielt er sich, ungeachtet
aller von ihm geleisteten Zusagen, weder zur Vermählung mit seiner
Nichte, noch zur Beobachtung der von Don Pedro gegebenen Verfassung
verpflichtet. Er sah Beides als einen ihm auferlegten Zwang an.

Bei mehr Reise und Tiefe des Urtheils hätte Don Pedro dies
Alles vorher wissen können. Er vermochte aber nicht, Personen und
Zustände leidenschaftlos abzuwägen, und war zu sehr geneigt, augen=
blicklichen Eingebungen zu folgen. Er hatte gehofft, seinen Bruder durch
die beschlossene Vermählung mit seiner Tochter zu gewinnen, und da=
durch die Anhänger der alten und neuen Ordnung der Dinge mit ein=
ander auszusöhnen, ohne den Charakter Don Miguel's, und die Kluft,
welche in Portugal noch mehr als anderswo die absolutistische und kon=
stitutionelle Partei trennte, in Betracht zu ziehen. Wie oft bei Fürsten,
so hatte auch bei Don Pedro in diesem Falle, die Neigung für die Irr=
gänge einer vermeintlichen Staatskunst über die Anschauungen des ge=
raden Verstandes den Sieg davon getragen. Wenn er das Glück seiner
Tochter gründen, und die von ihm dem portugiesischen Volk verliehene
Verfassung erhalten wollte, so durfte er Don Miguel nicht die Regent=
schaft übergeben, und ihm nicht die Mittel zu einer Thronanmaßung
selbst in die Hand legen. Don Miguel würde ohne Zweifel auch auf
anderem Wege eine Usurpation versucht haben, sie würde ihm aber
schwerer geworden, und Portugal vielleicht mehrjährige Leiden und
Drangsale erspart worden sein.

Was den Rechtspunkt betrifft, so konnte schon damals von keinem
parteilosen Urtheile die später allgemein gewordene Ueberzeugung zurück=
gewiesen werden, daß Don Pedro berechtigt gewesen sei, über den portu=
giesischen Thron zu Gunsten seiner Tochter zu verfügen. Obgleich Kai=

fer von Brasilien geworden, hatte er sich nie seines Erbrechts auf Por=
tugal begeben. Bei dem Tode seines Vaters Johann VI. war es ihm
unbenommen gewesen, zwischen beiden Reichen zu wählen. Er entschied
sich für Brasilien, und trat die portugiesische Krone seiner ältesten
Tochter ab. Die Frauen waren in Portugal von jeher thronfähig ge=
wesen. Johann VI. hatte viele Jahre lang, während der Geisteskrank=
heit seiner Mutter Maria Francisca, einer Tochter Joseph I., nur den
Titel eines Regenten geführt. Wenn aber auch Don Miguel nähere
Ansprüche auf die portugiesische Krone als seine Nichte besessen hätte, so
waren sie von ihm aufgegeben worden, als er, erst in Wien und dann in
Lissabon, vollkommen freiwillig, sich den Bestimmungen seines Bru=
ders in Bezug auf die Thronbesteigung seiner Nichte und die Vermählung
mit derselben unterworfen, und die Anerkennung der Verfassung eid=
lich angelobt hatte.

Eine Gewaltherrschaft wie diejenige, welche Don Miguel über
Portugal ausübte, läßt sich nur aus der tiefen inneren Zerrüttung, in
welche die Nation gerathen war, erklären. Portugal war durch die lang=
jährige Abwesenheit der königlichen Familie, den Unabhängigkeitskrieg,
und den von demselben angeregten Geist auf eine von der früheren ganz
verschiedene Bahn geführt worden, ohne daß ihm an deren Ende ein be=
stimmtes Ziel vorangeleuchtet hätte. Die alten Einrichtungen wurden
plötzlich umgestoßen, ohne daß vorher eine andere Gesittung herangereift
gewesen wäre. Eine Partei hatte später das Alte wiederhergestellt, aber
ohne ihm wie vorher eine allgemeine Anerkennung verschaffen zu können.
Das Schicksal des Landes war seit Jahren einzig durch äußere Gewalt
entschieden worden, und so sollte es noch auf lange hinaus bleiben.
Das Chaos, in welches das portugiesische Volk durch das Eindringen
der neuen Ideen, ohne hinreichende Vorbereitung auf dieselben, gestoßen
worden, war noch tiefer und dunkler als in Spanien. Dazu kam, daß
der portugiesische Nationalcharakter in sich selbst nicht so viel Kraft und
Halt als der spanische besaß, das öffentliche Bewußtsein erniedrigter
war, und es der rettenden Elemente wenigere gab. Indessen sollte aus
Don Miguel's Tyrannei zuletzt eine Krisis hervorgehen, aus welcher
sich eine, wenn auch langsame, Heilung der öffentlichen Zustände
entwickelte.

Die einzelnen Klassen des portugiesischen Volkes standen von ein=
ander gesonderter als in Spanien da, und es wurde in diesem kleinen
Staate weniger als in dem großen Nachbarlande der Pulsschlag eines
allgemeinen Lebens vernommen. Der höhere portugiesische Adel war,

ungeachtet ſeiner Reichthümer und der Vorrechte, welche er auf ſeinen
Beſitzungen ausübte, allmälig von der Regierung ſo abhängig gewor=
den, daß er unter Joſeph I. die grenzenloſe Willkür des Marquis von
Pombal, und die grauſame Hinrichtung mehrer ſeiner vornehmſten Mit=
glieder ohne Widerſpruch ertragen hatte. Unter dieſem alten und großen
Adel, deſſen Vorfahren einſt in den Kriegen gegen die Araber und ſpä=
ter bei den überſeeiſchen Eroberungen geglänzt hatten, gab es eine nicht
ganz unbedeutende Partei, von welcher ſelbſt die demokratiſche Konſtitution
der Kortes dem früheren Despotismus vorgezogen, und eine noch größere
Zahl, von der die Repräſentativmonarchie, wie ſie Don Pedro beabſich=
tigte, als eine Erfüllung aller Wünſche angeſehen wurde. Aber es fehlte
dem liberalen Theile der portugieſiſchen Großen an der nöthigen That=
kraft und Entſchloſſenheit, um zur Vertheidigung ſeiner Meinungen zu=
ſammenzutreten, und ſich an die Spitze der ähnlich geſinnten mittleren
Klaſſen zu ſtellen, welche, um etwas zu vermögen, eines ihnen gegebenen
Beiſpieles bedurft hätten.

Der zahlreiche kleinere Adel (Fidalgos), welcher nicht wie der ſpa=
niſche in größeren Städten in beſtändiger Berührung mit den übrigen
Klaſſen lebte, ſondern auf ſeinen Beſitzungen ein beſchränktes und ver=
einſamtes Daſein führte, war großentheils dem Abſolutismus zugethan
geblieben. Sein Mangel an Bildung machte ihn unfähig, die Vor=
züge einer freien Verfaſſung zu würdigen, und ſein Ehrgeiz war von
der Aufhebung ſeiner früheren Vorrechte verletzt worden. Denn ſowohl
die von den Kortes als die von Don Pedro eingeführte Konſtitution
hatte die Gleichheit vor dem Geſetz eingeführt, und Wahlrecht und
Wählbarkeit war einzig von der Entrichtung eines gewiſſen Steuer=
betrages, ohne Rückſicht auf Standesverhältniſſe, abhängig gemacht
worden.

Das Landvolk ſtand in Portugal mehr als ſelbſt im Kirchenſtaate
unter dem Einfluſſe der Geiſtlichkeit, beſonders der zahlreichen Mönche,
und hing an den alten Einrichtungen, unter deren Herrſchaft es, von
keinem Gedanken an eine Verbeſſerung oder Erweiterung ſeiner Lage in
ſeinem Gewohnheitsleben geſtört, bei geringer Arbeit ſeine beſchränkten
Bedürfniſſe befriedigen konnte. Es war damals, mit Ausnahme einiger
an der Küſte liegenden Gegenden, wo der Handel die Geſinnungen et=
was umgeſtaltet hatte, in jedem Augenblicke bereit, dem Rufe der Fi=
dalgos und Mönche zu folgen.

Die portugieſiſche Welt= und Kloſtergeiſtlichkeit war der zurückge=
bliebenſte, unwiſſendſte und roheſte Theil des katholiſchen Klerus in

Europa, und mochte nur in einigen amerikanischen Kolonien ihres Gleichen haben. Ungeachtet ihres Mangels an Einsicht und Bildung, sah sie ihre Herrschaft über die unteren Volksklassen als ein ihr zuste=hendes Recht an, und fürchtete, daß eine Verbesserung in den öffent=lichen Einrichtungen ihr Ansehen, ihre Einkünfte und ihr sinnliches Wohlbehagen gefährden könnte. Obgleich dieser Klerus unfähig war, der weltlichen Macht, wenn diese ernstlich in seine Zustände eingreifen wollte, zu widerstehen, wie schon zu Pombal's Zeit bemerkt worden, und später nach Begründung des konstitutionellen Systems sich wieder zeigen sollte, so gab er doch für einen Absolutismus, welcher sich mit ihm zu demselben Zwecke, der Verdumpfung und Erniedrigung der Massen verband, einen trefflichen Bundesgenossen ab. Es waren unter den Prälaten und den Prioren der großen Klöster einige aufgeklärte und wohlgesinnte Männer vorhanden, aber sie setzten sich Verfolgungen aus, wenn sie mit ihren Ansichten nicht zurückhielten, und übten keinen Ein=fluß aus.

Die neuen Ideen hatten in Portugal nur unter einem Theile der Großen, unter dem kleineren Adel, welcher in dem Heere gedient hatte, in den litterarisch gebildeten Klassen und dem Handelsstande Wurzeln ge=schlagen. Von da aus sollten sie sich langsam aber unfehlbar unter den diesen zunächst liegenden Schichten der Gesellschaft, und dann immer weiter verbreiten. Unter gewöhnlichen Umständen hätten zu einer sol=chen Veränderung vielleicht ganze Menschenalter gehört. Von den Er=fahrungen, zu welchen das über die Nation nach Don Miguel's Rückkehr verhängte Joch Veranlassung gab, ward jedoch die öffentliche Meinung früher, als sonst geschehen sein würde, umgestaltet.

Don Miguel hatte seine Regierung damit angefangen, alle Gene=rale und Officiere, welche einer freisinnigen Richtung verdächtig waren, aus den Reihen des Heeres zu entfernen, und, wenn sie im Lande blieben, unter genaue Aufsicht zu stellen. Die Soldaten fielen auf diese Art dem herrschenden System von selbst zu, obgleich sich in einzelnen Truppen=korps von Zeit zu Zeit Spuren einer entgegengesetzten Gesinnung er=kennen ließen. Ebenso wurden alle Behörden, Verwaltungs= und Ge=richtsstellen nur mit Solchen besetzt, welche für Anhänger des unum=schränkten Königthums galten. Durch die Heuchelei aber, welche der Despotismus erzeugt, und bei der Geschmeidigkeit des südlichen Charak=ters geschah es, daß viele konstitutionell gesinnte Beamten und Officiere dem Druck der Umstände nachgaben, auf die Zwecke der Regierung schein=bar eingingen, aber im Stillen ihre früheren Meinungen bewahrten, und auf eine Gelegenheit zum Umsturz derjenigen Ordnung der Dinge warteten, welcher sie äußerlich angehörten. Auf solche Art blieb im Ge= heimen ein liberales Element, mitten unter dem größten Despotismus, selbst innerhalb der officiellen Sphären des Landes bestehen.

Da die absolutistische und klerikale Partei sich auf das stehende Heer, ungeachtet aller in ihm vorgenommenen Ausscheidungen nicht voll= kommen verlassen zu können glaubte, so hatte sie, in Portugal wie in Spanien, eine sich ganz unter ihrem Einflusse befindliche Miliz, die königlichen Freiwilligen genannt, errichtet, welche meist aus arbeitslosem Gesindel bestand, und zur Vernichtung jeder in der übrigen Bevölkerung den Machthabern widerstrebenden oder verdächtigen Richtung bestimmt war. Den königlichen Freiwilligen wurden von der Regierung alle Un= ordnungen nachgesehen, und von denselben, unter dem Vorwande ihre politische Rechtgläubigkeit zu zeigen, bei vielen Gelegenheiten die größ= ten Gewaltthätigkeiten und Frevel verübt. Außer den königlichen Frei= willigen gab es aber im Mittelpunkte des Reiches, in Lissabon selbst, eine militairisch organisirte Polizei, welche bis auf sechstausend Mann vermehrt wurde, unter dem oben erwähnten *), berüchtigten General Tellez Jordao stand, und die eigentliche Phalanx bildete, durch die Don Miguel Alles um sich her in Zwang und Schrecken hielt.

Don Miguel hatte der Form wegen, weil dies bei Thronbestei= gungen gewöhnlich ist, eine Amnestie erlassen, welche er aber eben so wenig wie seine in Wien und Lissabon auf die Verfassung geleisteten Eide hielt. Alle, welche als Anhänger der Konstitution der Kortes oder Don Pedro's bekannt waren, wurden, wenn sie sich nicht schleunigst in Sicherheit setzten, eingekerkert. Dies Schicksal traf eine Menge Personen von Rang und Verdienst, unter anderen die ehemaligen Minister Barrados und Pamplona. Die Güter derjenigen, welche sich ohne Erlaubniß in das Ausland begaben, wurden eingezogen, und die Mitwisser oder Helfer bei heimlichen Entfernungen zu öffentlicher Zwangsarbeit verurtheilt. Die Rache Don Miguel's erstreckte sich auch auf die zurückgebliebenen Frauen und Töchter der Entflohenen, welche, nachdem sie ihre Besitzun= gen verloren hatten, zur Strafe in Klöster der strengsten Regel einge= sperrt wurden, wo sie Entbehrungen und Mißhandlungen ausgesetzt waren. Noch vor Ablauf des ersten Regierungsjahres des Infanten soll es in dem kleinen Lande über 15,000 wegen politischer Vergehen Ver= haftete gegeben haben. Don Miguel und Tellez Jordao sorgten dafür, daß

---

*) Siehe Theil IV. Seite 189.

dieser Klasse von Gefangenen die ungesundesten Kerker angewiesen wur=
den. Viele kamen vor Hunger um. Der Infant fand ein Vergnügen dar=
in, die traurige Lage ihm persönlich bekannter Gefangener zu beobach=
ten, wie sie in den unterirdischen Kerkern der am Tajo liegenden Forts,
von Schmutz und Unflath beladen, gleich wilden Thieren an den feuchten
und dunklen Mauern angekettet lagen. Die Verfolgung steigerte sich so
sehr, die Arglist der heimlichen Angeberei, die Willkühr der Polizei, die
Ausschweifungen der königlichen Freiwilligen nahmen so zu, daß
Alles, was der herrschenden Partei auf irgend eine Weise verdächtig
war, sich gern mit Aufgebung von Habe und Gut in das Ausland
rettete.

Nicht blos die Grausamkeit an und für sich, sondern auch die eigen=
thümliche Art derselben ließ bei Don Miguel eine höchst rohe und ver=
derbte Natur voraussetzen. Bei der Hinrichtung des Generals Moreira,
dessen Versuch zu einem Aufstande in Lissabon entdeckt wurde, befahl der
Infant, daß der eigene Sohn und ein Freund des Verurtheilten um
das Schaffot herumgeführt würden, damit sie sich diesem Anblick nicht
entziehen könnten.

Am frembartigsten nahm sich, im Vergleiche zu der in allen anderen
christlichen Ländern herrschenden Sitte, Don Miguel's Verhalten gegen die
weiblichen Mitglieder seiner Familie aus. Sie waren ihm fast alle verhaßt
oder verdächtig geworden. Selbst mit seiner Mutter, der Königin=Wittwe
Carlotta, veruneinigte er sich mehrmals, und ordnete sich ihr, obgleich er ihren
Ränken und Schätzen großentheils die davon getragenen Erfolge verdankte,
nur ungern unter. Er ließ seine mehr als siebenzigjährige Großmuhme
Donna Maria Benedikta eine Zeit lang in ihren Zimmern eng bewachen,
weil er sie eines heimlichen Einverständnisses mit seinen Feinden beschuldigte.
Da seine Schwester, die Infantin Isabella, die vor ihm die Regentschaft über
Portugal geführt hatte, sich weigerte, ihm, der sich ungeachtet der vielen Er=
pressungen und Gütereinziehungen, immer in Geldnoth befand, ihre Dia=
manten auszuliefern, so ward sie von ihm körperlich gemißhandelt. Auf
den Verdacht hin, daß sie mit Don Pedro in briefliche Verbindung getre=
ten, schoß er eine Pistole auf sie ab, verfehlte sie, verwundete aber eine an=
dere Person, die sich in demselben Zimmer befand. Um sie zu kränken,
ließ er die ehrenrüchigsten Nachrichten über ihre Lebensweise verbreiten.
Seine Schwester Donna Anna de Jesus Maria hatte den Sohn des nach
einem allgemein geglaubten Gerücht, auf Don Miguel's Veranstaltung er=
mordeten Marquis von Loulé geheirathet, war aber schon vor der Ankunft
ihres Bruders mit ihrem Gemal nach England entflohen. Don Miguel er=

klärte, daß er ſeine Schweſter im Betretungsfalle würde haben in ein Kloſter einſperren, den jungen Marquis aber an den höchſten Galgen hängen laſſen. Im Vergleiche zu der Barbarei Don Miguel's konnte ſein Oheim und Nachbar, Ferdinand VII., für einen etwas harten und willkührlichen, aber ſonſt geſitteten und verfeinerten Fürſten gelten.

Die von Don Miguel in Portugal ausgeübte rohe Gewaltherrſchaft wurde von den fremden Regierungen nicht mit der Entrüſtung und Ver= achtung betrachtet, welche ſie verdient hätte. Der Papſt, Spanien und Nordamerika waren mit ihm, erſtere beide aus innerer Uebereinſtimmung, letzteres aus Gleichgültigkeit gegen den Urſprung jeder Staatsgewalt, als mit dem rechtmäßigen Könige in Verbindung getreten. Von den übrigen Mächten waren ihre Geſandten nach der Thronanmaßung des Infanten abberufen worden, aber ohne daß ſie die Tochter Don Pedro's als Köni= gin anerkannt hätten. Die Tories, welche damals in England am Ruder ſaßen, ſahen dem Treiben Don Miguel's ohne Mißfallen zu. Sie glaub= ten, daß bei einer ſo ſchlechten Regierung Portugal in ſeinen Handelsbe= ziehungen von Großbritanien um ſo abhängiger bleiben würde. Von Wellington und Aberdeen, welche das engliſche Miniſterium leiteten, wur= den überall auf dem Kontinent Druck und Willkühr, als Bedingung der Erhaltung des allgemeinen Friedens, begünſtigt. An den abſolutiſtiſchen Höfen in Wien, Berlin und St. Petersburg konnte, bei dem perſönlichen Charakter der dortigen Souveraine, Don Miguel's Verhalten im Einzelnen nicht gebilligt werden, es ward aber an ſeiner Regierungsweiſe im Ganzen kein Anſtoß genommen. Das konſtitutionelle Syſtem galt damals in den Augen der meiſten Fürſten und Staatsmänner für den Quell alles Uebels, für den allgemeinen Feind, der erdrückt werden müſſe, wenn nicht Alles in Frage geſtellt werden ſollte. Wo die Scheere des Cenſors gegen die Verbreitung der neuen Ideen, wie in Oeſterreich, hinreichte, zog man die= ſes Mittel als das mildere vor, wo dagegen, wie in Portugal, ſchärfere Werkzeuge nöthig zu ſein ſchienen, ward deren Anwendung nicht gemiß= billigt. Hierüber waren alle Fraktionen der abſolutiſtiſchen Partei in Europa einig, ſo verſchieden ſie ſonſt von einander ſein mochten.

Die Ultramontanen in Rom und Madrid, welche das Königthum nur als einen Schild für die Kirche anſahen, die Legitimiſten in Frank= reich, welche von der Wiederherſtellung der vor 1789 beſtandenen Einrich= tungen träumten, die Anhänger des Militair= und Adminiſtrativſtaates in Wien und Berlin, kamen alle darin überein, das Streben der Zeit nach bürgerlicher und kirchlicher Unabhängigkeit für die größte aller Gefah= ren anzuſehen. Ueber der gemeinſamen Vorliebe für die unumſchränkte

Regierungsgewalt wurden für den Augenblick alle anderen Gegensätze vergessen. Die französischen Legitimisten stellten Don Miguel als einen Fürsten hin, welcher, gerecht, menschlich und für das Wohl seines Volkes besorgt, nur von der Bösartigkeit seiner Feinde und von der Nothwendigkeit der Selbstvertheidigung hier und da zu Beispielen heilsamer Strenge genöthigt werde. Die absolutistische Partei in Deutschland, welche von Wien aus ihre Losung erhielt, ließ sich weniger die Vertheidigung der Person des Infanten angelegen sein, hob aber sein Regierungssystem als ein ächt nationalportugiesisches, christliches und mittelalterthümliches hervor, und suchte besonders sein Thronrecht nachzuweisen, wobei sie sich die gröbsten Entstellungen der Wahrheit und der Thatsachen zu schulden kommen ließ. Die Zeit hat, und nicht lange nachher, die Nichtigkeit aller dieser Deklamationen und Sophismen nachgewiesen. Sie übten aber damals, weil sie von oben her begünstigt wurden, einen bedeutenden Einfluß aus, und es gab Höfe, an welchen die Vorliebe für Don Miguel für einen Beweis der Loyalität gegen den eignen Souverain galt, und das Gegentheil in den Ruf eines Revolutionairs gebracht haben würde.

Don Miguel hätte bei mehr Mäßigung und Klugheit Aussicht gehabt, seine Herrschaft zu befestigen, und sich von den fremden Mächten anerkannt zu sehen. Zwei Ereignisse sollten aber seinen Sturz herbeiführen. Es waren dieß seine Streitigkeiten mit England und besonders mit Frankreich, und Don Pedro's unerwartetes Erscheinen in Europa und der Eifer, mit welchem derselbe sich die Vertheidigung der Rechte seiner Tochter angelegen sein ließ.

Die Tories hatten aus politischen Gründen Don Miguel mancherlei Unbilden, Verfolgungen englischer Unterthanen in Portugal, Beschlagnahme englischer Handelsschiffe u. s. w. nachgesehen, und überhaupt gegen ihn eine bei englischen Staatsmännern ungewöhnliche Geduld bewiesen. Als die Whigs, mit dem Grafen Grey an der Spitze, in die Verwaltung traten, hörte diese Schonung auf. Grey verlangte Entschädigung für die Verletzung von Personen und Interessen, und Don Miguel mußte sich unter demüthigenden Bedingungen zur Erfüllung dieser Forderungen verstehen, was seinem Ansehen in seinem eigenen Lande Abbruch that (Mai 1831). Noch bedeutender wurde durch seine Folgen das Zerwürfniß, in welches er im Juli desselben Jahres mit Frankreich gerieth. Er hatte aus Haß gegen die Franzosen und auf Ludwig Philipp's Langmuth rechnend, französische Reisende und Kaufleute arg mißhandeln, sie verhaften, einigen davon, wegen unvorsichtigen Reden, sogar an den Straßenecken in Lissabon den Staubbesen geben lassen. Als der französische Admiral Roussin mit

einem Geschwader vor Lissabon erschien, verweigerte Don Miguel an=
fänglich jede Genugthuung, mußte aber zuletzt, wenn er nicht einer feind=
lichen Landung gewärtig sein wollte, nachgeben, und sich zu einem be=
deutenden Schadenersatz an die Einzelnen, und zur Tragung der Kosten
der gegen ihn ausgerüsteten Expedition verstehen. Da es ihm hierzu an
Geldmitteln gebrach, so führte Admiral Roussin die besten portugiesischen
Kriegsschiffe als Pfand nach Frankreich ab, ein Verlust, welchen Don
Miguel nicht alsbald ersetzen konnte, und den er in einem entscheidenden
Momente schwer empfinden sollte.

Don Pedro hatte seine Tochter, nachdem er ihr seine Rechte auf die
portugiesische Krone abgetreten, im Sommer 1828 von Rio Janeiro
nach London geschickt, wo sie von Georg IV. wohlwollend aufgenommen,
aber nichts für die Einsetzung in ihre Rechte gethan wurde. Als Don
Miguel sich des Thrones bemächtigte, weigerte sich der General Cabreira,
Gouverneur der Insel Terceira, ihn als König anzuerkennen, und blieb
Maria II. treu. Terceira wurde der Zufluchtsort der Konstitutionellen,
welche sich von da aus mit ihren geheimen Anhängern in Portugal, und
ihren flüchtigen Parteigenossen in Paris und London in Verbindung setzten.
Noch von Brasilien aus ernannte Don Pedro eine Regentschaft, welche
im Namen seiner Tochter die Leitung der portugiesischen Angelegenheiten
übernehmen sollte, bestehend aus dem Diplomaten Palmella, dem General
Villaflor und dem Rechtsgelehrten Guerreiro, deren Gewalt nach und nach
auf allen azorischen Inseln anerkannt wurde. Im April 1831 gerieth
Don Pedro mit der liberalen Partei in Brasilien in Streit, verweigerte
weitere Zugeständnisse an dieselbe, legte zu Gunsten seines sechsjährigen
Sohnes die brasilianische Krone nieder, und schiffte sich mit seiner Gemalin,
einer gebornen Prinzessin von Leuchtenberg, und mit seinen Schätzen nach
Europa ein. Er hatte nach seiner Entsagung den Titel eines Herzoges von
Braganza angenommen. Im Julius desselben Jahres erschien er in
Paris, wo er von Ludwig Philipp mit großer Auszeichnung empfangen
wurde, und begab sich im folgenden Monat nach London, wo der damals
als spanischer Flüchtling lebende Mendizabal ihm zur Abschließung einer
Anleihe, um gegen Don Miguel Truppen und Schiffe auszurüsten, be=
hülflich war. Von der englischen und französischen Regierung wurden
seine Werbungen begünstigt. Er segelte nach Terceira, vermehrte dort
seine Streitkräfte, und setzte auf einem mit englischem Seevolk bemannten
Geschwader, mit 12,000 Mann Landtruppen an Bord, darunter viele
Franzosen, nach Oporto über, welches er am 8. Juli (1832) in Be=
sitz nahm.

Don Miguel, im ersten Augenblicke von diesem kühnen Handstreiche seines Bruders überrascht, erholte sich jedoch bald wieder, und zog mit einem Heere, welches er bis auf 40,000 Mann vermehrte, zur Einnahme Oporto's heran. Der Mangel an einer hinreichenden Anzahl Kriegs= schiffen machte es ihm unmöglich, den Hafen zu blokiren, und seinem Feinde dadurch die Zufuhr abzuschneiden. Die Belagerung zog sich in die Länge. Don Pedro vermochte es nicht, die Linien der Belagerer zu durchbrechen, aber auf der anderen Seite blieben alle auf die Stadt unternommenen Stürme vergeblich. Es war umsonst, daß der franzö= sische Marschall Bourmont, welcher unter Karl X. Algier erobert hatte, den Oberbefehl über Don Miguel's Heer übernahm. Seine An= griffe scheiterten an dem Widerstande der zum Aeußersten entschlossenen Bürgerschaft Oporto's und der verzweifelten Tapferkeit der fremden Abenteurer. Aber Don Pedro, der sich jetzt seit beinahe einem Jahre auf den Besitz einer einzigen Stadt beschränkt sah, fing es an Geld zu mangeln an. Er wurde von dem französischen General Solignac, der an der Spitze seiner Landtruppen stand, und vom englischen Seekapitain Sartorius, dem er den Oberbefehl über seine Flotte übergeben hatte, wegen Mangel an hinreichender Belohnung verlassen. In dieser bedrängten Lage führte Don Pedro's günstiger Stern ihm einen der tapfersten und erfahrendsten britischen Marineofficiere, den Kapitain Charles Napier, zu, welcher in Sartorius Stelle trat. Um dieselbe Zeit gelang es dem fähigsten und unerschrockensten der portugiesischen Generale, Villaflor, welcher, wegen seiner Eroberung der Azoren, den Titel eines Herzoges von Terceira erhalten hatte, in dem Kriegsrathe Don Pedro's den entscheiden= den Einfluß zu gewinnen. Villaflor und Napier verbanden sich zu einer Landung und einem Angriff auf Algarvien, den südlichsten Theil Portu= gal's, der von Don Miguel von Truppen entblößt war, und in dem Ruf stand, seiner Sache nicht geneigt zu sein. Palmella, wegen seiner treuen Dienste von Don Pedro ebenfalls zum Herzoge ernannt, war den beiden Kriegsbefehlshabern als politischer Beistand gegeben worden.

Am 24. Juni (1833) landete der Herzog von Terceira mit 3500 Mann bei Villareal in Algarvien, und innerhalb weniger Tage griff die ganze Küstenbevölkerung für Don Pedro zu den Waffen. Am 5. Juli ward die Flotte Don Miguel's bei dem Cap St. Vincent von Napier gänzlich geschlagen. Nur einige kleine Fahrzeuge entkamen, die größeren wurden genommen und die Bemannung ging zu Don Pedro über. Auf die Nachricht von dieser Niederlage unternahm Bourmont einen letzten Sturm auf Oporto, welcher aber wie die früheren abgeschlagen wurde,

und setzte sich dann nach Lissabon zu in Bewegung, um die Hauptstadt für
Don Miguel zu erhalten. Dort waren ihm aber Villaflor und Palmella
zuvorgekommen. Ersterer hatte den kühnen Entschluß gefaßt, mit seiner
kleinen Streitmacht gerade auf Lissabon loszugehen, während Napier mit
der Flotte und Palmella an Bord, den Weg zur See dahin einschlug.
Der verhaßte Tellez Jordao, welcher Villaflor aufhalten wollte, wurde ge=
worfen, und blieb im Gefecht. Als Villaflor auf dem linken Ufer des Tajo
und Napier mit seinen Schiffen auf der Höhe vor Lissabon erschien, ver=
ließ der Statthalter Don Miguel's, Herzog von Cadaval, mit seinen
Truppen die Stadt. Die Bevölkerung erhob sich gegen die zurückgeblie=
benen Behörden, nahm die Forts am Tajo ein, befreite die Gefangenen,
und rief Maria II. zur Königin aus. Am 28. Julius hielt Don Pedro,
unter dem Jubel der Einwohner und lauten Verwünschungen gegen Don
Miguel seinen Einzug in seine Vaterstadt, welche er fünf und zwanzig
Jahre vorher als ein zehnjähriger Knabe verlassen hatte. Er übernahm jetzt
selbst die Regentschaft, und ließ seine Gemalin und Tochter nach Lissabon
kommen. Bourmont wollte die Hauptstadt für Don Miguel wiedergewin=
nen, aber ein von ihm am 3. Septbr. unternommener Angriff ward ab=
geschlagen. Bei dieser Gelegenheit fiel ein de la Rochejaquelein. Bourmont,
welcher in diesem Feldzuge nichts seines Namens und Rufes Würdiges
geleistet hatte, verließ jetzt Don Miguel's Dienst, und ward durch einen
anderen französischen Legitimisten, den General Macdonald, ersetzt, der
sich bis zum Frühjahr 1834 in einer festen Stellung bei Santarem be=
hauptete. Aber Villaflor und nächst ihm der beste portugiesische General,
Saldanha, nahmen unterdessen eine Stadt nach der anderen für Donna
Maria in Besitz. Der Zauber, welchen Don Miguel, mit Hülfe der
Geistlichkeit, über einen großen Theil der Bevölkerung ausgeübt hatte, war
jetzt verschwunden. Selbst in den nördlichen Provinzen, wo er früher den
meisten Anhang besessen, erhob sich das Landvolk gegen ihn, bildete Gue=
rillas, und setzte die von ihm ernannten Behörden ab. Zum Ueberfluß
rückte, in Folge der Quadrupelallianz und um Don Karlos zu vertreiben,
der spanische General Rodil in Portugal ein, und machte Don Miguel
jeden weiteren Widerstand unmöglich. Am 26. Mai (1834) entsagte
letzterer in dem Vertrage von Evora der portugiesischen Krone, versprach
nie mehr das Land zu betreten, und erhielt dafür ein Jahrgehalt von
375,000 Fr. (100,000 Thaler) ausgesetzt. Fünf Tage nachher schiffte
er sich auf einem englischen Schiffe nach Genua ein, wo er, seinem Cha=
rakter treu, die in Evora ausgestellte Zusage alsbald zurücknahm, und
durch Ränke und Verschwörungen seine Partei in Portugal, obwohl ohne

Erfolg, zu beleben suchte. Er zog sich nach Rom zurück, wo er, da der Papst ihn anerkannt hatte, eine Zeit lang die Rolle eines Königs zu spielen suchte. Da er aber dem römischen Hofe, welcher seine Beziehungen zur portugiesischen Regierung nicht für immer unterbrechen wollte, zuletzt lästig wurde, so ging er von da nach England und ließ sich zuletzt in Deutschland nieder, wo er sich mit einer Prinzessin aus dem Hause Löwenstein-Wertheim-Rosenberg vermählt, und bei dieser Gelegenheit seine angeblichen Rechte auf den portugiesischen Thron erneuert hat. Obgleich er, wie alle gestürzten Größen, nicht an einen endgültigen Ausspruch des Schicksals gegen ihn glauben mag, so steht doch einer Verwirklichung seiner Ansprüche nicht nur die allgemeine Lage Europa's, sondern in Portugal selbst die Erinnerung an die von ihm zur Zeit seiner Macht verübten Gräuel entgegen, und es hat sich daselbst seit langen Jahren in der öffentlichen Meinung kein ihm günstiges Zeichen kund gegeben.

Die vornehmsten Anhänger Don Miguel's waren in das Ausland geflüchtet, oder hielten sich eine Zeit lang verborgen, bis sie ihre Verzeihung erlangt hatten. Don Pedro war indessen, ungeachtet der vielen unter der vorangegangenen Regierung verübten Verbrechen und Grausamkeiten, zu keiner persönlichen Rache gegen die Feinde seiner Tochter geneigt. Er begnügte sich damit, sie, durch Entfernung von jedem Einflusse, für das öffentliche Wohl unschädlich zu machen. Aber gegen die Zustände glaubte er rücksichtslos einschreiten zu müssen. Die von ihm gegebene Konstitution ward von ihm ihrem ganzen Umfange nach wiederhergestellt. Alle Mönchsklöster, geistlichen Ritterorden und damit zusammenhängenden Anstalten wurden aufgehoben, und ihre Besitzungen zum Staatsgut geschlagen. Die von Don Miguel vollzogene Besetzung von Bisthümern, Präbenden, Stiftsstellen u. s. w. ward nicht anerkannt. Die Mitglieder der Pairskammer, welche dem Thronanmaßer gehuldigt hatten, wurden von dieser Versammlung ausgeschlossen.

Am 15. August (1834) wurden von Don Pedro die Kortes eröffnet, wo sich bei der Eidesleistung für die Königin Maria II. unter den Pairs und Deputirten eine große Begeisterung kund gab. Die gesetzlichen Formen wurden von Don Pedro so streng beobachtet, daß er, der das Land erobert hatte, seine Fortführung der Regentschaft bis zur Volljährigkeit seiner Tochter, von der Abstimmung der Kammern abhängig machte. Aber die Sorgen und Anstrengungen der letzten Jahre hatten seine sonst kräftige Leibesbeschaffenheit so angegriffen, daß er in eine Krankheit verfiel, die ihn im 37. Lebensjahre fortraffte. Seine letzten Stunden waren rührend und erhebend. Er, der von seinen Verläumdern für einen Feind seiner

Kirche ausgegeben wurde, weil er den ungebührlichen Einfluß ihrer Diener nicht dulden wollte, vollzog alle von ihr vorgeschriebenen Gebräuche mit vollkommener Ergebung in den Rathschluß der Vorsehung, welche ihn mitten unter seinen Erfolgen und in der Blüthe des Lebens abrief. Von jedem in Lissabon stehenden Regiment ließ er einen Soldaten an sein Sterbelager kommen, umarmte denselben, und trug ihm seinen Dank an seine Gefährten für die von ihnen bewiesene Tapferkeit und Treue auf. Don Pedro's Leben und Charakter macht einen lichten Punkt in der sonst dunkeln und traurigen Geschichte seines Hauses und Landes aus. Obgleich unter eben so üblen Einflüssen wie Don Miguel erzogen, zeichnete er sich durch Aufrichtigkeit, Wohlwollen, und eine für einen geborenen Fürsten seltene Liebe zur Freiheit aus. Selbst durch seine Fehler, wie seinen raschen Ungestüm und die Neigung augenblicklichen Eingebungen zu folgen, klangen die edlen Seiten seiner Natur, seine Wahrheitsliebe und sein persönlicher Muth, durch. Obschon Portugal nach ihm noch von mancherlei Erschütterungen getroffen werden sollte, so ist die von ihm gegebene Verfassung gleichwohl die Grundlage zu einer bessern Ordnung der Dinge in jenem Lande geworden.

25. Belgien seit dem Anfange der Regierung Leopold I. bis zum Friedensschlusse mit den Niederlanden.

Belgien hätte sich nach der Erhebung des einsichtsvollen und freisinnigen Prinzen Leopold von Sachsen=Koburg auf den Thron, und der Annahme einer mit dem Charakter und der Geschichte der Nation übereinstimmenden Verfassung, der Hoffnung auf eine glückliche Zukunft überlassen können. Aber die feindliche Stellung zu den Niederlanden und die Spannung mit den drei nordischen Mächten sollte, nachdem die Unabhängigkeit schon errungen war, die friedliche Entwickelung des neuen Staates noch mehre Jahre lang bedrohen. Wilhelm I. hatte sich durch die Erwählung Leopold's, bevor noch das Verhältniß zu Holland festgestellt war, zu einem Angriff auf Belgien veranlaßt gesehen, welchem dieses ohne französische Hülfe unterlegen sein würde (August 1831). Die Niederlage der belgischen Armee bei Hasselt und Löwen hatte Wilhelm I. seine

in der letzten Zeit erschütterte Zuversicht auf eine bevorstehende Wieder=
eroberung der südlichen Provinzen zurückgegeben, und die Unterdrückung
der in einem Theile Europa's seit 1831 eingetretenen revolutionairen
Bewegungen hatte Rußland, Preußen und Oesterreich zu einem kräftigeren
Einschreiten in die europäischen Angelegenheiten, im Sinne der heiligen
Allianz, ermuthigt.

Eine Aufhebung der Wahl Leopold's zum Könige, und eine Wieder=
vereinigung Belgien's mit Holland unter dieser oder jener Form, wäre
nur durch einen großen Krieg und eine gänzliche Besiegung Frankreich's
wie 1814 und 1815 geschehen, möglich gewesen. Denn so lange Frank=
reich aufrecht stand, hätte es Belgien nicht fallen lassen können. Aber ein
feindlicher Zusammenstoß zwischen Frankreich und den nordischen Mächten
hätte, bei der seit 1830 begonnenen Annäherung zwischen Engländern
und Franzosen, und der Uebereinstimmung beider Regierungen in Bezug
auf die belgische Frage, wahrscheinlich' nicht dasselbe Ergebniß wie am Ende
des Kaiserreiches gehabt. Das Gewicht, welches Großbritanien von 1792
bis 1815 in die Wagschale der europäischen Zustände geworfen, wäre
diesmal nicht auf die Frankreich entgegengesetzte Seite gefallen sein. Aber
die lange Gewohnheit der Stifter der heiligen Allianz mit ihren Grundsätzen
überall durchzudringen, der Zweifel an einer Dauer des neuen Einver=
ständnisses zwischen England und Frankreich, der Fall Polens, die Wie=
derherstellung der in einigen deutschen und italienischen Staaten gestörten
monarchischen Ordnung, veranlaßten Rußland, Oesterreich und Preußen,
bei den schwebenden Unterhandlungen, sich mehr als vorher für die Nieder=
lande auszusprechen. Wilhelm I., von Natur hartnäckig, schlug außer=
dem die Bedeutung einer orangistischen Partei unter den Belgiern, von
welcher er eine Rückkehr des belgischen Volkes zu der Verbindung mit
seinem Hause erwartete, zu hoch an.

Die von der Londoner Konferenz in Bezug auf die Ausgleichung
der zwischen Belgien und Holland bestehenden Streitigkeiten am 24. Ju=
nius 1831 angenommenen achtzehn Artikel, welche für Belgien vortheil=
haft gewesen, wurden (6. Oktober) auf Verlangen der nordischen Mächte
durch ein neues Protokoll, die vier und zwanzig Artikel genannt, abgeändert,
nach welchem nur ein Theil von Luxemburg und Limburg an Belgien
fallen, und dieses jährlich acht Millionen viermal hundert tausend Gulden
als Zinsen seines Antheiles an der niederländischen Staatsschuld zahlen
sollte. Die belgischen Kammern unterwarfen sich, in Betracht der allge=
meinen Lage Europa's, diesen Bestimmungen, und am 15. November
wurden von dem belgischen Minister des Auswärtigen und den Gesandten

4 *

der fünf Großmächte die vier und zwanzig Artikel unterzeichnet. Das eng=
lische und französische Kabinet bestätigten die Uebereinkunft, während von
Oesterreich, Preußen und Rußland mit deren Annahme gezögert, und
dieselbe von Wilhelm I., der wieder neue Hoffnungen schöpfte, gänzlich
verworfen wurde. Im Haag, in Berlin, Wien und St. Petersburg
schmeichelte man sich mit der Unterstützung der Tories, denn der Kampf
um die englische Reformbill war damals noch nicht entschieden. Als die
vier und zwanzig Artikel endlich von Preußen im Januar, von Oesterreich
im März, von Rußland im Mai (1832) ratificirt wurden, geschah dies
unter Vorbehalten, von Seiten der beiden deutschen Großmächte in Be=
treff Luxemburg's und Limburg's, von Seite Rußland's in Bezug auf die
freie Schifffahrt auf der Schelde und die Staatsschuld — was erst bei
einer endlichen Ausgleichung zwischen Belgien und Holland festgestellt
werden sollte — die Alles unentschieden ließen, und Belgien für seine
Zukunft bedrohlich erscheinen konnten. Der Kaiser von Rußland hatte
Wilhelm I. vergeblich zu einer Anerkennung der letzten Uebereinkunft auf=
gefordert. Selbst die Absendung des Grafen Orloff, des vornehmsten
Vertrauten des russischen Monarchen, nach dem Haag, und dessen Vorstel=
lungen, daß die Ratifikation nur eine Sache der Form sei, daß man nach
dem wahrscheinlichen Ausbruche eines allgemeinen Krieges wieder auf Alles
zurückkommen könne, vermochten nicht den Starrsinn des Königs der Nie=
derlande zu brechen.

Der gute Genius des belgischen Volkes, dessen äußere Lage nicht
ohne Gefahr war, wollte jedoch, daß England und Frankreich, sonst in so
vielen Dingen von einander verschieden, in Bezug auf die Unabhängigkeit
Belgien's, mit einander übereinstimmten. Nachdem eine freiwillige Rückkehr
der Belgier unter die holländische Herrschaft unmöglich geworden, ein ange=
wandter Zwang aber unaufhörliche Erschütterungen in Aussicht gestellt
hätte, war das englische Kabinet für ein selbstständiges und einigermaßen starkes
Belgien, weil dieses sonst über kurz oder lang Frankreich zufallen mußte.
Ludwig Philipp dagegen sah Belgien nicht nur als eine natürliche Vor=
mauer für Frankreich an, sondern durch die am 9. August 1832 vollzogene
eheliche Verbindung des Königs der Belgier mit der Prinzessin Luise von
Orleans, der ältesten Tochter des Königs der Franzosen, war das poli=
tische Interesse durch persönliche Sympathien verstärkt worden.

Weder die drei nordischen Höfe noch England und Frankreich
waren wegen Belgien's und Holland's zu einem Kriege geneigt, der un=
fehlbar ein allgemeiner geworden wäre, und bei zweifelhaftem Aus=
gange jedenfalls unermeßliche Opfer gefordert hätte. Aber die beiden

großen Westmächte fühlten, daß die Entscheidung der holländisch-belgischen Frage, in politischer wie in geographischer Beziehung, mehr in ihren Bereich, als den Preußen's, Oesterreich's und Rußland's falle, und sie entschlossen sich endlich, keine weiteren Zugeständnisse zu machen, sondern die Bestimmungen der am 15. November (1831) getroffenen Uebereinkunft nöthigenfalls mit Gewalt zur Ausführung zu bringen.

Am 22. Oktober (1832) verbanden sich Frankreich und England zu der Aufforderung an die beiden feindlichen Staaten, bis zum 12. November ihr Gebiet gegenseitig zu räumen, und sich zur Annahme der vier und zwanzig Artikel zu verpflichten. Belgien war hierzu bereit, Holland weigerte sich. Am 15. November überschritt ein französisches Heer die belgische Grenze, und stand vier Tage nachher vor Antwerpen, dessen Besitz von der Londoner Konferenz den Belgiern zuerkannt war. Zu derselben Zeit begab sich ein englisch-französisches Geschwader unter den Admiralen Malcolm und Villeneuve nach dem Texel, und erklärte die niederländische Küste in Blokadezustand, während die in den französischen und englischen Häfen befindlichen holländischen Schiffe mit Embargo belegt wurden. Von dem holländischen Gouverneur von Antwerpen, General Chassé, der sich schon unter Napoleon besonders in dem spanischen Kriege, und zuletzt unter Wellington bei Waterloo hervorgethan hatte, ward die Citadelle mit großem Muthe vertheidigt. Da aber die Franzosen unter dem Marschall Gerard die Belagerungsarbeiten, ungeachtet der Hindernisse, welche die Jahreszeit und der Boden entgegensetzten, mit der von ihnen seit Vauban's Zeit bei fast allen Gelegenheiten der Art bewiesenen Kunst und Thätigkeit betrieben, so wurde General Chassé am 23. December zur Uebergabe des Platzes genöthigt, in welchen sogleich belgische Truppen einrückten. Chassé und die holländische Garnison wurden kriegsgefangen nach Frankreich abgeführt, daselbst aber mit großer Auszeichnung behandelt.

Die Besorgniß vor einem europäischen Kampfe war damals so lebhaft, daß selbst das Wort: Krieg in diesem Falle vermieden, und das Einschreiten der Franzosen und Engländer als ein Exekutionsverfahren zur Aufrechthaltung des Friedens hingestellt wurde. Noch außerordentlicher war es, daß sich die belgische Armee bei der Belagerung der Citadelle Antwerpens nicht betheiligte, und die Holländer den Ereignissen ebenfalls unthätig zusahen. Das Belagerungscorps und die Garnison schienen allein im Kriege gegen einander begriffen zu sein.

Die Einnahme Antwerpens hatte, außer dem Zweck die Holländer von dem belgischen Territorium zu entfernen, auch noch die Schifffahrt auf

der Schelde frei machen ſollen. Aber die Befehlshaber der beiden die
Scheldemündung beherrſchenden Forts Lillo und Lieſtenhoek waren von
Wilhelm I. des Gehorſams gegen den General Chaſſé entbunden worden,
und kehrten ſich an deſſen Kapitulation nicht. Die Weſtmächte hatten dem=
nach nur einen Theil ihrer Abſichten erreicht. Am 31. Mai (1833) ward
deshalb ein Vertrag zwiſchen Frankreich, England und den Niederlanden
abgeſchloſſen, vermöge deſſen Belgien und Holland, bis zu einer Aus=
gleichung aller ſtreitigen Punkte, die Feindſeligkeiten einſtellen, die Schelde
und Maas der freien Schifffahrt geöffnet, und in Luxemburg und Lim=
burg die Beſitzverhältniſſe. wie ſie beſtanden, bis zum Frieden fortdauern
ſollten. Holland erhielt ſeine Kriegsgefangenen und die mit Beſchlag be=
legten Schiffe zurück.

Wilhelm I. überließ ſich neuen Hoffnungen auf eine ihm günſtige
Vermittlung der Tories, welche im November 1834 in die Stelle der
Whigs getreten waren, ſich aber im April 1835 wieder zurückziehen muß=
ten. Die Holländer waren unterdeſſen der mit dem Kriegszuſtande gegen
Belgien verbundenen Aufopferungen überdrüſſig geworden, und die nordi=
ſchen Mächte riethen zur Nachgiebigkeit. Im Jahre 1838 erklärte ſich
Wilhelm I. zur Annahme der vier und zwanzig Artikel bereit. Luxem=
burg und Limburg wurden zwiſchen Belgien und die Niederlande dergeſtalt
getheilt, daß 89 Q.M. mit 381,477 Einwohnern auf letztere, und 122
Q.M. mit 347,672 Einwohnern auf erſteres kamen. Belgien übernahm den
in den vier und zwanzig Artikeln feſtgeſetzten Antheil an der niederländiſchen
Staatsſchuld, und Holland räumte die freie Schifffahrt auf der Schelde
ein. In einem am 19. April 1839 im Namen Wilhelm I. und Leopold I.
zu London abgeſchloſſenen Staatsvertrage ward dem langen Streite zwi=
ſchen den beiden Nachbarvölkern, welcher einen allgemeinen Krieg herbei=
zuführen gedroht hatte, ein Ende gemacht, und die Unabhängigkeit Bel=
gien's von dem letzten Gegner derſelben anerkannt.

Die nach Napoleon's Sturz aus politiſchen Gründen von dem Wie=
ner Kongreß beſtimmte Verbindung Belgien's mit Holland war an der
nationalen und religiöſen Antipathie der beiden Völker geſcheitert. Das
Haus Oranien, welchem nie ein Anſpruch auf die ehemaligen ſpaniſchen
und öſterreichiſchen Niederlande zugeſtanden, hatte durch dieſe Trennung
kein urſprüngliches Recht verloren. Aber Holland, welches Belgien als
einen Erſatz für die von ihm abgetretenen Kolonien anſah, war zu Klagen
über den Mangel an Beiſtand von Seiten der Mächte geneigt, welche das
Königreich der Niederlande in das Leben gerufen hatten. Allmälig ward
aber von den Holländern ſelbſt begriffen, wie unnatürlich jene Vereinigung

gewesen, und sie fanden, wieder auf sich selbst gewiesen, in ihrer vermehr=
ten Handelsthätigkeit und den besseren Einrichtungen, welche sie in ihren
überseeischen Besitzungen trafen, einen mehr als hinreichenden Ersatz für die
in Europa erlittenen Verluste. Wilhelm I. legte einige Jahre nachher, von
dem vergeblichen Kampfe gegen eine unabweisliche Nothwendigkeit erschöpft,
die Regierung nieder, und unter seinem Nachfolger, dem bisherigen Prin=
zen von Oranien, der von Natur biegsamer und durch die gemachten Er=
fahrungen aufgeklärt war, wurden in der Verfassung und Verwaltung der
Niederlande wichtige Verbesserungen vorgenommen.

Leopold I., der, obgleich er erst in reiferen Jahren an die Spitze
eines Staates getreten, von der Natur mit allen dazu nöthigen Eigen=
schaften ausgerüstet war, hatte, während der schwierigen Zeit, wo er der
offenen Feindschaft der Niederlande und dem geheimen Mißwollen der
nordischen Mächte ausgesetzt und die Unabhängigkeit Belgiens mehrmals
in Frage gestellt gewesen, seinem neuen Vaterlande durch rechtzeitige
Festigkeit und Nachgiebigkeit große Dienste geleistet. Er verstand die seltene
Kunst, mit genauer Beobachtung der von ihm angenommenen Verfassung,
einen großen moralischen Einfluß auszuüben. Durch seine geschickte Be=
handlung der auswärtigen Verhältnisse wußte er dem belgischen Handel
und Kunstfleiße neue Quellen zu eröffnen. Obgleich durch eine Revolu=
tion auf den Thron gestiegen, und als Protestant über ein durchaus ka=
tholisches Volk regierend, gelang es ihm dem monarchischen Auslande den
Ursprung seiner Gewalt sehr baldvergessen, und den Belgiern sich so unent=
behrlich zu machen, daß die großen später in Europa ausgebrochenen Er=
schütterungen an ihm spurlos vorübergegangen sind. Leopold I. gehört zu
den wenigen Fürsten, die auch für eine umfassendere, als die ihnen vom
Schicksal angewiesene, Stellung geeignet gewesen wären.

26. Griechenland unter der Verwaltung des Grafen Capo d'Istria.
— Beschlüsse der Londoner Konferenz in Bezug auf die Grenzen
und die Regierungsform des griechischen Staates. — Prinz Leopold von Sachsen-Koburg nimmt den griechischen Thron anfänglich
an, lehnt ihn aber zuletzt ab. — Streitigkeiten Capo d'Istria's
mit der Familie Mauromichalis. — Seine Ermordung. — Kämpfe
zwischen den verschiedenen Parteien. — Prinz Otto von Bayern
zum Könige von Griechenland ernannt. — Regentschaft während
der Minderjährigkeit des Königs Otto. — Hindernisse, welche in
Griechenland der Einführung eines geregelten Staatslebens entgegenstehen. — König Otto's Selbstregierung.

Die Erstürmung von Messolonghi (April 1826) durch die Türken
und Egypter, die Eroberung der Akropolis von Athen (Juni 1827)
durch Redschid-Pascha, die Unmöglichkeit Attika und Morea länger zu behaupten, hatten den griechischen Befreiungskampf dem Erliegen nahe gebracht. Durch den fünf Jahre hindurch gegen die ganze Macht des türkischen Reiches geführten Krieg waren die Hülfsquellen des überall mit
Feuer und Schwerdt verheerten Landes erschöpft worden. Ein großer
Theil der waffenfähigen Mannschaft war gefallen. Die Ueberlebenden
bestanden in manchen Gegenden fast nur aus Greisen und Knaben. Der
Feind hatte Frauen und Kinder in die Sklaverei geschleppt. Die Getraide-
felder waren unbestellt geblieben, die Wein- und Oelpflanzungen verwüstet
worden. Nur in unwegsamen Gebirgen, in welche die feindlichen Streitkräfte nicht ohne Gefahr für sich eindringen konnten, an einigen Punkten
der Küste, wo die Verbindung mit dem Auslande frei geblieben, und auf
den Inseln regte sich noch die Kraft und Lust zum Widerstande gegen das
türkische Joch, aber in den Ebenen Morea's, Livadien's und Thessalien's
hatte die frühere Begeisterung einer dumpfen Verzweiflung Platz gemacht.
Es fing nachgerade an Mannschaft, an Lebensmitteln und an Kriegsbedarf
zu fehlen an. Das griechische Volk war zuletzt an die Grenze der traurigen
Nothwendigkeit angelangt, wo das materielle Bedürfniß über den moralischen Muth zu entscheiden anfängt. Es gab zwar noch tapfere Gebirgs-
bewohner, die lieber mit ihren Leichen den Türken den Weg zu ihren
Schluchten verlegen als sich ihnen unterwerfen wollten, und unerschrockene
Seeleute, die es vorzogen auf offenem Meere unterzugehen, als die Fahne
des Halbmondes an ihren Küsten aufgepflanzt zu sehen, aber die große
Mehrheit der Bevölkerung fühlte sich von der Aussichtslosigkeit eines fortgesetzten Kampfes niedergedrückt. Bei einer von Anfang an planmäßi-
geren Führung des Krieges, bei mehr Einigkeit unter den Anführern und

den einzelnen Stämmen, und mehr Unterstützung von Seiten der außer=
halb des eigentlichen Hellas lebenden Griechen, hätten vielleicht entschei=
dendere Erfolge davon getragen werden können. Aber die einem seit vier=
hundert Jahren unterjochten Volke, bei seinem Streben nach Befreiung,
entgegenstehenden Hindernisse waren zu groß gewesen, um aus eigener
Macht beseitigt werden zu können.

Griechenland konnte nur noch durch auswärtigen Beistand gerettet
werden. Es mußte sich sonst langsam aber unfehlbar verbluten. Die
Streitkräfte, welche der Sultan, wenn auch nur nach und nach, gegen die
sich selbst überlassenen Hellenen aufstellen konnte, würden zuletzt unwider=
stehlich gewirkt haben. Canning war, der erste Staatsmann gewesen,
welcher durch die mit Rußland abgeschlossenen Verträge vom 4. April
1826 und 6. Julius 1827 die Befreiung Griechenland's vorbereitet hatte.
Aber nach seinem Abscheiden hatten die Tories, welche wieder an das Ru=
der gekommen, sich gegen die Griechen, aus Rücksicht auf die Erhaltung
der Türkei, lau gezeigt, und würden, ohne die unter Canning von der
englischen Regierung eingegangenen Verpflichtungen, Griechenland ganz
aufgegeben haben. Frankreich, obgleich in diesem Falle, wie fast immer,
wo es nicht von nationalem Ehrgeiz verblendet wird, der Sache der
Menschheit zugethan, war in sich zu sehr von Parteistreitigkeiten zerrissen,
um den Eingebungen seiner natürlichen Großmuth zu folgen. Rußland
allein unter den drei großen europäischen Seemächten — und im Grunde
konnten nur diese in der griechischen Frage eine entscheidende Stimme
geltend machen — sah, bei seinem Plan die Türkei um jeden Preis zu
schwächen, das Losreißen Griechenland's von der osmanischen Herrschaft
wie eine eigene Angelegenheit an. Die Griechen, von ihrer konfessionellen
Verwandtschaft mit Rußland bestimmt, hatten von Anfang des Aufstandes
an ihre Augen auf dasselbe gerichtet, obgleich ihnen lange Zeit hindurch von
Deutschland, Frankreich und England mehr Unterstützung als von ihren
nordischen Glaubensbrüdern zugekommen war. Aber es konnte mit Ge=
wißheit vorausgesehen werden, daß Rußland am wenigsten eine vollkom=
mene Besiegung und Unterwerfung Griechenland's zugeben würde. Jede
Schwächung der Türkei war ein Schritt zu deren gänzlicher Auflösung
und der Erreichung des der russischen Eroberungslust vorschwebenden
Zieles. Ungeachtet aller Besorgnisse, welche der russische Despotismus den
nach Freiheit dürstenden Hellenen für ihre Zukunft hätte einflößen können,
wurde von ihnen jede ferner liegende Rücksicht der Noth des Augenblicks
aufgeopfert. Bei der Unzuverlässigkeit Frankreich's, der Lauigkeit Eng=
land's, glaubten die Griechen nur auf Rußland zählen zu können.

Die Nationalversammlung von Epidaurus hatte am 22. April 1826 die konstitutionelle Monarchie für die mit den griechischen Interessen übereinstimmendste Regierungsform erklärt. Aber dieser Beschluß hatte, weil sich für einen erst zu errichtenden Thron, und in der Lage, in welcher sich das arme und verheerte Hellas befand, nicht leicht ein geeigneter Bewerber fand, bisher nicht ausgeführt werden können. Mitten unter den Streitigkeiten der griechischen Häuptlinge und Parteien war jedoch das Bedürfniß einer einheitlichen Leitung rege geworden. Das russische Kabinet hatte durch seine Sendlinge dieses Gefühl, welches seinen Absichten entsprach, zu nähren, und einen der einflußreichsten und kühnsten Führer des Aufstandes, Kolokotronis, dafür zu gewinnen gewußt. Es ward diesem vorgestellt, daß ein Mann für Griechenland nöthig sei, der es den inneren Zerwürfnissen entreißen, und auf eine bestimmte Organisation vorbereiten könne, daß ein solcher aber ein Grieche, um allgemeines Vertrauen einzuflößen, und ein Freund Rußland's sein müsse, um des Beistandes dieser Großmacht gewiß zu sein.

Es gab in und außer Griechenland damals nur einen Mann, der diese Bedingungen in sich vereinigte. Als ein solcher stand der Graf Johann Capo d'Istria da. In Korfu zur Zeit der venetianischen Herrschaft geboren, dann nach Rußland gekommen, war er durch Geist, Kenntnisse und Gewandtheit ein Günstling des Kaisers Alexander geworden, eine Zeit lang sogar Minister des Auswärtigen gewesen, und konnte zu den ersten politischen Notabilitäten Europa's gezählt werden. Capo d'Istria war, wie die meisten im Auslande angesiedelten Griechen, ungeachtet seines langen Aufenthaltes in der Fremde und seiner kosmopolitischen Bildung, seiner Nation treu geblieben, und hatte bei Gründung und Ausbreitung der Hetäria mitgewirkt. Von Alexander I. nach dem Ausbruche des griechischen Aufstandes aus staatlichen Ursachen entfernt, hatte er seitdem in Genf gelebt, dessen friedliche, gebildete und reiche Demokratie ihm für das Ideal eines Gemeinwesens galt, aber während seiner Zurückgezogenheit immer, soviel er vermochte, für Griechenland gewirkt. Auch hatte Capo d'Istria, ungeachtet des Wechsels, der in Alexander's Ideen eingetreten, nie dessen persönliches Vertrauen verloren, und war beim russischen Hofe in gutem Andenken geblieben.

Kolokotronis, der damals bei der militairischen Partei unter den Griechen oder den sogenannten Kapitanis in großem Ansehen stand, gewann außerdem mehre ausgezeichnete Fremde, welche der griechischen Regierung ihre Dienste angeboten hatten, wie den berühmten englischen Seeofficier Lord Cochrane, und dessen Landsmann den General Church, für ben Plan ben Grafen Capo b'Jstria an bie Spitze Griechenland's zu stellen. Die Mehrheit ber Griechen sah bie Erhebung eines Mannes gern, ber burch Nationalität unb Religion zu ihnen gehörte, unb zugleich in bem großen, glaubensverwandten norbischen Reiche eine hervorragenbe Stellung eingenommen hatte. Am 11. April 1827 wurbe Capo b'Jstria von ber Nationalversammlung zu Trözene zum Präsibenten von Griechen= land auf sieben Jahre, ungefähr mit benselben Rechten unb Befugnissen, welche bem Oberhaupte ber norbamerikanischen Union zustehen, erwählt. Capo b'Jstria, ber sich bamals in Genf befanb, nahm bie Ernennung an, reiste aber zuvor nach St. Petersburg, um bes Beistanbes bes russischen Kabinets gewiß zu werben, bann nach Paris unb Lonbon, um bie bortigen Regierungen zu gewinnen, unb langte erst im Januar 1828 auf einem englischen Kriegsschiffe in Griechenlanb an, wo er von bem Volke mit außerorbentlichen Bezeugungen von Vertrauen unb Achtung empfangen wurbe.

Unterbessen war bie Schlacht von Navarino geliefert, bie türkisch= egyptische Seemacht vernichtet unb Morea von ben Truppen bes Sultans geräumt worben. Diese Ereignisse forberten Englanb, Frankreich unb Rußlanb zu einer enblichen Feststellung ber griechischen Zustänbe auf. Am 16. November 1828 erließen bie in Lonbon berathenben Bevoll= mächtigten ber brei Mächte (baher auch bie Lonboner Konferenz genannt) eine Erklärung an bie Pforte, in welcher bieselbe zur Anerkennung eines eigenen griechischen Staates, welcher aber, obwohl mit einer unabhängigen Verwaltung versehen, unter ihrer Oberherrschaft verbleiben sollte, aufge= forbert wurbe. Dieses neue Griechenlanb war auf Morea unb bie Cycla= ben beschränkt, so baß Athen, welches in ben Augen ber ganzen gesitteten Welt eine geheiligte Stätte ist, unb ben vornehmsten Ring in ber Kette bilbet, welche bas griechische Volk sichtbar mit seiner großen Vergangenheit verbinbet, baß bas Parthenon, bie Gefilbe von Marathon unb bie Küsten von Salamis, welche in ber Geschichte bieselbe Stelle wie wunberthätige Reliquien in ber Kirche einnehmen, nach wie vor unter muselmännischer Barbarei stehen sollten. Dies erschien ärger als man selbst von einer für nationale Erinnerungen unb allgemein menschliche Anschauungen ver= schlossenen Diplomatie befürchtet hatte. Gleichwohl verweigerte ber Sultan seine Zustimmung. Am 22. März 1829 kam in Lonbon ein neues Pro= tokoll zu Stanbe, burch welches Griechenlanb etwas ausgebehnt, ihm ganz Livabien (also auch Attika), Euböa unb ein Theil von Thessalien verliehen, es aber unter ber Oberhoheit ber Pforte gelassen, unb ihm bie Entrichtung eines jährlichen Tributs an bieselbe auferlegt wurbe. Ungeachtet bieser

Abhängigkeit von einer fremden Macht sollte ein erblicher Fürst an der Spitze des Landes stehen. Dieser Vertrag konnte wegen des russisch-türkischen Krieges, und seines eine Zeit lang ungewissen Ausganges, nicht vollzogen werden. Der Sultan war endlich im Frieden von Adrianopel (14. September 1829) zum Aufgeben seiner Rechte auf Griechenland gezwungen worden. Am 3. Februar 1830 traten die drei Mächte zu einer neuen Uebereinkunft zusammen, vermöge welcher die Grenzen des freien Griechenlands im Norden und Westen verengt wurden, aber die türkische Oberhoheit und der jährliche Tribut fortfielen. Prinz Leopold von Sachsen-Koburg wurde zur Besteigung des neuen Thrones eingeladen.

Die Verwaltung Capo d'Istria's hatte nicht die Erwartungen befriedigt, welche in Griechenland und außerhalb von derselben gehegt worden waren. Manche von den Willen des Präsidenten unabhängige Hindernisse, mehr aber noch eine verfehlte Anschauung der griechischen Zustände setzten sich den wohlwollenden Absichten dieses sonst so erfahrenen und befähigten Mannes entgegen.

Obgleich Capo d'Istria seiner Nation treu geblieben, indem er die Erhebung gegen die Türken im Stillen mit vorbereitet und später laut gebilligt hatte, so waren ihm doch die Fehler seiner Landsleute im Einzelnen zu genau bekannt, um, wie Fremde, welche den Befreiungskampf nur in seiner Gesammtheit aufgefaßt hatten, von Begeisterung für denselben erfüllt zu sein. Er wollte die Hellenen, da wo dieselben zahlreich genug waren, um einen eigenen Staat bilden zu können, dem muselmännischen Joche entzogen, aber nicht in sich selbst frei sehen. Er glaubte nicht, daß ein Volk, welches vierhundert Jahre lang unter einer Herrschaft wie die türkische gestanden, zu einer Selbstregierung, wie z. B. die der Schweiz, geeignet sei. Er meinte die Ursache des, im Verhältniß zu den gebrachten Opfern, geringen Ergebnisses des Kampfes einzig in der Uneinigkeit der Führer und der Ungebundenheit der Menge zu erkennen, ohne die übrigen vorhanden gewesenen Schwierigkeiten hinreichend in Anschlag zu bringen. Die in der letzten Zeit vor seiner Ankunft unter den Griechen überhand genommene Seeräuberei hatte ihn besonders verstimmt. Der im griechischen Volke vorwiegende demokratische Instinkt, ohne den sittlichen Zügel, welcher ihn anderswo (der Schweiz, Holland, Nordamerika) begleitet, und ohne die mancherlei Schranken, welche eine fortgeschrittene Gesittung gegen ihn aufstellt, schien ihm mit dem Bestehen des jungen Staates unvereinbar zu sein. Hierin hatte er vollkommen recht. Die Griechen, ihrem Parteitreiben überlassen, würden sich unter einander aufgerieben haben.

Aber anstatt das griechische Volk im Ganzen und Großen so zu neh=
men, wie es einmal von der Natur und Zeit gemacht worden, und nur
die Auswüchse des in ihm waltenden Geistes zu beschneiden, wollte Capo
d'Istria dasselbe umbilden, und ihm wo möglich ein anderes Wesen ein=
flößen. Es gab zwei einheimische Hebel, welche zu einer volksthümlichen
Wiedergeburt der Griechen vorzugsweise angewandt werden mußten. Es
war dies die Geistlichkeit — vor welcher die Nation die größte Ehrfurcht
hegte, und ohne die sie weder den Befreiungskrieg unternommen, noch ihre
religiöse und nationale Eigenthümlichkeit bewahrt hätte — und die in ein=
zelnen Gegenden von jeher bestandenen, in anderen durch den Kampf empor=
gekommenen Häuptlinge (Kapitanis), welche in dem Widerstande gegen die
Türken vorangegangen waren. — So unwissend diese Geistlichkeit auch
im Vergleiche zu der mancher anderen Länder, so roh und selbstsüchtig
häufig die Häuptlinge sein mochten, sie standen an Geist und Willen immer
weit über der Masse, und es ließ sich ohne sie kein heilsamer Einfluß auf
dieselbe ausüben. Die Priester und Mönche zur Beruhigung des Volkes
und zur Gewöhnung desselben an einen gesetzlichen Zustand herbeizurufen,
und die Häuptlinge von der Nothwendigkeit der Einigkeit zu ihrem eigenen
und des Staates Vortheil zu überzeugen, ihnen einen in gewissen Grenzen
gehaltenen Einfluß auf die öffentlichen Angelegenheiten einzuräumen, und
sie dadurch von dem Hange zu Willkühr und Gewaltthätigkeit zu entwöh=
nen, wäre die Aufgabe einer Regierung gewesen, welche das griechische
Volk, mit Benutzung der in ihm vorhandenen Lebenskeime, und der ihm
von seinem Charakter und seiner Geschichte vorgezeichneten Bahn, einer
höheren Gesittung entgegenführen wollte.

Capo d'Istria hätte, da er anfänglich das Vertrauen der Bevöl=
kerung, welche, ihrer inneren Streitigkeiten überdrüssig, in ihm einen
Vereiniger und Versöhner sah, im höchsten Grade besaß, und außerdem
auf die fremden Mächte zählen durfte, friedlichere und festere Zustände,
ohne die volksthümliche Freiheit aufzuopfern, einführen können. Aber die
Bedingungen, von deren Erfüllung ein besserer Zustand für Griechenland
abhing, wurden von ihm gänzlich verkannt. Anstatt die griechischen Ge=
meindeeinrichtungen, in welchen das Vorbild zu einer wahrhaften Volks=
vertretung lag, die so alt wie die Nation selbst und von den Türken nie
angetastet waren, zu erhalten und nur von ihren Mängeln zu reinigen,
beschloß er den modernen Administrativstaat, mit seiner Unmündigkeit und
Ohnmacht in den Massen und seiner sich in alles einmischenden Regierung,
unter einem eben aus einem siebenjährigen Kriege hervorgegangenen Hirten=

und Schiffervolke einzuführen, wo jeder Einzelne seinen Willen und seine
Kraft geltend zu machen gewohnt gewesen war.

Capo d'Jstria löste die Nationalversammlung von Trözene auf,
welche ihn zum Präsidenten gewählt hatte, ohne Anstalten zur Berufung
einer neuen zu machen, hob die freisinnige Gemeindeordnung auf, indem
er die Ortsobrigkeiten, Friedensrichter u. s. w. selbst ernannte, wodurch
den bisherigen Zuständen ihre Grundlage entzogen wurde, erhöhte in
einem Lande, wo es keinen einheimischen Kunstfleiß gab, den Einfuhrzoll
auf fremde Fabrikate von drei bis auf zwölf Procent, und wollte ein auf
europäischen Fuß organisirtes stehendes Heer einführen. Ein nach dem
Muster des nordamerikanischen eingerichteter Senat, Panhellenion genannt,
wurde von ihm, nur wenn es ihm beliebte, zu Rathe gezogen. Er setzte
alle, auch die verdienstvollsten, Persönlichkeiten zurück, wenn sie sich ihm
nicht unbedingt anschlossen und unterordneten. Unter den höheren Klassen
der Nation neigten sich viele, je nach Ueberzeugung oder Umständen, mehr
zu der einen als der anderen der drei Schutzmächte hin. Es konnte dies
nicht anders sein, da ein Theil der Reichen seine Bildung im Auslande
erhalten, oder mit demselben während des Krieges in enge Berührung ge=
treten war. Anstatt unter diesen Parteien ein Gleichgewicht zu erhalten,
gab der Präsident bei jeder Gelegenheit seine Vorliebe für Rußland zu
erkennen, und ließ die bedeutendsten Männer, wenn sie England oder
Frankreich vorzogen, ohne Anstellung und Einfluß. Besonders aber waren
es die unter ihren Stämmen sich eines erblichen Ansehens erfreuenden
Häuptling ein den moreatischen und livadischen Gebirgen, und die durch
ihre Opfer und Thaten emporgestiegenen Anführer der Inselgriechen, an
deren Unabhängigkeitsgefühl er Anstoß nahm, und die von ihm entweder ab=
sichtlich unbeachtet gelassen, oder im Falle von Verdachtsgründen verfolgt
wurden. Ein so erfahrener und einsichtsvoller Mann der Präsident auch
sonst war, sein langer Aufenthalt in Rußland, die Gewöhnung an eine un=
umschränkte und unverantwortliche Regierung übten auf sein praktisches
Verhalten, denn in der Theorie war er immer höchst freisinnig geblieben,
einen verderblichen Einfluß aus.

Die Errichtung eines griechischen Thrones und dessen vorläufige An=
nahme von Seiten des Prinzen Leopold von Sachsen=Koburg mißfiel dem
Präsidenten Capo d'Jstria, indem dadurch seiner eigenen Gewalt früher,
als er geglaubt, ein Ende gemacht worden wäre, und er außerdem von der
Regierung des Schwiegersohnes Georg IV. ein Uebergewicht des britischen
Einflusses in Griechenland fürchtete. Er war der Meinung, ohne die
Grundverschiedenheit der hellenischen und moskowitischen Nationalität in

Betracht zu ziehen, daß sich ein unabhängiges Griechenland nur auf Ruß=
land stützen könne.   In einem Schreiben an den Prinzen Leopold, in
welchem er sich scheinbar über dessen zu erwartende Thronbesteigung freute,
ward von ihm zugleich eine abschreckende Schilderung der griechischen Zu=
stände, der Parteiungen, des Mangels an Hülfsmitteln u. s. w. entworfen.
Auch wußte er den griechischen Senat zu einer Verwahrung gegen die in
dem Traktat vom 3. Februar 1830 ausgesprochenen Grenzbestimmungen
zu vermögen, so daß Leopold, welcher besorgte, daß das griechische Volk
ihm eine Mitwirkung bei der Verengung seines Gebietes beimessen, und
überhaupt ihn als demselben aufgedrungen betrachten könne, zu einer Zu=
rücknahme seiner früheren Erklärung und einer Ablehnung des griechischen
Thrones (21. Mai 1830) bewogen wurde.

Die Unzufriedenheit mit der Regierung des Präsidenten wurde durch
die von der Juliusrevolution auch in Griechenland verursachte Aufregung
vermehrt.   Der griechische Volksgeist widerstrebte den Verwaltungsformen,
der künstlichen Rechtspflege, dem Steuerwesen, welche Capo b'Istria, in
Nachahmung anderer Staaten, daselbst einzuführen suchte.   Indessen stan=
den ihm auch bedeutende Kräfte zur Ausführung seiner Absichten zu Gebot.
Er hatte einen zahlreichen Beamtenstand geschaffen, der, von ihm ganz ab=
hängig, in allen Fällen für ihn eintrat, und durch welchen er einen Theil
der städtischen Handel treibenden Bevölkerung, welche sich vor Allem nach
Ruhe sehnte, für sich gewann.   Auch besaß er einige tausend Mann regel=
mäßiger Truppen (Taktiker genannt, im Gegensatz zu den nach nationaler
Weise bewaffneten und bekleideten Palikaren), welche, von ihm bezahlt und
befördert, zu seiner Unterstützung bereit waren.   Zu seinen Gegnern ge=
hörten die meisten unter den während des Unabhängigkeitskrieges hervor=
getretenen militairischen und politischen Häuptlingen, und die große Mehr=
heit des Landvolkes, welches seine Verwaltungsweise als einen unerträg=
lichen Zwang ansah, und namentlich über die Höhe der Abgaben und
deren schonungslose Eintreibung erbittert war.   Capo b'Istria, welcher
sich der Reinheit seiner Absichten bewußt war, weder, wie man ihn fälsch=
lich beschuldigt hat, für sich und seine Familie eine erbliche Herrschaft in
Griechenland gründen, noch sich auch nur bereichern wollte, sondern das
ihm anvertraute Volk blos zu sehr nach seinem besonderen Ermessen, ohne
Rücksicht auf dessen Neigung und Gewohnheit, regierte, ahnte nichts von
dem tiefen Hasse, der sich in einzelnen Klassen und Kreisen gegen ihn zu
regen anfing.

Unter den Familien, welche sich während des Befreiungskrieges her=
vorgethan, ragten durch erbliches Ansehen und Reichthum die Mauromi=

chalis hervor. Sie regierten nach Art der früheren schottischen Klans=
häupter über die den südlichsten Theil Morea's bewohnenden Mainotten,
ein Berg= und Hirtenvolk, welches aber gelegentlich auch Seeräuberei ge=
trieben hatte. Die Mainotten galten für Nachkommen der alten Lakonier,
deren Gebiet sie bewohnten, und waren den Türken nie regelmäßig unter=
worfen gewesen. An der Spitze dieser Familie standen Pietro Bey (d. h.
Pietro der Fürst), sein Sohn Georg und sein Bruder Konstantin. Die
Mauromichalis hatten, wie die meisten Häuptlinge, die Wahl Capo d'Istria's
zum Präsidenten begünstigt, waren aber später, von dessen antinationalem
Regierungssystem verletzt, seine Gegner geworden. Capo d'Istria hatte,
an den Glanz und die Verfeinerung eines großen Hofes, wie der russische,
gewöhnt, die Unvorsichtigkeit begangen, die rauhen und häufig selbst rohen,
aber stolzen und einflußreichen Häuptlinge mit zu wenig Rücksicht und
Schonung zu behandeln, und von ihnen einen unbedingten Gehorsam unter
seine Anordnungen zu verlangen. Sie dagegen waren, einmal unzufrieden
geworden, geneigt, in ihm nur einen russischen Sendling, einen korsio=
tischen Glücksritter und ehrgeizigen Fremden zu sehen, der sich seiner vom
Auslande übertragenen Stellung zur Unterdrückung der Einheimischen be=
diente. Schon 1828 war Georg Mauromichalis dem Präsidenten ver=
dächtig und zur Flucht gezwungen worden. Bald nach der Juliusrevo=
lution hatten die Mainotten sich geweigert, die ausgeschriebenen Steuern
zu bezahlen, die Beamten des Präsidenten verjagt, die gegen sie gesandten
Truppen zurückgeworfen, und sich zuletzt von der Regierung ganz losge=
sagt. Das Mißtrauen Capo d'Istria's gegen die Mauromichalis und der
Haß derselben gegen ihn nahm zu. Endlich ward Pietro Bey verhaftet,
obgleich er zum Senat gehörte, in seinem Gefängniß übel behandelt, und
weder vor Gericht gestellt noch freigelassen.

Zu derselben Zeit brachen heftige Streitigkeiten zwischen dem Prä=
sidenten und den Inselgriechen, namentlich den Hydrioten, aus. Hydra
hatte in dem Befreiungskriege, außer tapferen Thaten, auch große Geld=
opfer gebracht. In gerechter Würdigung derselben war dem Eilande von
der Nationalversammlung von Argos eine Entschädigung ausgesetzt wor=
den. Capo d'Istria weigerte sich dieser vom Staate übernommenen Verpflich=
tung nachzukommen. Die Hydrioten und bald nachher die Bewohner mehrer
anderer Inseln sagten sich von seiner Regierung los. Er wollte sie mit Hülfe
der in den griechischen Gewässern befindlichen Seemacht der drei Schutz=
mächte unterwerfen. Der russische Admiral Ricord war zur Unterstützung
des Präsidenten bereit. Gewalt trat an die Stelle der Unterhandlungen.
Von dem hydriotischen Seehelden Miaulis, welcher früher so viel für

Griechenland gethan, ward jetzt eine That der Verzweiflung und Zer=
störung vollbracht. Auf der einen Seite von der russischen, auf der an=
deren von der dem Präsidenten treu gebliebenen Macht gedrängt, verbrannte
Miaulis (13. August 1831) im Hafen von Poros die Fregatte Hellas,
zwei Dampfschiffe, mehre Korvetten, überhaupt an 28 bewaffnete Fahr=
zeuge, um sie nicht in die Hände der Gegner fallen zu lassen, und hielt
dadurch den Aufschwung der griechischen Marine für lange Zeit auf.
Capo d'Istria entschloß sich endlich, obwohl ungern, zur Einberufung
einer Nationalversammlung, sollte aber deren Eröffnung nicht mehr
erleben.

Konstantin und Georg Mauromichalis hatten sich nach Napoli di
Romania begeben, um von dem Präsidenten, gegen das Versprechen der
Unterwerfung, die Befreiung des Bruders und Vaters auszuwirken. Sie
waren aber nicht nur abschlägig beschieden, sondern auch zurückgehalten
und unter polizeiliche Aufsicht gestellt worden, so daß sie sich nur unter
Begleitung von Wächtern sehen lassen durften. Die von der neunzigjäh=
rigen Mutter des Pietro Bey für die Loslassung ihres Sohnes eingelegten
Fürbitten waren ebenfalls vergeblich gewesen. Dies war mehr als die
beiden Mauromichalis ertragen konnten. Am Morgen des 9. Oktober
(1831) hatte sich Capo d'Istria nach einer Kirche begeben, vor deren Ein=
gang ihn Konstantin und Georg erwarteten. Diese, von den Wächtern
einen Augenblick lang außer Acht gelassen, gingen dem Präsidenten in
scheinbar bittender Stellung entgegen, ermordeten ihn aber, als er ihnen
nahe gekommen war, indem ihm Georg mit einem Pistolenschusse den Kopf
zerschmetterte, und Konstantin ihm einen Dolch in den Leib stieß. Letzterer
wurde von dem herbeieilenden Volke alsbald niedergemacht, ersterer aber
ergriffen, zum Tode verurtheilt und am 22. Oktober erschossen. Der
Weg zum Richtplatz führte an dem Gefängnisse vorbei, in welchem Pietro
Bey saß, der die That seines Sohnes laut pries, und ihm seinen Se=
gen gab.

Es war an und für sich eine traurige Erscheinung, daß Capo d'Istria
da ein gewaltsames Ende finden mußte, wo er anfangs mit so vieler Nei=
gung und Verehrung aufgenommen worden war. Noch niederschlagender
aber wirkte die Betrachtung, daß ein Mann, einzig durch sein Verdienst
im Auslande emporgekommen, und endlich an die Spitze des eigenen Volkes
wie eine zweite Vorsehung gestellt, durch unklare Auffassung der einhei=
mischen Zustände, durch die Unfähigkeit sich von fremdartigen Eindrücken
zu befreien, die große und einzige ihm dargebotene Gelegenheit, zur Wie=
dergeburt eines lange unterdrückt gewesenen Landes beizutragen, unbenutzt

vorübergehen ließ, und über diesem Irrthum das Ergebniß eines sonst ruhmvollen Lebens verlor.

Mit dem Tode Capo d'Istria's schien für Griechenland die Hoffnung, von einem Einheimischen regiert werden zu können, verloren zu sein. Es trat eine Epoche der größten Unordnung und Verwirrung ein, um so schlimmer, da die vorhandenen Kräfte mehr keine Anwendung gegen einen auswärtigen Feind fanden, sondern sich gegen einander kehrten. Es ward vom Senat eine neue Regierung, bestehend aus: Augustin Capo d'Istria, einem Bruder des Ermordeten, Kolettis und Kolokotronis, ernannt. In diesem Triumvirat neigte sich Kolettis zu Frankreich hin, während die beiden anderen unbedingt unter russischem Einflusse standen. Es wurden dann die Wahlen zu der schon von Capo d'Istria beschlossenen National= versammlung ausgeschrieben, dabei aber vom Senate und dessen Kreaturen mit einer sonst selten gesehenen Willkühr verfahren. Es machte sich nicht nur List und Bestechung, sondern auch offenbare Gewalt geltend, und zu= letzt ward von dem Senate die fehlende Anzahl der Deputirten nach eige= nem Belieben ergänzt. Von dieser Versammlung, welche im December 1831 in Argos zusammentrat, wurde Augustin Capo d'Istria zum Präsi= denten von Griechenland ernannt. Dieser, welcher die Mängel seines ver= storbenen Bruders ohne dessen Vorzüge theilte, gab sich so blind an Ruß= land hin, verfuhr bei seinen Anordnungen so parteiisch und ausschließend, daß sich bald ein großer Widerstand gegen ihn erhob, Kolettis selbst sich auf Seite der Opposition schlug, und eine provisorische Regierung, aus letzterem, Konduriottis und Zaimi zusammengesetzt, entstand, welche eine neue Nationalversammlung nach Perachora berief. Es gab demnach jetzt zwei Regierungen und zwei Volksvertretungen in Griechenland, deren An= hänger sich gegenseitig als Feinde behandelten. Die Rumelioten, welche die Nationalversammlung von Perachora anerkannten, drangen mit be= waffneter Hand in Argos ein. Da zugleich die Londoner Konferenz, über die wahre Lage der Dinge durch den damals in Griechenland anwesenden englischen Diplomaten, Sir Strafford Canning, aufgeklärt, sich gegen das von Augustin Capo d'Istria befolgte System erklärte, so legte derselbe am 9. April (1832) seine Gewalt nieder, und zog sich nach Korfu und von da nach St. Petersburg zurück.

Damit aber war die innere Ruhe nicht wiederhergestellt. Eine aus Rumelioten und Capo d'Istrianern gebildete neue Regierung vermochte es nicht, sich über dem Parteigewühl zu erhalten, und ihren Befehlen Nach= druck zu verschaffen. Mehre Häuptlinge, wie Kolokotronis, Nikitas, Za= vellas erklärten sich gegen Kolettis, Konduriottis u. s. w., welche nach

Augustin Capo d'Istria's Entfernung an die Spitze der Verwaltung getreten, als die Nachricht einlief, daß die drei Schutzmächte, England, Frankreich und Rußland sich am 7. Mai (1832) in London zur Erhebung des Prinzen Otto von Bayern, des zweiten Sohnes des Königs Ludwig, auf den griechischen Thron vereinigt hätten. Diese Kunde und besonders der Umstand, daß dem neuen Herrscher der Königstitel verliehen, was für Griechenland eine größere Zukunft als bisher anzudeuten schien, und daß seiner Regierung von den drei Großmächten eine Anleihe von 60 Millionen Fr. verbürgt sei, wirkten auf das Volk günstig ein, waren aber nicht im Stande den Ehrgeiz und die gegenseitige Eifersucht der Häuptlinge zu beruhigen.

Da die Londoner Konferenz nicht das Ansehen haben wollte, den Griechen wider deren Willen einen Fürsten aufzudringen, so ward auf ihre Veranlassung eine Nationalversammlung einberufen, welche am 22. Julius (1832) in Pronia, einer Vorstadt von Napoli di Romania, zusammentrat, und am 8. August die Ernennung des Prinzen Otto bestätigte. Die Deputirten, welche unter dem Einflusse der volksthümlichen und freisinnigen Partei gewählt worden, wollten die Gelegenheit benutzen, um den unpatriotischen, unter russischem Einfluß stehenden Senat aufzulösen, und die Grundzüge zu einer neuen Verfassung zu entwerfen, welche dem Könige Otto zur Annahme vorgelegt werden sollte. Die Anhänger Rußlands, in ihrer Stellung bedroht, und von dem Gesandten dieser Macht ermuntert, beschlossen sich ihrer Gegner durch einen Handstreich zu entledigen. Es wurden in den Gebirgsgegenden Banden angeworben, welche die Nationalversammlung überfielen, und eine Anzahl ihrer Mitglieder gefangen fortschleppten. Die Truppen der Regierung wurden von Kolokotronis geschlagen. Der Senat, dessen Auflösung die letzte Nationalversammlung, bevor sie sich am 20. September (1832) vertagte, ausgesprochen hatte, fühlte sich, ungeachtet der von seinen Anhängern davon getragenen Vortheile, in Napoli di Romania nicht sicher, und siedelte am 29. November nach Astros über, wo er den russischen Admiral Ricord zum Präsidenten von Griechenland ernannte, und eine aus lauter militairischen Häuptlingen (Kapitanis) bestehende Regierung niedersetzte, welche aber von der Nation nicht anerkannt wurde. Die nationale Partei, an deren Spitze Kolettis und Konduriottis standen, sah sich in Gefahr von Kolokotronis, welcher unterdessen immer weiter im Norden von Morea vorgedrungen war, angegriffen zu werden, und rief zu ihrem Schutz ein Korps französischer Truppen herbei, welches nach dem Abzuge des Marschalls Maison in Morea zurückgeblieben war. Kolokotronis war ver-

wegen genug die Franzosen anzugreifen, ward aber mit Verlust zurück=
geschlagen. Durch die Ränke der russischen Diplomatie, welche es unter
den Griechen zu keinen geregelten und freien Zuständen kommen lassen
wollte, den Bestrebungen der patriotischen Partei überall hindernd ent=
gegentrat, und die Selbstsucht und Roheit der Kapitanis für ihre Zwecke
zu benutzen verstand, war es dahin gekommen, daß die Regierung ohne
Ansehen, die Empörung im Zunehmen begriffen, und das Land mit Un=
ordnungen aller Art, mit Plünderung und Raub erfüllt war.

Endlich betrat am 30. Januar (1833) der vom Volke längst er=
sehnte König Otto, von großen und aufrichtigen Freudensbezeugungen
empfangen, den Boden des befreiten Griechenlands. Eine frühere Ankunft
würde den letzten zerrüttenden Bewegungen zuvorgekommen, oder wenig=
stens ihre Dauer abgekürzt haben. Aber sein Abgang von München war
durch die Unterhandlungen mit der Pforte über eine Veränderung in den
Grenzbestimmungen zu Gunsten Griechenlands, durch den Abschluß der
Anleihe und die Ausrüstung eines bayerschen Hülfskorps verzögert worden.
Leider war König Otto noch nicht im Stande die Regierung aus eigener
Macht zu führen. Im Jahre 1815 geboren, sollte er erst mit Vollendung
des zwanzigsten Lebensjahres volljährig werden. Er kam nach Griechen=
land, begleitet von einer Regentschaft, welche aus dem Grafen von Ar=
mansperg, dem Staatsrathe von Maurer und dem Generale von Heidegg
bestand, denen der Ministerialrath von Abel als Beistand zugegeben war.
Es wäre ein Glück für das griechische Volk gewesen, wenn der junge Fürst
die Zügel des Staates alsbald selbst hätte in die Hand nehmen können.
Der Zauber der obersten Gewalt verlor in den Augen der rohen und sinn=
lichen Menge dadurch etwas von seiner Wirksamkeit, daß der Name des
königlichen Amtes und dessen Ausübung eine Zeit lang von einander ge=
trennt bleiben mußten.

Die Regentschaft erließ im Namen des Königs eine Proklamation
an das griechische Volk, in welcher Verzeihung aller bisher begangenen po=
litischen Vergehen, und Verbesserung der inneren Lage versprochen wurde.
Letzteres war in der That das dringendste Bedürfniß geworden. Denn
die langen Parteikämpfe hatten in allen öffentlichen Verhältnissen eine
grenzenlose Verwirrung herbeigeführt. Die Steuern waren ausgeblieben,
und die meisten Gerichte hatten ihre Thätigkeit eingestellt. Das Streben
der Regentschaft ging vor Allem dahin, der Bevölkerung das ihr fast ganz
entschwundene Gefühl der Sicherheit wiederzugeben. In dieser Beziehung
ward von ihr eine große und rühmliche Thätigkeit entwickelt. Vor Allem

suchte sie dem überhand genommenen Räuberwesen Einhalt zu thun, und den Personen und dem Eigenthum den nöthigen Schutz zu gewähren. Sodann ward die Gerichts= und Gemeindeordnung verbessert, die Ver= waltung der öffentlichen Einnahmen geregelt, und überhaupt alles unter den vorhandenen Umständen Mögliche gethan, um das griechische Volk, welches bisher immer zwischen den beiden Extremen der selbst verübten Willkühr und von Anderen erfahrenen Unterdrückung geschwebt, ent= weder sich gegen jeden Zügel gesträubt, oder unter dem Joch gelegen hatte, an ein geordnetes und gesetzliches Dasein zu gewöhnen.

Ungeachtet mancher unter den gegebenen Verhältnissen schwer zu ver= meidenden Mißgriffe, hatte die Regentschaft in kurzer Zeit vieles Gute vollbracht, und die meisten äußeren Hindernisse, welche ihr Kurzsichtigkeit und übler Wille entgegenstellten, überwunden. Was ihr später so oft vor= geworfen werden sollte, wie z. B. die zu große Berücksichtigung der Bayern bei den Civil= und Militairanstellungen, war weniger aus parteiischer Be= vorzugung, als aus der den Griechen eigenen Ungewohnheit einer regel= mäßigen Thätigkeit entstanden. Außerdem fehlte es diesen, bei dem unter ihnen eingerissenen Parteitreiben, an der nöthigen Unparteilichkeit, um sich gegenseitig mit Gerechtigkeit und Mäßigung zu behandeln. In der ersten Zeit ihrer Befreiung mußte ein fremder Wille für sie maßgebend sein. Auch war es nicht leicht, für ein durch seine Sitten und seine Erlebnisse von allen anderen so verschiedenes Volk, wie die Griechen, und das seit Jahren von einer beständigen Gährung erfüllt war, alsbald die angemessene Weise der Behandlung zu finden.

Aber es brach in der Regentschaft selbst Uneinigkeit aus. Das be= fähigste und thätigste ihrer Mitglieder, der Staatsrath von Maurer, war mit dem Grafen von Armansperg zerfallen, der sich des Vorzuges der Erste unter Gleichen zu sein etwas überhob, mehr Hof= als Geschäftsmann und geneigter war, die Früchte seiner Stellung zu genießen, als deren Arbeiten auf sich zu nehmen, Maurer, welcher Griechenland eine aufgeklärte Ge= setzgebung und Verwaltung sichern wollte, um einen Boden für eine frei= sinnige Verfassung zu gewinnen, ward dadurch dem russischen Gesandten Katakazy verdächtig, welcher seinen englischen Kollegen Dawkins mit dem= selben Mißtrauen gegen den bayerschen Staatsmann zu erfüllen wußte. Rußland hatte zwar die Losreißung Griechenlands von der Türkei be= günstigt, weil letztere auf solche Weise geschwächt werden mußte, wollte aber keineswegs die politische Freiheit in dem neuen Staate gegründet sehen, der dadurch allmählig erstarkt, und zu einem selbstständigen Dasein

gelangt sein würde. Das russische Kabinet wünschte die Griechen dem Ab=
solutismus unterworfen zu sehen, weil es begriff, daß diese ihrem innersten
Wesen widerstrebende Staatsform ihre Kraft brechen, und sie auf die
einstige Herrschaft Rußlands vorbereiten würde. Maurer ward, wegen
seiner konstitutionellen Gesinnungen, von der russischen Diplomatie für
einen Revolutionair verschrieen. Der König Ludwig von Bayern, welcher
sich zwar in seinen wohlwollenden Absichten immer gleich blieb, aber in sei=
nem Urtheil und seiner Anschauungsweise schwankte, und häufig in den
Widerspruch verfiel, die Freiheit zu lieben, aber deren Aeußerungen zu
scheuen, rief endlich Maurer aus Griechenland ab (Julius 1834), der, in
seiner Wirksamkeit gehindert, von selbst schon zum Rücktritt geneigt war.
Mit Maurer kehrte auch Abel nach München zurück. An ihre Stelle
traten die bayerschen Ministerialräthe von Kobell und von Greiner. Ar=
mansperg übte von da an ein unbestrittenes Uebergewicht aus.

Unter den griechischen Häuptlingen hatten sich Verschwörungen zum
Sturze der Regentschaft erhoben. Der alte, ehrgeizige und unruhige Kolo=
kotronis, welcher seinem Charakter und seinen Sitten nach mehr unter ein
türkisches als ein europäisches Regiment gehörte, hatte an der Spitze ge=
standen. Die Theilnehmer wurden entdeckt, eingezogen und zum Tode
verurtheilt, aber zu zwanzigjähriger Gefangenschaft begnadigt. Unruhen
in der Maina, mit welchen schon Capo d'Istria zu kämpfen gehabt hatte,
konnten von der Regierung nur mit großer Mühe und nicht vollständig
unterdrückt werden. Im December 1834 fand die Uebersiedelung des
Königs und der obersten Behörden von Napoli di Romania nach Athen
statt, welches, während des Befreiungskrieges fast ganz zerstört, allmählig
aus seiner Asche wiedererstand, und seit undenklichen Zeiten zum erstenmal
nicht blos wegen seiner Alterthümer und seiner Vergangenheit, sondern
auch wegen seiner Verwickelung in die Verhältnisse der Gegenwart, ge=
nannt zu werden anfing.

Am 1. Juli ward die Regentschaft aufgelöst und König Otto für
volljährig erklärt. Armansperg führte indessen unter dem Namen eines
Staatskanzlers die Regierung fort. Er suchte jetzt die griechische Natio=
nalität mehr als früher geschehen zu gewinnen. Ein sogenanntes Dota=
tionsgesetz erschien, nach welchem jede ansässige Familie von den weitläuf=
tigen und bisher fast ganz vernachlässigt gebliebenen Staatsländereien, zu
welchen auch viele Klostergüter geschlagen worden, einen verhältnißmäßigen
Antheil zur Nutznießung erhalten sollte. Es ward, um die Abwesenheit
einer Volksvertretung zu verhüllen, ein Staatsrath errichtet, zu einer
obersten Aufsicht über die Verwaltung bestimmt, der aber, von der Re=

gierung beliebig zusammengesetzt, diesen Zweck nicht erfüllen konnte. Im Jahre 1836 reiste König Otto nach Deutschland, und vermählte sich daselbst mit der Prinzessin Amalie von Oldenburg. Bald nachher ward Armansperg entlassen, und Rudhardt, ebenfalls ein Bayer, bisher Regierungspräsident in Regensburg, in seine Stelle gesetzt. Dieser, der sich in seinem Vaterlande als Beamter und Redner in der zweiten Kammer hervorgethan, konnte sich in die griechischen Verhältnisse nicht finden, und wollte die deutschen Verwaltungsformen einem Volke auflegen, welches geneigt war, jeden administrativen und polizeilichen Zwang für schlimmer als selbst die alte türkische Willkührherrschaft zu halten. Er gerieth außerdem in Streit mit dem englischen Gesandten in Athen, Sir Edmund Lyons, Dawkins Nachfolger, welcher die englischen Interessen viel kräftiger als dieser vertrat, und der griechischen Regierung wegen des von Rußland auf sie geübten Einflusses nicht hold war. Im December 1837 mußte Rudhardt seine Stellung aufgeben, und ging auf seiner Rückreise nach Deutschland in Triest mit Tode ab. Nach ihm ward das griechische Ministerium nur mit Einheimischen besetzt.

König Otto herrschte von jetzt an eine Reihe von Jahren hindurch scheinbar unumschränkt, da es kein Grundgesetz gab, welches ihm Grenzen vorgeschrieben hätte, aber ohne wahre Selbstständigkeit, weil der Gang seiner Regierung beständig von der Einmischung der Großmächte, und besonders der Eifersucht Rußlands auf England und Frankreich, durchkreuzt wurde. Das Königreich Griechenland nahm, wegen seiner Lage, in Bezug auf die allgemeinen europäischen Interessen eine höhere Stellung ein, als unter anderen Umständen bei seiner geringen Macht stattgefunden haben würde. In Erwartung der Dinge, welche in der Türkei, in Egypten und Syrien bevorstanden, galt Griechenland für eine Warte, von welcher aus man die sich ankündigenden Verwickelungen übersehen konnte, und in deren Nähe man festen Fuß zu fassen suchte. Athen war deshalb mehr als manche größere Hauptstädte und Höfe ein Sitz diplomatischer Intriguen und weit aussehender Pläne geworden.

König Otto, von einer wirklichen Vorliebe für seine neue Heimath erfüllt, und wie alle Kinder des Königs Ludwig sorgfältig erzogen und unterwiesen, wußte das merkwürdige Land und Volk, über welches er gesetzt war, zu würdigen, und that Alles was von ihm abhing, um die Griechen zu einem ihres Namens und ihrer Ueberlieferungen angemessenen Standpunkt zu erheben. Es ward in Athen eine Universität errichtet, Litteratur und Wissenschaft nach Kräften begünstigt, und der klassische Boden in allen Richtungen untersucht. Aber als Staat konnte Griechen-

land zu keiner Bedeutung gelangen. Es war in zu enge Grenzen einge=
schlossen, und von den Schutzmächten zu abhängig gemacht worden. An
die Stelle der während des Befreiungskampfes herrschenden Begeisterung
war in der Masse des Volkes allmälig eine tiefe Unzufriedenheit mit dem
ihm gewordenen Loose getreten. Das sichtbare Sinken des türkischen Reiches
und die Erinnerung an ihre frühere Größe flößte den Griechen über=
triebene, mit der allgemeinen Lage Europa's und den Ansichten der großen
Mächte unverträgliche, Ansprüche ein. In ihren Schulen, Büchern und
Tagesblättern wurde bei jeder Gelegenheit auf die Wiederherstellung des
griechischen Reiches und den Besitz von Konstantinopel, als den Mittel=
punkt ihres Volksthums, hingewiesen. Von diesen Hoffnungen stach die
Kleinheit und Beschränktheit der Gegenwart zugleich aufstachelnd und
demüthigend ab. In seinem Unmuthe war das Volk geneigt seine Re=
gierung anzuklagen. König Otto hatte bisher mit großer Mäßigung,
aber ohne Verleihung einer die Rechte des Volkes sichernden Verfassung,
geherrscht. Rußland und Oesterreich waren der Einführung konstitutio=
neller Formen in Griechenland gleich sehr entgegen gewesen. Den meisten
während des Krieges hervorgetretenen militairischen und politischen Füh=
rern, und der unter dem Einfluß der modernen Ideen stehenden, zum
Theil in Frankreich und England gebildeten Jugend der höheren Klassen,
war jedoch die unumschränkte Regierungsgewalt, selbst in ihrer mildesten
Gestalt, als eine Erniedrigung erschienen. Aber die von dem Fürsten
Metternich ausgehende absolutistische Propaganda hatte von Wien aus
über München den Weg nach Athen gefunden, und es war den Griechen,
für welche schon die Nationalversammlung von Epidaurus (1821) die
Grundzüge zu einer freien Verfassung entworfen hatte, diese Befriedigung
nicht gewährt worden. Indessen konnte ein Volk, welches, wenn auch
zuletzt durch fremde Dazwischenkunft gerettet, lange selbst das Meiste
für seine Befreiung gethan hatte, nicht für den Besitz eines Mannes oder
Hauses gelten.

Es erhob sich in Griechenland eine Bewegung im konstitutionellen
Sinne und kam in Athen im September 1843 zum Ausbruch, von welcher
König Otto zur Annahme des Repräsentativsystems genöthigt wurde,
was übrigens von seiner Seite ohne Zögern und Widerstreben geschah.
Es ward eine Verfassung errichtet, vermöge welcher die Krone die voll=
ziehende Gewalt behielt, bei der Gesetzgebung aber an die Zustimmung
zweier Kammern, der Senatoren und der Deputirten, gebunden wurde.
Die Mitglieder des Senats sollten von dem Könige auf zehn Jahre
hin, die Deputirten für drei Jahre vom Volke erwählt werden. Diese

Verfaffung, obgleich gerechte Wünfche befriedigend, hat Griechenland bisher nicht gefördert, deffen Zuftand ein ungewiffer, zwifchen hochflie= genden Hoffnungen und einer engen Gegenwart fchwankender, geblieben ift. Die noch im Schoße der Zukunft ruhenden Ereigniffe werden einft darüber entfcheiden, ob die griechifche Nationalität in ihrer Gefammt= heit zu einer politifchen Wiederherftellung beftimmt ift, oder ob das jetzige Königreich Griechenland nur als eines der einzelnen, von dem ver= fallenden türkifchen Staatskörper abgelöften, Glieder fortdauern wird.

----

27. Das türkifche Reich. — Aufftände in Bosnien und Albanien. — Sultan Mahmud II. und Mehemed Ali, Vicekönig von Egyp= **ten. — Beider Streben. — Krieg zwifchen ihnen. — Schlachten von Konieh und Niflb. — Europäifche Dazwifchenkunft. — Vier=** **bundvertrag. — Frankreich's anfänglicher Einspruch und endliche** **Nachgiebigkeit. — Mehemed Ali auf die Herrfchaft über Egypten** **befchränkt. — Rußland's religiöfer und politifcher Einfluß. — Vor=** **theile, in deren Befitz es fich befindet. — Hohe Stellung Eng=** **land's. — Tiefer Gegenfatz und Eiferfucht zwifchen England und** **Rußland.**

Mahmud II. war von der Zeit und Erfahrung zu der langfam gereiften aber zuletzt unerfchütterlichen Ueberzeugung gebracht worden, daß ohne die Einführung europäifcher Kriegseinrichtungen, ohne eine durchgreifendere Ordnung in allen Zweigen der Verwaltung, und eine größere Abhängigkeit der Pafchas von den Befehlen der Pforte, das tür= kifche Reich feiner Auflöfung entgegengehen müffe. Er hatte durch die Vernichtung der Janitfcharen, in einem Augenblick unternommen, wo ihm ein auswärtiger Krieg drohte, bei Verfolgung feiner Abfichten eine bis zur Verwegenheit gehende Kraft und Ausdauer bewiefen. Der mit Rußland in Adrianopel abgefchloffene Friede erlaubte ihm, feine Auf= merkfamkeit ungetheilt auf das Innere feines Reiches zu richten. Es gab zwar in allen Provinzen zahlreiche Anhänger der alten Mißbräuche und Vorurtheile, aber der Sultan hatte, bei dem Nachdruck, mit welchem er verfuhr, zuletzt überall feine Abfichten durchgefetzt. Nur in Albanien und Bosnien war er auf einen hartnäckigen Widerftand geftoßen. Die Bosnier und Albanefen gehörten zu den kriegerifchften Völkerfchaften des Reiches, und waren, ungeachtet des religiöfen Verbandes, von den

Türken durch Abkunft, Sprache und Sitte verschieden geblieben. Unter den Albanesen herrschte, wie unter Mainotten, Sulioten u. s. w. eine Art von Klanswesen, eine erbliche Abhängigkeit der Bevölkerung von gewissen Familien, und in Bosnien hatte sich eine schon vor der türkischen Eroberung bestandene grundbesitzende Aristokratie erhalten, welche von der Einführung einer besseren öffentlichen Ordnung den Verlust ihrer Vorrechte befürchtete. In der Masse des bosnischen Volkes hatte außerdem das Janitscharenwesen tiefe Wurzeln geschlagen. Die Albanesen waren von jeher die gesuchtesten und am besten bezahlten türkischen Truppen gewesen. Kein Statthalter begab sich in seine Provinz, ohne vorher eine gewisse Anzahl dieser Söldlinge in seinen Dienst genommen zu haben. Auch waren diese Völkerschaften, obgleich sie erst spät zum Islam übergetreten, zuletzt dessen eifrigste Bekenner geworden. Aus allen diesen Gründen widerstrebten Bosnier und Albanesen den Reformen des Sultans, der Einführung einer auf europäischen Fuß organisirten Kriegsmacht, einer regelmäßigen Verwaltung, und einer größeren Gleichstellung zwischen Christen und Muselmännern, welche zwar von Mahmud II. noch nicht öffentlich ausgesprochen, aber bei mehren Gelegenheiten angedeutet worden, und welche aus seinen übrigen Anordnungen zuletzt hervorgehen mußte.

Die Unzufriedenheit der Bosnier und Albanesen mit dem Regierungssystem des Sultans war schon zur Zeit des letzten Krieges gegen die Russen hervorgetreten. Sie hatten dem Großherrn nur geringe Hülfe geleistet. Einer der ersten albanesischen Häuptlinge, Mustapha Pascha von Skutari, aus der Familie der Buschatli, welcher dieses Paschalik erblich zugehörte, hatte sogar den Plan gehegt, mit seinem Kontingent, anstatt nach der Donau gegen die Russen, auf Konstantinopel zu ziehen, um dort bei der Entthronung des Sultans mitzuwirken, an welcher damals von den Ueberresten der Janitscharen und anderen Unzufriedenen gearbeitet worden war. Bei der noch zur rechten Zeit eingetretenen Entdeckung dieser Verschwörung mußte Mustapha seinen Vorsatz aufgeben, blieb aber mit seinen Truppen anstatt sich gegen die Russen zu wenden, bei Philippopel in Rumelien stehen, wo er das reiche Land plünderte, und dann, mit großer Beute beladen in seine Heimath zurückkehrte.

Nach dem Frieden von Adrianopel beschloß der Sultan sich Bosnien und Albanien wieder vollständig zu unterwerfen. Der Großvezir Reschid Pascha, eben so bekannt durch seine Schlauheit wie durch seine Tapferkeit, wurde zuerst gegen die Albanesen geschickt. Zu schwach, um dieselben mit Gewalt zu bezwingen, wußte er sie durch Versprechungen in Sicherheit zu wiegen, verhieß ihnen im Namen des Sultans Verzeihung und Abstellung ihrer Beschwerden, und lud die Anführer zu einem von ihm bei der Stadt Monastir veranstalteten Feste ein, auf welchem die Versöhnung besiegelt werden sollte. Da die albanesischen Häupt= linge, ungeachtet ihres kriegerischen Sinnes, den Weg der Unterhand= lungen dem der Waffen vorzogen, wenn ihnen ersterer dieselben Vortheile versprach, so ließen sie sich von Reschid Pascha berücken, und nahmen seine Einladung an, wurden aber am Ort der Zusammenkunft umzin= gelt, und sämmtlich ermordet. Es ist ein eigenthümlicher, besonders in der türkischen Geschichte oft wiederkehrender Zug, daß halb barbarische Charaktere, obgleich selbst zu List und Treulosigkeit geneigt, zu Zeiten sehr leichtgläubig sind, und unter gewissen Umständen leicht in die ihnen gelegte Falle gehen.

Der Pascha von Skutari, welcher bei dem Blutbade von Mona= stir nicht anwesend gewesen, sammelte jetzt neue Streitkräfte, und ge= dachte im Vertrauen auf das Gelingen eines in Konstantinopel gegen das Leben des Großherrn abermals gebildeten Komplots, in das Innere des türkischen Reiches einzubringen. Die Verschwörung ward aber ent= deckt und im Blute der Theilnehmer erstickt. Der Großvezir rückte gegen Mustapha Pascha vor, ehe dieser noch seine Kriegsrüstungen beendigt hatte. Ein Theil der Häuptlinge ward von Reschid Pascha im Gehei= men noch vor Ausbruch des Kampfes gewonnen, und die übrigen wur= den am 20. April 1831 bei Perlepe gänzlich geschlagen. Mustapha ent= kam nach Skutari.

Unterdessen hatten sich aber die Bosnier zum Kriege gegen den Sultan gerüstet. An ihrer Spitze stand Hussein Pascha, einer der mäch= tigsten Häuptlinge der bosnischen Aristokratie, wegen seiner Tapferkeit „der Drache von Bosnien genannt." Bei Kossowo wurden die türkischen Truppen geschlagen. Der Großvezir mit zu geringer Streitmacht ver= sehen, um die Aufrührer im offnen Felde zu bekriegen, wählte wiederum den Weg der Unterhandlungen, stiftete Uneinigkeit unter den bosnischen Anführern an, gestand ihnen für den Augenblick ihre Forderungen zu, und wußte es dahin zu bringen, daß ihr Heer aus einander ging. Er wandte sich hierauf gegen die Albanesen unter Mustapha von Skutari, und verstand es auch sie zur Niederlegung der Waffen zu bewegen. Al= banien wurde von den Türken besetzt und verheert, und die Anhänger Mustapha's überall niedergemacht. Ihm selbst aber glückte es, indem er dem Sultan genaue Mittheilungen über die in mehren Provinzen gegen denſelben beſtehenden geheimen Verbindungen und Umtriebe machte, nicht nur ſein Leben und ſeine Beſitzungen zu retten, ſondern bei einem Beſuch in Konſtantinopel von dem Gebieter, welchem er ſo oft getrotzt hatte, gut aufgenommen zu werden.

Der Widerſtand der Albaneſen war jetzt gebrochen (Herbſt 1831). Im Frühjahre 1832 zog Reſchid Paſcha von Neuem gegen die Bosnier, welche auf ſich ſelbſt gewieſen, am 5. Juni unter den Mauern von Sarajewo geſchlagen und auseinander geſprengt wurden. Ihr Anfüh= rer Huſſein Paſcha entlam mit einer Schaar ſeiner Getreuen über die öſterreichiſche Grenze. Die Pforte ſetzte in der Perſon des Kara Mah= mud einen neuen Vezir über Bosnien, der durch ein gemäßigtes und da= bei kraftvolles Verfahren allmälig das ganze Land unterwarf. Selbſt Huſſein Paſcha wurde mit ſeinen Anhängern vom Sultan begnadigt. Obgleich in Albanien und Bosnien, in letzterem beſonders in den Jah= ren 1836 und 1837, heftige Empörungen ausbrachen, und die Bevölke= rung ſich nur ſchwer an die Aushebung für den regelmäßigen Militair= dienſt und die Eintreibung der Steuern gewöhnte, ſo ward damals durch Reſchid Paſcha's Bemühungen die Autorität des Sultans in die= ſen Provinzen mehr befeſtigt, als jemals ſelbſt unter deſſen mächtigſten Vorgängern der Fall geweſen war.

Die in einzelnen Theilen des türkiſchen Reiches von jeher häufig geweſenen Unruhen und Auflehnungen waren entweder von ehrgeizigen Paſcha's, welche an der Spitze ihrer Söldlinge den Befehlen des Sul= tans trotzten, oder von gewiſſen Klaſſen, welche ihre Vorrechte gegen Eingriffe vertheidigen wollten, ausgegangen. Dieſe Bewegungen hatten, abgeſehen von den Unterſchieden, welche der Geiſt des Orients und die vom Islam geſchaffenen Sitten hervorgebracht, den Kämpfen zur Zeit des Feudalweſens geglichen. Sie waren immer nur von einzelnen Füh= rern und deren Untergebenen, aber nie von der Maſſe der Bevölkerung unternommen worden, hatten nie das Daſein des Ganzen bedroht, und keine Veränderung in dem herrſchenden Syſtem veranlaßt. Selbſt den letzten bedeutenden Widerſtandsverſuchen in Bosnien und Albanien hatte bei den dortigen Häuptlingen nicht die Abſicht, ſich von der Herr= ſchaft des Sultans loszureißen, ſondern nur die Neigung zu Grunde gelegen, die der Selbſtſucht und Roheit wohlgefälligen althergebrachten Einrichtungen zu bewahren. Bei dem im türkiſchen Reiche wie im Mit= telalter herrſchenden Fauſtrecht konnte es nie an Veranlaſſungen zu Ge= waltſamkeiten und Empörungen fehlen, dieſelben hatten aber immer nur eine bald vorübergehende Erſchütterung hervorgebracht. Der große Aufſtand

der Griechen von 1821 bis 1827 hatte mit diesen innerhalb der mahomedanischen Welt vollbrachten Kämpfen nichts gemein gehabt, sondern kann als
der erste Anfang einer religiösen und politischen Revolution angesehen
werden, welche vielleicht ihr Ziel im Laufe der Zeit erreichen wird. Die
Griechen waren einst die Besitzer des Bodens gewesen, über welchen jetzt
die Nachkommen Osman's herrschten, und hatten in ihrem Herzen nicht
nur nie dem Streben nach vollsthümlicher Selbstständigkeit entsagt, sondern sogar die Hoffnung bewahrt, durch günstige Umstände einst in den
Stand gesetzt zu werden, den fremden Unterdrückern das Erbe ihrer
Väter entreißen zu können. Kein Pascha und kein einziger muselmännischer Stamm befand sich in dieser Lage, und konnte daher auch keine
ähnlichen Zwecke verfolgen. Innerhalb des Bereiches des Islams waren
bisher alle Auflehnungen gegen die Pforte ohne allgemeinen Plan, nur
aus vereinzelten Eingebungen des Ehrgeizes, der Habsucht oder der
Rache über erfahrenen Druck entstanden.

Es gab im türkischen Reiche vielleicht nicht ein Paschalik, wo nicht
von Zeit zu Zeit die Statthalter sich empört, und, wie einst die großen
Vasallen den Feudalkönigen, dem Sultan den Gehorsam aufgekündigt
hätten. Sie hatten aber damit nie die Bildung eines unabhängigen
Staates oder eines neuen Herrscherstammes beabsichtigt, sondern nur
während ihres Lebens willkührlich walten wollen, und waren deshalb
auch zuletzt entweder mit Gewalt bezwungen worden, oder in den meisten
Fällen, nach theilweiser Gewährung ihrer Forderungen, freiwillig unter
den Gehorsam des Sultans zurückgekehrt. Erst in neuester Zeit hatte
der immer fühlbarer werdende Verfall des türkischen Reichs einem unternehmenden Statthalter, der sich im Besitz der zur Gründung einer selbstständigen Macht wohlgelegensten Provinz befand, den Gedanken einer
gänzlichen Losreißung von der Pforte, und einer das Dasein derselben
in Frage stellenden Politik eingegeben. Es war dies Mehemed Ali,
Vicekönig von Egypten, welcher, ohne die den Sultan schützende Dazwischenkunft mehrerer europäischen Großmächte, ohne Zweifel seine Absichten durchgesetzt haben würde.

Mehemed Ali war, in der kleinen macedonischen Stadt Cavala
von armen Eltern geboren, im Jahre 1800 in untergeordneter Stellung
mit dem türkischen Heere nach Egypten zur Vertreibung der Franzosen
gekommen, und hatte sich, obgleich von allen Vorkenntnissen entblößt,
durch Klugheit und Tapferkeit so bemerkbar gemacht, daß er eine Stufe
nach der andern erstieg, und 1806 von der Pforte zum Statthalter dieser Provinz ernannt wurde. Bevor er daselbst seine Gewalt befestigt

hatte, suchte er sich durch scheinbaren Eifer im Dienst des Sultans hervorzuthun. Er zwang die Beys oder Häuptlinge der Mameluken, welche nach dem Abzuge der Franzosen und Engländer ihre frühere Willkührherrschaft erneuert hatten, zur Unterwerfung, führte aber bei dieser Gelegenheit eine der unter Orientalen so häufigen blutigen Ver= rätherein im größten Maßstabe aus. Im März 1811 lud er die Beys sammt ihrem Gefolge zu einem Fest in seinen Palast zu Kairo ein. So= bald sie sich versammelt hatten, ließ er alle Eingänge schließen. Die Lustbarkeiten begannen nach Landesbrauch mit, in dem weiten inneren Hofe aufgeführten, Reiterspielen. Aber die Fenster und Erker waren mit albanesischen Schützen besetzt. Auf ein gegebenes Zeichen ward von allen Seiten auf die Mameluken gefeuert, deren größter Theil tödtlich getrof= fen niedersank. Was für den Augenblick unverletzt geblieben, ward nach= her enthauptet. Ueber vierhundert Personen kamen auf diese Art um. Der Divan in Konstantinopel, welcher durch die Wegräumung der Ma= meluken zur unmittelbaren Herrschaft über Egypten gekommen zu sein glaubte, billigte die That, ohne in seiner Kurzsichtigkeit zu bemerken, daß der ehrgeizige Pascha in den Ermordeten mehr die eigenen Nebenbuhler als Gegner des Sultans aufgeopfert hatte.

Im Jahre 1810 hatte Mehemed Ali vom Sultan den Auftrag zur Unterwerfung der Wechabiten erhalten. Diese religiöse Sekte, in der Mitte des achtzehnten Jahrhunderts, in der arabischen Provinz Nedschd entstanden, hatte mit den Traditionen und namentlich dem Ceremoniendienst des Islams gebrochen, und wollte denselben auf das Bekenntniß einer Art von reinem Deismus zurückführen. Die Wechabi= ten (so genannt von Mohamed Abd=el, Wahab's Sohn) hatten beson= ders die Nomadenstämme der Wüste, welche mit dem Islam nur locker zusammenhängen, zu sich hinüberzogen, und mit ihrer Hülfe Mekka und Medina eingenommen. Es war ihnen aber nicht gelungen, die Mehrheit der Bevölkerung für ihre Meinungen zu gewinnen, welche ihre Herr= schaft eine Zeit lang duldete, ohne sich mit ihr aussöhnen zu können. Diese Sekte, welche vieles vom Islam fortwarf ohne ein neues Princip an dessen Stelle zu setzen, war nicht im Stande, die im arabischen Geiste tief gewurzelten Lehren und Vorschriften Mahomet's zu überwältigen. Mehemed Ali bekriegte die Wechabiten Anfangs selbst, schickte aber in der Folge seinen Sohn Ibrahim gegen sie, der nach mehren gewonnenen Schlachten, am 3. September 1818 ihre Hauptstadt Derajeh erstürmte, und ihren obersten Anführer Abdallah gefangen nahm. Derselbe ward nach Konstantinopel geschickt, wo ihn der Sultan hinrichten ließ. Es

war schon vorher Uneinigkeit in dieser Sekte ausgebrochen, welche von
Ibrahim, unter Begehung der furchtbarsten Grausamkeiten, fast ganz
ausgerottet wurde. Der Pascha von Egypten stieg durch die Besiegung
der Wechabiten in der Meinung aller rechtgläubigen Muselmänner, und
wurde außerdem von der Pforte mit der Statthalterschaft über Arabien belohnt.

Mehemed Ali hatte unterdessen in Egypten eine Gewalt an sich
gerissen, wie sie vor ihm von keinem Statthalter in irgend einem Theile
des türkischen Reiches ausgeübt worden war. Gegen die regelmäßige Er-
legung eines jährlichen Tributs ließ ihn die Pforte lange Zeit hindurch
ungehindert walten. Er begann damit, nach der oben erwähnten Ermordung der Beys, von den größeren arabischen Familien die ursprünglichen
Besitztitel für ihr Eigenthum zu verlangen, welche voraussichtlich nicht
herbei geschafft werden könnten. Er nahm hiervon Veranlassung ihre
Besitzungen als Staatsgut einzuziehen. Denjenigen, welche ausnahmsweise solche Urkunden noch besaßen, wußte er später durch ihnen angedichtete
Verschwörungen oder andere Anklagen den Untergang zu bereiten. Im
Jahre 1814 wurde von ihm aller Grund und Boden in Egypten für
öffentliches Gut erklärt. Die bisherigen Besitzer bestanden nur noch als
Pächter fort. Die von jeher eigenthumslos gewesene Menge wandte der
Vicekönig zu Frohnarbeiten auf den ihm unmittelbar zugehörigen Länder-
reien an. Die Uebrigen hatten einen Pachtzins an seine Schatzkammer
zu erlegen, und außerdem ihre Erzeugnisse in Vorrathshäuser gegen
von ihm festgesetzte Preise abzuliefern. Ueber die zum Verkaufe in das
Ausland bestimmten Artikel schloß er mit den europäischen Handelshäu-
sern in Alexandrien Verträge ab. Er errichtete Manufakturen, deren
Fabrikate, da fremde Waaren durch die hohen Eingangssteuern so gut
wie verboten waren, vom Volke gekauft werden mußten. Er setzte sich
auf diese Art in den Besitz unermeßlicher Geldmittel, mit welchen er ein
regelmäßiges Heer, eine Flotte errichtete, Festungen aufführen und Kanäle graben ließ. Er rief europäische Land= und Seeofficiere, Ingenieurs,
Architekten, Aerzte nach Egypten, welche auf seine Kosten Anstalten errichteten, in welchen junge Leute des Landes für diese Beschäftigungen
erzogen wurden. Das Volk war zu einer Heerde besitzloser Leibeigenen
geworden, welche für den einzigen Herrn und dessen Angehörige arbeiten mußte. Mehemed Ali kam dem Ideal des Despotismus näher als
irgend ein anderer gleichzeitiger Machthaber, und die Herrschaft des
Sultans konnte, mit der seinigen verglichen, für höchst freisinnig gelten.
Der arabische Stamm in Egypten, von den Türken und Mamelufen

schon in früheren Zeiten herabgewürdigt, beugte das Haupt unter ein
Joch, das in dieser Härte bisher nur von Negersklaven gekannt worden war.

Zu seinen Finanzagenten nahm Mehemed Ali vorzugsweise orientalische Christen, Armenier und Kopten, seine höheren Officiere und
Beamten bestanden aus Türken, Albanesen und Renegaten, zu Organi-
satoren und Instructoren wurden gewöhnlich Europäer, namentlich Franzosen, gewählt. Viele junge Egypter wurden von ihm zur Erwerbung
höherer Kenntnisse in das Ausland, meist nach Frankreich, geschickt.

Alle diese Veranstaltungen hatten nicht im Entferntesten einen
Fortschritt in der Gesittung zum Zweck, da solche von vorn herein
durch die Sklaverei des Volkes unmöglich gemacht, und was davon
früher vorhanden gewesen, sogar zerstört worden war, sondern Mehemed
Ali wollte nur seine Macht vermehren, und sich Mittel zur weiteren
Ausführung seiner ehrgeizigen Pläne verschaffen. Aber da er eine große
Menge Europäer und unter ihnen sehr befähigte Personen an sich zog,
da er sie auszeichnete und hoch besoldete, da sich vermöge dieser erborg-
ten Kultur über die ursprüngliche Barbarei ein europäischer Firniß verbreitete, so wurde der Vicekönig von seinen Bewunderern als ein Regenerator Egyptens, als ein Freund der Civilisation gepriesen, und mit den
erleuchtetsten Gesetzgebern und den größten Fürsten älterer und neuerer
Zeit auf dieselbe Linie gestellt. Viele wollten in ihm einen anderen Peter
den Großen, andere gar einen Napoleon sehen, manche gingen bis zu
den Ptolemäern und Alexander dem Großen zurück, um Vergleichungs-
punkte für den ehemaligen albanesischen Söldling zu finden. Besonders
wurden die französischen Schriftsteller und Reisenden, von der Bevorzugung ihrer Nation geschmeichelt, nicht müde Mehemed Ali und sein
Thun in einem verschönernden Lichte zu zeigen. Einzelne unparteiische
und tadelnde Stimmen verhallten ungehört. Daß ein Staat bei solchem
Elende und solcher Erniedrigung der Masse der Bevölkerung auf keiner
festen Grundlage ruhen könne, daß selbst die nach europäischen Mustern,
aber auf ganz verschiedene religiöse und politische Zustände übergetra-
genen Verbesserungen nicht dieselbe Wirkung wie da von wo sie entlehnt waren, äußern würden, ward übersehen. Durch diese besonders
von Franzosen ausgehenden Uebertreibungen der Weisheit und Macht
des Vicekönigs ward eine Zeit lang ganz Europa getäuscht, und sogar
das französische Kabinet bei einer wichtigen Veranlassung auf Irrwege geführt.

Bei den Unruhen in Bosnien und Albanien, bei den gegen das

Leben und die Regierung des Sultans im Dunkeln geschmiedeten Anschlägen, bei den häufigen für Zeichen der öffentlichen Unzufriedenheit geltenden Feuersbrünsten in Konstantinopel, von denen eine 4000 Häuser der Vorstadt Pera in Asche legte, waren immer Spuren einer Verbindung der Empörer und Verschworenen mit dem Vicekönige von Egypten entdeckt worden. Mahmud II. wurde allmälig auf die Mittel aufmerksam, durch welche der verschlagene und unternehmende Pascha seine Land- und Seemacht vermehrte, und die ihm anvertraute Provinz zu einem unabhängigen Staate zu erheben suchte. Von dem Augenblick an regten sich in dem Sultan Abneigung und Mißtrauen, die später in einen tödtlichen Haß übergehen sollten, gegen den Mann, der so plötzlich aus dem Nichts emporgestiegen war. Da aber Mehemed Ali seinen Tribut regelmäßig bezahlte, und die äußeren Zeichen der Ehrfurcht gegen die Pforte beobachtete, so war ihm bei dem im türkischen Reiche herrschenden System schwer beizukommen. Die Aufmerksamkeit des Sultans hatte sich, nach der Unterdrückung der Janitscharen und dem unglücklichen Kriege gegen Rußland, eine Zeit lang zu ausschließend auf die Verbesserungen der inneren Zustände seines Reiches gerichtet, um gegen den Vicekönig mit Nachdruck einschreiten zu können. Auch besaß Mahmud II. den in seiner Lage nicht ganz begründeten Stolz der größten seiner Vorfahren, und glaubte, daß kein Pascha auf die Dauer der religiösen und politischen Autorität des Padischa zu widerstehen im Stande wäre. Er schmeichelte sich mit der Hoffnung, daß Mehemed Ali im Grunde nur für ihn arbeite, und ihm zuletzt die von demselben errungenen Vortheile zufallen würden. Obgleich ein Freund von Reformen, hatte Mahmud II. sich von dem alttürkischen Wesen doch nie ganz befreien können, und befolgte die Maxime seiner Vorgänger, der Willkühr und Anmaßung eines Pascha einige Zeit über langmüthig und scheinbar gleichgültig zuzusehen, um in einem geeigneten Moment denselben mit einem Schlage stürzen, und sich seiner Schätze bemächtigen zu können. Die Sultane hatten nicht die Staatsklugheit der alten römischen Kaiser bewiesen, welche für Egypten, wegen seiner Wichtigkeit und seiner eigenthümlichen Lage, eine besondere Verwaltung eingerichtet, ihre Statthalter daselbst mit weniger Gewalt als in anderen Provinzen ausgestattet, und dieselben immer unter strenger Aufsicht gehalten hatten. Die Verkennung der Talente Mehemed Ali's und der Beschaffenheit Egyptens sollte der Pforte theuer zu stehn kommen.

Mehemed Ali hatte zum Lohn für seine gegen die Griechen geleisteten Dienste die Insel Kandia erhalten. Hiermit nicht zufrieden, verlangte er Damaskus und die Umgegend, was ihm vom Sultan versagt wurde. Er strebte nach dem Besitz von ganz Syrien, der reichsten unter den asiatischen Provinzen, von welcher aus die übrigen leicht zu erobern gewesen wären. Obgleich er in jener Zeit noch nicht an eine vollkommene Unabhängigkeit von der Pforte, und noch weniger an eine Entthronung des Sultans denken mochte, sondern seine Macht nur so viel als mög= lich ausdehnen wollte, so würde zuletzt ein Wechsel der Dynastie und eine gänzliche Veränderung in der Stellung des türkischen Reiches nicht ausgeblieben sein, wenn es der ehrgeizige Statthalter von Egypten nur allein mit seinem Oberherrn zu thun gehabt hätte.

Die europäischen Kabinette waren damals mit den von der Julius= revolution herbeigeführten Verwickelungen, namentlich mit der Lösung der holländisch=belgischen Frage beschäftigt, und Mehemed Ali glaubte deshalb von ihnen keine Einmischung in die orientalischen Angelegenhei= ten befürchten zu dürfen. Eine sich unerwartet darbietende Gelegenheit aus Egypten herauszutreten und in Syrien Fuß zu fassen, ward von ihm rasch benutzt.

Syrien ist in vier Paschaliks eingetheilt. An der Spitze des größten, des von Akre, stand Abballah, welcher egyptische Unterthanen, welche sich vor dem vom Vicekönige gegen sie ausgeübten Drucke retten wollten, bei sich aufgenommen hatte, und diesem außerdem von früheren Zeiten her eine bedeutende Geldsumme schuldig geblieben war. Mehemed Ali ver= langte die Auslieferung der Flüchtlinge und die Einzahlung der Schuld. Auf Abballah's Weigerung klagte er bei der Pforte, welche das Verhal= ten seines Gegners billigte. Jetzt hielt der Vicekönig den Augenblick zur Ausführung seiner Plane für geeignet, und entschloß sich zum Kriege. Am 29. Okt. 1831 überschritt Ibrahim Pascha mit einem auf europäischem Fuß eingerichteten Heere die egyptischen Grenzen, besetzte ohne Schwerdt= schlag Gaza, Jaffa, selbst Jerusalem, und schickte sich zur Belagerung der Festung Akre an. Eine Flotte verließ den Hafen von Alexandrien, um die Operationen der Landtruppen zu unterstützen. Der Vicekönig erneuerte bei der Pforte das Verlangen nach Damaskus, und forderte zugleich das Paschalik von Akre, ward aber abschläglich beschieden. Der Sultan hatte unterdessen Vorbereitungen zum Kriege getroffen. Akre wehrte sich gegen die Egypter hartnäckig, wie einst gegen die Franzosen, als Napo= leon in Syrien eingerückt war. Die Pforte drang bei Mehemed Ali auf Räumung der eroberten Landschaften, und erkärte ihn und seinen Sohn, als dieser nicht gehorchte, in die Acht. Aber Ibrahim nahm am 25. Mai 1832 Akre mit Sturm, wobei Abballah in egyptische Gefangenschaft

gerieth, und unterwarf sich bald ganz Syrien. Ein türkisches Heer un=
ter dem Oberbefehle Hussein Pascha's, das ihm entgegenzog, ward am
27. Julius bei Beylan gänzlich geschlagen. Der Sultan schickte jetzt den
Großvezir Reschid Pascha, welcher früher gegen Bosnier und Albanesen so
gute Dienste geleistet, mit einem neuen Heere gegen Ibrahim, der aber
bei Konieh (20. December), wie vorher bei Beylan, Sieger blieb. Das
türkische Heer ward aus einander gesprengt, und der Großvezir selbst ge=
fangen genommen. Für Ibrahim, der unterdessen durch Zuzug aus
Egypten und Werbungen in Syrien seine Streitkräfte bis auf 100,000
Mann gebracht hatte, lag jetzt der Weg nach Konstantinopel offen da.

Engand und Frankreich hatten einen solchen Ausgang des Kam=
pfes nicht geahnt, und dem Sultan keine Hülfe, nicht einmal die Absen=
dung eines Geschwaders an die egyptische und syrische Küste gewährt.
Aber das dem Kriegsschauplatz näher gelegene und besser unterrichtete
Rußland beschloß aus der Noth der Pforte Vortheil zu ziehen, und seinen
Einfluß auf die orientalischen Verhältnisse zu vermehren. Der Kaiser Ni=
kolaus hatte schon vor dem Anfange des Feldzuges, als der Bruch noch
nicht eingetreten aber vorauszusehen war, den russischen Konsul aus
Alexandrien abberufen, um seine Unzufriedenheit mit dem Verhalten des
Vicekönigs zu zeigen. Nach der Schlacht von Beylan hatte der russische
Gesandte in Konstantinopel, Buteniess, dem Sultan die Hülfe seines
Souverains angeboten. Nach einer Niederlage, wie der bei Konieh,
blieb dem Sultan keine Wahl mehr übrig. Mahmud II. sah sich in
die demüthigende Nothwendigkeit versetzt, die Unterstützung einer russi=
schen Land= und Seemacht zur Rettung vor seinem siegreichen Vasallen
anzurufen. Da Rußland auf einen solchen Fall längst vorbereitet ge=
wesen, so lag bald eine russische Flotte im Bosporus, und schlug ein rus=
sisches Heer bei Skutari, an der kleinasiatischen Küste, sein Lager auf.

England und Frankreich begriffen, als diese thätige Einmischung
Rußland's in die inneren Angelegenheiten der Türkei erfolgt war, daß
sie nicht länger theilnahmslos zuschauen dürften. Besonders ließ es sich
das französische Kabinet angelegen sein, die begangene Versäumniß wie=
der gut zu machen. Es schickte den Admiral Roussin als außerordent=
lichen Botschafter nach Konstantinopel, mit dem Auftrage, den Sultan
auf die Gefährlichkeit der russischen Hülfe aufmerksam zu machen, die
Frankreich's zu versprechen, und den Vicekönig zur Annahme von Frie=
densvorschlägen zu vermögen. Mahmud II., welcher sich nur mit dem
äußersten Widerwillen in die Arme Rußland's geworfen, ging auf diese
Vorschläge ein, und lehnte das Einschreiten der russischen Land= und

6 *

Seemacht ab. Aber Mehemed Ali war mit der ihm angebotenen Ab=
tretung von Akre, Jerusalem, Tripoli und Naplus nicht zufrieden, und
nahm ganz Syrien in Anspruch. Die Drohungen Frankreich's und Eng=
land's wurden von ihm nicht beachtet, da denselben durch keine bereit
stehende Macht alsbald Nachdruck gegeben werden konnte. Um die russi=
sche Einmischung zu entfernen, ward der Sultan von dem französischen
und englischen Botschafter, denen sich diesmal auch der österreichische In=
ternuntius anschloß, zu dem Frieden von Kutajah (6. Mai 1833) be=
wogen, durch welchen Mehemed Ali ganz Syrien und das Gebiet von
Adana erhielt. Er erkannte zwar der Form nach noch immer die Ober=
hoheit des Sultans an, war aber thatsächlich von demselben ganz unab=
hängig geworden. Mahmud II. hing jetzt, bei einem neuen Konflikt mit
seinen Vasallen, durchaus von der Hülfe der fremden Mächte ab.

Rußland rief seine Truppen aus der Türkei zurück, bewog jedoch
zugleich den Sultan zu dem Vertrage von Unkiar=Skelessi (8. Juli
1833), vermöge dessen derselbe im Falle der Noth russische Hülfe zu
Land und See beanspruchen konnte, aber auf die Schließung der Dar=
danellen für alle fremden Kriegsschiffe eingehen mußte. Diese letztere
Bedingung ward von England und Frankreich äußerst übel empfunden,
und dagegen Verwahrung eingelegt. Die Schließung der Dardanellen
war eine Absperrung der Türkei gegen Westen hin, von woher ihr allein
eine uneigennützige Hülfe kommen konnte, und eine Preisgebung nach
Osten zu, von wo aus ihr Dasein unaufhörlich bedroht wurde. Die
Pforte hatte durch den Frieden von Kutajah einen neuen Beweis
ihrer Ohnmacht geliefert, indem sie einen aufrührerischen Vasallen nicht
nur ungestraft lassen, sondern seine Macht noch vermehren mußte, und
durch den Vertrag von Unkiar=Skelessi war das schwarze Meer in einen
russischen Binnensee verwandelt, und Rußland ungestörte Gelegenheit
gegeben worden, seine Angriffsmittel durch Vollendung der Befestigun=
gen des großen Kriegshafens von Sebastopol und Vermehrung seiner
Flotte verstärken, und sich allmälig die Ostküste, wie schon früher die
Nordküste des schwarzen Meeres, unterwerfen zu können. Von jetzt an
schwebte Rußland, wie ein Gewitter, daß sich jeden Augenblick entladen
kann, über Konstantinopel, dem kostbaren Gegenstande, nach dessen Be=
sitz es so lange trachtete, und der ihm, ohne das Dazwischentreten außer=
ordentlicher Umstände, über lang oder kurz zuzufallen bestimmt schien.

Der Sultan und der Vicekönig, obgleich scheinbar ausgesöhnt, ar=
beiteten einander bei jeder Gelegenheit entgegen, und suchten sich neue
Hülfsmittel für den unter ihnen später unfehlbar ausbrechenden Kampf

zu verschaffen. Mahmud II. fuhr in seinen Reformen im Innern fort, vermehrte seine Kriegsmacht, näherte sich England, mit welchem er einen Handelsvertrag abschloß, und wußte durch geheime Sendlinge seinem übermächtigen Vasallen in dessen neuen Erwerbungen, Syrien und Adana, Gegner zu erwecken. Mehemed Ali bot hierzu Gelegenheit dar, indem er sein Unterjochungs= und Aussaugungssystem auf die eroberten Provinzen übertrug, und die Bevölkerung durch Steuern und Aushebungen drückte, aber dadurch auch einen Haß gegen sich anfachte, der nur auf eine günstige Gelegenheit wartete, um zur Flamme emporzulodern. Er be= günstigte nach wie vor, so weit es ihm selbst Vortheil brachte, die fran= zösischen Interessen, und setzte sich, indem er der von den Engländern beabsichtigten Durchgrabung der Landenge von Suez, um den Seeweg nach Ostindien abzukürzen, Schwierigkeiten entgegenstellte, zu Großbri= tanien in ein gespanntes Verhältniß, welches ihm später gefährlich wer= den sollte. Seit dem Frieden von Kutajah hegte der Vicekönig hochflie= gende Pläne, und dachte daran die letzten Reste von Abhängigkeit und Unterordnung gegen die Pforte abzuwerfen. Von Rußland her besorgte er keine Hindernisse bei Ausführung seiner Absichten, da dieses selbst an dem Untergange der Türkei arbeitete und durch eine Theilung derselben befriedigt werden konnte. Obgleich er überzeugt war, der vereinten Macht England's und Frankreich's nicht widerstehen zu können, so glaubte er doch an keinen Bund, sondern eher an einen Kampf zwischen beiden, und hoffte immer die eine dieser Mächte auf seine Seite bringen zu können. Er unterhielt nach wie vor mit allen Unzufriedenen im tür= kischen Reiche geheime Verbindungen, und suchte, während er die abend= ländische Civilisation für seine Zwecke benutzte, sich den Anhängern des Islams durch strenge Festhaltung an dessen Gebräuchen zu empfehlen. Er übersah aber den morschen Grund, auf welchem er den Bau seiner Größe errichtet hatte, der von keiner religiösen oder nationalen Idee ge= tragen wurde, und die dem größten Theile der mahomedanischen Welt zur anderen Natur gewordene Anhänglichkeit an den Padischa in Kon= stantinopel und die Nachkommen Osman's, die einzige orientalische Dynastie, welche seit Jahrhunderten in ununterbrochener Folge regierte, und von welcher besonders der türkische Stamm unzertrennlich ge= worden war.

Mahmud II. war seit dem Frieden von Kutajah unaufhörlich von dem Gedanken, an Mehemed Ali Rache zu nehmen, erfüllt gewesen. Er konnte sich an die im türkischen Reiche noch nie dagewesene Erscheinung nicht gewöhnen, daß ein Pascha nicht nur den Befehlen seines Ober=

herrn mit dauerndem Erfolg trotzte, sondern auf gleichem Fuß mit dem=
selben unterhandelte, und ihn zur Abtretung ganzer Provinzen zwang.
England und Rußland gaben dem Sultan Recht, und fachten durch ge=
heime Einflüsterungen seinen Zorn noch höher an. Mehemed Ali hatte
sich die meisten der an beiden Küsten des rothen Meeres liegenden Länder
unterworfen, und dehnte seine Macht bis zum persischen Meerbusen aus.
Die südlich von Egypten liegenden Negerstämme standen unter seiner
Botmäßigkeit und ließen sich von ihm zum Kriegsdienst anwerben. Das
Vordringen eines so unternehmenden Herrschers, wie Mehemed Ali, die
Vereinigung von Egypten, Syrien und Arabien in seiner Hand, konnte
für das englische Ostindien gefährlich werden. Rußland sah einen
Kampf zwischen der Pforte und ihrem ehrgeizigen Vasallen nicht ungern,
weil er eine neue Gelegenheit zur Einmischung bot. Die Gebirgsvölker
in Syrien waren im offnen Aufstande gegen Ikrahim Pascha begriffen,
und konnten sich an das egyptische Joch nicht gewöhnen. Unter dem
Vorwande, die aufrührerischen Kurden an der persischen Grenze zu
unterwerfen, waren von dem Sultan allmälig alle verfügbaren Truppen
nach Kleinasien geschickt worden. Der Vicekönig, durch seine Kundschaf=
ter in Konstantinopel von jedem Schritte des Sultans unterrichtet, hatte
ebenfalls sein Heer in Syrien sehr verstärkt. Mahmud II. ordnete, von
den Engländern, deren Verkehr, namentlich mit Syrien, durch Mehemed
Ali's Monopolsystem litt, veranlaßt, eine Herabsetzung der Eingangs=
steuer für sein ganzes Reich an, zu welchem die Besitzungen des Vice=
königs dem Namen nach noch immer gehörten. Mehemed Ali zögerte
mit der Ausführung dieser neuen Bestimmungen, ohne sie jedoch aus=
drücklich zu verwerfen. Der Sultan benutzte diese Zögerung um den
Vicekönig des Ungehorsams zu beschuldigen, entsetzte ihn aller seiner
Würden, erklärte ihn in die Acht, und befahl Hafiz Pascha, welcher
das türkische Heer in Asien befehligte, in Syrien einzurücken. Am 24.
Junius (1839) kam es bei Nisib, einem kleinen am rechten Ufer des
Euphrat gelegenen Orte, zu einer Schlacht, in welcher die Truppen des
Sultans gänzlich geschlagen wurden und sich in wilde Flucht auflösten.
Ibrahim Pascha konnte jetzt, wie sieben Jahre vorher nach der Schlacht
von Konieh, gegen Konstantinopel vordringen. Elf Tage nach der Schlacht
von Nisib trat ein neues Unglück für die Pforte ein. Achmet Pascha,
Kopudan oder Admiral der türkischen Marine, der den Befehl erhalten
hatte, die egyptische Flotte anzugreifen, ging mit der gesammten Beman=
nung zu dem Vicekönig über, ein Verrath im Großen, der in dieser Weise
in der Geschichte des türkischen Reiches bisher unbekannt gewesen war.

Der Sultan hatte seine letzten Kräfte an die Vorbereitungen zu diesem Kriege gegen seinen widerspänstigen Vasallen gesetzt. Das Fehlschlagen seiner Hoffnungen würde wahrscheinlich selbst seinen sonst so standhaften Muth gebrochen haben. Er sollte aber die Kunde von diesem zerschmetternden Schlage nicht mehr erleben. Mahmud II. starb am 30. Junius (1839) im Alter von fünfundfünfzig Jahren, nach einer meist unglücklichen Regierung, während welcher die Pforte die Moldau, Wallachei und Serbien dem Einflusse Rußland's noch mehr als früher zu überlassen gezwungen gewesen, Griechenland ganz verloren, und über Egypten, Syrien und Arabien nur eine nominelle Autorität übrig behalten hatte, von der nach der Schlacht von Nisib selbst der letzte Schatten verschwunden zu sein schien. Der verstorbene Sultan hatte, als Ersatz für dieses Mißgeschick, die aufrührerischen Janitscharen vernichtet, ein auf europäischem Fuß eingerichtetes Heer geschaffen, und eine regelmäßigere Verwaltung wenigstens vorbereitet. Aber das türkische Reich war allmälig so sehr gesunken, daß es nur noch durch den Beistand und die gegenseitige Eifersucht der europäischen Großmächte fortdauert, eine Gewährleistung, welche den Verlust einer aus eigenen Mitteln bestehenden Unabhängigkeit nicht aufwiegt, und, wie die Geschichte aller Zeiten lehrt, das Auseinanderfallen dessen nicht verhindern wird, was nur auf diese Art zusammengehalten werden kann.

Der älteste Sohn Mahmud's, Abbul Medschid genannt, erst siebenzehn Jahre alt, trat jetzt die Regierung unter den traurigsten Umständen an. Chosrew Pascha, ein schon sehr bejahrter, aber in den Staatsgeschäften erfahrener Mann, ward zum Großvezir ernannt. Derselbe hatte, die Schwäche des türkischen Reiches kennend, früher immer von jedem Bruche mit Rußland abgerathen, war aber dem verstorbenen Sultan werth gewesen, weil er für einen entschiedenen Gegner des Vicekönigs von Egypten galt. Chosrew besaß keine außerordentlichen Talente, war aber so vorsichtig und schlau, daß er von der europäischen Diplomatie in Konstantinopel den Zunamen: „der türkische Ulysses“ erhalten hatte. Chosrew suchte mit Mehemed Ali Unterhandlungen anzuknüpfen, und wandte sich zugleich an die europäischen Großmächte um Hülfe. Der Vicekönig war aber sehr schwierig geworden. Er verlangte, als Bedingung des Friedens, den erblichen Besitz der ihm unterworfenen Länder, was er früher wenigstens nicht ausdrücklich in Anspruch genommen hatte. Außerdem ward von ihm die Absetzung Chosrew's gefordert, des einzigen Mannes, der in jenem Augenblick die türkische Politik zu leiten im Stande war. Ibrahim Pascha konnte mit seinem siegreichen Heere ungehindert gegen Konstanti=

nopel vorrücken, wenn er nur den jungen, von allen Vertheidigungsmitteln entblößten Sultan zu bekämpfen gehabt hätte. Der Erbe der Bajazets und Solimans, vor welchen einst der größte Theil Europa's gezittert hatte, war so herabgekommen, daß sein Dasein von einem seiner Vasallen abhing, und er nur durch die Dazwischenkunft der alten Feinde seines Glaubens und Reiches gerettet werden konnte.

Nach der Schlacht von Nisib fürchteten Frankreich, England und Oesterreich nichts so sehr, als daß Rußland sich bewogen finden könnte, dem Sultan, wie 1832, ein Heer und eine Flotte zu Hülfe zu schicken, und die Entscheidung über das Geschick des türkischen Reiches allein in die Hand zu nehmen. Mit dem Vicekönig von Egypten hoffte man unter allen Umständen fertig zu werden. Aber es wäre nicht so leicht gewesen, sich der Russen zu entledigen, da wo sie sich einmal festgesetzt hätten. Am 27. Julius (1839) erließen die Gesandten der drei genannten Staaten in Konstantinopel, denen sich auch der preußische anschloß, eine Kollektivnote an die Pforte, worin sie von dieser verlangten, die endliche Feststellung ihres Verhältnisses zu Mehemed Ali aufzuschieben, und den Erfolg der Bemühungen der Großmächte zur Wiederherstellung des Friedens abzu= warten. Rußland trat dieser Erklärung nach einigem Bedenken bei.

Der einseitigen Einmischung Rußland's in die orientalischen Angele= genheiten waren alle übrigen Kabinette entgegen. Aber über die Art, wie der Sultan und der Vicekönig fortan zu einander stehen sollten, war allmälig zwischen England und Frankreich eine bedeutende Meinungs= verschiedenheit ausgebrochen. England fürchtete, hierin mit Oesterreich übereinstimmend, von einer Machtvermehrung Mehemed Ali's eine zu große Schwächung der Türkei, welche dieselbe in die Arme Rußland's werfen mußte. Frankreich glaubte dagegen, daß der Vicekönig, im Besitz der von ihm gemachten Erwerbungen gelassen, durch die Vereinigung Egypten's, Syrien's und Arabien's, besser als die Pforte im Stande sein würde, den Eingriffen Rußlands zu widerstehen, und Europa in dieser Beziehung sicher zu stellen. England und Frankreich waren demnach wohl darüber einig, Rußland's Uebergewicht im Orient zu beschränken, wichen aber in der Wahl der zu diesem Ziel führenden Mittel von einander ab. Außerdem herrschte aber zwischen beiden Mächten Eifersucht auf ihre gegenseitige Stellung im Mittelmeer.

Durch den Besitz von Malta hatten die Briten in diesen Gegenden lange eine unbestrittene Ueberlegenheit ausgeübt. Seit der Eroberung Algier's durch die Franzosen und der fortschreitenden Unterwerfung der nordafrikanischen Küste konnte, in Verbindung mit den Vortheilen, welche

der große Kriegshafen von Toulon bot, die Wagschale des Einflusses in
diesem wichtigen Theile der Welt sich auf Frankreich's Seite neigen. Hierzu
kam noch das den Franzosen günstige Verhältniß zu Mehemed Ali, der sich
ganz von ihnen leiten zu lassen schien, und seine Abneigung gegen Eng=
land mehrmals bethätigt hatte. Den Vicekönig auf Kosten der Türkei be=
günstigen, hieß Frankreich zur herrschenden Macht im Mittelmeere machen.
Dies wollte aber England, weil die daraus zu entstehenden Gefahren ihm
näher lagen, noch weniger als Rußland's Einfluß auf die Pforte zugeben.
Das französische Kabinet schlug, von übertriebenen Berichten getäuscht,
Mehemed Ali's Hülfsquellen zu hoch an, und glaubte an ihm im Noth=
falle eine mächtigere Unterstützung finden zu können, als er zu bieten im
Stande war. Es beharrte deshalb in seiner Absicht, denselben in der vor=
theilhaften Stellung, in welche ihn der letzte Krieg versetzt hatte, zu er=
halten. England benutzte die noch immer mißtrauische und gespannte
Haltung der drei nordischen Mächte gegen Frankreich, um dessen Politik
in Bezug auf den Vicekönig entgegenzutreten. Rußland, welches seine
Pläne gegen die Pforte nie vergaß, glaubte an Mehemed Ali, wenn er so
mächtig bliebe, wie er geworden, in Zukunft einen gefährlicheren Gegner
als an dem Sultan zu finden. Das russische Kabinet ging demnach auf
die Anträge des englischen ein, indem es hierin zugleich ein Mittel sah, die
seit der Juliusrevolution begonnene, und bei Gelegenheit der Unterhand=
lungen über Belgien, Spanien und Portugal vermehrte Annäherung
zwischen England und Frankreich zu beseitigen. Oesterreich erklärte sich
ebenfalls gegen Frankreich's Absicht den Vicekönig zu begünstigen, indem
es darin eine Gefahr für die Türkei sah. Preußen trat dieser Ansicht bei.
In Folge dessen ward zu London (15. Julius 1840) zwischen den großen
Mächten, mit Ausnahme Frankreich's, ein Vertrag abgeschlossen, nach
welchem Mehemid Ali die erbliche Herrschaft über Egypten, aber immer
unter Oberherrlichkeit des Sultans, und einen Theil Syrien's, dies aber
nur auf Lebenszeit erhalten, dagegen aber die einträglichsten Paschaliks
dieser Provinz, so wie Arabien und Kandia, sammt der zu ihm übergegan=
genen türkischen Flotte, an die Pforte zurückgeben sollte. Dem Vicekönige
wurde eine kurze Frist zur Annahme dieser Bedingungen gestellt, und im
Weigerungsfalle mit Erschwerung derselben gedroht. England und Oester=
reich wurden mit der Ausführung der möglicher Weise nöthig werdenden
Zwangsmaßregeln gegen Mehemed Ali beauftragt.

Der Vierbundvertrag war dem französischen Kabinet, da dieses auf
die vorläufigen Anträge der übrigen Mächte nicht eingehen wollte, erst
nach seinem Abschlusse mitgetheilt worden. Dieses Verfahren hatte bei

der Opposition in den Kammern, in einem Theile der Presse, besonders aber in den schon damals unruhig und unzufrieden werdenden Massen, den lebhaftesten Unwillen erregt. Man wollte in der Art, wie ein Ent=schluß von allgemeiner Bedeutung ohne Frankreich's Vorwissen und Ein=willigung gefaßt worden, eine Demüthigung desselben, und eine Heraus=forderung erkennen, welche die Ehre anzunehmen gebôte. Der alte Haß gegen England und die Erinnerung an Napoleon's Gefangenschaft in St. Helena begann sich im Volke zu regen. Thiers, welcher damals an der Spitze des französischen Ministeriums stand, ordnete große Rüstungen an, und Ludwig Philipp I. schien dieselben zu begünstigen. Die Befestigung von Paris ward in aller Eile angefangen. Im Publikum hielt man den Krieg für unvermeidlich. Aber in die maßgebenden Kreise kehrte sehr bald eine friedlichere Stimmung zurück. Das französische Kabinet konnte unmöglich, um die ungerechten Ansprüche des Vicekönigs von Egypten zu unterstützen, einen Kampf gegen die vier größten Mächte Europa's unter=nehmen. Man hatte 1831 Polen aus Scheu vor einem weniger gefähr=lichen Kriege fallen lassen. Auch wurde die übertriebene Meinung, welche in Frankreich über die Macht Mehemed Ali's verbreitet gewesen, sehr bald von den Thatsachen widerlegt. Im Laufe des Septembers und Oktobers (1840) ging ein fester Platz nach dem andern an der syrischen Küste an die englisch=österreichische Flotte und die türkischen Landtruppen über. Am 4. November wurde Akre von den Verbündeten mit Sturm genommen, und bald darauf Alexandrien von dem englischen Commodore Sir Charles Napier, der 1833 bei dem Kap St. Vincent die Flotte Don Mi=guel's geschlagen hatte, bombardirt. Ueberall, außer in Egypten, erhob sich die Bevölkerung gegen Mehemed Ali, der endlich froh sein mußte, gegen Räumung von ganz Syrien, Arabien, Kandia und die Zurückgabe der türkischen Flotte gegen Leistung eines jährlichen Tributs an die Pforte und Unterwerfung unter deren Oberhoheit, sich im erblichen Besitze Egyp=tens anerkannt zu sehen. Frankreich trat zuletzt dieser Uebereinkunft eben=falls bei.

Auf diese Art ward der Sultan aus der Gefahr gerettet, in welcher er nach der Schlacht von Nisib geschwebt hatte, und dem Ehrgeize des Vicekönigs eine Grenze gesetzt, welche er nicht mehr zu überschreiten wagte. Am meisten sollte unter den europäischen Mächten Rußland durch den Vierbundvertrag und dessen Folgen gewinnen, obgleich es an seiner Aus=führung keinen unmittelbar thätigen Antheil genommen, sondern dieselbe an England und Oesterreich überlassen hatte. England beseitigte jetzt die Hindernisse, welche der Beherrscher Egyptens bisher seinen Absichten auf die Landenge von Suez entgegengesetzt hatte, trat aber eine Zeit lang der Pforte ferner, indem diese nicht vergessen konnte, daß Mehemed Ali zuletzt nur durch englische Verwendung vor gänzlicher Vernichtung bewahrt worden war. Denn das britische Kabinet hatte, im Gegensatz zum Divan, wohl die Beschränkung, aber nicht den Untergang des aufrührerischen Pascha gewollt, weil dies in jenen Gegenden eine zu große Erschütterung hervorgebracht haben würde, die zuletzt nur Rußland vortheilhaft gewesen wäre. Es genügte für die englischen Interessen, den Vicekönig zu der Ueberzeugung gezwungen zu haben, daß er sich auf Frankreich's Beistand nicht verlassen könne. Letzteres hatte, indem es seinen Schützling im entscheidenden Augenblicke im Stiche ließ, jede Einwirkung auf ihn verloren.

In der öffentlichen Meinung sowohl des In= als Auslandes fing die Juliusmonarchie durch die Unterwerfung unter den Vierbundvertrag zu sinken an. Rußland aber hatte für den Augenblick alle seine Zwecke erreicht. Der ehrgeizige Plan Mehemed Ali's, auf Kosten des Sultans ein selbstständiges Reich zu errichten, welches Rußland im Orient zu widerstehen vermocht hätte, war unausgeführt geblieben, und zugleich hatte die Pforte durch das Anrufen fremder Hülfe gegen einen ihrer Vasallen einen unwiderlegbaren Beweis ihrer Ohnmacht gegeben. England und Frankreich waren uneinig und mißtrauisch gegen einander geworden, ein Verhältniß, aus welchem das russische Kabinet Vortheil zu ziehen hoffte. Vermöge des Vertrages vom 15. Julius 1840 waren die Dardanellen für fremde Kriegsschiffe wiederum geschlossen worden, und Rußland konnte, im unbestrittenen Besitze des schwarzen Meeres, daselbst ungestört die Mittel vorbereiten, um in einem geeigneten Moment über die Türkei unter diesem oder jenem Vorwande herzufallen, und ihr den Todesstoß zu versetzen. Von der Höhe von Sebastopol aus sah es Konstantinopel wie eine Beute an, deren Ergreifung von den Umständen aufgehalten werden, ihm auf die Dauer aber nicht entgehen konnte.

Von diesem Ausgange der Streitigkeiten zwischen der Pforte und dem Vicekönige an treten Rußlands Macht und Ansehen und seine ehrgeizigen Absichten immer mehr hervor. Frankreich wurde durch den in seinem Innern zunehmenden Parteikampf, durch die in den Massen sich regende Gährung und die damit zusammenhängende Schwäche seiner Regierung verhindert, seine Bedeutung den übrigen Großmächten gegenüber geltend zu machen. Durch das jetzt eingetretene gespannte Verhältniß zu England wurde sein Einfluß nach außen hin, noch mehr als sonst geschehen sein würde, geschmälert. Oesterreich und Preußen arbeiteten einander in Deutschland entgegen, waren von Mißtrauen gegen Frankreich erfüllt, und wurden außerdem von der in einem Theile ihrer Bevölkerung sich deutlich ankündigenden Unzufriedenheit beunruhigt. Ihre Politik lehnte sich bei allen Fragen von allgemeiner Wichtigkeit an die Rußland's an. Metternich war, seit dem Fehlschlagen der Entwürfe, welche er bei Gelegenheit des letzten russisch-türkischen Krieges gegen den nordischen Koloß gehegt hatte, entmuthigt, und ließ geschehen, was er nicht mehr mit Erfolg zu verhindern vermochte. Er konnte wohl das schwache Italien in Zaum halten, und seine Absichten am deutschen Bundestage durchsetzen, war aber außer Stande, das Umsichgreifen Rußlands an der unteren Donau zu beschränken. Der Kaiser Nikolaus hatte seit der Besiegung der Polen seine Heeresmacht unaufhörlich vermehrt und möglichst vervollkommnet. Seine seit langer Zeit trefflich eingeübte Diplomatie trug durch den Samen der Uneinigkeit, welchen sie unter den fremden Kabinetten auszustreuen, durch die Furcht vor der Revolution, welche sie wach zu erhalten wußte, durch eine je nach den Umständen geschmeidige oder gebieterische Haltung, welche gewann oder einschüchterte, mitten im Frieden Erfolge davon, welche sonst nur siegreiche Kriege verschaffen können.

Außer den Besorgnissen, welche die russische Schlagfertigkeit einflößen konnte, indem im Süden und Westen des Reiches immer große Heeresmassen bereit standen, außer dem politischen Einflusse einer überall gegenwärtigen, Alles erspähenden und sich in Alles mischenden Diplomatie, welche, zum Theil aus Fremden zusammengesetzt, unter einer halb kosmopolitischen Färbung den russischen Interessen nur um so besser diente, da sie überall Anknüpfungspunkte fand, besaß das russische Kabinet noch nationale und religiöse Mittel der Einwirkung auf andere Völker, wie sie in dieser Weise keiner anderen Macht zu Gebot standen. Es hatte die innere Unabhängigkeit einiger slavischen Stämme in der Türkei, wie Serbier und Montenegriner, begünstigt, und ließ andere, wie die Bulgaren, einen ähnlichen Zustand hoffen. Es schickte unter die slavische Bevölkerung Oesterreichs Sendlinge aus, und ließ daselbst Schriften verbreiten, welche die Erinnerung an die ursprüngliche Verwandtschaft mit Rußland auffrischen sollten. Es stellte die Idee des Panslavismus auf, welche eine Konföderation der einzelnen slavischen Stämme herbeizuführen bestimmt war, wie einst eine solche im frühen Mittelalter unter den Nationen der germanischen Race, wenn auch nur vorübergehend, vorhanden gewesen. Es waren dies allerdings Mittel zu einer noch fern liegenden Bewegung, und welche mehr der Phantasie als der Politik anzugehören schienen, gleichwohl aber nicht aller Realität ermangelten, und dazu dienen konnten, unter den betreffenden Regierungen Unsicherheit in der Gegenwart und Besorgnisse für die Zukunft zu erregen. Die, nicht russischen, slavischen Völker, welche, mit Ausnahme der Polen, seit Jahrhunderten unter fremder Botmäßigkeit lebten, konnten von der Stammverwandtschaft mit den Russen sich angezogen fühlen, seitdem ihnen diese durch die Ausbreitung ihres Reiches näher getreten waren, ohne von dem russischen Despotismus abgestoßen zu werden, da sie selbst meist an eine harte Herrschaft gewöhnt waren.

Unter den zahlreichen zum griechischen Stamme gehörigen Unterthanen des Sultans war die Sympathie für Rußland ebenfalls im Zunehmen begriffen, weil dieselben von dort aus die Zertrümmerung des türkischen Reiches und ihre nationale Emancipation erwarteten. Aber auch die Griechen im Königreich Griechenland hingen der russischen Politik an, weil sie dieselbe als ein Mittel zur Erreichung ihrer eigenen Zwecke ansahen. Sie glaubten nicht, daß der Zaar, nach Vertreibung des Sultans aus Konstantinopel, sich daselbst festsetzen oder behaupten könnte, und hofften, nach Vernichtung der Türken durch die Russen, die Erbschaft ihrer Väter antreten zu können.

Vom russischen Geist erfüllte oder von russischem Golde gewonnene Publicisten suchten aber dem Streben Rußland's nach politischer Suprematie außerdem noch eine religiöse Basis zu geben, wohl wissend, daß, bei der in unserer Zeit herrschenden Verschiedenheit der Anschauung und Beurtheilung, die Aufstellung selbst der irrigsten Theorien für den Augenblick von Bedeutung werden kann. Nach ihrer Meinung steht die morgenländische Kirche, zu welcher die russische gehört, als die ursprüngliche, einzig wahre und rechtmäßige Verkörperung der christlichen Idee da. Der Zaar ist der Erbe der oströmischen Kaiser, der Nachfolger jener Konstantine, welche Koncilien abhielten, und über Glaubenssachen entschieden. Nach Eroberung Konstantinopel's durch die Türken und den Untergang des oströmischen Reiches sei Moskau der Mittelpunkt der griechischen Kirche und der Zaar das Oberhaupt aller ihrer Bekenner geworden. Ihm gebühre es, die durch Religion und Nationalität unter einander verwandte slavische Welt zu einem Ganzen zu vereinigen, und dem im Orient entstandenen und bewahrten Licht die, dem Indifferentismus und der Revolution verfallenen Völker des Occidents zu unterwerfen. Der Zaar wurde als ein anderer Karl der Große aufgefaßt, und ihm dieselbe Mission gegen die romanischen und germanischen Nationen beigelegt, welche der mittelalterliche Heros gegen Sachsen, Avaren u. s. w. vollführt hatte. Der größte Theil der Menschheit sei von der Wahrheit abgefallen, nur Rußland sei im Besitz derselben geblieben und müsse deßhalb als das heilige bezeichnet werden.

Ein im russischen Staatsdienst eine bedeutende Stellung einnehmender
Publicist*) sprach, bei Gelegenheit der Anwesenheit des Kaisers Nikolaus
in Rom, die Ansicht aus, daß die Spaltung und Zerrissenheit in der christ=
lichen Welt mit der Unabhängigkeit der geistlichen Gewalt von der welt=
lichen angefangen, und daß der römische Stuhl einst zu dem Standpunkte
zurückkehren müsse, welchen die Päpste bis zu Stephan III. gegen die by=
zantinischen Kaiser eingenommen haben, deren Nachfolger der Zaar sei.
Dem Besuche des Kaisers Nikolaus in der alten Hauptstadt der Welt ward
eine ahnungsvolle Bedeutung für die Zukunft beigemessen und zu verstehen
gegeben, daß Fürsten aus seinem Stamm einst da als Herrscher anerkannt
werden würden, wo er selbst nur als ein Fremdling verweilet hatte. Von
derselben Seite her ward der überall zahlreichen, in manchen Ländern aber
sich im Besitze der öffentlichen Macht befindlichen Partei, welche den
Glauben als ein Mittel zur Unterdrückung der Freiheit ansieht, das in
Rußland herrschende religiöse und politische System aus dem Grunde
empfohlen, weil das russische Volk dem im Evangelium angeblich auf=
gestellten Ideale der Menschheit am nächsten komme, indem es die größte
Unterdrückung am geduldigsten ertrage, und deshalb vorzugsweise christ=
lich sei.

Diese und ähnliche, absichtliche oder unwillkührliche Entstellungen
der staatlichen und kirchlichen Wahrheit würden, als bloße Theorien
ausgesprochen, oder einer machtlosen Quelle entsprungen, von geringer
Bedeutung gewesen sein. Aber es war Rußland, eines der gewaltigsten
Reiche der Erde, wo solche Meinungen nicht nur verkündigt, sondern wo
sie auch thatsächlich geltend gemacht wurden. Außerdem war die Lage der
Welt von der Art, daß diese Grundsätze und Beispiele auch anderswo zu
einem, wenn auch nur vorübergehenden und theilweisen, aber immer ver=
derblichen und zerstörenden Einfluß gelangen konnten. In Frankreich war
ein unversöhnlicher Meinungsstreit entbrannt, und der Mißbrauch,
welcher dort mit der Freiheit getrieben wurde, ließ deren wenigstens zeit=
weiliges Verschwinden mit Wahrscheinlichkeit voraussehen, wenn auch
noch Niemand anzugeben vermochte, wann und wie dies geschehen würde.
Außerdem hatte in Deutschland und Italien das hartnäckige Versagen
gerechter Forderungen eine Partei in das Dasein gerufen, welche, wenn
sie durch eine von Frankreich ausgehende Erschütterung begünstigt wurde,
zu einem gänzlichen Umsturze des Bestehenden bereit war. Ein solcher

---

*) La Papauté et la question romaine au point de vue de St. Pe-
tersbourg par un diplomate russe.

Versuch konnte aber nur die Anarchie zur Folge haben, aus welcher sich der Despotismus von Neuem mit verstärkter Kraft erheben mußte. Die Furcht vor der Revolution trieb die meisten deutschen und italienischen Regierungen mehr oder weniger in den Bereich der russischen Einwirkung hinein, und von dem dunkeln und ziellosen Drange der Völker ließ sich, bei einer Wendung der Dinge, kein Verständniß für die Bedingungen wahrer Freiheit, und keine Mäßigung in deren Anwendung erwarten.

Es gab nur einen mächtigen Staat in Europa, wo die Grundsätze der bürgerlichen und kirchlichen Freiheit, die Grenzen der obersten Gewalt, die Rechte der Unterthanen, nicht nur in theoretischer Weise anerkannt, sondern im praktischen Leben zu vollkommener Geltung gekommen, in das Fleisch und Blut der Nation übergegangen, und auf eine von dem Wechsel augenblicklicher Meinungen und äußerer Einflüsse unabhängige Grund=lage gestellt waren. Es ist dies England. Einige andere, im Wesentlichen von demselben Geiste erfüllte, festländische Staaten konnten bei ihrer materiellen Schwäche nicht in Betracht kommen. England bildete aber in allen Dingen nicht nur einen durchgängigen Gegensatz zu Rußland, unendlich mehr als Frankreich, welches immer zwischen Zügellosigkeit und Unterdrückung schwebte, sondern befand sich auch im Besitze einer äußeren Macht, welche der Rußland's das Gleichgewicht halten konnte.

Von der Zeit an, wo Frankreich seine besonderen Zwecke bei Lö=sung der orientalischen Frage aufgeben und Mehemed Ali fallen lassen mußte, fingen Großbritanien und Rußland immer mehr als die obersten Schiedsrichter in der europäischen Politik hervorzutreten an. Oesterreich konnte damals, bei seiner Besorgniß vor der Revolution und der in Italien und Ungarn sich regenden Gährung, keinen vollkommen unabhängigen Standpunkt einnehmen, und Preußen war dies durch die Eifersucht der übrigen Mächte, welche ihm auf dem Wiener Kongreß eine so un=günstige geographische Lage bereitet hatten, unmöglich gemacht worden.

Rußland stand auf dem Festlande Alles überragend da durch die Ausdehnung seiner Besitzungen, den unbedingten Gehorsam seiner Unter=thanen, die Einheit in seinem Walten, die Anhänglichkeit des größten Theiles der slavischen und der Gesammtheit der griechisch=religiösen Welt, die sinkende Bedeutung Frankreich's in den auswärtigen Verhältnissen, die Schwäche der Türkei, den Anschluß Oesterreich's und Preußen's, den Ein=fluß auf die Staaten zweiten Ranges von Schweden an bis Neapel hin.—England dagegen war groß durch eine unangreifbare Lage, seinen Reich=thum, seine Seemacht, die freie und bewußte Kraft seiner Bevölkerung, und die im civilisirten Europa tief begründete Ueberzeugung, daß, bei dem

Principienstreit, von welchem die Menschheit ergriffen war, die Wahrheit sich auf Seite England's befände, und daß allmälig auch die äußeren Zustände sich dieser inneren Nothwendigkeit gemäß gestalten müßten. Bei Anlegung eines rein materiellen Maßstabes hätte damals in dem über lang oder kurz zu erwartenden Kampfe zwischen den beiden Weltmächten der endliche Sieg Rußland zugeschrieben werden können, aber, bei Erwägung der moralischen Verhältnisse, trat immer wieder die Hoffnung auf England's Uebergewicht hervor.

Ueberall in und außer Europa arbeiteten England und Rußland einander entgegen. Auf den verschiedensten Punkten der Erde, im Kaukasus, in Kanada und Afghanistan, that sich ihr feindseliges Streben kund, suchten sie Mittel zum Angriff auf einander vorzubereiten. Alle Hebel der Furcht oder Hoffnung wurden von ihnen in Bewegung gesetzt, um die Regierungen und Völker anzuziehen oder einzuschüchtern. Diese gespannte aber unentschiedene Lage hätte noch lange fortdauern können, da die beiden großen Nebenbuhler von einander eben so getrennt als auf einander eifersüchtig sind, als ein außerordentliches Ereigniß Frankreich an den Rand des Abgrundes führte, dasselbe aber dadurch zur Aufbietung aller Kräfte zwang, ihm Gelegenheit zur Wiederherstellung seines politischen Einflusses gab, und zum Anschlusse an England gegen Rußland veranlaßte. Da Frankreich zugleich eine Land= und Seemacht ist, so mußte dasselbe, seitdem es wieder den freien Gebrauch seiner Kraft nach außen hin erlangt hat, bei dem von Rußland hervorgerufenen Kampfe sich in entscheidender Weise betheiligen. Von der Lösung dieser durch die lange Eifersucht zwischen England und Rußland endlich herbeigeführten gewaltsamen Verwickelung wird die nächste Zukunft der Welt abhängen.

---

28. Deutschland. — Fortdauernder Kampf zwischen der Reaktion und dem Liberalismus. — Geheime Verbindungen zum Umsturze des Bestehenden. — Das Frankfurter Attentat. — Verschärfung der Reaktion. — Die Wiener Konferenzbeschlüsse. — Eifersucht zwischen Oesterreich und Preußen. — Bedeutung des Zollvereines. — Die hannoverische Verfassungsfrage. — Streitigkeiten der preußischen Regierung mit der katholischen Hierarchie am Rhein und im Großherzogthum Posen. — Tod König Friedrich Wilhelm III.

Auf dem Wiener Kongreß hatte, nach einigem Bedenken und Schwanken, bei der Reorganisirung Deutschland's die Idee eines Staa=

tenbundes über die eines Bundesstaates den Sieg davon getragen. Die
großen zwischen den einzelnen deutschen Völkern in Bezug auf Religion,
Kulturgrad, Ueberlieferungen und Gewohnheiten bestehenden Unterschiede,
die besonderen Interessen der Regentenhäuser, die Abwesenheit eines Ober=
hauptes und Mittelpunktes, konnten die Darstellung einer wahrhaften
Einheit als schwierig erscheinen lassen. Schon das alte deutsche Reich
hatte Jahrhunderte lang nur dem Namen nach ein Ganzes ausgemacht.
Nach dessen Auflösung und bei dem Dasein von Mächten innerhalb der
deutschen Sphäre, wie Oesterreich und Preußen, beide zu groß, um sich
eines dem anderen unterzuordnen, und zu verschieden von einander, um
auf die Dauer dasselbe Ziel zu verfolgen, glaubten die Leiter der deutschen
Geschicke auf einen organischen Bund der Fürsten und Völker verzichten,
und sich mit einer formellen Verbindung derselben unter einander, zur
Erreichung gewisser äußerer Zwecke bestimmt, begnügen zu müssen.

Es wäre wohl möglich gewesen in den deutschen Partikularismus,
ungeachtet der tiefen Wurzeln, die er geschlagen, eine angemessene Einheit
zu bringen. Es hätte dies, ohne eine gänzliche Umwälzung des Bestehen=
den herbeizuführen, erreicht werden können, wenn die Nation selbst bei der
Anordnung ihrer Zustände mitgewirkt, und eine Vertretung ihrer In=
teressen, als Gesammtheit, neben denen der Fürsten gefordert hätte. Da
aber die Deutschen, in einem so folgenschweren Moment, wie nach Napo=
leon's Sturz, sich bei der Entscheidung über ihre Zukunft willenlos und
unthätig zeigten, so war es natürlich, daß, bei einer solchen inneren und
äußeren Lage der Dinge, die alte Zerstückelung, wenn auch unter etwas
anderen Namen und Formen, im wesentlichen fortbestehen blieb.

Mit Ausnahme einiger allgemeinen Bestimmungen, wie die Er=
richtung landständischer Verfassungen, wo diese nicht schon vorhanden
waren, die Gleichberechtigung der drei christlichen Konfessionen, die Frei=
heit der Stromschifffahrt u. s. w., deren Ausführung übrigens dem Be=
lieben der einzelnen Regierungen überlassen blieb, mußten an dem aus
dem Wiener Kongreß hervorgegangenen Deutschland alle Kennzeichen
eines wahrhaften Staatsganzen vermißt werden. Im Grunde war nur
ein auf Vertheidigung gegen den äußeren Feind berechneter Bund, von
allem tieferen Zusammenhange seiner Mitglieder entblößt, errichtet
worden. Da im deutschen Volke selbst kein großartiges Streben nach
Einheit sichtbar geworden, so wollten auch die einzelnen Regierungen
nichts von ihrer Selbstständigkeit aufgeben. Oesterreich hatte, weil es
Preußen's Einfluß auf das übrige Deutschland, in dessen Meinung
dasselbe nach den Befreiungskriegen hoch stand, fürchtete, das Verlangen

der verschiedenen Staaten nach größtmöglichster Unabhängigkeit unter=
stützt. Von einer deutschen Bundesversammlung war von Anfang an so
wenig erwartet worden, daß die Verzögerung ihrer Eröffnung kein Be=
fremden erregt hatte. Auch gingen in der That mehrere Jahre vorüber,
bevor sie die öffentliche Aufmerksamkeit auf sich zog.

Die deutschen Regierungen hatten in Bezug auf die inneren Zu=
stände eine Zeit lang ganz verschiedene Bahnen eingeschlagen. Einige
darunter waren ihren Völkern mit Verfassungen entgegen gekommen,
welche sich der Idee des modernen Repräsentativstaates näherten, andere
hatten die mittelalterthümlichen Stände wiederhergestellt oder die absolute
Monarchie beibehalten. Der tiefe Friede, welcher während der ersten
Jahre nach Napoleon's Sturz in ganz Europa herrschte, ließ einen so
bunten Zustand ungefährlich erscheinen, und die Fürsten, über ihre wie=
dergewonnene Selbstständigkeit erfreut, waren damals wenig mit der
Zukunft beschäftigt.

Aber die Täuschung der während des Befreiungskrieges gehegten
Erwartung einer wahrhaften Wiedergeburt Deutschland's, der Mangel
an nationaler Einheit und politischer Freiheit, riefen eine Verstimmung
und Unzufriedenheit hervor, welche, anfangs nur in einzelnen Kreisen
gehegt, sich nach und nach weiter ausbreitete. Da alle volksthümlichen
Forderungen unerfüllt blieben, so entstand ein immer mehr hervortreten=
der Widerspruch zwischen der Haltung der Regierungen und dem Geiste
der Völker, welcher von Oesterreich zur Erlangung eines größeren
Einflusses, als ihm die Bundesakte ursprünglich beigelegt hatte, be=
nutzt wurde.

Es war dem Fürsten von Metternich gelungen, von dem Kon=
greß von Aachen an, dem preußischen Kabinet Besorgnisse über die in
Deutschland herrschende Stimmung einzuflößen, und dasselbe zu einem
Stillstande auf dem bisher betretenen Wege der Reformen, welcher
bald in einen Rückschritt ausarten sollte, zu veranlassen. Der Beitritt
Preußen's zu der österreichischen Politik in Deutschland bereitete alle
weiteren Erfolge Metternich's vor, und sollte zuletzt die oberste Lei=
tung der deutschen Bundesangelegenheiten fast ausschließend in seine
Hände bringen.

Nachdem der österreichische Staatskanzler Preußen für ein Ein=
gehen auf seine Ansichten gewonnen hatte, was Oesterreich den doppelten
Vortheil brachte, den Nebenbuhler nicht nur seiner wahren Bestimmung
zu entfremden, und dadurch in seinem Innern zu schwächen, sondern
auch dessen Popularität in Deutschland zu untergraben, so glaubte der=

selbe eine andere als die früher von ihm über das Wesen des deutschen Bundes dargelegte Anschauung aufstellen zu können. Anstatt daß, nach der anfänglich gehegten Auffassung, die einzelnen deutschen Staaten in ihrem Innern unabhängig und nur zu äußerer Sicherheit und Verthei= digung unter einander verbunden sein sollten, ward jetzt von Oesterreich der Grundsatz ausgesprochen, daß der deutsche Bund die Rechte und Pflichten jedes anderen Staatsganzen habe, daß er durch die Bundes= versammlung vertreten werde, dieser demnach die oberste Gewalt in Deutschland zustehe, und ihre Beschlüsse für alle Bundesglieder verbind= lich wären. Von dieser Zeit an griff der Bundestag, welcher sich während der ersten Jahre nach dem Wiener Kongreß wenig gezeigt hatte, in alle Verhältnisse Deutschland's ein. Die konstitutionellen süddeutschen Staaten suchten sich zwar dann und wann, um nicht allen Schein von Selbstständigkeit zu verlieren, dem österreichischen Einflusse zu entziehen, aber Metternich verstand es allmälig auch ihre Fürsten und Staats= männer, indem er Hoffnungen oder Besorgnisse in ihnen erregte, auf seine Seite zu ziehen. Der Zustimmung des preußischen Kabinets ge= wiß, setzte er in der Regel am Bundestage alle seine Anträge durch. Außerdem begann die Mehrheit der kleineren Staaten in Nord= und Mitteldeutschland sich mehr zu Oesterreich als Preußen hinzuneigen, weil sie von ersterem, bei seiner Entfernung und Stellung zum übrigen Europa, weniger für ihre Unabhängigkeit, als von letzterem fürchten zu müssen glaubten. Die deutsche Bundesversammlung war nach und nach so unter die Leitung Oesterreich's gekommen, als hätte dieses eine ver= fassungsmäßig begründete Suprematie über Deutschland ausgeübt, und als wären die Interessen aller deutschen Länder mit denen Oesterreich's identisch gewesen. Aus diesem Verhältniß waren die freiheitsfeindlichen Beschlüsse der Ministerkonferenzen in Karlsbad (August 1819) und in Wien (Junius 1820) hervorgegangen, welche in Frankfurt zu Bun= desgesetzen erhoben wurden.

Bei dem Festhalten an dem ursprünglichen Grundsatze der selbst= ständigen inneren Entwickelung der Einzelstaaten, wäre es den dem Geist der Zeit nicht ganz entfremdeten Regierungen möglich gewesen, sich von den Rückschrittsmaßregeln der anderen frei zu erhalten, und es wäre nicht alle Bewegung in Deutschland aufgehalten worden. Aber bei dem Uebergewicht, welches die metternichsche Politik ausübte, traten alle Uebelstände der Zersplitterung Deutschland's, ohne deren mögliche Vortheile, hervor. Das deutsche Volk sollte nur an dem ihm auferleg= ten Zwange gewahr werden, daß es in einem Gesammtverbande stand.

7 *

Die unheilsvolle That Sand's hatte die äußere Veranlassung zu den Karlsbader Bestimmungen gegeben. Das Hambacher Fest rief die Beschlüsse der Bundesversammlung vom 28. Junius und 5. Julius 1832 hervor, von welchen neue Ausnahmszustände geschaffen, die Befugnisse der Volksvertretungen noch mehr als früher beschränkt, die Censurvor= schriften verschärft, und am Bundestage ein Ausschuß zur Ueber= wachung der zwischen den Regierungen und Ständen bestehenden Ver= hältnisse im Sinne der unumschränkten Fürstenmacht, d. h. zu Gunsten des in Wien herrschenden Systems, errichtet wurden.

Seitdem der Bundestag die badische Regierung gezwungen hatte, das kurz vorher erlassene freisinnige Preßgesetz zurückzunehmen, und sich noch anderen Beschränkungen ihrer inneren Selbstständigkeit zu unter= werfen, verbot er nach und nach alle Zeitschriften, welche liberalen Principien huldigten, und verordnete zugleich, daß die Redakteurs der= selben während fünf Jahre kein anderes Blatt herausgeben durften. Diese und ähnliche Maßregeln waren ein stillschweigendes Eingeständ= niß, daß die Reaktion ihren Gegnern im Gebrauche geistiger Waffen nicht gewachsen war, und deshalb der Anwendung eines materiellen Druckes bedurfte. Die konstitutionellen Regierungen in Bayern, Wür= temberg, Hessen=Darmstadt, Nassau glaubten diesem Beispiel folgen zu müssen, und schritten jetzt auch ohne ausdrückliche Veranlassung des Bundestages gegen die liberale Presse und jede volksthümliche Regung ein. Die Könige von Bayern und Würtemberg, welche früher der öffent= lichen Meinung, wenn sie sich innerhalb der von der Verfassung vorge= zeichneten Grenzen hielt, nicht entgegen gewesen, legten jetzt eine entgegen= gesetzte Gesinnung dar. Ludwig I. von Bayern ging, von seinem leicht beweglichen Sinne verführt, sogar etwas über die Nothwendigkeiten des Augenblicks hinaus, während der würtembergische Monarch sich nicht ganz soweit von seiner Vergangenheit entfernte. Gleichwohl ward, na= mentlich von den süddeutschen Regierungen, der Bundesversammlung, von welcher die früheren liberalen Elemente (Wangenheim, Lepel u. s. w.) sorgfältig entfernt, und durch überzeugte oder fügsame Rückschritts= männer ersetzt worden, nicht immer genug gethan, und von Wien aus unaufhörlich auf Verschärfung der Censur und Polizei, auf strengere Ueberwachung des öffentlichen Geistes, auf Verfolgung der in der kon= stitutionellen Partei, oder in der freisinnigen Presse hervorragenden Persönlichkeiten, gedrungen. Die reaktionaire Publicistik suchte die Fürstengewalt als das einzige Recht, als die einzige den Staat be=

lebende Kraft hinzustellen, und griff die Idee der Nationalität und was mit ihr zusammenhängt, als eine Ausgeburt der Revolution an. Das deutsche Volk sollte sich nur in seinen Regierungen wieder erkennen, aber kein von diesen unabhängiges Gefühl seiner Kraft, seiner Bestimmung, seiner Zukunft, hegen dürfen.

Indessen ließen sich die Ständeversammlungen in mehren Ländern, ungeachtet der auf ihnen lastenden Beschränkungen, nicht abhalten, gegen die Bundesbeschlüsse vom 28. Junius und 5. Julius 1832, als die innere Unabhängigkeit der Staaten verletzend, Verwahrung einzulegen. Es geschah dies nicht nur in Baden, Würtemberg, Hessen-Darmstadt, sondern selbst in Kurhessen, wo der Minister Hassenpflug schon damals einen großen Druck ausübte, und auch in Sachsen und Hannover, wo die Formen des Repräsentativstaates noch neu waren. Obgleich der Veröffentlichung der landständischen Verhandlungen alle möglichen Schwierigkeiten entgegengesetzt wurden, so kamen die Reden und Anträge der Opposition dennoch zur Kenntniß des Publikums, und trugen zur Verbreitung freisinniger Meinungen bei. Der gebildete und wohlhabende deutsche Mittelstand war damals, wo in den Massen noch keine Anzeichen einer anarchischen und socialistischen Bewegung kund geworden, durchaus konstitutionell gesinnt, und hätten die Regierungen diese Richtung, anstatt sie zu unterdrücken, zu benutzen verstanden, so würde der Geist der Revolution von Deutschland fern gehalten, und der der Reform daselbst einheimisch geworden sein.

Die überhand nehmende Reaktion erbitterte ihre Gegner, und gab denselben mancherlei, bei der inneren Lage Deutschland's, den großen Mitteln, über welche die Regierungen verfügten, und der im Volke herrschenden Gewohnheit unbedingten Gehorsams, unausführbare Pläne der Umgestaltung und des Widerstandes ein. In der freisinnigen Partei tauchte der Gedanke auf, aus dem konstitutionellen Deutschland, im Gegensatze zu dem absolutistischen, eine besondere Staatengruppe zu bilden, deren Mitglieder sich zur Vertheidigung ihrer politischen Grundsätze unter einander verbinden sollten, wie einst im sechszehnten Jahrhundert von den protestantischen Ständen zur Bewahrung ihrer religiösen Freiheit geschehen war. Aber die Zeiten und Umstände waren andere geworden. Diejenigen deutschen Fürsten, welche ihren Völkern Verfassungen verliehen oder mit demselben vereinbart hatten, waren weit davon entfernt, für das Repräsentativsystem von demselben Eifer, wie einst Johann Friedrich von Sachsen und Philipp von Hessen für den Pro-

teſtantismus, entbrannt zu ſein. Die neuen Einrichtungen wurden von
ihnen mehr nur geduldet, als daß ſie denſelben vollkommen zugethan
geweſen wären, und das Volk hatte dafür weder genug gethan noch gelitten, um für ſie eine tiefe Anhänglichkeit zu hegen. Oeſterreich und
Preußen konnten außerdem auf das ihnen damals politiſch verwandte
Rußland zählen, während die deutſchen Repräſentativſtaaten ganz allein
da ſtanden. Es gab jetzt keinen zweiten Richelieu oder Guſtav Adolph,
welcher der ſtaatlichen Freiheit in Deutſchland zu Hülfe gekommen wäre.
Der Gedanke, das konſtitutionelle Deutſchland zu einem beſonderen
Bunde zu vereinigen, konnte nicht einmal in ſich reif werden, geſchweige
denn in die Wirklichkeit eintreten. Jedes Beſtreben nach einer Begründung und Ausbreitung ihrer Ideen zog der konſtitutionellen Partei nur
neue Niederlagen und Demüthigungen zu. Mitglieder der Oppoſition
von Würtemberg, Baden und Heſſen-Darmſtadt kamen im März 1833
in Pforzheim zuſammen, um über ein gemeinſames Verhalten zur Erreichung ihrer Zwecke zu berathen, mußten aber ſehr bald zu dem Gefühl ihrer Vereinſamung kommen. Die freiſinnigen Mitglieder der
Univerſitäten und Verwaltungsſtellen wurden von den betreffenden Regierungen durch Urlaubsverweigerungen von den Kammern ausge-
ſchloſſen, oder durch Androhung von Verſetzungen und anderen Nach-
theilen, während ihrer ſtändiſchen Wirkſamkeit eingeſchüchtert.

Indeſſen lag der Drang nach politiſcher Emancipation und konſtitutionellen Garantien in der Zeit, und ließ ſich von keiner äußeren
Macht mehr ganz aufheben. Die Maſſen in Deutſchland waren von
den neuen Ideen allerdings nicht tief ergriffen, hingen aber auf der
anderen Seite mit den alten Einrichtungen nur noch aus Gewohnheit
zuſammen. Eine radikale Partei, welche ſich allmälig von den Konſtitutionellen abgeſondert hatte, von den Grundſätzen der erſten franzöſiſchen
Revolution erfüllt war, und mit Gleichgeſinnten in den benachbarten
Ländern in Verbindung ſtand, glaubte, daß das Volk, ſobald ihm das
Zeichen zum Aufſtande gegeben, aus ſeiner Unentſchiedenheit heraustreten, und ſich zu ihr wenden würde. Dieſe Hoffnung mußte damals
gänzlich fehlſchlagen. Der auf der Menge laſtende Druck war, im Vergleiche zu den Zuſtänden, an welche dieſelbe früher gewöhnt geweſen,
keineswegs groß und nachhaltig genug, um zu verzweifelten Unternehmungen zu reizen, und was in dem herrſchenden Syſtem der nationalen
Entwickelung und politiſcher Freiheit Feindliches lag, wurde von den
unteren Klaſſen, denen der Begriff eines allgemeinen ſtaatlichen und
volksthümlichen Verbandes ſeit ſo langer Zeit fremd geworden, noch

wenig begriffen. Nur sehr allmählig sollte, mehr von der ganzen Bewegung der Zeit als besonderen Einflüssen, eine Veränderung in der Volksstimmung hervorgebracht werden, die, wenn auch dann und wann irre geleitet oder unterdrückt, im Stillen unaufhaltsam fortschreitet, und sich auf eine Wiedergeburt der Nation vorbereitet.

Es hatte von dem sogenannten Tugendbunde an in Deutschland geheime auf staatliche Zwecke gerichtete Gesellschaften gegeben. Vom Tugendbunde war jedoch im Grunde nur ein äußeres Ziel, die Vertreibung der Franzosen, damals allerdings die erste Bedingung zur Wiederherstellung Deutschland's, aufgefaßt worden. Nach den Befreiungskriegen hatte zuerst die allgemeine Burschenschaft die Lösung einer das Innere Deutschland's betreffenden, wahrhaft volksthümlichen Aufgabe, in dem Gedanken der deutschen Einheit, wenn auch mit beschränkten Mitteln und in einseitiger Form, verfolgt. Ungeachtet der von den Regierungen gegen diese Verbindung getroffenen Maßregeln war sie im Geheimen bestehen geblieben. Später hatte sich ein Männer= und Jünglingsbund, von denselben Grundsätzen erfüllt, gebildet. Indessen gehörten diese und ähnliche geheime Gesellschaften, mehr oder weniger ausschließend, immer nur den akademischen und literarischen Kreisen an, wodurch ihre Ausbreitung verhindert wurde. Ein in das äußere Geschick Deutschland's eingreifendes Unternehmen war von dieser Seite her nicht zu erwarten. Man blieb dort bei Theorien und weit aussehenden Plänen stehen. Auf das eigentliche Volk wäre nur durch für seine Anschauungsweise geeignete Schriften zu wirken gewesen, eine langsame aber, wenn sie mit dem in einer gewissen Epoche vorherrschenden Geiste übereinstimmt, unfehlbare Weise des Einflusses, welche aber, da die in Deutschland erwachte volksthümliche Richtung meist von den Universitäten und den gelehrten Klassen ausging, vernachlässigt worden war. Es hatte sich deshalb in einer radikalen Partei die Ueberzeugung verbreitet, daß die geheimen Verbindungen, ohne Aufnahme von Personen verschiedener Stände, und besonders solcher, welche unmittelbar in das wirkliche Leben eingriffen, nur ein gefährliches Spiel bleiben müßten. Zu dem Ende suchte man unter Geschäftsleuten und Militärs Anhänger zu gewinnen, um dadurch auf die Massen, Handwerker und Landleute, einwirken zu können. Die Nachklänge der in Folge der Juliusrevolution in mehren deutschen Staaten stattgefundenen Unruhen, der immer fühlbarer werdende Druk der Reaktion, und das verführerische Beispiel, welches Ausbrüche politischer Gährung in Frankreich, Spanien, Italien, Belgien und Polen, ungeachtet ihres häufig unglücklichen Ausganges, aufgeſtellt, veranlaßte eine Anzahl meiſt junger Männer, welche mit dem wahren Stande der Dinge wenig bekannt waren, zu einem beſtimmten revolutionairen Unternehmen zuſammenzutreten, um dadurch dem Volke den Anſtoß zu einer entſcheidenden Erhebung zu geben.

Frankfurt am Main war, da die radikale Partei dort Anhang beſaß, und es daſelbſt nur eine ſchwache Beſatzung gab, zum Mittelpunkt der Verſchwörung auserſehen worden. Ein in dieſer Stadt glücklich ausgeführter Handſtreich konnte, da ſie der Sitz der Bundesverſammlung war, welche in dieſem Falle auseinander geſprengt worden wäre, in dem übrigen Deutſchland ein ganz beſonderes Aufſehen erregen. Ein Mitglied des Geheimbundes, der Buchhändler Frankh in Stuttgart, war im Jahre 1831 in Paris geweſen, und hatte ſich mit den franzöſiſchen Revolutionairen und politiſchen Flüchtlingen aller Länder in Verbindung geſetzt. Von dem würtembergiſchen Oberlieutenant Koſeritz war in demſelben Sinne unter der Beſatzung von Ludwigsburg gewirkt worden. Die Verſchwornen hatten auch unter dem badiſchen und heſſendarmſtädtiſchen Militair Verbindungen anzuknüpfen geſucht. Das Landvolk in der Nähe von Frankfurt war durch geheime Sendlinge bearbeitet worden. Man hatte mit den in Frankreich befindlichen Polen Verabredungen getroffen, in Folge deren ein Theil von ihnen durch Baden und Rheinbayern, ein anderer Theil durch die Schweiz und den Schwarzwald gegen Frankfurt ziehen ſollte. Um dieſelbe Zeit wurde ein Aufſtand in Lyon und Savoyen erwartet. Im Weſentlichen hofften die Verſchworenen, daß der Angriff auf Frankfurt, wo ſie eine proviſoriſche Regierung errichten und ſich der Bundeskaſſe bemächtigen wollten, die Loſung zu einer allgemeinen Schilderhebung in Süd- und Weſtdeutſchland geben würde. Es waren nach und nach Perſonen aus den verſchiedenſten Klaſſen in das Komplot eingetreten, und viele andere, wenn auch nicht in daſſelbe aufgenommen, aber von deſſen Daſein und Zweck unterrichtet worden. Indeſſen beruhten die Veranſtaltungen zu einem ſolchen Unternehmen mehr auf Hoffnungen, Verabredungen, ſtützten ſich mehr auf den unruhigen Geiſt der Zeit und die herrſchende Unzufriedenheit, als daß die Verſchwornen auf eine wirklich organiſirte Macht zu rechnen vermocht hätten. Die Vorbereitungen, an und für ſich unbedeutend, und, außer ihrer Unbedeutendheit, noch obenein ſehr ungewiß, wurden von den Leitern des Komplots in ihren gegenſeitigen Mittheilungen, theils um ſich den Schein einer beſonderen Bedeutung zu geben, theils um jede Bedenklichkeit und Zögerung zu verhindern, nicht nur übertrieben, ſondern aus Eitelkeit und Leichtſinn oft geradezu erfunden. In unerflärbarer Verblendung suchten sie sich gegenseitig über ihre Hülfs= mittel zu täuschen. Der Oberlieutenant Koferiz hatte einen der Führer der Frankfurter Rabikalen, Doktor Gürth, überredet, daß er über Tau= fende von würtembergischen Soldaten verfüge, und diefer wiederum be= hauptet, daß die Bürgerartillerie in Frankfurt, ein Theil der preußischen Befaßung in Mainz, und das naffauiche Militair für das Unternehmen gewonnen wären. Dem gemäß ward die Ueberrumpelung Frankfurt's auf den Anfang April feftgefeßt. Obgleich kurz vorher Koferiz den lei= tenden Ausschuß wiffen ließ, daß feine Vorbereitungen noch nicht been= bigt feien, und er nicht auf dem Schauplaß erfcheinen könne, fo gab die leidenfchaftliche Ungebuld der Einen und der falfche Ehrgeiz der Anderen feine Verzögerung zu. Sie fchienen zu glauben, daß im Augenblick der Ausführung fich eine unerwartete Unterftüßung für fie einfinden würde.

Am 3. April (1833) Abends um halb 10 Uhr wurden von den Verfchwornen, die nicht über fiebenzig Mann ftark waren, die beiden Wachen in Frankfurt, die Hauptwache und die Konftablerwache, unter Anführung des genannten Doktor Gürth und des von den Göttinger Unruhen (Januar 1831) her bekannten Doktor von Raufchenplatt, an= gegriffen. Die Aufforderung an das begegnende Volk zum Anfchluß blieb ohne Wirkung. Die Frankfurter Soldaten waren, überrafcht, an= fänglich geworfen, und mehre getödtet und verwundet worden. Als fie aber Verftärkung erhielten, nahmen fie die Wachen wieder ein. Die Verfchworenen wollten den Kampf noch in den Straßen fortfeßen, wur= den aber zerftreut, und diejenigen, welche fich nicht fchleunigft auf die Flucht begaben, gefangen genommen. Die Anführer hatten fich gerettet, mit Ausnahme eines Doktor Neuhof, der bald nachher im Gefängniffe ftarb. Einige dreißig unter den Verfchworenen wurden ergriffen, und nach in Frankfurt beendigter Vorunterfuchung einem außerordentlichen Gericht übergeben. Ein Haufe Landvolks wollte an jenem Abend, der Verabredung gemäß, an der Ueberrumpelung Frankfurt's Theil nehmen, fand aber die Thore gefchloffen, und mußte unverrichteter Sache abzie= hen. Die Polen hatten fich wirklich von Befançon und anderen Orten aus in Bewegung gefeßt, waren aber unterweges auf Befehl der fran= zöfifchen Regierung aufgehalten und entwaffnet worden. Ein um diefe Zeit angeftellter Verfuch polnifcher Flüchtlinge, von Gallizien her in das benachbarte Königreich Polen einzubrechen, hatte nicht den geringften Erfolg gehabt. Auf diefe Art war eine zwar ziemlich weit verzweigte, aber in fich äußerft fchwache Bewegung gleich im Entftehen erftickt worden.

Ungeachtet diefes verfehlte Attentat auf Frankfurt mehr die Kopf=

losigkeit und Ohnmacht als die Gefährlichkeit der radikalen Partei bewies, so beschloß die Reaktion gleichwohl ihm eine außerordentliche Wichtigkeit beizulegen, und dasselbe wie den Anfang zu einer Ueber=schwemmung zu behandeln, welche alle Dämme zu übersteigen drohte. Das Einzige, wovon dieses Unternehmen Zeugniß ablegen konnte, war die Unzufriedenheit, welche sich in einem großen Theile des deutschen Volkes über das ihm auferlegte traurige Loos zu regen anfing, und die in der leidenschaftlichen Kurzsichtigkeit einiger verwegenen jungen Leute einen übertriebenen Ausdruck gefunden hatte. Aus der Vereinzelung, und leichten Ueberwältigung dieses Attentats ging aber auch hervor, daß die Massen damals noch nicht an die Anwendung von Gewalt bei Er=reichung ihrer Wünsche dachten, und daß sie von einem freisinnigeren System vollkommen zu beruhigen und zu gewinnen gewesen wären. Die Regierungen hätten, wäre von ihnen eine solche Bahn eingeschlagen worden, die politische und moralische Zerrüttung, welche funfzehn Jahre nachher über Deutschland hereinbrechen und ihm so tiefe Wunden schla=gen sollte, vermeiden können. Die Rückschrittspartei wollte aber das Ereigniß vom 3. April, nicht zur Bezähmung der Revolution, welche damals in Deutschland noch in der Luft schwebte, nirgends Halt und Wurzel besaß, sondern zur Unterdrückung des Konstitutionalismus an=wenden, denselben da, wo er noch nicht eingeführt war, unmöglich machen, und ihm da, wo er wenigstens der Form nach bestand, jede Lebenskraft entziehen, und ihn so allmälig der Auflösung entgegenführen.

Wie erwünscht der Reaktion der Angriff auf Frankfurt gewesen, und zugleich für wie gefahrlos sie denselben gehalten, kann daraus ent=nommen werden, daß sie von dem Dasein eines solchen Komplots durch Winke der Pariser Polizei schon seit längerer Zeit, und von dem Augen=blick des Ausbruches kurz vorher durch Verräther in der Mitte des Ge=heimbundes unterrichtet, gleichwohl nichts gethan hatte, um dasselbe in voraus zu vereiteln. Man würde die Verschwörung, ohne einen Anfang zur Ausführung, nicht so sicher haben ausbeuten können. Metternich be=schloß, wie er selbst in einem seitdem veröffentlichten Schreiben an den da=maligen österreichischen Bundestagsgesandten erklärte, diese sobald viel=leicht nicht wiederkehrende Gelegenheit, zur Bekämpfung des Zeitgeistes, nicht unbenutzt vorübergehen zu lassen.

Vorerst wurden alle einzelnen deutschen Regierungen zur Ergrei=fung der strengsten Maßregeln aufgefordert, um nicht nur den flüchtigen Theilnehmern der Verschwörung, sondern auch allen möglichen näheren und ferneren Mitwissern auf die Spur zu kommen. Bei den Verhaftungen wurde mit einer grenzenlosen Willkühr verfahren, die von den Verfassungen der betreffenden Staaten ausgesprochene Gewährleistung der persöulichen Freiheit ungescheut verletzt, und der Polizeigewalt eine vorher unbekannte Ausdehnung gegeben. Man setzte, wie 1819 in Mainz, so jetzt in Frankfurt a. M. eine Central=Untersuchungskommission gegen die demagogischen Umtriebe nieder. Zugleich mußte sich Frankfurt, obgleich es dem Namen nach ein souverainer Staat war, das Einrücken österreichischer und preußischer Truppen gefallen lassen, und sein eigenes Militair einem fremden Oberbefehl unterordnen.

Es wurden nach und nach in den verschiedenen Bundesstaaten an 1800 Personen wegen politischer Vergehen oder verdächtiger Meinungen eingezogen, und manche unter ihnen während der Untersuchung grausam behandelt, und dadurch zu Selbstmord oder Wahnsinn getrieben. Indessen hüteten sich selbst die leidenschaftlichsten Rückschrittsmänner auf Anwendung der Todesstrafe gegen die Schuldigen zu bringen, weil man bei Gelegenheit der Hinrichtung Sand's die Erfahrung gemacht hatte, daß dadurch im Publikum mehr Mitleid als Furcht erregt wurde. Die Ueberführten wurden, statt zum Tode, zu mehr oder weniger langer Einkerkerung verurtheilt, eine Milde, welche sich übrigens fast von selbst verstand, da die eigentlichen Leiter der Verschwörungen und geheimen Gesellschaften fast immer der Verhaftung zu entgehen gewußt hatten, und, mit seltenen Ausnahmen, nur untergeordnete Theilnehmer in die Hände der Gerichte gefallen waren.

Die ständischen Versammlungen wurden damals, wenn sich, was allerdings häufig geschah, in ihrer Mitte ein Widerspruch gegen den herrschenden Zustand erhob, vertagt oder aufgelöst. Die einzelnen Regierungen waren zur Fügsamkeit gegen die Winke und Forderungen der Rückschrittspartei geneigt. Die oberste Gewalt schien wirklich an die Bundesversammlung übergegangen zu sein, obgleich es im Grunde Metternich war, welcher, unter dem Vorwande, die staatliche Ordnung in Deutschland zu erhalten, Alles vorbereitete, leitete und entschied, und an der Ausübung dieses Uebergewichts von der einzigen deutschen Macht, welche ihm hätte widerstehen können, von Preußen, nicht gehindert wurde.

Ungeachtet des Druckes, welcher auf Deutschland lastete, und der dadurch herbeigeführten Lähmung des öffentlichen Geistes, glaubte die Reaktion nichts gethan zu haben, wenn sie nicht die Bedeutung der Kammern und Landtage noch mehr, als bisher geschehen, herabsetzte. Revolution und Konstitution wurden von den zur metternichschen Schule gehörigen Diplomaten und Publicisten als vollkommen gleichartig be=

handelt. Im Sommer 1833 kamen die Minister von Oesterreich, Preu=
ßen und Rußland in Töplitz zusammen, um sich über die gegen den
deutschen Liberalismus zu nehmenden Maßregeln zu verständigen, und
im Herbst fand in München = Grätz, ebenfalls in Böhmen gelegen, eine
Besprechung zwischen den Monarchen der drei genannten Länder statt,
wo über die Stellung der nordischen Mächte gegen die Revolution über=
haupt und gegen Frankreich insbesondere, berathen wurde. Gleich dar=
auf erging an die deutschen Regierungen die Aufforderung Bevollmäch=
tigte nach Wien abzusenden, wo die innere Lage Deutschland's einer
genauen Erwägung unterzogen werden sollte. Da es im deutschen Volke
keine Revolution gegeben hatte, denn die im Jahre 1830 in Braun=
schweig, Dresden und Kassel eingetretenen Bewegungen durften, ohne
arge Uebertreibung und Entstellung der Wahrheit, zumal da die Bundes=
versammlung deren Ergebnisse selbst anerkannt hatte, nicht als gewalt=
same Umwälzungen aufgefaßt werden; da damals in Deutschland keine
eigentliche revolutionaire Partei vorhanden war, denn die machtlosen
Umtriebe einiger Geheimbünde verdienten diese Bezeichnung nicht, so
konnte es in Wien nur auf die konstitutionellen Staatsformen abgesehen
sein, die man neuen Beschränkungen unterwerfen wollte. Dieser Zweck
der Ministerkonferenz wurde in der Eröffnungsrede (Januar 1834) des
Fürsten von Metternich unumwunden eingestanden, und die Berathung
demgemäß geführt.

Die aus diesen sechsmonatlichen Verhandlungen hervorgegangenen
Beschlüsse waren, theils Früheres bestätigend, theils Neues festsetzend,
im Wesentlichen folgende: in allen deutschen Bundesstaaten bleibt die
oberste Gewalt ungetheilt in der Person des Regenten vereinigt, welcher
nur bei einzelnen Regierungshandlungen an die Mitwirkung der stän=
dischen Versammlungen gebunden ist. — Die Stände dürfen die Be=
willigung der Steuern nicht an Bedingungen knüpfen, nicht bestimmte
Summen für vorkommende Ausgabeposten festsetzen, sondern können das
Budget nur im Allgemeinen aufstellen. Mehrausgaben der Regierung
dürfen von den Ständen nicht einseitig als unrechtmäßig angefochten
werden. — In keinem Fall können der Regierung die Mittel zur Er=
füllung ihrer Bundespflichten verweigert werden. — Die Stände dür=
fen nicht über die Gültigkeit der Bundesbeschlüsse berathen oder sie gar
verwerfen. — Alle Verordnungen der Regierung haben für die Unter=
thanen verbindliche Kraft, und hängen weder von der Einsprache der
Gerichte noch der Anerkennung der Stände ab. —

Durch diese Bestimmungen wurde die Mitwirkung der ständischen

Versammlungen bei der Gesetzgebung so gut wie aufgehoben. Es blieb denselben nur ein Recht bei Bewilligung der Steuern übrig, welches durch die Klausel, daß der Regierung nicht die Mittel zur Erfüllung ihrer Bundespflichten verweigert werden dürften, fast vernichtet wurde, indem sich in vielen Fällen die Grenze über die Natur dieser Bundes= pflichten nicht genau angeben ließ. Um die unter solchen Umständen einzig möglichen Streitigkeiten, welche zwischen den Regierungen und Ständen sich erheben konnten, nämlich über den Betrag der Steuern, zu schlichten, soweit diese rein innere Ausgaben zum Zweck hatten, ward ein Schiedsgericht eingesetzt. Dieses sollte aus 34 von sämmtlichen Bundesregierungen, von den 17 Stimmen des engeren Rathes, ernann= ten Mitgliedern bestehen. Bei vorkommender Meinungsverschiedenheit wählte die betreffende Regierung und Ständeversammlung jede drei Schiedsrichter unter den Vierunddreißigen aus. Ein Obmann ward hinzugefügt, und die Entscheidung von den Sieben nach Stimmenmehr= heit gefällt. Da die Vierunddreißig von den Regierungen, ohne Zu= ziehung der Stände, eingesetzt wurden, welche ersteren, wie sich von selbst versteht, nur ihre erklärten Anhänger zu einer solchen Stellung beriefen, so mußte es diesem Schiedsgericht an der ersten Bedingung zu einer wirksamen Erfüllung seiner Pflichten, an der nöthigen Unab= hängigkeit seiner Mitglieder, fehlen. Diese Einrichtung, welche den Schein einer gewissen Unparteilichkeit für sich in Anspruch nahm, konnte bei näherer Erwägung nur für ein Werk der Täuschung gelten. Die beschränkenden Preßgesetze wurden noch verschärft, und unter Anderem festgesetzt, daß auch die Mittheilung der ständischen Verhandlungen und selbst der Geschwornengerichte der Censur unterliegen sollte. Den juri= stischen Fakultäten wurde das Recht entzogen, in Kriminal= und Polizei= sachen Erkenntnisse abzufassen oder Gutachten abzugeben, und dies nur bei Civilfällen gestattet. Diese Bestimmungen wurden von der Bundes= versammlung angenommen, und auf sechs Jahre hinaus für alle Bun= desstaaten verbindlich erklärt. Die Beschlüsse der Wiener Konferenz vollendeten die Maßregeln der Reaction, welche auf dem Ministerkongreß in Karlsbad (1819) begonnen hatten. Dem Anschein nach nahm Alles den von jetzt an immer mehr um sich greifenden Druck und Zwang geduldig hin. Aber die Unzufriedenheit griff im Stillen um sich, und fing sich auf eine vorher unbekannte Weise unter den Massen zu verbreiten an.

Obgleich Preußen auf alle das Repräsentativsystem beschränkenden und vernichtenden Bestrebungen Oesterreich's einging, so konnte es gleich=

wohl der Eifersucht auf den überwiegenden Einfluß, welchen letzteres in
Deutschland ausübte, nicht entsagen. Da es durch sein Beharren im
Absolutismus die politischen Sympathien des deutschen Volkes ver=
scherzt hatte, so wollte es, durch Begünstigung des materiellen Fort=
schrittes, namentlich den Handels = und Gewerbstand an sich ziehen, um
auf dem Boden der Interessen das zu erlangen, was es sich auf dem
der Ideen hatte entgehen lassen. Die von ihm mit Ueberwindung
großer Schwierigkeiten, unter Darbringung bedeutender Opfer ange=
bahnte Zolleinigung (1828) wurde so unermüdlich weiter geführt, daß
am Ende des Jahres 1833 das Werk größtentheils vollendet war, und
25 Millionen·Deutsche mit einem Gebiet von 8000 Geviertmeilen sich
in einer der wesentlichsten Beziehungen des öffentlichen und besonderen
Daseins, der Freiheit des Handels und Verkehrs, zu einem Volke ver=
einigt sahen. An der Kraft, welche Preußen in dieser Richtung bewies,
und den Früchten, welche dadurch gewonnen wurden, ließ sich ersehen,
was es für Deutschland· hätte werden können, wenn es in nationaler
und politischer Beziehung ein ähnliches Ziel verfolgt hätte. Die Hin=
·dernisse wären nicht unüberwindlicher, und der Erfolg ein noch viel
höherer gewesen.   •
      Obwohl Hannover, Oldenburg, Braunschweig, Mecklenburg und
die Hansestädte sich, ihre wirklichen oder vermeintlichen Landesvortheile
mehr als das deutsche Gemeinwohl in Betracht ziehend, von dem Zollver=
eine ausschlossen, so war dieser auch ohne dies mächtig genug, um dem
Handels= und Gewerbswesen, in den zu ihm gehörigen Staaten, einen
vorher unbekannten Aufschwung zu geben. Es stieg auf fast allen be=
deutenderen Punkten des Vereines eine Menge neuer industrieller Un=
ternehmungen auf, welche man früher oft gar nicht für möglich gehalten
haben würde, während die schon bestehenden ihren Geschäftskreis außer=
ordentlich erweiterten. Von Oesterreich, dessen Anschluß, von poli=
tischen Gründen ganz abgesehen, schon deshalb unmöglich gewesen, da
dort die einzelnen Provinzen noch durch besondere Zolllinien von ein=
ander abgesperrt waren, ward dieser friedliche Sieg der preußischen
Staatskunst mit Mißtrauen und Neid betrachtet. Obschon das öster=
reichische Kabinet in der Bundesversammlung nach wie vor ein entschie=
denes Uebergewicht ausübte, so hatte Preußen durch die Gründung des
Zollvereines dennoch ein von seinem Nebenbuhler unabhängiges Feld
gewonnen, auf welchem es auch seine allgemeinen Interessen geltend
machen konnte. Es sollte im Laufe der Zeit bei einzelnen unter den
Vereinsstaaten nicht an fremden Einflüsterungen und eigener Neigung

zur Trennung von einem Bunde fehlen, in welchem ſie einen Theil ihrer Unabhängigkeit aufgegeben zu haben ſchienen. Aber die materiellen Vor-theile überſtimmten die politiſche Rivalität, und der Zollverein ward nicht nur erhalten, ſondern ſpäter ſogar noch erweitert.

Es war unterdeſſen der Kaiſer Franz I. von Oeſterreich nach einer Regierung von zweiundvierzig Jahren geſtorben (1. März 1835). Dieſer Fürſt, welcher ſeiner Natur nach zu nichts Großem berufen geweſen, war jedoch, wie ſo manche ſeiner Standesgenoſſen, wider Willen von den Wo-gen der außerordentlichen Epoche, in welcher er lebte, ergriffen worden, und hatte ſich in den verſchiedenſten Lagen befunden. Eine ſeltene Aus-dauer und Hoffnung auf beſſere Zeiten, ſelbſt unter den größten Gefah-ren, hatte bei ihm den Mangel an tieferem Blick und unabhängigem Ur-theil bis auf einen gewiſſen Grad erſetzt. Zwei Ereigniſſe, welche ihn perſönlich berührten, und zugleich mächtig in die Geſchichte der Zeit ein-griffen, zeichnen vor Allem ſeine Regierung aus. Unter ihm löſte ſich das deutſche Reich nach einem faſt tauſendjährigen Beſtehen auf, und er, als Menſch und Souverain, der Revolution ſo entgegengeſetzt, ward von den Umſtänden genöthigt, ſeine Tochter dem Weltſtürmer, welcher aus jener gro-ßen Umwälzung hervorgegangen, zur Gemalin zu übergeben. Nie mögen wohl zwei, durch nahe Verwandtſchaft verbundene, Perſonen in allen übri-gen Dingen von einander ſo verſchieden, als dieſe beiden Kaiſer geweſen ſein. An der inneren und äußeren Stellung Oeſterreich's ward durch den Tod des Kaiſers Franz I. nichts geändert, indem ſein älteſter Sohn und Nachfolger, Ferdinand I., dem Fürſten von Metternich die Leitung der öſterreichiſchen Politik in vielleicht noch unumſchränkterer Weiſe, als früher ſtattgefunden, überließ. Aber Metternich's glänzende Periode war ſchon vorüber. Er war nicht mehr im Stande die in Ungarn, Böhmen und der Lombardei zunehmende Gährung zu erſticken, und deren Folgen, die er noch erleben ſollte, abzuleiten, und eben ſo wenig vermochte er es, den orientaliſchen Angelegenheiten eine für Oeſterreich günſtige Wendung zu geben. Er konnte nach wie vor für Oeſterreich und Deutſchland Zwangs-maßregeln und Sicherſtellungen gegen die Revolution auſſinnen, aber das Geſchick Europa's, auf welches er von dem Kongreß von Wien an bis zu dem von Verona einen ſo großen Einfluß ausgeübt, hing nicht mehr von ihm ab. Die fortſchreitende Bewegung der Zeit entging ihm. Er mußte ſich von jetzt an damit begnügen, im Verhältniß zum Auslande, die gewöhnlichen, ihm zur anderen Natur gewordenen, diplomatiſchen Künſte, ohne beſon-deren Erfolg anzuwenden, und in Bezug auf das Innere das vorhandene Syſtem mühſam zu erhalten. Nie hat ein Mann, der eine ſo große

Rolle gespielt, und so lange Zeit ungestört Gelegenheit zum Handeln gehabt, so wenig befruchtende Ideen wie Metternich in die Welt gesetzt.

Die großartigen Ergebnisse des von Preußen gestifteten Zollvereines fingen an, besonders in dem zahlreichen Gewerbs = und Handelsstande, die staatlichen Fragen etwas in den Hintergrund zu drängen, und die durch die Wiener Konferenzbeschlüsse entstandene Aufregung zu beschwichtigen, als der hannöverische Verfassungsstreit eine neue Bewegung verursachte, und in den Gemüthern die traurige Erfahrung vermehrte, bis auf welchen Grad in Deutschland Gewalt vor Recht ging, und die Zustände der Völker von der Willkühr ihrer Regierungen abhingen.

König Wilhelm IV. von England, der zugleich über Hannover herrschte, war am 20. Junius 1837 gestorben. Da in den Stammlanden des guelfischen Hauses das salische Gesetz galt, so ward Hannover von Großbritanien, wo die Krone an eine Frau fiel, getrennt, und Ernst August Herzog von Kumberland, ein Sohn Georg III. und Oheim der Königin Viktoria, bestieg den hannoverischen Thron.

Der Herzog von Kumberland war in England nicht nur wie sein Bruder Georg IV. unvollsthümlich, sondern zuweilen sogar verhaßt gewesen. Nicht allein die von ihm im öffentlichen Leben angenommene Haltung, sondern auch sein persönliches Wesen schien den englischen Einrichtungen und Sitten fremd zu sein. Obgleich in England geboren und des Deutschen nicht einmal vollkommen mächtig, wollte man ihn kaum für einen Briten gelten lassen, und meinte, daß er in seinem ganzen Auftreten an die absolutistischen Höfe des Kontinents und die despotischen Militaireinrichtungen derselben erinnere. Obwohl in England solche Neigungen nicht verwirklicht werden konnten, so hatte der Herzog von Kumberland wenigstens in so weit seine wahre Gesinnung offenbart, als er sich derjenigen unter den englischen Parteien anschloß, welche soviel als möglich für Vorrechte und Ausnahmszustände kämpfte, und die freisinnigen Grundsätze der englischen Verfassung in ihrer Anwendung zu beschränken suchte. Er war einer der Führer des Toryismus im Oberhause gewesen, und darüber mit seinen Brüdern Clarence und Suffex oft in Streit gerathen. Er hatte an der Spitze des Oranienbundes gestanden. Aber selbst die Tories waren dem Herzoge von Kumberland nie recht hold gewesen, da sie in ihm immer mehr einen Absolutisten als Aristokraten sehen wollten, und hatten in der Zeit, wo diese Partei im Unterhause herrschte, sich bei Feststellung seiner Apanage nicht sehr freigebig gezeigt. Obgleich an der Ehre dieses Prinzen kein Flecken haftete, und er sich in seiner Jugend, während des Krieges gegen die französische Republik, sogar durch persönliche Tapferkeit hervorgethan hatte, so waren von der ihm feindlichen Presse äußerst nachtheilige Gerüchte über sein Privatleben in Umlauf gesetzt, und von dem Publikum geglaubt worden.

Das neue hannoverische Grundgesetz war zwischen der Krone und den Ständen vereinbart und 1833 eingeführt worden*). Es sollte sich keines langen Daseins erfreuen. Am 28. Junius (1837) hatte der König Ernst August seinen Einzug in seiner Residenzstadt Hannover gehalten. Schon am 3. Julius erklärte er, daß er die bestehende Verfassung nicht anerkenne, und am 1. November erschien ein Patent, durch welches sie förmlich aufgehoben wurde. Er übergab die Leitung der Staats- angelegenheiten einem Geheimenrath von Scheele, der sich früher der französischen Herrschaft angeschlossen hatte, seit deren Sturz aber, wie dies auch anderswo in Deutschland gesehen worden, als ein entschiedener Gegner aller liberalen Institutionen, und namentlich der obschon in dieser Beziehung sehr gemäßigten Verfassung von 1833, aufgetreten war. König Ernst August gab als Grund seines Verfahrens an, daß die Verfassung ohne seine, des damaligen Thronerben, Zustimmung zu Stande gekommen, er also an dieselbe nach seiner Gelangung zur Re- gierung nicht gebunden sei, und daß er sie für das Wohl seiner Unter- thanen nicht für zuträglich halte. Dieser Anschauung gemäß könnte die Verfassung eines Landes bei jedem Regierungswechsel geändert werden, und ihr Bestehen hinge von dem Belieben des jedesmaligen Thronerben ab. Diese Auffassung hält keine Prüfung aus. Wo ein Staatsgrund- gesetz besteht, und jede Verfassung, welche diesen Namen verdient, ist ein solches, sind nicht nur der Monarch, sondern auch die Mitglieder seiner Dynastie eben so, wie die einzelnen Klassen des Volkes an dasselbe ge- bunden. Es kann von Niemand einseitig aufgehoben werden.

Die wahre Ursache, warum der bisherige Herzog von Kumberland das Werk seines Vorgängers beseitigen wollte, war die Bestimmung der Verfassung von 1833, welche die Domainen für Staatsgut erklärt, und dafür eine Civilliste eingeführt hatte. Ernst August fürchtete dadurch seine Einkünfte geschmälert zu sehen. Die im Vergleiche zu den Aus- gaben seines Ranges geringe Dotation, welche ihm als englischen Prin- zen ausgesetzt gewesen, hatte ihn in Schulden gestürzt. Diese sollten von dem Ertrage der hannoverischen Domainen gedeckt werden. Dazu kam noch, daß der König von Hannover, welcher in England einer sein

---

*) Siehe Bd. XVII. S. 361.

Haus sehr beschränkenden Verfassung unterworfen gewesen, einen Genuß
darin fand, endlich, wenn auch schon in vorgerücktem Alter, in seinem
deutschen Stammlande seinen persönlichen Willen und seine besonderen
Ueberzeugungen geltend machen zu können. Ernst August war aller=
dings nicht unempfindlich gegen die Ehre gewesen, zu dem an der Spitze
eines so großen Volkes, wie das britische, stehenden Herrschergeschlechte
zu gehören. Aber seine innerste Neigung hatte ihn, wie mehre andere
Mitglieder seiner Familie, immer zu dem patriarchalischen Absolutismus
in Teutschland zurückgezogen.

Der König von Hannover verlangte jetzt den Huldigungseid.
Manche Beamte verweigerten ihn, andere leisteten ihn nur mit aus=
drücklicher Hinweisung auf das Grundgesetz, oder reichten freiwillig
ihre Entlassung ein. Sieben ausgezeichnete Professoren der Göttinger
Universität: Jakob und Wilhelm Grimm, Dahlmann, Gervinus, Ewald,
Albrecht und Weber, verweigerten die verlangte Huldigung, indem sie
sich durch ihren auf die Verfassung von 1833 abgelegten Eid für gebun=
den erklärten. Sie wurden ihrer Stellen entsetzt, und Jakob Grimm,
Dahlmann und Gervinus mußten außerdem binnen drei Tagen das
Land verlassen. Die Weigerung der Sieben und die Willkühr der han=
noverischen Regierung brachten in ganz Deutschland in den Gemüthern
eine große Bewegung hervor, welche zwar den Lauf der Ereignisse nicht
hemmen konnte, aber die innere Unzufriedenheit mit den bestehenden Zu=
ständen vermehrte.

Es trat jetzt ein langer ungleicher Kampf zwischen den Vertheidi=
gern des Grundgesetzes, und den Ansprüchen des Königs von Hannover
auf eine über der Verfassung stehende Gewalt ein. Der Gemeingeist der
unteren Klassen war noch zu wenig geweckt, um an einer solchen Streit=
frage einen lebendigen Antheil nehmen zu können. Der Mittelstand
ward durch das rücksichtslose Einschreiten des Königs, welchem die be=
waffnete Macht unbedingt zu Gebot stand, eingeschüchtert. Die zahl=
reiche Beamtenwelt, für ihre Erhaltungsmittel besorgt, that ihrem Ge=
wissen Zwang an, und legte den verlangten Eid ab. Ein Theil des
Adels hing durch Aemter und andere Vortheile von der Regierung ab,
ein anderer Theil war grundsätzlich jeder Regung der Freiheit abgeneigt.
Der unabhängige Bürgerstand war der Verfassung aufrichtig zugethan,
aber allein und auf sich gewiesen zu schwach, um den Eingriffen in die=
selbe mit Erfolg widerstehen zu können.

Einer im Februar 1838 mit großer Mühe vollzählig gemachten
Ständeversammlung ward der Entwurf zu einer neuen Verfassung vor=

gelegt, nach welchem die Krone so gut wie unumschränkt gewesen wäre. Die Steuern sollten von der Volksvertretung nie verweigert werden dürfen, die Verhandlungen geheim, die Minister unverantwortlich sein. Die Stände lehnten diesen Entwurf ab, beschlossen eine Eingabe an den Bundestag um Schutz für die Verfassung von 1833, und wurden auf unbestimmte Zeit vertagt. Die im Mai 1839 einberufenen Stände wagten nicht, obgleich unter dem Einflusse des Ministeriums gewählt, die Ungültigkeit des mit Wilhelm IV. vereinbarten Grundgesetzes auszusprechen. Erst die Ständeversammlung von 1840 nahm den Entwurf der Regierung mit einigen Abänderungen an. Der König hatte jedoch im Wesentlichen seine Absichten, den eigenthümlichen Besitz der Domainen und die Beschränkung der Volksrechte, erreicht.

Das Verfahren des Königs von Hannover, von den aufgeklärten Klassen überall laut getadelt, ward nicht einmal von den Regierungen durchaus gebilligt. Sogar denjenigen unter ihnen, welche das konstitutionelle System verwarfen, schien der König Ernst August zu plötzlich und zu gewaltsam aufgetreten zu sein. Andere, darunter besonders Bayern, Würtemberg und Baden, fanden die Aufhebung eines von einem Säuverain anerkannten Grundgesetzes durch dessen Nachfolger, für die monarchische Ordnung selbst gefährlich, die dadurch in der Achtung der Völker verlieren könne. Gleichwohl wies der Bundestag die oben erwähnte Klage der hannoverischen Stände mit 9 gegen 7 Stimmen ab. Er hatte sich früher eben so gegen die kurhessische Ständeversammlung, gegen die holsteinischen Prälaten und Ritter, gegen die westphälischen Domainenkäufer u. s. w. verhalten. Die Gelegenheit zur Unterdrückung der Freiheit ward von dem Bundestage nie versäumt, wenn es aber darauf ankam, ein Recht zu schützen, fielen ihm Bedenken über seine Befugnisse ein. Er erließ Bücherverbote, Censurverschärfungen und andere Verordnungen für ganz Deutschland, sobald er aber um Schutz angegangen wurde, erklärte er gewöhnlich: „keine bundesgesetzlich begründete Veranlassung zur Einmischung in innere Landesangelegenheiten zu finden." — Unter allen nach dem Wiener Kongreß in Deutschland eingeführten Einrichtungen gab es keine, welche ihre Bestimmung weniger als die Bundesversammlung erfüllte.

Während in Hannover ein Verfassungsstreit geführt wurde, welcher, ungeachtet seiner inneren Bedeutung, wegen der geringen Macht der Betheiligten, nicht tief in die allgemeine Lage der Welt eingreifen konnte, tauchte in Preußen die große Frage über die Grenzen der staatlichen und kirchlichen Gewalt plötzlich aus dem Dunkel auf, in welchem

8 *

dieselbe das ganze achtzehnte Jahrhundert über gehalten worden war. Diese Frage, deren verschiedenartige Auffassung Europa mehrmals, selbst zur Zeit der religiösen Einheit, in Unruhe und Verwirrung gestürzt hatte, war weder von der Reformation noch der Revolution gelöst worden. Der Kampf um sie ward jetzt in Preußen allerdings nicht mit der Großartigkeit, wie einst im Mittelalter, geführt, trat aber als ein Zeichen der Zeit immer bedeutsam hervor.

Durch die Reformation entstanden rein protestantische Staaten, wie es deren rein katholische gab, und die bürgerlichen Zustände der Einzelnen wurden nach wie vor von dem kirchlichen Bekenntnisse abhängig gemacht. Obgleich in der großen religiösen Bewegung des sechzehnten Jahrhunderts der Keim zu einer später reifenden moralischen Freiheit lag, so konnte derselbe, bei der Art wie auch unter den Protestanten Staat und Kirche in einander aufgingen, sich nicht vollkommen entwickeln. Unter Gewissensfreiheit ward vom Protestantismus lange Zeit hindurch im Grunde nur die Verwerfung der katholischen Glaubenslehren verstanden. Denn auch in den protestantischen Ländern blieb der Einzelne dem herrschenden Kultus und dessen Formen nach wie vor unbedingt unterworfen, und es ward ihm in dieser Beziehung keine Wahl gestattet. In Großbritanien, Holland, Skandinavien, in den protestantischen Theilen Deutschland's und der Schweiz waren die Katholiken eben so, wie in Frankreich, Italien, Spanien u. s. w. die Protestanten von dem Genusse der bürgerlichen Rechte ausgeschlossen. Indessen wurde, vermöge des im Protestantismus wirklich enthaltenen, obgleich lange nur dunkel begriffenen Rechts der freien Prüfung, in dessen Mitte kein so tiefer und zermalmender Druck gegen Andersgläubige als in den rein katholischen Staaten ausgeübt.

Die ursprüngliche Absicht der Revolution ging in Betreff der religiösen Frage darauf hinaus, die Kirche dem Staate durchaus unterzuordnen, dieselbe nur als ein Rad in der großen Maschine des öffentlichen Lebens bestehen zu lassen, ihr aber jede eigenthümliche unabhängige Kraft zu entziehen. Da die Revolution unter einem katholischen Volke ausbrach, dessen Religion von seinem Klerus vertreten war, so sollte dieser vor Allem umgewandelt, und ihm seine besondere Stellung genommen werden. Es wurde deshalb der Geistlichkeit ein unbedingter Eid auf die Verfassung, ohne Berücksichtigung ihres Nexus mit dem Pabstthum, und ihrer auf der Tradition und kanonischen Vorschriften beruhenden Disciplin auferlegt, und der damals in Frankreich geltende Grundsatz der Wahl jeder Obrigkeit durch das Volk, auf die Ernennung zu allen kirchlichen Aemtern übergetragen. Dieser Versuch, die Kirche dem Staate zu unterwerfen, scheiterte, ungeachtet der Anwendung der gewaltsamsten Mittel, an dem Widerstande des Klerus, und der Abneigung des, allmälig zum Glauben seiner Väter zurückkehrenden, Volkes gegen Eingriffe in eine Ordnung der Dinge, welche in seinen Augen einer übersinnlichen Quelle entsprungen war. In einer Nation, welche eine Revolution wie die von 1789 bis 1794 durchgemacht hatte, mußte, wenn sie nicht in einen bodenlosen Abgrund versinken sollte, das Bedürfniß der Religion wieder mit verdoppelter Stärke erwachen. Dieses Gefühl hatte selbst von dem größten aller Stürme nicht ganz entwurzelt und verweht werden können.

Nach einer mehrjährigen Anarchie, während welcher Staat und Kirche, wie Licht und Finsterniß im Chaos der Alten, mit einander gerungen hatten, ward ihre gegenseitige Stellung von Napoleon, welcher bei dieser Gelegenheit eine bewundernswürdige Klarheit und Tiefe der Einsicht in den Geist und die Bedürfnisse der Zeit bewies, mit sorgfältiger Erwägung der verschiedenen Natur aber ähnlichen Bestimmung dieser beiden Stützpunkte der Gesittung, von Neuem und wahrscheinlich für immer festgesetzt. Durch das mit dem römischen Stuhle abgeschlossene Konkordat gelangte die Hierarchie wieder in den Besitz aller von der Erfüllung ihrer wahren Aufgabe unzertrennlichen Rechte, während zugleich die von der Revolution errungene Unabhängigkeit der weltlichen Gesetzgebung von dem kirchlichen Glauben, und die bürgerliche Gleichberechtigung der verschiedenen Konfessionen in ihrer ganzen Stärke aufrecht erhalten wurde. Staat und Kirche sollten fortan dasselbe Ziel, die Veredelung der Menschheit und Erhaltung des innern Friedens, aber auf getrennten Bahnen, verfolgen, weder in einander verschwimmen, noch sich feindlich begegnen. Es war dies der erste im Großen in Europa angestellte Versuch, die geistliche und weltliche Macht, jede auf dem ihr zustehenden Gebiet, von einander frei zu machen, ohne deshalb den zwischen ihnen bestehenden innern Verband zu lösen. Dieser Versuch ist, ungeachtet einzelner Störungen und Rückschritte, im Ganzen von einem vollständigen Erfolge gekrönt worden, und Frankreich hat dadurch ein Beispiel aufgestellt, welchem über kurz oder lang alle gesitteten und aufgeklärten Völker folgen werden.

Preußen war, lange vor der französischen Revolution, ein Land religiöser Duldung und des friedlichen Zusammenlebens verschiedener kirchlicher Bekenntnisse gewesen. Den gegen die Juden ausgeübten Druck abgerechnet, von dem aber damals kein Staat, Holland ausgenommen, —

frei war, fand in Preußen wirkliche Religionsfreiheit ſtatt, waren
zwiſchen den chriſtlichen Konfeſſionen keine beſtimmten Schranken aufge=
ſtellt. Die kirchliche Toleranz war in Preußen, welches nicht weit in die
Vergangenheit zurückreichte, und keine abgeſchloſſene Nationalität dar=
ſtellte, leichter als in manchen anderen Staaten einzuführen geweſen,
welche von ihren religiöſen und politiſchen Antecedentien beherrſcht wur=
den, tiefe Gegenſätze enthielten, und ſich, da ſie mehr eigentliches ge=
ſchichtliches Leben beſaßen, überhaupt weniger als Preußen in der
Sphäre einer, von gewiſſen allgemeinen Vernunftbegriffen geleiteten,
Entwickelung bewegen konnten. Die meiſten der den nachmaligen preu=
ßiſchen Staat bildenden Provinzen waren von dem Wirbel der Religions=
kriege nicht ſo heftig wie viele andere Gegenden Deutſchland's, wie die
Niederlande und ein Theil Frankreich's, ergriffen geweſen. Die Refor=
mation war in das brandenburgiſche Gebiet, ohne erheblichen Widerſtand
zu finden, eingedrungen, und hatte keine hartnäckigen Kämpfe zu ihrer
Erhaltung zu führen gehabt. Da der Proteſtantismus dort nicht be=
droht geweſen, ſo war er auch weniger eiferſüchtig auf ſein Daſein, und
mithin weniger ausſchließend gegen Andersgläubige geworden. Es wa=
ren unter der Bevölkerung, welche ſpäter unter der Benennung: Preußen
— zuſammengefaßt werden ſollte, keine Ereigniſſe, wie die Bartholo=
mäusnacht, die Pulververſchwörung u. ſ. w. vorgefallen, welche, wenn
auch äußerlich verſchwunden, lange in der Erinnerung nachwirkten,
und, in den Geſetzen wie in den Vorſtellungen, ſchwer zu vertilgende
Spuren zurückgelaſſen hatten. Eine gewiſſe Leidenſchaftsloſigkeit, welche
keine tiefen Bewegungen und Widerſprüche aufkommen läßt, mußte der
in einem ſolchen Volke vorherrſchende Charakter werden. Indeſſen war
es immer ein lobenswerther, das brandenburgiſche Regentenhaus aus=
zeichnender Zug, daß dieſes, als ſpäter katholiſche Bevölkerungen von
ihm abhängig wurden, denſelben keinen Zwang auferlegte, überhaupt
nicht ſeine Macht, wie dies anderswo ſo oft geſchehen, zur Unterdrückung
eines von ihm abweichenden kirchlichen Bekenntniſſes abwandte. Ob=
gleich Friedrich der Große dem Chriſtenthum, katholiſchem wie prote=
ſtantiſchem, abgeneigt war, ſo that er doch nichts um deſſen Wirkſamkeit
zu ſtören und zu hemmen, und es ward von ihm, mit einer bei dem Beſitz
einer unumſchränkten Gewalt ſeltenen Weisheit und Mäßigung, in die=
ſer Beziehung ſeine perſönliche Ueberzeugung von ſeinem Walten als
Fürſt getrennt.

Die Gleichberechtigung der chriſtlichen Konfeſſionen ſtand jedoch in
Preußen nur als eine Gewohnheit, ein Herkommen, eine geſchichtliche

Thatsache da, stützte sich nicht, wie in Frankreich, auf eine bestimmte gesetzliche Gewährleistung, war nicht, wie dort, in einer für Regierung und Volk gleich verbindlichen Verfassung ausgesprochen. Da das Re= gentenhaus in Preußen protestantisch war, und dem Souverain allein das Recht der Gesetzgebung zustand, so lag auf der einen Seite die Ver= suchung und auf der anderen der Verdacht nahe, daß derselbe sich, nicht in den Glauben seiner katholischen Unterthanen, was nie geschehen ist, wohl aber in diejenigen Zustände derselben einmischen könne, welche von der katholischen Kirche, im Gegensatz zum Protestantismus, als zu ihrem Wesen gehörig betrachtet werden, und über welche sie dem Staate keine Entscheidung einräumt. Es war dies besonders bei der Behandlung solcher Institutionen zu fürchten, welche, wie die Ehe, eine weltliche und geistliche Seite enthalten, welche letztere aber von dem Lehrbegriff der katholischen Kirche so hervorgehoben wird, daß sie über die Be= dingungen bei Eingehung dieses Verhältnisses allein bestimmen zu kön= nen behauptet.

Nirgends wäre die gegenseitige Unabhängigkeit der geistlichen und weltlichen Macht, auf dem jeder von ihnen ursprünglich zugehörigen Gebiet, natürlicher und nothwendiger als in Preußen gewesen, da es der konfessionell gemischteste unter den großen Staaten Europa's ist. Zu dem rein protestantischen Kern waren allmälig so viele katholische Bestandtheile hinzugekommen, daß der Zustand des Ganzen von dieser Veränderung nicht unberührt bleiben konnte. Da aber in diesem Lande nicht blos das materielle, sondern auch das moralische Uebergewicht immer auf der Seite des Protestantismus lag, so wäre von einer voll= kommenen Freigebung des katholisch=kirchlichen Elements für die eigen= thümliche Entwickelung Preußen's nichts zu fürchten gewesen. Es würde dadurch vielmehr Ausbrüchen des Mißtrauens und der Uneinigkeit, so wie auf dem Boden des Rechts schwer zu entscheidenden Streitigkeiten vorgebeugt, und die weltliche Einheit des Staates gefördert worden sein. Aber so wie das preußische Königthum zwar mit Gerechtigkeit und Mäßigung regieren, aber seine Allgewalt nicht verfassungsmäßig beschränken lassen wollte, eben so ward von demselben keine durchgrei= fende Scheidegrenze zwischen der kirchlichen und weltlichen Gesetzgebung anerkannt.

Im Jahre 1803 hatte König Friedrich Wilhelm III. für den da= maligen preußischen Staat, dessen katholische Bevölkerung durch die Theilung Polen's sehr vermehrt worden, die Verordnung erlassen, daß bei gemischten Ehen die konfessionelle Erziehung der Kinder von dem

Willen des Vaters abhängen sollte. Diese Bestimmung war so natürlich und unparteiisch erschienen, indem sie die beiden Religionsparteien auf dieselbe Linie stellte, daß sie lange Zeit hindurch weder Bedenken noch Widerspruch erregt hatte. Der von der französischen Revolution erregte und unter Napoleon fortdauernde Kriegssturm lenkte die Aufmerksamkeit von religiösen Fragen ab. Der Katholicismus hatte in Deutschland durch den Untergang der geistlichen Fürstenthümer viel verloren, aber ohne daß der Protestantismus dadurch begünstigt worden wäre. Die kirchliche Seite des Lebens war überhaupt zurückgedrängt worden. Aber Napoleon's Sturz sollte in der inneren Stimmung der Menschen, wie in der äußeren Lage der Welt, eine große Veränderung herbeiführen, und der Kampf der Parteien und Meinungen an die Stelle des verklungenen Waffengetümmels treten.

Das Pabstthum war, durch die Gefangenschaft Pius VII. und den Verlust seiner weltlichen Herrschaft eine Zeit lang wie an allen Gliedern gelähmt gewesen. Aber durch die Auflösung des französischen Kaiser=reiches und die Wiederherstellung des Kirchenstaates wurden wenigstens seine äußeren Wunden schnell geheilt. Es hatte nicht nur nicht mehr für sein Dasein zu fürchten, sondern konnte sogar wieder an die Vermehrung seiner Macht denken. Die Besiegung Napoleon's, des gekrönten Repräsentanten der Revolution, kam den Päbsten noch mehr als den Königen zu statten. Letztere hatten allerdings nichts mehr von einem außerhalb ihres Kreises emporgestiegenen Eroberer zu besorgen, geriethen aber sehr bald fast überall in Streit mit ihren eigenen Völkern, während die Hier=archie eine Reihe von Jahren hindurch ihren Einfluß ungestört ausbrei=ten konnte. Man hatte die großen Erschütterungen der Zeit vornehmlich der Abnahme des religiösen Gefühls Schuld gegeben. Die katholischen Mächte sahen im Pabstthum, als der ältesten und allgemeinsten Au=torität in Europa, den eigentlichen Hort des Konservatismus, und die protestantischen Fürsten stimmten, wenn auch durch die Konfession von Rom getrennt, mit dessen politischen Maximen überein. Preußen hatte sich, bei den Unterhandlungen über die Feststellung der kirchlichen Ver=hältnisse in seinen westlichen Provinzen, den Wünschen des römischen Hofes geneigter gezeigt, als bei ähnlichen Gelegenheiten von katholischen Staaten, wie Oesterreich und Frankreich, geschehen war. Indessen konn=ten, ungeachtet dieses momentan guten Einverständnisses, die Folgen der mancherlei Gegensätze, welche zwischen dem protestantischen Altpreußen und dem neuerdings hinzugekommenen katholischen Rheinlande bestan=den, nicht ausbleiben. Es hätte zu deren Vermeidung der Trennung der

Kirche vom Staate ober wenigstens einer freisinnigen Verfassung be=
durft, was aber Beides von den damals in Preußen herrschenden Vor=
stellungen verworfen wurde.

Durch die preußische Herrschaft am Niederrhein waren mehr pro=
testantische Altpreußen als früher geschehen, besonders Beamte und
Officiere, in jene Gegenden gekommen. Diese meist jung und unverhei=
rathet, gingen in ihrer neuen Heimath Ehebündnisse, und, sich in aus=
gezeichneter Stellung befindend ober zu deren einstiger Erlangung be=
rechtigt, meist mit Mädchen aus den reicheren und höheren Klassen ein.
Gewöhnlich wurden unter den aus diesen Ehen hervorgegangenen Kin=
dern die Knaben in der Religion des Vaters erzogen. Von der katholi=
schen Geistlichkeit warb hierin eine Gefahr für die ihrer Leitung anver=
traute Bevölkerung gesehen, und der Abschließung der gemischten Ehen
so viel als möglich entgegengewirkt. Die liberale Partei in der Rhein=
provinz, welche, obwohl aus anderen Gründen, dem altpreußischen Wesen
ebenfalls abhold war, schloß sich in dieser Beziehung dem Klerus an.
Schon im Jahre 1817 hatte Pabst Pius VII. in einem an den damali=
gen Generalvikar von Ehrenbreitstein erlassenen Breve die gemischten
Ehen im Allgemeinen verworfen, und sie nur in solchen Fällen für zu=
lässig erklärt, wo hinlängliche Sicherheit für die katholische Erziehung
sämmtlicher Kinder gegeben wurde. Pabst Leo XII. hatte diese Er=
klärung seines Vorgängers erneuert.

Durch den über dieses Verhältniß zwischen dem katholischen und
protestantischen Element angefachten Streit war in das Innere des Fa=
milienlebens häufig eine Uneinigkeit gebracht worden, welche auch in die
öffentlichen Zustände überzugehen drohte. König Friedrich Wilhelm III.
glaubte diesen Störungen dadurch ein Ende zu machen, daß er durch
eine Kabinetsorbre vom 17. August 1825 die schon seit dem Anfange
des Jahrhunderts in den östlichen Provinzen der Monarchie bestehende
Verordnung, wonach bei gemischten Ehen die konfessionelle Erziehung
der Kinder vom dem Vater abhängig gemacht wurde, auch in den west=
lichen Landestheilen einführte. Es geschah dies nicht in der Absicht, den
Katholicismus zu beschränken oder gar zu unterdrücken, da dem katho=
lischen wie dem protestantischen Vater dieselbe Befugniß eingeräumt,
mithin eine vollkommene Gleichstellung ausgesprochen war. Die Er=
scheinung, daß altpreußische Beamte und Offiziere, welche in das Rhein=
land gekommen waren, Katholikinnen heiratheten, und ihre Kinder im
Protestantismus erziehen ließen, konnte die ursprüngliche katholische Be=
völkerung nicht vermindern, da die gemischten Ehen nur ausnahmsweise

und in gewissen Kreisen der Gesellschaft vorkamen. Auf diesem Wege hätte der Protestantismus sich nicht ausbreiten, und dem Katholicismus keine Besorgnisse einflößen können.

Aber die ausschließende Natur der katholischen Kirche, welche sich im alleinigen Besitz der Wahrheit glaubt, und die Stellung, welche der Pabst, der Niemandes Unterthan ist, an ihrer Spitze einnimmt, mußten diesen Schritt der preußischen Regierung bedenklich erscheinen lassen. Nach der oben erwähnten Kabinetsordre sollte der Geistliche auch ohne das Versprechen der katholischen Kindererziehung einer gemischten Ehe die Einsegnung gewähren. Dadurch wurde der Priester zur Bestätigung eines Bundes gezwungen, bei welchem ein Theil die ihm von seiner Kirche auferlegte Pflicht verletzte, und sich thatsächlich von ihr lossagte. Der Umstand, daß ein solches Gesetz von einem protestantischen Fürsten ausging, der eine unumschränkte Macht ausübte, bei dem man deßhalb zwischen seiner Stellung und seiner Person nicht unterscheiden konnte, flößte der katholischen Geistlichkeit Verdacht ein, daß es damit auf ihre religiöse Unabhängigkeit abgesehen sei. Ein solcher Plan lag der preußischen Re= gierung ganz fern. Sie hatte nur den inneren Frieden erhalten wollen, durch das dazu gewählte Mittel aber die zwischen dem Staate und dem Katholicismus bestehende Grenze verkannt.

Die bei der Ausführung der Kabinetsordre vom 17. August 1825 sich erhebenden Schwierigkeiten traten, so lange der damalige Erzbischof von Köln, Graf Spiegel zum Desenstein, lebte, wenig hervor. Die Un= zufriedenheit griff im Stillen um sich, brach aber nirgends in offenen Widerstand aus. Der Erzbischof, welcher, wie sein Zeitgenosse v. Wessen= berg, ehemaliger Bisthumsverweser von Konstanz, einer freieren Ansicht über die katholischen Kirchenverhältnisse huldigte, suchte jeder Uneinigkeit zwischen der weltlichen und kirchlichen Macht vorzubeugen. Die preußische Regierung erlaubte, obgleich im Ganzen auf der Vollziehung ihrer Ver= ordnung bestehend, den Bischöfen in einzelnen Fällen bei dem päbstlichen Stuhle Belehrung einzuholen. Rom gab in der Praxis nach, ohne sich über das Princip selbst entschieden auszusprechen. Pius VIII. erließ ein Breve über diese Angelegenheit, welches in Berlin als ein Zugeständniß ange= sehen wurde, in welchem aber die Ausdrücke so vorsichtig gewählt waren, daß sie eine doppelte Auslegung zuließen. In Folge der scheinbaren Nachgiebigkeit der Kurie kam zwischen der preußischen Regierung und den rheinisch=westphälischen Bischöfen eine Uebereinkunft (19. Junius 1834) zu Stande, in welcher diese versprachen, in Bezug auf die ge= mischten Ehen den Gesetzen des Staates gemäß zu handeln.

Mit dem 1835 erfolgten Tode des Grafen Spiegel zum Desen=
stein, welcher, obgleich von den Ultramontanen der Lauigkeit angeklagt,
der Kurie nie Veranlassung zu Klagen über ihn gegeben hatte, trat in
den kirchlichen Angelegenheiten ein Wendepunkt ein. Noch vor der Er=
wählung eines neuen Oberhirten erschien ein päbstliches Breve, durch
welches die Schriften des 1831 verstorbenen Professors Hermes, der
früher in Münster und später in Bonn Vorlesungen über katholische
Theologie gehalten hatte, verboten wurden. Derselbe hatte keine der
katholischen Glaubenslehre entgegengesetzten Meinungen aufgestellt, son=
dern nur danach gestrebt, die Offenbarung und Vernunft mit einander
in Uebereinstimmung zn bringen. Das Ergebniß seiner Forschungen
stimmte mit den Vorschriften der Kirche überein, aber seine Methode
war eine andere, und konnte möglicher Weise auch zu einem verschiede=
nen Ziele führen. Man hatte ihn viele Jahre lang ungehindert sprechen
und schreiben lassen. Jetzt wurden seine Lehren verworfen, seine Bücher
verboten, und man fing die Bekannteren unter seinen vielen Schülern
des Irrglaubens zu beschuldigen an. Das Feuer wurde besonders von
München aus geschürt, wo sich seit der Stiftung der Universität eine
ultramontane Propaganda gebildet hatte, wie deren in Wien schon seit
dem Wiener Kongreß eine absolutistische bestand.

Es gab damals am Rhein und im katholischen Westphalen nicht
viele Geistliche, welche sich zur Bekleidung der hohen Kirchenämter ge=
eignet hätten. Als die preußische Regierung sich nach einem Kandida=
ten für den Kölner Erzstuhl umsah, ward ihr der Weihbischof von
Münster, Baron Droste von Bischering aus dem Grunde empfohlen,
weil er dem Geiste der Zeit entgegen sei, und in allen Dingen am Alten
hänge. Es war dies auch in der That der Fall, obgleich in einem an=
deren Sinne, als man in Berlin geahnt hatte. Droste von Bischering
war ein Mann von ehrwürdigem Charakter aber geringer Befähigung,
starr und beschränkt; allerdings ein entschiedener Gegner aller freisinni=
gen Neuerungen, aber auch eben kein besonderer Anhänger einer Ord=
nung der Dinge, nach welcher die noch vor einem Menschenalter unab=
hängigen Kirchenfürsten von Köln, Trier und Münster sich unter der
Herrschaft eines protestantischen Monarchen befanden.

Droste von Bischering ward zum Erzbischofe von Köln erhoben,
und hatte die am 19. Junius 1834 zwischen der preußischen Regierung
und den rheinischen und westphälischen Prälaten über die gemischten
Ehen abgeschlossene Uebereinkunft angenommen. Er begann sein Kir=
chenregiment damit, das päbstliche Breve in Betreff der Hermesianischen

Lehren zur ſtrengſten Ausführung zu bringen, und die dieſer Grundſätze
verdächtigen Profeſſoren und Geiſtlichen zur Rechenſchaft zu ziehen.
Er ließ eine Erklärung, achtzehn Artikel enthaltend, aufſetzen, zum
Theil gegen Hermes Syſtem gerichtet, zum Theil eine durchgreifende
Anerkennung der geiſtlichen Gewalt bezweckend, die von Allen, welche
ſich um die Prieſterweihe oder ein geiſtliches Amt bewarben, angenom=
men und unterzeichnet werden mußte. Es ward darin das Verſprechen
abgelegt, in kirchlichen Verhältniſſen von der Entſcheidung des Erzbi=
ſchofes nur an den Pabſt zu appelliren, während bisher unter gewiſſen
Umſtänden eine Berufung an die oberſten Staatsbehörden ſtatt gefun=
den hatte.

Ungeachtet dieſes gebieteriſchen Auftretens des Erzbiſchofes, wel=
ches von der milden Weiſe ſeines Vorgängers unvortheilhaft abſtach,
hütete ſich derſelbe eine Zeit lang dem in Beziehung auf die gemiſch=
ten Ehen eingegangenen Verſprechen entgegen zu handeln. Aber der
römiſche Hof hielt den Augenblick für geeignet, dieſe Frage im Sinne
der ſtrengen Kirchenlehre zur Entſcheidung zu bringen. Er beklagte
ſich bitter über die preußiſche Regierung, welche, ohne Genehmigung
der oberſten Autorität in der katholiſchen Kirche, die rheiniſchen und
weſtphäliſchen Biſchöfe zu der Uebereinkunft vom 19. Junius 1834 ver=
leitet habe, und verbot ausdrücklich die Einſegnung jeder gemiſchten
Ehe, wenn nicht vorher das Verſprechen der katholiſchen Kindererziehung
abgelegt worden wäre. Droſte von Biſchering glaubte, wie er denn in
der That auch nicht anders konnte, ſich dem beſtimmt ausgeſprochenen
Willen des Pabſtes unterwerfen zu müſſen. Es wäre ihm allerdings
noch der Ausweg übrig geblieben, ſeine Stelle als Erzbiſchof niederzu=
legen, und dadurch dem Widerſpruche zu entgehen, in welchen er durch
ſein früheres Verſprechen und deſſen ſpätere Zurücknahme, zwiſchen den
Forderungen der Regierung und Entſcheidung der Kurie, gerathen war.
Er fürchtete aber dadurch einen Beweis perſönlicher Schwäche abzu=
legen, und die gegen ſeine Diöceſe eingegangene Verpflichtung zu ver=
letzen. Nach langen fruchtloſen Unterhandlungen wurde der Erzbiſchof
auf königlichen Befehl am 20. November 1837 verhaftet, und als
Staatsgefangener nach der Feſtung Minden abgeführt.

Dieſes Ereigniß brachte in ganz Europa ein großes der preußi=
ſchen Regierung nachtheiliges Aufſehen hervor. Ihre Gegner in und
außer Deutſchland klagten ſie der Willkühr und Gewaltſamkeit an. Da
in zweifelhaften Fällen dem römiſchen Stuhle allein die Auslegung der
Kirchenlehren zuſteht, ſo konnte keine von einzelnen Biſchöfen gegen die

weltliche Macht eingegangene Verpflichtung, ohne die päbstliche Bestäti=
gung, Gültigkeit haben. Die Ehe ist nach katholischen Religionsgrundsätzen
ein Sakrament, und es hängt von der Kirche ab, die Bedingungen bei
Spendung ihrer Heilsmittel festzustellen. Die preußische Regierung ge=
rieth in diesem Falle mit sich selbst in Widerspruch, indem sie sonst von
jeher die konfessionelle Freiheit begünstigt hatte, jetzt aber einen Eingriff
in zum Wesen der katholischen Kirche gehörige Verhältnisse that.

Von Pabst Gregor XVI. ward gegen die dem Erzbischofe von Köln
widerfahrene Behandlung eine feierliche Verwahrung eingelegt, und an
alle katholischen Höfe versandt. Die preußische Regierung hatte fast alle
Parteien gegen sich. Von den Ultramontanen ward sie als protestantisch,
von den Liberalen als absolutistisch, angegriffen. Selbst die Gemäßigten
und Unparteiischen konnten sich nicht verhehlen, daß sie bei dieser Ange=
legenheit nicht in ihrem Recht sei. Wäre in Preußen die kirchliche und
weltliche Gesetzgebung von einander unabhängig gewesen, so hätte eine
solche Kollision, wie über die gemischten Ehen, gar nicht vorkommen kön=
nen. Der katholische Theil hätte entweder das ihm von seiner Kirche,
welcher er, so lange er zu ihr gehört, zum Gehorsam verpflichtet ist, ab=
geforderte Versprechen geleistet, oder sich von ihr ganz losgesagt. Die
katholischen Bischöfe wären in rein weltlichen Dingen dem Staate wie
alle anderen Unterthanen unterworfen, in der kirchlichen Sphäre aber nur
ihrem geistlichen Oberhaupte verpflichtet gewesen. Preußen würde nicht
nur als Staat überhaupt, sondern auch als vorzugsweise protestantischer
Staat, durch eine solche Stellung zur katholischen Kirche nichts verloren,
sondern vielmehr in Bezug auf seine politische Einheit und Unabhängigkeit
gewonnen haben.

Dieser Kampf zwischen der geistlichen und weltlichen Macht, der um
so mehr auffallen mußte, da eine solche Erscheinung in Preußen durchaus
neu war, blieb aber nicht auf das Rheinland und das katholische West=
phalen beschränkt, sondern brach auch am entgegengesetzten Ende der
Monarchie, im Großherzogthum Posen, aus. Martin von Dunin, Erz=
bischof von Posen und Gnesen, glaubte, nachdem ihm die Erklärung der
Kurie in Betreff der gemischten Ehen zugekommen, der von der preußi=
schen Regierung darüber gegebenen Verordnung nicht länger nachkommen
zu können. In einem an die Geistlichkeit seiner Diöcese gerichteten Hir=
tenbriefe (Januar 1838) befahl er ihr, sich bei Abschließung der gemisch=
ten Ehen einzig nach den päbstlichen Vorschriften zu richten. Im Groß=
herzogthum Posen trat zu den konfessionellen Gegensätzen noch die natio=
nale Antipathie zwischen Deutschen und Polen hinzu. Die preußische

Regierung beschloß den Erzbischof wie einen ihr ganz angehörigen Beam=
ten zu behandeln, obgleich ein katholischer Prälat, genau genommen, sich
nicht in dieser Lage befindet, auch wenn er vom Staate besoldet wird, und
reichte beim Kammergericht in Berlin eine Klage wegen Ueberschreitung
amtlicher Befugnisse gegen ihn ein. Derselbe wurde zur Enthebung von
seiner Stelle und einer sechsmonatlichen Haft verurtheilt. Martin von
Dunin war damals gerade in Berlin anwesend. Die Freiheitsstrafe ward
ihm sogleich erlassen, und die Vollziehung des Erkenntnisses, die Entsetzung
von seiner Würde betreffend, aufgeschoben. Die preußische Regierung
hoffte noch Mittel zu finden, um die Bestimmungen der Kurie mit den
bestehenden Gesetzen in Einklang zu bringen. Es war aber dem Erz=
bischof aufgegeben worden, vorläufig ohne königliche Erlaubniß die Haupt=
stadt nicht zu verlassen. Martin von Dunin entfernte sich, wie es scheint
einzig in der Absicht, um Aufsehen zu erregen, heimlich von Berlin, und
erschien plötzlich in Posen, wo er am 6. Oktober (1839) verhaftet und
nach der Festung Kolberg abgeführt wurde. Obgleich sich der Erzbischof
von Posen und Gnesen vollkommen in demselben Falle wie der von Köln
befand, so hatte sein Schicksal doch nicht dieselbe Theilnahme erregt, wahr=
scheinlich weil seine Person weniger bekannt war, und sein Wirkungskreis
ferner lag. Es wird immer für eine auffallende Erscheinung gelten, daß
in einem Lande, wie Preußen, wo bis zur französischen Revolution hin,
nächst Holland, die meiste Religionsfreiheit bestanden hatte, später die bei=
den ersten katholischen Prälaten, blos weil sie sich in kirchlichen Dingen
nicht der weltlichen Macht unterordnen wollten, als Staatsgefangene be=
handelt wurden. Es kam dies von der, damals in Preußen herrschenden,
irrigen Vorstellung über die Allgewalt des Staates her, der zwar in ge=
wissen Fällen Zugeständnisse mache, aber, sich gegenüber, keine eigentlichen
Rechte anerkenne, und sich in allen wesentlichen Dingen die letzte Ent=
scheidung immer selbst vorbehalte. Dieser Grundsatz kann, besonders
wenn seine Anwendung in der Hand eines Einzigen liegt, zur größten
Ungerechtigkeit und Willkühr führen.

Die preußische Regierung vermochte es nicht, ihre Absichten in Be=
treff der gemischten Ehen auch nur für den Augenblick vollkommen durch=
zusetzen. Ungeachtet der Verhaftung des Erzbischofs Dunin versagte die
Geistlichkeit im Großherzogthum Posen die Einsegnung, wenn nicht die
von ihr gestellte Bedingung erfüllt war. Am Rhein und in Westphalen
schlug der Kultusminister einen Mittelweg ein, indem er der Geistlichkeit
eröffnete, daß das Gesetz nur die Abforderung eines ausdrücklichen Ver=
sprechens, aber nicht „bescheidene Erkundigungen“, wie es hieß, verbiete,

nach denen es jedoch dem Priester überlassen wurde, im einzelnen Falle
sein weiteres Verhalten einzurichten. In Bezug auf die Praxis konnte
diese Ermäßigung der Kabinetsordre vom 17. August 1825 für eine Zurücknahme derselben gelten.

König Friedrich Wilhelm III. sollte nicht mehr die Erledigung dieses
zwischen seiner Regierung und der Hierarchie entstandenen Streites erleben, welcher erst unter seinem Sohne und Nachfolger befriedigend beigelegt wurde. Er starb am 7. Junius 1840 nach einer zweiundvierzig-
jährigen von Glück und Unglück, Licht und Schatten, wie die Zeit selbst,
in welcher er waltete, wunderbar gemischten Regierung, deren Ergebniß,
ungeachtet aller einzelnen Fehler und Mißgriffe, im Ganzen und Großen
betrachtet, für Preußen und Europa heilsam und fördernd gewesen ist.
Sein Tod hat eine größere Bedeutung als der seines Zeitgenossen und
Verbündeten, des Kaisers Franz I. von Oesterreich, gehabt. Mit Friedrich
Wilhelm III. sank für Preußen und in mancher Beziehung für Deutschland eine bestimmte Epoche in das Grab, und brach eine neue Zeit an.
Derselbe besaß einige der wichtigsten und schätzbarsten Regenteneigenschaf-
ten wie: eine besonders bei einem unumschränkten Fürsten seltene Selbst-
beherrschung, sorgfältige und kalte Erwägung der Umstände, Festigkeit
in dem was ihm wesentlich erschien, und Nachgiebigkeit in untergeordneten Dingen. Es fehlte ihm dagegen an dem erfinderischen Triebe zu
gestalten und zu schaffen, der aber in allen Lebensstellungen selten und
eine Gabe der Natur ist, und dessen Ermangelung deshalb Niemandem
zum Vorwurf gemacht werden kann. Was diesen König in den Augen
der Nachwelt immer auszeichnen wird, ist der persönlich ruhmvolle Antheil, welchen er an der Befreiung Teutschland's im Jahre 1813 nahm,
die, ohne seinen Vorgang und seinen Einfluß, entweder gar nicht oder
wenigstens nicht so vollständig erreicht worden wäre.

29. Frankreich seit dem Tode Casimir Perier's. — Republikanischer Aufstand bei Gelegenheit der Leichenfeier des Generals Lamarque. — Legitimistische Bewegung in der Vendée. — Verhaftung der Herzogin von Berry. — Maßregeln gegen die Tagespresse und die Vereine. — Aufstand in Lyon. — De la Fayette's Tod. — Unterrichtsgesetz. — Höllenmaschine. — Septembergesetze. — Häufiger Ministerwechsel. — Soult, Broglie, Guizot, Thiers, vorzugsweise zu der Staatsverwaltung herangezogen, aber der Gang der Regierung von Ludwig Philipp I. selbst bestimmt. — Doktrinaire. — Tiersparti. — Opposition. — Verfehlte Versuche des Prinzen Ludwig Napoleon, in Straßburg und Boulogne, die Juliusmonarchie zu stürzen. — Wiederholte Mordanfälle auf den König. — Krieg in Algerien. — Verhältniß Ludwig Philipp I. zum Auslande.

Das am 16. Mai (1832) erfolgte Abscheiden Casimir Perier's war unter den damaligen Umständen von einer großen Bedeutung gewesen. Dieser Minister hatte während seiner dreizehnmonatlichen Verwaltung eine feste Majorität in der Deputirtenkammer geschaffen, jeden Widerstand überwältigt, und die auf vielen Punkten Frankreich's bedrohte Ruhe wiederhergestellt. Seine unausgesetzte, und, durch ihre Beschränkung auf das Wesentliche, besonders wirksame Thätigkeit, seine Kenntniß der inneren Zustände, eine scharfe, leidenschaftliche Gabe des Ausdruckes, welche die Gegner einschüchterte und die Unentschiedenen für sich gewann, hatte ihn unter der Juliusmonarchie eben so zum Haupt der konservativen Partei gemacht, wie er unter der Restauration das hervorragendste Mitglied der Opposition gewesen war. Seine gebieterische Persönlichkeit war dem Könige nicht angenehm gewesen, der ihn nur nothgedrungen walten ließ, und seinen Tod wie eine Befreiung von einem ihm auferlegten Joche ansah. Aber Ludwig Philipp I. sollte keinen so kräftigen und entschiedenen Minister mehr finden. Einige von Casimir Perier's Nachfolgern konnten zu der Leitung der öffentlichen Angelegenheiten eben so viel oder noch mehr Geschäftskenntniß und Beredtsamkeit mitbringen, mit mehr politischer und litterarischer Bildung ausgestattet sein, keiner derselben ist ihm an praktischem Scharfblick bei Ergreifung und Durchführung der für den Augenblick geeigneten Maßregeln, besonders aber nicht an dem zwingenden Eindrucke gleich gekommen, den Perier auf seine Widersacher auszuüben verstand, und wobei er durch eine seltene Vereinigung von Unerschrockenheit des Charakters und Fruchtbarkeit des Talents unterstützt wurde. Ob er im Stande gewesen wäre, den Strom der Revolution auf die Dauer einzudämmen,

mag zweifelhaft erscheinen, er hat ihn wenigstens eine Zeit lang auf=
zuhalten gewußt. Ungeachtet der vorangegangenen großen Erschütte=
rungen, war die äußere Ordnung von ihm auf eine so feste Grundlage
gestellt worden, daß mit Hülfe derselben die Juliusmonarchie den ſich
gegen ſie erhebenden Stürmen viele Jahre lang zu trotzen vermocht hat.
Ohne Caſtmir Perier würde ſie viel früher zuſammengeſtürzt ſein. Dem
von ihm gegründeten Syſtem iſt es zuzuſchreiben, daß die auf ihn fol=
genden theils ſchwachen, theils in ſich uneinigen Miniſterien ſo lange
ein von Hauſe aus ſchwankendes Gebäude haben ſtützen können.

Obgleich der Gráf von Montalivet, welcher das Miniſterium des
Innern übernommen, und das des öffentlichen Unterrichts an den bis=
herigen Präſidenten der Deputirtenkammer, Girod de l'Ain, abgegeben
hatte, ſo viel als möglich in Perier's Fußstapfen trat, ſo hofften die
der Regierung feindlichen Parteien aus der eingetretenen Veränderung
Vortheil für Erreichung ihrer Zwecke ziehen zu können. In der Depu=
tirtenkammer traten hundertundvierzig Mitglieder der Oppoſition zu
einer öffentlichen Erklärung zuſammen, worin ſie die Juliusmonarchie
des Abfalles von den Ideen von 1789 und 1830, und der Fort=
ſetzung der von der Reſtauration eingeſchlagenen Bahn beſchuldigten.
Zu den Unterzeichnern dieſes „Rechenſchaftsberichtes (compte rendu)",
welcher unter dem Vorwande, das Volk über die Thätigkeit ſeiner Ver=
treter aufzuklären, das Miniſterium und mittelbar den König ſelbſt
hart angriff, gehörten der Marſchall Clauzel, die Generale Lamarque
und Bertrand, welcher letzterer bei Napoleon in St. Helena geweſen,
Dupont de l'Eure, Odilon Barrot, Franz Arago, der für den erſten
wiſſenſchaftlichen Namen Frankreich's galt, und vor Allen de la Fayette
und Lafitte, welche ſchon damals mit Ludwig Philipp I. vollkommen
gebrochen hatten. Dieſer Schritt der Oppoſition war geeignet die Erhal=
tungspartei, die Majorität in der Deputirtenkammer und in den Wahl=
körpern, mit der Juliusmonarchie noch enger als vorher zu verbinden,
brachte aber auf die geheimen Geſellſchaften und die entſchiedenen Gegner
der Regierung eine entgegengeſetzte Wirkung hervor.

Wenige Tage nach der Bekanntmachung des Rechenſchaftsberichtes
wurde der General Lamarque von der Cholera fortgerafft. Er war in
ſeiner Jugend ein Anhänger der Gironde geweſen, und hatte unter dem
Kaiſerreich zu den wenigen höheren Officieren gehört, welche ſich zuwei=
len der Republik erinnerten. Obgleich dies von Napoleon mit Mißfallen
bemerkt wurde, ſo hatte derſelbe Lamarque's militairiſches Talent nie
verkannt, und ihn noch in St. Helena, nebſt Clauzel und Gerard, für den

besten der damals lebenden französischen Generale erklärt. Unter der
Restauration hatte Lamarque in der Zurückgezogenheit gelebt, war aber
beim Anblick der dreifarbigen Fahne wieder in Dienst getreten, und nach
der Juliusrevolution, wie schon einmal während der hundert Tage, mit
der Ueberwachung der Vendée beauftragt worden. Er war außerdem
im Gebrauche der Feder fast eben so sehr wie in dem des Degens geübt,
und der feurigste, schwungvollste Redner seiner Partei, der besonders
durch die Erinnerung an den französischen Kriegsruhm auf das Nationalgefühl zu wirken verstand.

In Lamarque's politischen Meinungen lag übrigens, wie überhaupt in denen der äußersten Linken, etwas Unklares und Widerspruch-
volles, das einem unparteiischen Blick nicht entgehen konnte. Die Leiter
der Opposition fühlten selbst, daß Frankreich sich nicht zu einer Republik eigne, und doch arbeiteten sie am Sturze der Juliusmonarchie,
welche ihrem Ideale von einer Staatsform so nahe als möglich kam.
Sie rüttelten durch ihre demokratischen Theorien an dem konstitutionellen Königthum, ohne im Ernst die Absicht zu hegen, dasselbe durch die
Republik ersetzen zu wollen. Es war in dem Wesen dieser Partei eine
Halbheit und Unentschiedenheit vorhanden, die sie nicht zum Handeln
kommen ließ. Als bald nach den Ereignissen in Brüssel (August 1830)
von den dortigen Republikanern Lamarque der Oberbefehl über die belgischen Streitkräfte angeboten wurde, lehnte er ihn ab, und ließ sich die
Gelegenheit zur Bethätigung seiner Grundsätze entgehen.

Der Rechenschaftsbericht der Opposition und Lamarque's Tod hatten unter den Republikanern eine große Aufregung verursacht. Sie
beschlossen sein Leichenbegängniß zu einer Schaustellung ihrer Partei
und Musterung ihrer Kräfte zu benutzen. Aber nur ein kleiner Theil
von ihnen war zu einer offenen Schilderhebung geneigt. Die meisten
geheimen Gesellschaften, selbst die mächtigste darunter, die der Volks-
freunde, hielten den Augenblick zu einem Angriff auf die Regierung nicht
für geeignet, und wollten erst die republikanischen Meinungen unter den
Massen mehr verbreitet sehen.

Am 5. Junius (1832) fand sich eine ungeheure Volksmenge bei
der vom schönsten Wetter begünstigten Leichenfeier des Generals Lamarque ein. Besonders zahlreich war der Stand der Fabrikarbeiter, unter
ihnen viele ehemalige Soldaten, vertreten, aber es fehlte auch nicht an
jungen Leuten aus den höheren Klassen, Studirenden des Rechts, der
Medicin, Zöglingen der polytechnischen Schule u. s. w. Das Tragen
einer rothen Fahne brachte zunächst eine Kollision mit der Polizei, welche

dieselbe fortnehmen wollte, und bald nachher der Ruf: „Es lebe die Republik!" einen Kampf mit dem Militair hervor. Es wurden, wie bei der Juliusrevolution, Barrikaden errichtet, Wachtposten aufgehoben und Waffenvorräthe fortgenommen. Die Kunde von Dem, was auf dem Boulevard vorging, verbreitete sich im Innern der Stadt. Der Pulver= rauch stieg der heißblütigen Bevölkerung in den Kopf, die in Schaaren dem Kampfplatze zuströmte. Ungeachtet ein Theil der Nationalgarde gegen die Aufständischen einschritt, hatten diese sich im Besitze einiger festen Stellungen behauptet. Von dem Linienmilitair war bei den An= griffen auf das Volk wenig Eifer bewiesen worden. Am 6. Junius kam der König von seinem Lustschlosse St. Cloud nach den Tuileries, und der Marschall Soult hatte während der Nacht durch Eilboten die Be= satzungen der Umgegend nach der Hauptstadt entboten. Es ward eine große Macht (60,000 Mann Linientruppen und Nationalgarden) mit einer zahlreichen Artillerie zur Unterdrückung der Bewegung verwandt, deren letzte Vertheidiger, in den Gebäuden des ehemaligen Klosters St. Merry, nach einem verzweifelten Widerstande, erlagen. Der Kampf war einen Augenblick lang unentschieden gewesen, würde wahrscheinlich länger gedauert haben, und allgemeiner geworden sein, wenn ein be= rühmter Name sich an die Spitze der Republikaner gestellt hätte. Aber die Führer dieser Partei hielten sich von einem Unternehmen fern, dessen Planlosigkeit einen für sie günstigen Ausgang unmöglich machte.

Ludwig Philipp I. war geneigt, den über seine Gegner davon ge= tragenen Sieg mit Mäßigung zu benutzen. Aber von dem Handels= stande der Hauptstadt, welcher, bei einer Wiederholung ähnlicher Auf= tritte für seinen Geschäftsbetrieb fürchtete, und von der Nationalgarde, welche während des Kampfes viele Verluste erlitten hatte, wurden Maß= regeln der Strenge verlangt. Auch ein Theil des Ministeriums, beson= ders der Siegelbewahrer Barthe, welcher unter Karl X. bei jeder Ge= legenheit die Revolution vertheidigt und an der Spitze einer Karbonari= loge gestanden hatte, sprach sich in diesem Sinne aus. Paris ward in Belagerungszustand erklärt, und es wurden Kriegsgerichte zur schnellen Aburtheilung der zahlreichen Gefangenen niedergesetzt. Der Polizei= präfekt Gisquet, der später wegen Ungesetzlichkeit und Pflichtvergessen= heit zur Untersuchung gezogen wurde, ließ sich die Verhaftung einer Menge von angesehenen Personen aus den beiden entgegengesetzten Parteien, den Demokraten und Legitimisten, angelegen sein. Denn es hatte sich das obwohl unbegründete Gerücht verbreitet, daß die Anhän= ger der Restauration und der Republik zum Sturze der Juliusmonarchie zusammengetreten wären. Frankreich erlebte das seltsame Schauspiel, daß, unter Anderen, ein Mann wie Chateaubriand, welcher dem Arg= wohn und der Willkühr Napoleon's entgangen war, unter der Regie= rung Ludwig Philipp's als Gefangener nach der Policeipräfektur ge= bracht wurde.

Ungeachtet der Pariser Bürgerstand auf eine strenge Bestrafung der Aufständischen gedrungen hatte, so ward von ihm der Belagerungs= zustand und die Einsetzung von Kriegsgerichten, wegen des damit für die ganze Bevölkerung verbundenen Zwanges, mit Ungunst aufgenom= men. Ein Artikel der 1830 revidirten Charte constitutionelle hatte aus= drücklich bestimmt, daß Niemand seinem ordentlichen Richter entzo= gen werden dürfe. Ein Kriegsgericht, welches über Bürger urtheilte, stellte aber offenbar einen Ausnahmszustand dar. Ein Maler Namens Geoffroy, welcher angeschuldigt war, am 5. Junius eine rothe Fahne getragen und auf die Truppen geschossen zu haben, wurde von dem Kriegsgericht zum Tode verurtheilt. Er appellirte an den Kassationshof, welcher das Erkenntniß als ungesetzlich verwarf. Die Regierung konnte jetzt nicht umhin den Belagerungszustand, nachdem er elf Tage gedauert hatte, aufzuheben. Die Gefangenen, gegen welche keine bestimmten Verdachtsgründe vorlagen, wurden auf freien Fuß gesetzt, die anderen aber, welche der Theilnahme am Aufstande überwiesen worden, vor die ordentlichen Gerichte gestellt. Indessen hatte die Einführung des Belagerungszustandes und die Erklärung des Kassationshofes auf ganz Frankreich einen für die Regierung unvortheilhaften Eindruck gemacht, der von der oppositionellen Tagespresse auf das eifrigste ausgebeutet wurde.

Der Widerstand, auf welchen die Juliusmonarchie bei jeder Ge= legenheit stieß, die Gleichgültigkeit, mit welcher dieselbe von den Massen angesehen zu werden anfing, nachdem der erste Rausch der Begeisterung verflogen war, das Mißtrauen des Auslandes gegen den neuen Thron, ließ die Hoffnung der Anhänger der gestürzten Dynastie auf eine ihren Grundsätzen günstigen Wendung der Dinge nicht erlöschen. Der von Karl X. versuchte Staatsstreich wurde von dem gemäßigten und ver= ständigen Theile dieser Partei allerdings nicht vertheidigt, aber das Recht seines Enkelsohnes als eine Gewährleistung für die innere Ord= nung in Frankreich, und für ein günstiges Verhältniß zum Auslande, bei jeder Gelegenheit hervorgehoben. Die Mehrheit der höheren und nie= deren Geistlichkeit, fast der ganze größere Grundbesitz, und in einigen Provinzen auch das Landvolk, waren der älteren Linie der Bourbonen

zugethan geblieben. Die Restauration hatte funfzehn Jahre lang in
Frankreich einen freien und friedlichen Zustand zu erhalten gewußt,
welcher dem moralischen Fortschritte und dem materiellen Wohlstande
der Nation in hohem Grade zuträglich gewesen, und hatte in Spanien,
Griechenland und Algerien nicht ohne Ruhm gekämpft. Eine einzige
Verirrung Karl·X., durch seine Entsagung und Verbannung gebüßt,
konnte in den Augen der Royalisten nicht das Princip der Legitimität
für immer aufheben. Diese Partei rechnete außerdem auf die natürliche
Beweglichkeit der Franzosen, welche von jeder Veränderung zu außer=
ordentlichen Erwartungen aufgeregt werden, im Falle der Täuschung
aber sich von denen, welchen sie dieselbe zuschreiben, eben so entschieden
abzuwenden geneigt sind, als sie ihnen vorher leicht zugefallen waren.

Von dieser Betrachtungsweise, welcher es nicht an Gründen fehlte,
wurden jedoch die ihrer Verwirklichung entgegenstehenden Hindernisse zu
gering angeschlagen. Die große Mehrheit der Nation war gegen die Ju=
liusmonarchie allmälig erkaltet, aber deshalb noch nicht zu ihrem Sturz
und der Wiedereinsetzung der vertriebenen Dynastie geneigt. Die Art von
Zauber, welchen die ältere Linie der Bourbonen, in Folge der an das
Wunderbare grenzenden Umstände, durch welche sie nach so tiefem Falle
wieder emporgehoben worden, eine Zeit lang auf die erleuchteten Klassen
der Nation ausgeübt hatte, war nie bis unter die Massen hinabgestiegen.
Die Erhaltung des inneren und äußeren Friedens schien auch mit der
Herrschaft der Orleans verträglich zu sein. Der Strom der Gegenwart
war eher auf die Fortschwemmung des Alten als auf dessen Zurück=
führung, da wo dasselbe einmal entwurzelt worden, gerichtet. Allerdings
konnte die Quasimonarchie der jüngeren Linie, welche kein Princip rein
darstellte, für nicht festgegründet gelten. Aber es war wahrscheinlich,
daß das französische Volk, nach Beseitigung der Orleans, sich eher wieder
der Revolution in der Erneurung der Republik oder des Kaiserreiches,
welche ihr dem Wesen nach beide angehören, als der Legitimität zuwen=
den würde. Die so oft bewiesene Wandelbarkeit der Franzosen konnte
die mit der Gegenwart Unzufriedenen zu den kühnsten Erwartungen be=
rechtigen, aber es bedarf zu einer großen Umkehr, selbst im wechselndsten
Volksleben, immer einer gewissen Zeit, welche damals noch nicht abge=
laufen war.

Die Hoffnungen der bonapartistischen Partei waren durch die Ju=
liusrevolution vermehrt worden. Der Sturz der Legitimität war die
Bresche, durch welche dieselbe sich wieder Frankreich's zu bemächtigen
dachte. Der weder auf Erbrecht noch auf Volkswahl beruhende Thron

der Orleans schien nur ein Werk des Augenblicks zu sein. Die Nation war allerdings nicht bonapartistisch, aber auch nicht bourbonisch gesinnt, und geneigt, jede Regierung anzuerkennen, welche gegen das Ausland Frankreich's Würde zu behaupten, und im Innern die gesetzliche Gleich=heit zu erhalten im Stande wäre. Joseph Napoleon war auf die Nach=richt von Karl X. Sturz aus den Vereinigten Staaten nach Europa zurückgekehrt. In einem Schreiben an den Kaiser Franz I. von Oester=reich hatte er die Wiederherstellung des kaiserlichen Thrones als ein Mittel der Beruhigung für Frankreich, und der Sicherheit für Europa, darzustellen gesucht. Joseph Napoleon behauptete, daß der Sohn Napo=leon's, der in Wien lebende Herzog von Reichsstadt, sich nur an der französischen Grenze zu zeigen brauche, um im Triumph bis nach Paris geführt zu werden. So übertrieben diese Erwartung gewesen sein mag, es ist unzweifelhaft, daß die Erscheinung des jungen Napoleon auf die französischen Soldaten durchgängig, und auch auf einen Theil des Vol=kes, einen tiefen Eindruck hervorgebracht haben würde. Glücklicher Weise für die Orleans war im Geiste des jungen Prinzen kein Funke von dem Feuer der Thatkraft und Herrschsucht vorhanden, welches den Vater beseelt hatte, und derselbe sollte schon im Alter von einundzwanzig Jahren (22. Julius 1832) einer auszehrenden Krankheit erliegen.

Ein Versuch zur Wiederherstellung der älteren Linie der Bour=bonen mußte, außer der im Volke nie verschwundenen Erinnerung an das Kaiserreich, und der in einem Theile der Jugend zunehmenden republikanischen Richtung, alle Mittel der bestehenden Ordnung gegen sich vereinigt finden. Die Staatsmaschine wurde, in ihren größten wie in ihren kleinsten Bewegungen, im Namen Ludwig Philipp I. geleitet. Es sollten noch viele Jahre, große Mißgriffe und unerwartete Umstände dazu gehören, damit die Orleans gestürzt werden konnten. Die Haupt=stadt und die Nationalgarde hingen damals noch Ludwig Philipp an, und die Verwaltung und das Heer kamen seinen Befehlen, wenn auch ohne tiefere Anhänglichkeit oder Begeisterung, nach. Gleichwohl beschloß die legitimistische Partei, welche sich im Grunde nur auf Traditionen und Sympathien, aber auf keine organisirte Macht irgend einer Art stützte, ihre Gegnerin, die Juliusmonarchie, in die Schranken zu fordern.

Karl X. hatte der Krone zu Gunsten seines Enkelsohnes, des Her=zoges von Bordeaux, entsagt. Da aber die Bedingung seiner Abdan=kung nicht erfüllt worden, so hielt er sich an diese selbst nicht gebunden, und trat, so weit dies im Auslande möglich war, als König und Haupt seiner Familie auf. Nachdem er sich von seiner ersten Betäubung erholt

hatte, waren von ihm Verbindungen mit seinen Anhängern in Frankreich, und Pläne zu einer Wiederherstellung seines Hauses angeknüpft
worden. Aber Unglück und Alter hatten ihn vorsichtig und bedäch-
tig gemacht. Karl X. glaubte an eine dritte Restauration der älteren
Linie, wollte aber den Gang der Ereignisse nicht übereilen. Anders
dachte hierin seine Schwiegertochter Marie Karoline, geborne Prinzessin
beider Sicilien, Wittwe des 1820 ermordeten Herzoges von Berry,
und Mutter des Herzoges von Bordeaux. Diese, jung und feurig, von
dem Drange erfüllt, selbst eine Rolle zu spielen, besonders aber für ihren
Sohn die verlorene Krone wiederzugewinnen, kehrte, als Karl X. mit
seiner übrigen Familie sich nach Edinburg begab, in ihre Heimath zurück.
Auf eine Einladung des Herzoges von Modena, welcher die Juliusmonarchie nicht anerkannt hatte, schlug sie ihren Wohnsitz eine Zeit lang
in Massa auf. Dort empfing sie die Besuche vieler französischen Legitimisten, und ward von ihnen in ihren Hoffnungen bestärkt. Sie ließ sich
überreden, daß ihr persönliches Erscheinen in Frankreich eine Bewegung
zu Gunsten ihres Sohnes herbeiführen werde. Vornehmlich waren es
der Marschall Bourmont und der Vicomte von St. Priest, welche sich
in Massa eingestellt hatten, auf deren Rath sie hörte. Bourmont, der
Kriegsminister gewesen, hielt es für möglich, einen Theil der Truppen
für die Legitimität zu gewinnen, und glaubte, daß das erste Beispiel der
Art bald das ganze Heer nach sich ziehen würde. St. Priest, der unter
Ludwig XVIII. und Karl X. Gesandter an mehren Höfen gewesen,
kannte die feindliche Stimmung des absolutistischen Auslandes, besonders des Kaisers Nikolaus, gegen die Juliusrevolution, und war überzeugt, daß ein legitimistischer Aufstand in Frankreich, mit Erfolg unternommen, von der Fremde her unterstützt werden würde.

Die Umstände schienen einen solchen Versuch zu begünstigen. Das
Landvolk war gegen Ludwig Philipp I. gleichgültig, der Arbeiterstand in
den Städten mit der neuen Ordnung der Dinge unzufrieden geworden,
und manche politische und militairische Notabilitäten, welche sich von den
Orleans vernachlässigt glaubten, neigten sich im Stillen zu einer Restauration hin. Von der demokratischen und legitimistischen Presse ward die
Juliusmonarchie aus entgegengesetzten Gründen, aber mit derselben
Heftigkeit angegriffen. In Paris, Lyon und anderen großen Städten
regten sich die Volksgesellschaften, im Süden und Westen Frankreich's
wurden von dem legitimistischen Adel Zusammenkünfte gehalten und
Verabredungen getroffen. Ludwig Philipp's Recht zur Regierung ward
von allen Seiten her bestritten. Indessen war seine Stellung damals

mehr ſcheinbar als wirklich gefährdet. Noch ſtand ihm die ganze ſtaatliche
Macht ungeſchmälert zu Gebot, und waren die Werkzeuge derſelben nicht
abgenutzt. Noch waren dieſelben Gründe zu ſeiner Erhaltung vorhan=
den, welche ſeine Erhebung herbeigeführt hatten. Dies hätten Bourmont
und St. Prieſt begreifen ſollen, denen die Zuſtände in Frankreich und
Europa bekannt ſein konnten. Sie würden bei kaltblütigerer Erwägung
der Herzogin von Berry eine Demüthigung und ihrer eigenen Partei eine
Niederlage erſpart haben. Aber beide brannten vor Begierde ihre durch
die Juliusrevolution verlorene Bedeutung wiederzuerlangen, und glaub=
ten Alles für die Wiederherſtellung der Legitimität wagen zu müſſen.
Bourmont fühlte ſich, durch ſeinen Uebertritt zu den Feinden Frank=
reich's vor der Schlacht von Waterloo, von der Revolution wie durch
einen Abgrund getrennt, und St. Prieſt hatte als General in ruſſiſchem
Dienſt die Waffen gegen ſein Vaterland getragen. Der Gedanke an die
vielen ſeit 1789 in Frankreich eingetretenen Veränderungen konnte aller=
dings die Dauer des Beſtehenden als zweifelhaft erſcheinen laſſen, aber
zu ſeinem Umſturz hatten ſtets Veranlaſſungen mitgewirkt, welche da=
mals in Bezug auf die Juliusmonarchie noch nicht eingetreten waren.

Die Legitimiſten hatten auf das Volk von Marſeille, welches im=
mer der Reſtauration zugethan geweſen, und die dortige Beſatzung ge=
rechnet, unter welcher einige Officiere zu der Partei des geſtürzten Kö=
nigshauſes gehörten. Aber es blieb daſelbſt Alles ruhig. Eine weiße
Fahne, einen Augenblick lang auf einem Kirchthurme aufgepflanzt, ward
bald abgenommen. Die Herzogin von Berry landete an einer unbe=
wachten Stelle der Rhede, durchzog dann den Süden, und erhielt überall
von ihren Anhängern Zuſicherungen der Treue und Ergebenheit, welche,
obwohl aufrichtig gemeint, bedeutungslos blieben, da ſie von keiner
Waffengewalt unterſtützt wurden. Sie hoffte im Weſten, namentlich in
den Departements, welche ſich einſt gegen den Konvent und während
der hundert Tage gegen Napoleon erhoben hatten, durch ihre Gegen=
wart eine allgemeine Bewegung hervorzubringen. Aber auch in dieſem
Theile Frankreich's war ſeitdem Vieles anders geworden. Es lebten
zwar noch einige der vendéeiſchen Häuptlinge, und ihre Familien waren
von denſelben Geſinnungen wie früher erfüllt, aber die große Mehrheit
des Landvolkes hätte ſich jetzt nicht mehr zur Uebernahme eines ver=
heerenden, und höchſt wahrſcheinlich unglücklich endigenden, Kampfes
bereitwillig finden laſſen. Der letzte Aufſtand (1815) war nur ein mat=
ter Nachklang der unter Bonchamp's und Charette's Anführung voll=
brachten Thaten geweſen. Die Departements, welche der Schauplatz

des Vendéekrieges gewesen, waren jetzt von fahrbaren Straßen durch=
schnitten, und konnten überall von regelmäßigen Truppen durchzogen
werden, was früher an vielen Stellen unmöglich gewesen war. Es han=
delte sich jetzt nicht darum, die Hinrichtung eines Königs zu rächen, die
Religion zu vertheidigen, und der Wuth einer Faktion, wie die Jakobi=
ner, zu widerstehen. Der letzte rechtmäßige König war allerdings mit
seiner Familie verbannt worden, hatte sich aber dieses Schicksal selbst
zugezogen, und sein Nachfolger gehörte demselben Stamme an. Glau=
ben und Eigenthum waren geschützt, und die Gesetze wurden unparteiisch
vollzogen. Karl X., der Herzog von Bordeaux und dessen Mutter konn=
ten für das Volk in jenen Gegenden nicht dieselbe Bedeutung wie Lud=
wig XVI. haben, dessen tragisches Schicksal das tiefste Mitleid und den
lebhaftesten Zorn erregt hatte, und 1832 bot keine Aehnlichkeit mit
1793 dar.

Die Herzogin von Berry war unterdessen im Departement der nie=
deren Charente angekommen, und erließ von dem Schlosse Plassac aus,
bei der Stadt Saintes gelegen, eine Proklamation, in welcher sie in
ihrer Eigenschaft als Mutter des legitimen Königs Heinrich V. den
Titel: Regentin von Frankreich — annahm, und ihre Anhänger zur
Ergreifung der Waffen für Vertheidigung der Rechte ihres Sohnes auf=
forderte. Obgleich ein solches Unternehmen, in einem Augenblick begon=
nen, wo die französische Regierung mit allen Mächten im Frieden war,
unmöglich gelingen konnte, selbst wenn die ganze Bevölkerung in diesem
Theile Frankreich's sich erhoben hätte, so geschah dies doch nicht einmal,
und es fanden sich nur einzelne Schaaren ein. Die Legitimisten waren
unter sich uneinig, indem die Einen auf eine augenblickliche Schild=
erhebung drangen, die Anderen eine günstigere Gelegenheit abzuwarten
riethen, und ihre Partei nicht unnütz aufopfern wollten. Der Marschall
Bourmont fand, obgleich einer der ersten französischen Generale, bei den
vendéeischen Häuptlingen nicht die Unterordnung, auf welche er gerech=
net hatte, und konnte mit den ihm zu Gebot stehenden Mitteln nichts
ausrichten. Man rieth der Herzogin von Berry ihren Absichten für dies=
mal zu entsagen, und sich und ihre Anhänger für eine bessere Zukunft
aufzubewahren. Sie wollte aber nicht vergeblich in der Mitte ihrer
Getreuen erschienen sein, und rechnete auf Ereignisse, wie ein allgemei=
ner Aufstand des Landvolkes im ganzen Westen Frankreich's, der Abfall
der Truppen, ein in Paris gegen die Juliusmonarchie zu führender
Schlag, wovon nichts in Erfüllung ging. In den einzelnen Gefechten,
besonders bei der Vertheidigung des Schlosses La Pénissière, ward von

den Bendéern und den Legitimisten überhaupt mit der größten Tapferkeit gefochten. Aber ihre Anstrengungen scheiterten an der Uebermacht
von funfzigtausend Mann Linientruppen, die außerdem noch von zahlreichen städtischen Nationalgarden verstärkt wurden. Die Aufständischen
unterlagen zuletzt überall, wurden gefangen genommen oder aus einander gesprengt. Es war von beiden Seiten mit großer Erbitterung
gekämpft worden, und der Krieg würde, wenn er länger gedauert hätte,
einen grausamen Charakter angenommen haben. Es hatte nicht an einzelnen Beispielen der Art gefehlt. In einem der Gefechte fiel Catheli-
neau, vor der Juliusrevolution Officier in der Garde Karl X., ein
Sohn des berühmten Fuhrmannes dieses Namens, den die Bendéer
1793, ungeachtet seiner dunkeln Herkunft, an die Spitze ihrer Streitkräfte gestellt hatten, und der bei dem Sturme auf Nantes geblieben war.

Marie Karoline hätte noch Zeit und Gelegenheit gehabt, sich aus
Frankreich zu entfernen, aber, von Natur unerschrocken, gefiel sie sich
in den Gefahren, welche sie umgaben, und in den Abentheuern, welche
ihre Flucht aus einem Schlosse in das andere begleiteten. Sie begab
sich endlich unter einer Verkleidung zu einer ihr ergebenen Familie nach
Nantes, von wo aus sie aber mit ihren Anhängern in ununterbrochener
Verbindung blieb. Selbst in dieser traurigen Lage war von ihr nicht
alle Hoffnung aufgegeben worden. Aber die Polizei hatte ihren Aufenthalt entdeckt. Von Thiers, welcher unterdessen Minister des Innern
geworden, ward unter den in Paris zurückgebliebenen Vertrauten der
Prinzessin ein Verräther gefunden, den er unter den Bendéern vergeblich gesucht hatte. Ein geborener Israelit Namens Deuz, ein Mann
von niedriger Sinnesart, aber nicht ohne einige Bildung und Befähigung, war vor der Juliusrevolution der Herzogin als hülfsbedürftig,
und bereit zum Katholicismus überzutreten, bezeichnet worden. Marie
Karoline, welche sich ein Verdienst daraus machte, ihm diesen Schritt
zu erleichtern, hatte ihn unter ihren Schutz genommen und großmüthig
unterstützt. Sie rechnete auf die Dankbarkeit ihres Verpflichteten, und
er war von ihr mit Aufträgen an ihre in Paris lebenden Anhänger betraut worden. Dadurch hatte Deuz die Anwesenheit der Prinzessin in
Nantes erfahren. Er verrieth sie gegen eine Summe von 500,000 Fr. *)

---

*) Deuz sollte nicht lange die Früchte seiner schändlichen Handlung genießen.
Er begab sich mit dem Judaslohne im folgenden Jahre in die deutschen Bäder,
verspielte und vergeudete dort Alles, wurde nach seiner Rückkehr nach Paris

an den Minister des Innern, und sie wurde am 8. November (1832) verhaftet, und nach der Citadelle von Blaye abgeführt. Zwei Militairs, welche später berühmt und Marschälle von Frankreich geworden sind, der General Bugeaud und sein damaliger Adjutant, Kapitain de St. Arnaud, wurden mit ihrer Bewachung beauftragt.

Ludwig Philipp wußte nicht, welche Haltung er gegen die Herzogin von Berry annehmen sollte. Dieselbe vor Gericht zu stellen war, wegen der nahen Verwandtschaft und der den übrigen Höfen schuldigen Rücksicht, moralisch unmöglich. Ein gänzliches Uebergehen des mit bewaffneter Hand unternommenen Versuches, den Juliusthron zu stürzen, erschien ebenfalls gefährlich, und konnte zur Nachahmung reizen. Da erklärte Marie Karoline plötzlich von ihrem Gefängniß aus, daß sie sich während ihres Aufenthaltes in Italien mit dem sicilianischen Grafen Lucchesi-Palli heimlich vermählt habe, und guter Hoffnung wäre. Zeitliche und örtliche Verhältnisse ließe sich mit dieser Angabe nicht vollkommen in Uebereinstimmung bringen, und gaben zu allerlei Vermuthungen Veranlassung. Wie dem auch gewesen sein mag, an ein weiteres Verfahren gegen die Prinzessin oder eine längere Haft war nicht mehr zu denken. Im Mai (1833) ward dieselbe von einer Tochter entbunden, und bald nachher nach Sicilien eingeschifft. Ihre Familie war mit ihr sehr unzufrieden geworden. Karl X. hatte das Unternehmen in der Vendée als zwecklos gemißbilligt, und die sittenstrenge Herzogin von Angouleme an dem Dunkel, welches über der Vermählung ihrer Schwägerin schwebte, großen Anstoß genommen. Erst später fand eine Aussöhnung statt. Die Legitimisten gaben ihre Hoffnung auf die einstige Rückkehr des Herzoges von Bordeaux und seine Anerkennung als Heinrich V. nicht auf. Aber ein bewaffneter Versuch der Art war durch den verunglückten Zug der Herzogin von Berry für immer vereitelt worden. Von jetzt an glaubte die legitimistische Partei Alles von einem Umschwunge der öffentlichen Meinung in Frankreich erwarten zu müssen.

Ludwig Philipp I. war durch die Besiegung des republikanischen Aufstandes in Paris (5. und 6. Junius 1832), und die Unterdrückung der legitimistischen Bewegung im Westen Frankreich's, in seiner Stellung befestigt worden. Durch die Verhaftung der Mutter des Herzoges von Bordeaux hatte er das damals in Frankreich verbreitete Gerücht widerlegt, daß er die Krone nur zum Scheine angenommen habe, und

---

von seinen eigenen Verwandten gemieden und verachtet, ergab sich dem Trunk und starb im tiefsten Elend.

auf eine schickliche Gelegenheit warte, um dieselbe der älteren Linie zu-rückzugeben. Die den Belgiern gegen die Holländer zugesandte Hülfe und die Einnahme Antwerpens bewies, daß er, ungeachtet seiner Frie-densliebe und Nachgiebigkeit, gegen das Ausland mit Nachdruck auf-treten könne, wenn dies der Vortheil Frankreich's durchaus erfordere. Er suchte jetzt, mit Hülfe der Kammern, in der Gesetzgebung eine Schranke gegen die Uebergriffe der Parteien aufzustellen, und durch Be-schränkung der Tagespresse und des Vereinsrechts den Geist der Unruhe zu zähmen. Er versäumte es zugleich nicht, dem Gefühl der Nation für Ruhm und Größe, so weit sich dies mit seiner Sicherheit vertrug, genug zu thun. Er ließ den Krieg in Algerien gegen die Araber kräftig fort-setzen, und die einstige Eroberung dieses Landes vorbereiten, und die Bildsäule Napoleon's auf der Vendomesäule wiederherstellen, welche in seiner Gegenwart am 28. Julius 1833, unter großen Feierlichkeiten, enthüllt wurde.

Seitdem die legitimistischen Elemente in der Pairskammer ausge-schieden oder ausgestoßen waren, konnte die Juliusmonarchie auf die unbedingte Unterstützung dieser Körperschaft rechnen. Die Regierungs-partei in derselben ward außerdem noch durch die Aufnahme von zwei-undsechzig, dem herrschenden System zugethaner, Notabilitäten vermehrt. Obgleich die Pairswürde durch die Aufhebung der Erblichkeit an Be-deutung und Glanz verloren hatte, so war sie doch noch ein Gegenstand des Ehrgeizes, und gab der Regierung Gelegenheit in den höheren Klas-sen der Gesellschaft Anhänger zu gewinnen. In der Deputirtenkammer gab es allerdings eine zahlreiche nicht blos konstitutionelle, sondern selbst revolutionaire Opposition, aber die Mehrheit war aus Furcht vor der Anarchie, welche dem Sturz der Juliusmonarchie unfehlbar folgen würde, zur Unterstützung der Regierung bei allen die innere Ordnung betreffen-den Fragen geneigt.

Die Minister Ludwig Philipp's stimmten, so verschieden sie sonst von einander sein mochten, immer darin überein, ihre Partei in der Deputirtenkammer und den Wahlkörpern durch alle ihnen zu Gebote stehenden Mittel zu verstärken. Die Deputirten, welche Beamte waren, wurden, wenn sie für das Ministerium stimmten, befördert, denen, welche dem Geschäfts- und Handelsstande angehörten, gewinnreiche Unterneh-mungen zugewiesen. Die Städte, welche im Sinne der Regierung wähl-ten, wurden bei Gründung öffentlicher Anstalten, bei Bauten, Anlegung von Straßen, Vertheilung der Garnisonen u. s. w. berücksichtigt. Es fehlte deshalb der Juliusmonarchie, selbst als sie schon an dem Rande

des Abgrundes stand, in welchen sie fallen sollte, nicht an einer Majori=
tät in den Kammern, nur daß diese nicht mehr die Stimmung des Vol=
kes aussprach.

Zwei der konservativen Partei besonders am Herzen liegende Ge=
genstände wurden während der Legislaturepoche von 1833 bis 1834
erledigt. Im December (1833) wurde das Ausrufen und Feilbieten der
Tagesblätter an öffentlichen Orten, in Straßen und auf Plätzen, ver=
boten. Die Arbeiter, welche nicht Zeit und Geld genug hatten, um die
Journale regelmäßig zu lesen, waren durch die Leichtigkeit einzelne Num=
mern, sobald sie etwas Bedeutendes enthielten, kaufen zu können, mit
den Meinungen und Reden der Opposition bekannt geworden. Dies fiel
jetzt fort. Im März 1834 wurde die Gründung von neuen oder die
Fortsetzung von schon bestehenden Vereinen jeglicher Art, religiöser, po=
litischer, litterarischer, geselliger, von der Ermächtigung der Behörden
abhängig gemacht. Die Zuwiderhandelnden sollten nicht mehr vor die
Geschworenen, sondern vor die Zuchtpolizeigerichte, und wenn ein An=
griff auf den König und die Verfassung beabsichtigt worden, vor die
Pairskammer, als Staatsgerichtshof, gestellt werden. Vergebens warf
die Opposition in den Kammern und der Presse den Ministern den
Abfall von ihren früheren Grundsätzen vor. Guizot, Duchatel, Barthe
hatten unter der Restauration zu geheimen Gesellschaften gehört, solche
gegründet oder ihnen vorgestanden. Auf diese und ähnliche Beschuldigun=
gen ward immer erwidert, daß unter Karl X. die Freiheit in Gefahr
gewesen, und durch alle mögliche Mittel habe geschützt werden müssen,
während Ludwig Philipp I. zu ihren Vertheidigern gehöre. — Die An=
träge der Regierung gingen mit großer Stimmenmehrheit durch. Aber
der Widerstand der Opposition nahm, ungeachtet der Vergeblichkeit ihrer
Anstrengungen, an Heftigkeit zu, und in einem Theile der untern Volks=
schichten begann sich ein Haß gegen die Person des Königs zu regen,
den man für das Verhalten seiner Minister verantwortlich machen
wollte.

In Paris hatten die jetzt verbotenen Vereine fast ausschließend
revolutionairen Zwecken gedient. In Lyon, der größten Fabrikstadt des
Landes, fehlte es zwar nicht an Anhängern der Demokratie, aber die
unter den Arbeitern gegründeten Gesellschaften beschäftigten sich mehr
mit ökonomischen als politischen Gegenständen, waren zu wechselseitiger
Unterstützung gegründet worden, und hatten auch ihre Benennung (mu=
tuelistes) von dieser Bestimmung her entlehnt. Außer den allgemeinen
Ursachen der Unzufriedenheit, wirklichen wie eingebildeten, welche sich

der Gemüther bemächtigten, waren die Seidenweber insbesondere mit
ihren Fabrikherren zerfallen, und mehre Tausende unter denselben hatten
die Arbeit eingestellt. Als das Gesetz gegen die Vereine auch in Lyon
zur Ausführung gebracht und die Mitglieder derselben gerichtlich ver=
folgt wurden, brach am 9. April (1834) ein Aufstand aus, der mehre
Tage anhielt, und von der Besatzung unter dem General Aymer erst
nach einem blutigen Kampfe und großen gegenseitigen Verlusten über=
wältigt werden konnte. Die Truppen hatten über 500 Todte und Ver=
wundete gehabt, die Zahl der gebliebenen Aufständischen ist nie genau
ermittelt worden. Viele Häuser lagen in Trümmern. Denn wie am
6. Junius 1832 in Paris, so hatte auch jetzt in Lyon der Aufruhr nur
mit Hülfe der Artillerie besiegt werden können. Ein Arbeiter Namens
Lagrange war von seinen Genossen an die Spitze der Bewegung gestellt
gewesen, und hatte dieselbe mit eben so viel Geschicklichkeit als Uner=
schrockenheit geleitet. Dieser Mann sollte vierzehn Jahre später, bei Ge=
legenheit der Februarrevolution, zu deren Ausbruch er beigetragen, eine
traurige Berühmtheit erlangen.

Der Aufstand in Lyon fand an mehren Orten eine Nachahmung,
welche aber, bei der geringen Betheiligung der Bevölkerung, keine gefähr=
lichen Folgen hatte. Nur in Paris rief die Verwegenheit der republika=
nischen Partei von neuem Blutvergießen hervor. Wie immer hatten sich
die Aufrührer in die von engen Straßen und hohen Häusern gebildeten
innern Stadttheile geworfen, wo sie hinter Barrikaden oder aus den Fen=
stern auf die anrückenden Truppen feuerten. Die Soldaten, von den er=
littenen Verlusten erbittert, drangen in die Häuser ein, und richteten am
14. April, in der Straße Transnonain, ein förmliches Gemetzel an, wo=
bei Kranke, Greise, Frauen und Kinder umkamen. Diese blinde Wuth
wurde von der Opposition in den Kammern und der Presse heftig ge=
rügt, von der friedlichen Bevölkerung aber der Tollkühnheit der Auf=
ständischen zur Last gelegt.

Die Regierung benutzte diese aufrührischen Bewegungen, um in
den Kammern einen Gesetzesvorschlag, eine allgemeine Entwaffnung
des Volkes betreffend, durchzubringen. Fortan sollte kein Privatmann
ohne Erlaubniß der Polizei Waffen bei sich haben dürfen. Auf die Ver=
heimlichung derselben ward eine schwere Strafe gesetzt. Bewaffnete
Theilnahme an einem Aufstande ward mit dem Tode, geleisteter Vor=
schub mit Zwangsarbeit bedroht. Die Pairskammer wurde mit der Ab=
urtheilung über die wegen der Unruhen in Lyon, Paris u. s. w. Ange=
klagten beauftragt. Diese Entwürfe, welche der Regierung eine mit der

Verfassung schwer zu vereinigende, fast unumschränkte Gewalt beilegten, wurden von den Kammern angenommen. Besonders war es Thiers, welcher durch seine düsteren Schilderungen von der inneren Lage Frankreich's die Majorität der Deputirten zu der Billigung so außerordentlicher Maßregeln bestimmte.

Während dieser Verhandlungen starb be la Fayette (20. Mai 1834) im Alter von siebenundsiebzig Jahren, nach einem Leben, welches in die größten Ereignisse des Jahrhunderts verflochten gewesen war. Ungeachtet des außerordentlichen, die ganze Zeit und be la Fayette's besonderes Dasein, bezeichnenden Wechsels, ist derselbe mit seinen Vorzügen und Mängeln sich immer gleich geblieben, hat bei jeder Gelegenheit dieselben Gesinnungen dargelegt, dasselbe Verhalten beobachtet. Karl X. sagte einmal zu einem seiner Vertrauten: „Die beiden einzigen Personen in Frankreich, welche ihre Meinungen nie verändert haben, sind Herr de la Fayette und ich!" — Diese Unwandelbarkeit der Ueberzeugung, welche bei be la Fayette mit einem seltenen Adel der Gesinnung, mit Verachtung der Gefahr, Uneigennützigkeit und Großmuth verbunden war, hat aber seiner politischen Wirksamkeit geschadet, indem er dadurch veranlaßt wurde, die verschiedensten Zustände auf dieselbe Art zu behandeln. Seltsam stechen in seinem Leben die langen Epochen tiefer Zurückgezogenheit von dem plötzlichen und entscheidenden Eingreifen in die öffentlichen Zustände ab. Eben so auffallend ist an ihm, wie er bei mehren großen Katastrophen eine hervorragende Rolle gespielt, sie veranlaßt oder eine Zeit lang an ihrer Spitze gestanden hat, denselben aber nie eine Grenze vorzuzeichnen, sich ihrer nie vollkommen zu bemeistern, namentlich nie ihre Folgen vorauszusehen verstanden hat. So erklärte er sich z. B. 1792 gegen die Jakobiner, aber ohne, wie er wohl vermocht hätte, mit seiner Armee auf Paris zu ziehen, rief 1815 Napoleon's Entsagung hervor, welche Frankreich für den Augenblick wehrlos machte, wirkte 1830 für die Gründnng der Juliusmonarchie, ohne später deren Rückschritte hindern zu können. Indessen darf nicht übersehen werden, daß be la Fayette, wie viele seiner Zeitgenossen, an Begebenheiten Theil genommen hat, welche in einem gegebenen Moment unwiderstehlich wie das Verhängniß wirkten, und denen zuletzt selbst Napoleon erlag. Obgleich bei be la Fayette das Talent nicht ganz auf der Höhe des Charakters gestanden, so wird er immer eine merkwürdige Erscheinung bleiben, und kann von der Geschichte nie vergessen werden.

In derselben Legislaturepoche, während welcher die Preßfreiheit und das Vereinsrecht eine große Beschränkung erfuhren, ward über die

Bildung der örtlichen Versammlungen berathen, welche den Maires, Unterpräfekten und Präfekten zur Seite gestellt sind. Die Kommunal-, Arrondissements- und General-Räthe (welche letztere die Departements vertreten) wurden neu organisirt, ihre Befugnisse und die Art ihrer Zuziehung näher bestimmt. Da aber diese örtlichen Versammlungen nach wie vor nur eine berathende Stimme besaßen, die Maires von der Regierung ein- und abgesetzt wurden, die Präfekten ebenso durchaus von dem Minister des Innern abhingen, so blieb die Centralisation dieselbe, und alle lokalen Interessen wurden in Paris entschieden. Es würde auch in der That unmöglich gewesen sein, in einem Lande, in welchem ein Parteikampf wie in Frankreich stattfand, wo die oberste Staatsgewalt in Frage gestellt war, und jeden Augenblick Zeichen innerer Gährung hervorbrachen, ein freies und selbstständiges Gemeindeleben einführen zu wollen. Die den Departements, Arrondissements und Kommunen ertheilten Rechte würden wahrscheinlich nur zur Erreichung von Parteizwecken gedient haben. Im Grunde wurde der Mangel an örtlichen Freiheiten von dem französischen Volke, welches die gesetzliche Gleichberechtigung über Alles stellt, nicht gefühlt.

Mehr Bedeutung als diesem verfehlten Versuche, die örtlichen Vertretungen mit der allgemeinen Landesverfassung in Uebereinstimmung zu bringen, müssen der in dieser Zeit vorbereiteten Reform des Elementarunterrichts beigelegt werden. Obgleich das französische Staatsgebäude seit 1789 im Wesentlichen, ungeachtet alles Wechsels in den oberen Regionen, auf einer demokratischen Grundlage ruht, so war, im Widerspruch zu einer solchen Ordnung der Dinge, der eigentliche Volksunterricht in Frankreich mehr als in manchen anderen Ländern vernachlässigt worden, wo die Würde der menschlichen Natur von der Gesetzgebung weniger anerkannt ist. Für die höheren und mittleren Klassen war alle mögliche Gelegenheit zur Erwerbung von Kenntnissen und Geschicklichkeiten vorhanden, der geistigen Entwickelung des Handwerkers und Landmannes dagegen eine sehr enge Grenze gesetzt. Durch das Unterrichtsgesetz von 1833 wurden in ganz Frankreich Volksschulen in doppelter Abstufung errichtet: niedere, wo sich der Unterricht auf Lesen, Schreiben, Rechnen und Religionslehre beschränkte, und höhere, wo Geschichte, Erdkunde, Raumlehre, Meßkunst und Zeichnen gelehrt werden sollten. In den Städten ward zum Besten der arbeitenden Klassen viel für Gesang gethan, was die Freistunden auf eine verschönernde Art ausfüllt, und die Sitten milder macht. Guizot hat sich durch diese Reform, zu welcher er den ersten mächtigen Impuls gab, und die auch nach ihm nicht still stand, vielleicht ein größeres Verdienst um Frankreich als durch seine rein politische Thätigkeit erworben, deren Spuren, ungeachtet alles Aufwandes von Geist und Beredtsamkeit, von den nachfolgenden Stürmen verweht worden sind.

Die Deputirtenkammer wurde, nachdem sie alle Vorschläge der Regierung angenommen hatte, aufgelöst, und es wurden alsbald neue Wahlen angeordnet. Das Verlangen nach Befestigung des Bestehenden war unter den Wählern so lebhaft, daß die Opposition bei den Wahlen achtzig Stimmen verlor. Die Interessen der Juliusmonarchie waren in der neuen Deputirtenkammer, welche im December (1834) zusammentrat, noch stärker als in der vorangegangenen Legislatur vertreten.

Die Voruntersuchung gegen die, wegen Theilnahme an den Unruhen in Lyon und Paris, Verhafteten war unterdessen beendigt worden. Am 5. Mai (1835) ward der Proceß vor dem Pairshofe eröffnet. Die meisten Angeklagten erkannten die Jurisdiktion der Pairs, als verfassungswidrig, nicht an, und von mehren unter ihnen wurden die heftigsten Beschuldigungen gegen das von Ludwig Philipp I. befolgte Regierungssystem ausgestoßen. Das Olimpflichste, was gegen ihn vorgebracht wurde, war, daß er das Volk um die Früchte der Juliusrevolution gebracht habe. Mitunter wurde er geradezu des Verrathes an Frankreich beschuldigt. Die Sitzungen waren mit den Tumulten der Angeklagten, die, wegen unerträglicher Aeußerungen, zuweilen von den Gensd'armen fortgeführt werden mußten, und den Protestationen ihrer Vertheidiger angefüllt. Im Julius gelang es den Bedeutendsten unter den Angeklagten, darunter Jakob Cavaignac, Bruder des später berühmt gewordenen Generals dieses Namens, der für den denkendsten und kühnsten Kopf seiner Partei galt, und Armand Marrast, welcher als Redakteur des National der Juliusmonarchie so gefährlich werden sollte, aus dem Gefängniß zu entkommen. Die Zurückgebliebenen wurden später zu längeren oder kürzeren Freiheitsstrafen, aber Niemand, selbst nicht diejenigen, welche mit den Waffen in der Hand ergriffen worden, zum Tode verurtheilt. Die Juliusmonarchie ist die mildeste unter allen aus einer Revolution hervorgegangenen Regierungen gewesen, und doch ist, sonderbarer Weise, keine andere so vielfach angefeindet und so hartnäckig bekämpft worden. Die Verkennung der ausgezeichneten Seiten in Ludwig Philipp's Wesen, die Uebertreibung seiner Mängel, der blutdürstige Haß, welcher gegen ihn bei mehren Gelegenheiten aus der Mitte der unteren Volksklassen hervorbrach, kann für eines der Räthsel der neueren Geschichte gelten.

Ein furchtbarer Schlag, der gegen Ludwig Philipp I., von dessen Leben die 1830 eingeführte Ordnung der Dinge einzig abzuhängen schien, geführt wurde, sollte alles Andere für den Augenblick in Vergessenheit bringen, und Europa mit Erstaunen erfüllen. Am 28. Julius (1835) hielt der König, von seinen Söhnen und einem zahlreichen und glänzenden Stabe begleitet, zu Ehren der Juliusrevolution, eine Heerschau über die Nationalgarde und die Besatzung von Paris ab. Die Feierlichkeit wurde von dem herrlichsten Wetter begünstigt, und es war eine bewaffnete Macht von mehr als funfzigtausend Mann aufgestellt. Niemand ahnte irgend ein drohendes Ereigniß, und das Volk gab sich ohne Rückhalt dem Eindrucke des großartigen Schauspieles hin. Als Ludwig Philipp auf den Boulevard du Temple angekommen, brach plötzlich aus den Fenstern eines Hauses ein Hagel von Kugeln hervor, und schmetterte eine Menge von Personen nieder. Der König war wie durch ein Wunder unversehrt geblieben. Man glaubt, daß er seine Rettung der Annahme einer ihm dargereichten Bittschrift verdankte, was ihn außerhalb der Schußlinie brachte. Als man in das Haus, in welchem die Explosion erfolgt war, eindrang, ward daselbst eine sogenante Höllenmaschine vorgefunden, bestehend aus mehren Reihen von Flintenläufen, deren Inhalt durch eine angebrachte Vorrichtung in Bewegung gesetzt worden war. Das Unglück wäre noch größer gewesen, wenn der Erfinder dieser Maschine nicht die Flintenläufe überladen hätte, wodurch viele derselben sprangen, und wenn von ihm nicht im allgemeinen zu hoch gezielt worden wäre. Als das Haus durchsucht wurde, fand man daselbst einen Menschen, der sich verbergen wollte, und bei der Explosion, welche er geleitet hatte, selbst verwundet worden war. Obgleich er seinen Namen verheimlichte, so ward er doch nach einigen Tagen für einen ehemaligen Soldaten Namens Fieschi, in Korsika geboren, erkannt.

Es war dies eine Unthat ohne Gleichen. Ueber sechszig Personen jedes Alters und Standes lagen todt oder verwundet da. Die Mauer des, dem Hause, aus dem geschossen worden, gegenüber liegenden Jardin turc zeigte die Spuren der vielen Kugeln, welche von ihr abgeprallt waren, und die, wenn die Höllenmaschine niedriger gerichtet gewesen wäre, ihr lebendiges Ziel nicht verfehlt haben würden. Der Mord hatte Personen auf den verschiedensten Stufen des Alters und Ranges in einen gemeinsamen Untergang verwickelt. Es befanden sich unter den Todten ein Marschall von Frankreich, der hochbejahrte Mortier Herzog von Treviso, und ein funfzehnjähriges Mädchen aus der arbeitenden Klasse.

Von Ludwig Philipp wurde bei dieser tragischen Veranlassung die größte Festigkeit und Unerschrockenheit an den Tag gelegt. Sobald den Verwundeten die nöthige Hülfe erwiesen war, setzte er die Heerschau so ruhig, als wenn nichs vorgefallen, fort. Weder seine Sprache noch seine Haltung ließen eine innere Erschütterung ahnen. Nur der Ausdruck seiner Züge bewies die Trauer und den Schmerz, welche einem so menschlich gesinnten Mann, wie dieser König war, der Anblick einer so unerwarteten Gräuelscene einflößen mußte.

Der erste Gedanke, welchen dieses blutige Ereigniß eingab, war, daß dasselbe nicht von einem Einzelnen ausgegangen, sondern das Werk einer Partei sei, und zwar derselben, welche die Unruhen in Paris, Lyon und andern Städten hervorgerufen hatte. Obgleich dieser Verdacht im ersten Augenblick natürlich erscheinen mochte, so hat er sich später doch als ein Irrthum herausgestellt. Wenn die republikanische Partei den Juliusthron auf diese Art hätte stürzen wollen, so würden ihre Führer nicht kurz vorher aus Frankreich entflohen, sondern sich in Paris verborgen gehalten, und den Ausgang des von ihnen entworfenen oder gebilligten Planes abgewartet haben. Aus dem vor dem Pairshofe geführten Prozesse ging hervor, daß die Anwendung der Höllenmaschine nur ein, von einem Einzigen begangenes, und von drei Anderen gekanntes und unterstütztes, Verbrechen gewesen, aber keine anderweitige Mitwissenschaft oder Hülfsleistung dabei statt gefunden hat. Daß der Geist, aus welchem ein so blutiger Frevel hervorging, nicht auf den Kreis der Theilnehmer an diesem Komplott beschränkt gewesen, ist unzweifelhaft. Aber der Fanatismus kann, im Politischen wie im Religiösen, nicht durch gesetzliche Strafen, sondern nur durch sittliche Heilmittel bezwungen werden. Auch ist es ungerecht und unklug, wenn eine Regierung ein ganzes Volk nach den Gesinnungen einer einzelnen Partei beurtheilen oder behandeln will.

Das Ministerium, an dessen Spitze damals der Herzog von Broglie stand, beschloß das Attentat vom 28. Julius zur Aufstellung neuer Beschränkungen der Freiheit und Schmälerung der von der Verfassung verliehenen Rechte zu benutzen. Es wurden zu diesem Zweck den Kammern drei Gesetzentwürfe vorgelegt. Bisher waren, der revidirten Charte constitutionelle von 1830 gemäß, alle Preßvergehen, auch wenn sie Beleidigungen gegen den König und Angriffe auf die Form der Regierung enthielten, von den Geschwornen entschieden worden. Uebertretungen der Art sollten fortan vor die Pairskammer gebracht werden. Die Geldbußen wurden für solche Fälle sehr erhöht. Die Kaution, zu

10 *

welcher die Herausgeber von Tagesblättern verpflichtet waren, wurde für Paris von 50,000 auf 100,000 Fr., und für die Departements= städte nach Maßgabe ihrer Bevölkerung festgestellt. — In Folge eines nach der Juliusrevolution als Schutz für die Angeklagten erlassenen Gesetzes hatten zwei Drittheile der Stimmen des Schwurgerichts zur Verurtheilung gehört, jetzt sollte die Majorität einer einzigen Stimme hinreichen. Wenn wegen politischer Vergehen Angeklagte die Antwort auf die an sie gestellten Fragen verweigerten oder sich sonst ungebührlich betrügen, so könne der Prozeß auch ohne Verhör entschieden werden. — Es dürfe fortan kein Theaterstück zur Aufführung gebracht, kein Kupfer= stich oder Steindruck bekannt gemacht werden, ohne in Paris die Er= laubniß des Ministers des Innern, und in den Departements die Be= willigung des Präfekten eingeholt zu haben.

Diese Anträge riefen in und außer den Kammern einen heftigen Widerstand hervor. Besonders trat Royer Collard, welcher bei dieser Gelegenheit, zum erstenmal seit der Juliusrevolution, seine Stimme er= hob, dem Ministerium entgegen, und machte darauf aufmerksam, daß die Unterdrückung der Freiheit nicht die Sittlichkeit des Volkes vermeh= ren würde, und daß Erscheinungen im öffentlichen Leben, wie diejenigen, zu welchen das Attentat vom 28. Julius gehört, einer Quelle entsprän= gen, welche durch andere Mittel, als Verletzungen der Verfassung und ihrer Gewährleistungen, verstopft werden müßte. Da Royer Collard nicht nur einer der scharfsinnigsten und beredtesten Männer seiner Zeit, sondern auch einer ihrer fleckenlosesten Charaktere war, so wurde sein Widerspruch mit einem achtungsvollen Stillschweigen angehört, übte aber auf das Ministerium und die Majorität keinen Einfluß aus. Die drei genannten Entwürfe wurden von den Kammern mit großer Stim= menmehrheit angenommen (September 1835). Durch diese sogenannte Septembergesetzgebung vollendete die Juliusmonarchie die Bahn des in= neren Rückschrittes, welche sie zuerst im geheimen und dann immer öffent= licher betreten hatte.

Von dieser Zeit an nahm Ludwig Philipp's Verhältniß zu den übrigen Staaten, namentlich den absolutistischen Großmächten, Ruß= land, Oesterreich und Preußen, eine freundlichere Gestalt als bisher an. Da die fremden Kabinette sahen, daß der König der Franzosen seinen Willen, wie die große Beschränkung der Preßfreiheit und der Schwurgerichte, die Aufhebung des Vereinsrechts, die Besiegung aller Volksaufstände bewiesen, durchzusetzen verstand, so hofften sie, daß der= selbe den revolutionairen Brand in Frankreich allmälig ganz ersticken,

und eine feste Ordnung einführen werde. Die Beziehungen zum Aus=
lande gestalteten sich so vertraulich, daß die beiden ältesten Söhne Lud=
wig Philipp's, der Thronerbe Herzog von Orleans und sein Bruder,
der Herzog von Nemours, eine Reise nach Berlin und Wien unternah=
men (1836), wo sie an beiden Höfen, besonders aber an ersterem, nicht
nur mit der ihrem Range gebührenden Auszeichnung, sondern selbst mit
persönlichem Wohlwollen aufgenommen wurden, was übrigens diese
Prinzen, ihrem Charakter und ihrer Bildung nach, auch vollkommen
verdienten. Im Jahre 1837 vermählte sich der Herzog von Orleans
mit der dem preußischen Königshause verwandten Prinzessin Helene von
Mecklenburg=Schwerin, und ein aus diesem Bunde hervorgegangener
Sprößling, in Erinnerung an den Ursprung der kapetingischen Dyna=
stie, Graf von Paris genannt, schien die Zukunft der Juliusmonarchie
zu sichern.

Im Vergleiche zu dieser günstigen Lage, konnte ein schon im Ent=
stehen beseitigter Angriff auf den Juliusthron für mehr seltsam als ge=
fährlich erachtet werden. Ludwig Napoleon Bonaparte, ein Sohn des
ehemaligen Königs von Holland und der Stieftochter Napoleon's, Hor=
tensia Beauharnais, der mit seinem älteren bereits verstorbenen Bruder
an den Unruhen im Kirchenstaate (1831) betheiligt gewesen, hatte mit
mehren Officieren der Straßburger Garnison geheime Verbindungen
angeknüpft. Er erschien, im Vertrauen auf den Eindruck seines Na=
mens und die Erinnerungen an das Kaiserreich, plötzlich in dieser Stadt
(30. Oktober 1836), um sich daselbst festzusetzen, zum Erben des Kaiser=
reiches ausrufen zu lassen, und um zuzusehen, wie Frankreich sein Unter=
nehmen aufnehmen werde. Er kannte die Erkaltung der großen Mehr=
heit des Volkes gegen die Juliusmonarchie, den Haß der extremen Par=
teien gegen Ludwig Philipp, und hoffte, daß der Abfall eines Theiles
der bewaffneten Macht eine allgemeine Bewegung zu seinen Gunsten
hervorbringen würde. Das Artilleriekorps der Besatzung schien zu ihm
überzugehen bereit. Aber der Vorschlag scheiterte an der Festigkeit des
Gouverneurs General Voirol, der die Soldaten in ihrer Pflicht zu er=
halten wußte. Der kühne Eindringling wurde verhaftet und nach Paris
geschickt. In jedem anderen Lande würde derselbe augenblicklich vor ein
Kriegsgericht gestellt und erschossen worden sein. Napoleon hatte einst
den Herzog von Enghien, blos weil ihm dessen Anwesenheit in der Nähe
Frankreich's gefährlich erschien, in einem fremden Lande aufheben und
hinrichten lassen. Aber die Milde und Menschlichkeit Ludwig Philipp's
ließ kein strenges Verfahren zu. Es sah aus, als wollte er den endlichen

Ausspruch des Schicksals über seine und seiner Gegner Rechte abwarten, und der Entscheidung desselben durch keine gewaltsamen Mittel vorgreifen. Der Napoleonide, welcher damals achtundzwanzig Jahre alt war, wurde nicht einmal zur Untersuchung gezogen, sondern auf einem französischen Kriegsschiffe nach Nordamerika geschickt. Den Anhängern der Juliusmonarchie schien dieser verfehlte Handstreich noch unbedeutender als vier Jahre vorher das abentheuerliche Unternehmen der Herzogin von Berry zu sein. Es war aber ein bedenkliches Zeichen der Volksstimmung in Frankreich, daß die Theilnehmer an dem Aufstandsversuche in Straßburg, selbst die im aktiven Dienste befindlichen Officiere, von dem Schwurgerichte freigesprochen wurden. Da das Haupt des Komplotts von der Regierung dem gesetzlichen Verfahren entzogen worden, so glaubte man dessen untergeordnete Gefährten nicht verurtheilen zu können. In dieser Auffassung der Dinge sprach sich aber mehr die Gleichgültigkeit gegen das Bestehen der Juliusmonarchie, als die Unzufriedenheit über den, in diesem Falle, zwischen dem Erben eines berühmten Namens und seinen dunkeln Mitschuldigen, gemachten Unterschied aus.

Obgleich die Kammern, im ersten Schrecken über das blutige Attentat vom 28. Julius, auf alle Anträge der Regierung, die Beschränkung der persönlichen und bürgerlichen Freiheit betreffend, eingegangen waren, so ward doch selbst von der Majorität das herrschende System nicht immer gebilligt, und gingen zuweilen von der Rechten und dem Centrum Zeichen des Mißtrauens und der Unzufriedenheit mit demselben aus. So wurden im Jahre 1837 drei von dem Ministerium vorgelegte Gesetzentwürfe verworfen. Nach dem ersten sollten, bei von Civilisten und Militairs gemeinsam verübten Verbrechen, nur jene von Geschwornen, diese aber von Kriegsgerichten abgeurtheilt werden. Es wurde dies das Trennungsgesetz (loi de disjonction) genannt, und die Berathung in einem der Regierung äußerst feindlichen Tone gehalten. Das zweite Gesetz bestimmte die Insel Bourbon als Deportationsort, wodurch diese Strafe, welche bisher nur dem Namen nach vorhanden gewesen, verwirklicht worden wäre. Der dritte Entwurf bedrohte diejenigen mit der schwersten Ahndung, welche, von einer Verschwörung gegen den König in Kenntniß gesetzt, dieselbe nicht innerhalb vierundzwanzig Stunden anzeigen würden. Von dem Allen wollte selbst die Majorität, als dem Geiste der Verfassung zuwiderlaufend, nichts wissen.

Die Opposition, obgleich zu schwach, um den Gang der Regierung aufhalten zu können, und nur dann in sie einzugreifen befähigt, wenn ein Theil des Centrums mit ihr stimmte, wurde jedoch nicht müde, die Juliusmonarchie bei jeder Gelegenheit des Rückschrittes anzuklagen, und ihr die Untreue gegen ihren revolutionairen Ursprung vorzuwerfen. Sie übte, wiewohl auf dem officiellen Boden gewöhnlich geschlagen, auf die Volksstimmung einen großen Einfluß aus. Ihre Reden wurden von der Menge mit mehr Theilnahme als die ihrer politischen Gegner auf= genommen, und prägten sich den Gesinnungen tiefer ein. Außerdem war es nicht allein die Opposition in der Deputirtenkammer, sondern noch· mehr die in der Presse, welche die Juliusmonarchie zu fürchten hatte. Da der ganze Zustand ein schwankender, zweifelhafter war, der bisher keine moralischen Wurzeln geschlagen hatte, so hing Alles von der Rich= tung ab, welche die öffentliche Meinung annahm. Diese wurde mehr von der oppositionellen als ministeriellen Presse bestimmt. Bei Gelegenheit der Forderung einer Apanage für den Herzog von Nemours, wurde das Ministerium in der Deputirtenkammer, und, außerhalb derselben, der König selbst in Journalen und Broschüren, so heftig angegriffen, daß der Antrag zurückgezogen werden mußte. Außer der öffentlichen Presse, welche die Septembergesetze zu scheuen hatte, und deshalb zu einiger Mäßigung gezwungen war, gab es noch eine heimliche Presse, welche, ungeachtet aller polizeilichen Beaufsichtigung, immer zahlreicher wurde, ihre Erzeugnisse bis in die untersten Klassen verbreitete, und unausge= setzt an der Untergrabung der bestehenden Ordnung der Dinge arbeitete.

Mit den Ministern wurde, während der ersten zehn Jahre der Juliusmonarchie, fast eben so häufig wie früher unter der Republik ge= wechselt. Guizot ist Minister des Innern, zweimal Minister des öffent= lichen Unterrichts und Minister des Auswärtigen gewesen. Thiers hat das Departement des Innern, der öffentlichen Arbeiten und des Aus= wärtigen verwaltet. Soult ist mehrmals Kriegsminister und auch Mi= nister des Auswärtigen gewesen. Sebastiani, Montalivet, b'Argout, vie= ler anderen weniger bekannten Persönlichkeiten nicht zu erwähnen, haben verschiedene Ministerien bekleidet. Die Stellung als Ministerpräsidenten haben eingenommen: Dupont de l'Eure, Lafitte, Casimir Perier, Soult, Molé, Gerard, Mortier, Broglie, Bassano, Thiers, Guizot.

Ungeachtet dieses Wechsels gehörten alle Minister Ludwig Philipp's, mit Ausnahme der bald beseitigten Dupont de l'Eure und Lafitte, ent= weder den Doktrinairen oder dem Tiersparti an, oder nahmen, wenn sie ursprünglich ohne bestimmte politische Grundsätze gewesen, die Meinun= gen einer dieser Parteien an. Die Doktrinaire strebten danach, die Juliusmonarchie möglichst in den Gleisen der Restauration zu erhalten.

Von ihnen wurde Ludwig Philipp, in den Mittheilungen an die frem=
den Höfe, namentlich den päbstlichen, der alte Titel eines allerchristlich=
sten Königs, wie Ludwig XVIII. und Karl X., beigelegt. Nach ihnen
sollte der Thron der jüngeren Linie eben so rechtmäßig wie der der älteren
sein, und nur die Idee von einem göttlichen Recht des Königthums; als
mit einer freien Verfassung unvereinbar, fortfallen. Daß die Krone nie
ein Spiel der Parteien würde, und nie zu dem Volke in Widerspruch
träte, dafür hätten die Minister und die Majorität in den Kammern
zu sorgen. Die Wählerschaft, aus welcher die Deputirten hervorgehen,
wurde als die officielle Nation (le pays légal) angesehen. Der übrige
Theil der Bevölkerung sollte sich mit der gesetzlichen Gleichheit begnügen,
aber keinen bestimmten politischen Einfluß ausüben. Da das Wahlrecht
von einem Census abhing, also nicht an der Person, sondern an dem
Vermögen haftet, welches erworben und verloren werden kann, so war
Niemand von einer solchen Stellung für immer ausgeschlossen, so wie
Niemand derselben für immer gewiß sein konnte. Dieses System der
Doktrinaire, auf Erhaltung des inneren Friedens und den Fortschritt
der Gesittung berechnet, litt nur an dem Grundfehler, die revolutionaire
Vergangenheit des französischen Volkes nicht gebührend in Anschlag zu
bringen. Es fehlte in Frankreich an einer festen und weit verzweigten
Aristokratie, welche, wie dies in England der Fall ist, den Mittelpunkt
des öffentlichen Lebens ausgemacht, und ihm, ungeachtet aller Bewegung
auf der Oberfläche, im Innern die nöthige Schwerkraft verliehen hätte.
Eine meist aus höheren Beamten bestehende Pairskammer, und eine in
vielen ihrer Schichten häufig wechselnde Wählerschaft konnten nicht für
eine politische Aristokratie gelten, die einzige, welche ein freies und be=
wußtes Volk ertragen, aber auch nicht entbehren kann. Der Mangel an
einer solchen Institution machte Frankreich zu einem Schiff ohne Ballast,
das bei jeder Bewegung in Gefahr kommt das Gleichgewicht zu verlieren,
und auf die eine oder die andre Seite hin umzuschlagen. Den Dok=
trinairen schwebte ein politisches Ideal vor, für welches aber die fran=
zösische Nation zu wenig vorbereitet war.

Ludwig Philipp, der wenig an Ideen und Systemen hing, und
glaubte, daß man, auf einer einmal gegebenen Grundlage weiter bauend,
mit einer gewissen praktischen Geschicklichkeit Alles ausrichten könne,
fühlte sich durch seine Natur nicht zu den Doktrinairen hingezogen.
Aber ihre Absicht, in der Juliusmonarchie die Restauration fortzusetzen,
im Innern die Revolution zu erdrücken, und jede Kollision mit dem
Auslande zu vermeiden, stimmte so sehr mit seinen eigenen Ueberzeugun=

gen und Wünschen überein, daß er aus ihnen vorzugsweise gern seine Minister nahm.

Der Tiersparti war eben so sehr wie die Doktrinaire der Republik entgegen, und eben so zur Unterstützung der Juliusmonarchie bereit, wollte diese aber nicht in die Fußstapfen der Restauration treten sehen. Herabsetzung des Census, Ertheilung des Wahlrechts an die sogenannten Kapacitäten, gewisse Klassen, deren Bildung für ein Steuerquotum gelten sollte, waren die Forderungen, welche der Tiersparti in Bezug auf das Innere stellte. Er wollte ebenfalls ein friedliches Verhältniß zum Auslande erhalten, dabei aber Frankreich's Einflusse nichts vergeben. Es fanden übrigens innerhalb dieser Parteien, ohne daß sie sich deshalb auflösten, erhebliche Unterschiede statt. Unter den Doktrinairen war der Herzog von Broglie auf Frankreich's Größe und Würde eifersüchtiger als Guizot, und im Tiersparti waren Dupin der Aeltere, Passy u. s. w. dynastischer als Thiers gesinnt. Ludwig Philipp hielt die Mitglieder des Tiersparti für weniger zuverlässige Freunde als die Doktrinaire, und vertraute jenen nur dann die oberste Verwaltung an, wenn diese für den Augenblick unmöglich geworden waren.

Unter den Männern von Ruf und Bedeutung, welche in den Kammern saßen, und in die Ministerien traten, gab es ohne Zweifel manche, welche dem Könige an Geist und Kenntnissen nicht nachstanden. Gleichwohl konnten sie keine selbstständige Bahn einschlagen, und übten auf Ludwig Philipp keinen bestimmten Einfluß aus. Die Unvollkommenheit des konstitutionellen Systems in Frankreich, welche dem Monarchen unter liberalen Formen eine Art von Diktatur verlieh, kam von der eigenthümlichen Lage der Parteien und der Stimmung des Volkes her. Da Ludwig Philipp's Stellung von Legitimisten und Republikanern von vorn herein verworfen, und von den Massen mit Gleichgültigkeit betrachtet wurde, so schlossen sich seine Anhänger ihm um so fester an. Sie glaubten, daß er allein im Stande wäre, den innern und äußeren Frieden zu erhalten, und eine neue Revolution oder einen allgemeinen Krieg zu verhindern. Auch war er, ohne einen weiten oder tiefen Blick zu besitzen, äußerst fein und zur Behandlung des unmittelbar Vorliegenden geschickt. Er kannte die schwachen Seiten der politischen Notablitäten seiner Partei, ihren Mangel an Unabhängigkeit, an Stützpunkten in der Nation, ihre gegenseitige Eifersucht, ihr Streben emporzukommen oder sich oben zu erhalten, und wußte die Befriedigung ihres Ehrgeizes von der Annahme seiner Pläne und der Befolgung seines Willens abhängig zu machen. Gefiel ihm die Haltung eines seiner Minister nicht, ſo ſah er ſich im Stillen nach einem Erſatzmanne für ihn um, und wußte immer im geeignetſten Moment eine ſolche Veränderung einzuleiten. Es war dies um ſo leichter, da ihm viele ungefähr auf derſelben Linie der Befähigung ſtehende Männer zu Gebot ſtanden. Denn es gab unter dieſer Regierung nur zwei Perſönlichkeiten, welche durch eine ſeltene Vereinigung von politiſchem und litterariſchem Talent, von Theorie und Praxis, von Beredſamkeit und Geſchäftskenntniß, eine Ausnahms- ſtellung einnahmen, und die ſich Ludwig Philipp zwar anſchloſſen, aber nicht vollkommen unterordneten. Es waren dies Thiers und Guizot. Lange verſtand es der König beide für ſeine Zwecke zu benutzen, den einen durch den anderen in Schranken zu halten, keinem von ihnen vor den Kopf zu ſtoßen, und dadurch zwiſchen den beiden Parteien, an deren Spitze dieſe von Natur ſehr verſchiedenen, als Schriftſteller und Redner aber gleich hervorragenden Erſcheinungen ſtanden, ein Gleichgewicht zu erhalten. Die Art, wie er ſpäter Thiers von ſich entfernte, und Guizot ausſchließend heranzog, war ein Fehlgriff, der ihm zuletzt gefährlich wer- den ſollte.

Fieschi, der Anfertiger der Höllenmaſchine und Vollführer des mörderiſchen Anſchlages vom 28. Julius (1835) war mit ſeinen beiden Mitſchuldigen, dem Kaufmann Pepin und dem Sattler Morey, welche ihn mit Geld und Rath bei den Vorbereitungen zu ſeinem Verbrechen unterſtützt hatten, am 19. Februar 1836 hingerichtet worden. Ein junger Handwerker Namens Boireau, welcher um die That gewußt, und ihr ebenfalls förderlich geweſen, aber, im Gegenſatze zu Pepin und Mo- rey, ſeine Theilnahme eingeſtanden hatte, ward nur zur Deportation verurtheilt. Dieſes Attentat ſcheint den erſten Anſtoß zu einer Reihe von Mordverſuchen gegeben zu haben, wie ſie ſich in der Geſchichte keines anderen Volkes vorfinden. Am 25. Junius 1836 ſchoß Alibaud, früher Soldat, ſpäter Handlungsreiſender, auf den König, und wurde am 10. Julius hingerichtet. Am 27. December 1836 verübte ein jun- ger Handwerker Namens Meunier daſſelbe Verbrechen, ward zum Tode verurtheilt, von dem Könige aber zur Deportation begnadigt. Ein Elſaſſer, Hubert, hatte einem geſchickten Mechaniker eine im größten Maßſtabe angelegte Höllenmaſchine abgekauft, welche, urſprünglich zu militairiſchen Zwecken erfunden, von Hubert dazu beſtimmt wurde, bei Eröffnung der Kammern, den König, ſein Gefolge und ſeine Miniſter zu tödten. Hubert wurde mit der Strafe der Deportation belegt. Am 17. Oktober 1840 ſchoß ein Arbeiter Namens Darmès, am 16. April 1846 der ehemalige Forſtbeamte Lecomte auf den König, der am 29. Ju-

lius des nämlichen Jahres sich durch den Stahlwaarenfabrikanten Henry
derselben Gefahr ausgesetzt sah. Darmès und Lecomte wurden hinge=
richtet, Henry zu lebenslänglicher Zwangsarbeit verurtheilt. Man weiß
nicht, worüber man mehr erstaunen soll — die Beharrlichkeit in diesen
Mordversuchen — oder das Glück des Königs — welcher, oft in näch=
ster Nähe bedroht, nie die geringste Verletzung erlitt.

Ein dauerndes Verdienst erwarb sich die Juliusmonarchie um
Frankreich, durch ihre angestrengten Bemühungen Algerien in eine fran=
zösische Kolonie zu verwandeln. Unter Karl X. hatten sich die Franzo=
sen nur in den Besitz der Stadt Algier gesetzt. Ludwig Philipp I. hatte,
während der ersten Jahre nach seiner Thronbesteigung, von vielen näher
liegenden und wichtigeren Interessen in Anspruch genommen, zu keinem
entscheidenden Entschluß über das Verhältniß Frankreich's zu dieser
neuen Erwerbung kommen können. Die Pforte that gegen eine dauernde
Besitznahme der ehemaligen Regentschaft Einsprache, und wollte ihre
Oberhoheit geltend machen. England unterstützte im geheimen die Re=
klamationen der Türkei, und ließ seine Unzufriedenheit über eine Nieder=
lassung der Franzosen an der Nordküste Afrika's durchblicken. In Frank=
reich selbst gab es eine zahlreiche Partei, welche diese Eroberung ganz
aufgegeben oder auf die Stadt Algier beschränkt wissen wollte. Man
fürchtete die Opfer an Geld und Mannschaft und die möglichen Ver=
wickelungen mit dem Auslande, welche die Behauptung dieses Gebietes
nach sich ziehen konnte. Nachdem sich aber die Juliusmonarchie ent=
schlossen hatte, diese Hinterlassenschaft der Restauration nicht fahren zu
lassen, so wurden die Mittel zu deren Befestigung und Erweiterung mit
von Jahr zu Jahr zunehmender Kraft und Einsicht gewählt, und die
großen Anstrengungen zuletzt von einem eben so großen Erfolge gekrönt.

Anfänglich schienen die entgegenstehenden Hindernisse fast unüber=
windlich zu sein. Der hartnäckige Widerstand der Bevölkerung ließ end=
lose Kämpfe voraussehen. Bei der gänzlichen Verschiedenheit der Reli=
gion, Sprache und Sitte war es nicht recht begreiflich, wie sich die
Franzosen anders als durch einen immerwährenden Krieg, der zuletzt
mehr Opfer verlangen mußte als Vortheile gewähren konnte, in jenen
Gegenden behaupten würden. Aber das viel ferner liegende Egypten
war von Frankreich am Ende des vorigen Jahrhunderts, ungeachtet es
damals halb Europa gegen sich hatte, erobert worden, und würde unter
etwas günstigeren Verhältnissen auch behauptet worden sein. Diese
Erinnerung flößte der französischen Regierung den Muth ein, in einem
Unternehmen fortzufahren, dessen noch fern liegendes, aber schon sicht=

bares Ziel die Europäisirung und Christianisirung der ganzen afrikani=
schen Nordküste ist. Während der ersten Jahre war der Kampf der Franzosen gegen
die Araber von geringen Erfolgen und häufigen Unfällen bezeichnet.
Mit den mäßigen, von den Kammern für Algerien bewilligten Geld=
mitteln ließ sich dort keine angemessene Kriegsmacht aufstellen. Erst
nach und nach gewöhnten sich die Vertreter der Nation an den Gedan=
ken, Algerien dauernd mit Frankreich zu verbinden, und die zur Er=
reichung dieses Zweckes nöthigen Opfer nicht zu scheuen. Es war auch
eine gewisse Zeit erforderlich, bevor die französischen Generale die Na=
tur des dort zu führenden Krieges begreifen, und die Soldaten sich an
Lebensart und Witterung in dem fremden Lande gewöhnen konnten.
Der Marschall Clauzel scheiterte bei dem Sturm auf Konstantine (dem
Cirta der Römer), und sein Nachfolger, General Damremont, blieb bei
dem Angriffe auf diese Stadt, die aber am 13. Oktober 1837 von
den Franzosen, nach Ueberwindung großer Schwierigkeiten, genommen
wurde. Durch diese glänzende Waffenthat wurde ein fester Punkt im
Innern Algerien's gewonnen. Ein tapferer und schlauer Häuptling, der
Emir Abd=el=Kader, der unter den Arabern den sogenannten heiligen
Krieg gegen die Ungläubigen predigte, und im geheimen von England
mit Waffen und Kriegsbedarf unterstützt wurde, schlug die Franzosen
Jahre lang in vielen einzelnen Gefechten, und überlistete sie bei den
Unterhandlungen, ward aber endlich überwältigt, gefangen und nach
Frankreich abgeführt. Der Kaiser von Marokko, welchen die Anwesen=
heit der Franzosen in seiner Nähe beunruhigte, ließ sich zum Kriege
gegen sie verleiten, schickte unter seinem Sohne ein Heer gegen sie ab,
wurde aber von dem Marschall Bugeaud bei Isly (14. August 1844)
gänzlich geschlagen, und zum Frieden gezwungen. Nachdem Bugeaud
allmälig das ganze Gebiet der ehemaligen Regentschaft unterworfen
hatte, führte er eine regelmäßige und feste Verwaltung ein, welche die
Eingebornen zu der Ueberzeugung zwang, daß die Franzosen zur Herr=
schaft über ihr Land bestimmt wären, und jeder Widerstand gegen sie
nur ein unausbleibliches Verderben nach sich ziehe. Abgesehen von den
Früchten, welche die Eroberung Algerien's den Franzosen für die Zu=
kunft verspricht, hat der dortige Krieg ihnen schon in der Gegenwart
den unermeßlichen Vortheil gewährt, eine große Menge talentvoller
Officiere und abgehärteter Soldaten herangebildet zu haben, welche zur
Ausführung der größten Unternehmungen geeignet sind.

Die Septembergesetze hatten dem gewaltsamen Parteitreiben, wel=

ches sich in blutigen Volksaufständen und leidenschaftlichen Angriffen
der Tagesblätter auf die bestehende Ordnung der Dinge aussprach,
einen Damm entgegengesetzt. Zwar hörten die der Juliusmonarchie
feindlichen Gesellschaften nicht auf, sondern zogen sich nur in ein für
die Behörden schwer zu erreichendes Dunkel zurück, welches dann und
wann durch die Mordanfälle auf den König, wie von einem Blitzstrahl,
erleuchtet wurde, und die geheime Presse setzte ihr verderbliches Treiben
fort. Aber äußerlich war, in Folge der Reaktion gegen das Attentat
vom 28. Julius 1835, ein gewisses Maß in die Bewegungen des öffentlichen Lebens gebracht, und der Kampf auf die legale Opposition in den
Kammern, und deren Echo in den Journalen, beschränkt worden. Zwei
um diese Zeit angestellte Versuche, die, allerdings nur auf der Oberfläche bestehende, aber für eine Zeit lang äußerlich hinreichend befestigte,
Ruhe zu stören, sollten gleich im Entstehen vereitelt werden, bewiesen
aber doch wie wenig man, in gewissen Kreisen, an die Dauer und Festigkeit des herrschenden Systems zu glauben geneigt war, und von welchen
Parteien dasselbe in der Zukunft am meisten bedroht werden würde.

Die in Folge des Rücktrittes des Grafen Molé eingetretene, ungewöhnlich lang dauernde Ministerkrise wurde von einer, aus den Ueberresten der Gesellschaft der Menschenrechte, entstandenen geheimen Verbindung, die der Jahreszeiten (société des saisons) genannt, zu einer
aufrührischen Bewegung benutzt. An ihrer Spitze standen zwei noch
junge Männer, Barbès und Blanqui, welche akademische Studien gemacht hatten. Barbès, der Vermögen besaß, hatte von der Juliusrevolution an seine ganze Zeit und Kraft auf die Gründung oder Theilnahme an geheimen Verbindungen verwandt. Blanqui war der Sohn
eines Konventsmitgliedes, welches für den Tod Ludwig XVI. gestimmt
hatte, und glaubte, soviel als möglich in die Fußstapfen seines Vaters
treten zu müssen. Beide waren nicht ohne Kenntnisse und Talent, aber
unbeugsame Fanatiker, nur mit dem Unterschiede, daß Barbès für einen
uninteressirten Schwärmer galt, nichts für sich suchte, und seine Person
für seine Ideen rücksichtslos aussetzte, während Blanqui für ehrgeizig
und weniger unerschrocken gehalten wurde.

Die Gesellschaft der Jahreszeiten, welche, ungeachtet dieses un-
schuldigen Namens, die gefährlichsten Zwecke verfolgte, und eine neue
Revolution nur als ein Mittel zur Verwirklichung socialistischer Meinungen anstrebte, war erst neuerdings gestiftet worden, damals aus
kaum tausend Mitgliedern zusammengesetzt, und hatte noch keine Zeit
gehabt, sich eine bestimmte Organisation zu geben. Bei der strengen

polizeilichen Beauſſichtigung waren Geſammtverſammlungen unmöglich
geweſen, und der Verband unter den einzelnen Mitgliedern locker geblieben. Die in den oberſten officiellen Sphären herrſchende Uneinigkeit, welche ſich in der Schwierigkeit ein Miniſterium zu bilden kund
gab, die oppoſitionelle Haltung, welche Thiers anzunehmen anfing, die
in der Preſſe immer lauter werdenden Angriffe auf die perſönliche Politik des Königs, die in gewiſſen Schichten der Pariſer Bevölkerung im
Stillen fortdauernde Gährung, überredeten die anarchiſche Partei, daß
es nur eines Zeichens bedürfe, um eine allgemeine Bewegung hervor-
zurufen.

Barbès und Blanqui hatten den 12. Mai (1839) zum Ausbruch
des von ihnen beabſichtigten Angriffes auf die Juliusmonarchie beſtimmt. Es war an einem Sonntage, Nachmittags gegen vier Uhr,
eine Stunde, wo der größte Theil der Bevölkerung ſich außerhalb der
Stadt befand, als einige hundert bewaffnete Mitglieder der Geſellſchaft
der Jahreszeiten vor dem Juſtizpalaſte erſchienen, die Wache überwältigten, wobei Barbès den kommandirenden Officier mit eigener Hand
tödtete, und dann die in der Näße befindliche Polizeipräfektur beſetzen
wollten. Dort ſtießen ſie auf einen Widerſtand, den ſie bei ihrer geringen
Anzahl nicht überwinden konnten. Die Aufſtändiſchen zogen hierauf nach
dem Stadthauſe, entwaffneten die Militairpoſten, und riefen die Republik aus. Es rückten jetzt von allen Seiten Truppen gegen ſie heran.
Vergebens errichteten ſie einige Barrikaden, vergebens riefen ſie das Volk
zur Theilnahme an ihrem Unternehmen auf. Die Zeit großer Aufſtände
war auf lange hinaus vorüber. Die meiſten Verſchworenen retteten ſich
während der Nacht. Barbès wurde mit einigen ſeiner verwegenſten Gefährten ergriffen. Bei dem Proceß vor dem Pairshofe nahm er, wie
alle ſeine Vorgänger in ähnlichem Falle, die Haltung eines beſiegten
Feindes an. Er wurde zum Tode verurtheilt. Ludwig Philipp war ſo
großmüthig, dieſes Urtheil, gegen den einſtimmigen Rath ſeiner Umgebungen, nicht vollziehen zu laſſen, und Barbès zu einem lebenslänglichen Gefängniß, ohne Zwangsarbeit, zu begnadigen. Blanqui, der
ſich, als er ſah, daß das Unternehmen fehlſchlug, durch die Flucht gerettet und in Paris verborgen gehalten hatte, ward einige Monate ſpäter
entreckt, und theilte Barbès Schickſal, das er aber nicht mit derſelben
Feſtigkeit zu ertragen verſtand.

Ludwig Napoleon Bonaparte war aus Nordamerika, wohin er
nach ſeinem verunglückten Auftreten in Straßburg gebracht worden,

nach Europa zurückgekehrt, und hatte sich in der Schweiz niedergelassen,
dann aber, als die Eidgenossenschaft wegen seines Aufenthaltes in dro=
hende Verwickelungen mit der französischen Regierung gerieth, sich nach
England begeben. Der Gedanke an die frühere Größe seiner Familie,
das Beispiel seines Oheims, welcher zweimal, 1799 und 1815, durch
sein bloßes Erscheinen sich zum Herrn über Frankreich gemacht hatte, ließ
ihm keine Ruhe, und er überredete sich, daß seine Landung in Frankreich
dieselbe Wirkung hervorbringen würde. Er traf im Stillen seine Vor=
bereitungen in London, in dem er einige funfzig Leute aus verschiedenen
Nationen in seine Dienste nahm, sie in die Uniform der ehemaligen
kaiserlichen Garde kleidete, und sich am 4. August (1840) in Greenwich
einschiffte. Der schon sehr bejahrte General Graf von Montholon,
welcher bei Napoleon auf St. Helena gewesen, hielt sich von dem Hause
des Kaisers für unzertrennlich, und schloß sich dem Unternehmen an.
Am 6. August landete der Prinz in Vimereux, einem Fischerdorfe bei
Boulogne, wo er um fünf Uhr Morgens, zum Erstaunen der Bevöl=
kerung, seinen Einzug hielt. Er hatte aus England einen lebendigen
Adler mitgebracht, und ließ ihn, als Sinnbild des Kaiserreiches, in die
Höhe steigen. Zugleich wurde eine Proklamation an das französische
Volk und ein Dekret in zahllosen Exemplaren ausgetheilt. In der Pro=
klamation versprach er Frankreich seine frühere Größe wiederzugeben,
beschuldigte die Juliusmonarchie der Unterdrückung im Innern und der
Ohnmacht gegen das Ausland, und erklärte im Styl seines Oheims,
daß die Bourbons=Orleans aufgehört hätten zu regieren. In dem
Dekret setzte er eine provisorische Regierung ein, bis die Nation Zeit
gehabt haben würde, in Urversammlungen über die ihr angemessen er=
scheinende künftige Staatsform zu entscheiden. Seltsamer Weise er=
nannte er Thiers, welcher in einer späteren Epoche als sein entschiedener
Gegner auftreten sollte, und damals Ludwig Philipp's erster Minister
war, zum Haupte der provisorischen Regierung, stellte die Truppen in
und um Paris unter den Oberbefehl des Marschalls Clauzel und des
Generals Pajol, und kündigte allen Civil= und Militairautoritäten,
welche sich nicht alsbald diesen Bestimmungen unterwerfen würden, ihre
Absetzung an. Louis Napoleon trug, wie man sehen kann, schon damals
vollständig den Plan in seinem Kopf, welchen er zwölf Jahre später
ausführte. Da aber bei den Unternehmungen der Menschen alles von
Zeit und Umständen abhängt, so mußte das was 1851 gelang 1840
mißglücken.

Das wenige reguläre Militair, welches sich in Boulogne befand,

ward zwar versammelt, zeigte aber, wenn auch keine Neigung zum Ab=
fall, wie ein Theil der Straßburger Garnison, auch keinen Eifer ge=
gen den Prinzen einzuschreiten. Aber die Zollsoldaten, welche nicht
unter dem Einflusse der Napoleon'schen Erinnerungen standen, machten
Miene sich des kühnen Eindringlings bemächtigen zu wollen, der, end=
lich die Vergeblichkeit seines Unternehmens begreifend, sich in ein Boot
warf, um das auf der Höhe des Hafens liegende Dampfschiff, welches
ihn nach Frankreich geführt hatte, zu erreichen. Das Boot schlug aber
um, und Ludwig Napoleon ward gefangen genommen. Unter einem
weniger großmüthigen und milden Fürsten, als Ludwig Philipp, hätte
der Napoleonide das Schicksal seines Oheims Murat haben können.
Er war seit dem Aufhören des Kaiserreiches kein Franzose mehr, konnte
deshalb nicht die Rechtswohlthat eines solchen in Anspruch nehmen, und
er hätte für seinen Einfall mit bewaffneter Hand, als ein öffentlicher
Feind, als außer dem Völkerrecht und den Gesetzen stehend, summarisch
gerichtet werden können. Aber Ludwig Philipp war, noch mehr aus
Menschlichkeit und Gewissenhaftigkeit als aus Staatsklugheit, jedem ge=
waltsamen Verfahren abgeneigt. Der Prinz wurde mit seinen Gefähr=
ten vor den Pairshof gestellt, welcher ersteren (5. Oktober 1840) zu
einem lebenslänglichen, letztere, nach dem Grade ihrer Verschuldung, zu
zwei= bis zwanzigjährigem Gefängniß verurtheilte.

Dieses Abentheuer in Boulogne hatte in den Augen oberflächlicher
Beobachter auf den Sohn des ehemaligen Königs von Holland den
Schein des Lächerlichen geworfen. Man bedachte aber nicht, daß nicht
nur Ehrgeiz und Sucht eine Rolle zu spielen, sondern auch die Ueber=
zeugung von der geringen Anhänglichkeit der Nation an die Julius=
monarchie und der sinkenden Popularität ihres Hauptes, Erscheinungen,
welche mit der Zeit zunehmen mußten, den Napoleoniden zu einem
solchen Wagestück fortgerissen hatten. Obgleich Ludwig Napoleon so
wenig, wie andere, die später eingetretene Umwälzung, welche ihm den
Weg zur Herrschaft bahnte, vorausgesehen haben kann, so ist es gleich=
wohl gewiß, daß er, ohne die Ereignisse in Straßburg und Boulogne
und die mehrjährige Gefangenschaft in einer französischen Festung, von
der Nation vergessen worden wäre, und daß diese ihm anfänglich Un=
glück bringenden Ereignisse zu seiner nachmaligen Erhebung beigetra=
gen haben.

Mit Ausnahme der, im Widerspruche zu den absolutistischen Ka=
binetten, der belgischen Revolution erwiesenen Hülfe, ist es die Haltung

gegen das Ausland gewesen, wodurch die Juliusmonarchie sich das fran=
zösische Volk am meisten entfremdet hat. Ludwig Philipp nahm zwar
zuweilen gegen kleine und schwache Staaten, gegen Portugal unter Don
Miguel, gegen die Schweiz, Marokko, Haiti, Mexiko und Buenos=
Ayres eine drohende Stellung an, oder schritt auch wohl mit kriegeri=
schen Maßregeln ein, legte aber in seinem Verhältniß zu den Groß=
mächten eine oft an Schwäche grenzende Nachgiebigkeit dar. Besonders
schadete ihm in der öffentlichen Meinung die Geduld, mit welcher er die
rücksichtslose Behandlung des Kaisers Nikolaus ertrug, der seine Ab=
neigung gegen die jüngere Linie der Bourbonen förmlich zur Schau trug.
Obwohl Ludwig Philipp sonst viel Scharfblick besaß, so wurde dennoch
der Charakter der Nation, an deren Spitze er stand, von ihm nicht voll=
kommen begriffen. Seine immer schwankend bleibende Lage im Innern
hätte nur durch ein kühneres Auftreten nach Außen hin befestigt werden
können. Er hatte weniger den Krieg als eine neue Revolution zu fürch=
ten. Auch entbehrte seine auswärtige Politik, selbst abgesehen davon,
daß sie nicht der Größe des von ihm vertretenen Landes entsprach, der
Aufrichtigkeit, die Vertrauen und Achtung einflößt. Er schien anfäng=
lich sich der liberalen Partei im Kirchenstaate annehmen zu wollen, gab
dieselbe aber zuletzt der Willkühr und Rache der päbstlichen Regierung
preis. In ähnlicher Weise waren die Polen durch Erregung von Hoff=
nungen getäuscht worden. Er ermunterte nach der Juliusrevolution im
geheimen die spanischen Konstitutionellen, und ließ sie dann im Stich.
Als später der Bürgerkrieg in Spanien entbrannte, ward von ihm, un=
geachtet der Quadrupelallianz, um den nordischen Mächten keine Ver=
anlassung zur Unzufriedenheit zu geben, wenig oder nichts für die Be=
gründung des Thrones der Königin Isabella gethan, obgleich der Sieg
des Don Karlos Niemandem so gefährlich als der Juliusmonarchie ge=
worden wäre. Während der, durch die Streitigkeiten zwischen dem Sul=
tan und dem Vicekönig von Egypten herbeigeführten, Krise im Orient
ließ Ludwig Philipp sein damaliges Ministerium eine Zeit lang unge=
hindert die Partei des Vicekönigs ergreifen, dadurch den mittelbar gegen
Frankreich gerichteten Vierbundvertrag zu Stande kommen, Rüstungen
vornehmen, und in dem Volke eine bedenkliche Gährung entstehen, gab
dann aber den Vicekönig plötzlich auf, und trat den Beschlüssen der übri=
gen Mächte vollständig bei. Das von ihm angenommene System, im
Innern die Freiheit möglichst zu beschränken, und einen Bruch mit dem
Auslande um jeden Preis zu vermeiden, konnte ihn in ein günstiges
Verhältniß zu den fremden Mächten stellen, obgleich er auf diese Art

mehr deren Nachsicht als Achtung erwarb, mußte aber die große Mehr=
heit der Nation von ihm entfernen, und ihn zuletzt dem Angriffe einer
feindlichen Partei wehrlos überliefern.

**30. Spanien seit der Beendigung des Bürgerkrieges. — Marie
Christine's und Esparteto's Regentschaft. — Die Königin Isa=
bella II. von den Kortes für volljährig erklärt. — Narvaez. —
Revision der Verfassung. — Vermählung der Königin.**

Durch den Vertrag von Vergara war der Bürgerkrieg in Spanien,
nach einer beinahe fünfjährigen Dauer, im Sinne der konstitutionellen
Entwickelung, gegen die Ansprüche des Absolutismus, entschieden wor=
den. Nach der Vertreibung des Don Karlos und der Besiegung seiner
Anhänger hätte das spanische Volk in dem Ausbau seiner Institutionen,
wozu in der Verfassung vom 18. Junius 1837 ein geeignetes Funda=
ment gelegt war, und in der Benutzung der ihm von der Natur gewor=
denen Vortheile, ein fruchtbares Feld friedlicher Thätigkeit finden kön=
nen. Es würde aber zu diesem Zweck eines unerschütterlichen Charak=
ters und außerordentlichen Talents an der Spitze des Landes, oder in
diesem selbst des bewußten Willens bedurft haben, die Parteibestrebun=
gen in Schranken zu halten, und die verschiedenen Richtungen an gegen=
seitiger Bekämpfung zu hindern. Unter den Machthabern war Niemand
vorhanden, der diese schwierige Aufgabe zu lösen vermocht hätte, und
die Nation besaß, obwohl sie das Bedürfniß der Ruhe fühlte, nicht
genug Einsicht und Erfahrung, war in sich zu unruhig und zu zerrissen,
um durch ein gemeinsames Wirken den seit lange in ihrer Mitte fühl=
baren Mangel an großen Individualitäten zu ersetzen.

Der Königin=Mutter, Marie Christine, fehlte es nicht an Urtheil
und Einsicht, und sie hätte, unter anderen Umständen, ihrer Stellung
als Regentin wohl genügen können. Aber abgesehen von der, durch den
langen Bürgerkrieg, hervorgebrachten Zerrüttung der öffentlichen Ord=
nung, hatte Marie Christine auch nach Besiegung des karlistischen Auf=
standes unaufhörlich mit den Parteien, in welche die Sieger zerfielen,
mit denen, welche die konstitutionellen Principien im Geiste der Ver=
fassung von 1812 oder der von 1837 auslegten, und mit den Ueber=
resten der extremen Meinungen, den Demokraten und Absolutisten, zu
kämpfen. Denen, welche das Bestehende befestigen wollten, Moderados

standen die Progreſſiſten gegenüber, welche an einer größeren Beſchrän=
kung des Königthums arbeiteten, und deren äußerſte Fraktion, Exalta=
dos genannt, an die Republik ſtreifte. Die Mehrheit der höheren und faſt
die Geſammtheit der niederen Geiſtlichkeit war karliſtiſch geſinnt. Das
Heer gehörte mehr den einzelnen Generalen als der Regierung an.
Unter den Officieren dauerte die Theilnahme an geheimen Verbindun=
gen, welche leicht zu Empörungen führten, fort. Die niederen Klaſſen
in den großen Städten neigten ſich zu unruhigen Bewegungen in pro=
greſſiſtiſchem Sinne hin, und das Landvolk, nach wie vor unter dem
Einfluſſe der Geiſtlichkeit ſtehend, ſah der Anwendung des konſtitutio=
nellen Syſtems, dem häufigen Miniſterwechſel, den Verhandlungen bei
den Wahlen und Geſchwornen, mit mehr Befremdung als Vertrauen zu.
Von 1814 an hatte in Spanien, ungeachtet des Despotismus Ferdi=
nand VII., eine beſtändige Gährung ſtattgefunden. Der Boden ſchwankte
unter den Füßen derer, welche auf ihm ein dauerndes Werk zu errichten
verſuchten, und ſchien ein ſolches nicht dulden zu wollen. Marie Chri=
ſtine beſaß, als Frau und Fremde, nicht die Kraft, die von überall her
drohenden Stürme zu beſchwören. Sie hatte auch durch ihre zweite Ver=
mählung, und das weit verbreitete und allgemein geglaubte Gerücht,
daß ſie für die in dieſer Ehe geborenen Kinder auf Koſten des Landes
Schätze ſammle, in der Meinung der Nation viel verloren. Sie ſehnte
ſich, ſeitdem durch Beendigung des Bürgerkrieges die größte Gefahr für
ſie verſchwunden war, nach mehr Selbſtſtändigkeit, als ihr bisher ge=
worden war, wodurch ſie ſich von Seite derer, welche die Krone ihrer
Tochter vertheidigt hatten, den Vorwurf der Undankbarkeit und des
Eigenwillens zuzog.

Unter allen militairiſchen und politiſchen Notablitäten trat der
General Espartero am meiſten hervor. Im Anfange des Bürgerkrieges
mehren Generalen an Einfluß und Anſehen nachſtehend, hatte er ſich,
von der Vertheidigung von Bilbao und der Schlacht von Luchana an,
den Ruf des fähigſten und unternehmendſten ſpaniſchen Heerführers er=
worben. Seine früheren Nebenbuhler hatten ſich ihm entweder unter=
ordnen müſſen, oder waren von ihm verdrängt worden. Die Regentin
hatte ihn für ſeine Dienſte mit den größten Ehren und Würden belohnt,
welche Spanien bieten konnte. Er war zum Herzog (mit der ſchmeichel=
haften Benennung: vom Siege *) „duque de la Victoria"), Granden

---

*) In Spanien können allgemeine Bezeichnungen als Titel verliehen wer-
den, z. B. Fürſt vom Frieden (Manuel Godoy) — Marquis von der Treue
(Elio) — u. ſ. w.

erster Klasse, Generalkapitain und Bließritter ernannt worden. Marie Christine rechnete auf seine Dankbarkeit. Aber Espartero, von den ihm gewordenen Auszeichnungen nicht befriedigt, beanspruchte einen vorherr= schenden Einfluß in der Regierung, und die Vertheidigung der Freiheit ward von ihm zum Vorwande seines Ehrgeizes genommen.

Marie Christine dachte keinesweges an eine Wiederherstellung der früheren Willkührherrschaft, wollte aber die Prärogative des konstitu= tionellen Königthums ungeschmälert erhalten wissen, indem deren zu große Beschränkung den Thron ihrer Tochter gefährden mußte. Sie stützte sich auf die Moderados, welche in dieser Beziehung mit ihr ganz übereinstimmten, und nur in der Wahl der zu diesem Ziele führenden Mittel zuweilen von ihr abwichen. Espartero glaubte, seitdem der Krieg beendigt war, nur dadurch eine hervorragende Bedeutung behaupten zu können, daß er sich an die Spitze des Theiles der Progressisten stellte, welcher zwar für die Erhaltung der monarchischen Regierungsform stimmte, aber zugleich die Stärkung des demokratischen Princips als eine Sicherstellung gegen die Rückkehr des Despotismus anstrebte. Die zwischen der Regentin und dem Siegesherzog, in den Ideen und In= teressen, bestehende Verschiedenheit, von den beiderseitigen Anhängern noch vermehrt, streute den Samen zu neuen Verwickelungen und Un= ruhen aus.

In den im September (1839) eröffneten Kortes hatten die Pro= gressisten die Stimmenmehrheit besessen, und die Regierung war von ihnen, wegen der der Presse, dem Gemeindewesen und der Volksbe= waffnung auferlegten Beschränkungen, heftig angegriffen worden. Der unterdessen glücklich beendigte Bürgerkrieg ermuthigte die Regentin zur Auflösung der Kortes, und bei den Wahlen zu einer neuen Legislatur trugen die Moderados den Sieg davon. Die im Februar 1840 zu= sammengetretenen Kortes nahmen ein Gesetz an, welches den Gemein= den die Wahl ihrer Behörden entzog, und deren Ernennung der Re= gierung übertrug. Hierüber brach in fast allen großen Städten ein offener Aufstand aus. Marie Christine hatte eine Reise nach Nord= spanien angetreten. Ihre Abwesenheit von Madrid veranlaßte die dor= tigen Progressisten zur Einsetzung einer Junta, welche die Provinzen zum Anschluß, und zur Absendung von Deputirten nach der Hauptstadt, um über die Lage der Dinge zu berathen, aufforderte. In Barcelona kam die Regentin mit Espartero zusammen, nahm seinen Degen gegen die aufrührische Bewegung in Anspruch, und bot ihm den Vorsitz im Mi= nisterium an. Der Siegesherzog hatte sich aber schon öffentlich für die

Partei des Fortschrittes erklärt. Es ward von ihm, als Bedingung
seiner Unterstützung, die Auflösung der moderabistischen Kortes, die
Wiederherstellung der freien Gemeinbewahlen und überhaupt eine Ver=
änderung des bisherigen Regierungssystems verlangt. In Barcelona
selbst fielen unruhige Auftritte vor. Aber Marie Christine verwarf die
von Espartero aufgestellten Forderungen. Sie begab sich nach Valencia
und setzte dort ein neues aus noch entschiedeneren Moderados bestehen=
des Kabinet ein. Die Bewegung wuchs, und der Stadtrath von Madrid
erließ eine Adresse an die Regentin, welche, ungeachtet der ehrerbietigen
Form, mit einem drohenden Charakter bezeichnet war. Es ward darin
die Bestrafung der Minister als Verräther an der Nation, und die Ein=
berufung konstituirender Kortes, mit außerordentlichen Vollmachten ver=
sehen, für nothwendig erklärt. Marie Christine trug jetzt dem Siegesher=
zog die Bildung eines neuen Ministeriums mit dem Vorsitz in demselben
an. Espartero, der unterdessen in Madrid angekommen, und von der
Bevölkerung mit Begeisterung empfangen war, wählte seine Kollegen aus=
schließend unter den Progressisten aus, und begab sich nach Valencia, um
der Regentin sein Programm zu überreichen. Es ward darin Auflösung
der Kortes, Zurücknahme des Gemeindegesetzes, und eine Veränderung
in dem obersten Hofpersonal gefordert. Marie Christine, ohne Anhang
im Volke, von den Truppen verlassen, entschloß sich endlich zur Nieder=
legung der Regentschaft, welche sie dem von Espartero gebildeten Mi=
nisterium übergab, und reiste am 14. Oktober (1840) nach Frankreich
ab, wo sie von Ludwig Philipp I. mit großer Auszeichnung aufgenom=
men wurde. Espartero ward von der unter seinem Einfluß gewählten
Kortes zum Regenten von Spanien ernannt.

Der Siegesherzog zeigte sich der hohen Stellung, zu welcher er
emporgekommen war, nicht unwürdig. Er führte die Zügel der Regie=
rung mit Kraft und Umsicht, stellte eine regelmäßige Rechtspflege her,
steuerte den Unordnungen in der Verwaltung, wies die Einmischung des
römischen Hofes in die inneren Verhältnisse Spaniens zurück, und wußte
die Karlisten in den baskischen Provinzen und die Republikaner in Ka=
talonien niederzuhalten. Aber er vermochte es nicht alle Hoffnungen,
welche seine Erhebung in der Nation und besonders in seiner eigenen
Partei erregt hatte, zu erfüllen. Die Finanzverwirrung steigerte sich,
die Einnahmen reichten immer weniger zur Bestreitung der Ausgaben
hin, und es mußten Anleihen über Anleihen gemacht werden. Die Kö=
nigin=Mutter, welche in den höheren Klassen viele Anhänger zählte,
arbeitete, von ausgewanderten Moderados umgeben, und im Geheimen

von dem französischen Kabinet unterstützt, dem Regenten durch ihren
Einfluß und ihr Geld entgegen. Seine früheren Nebenbuhler konnten
sich nicht daran gewöhnen, ihn im ruhigen Besitz der obersten Gewalt zu
sehen. Es wurden Verschwörungen zu seinem Sturz und Anschläge gegen
sein Leben gebildet. Die Generale Leon und Concha hatten den Ent=
schluß gefaßt, die junge Königin aus dem Pallast in Madrid zu ent=
führen, und, auf ihren Namen gestützt, eine neue Regierung einzusetzen.
Das Komplott wurde, der Ausführung nahe, entdeckt und vereitelt,
General Leon vor ein Kriegsgericht gestellt und am 15. Oktober 1841
erschossen. Bald waren es die Moderados, bald die Karlisten und die
exaltirten Progressisten, von denen der Regent bedroht ward. Das un=
ruhige Katalonien, wo die Ultrademokraten ihren Sitz hatten, mußte
mit Gewalt unterworfen, und Barcelona bombardirt werden (1842).
Da Espartero die Abneigung der französischen Regierung, bei welcher
Marie Christine in großer Gunst stand, gegen sich kannte, so suchte er
sich England anzuschließen, von woher ihm aber keine wirksame Unter=
stützung gewährt wurde. Seine Stellung gebot ihm die allgemeinen
Interessen seines Landes festzuhalten, und sich von keinen einseitigen
Rücksichten leiten zu lassen. Ueber der Erfüllung dieser Pflicht verlor er
aber allmälig das Vertrauen der Fortschrittspartei, durch welche er
emporgekommen war. Es war vorauszusehen, daß sich zuletzt alle, die
einen aus eingewurzelter Feindschaft, die anderen wegen getäuschter
Erwartung, gegen ihn vereinigen würden.

Espartero wurde genöthigt eine Amnestie zu erlassen, die seinen
nach Frankreich geflüchteten Gegnern die Rückkehr erlaubte, und ihnen
Gelegenheit ihm entgegenzuarbeiten bot. Seine eigenen Minister stan=
den mit Marie Christine in geheimer Verbindung, und der Justizmi=
nister Lopez war von einem persönlichen Haß gegen den Regenten be=
seelt. Die Moderados hatten bei den letzten Wahlen die Mehrheit er=
langt. Espartero entließ das Ministerium und löste die Kortes auf.
Hierüber erhob sich im Norden Spanien's ein Aufstand gegen ihn, der
sich rasch über das Innere und den Süden verbreitete. Seine Feinde
hatten das Gerücht verbreitet, er habe mit England einen für Spa=
nien nachtheiligen Handelsvertrag abgeschlossen. Moderados und Pro=
gressisten traten zu seinem Sturz zusammen. Von einer insurrektio=
nellen Junta, Nationalregierung genannt, bestehend aus Lopez, Caballero
und Serrano, wurde Espartero für einen Feind des Vaterlandes, und
seiner Titel, Würden und Orden verlustig erklärt. Der fähigste unter
seinen militairischen und politischen Nebenbuhlern, der General Ramon

Narvaez, der sich nach Frankreich zurückgezogen hatte, landete in Va=
lencia, und übernahm den Oberbefehl über die gegen Espartero bestimm=
ten Truppen. Die Soldaten, unter welchen dieser früher sehr populair
gewesen, waren von der sich gegen ihn erhebenden feindlichen Stimmung
zuletzt mit ergriffen worden, und schlugen sich auf die Seite der Es=
partero entgegenstehenden Generale. Die Nationalgarde, besonders die
von Madrid, blieb ihm am längsten treu, konnte aber zuletzt dem An=
bringen der regelmäßigen Truppen nicht widerstehen. Am 26. Julius
(1843) war der bisherige Regent gezwungen sich in Kadix einzuschiffen,
und eine Zuflucht in England zu suchen, wo er, da man daselbst seine
der englischen Politik geneigte Gesinnung kannte, ehrenvoll aufgenom=
men wurde.

Espartero war mehr an den Ränken seiner Neider und Neben=
buhler als an der Unzufriedenheit des Volkes gescheitert. Es sind von
ihm in seiner Eigenschaft als Regent keine besonderen Fehlgriffe be=
gangen worden. Er vermochte es allerdings nicht, die in den spani=
schen Zuständen vorhandenen Schäden zu beseitigen, aber die nach
ihm gekommenen Machthaber sind hierin weder geschickter noch glück=
licher gewesen. Alle Versuche der Art sind bisher fruchtlos geblie=
ben. So tief liegende Wunden können nur von der Zeit und von dem
in den Massen sich allmälig aufklärenden Bewußtsein geheilt werden.
Espartero's Verwaltung hatte besonders bei den mittleren Klassen der
Nation Beifall gefunden, und er wurde nicht lange nach seiner Ver=
bannung zurück gewünscht. Dies war aber auch der Grund, warum
seine Gegner seine Abwesenheit verlängerten, obgleich keine gerichtliche
Verurtheilung gegen ihn erwirkt werden konnte, die Entsetzung von
seinen Orden und Würden zurückgenommen werden mußte, und die ge=
gen ihn erhobenen Beschuldigungen, namentlich die Absicht, einen für
die spanische Industrie nachtheiligen Handelsvertrag mit England ab=
schließen zu wollen, sich als verläumderisch herausstellten. Erst 1848
ward ihm die Erlaubniß zur Rückkehr gewährt, und er hielt sich eine
Reihe von Jahren hindurch von aller Theilnahme am öffentlichen Leben
entfernt. Ob sein Wiederauftreten seit den letzten revolutionairen Be=
wegungen für Spanien heilsame Früchte tragen wird, kann vor dem
endlichen Ausgange nicht mit Sicherheit bestimmt werden. Es wird
ihm aber immer das große Verdienst bleiben, in einem entscheidenden
Moment, wie der Krieg gegen den Infanten Don Karlos, sein Land vor
der Rückkehr des monarchischen und klerikalen Despotismus bewahrt zu
haben. Denn was auch über Spanien verhängt sein mag, eine Kama=

rilla und eine' apostolische Partei, wie unter Ferdinand VII., werden nicht mehr das Staatsruder in die Hand bekommen.

Da nach Espartero's Entfernung Niemand zur Uebernahme der Regentschaft geeignet zu sein schien, so wurde Isabella II., obwohl sie noch nicht vierzehn Jahre alt war, von den Kortes für volljährig er= klärt, und ihr die Ausübung der Souverainetät übertragen. Die junge Königin legte am 10. November 1843 den Eid auf die Verfassung von 1837 ab, welche aber bald wesentliche Veränderungen erfahren sollte. Die Moderados besaßen die Mehrheit in den Kortes und der Ver= waltung, aber von den Progressisten wurden in den größeren Städten Gegenbewegungen und Aufstände versucht, die, an einem Orte unter= drückt, alsbald wieder an einem anderen ausbrachen, und Spanien eine Zeit lang in beständiger Aufregung erhielten. Unter solchen Umständen schien nur ein General zur Führung der Regierung geeignet zu sein. Unter den militairischen Notabilitäten trat, nach Espartero's Verban= nung, Narvaez am meisten hervor, der sich früher im Kriege gegen die Karlisten ebenfalls, obgleich mehr durch Thätigkeit und Muth, als durch strategisches Talent ausgezeichnet, und später bei den zwischen Espartero und der Königin=Mutter ausgebrochenen Streitigkeiten die Partei dieser letzteren ergriffen hatte. Narvaez war von jeher ein Geg= ner und Nebenbuhler Espartero's gewesen, und hatte am meisten zu dessen Sturz beigetragen. Er wurde von der jungen Königin auf Rath ihrer Mutter, welche auch aus der Ferne auf die spanischen Angelegen= heiten einwirkte, zum Herzoge von Valencia ernannt, und an die Spitze des Ministeriums gestellt (Mai 1844).

Von den am 10. Oktober 1844 eröffneten Kortes wurde auf Nar= vaez Veranlassung die seit 1837 bestehende Verfassung einer bedeutenden Revision unterworfen. Das Princip der Volkssouverainetät ward aus ihr entfernt, obgleich sie nicht, wie das Statut von 1834, als ein Aus= fluß des Willens der Krone, sondern als eine zwischen dieser und der Nation abgeschlossene Uebereinkunft hingestellt wurde. Die Mitglieder des Senats sollten fortan nicht mehr für jede Legislatur gewählt, son= dern von der Regierung auf Lebenszeit ernannt werden. Die Kortes waren nicht mehr befugt im December jedes Jahres von selbst zusam= menzutreten, sondern mußten die königliche Einberufung abwarten. Die Preßvergehen und überhaupt alle Ueberschreitungen politischer Natur wurden den Geschwornen entzogen, und den ordentlichen Gerichten über= wiesen. Die Nationalgarde, als Institut, ward aufgehoben, und es der

Regierung überlassen, dieselbe je nach den Oertlichkeiten und Bedürf=
nissen zu organisiren.

Die Königin=Mutter war unterdessen nach Spanien zurückgekehrt.
Sie übte auf ihre Tochter, bei deren Jugend und Unerfahrenheit, einen
alles entscheidenden Einfluß aus. Marie Christine glaubte, daß die
Regierungskünste, welche sie mehre Jahre lang in Frankreich zu beob=
achten Gelegenheit gehabt hatte, auch in Spanien mit Erfolg angewandt
werden könnten. Durch die Revision der Verfassung von 1837, die
Preßgesetzgebung, die Entwaffnung des Volkes, waren die spanischen
Zustände den französischen so nahe als möglich gebracht worden. In
beiden Ländern war eine mehr scheinbare als wirkliche Volksvertretung
zur Unterstützung aller Regierungsmaßregeln bereit. Die Reaktion trat
indessen in Spanien etwas rücksichtsloser als in Frankreich auf, und
rief mehrmals aufrührische Bewegungen unter den Progressisten hervor,
die von Narvaez mit der allen Parteien in Spanien eigenen Grausam=
keit unterdrückt wurden. Diesem General gelang es, von der Gunst der
Königin=Mutter lange in seiner Stellung erhalten, allmälig die äußere
Ordnung wieder herzustellen, aber ohne die innere Gährung ersticken
zu können. Als er, mit Marie Christine, wie es scheint, mehr aus per=
sönlichen als politischen Ursachen zerfallen, zum Rücktritt gezwungen
wurde, wechselten die Ministerien so häufig, ward die Leitung der öffent=
lichen Angelegenheiten oft so unsicheren und unfähigen Händen anver= ˙
traut, daß eine neue große Veränderung in der Stellung der Parteien
und dem Gange der Regierung sich langsam aber unwiderstehlich vor=
bereitete.

Ein wichtiges Ereigniß für Spanien war die am 16. Oktober
1846 in Madrid zwischen der Königin Isabella und ihrem Vetter, dem
Infanten Franz von Assisi, Herzoge von Kadir, vollzogene Vermählung.
An demselben Tage wurde auch die Schwester der Königin, die Infan=
tin Luise, mit dem jüngsten Sohne des Königs der Franzosen, dem Her=
zog von Montpensier, ehelich verbunden. Diese Doppelheirath, welche
Ludwig Philipp I. als den Triumph seiner Politik betrachtete, führte
für ihn ein gespanntes Verhältniß zu England herbei, was nicht ohne
Einfluß auf seine Stellung in Frankreich blieb. Die Anhänger des Don
Karlos in und außer Spanien strengten alle ihre Kräfte an, um der
neuen Ordnung der Dinge in Spanien zu schaden. Die einen suchten
in den baskischen Provinzen eine aufrührische Bewegung hervorzubrin=
gen, die anderen die Anerkennung der jungen Königin von Seiten der
nordischen Mächte zu verhindern. Aber der Thron der Königin Isa=

bella stützt sich auf die Zustimmung der großen Mehrheit des spanischen Volkes, die Karlisten und Republikaner sind zu schwach, um ihn ernstlich bedrohen zu können. Es handelt sich in Spanien nicht um das Bestehen des Königthums, sondern nur um die engere oder weitere Anwendung der Ideen, von welchen der Repräsentativstaat getragen wird.

———————   •

31. Portugal unter der Regierung der Königin Maria II.

In Portugal war, wie in Spanien, der Begründung des konsti=
tutionellen Systems ein blutiger Kampf mit dem Absolutismus, letzterer von einem Kronprätendenten und seinem Anhange vertreten, vorange= gangen. In beiden Ländern schlugen die Ereignisse eine ähnliche Bahn ein, nur daß sich in Portugal Alles in etwas verkleinertem Maßstabe wiederholte. Die Königin Maria da Gloria, Don Pedro's Tochter, verband sich nach einer noch von ihrem Vater getroffenen Bestimmung, mit dem Herzoge August von Leuchtenberg, welcher nahe daran gewesen war, die belgische Krone davon zu tragen. Dieser Prinz, der zu vielen Hoffnungen berechtigte, ging schon acht Wochen nach seiner Vermählung mit Tode ab (25. März 1835). Die junge Königin, welche ganz allein stand, da ihr Bruder in Brasilien regierte und ihr Oheim Don Miguel ihr Feind war, glaubte einer Stütze nicht entbehren zu können, und wurde am 9. April 1836 dem Prinzen Ferdinand von Sachsen=Ko= burg=Kohary, einem Neffen des Königs der Belgier, angetraut. Es gab in Portugal eine Partei, welche diese Verbindung, weil der Vater des Prinzen sich in österreichischen Militairdiensten befand, als der Frei= heit gefährlich, mit Mißtrauen betrachtet hatte. Als die Königin für ihren Gemahl bei den Kortes den Oberbefehl über das portugiesische Heer nachsuchte, stieß sie auf Widerstand, und sah sich zu einer zwei= maligen Auflösung der Deputirtenkammer genöthigt.

Die Opposition benutzte die Kunde von der Militairrevolte in La Granja in Spanien, um sich gegen die Regierung zu erheben. Indessen war es dabei nicht auf den Sturz der Königin, sondern nur auf die Wiederherstellung der Konstitution von 1822 *) abgesehen. Maria II. wurde zur Nachgiebigkeit gegen die Aufständischen und zur Ernennung

———

*) Siehe Bd. XVII. S. 45.

eines aus Progressisten, wie Sa da Bandeira, Passos und Castro, zu=
sammengesetzten Ministeriums gezwungen (September 1836). Aber die
konservativen Konstitutionellen, Palmella, Terceira, Saldanha an ihrer
Spitze, versuchten eine Gegenbewegung, welche für den Augenblick zu
gelingen schien. Das neue Ministerium ward entlassen und die von
Don Pedro eingeführte Verfassung wieder hergestellt. Dagegen griff die
Lissaboner Nationalgarde zu den Waffen, und am 5. November (1836)
ward die Verfassung von 1822 abermals proklamirt. Aber wie in Spa=
nien nach den Vorgängen in La Granja, so sollten auch jetzt in Portu=
gal die Kortes zur Einführung der im Grundgesetz nothwendig gewor=
denen Verbesserungen berechtigt sein. ·

Am 18. Januar (1837) wurde die zu der Durchsicht der Ver=
fassung berufene Versammlung eröffnet. Die große Mehrheit derselben
war, wie die damals zu demselben Zweck in Spanien zusammengetrete=
nen Kortes, von gemäßigten Gesinnungen erfüllt, und suchte zwischen
der demokratischen Verfassung von 1822 und der konservativen von
1826 eine Vermittlung herbeizuführen, und' die Anhänger der ersteren
von ihrer Erhebung im September 1836: „Septembristen" — wie die
der letzteren „Chartisten" — genannt, mit einander auszusöhnen. Es
war dies aber schwer, da nicht blos die Verschiedenheit der Meinungen,
sondern auch der Ehrgeiz der Parteiführer entgegenwirkte. Terceira,
Saldanha und andere Chartisten, darunter ein Deutscher aus Trier
gebürtig, Namens Schwalbach*), der nicht nur einer der ersten Gene=
rale in der portugiesischen Armee geworden war, sondern auch eine
politische Bedeutung erlangt hatte, griffen, während die Kortes noch
beriethen, zu den Waffen, fanden im Norden Portugal's Anhang, und
wollten schon gegen Lissabon vorrücken, als sie geschlagen und zur Unter=
werfung gezwungen wurden (September 1837). Die höheren Anführ=
rer der Aufständischen wurden zur Entfernung aus dem Königreich
gezwungen, die untergeordneteren Befehlshaber aus der Heeresliste ge=
strichen. —

Im März 1838 hatten die konstituirenden Kortes die Revision
der Verfassung beendigt. Die Erblichkeit der ersten Kammer war auf=
gehoben worden, und ihre Mitglieder sollten wie die der zweiten Kam=
mer vom Volke, nur nach einem höheren Census, gewählt werden. Zur
Wählbarkeit für die erste Kammer wurde eine Grundrente von 2000

---

*) Er wurde von Don Pedro zum Baron von Setubal ernannt, weil er im
Kriege gegen Don Miguel sich bei der Einnahme dieser Stadt hervorgethan hatte.

Milreis (3300 Thaler) oder eine aus anderen Erwerbsquellen fließende Einnahme von 4000 Milreis (6600 Thaler) oder die Bekleidung eines höheren Staatsamtes verlangt. Das Wahlrecht zur zweiten Kammer wurde an ein Einkommen von 130 Thalern, die Wählbarkeit an ein solches von 600 Thalern geknüpft. Außerdem wurde, wie in der spanischen Verfassung vom 18. Junius 1837, der Regierung ein absolutes Veto gegen die Beschlüsse der gesetzgebenden Versammlungen zuerkannt. Das neue Grundgesetz, welches am 4. April (1838) bekannt gemacht wurde, konnte wegen der der Krone eingeräumten Befugnisse, und des im Vergleiche zu dem wenig verbreiteten Wohlstand hohen Census, eher für das Werk eines gemäßigten Konservatismus als einer extremen Demokratie gelten. Nur die Bestimmung, daß weder der König noch die Prinzen von Geblüt den Oberbefehl über das Heer führen dürften, mußte als antimonarchisch erscheinen. Es war dies aber in Erinnerung an den Infanten Don Miguel geschehen, der sich erst von seinem Vater zum Generalissimus des portugiesischen Heeres ernennen ließ, und sich später mit Hülfe dieser Stellung widerrechtlich des Thrones bemächtigte. Diese Verfassung hätte, ohne die vielen, in dem portugiesischen Volksleben seit der Flucht des Hauses Braganza nach Brasilien, eingetretenen Erschütterungen, die mannigfaltigen und auf die entgegengesetztesten Zwecke gerichteten Aufstände, Verschwörungen, Bürgerkriege, im Lande Wurzeln schlagen, und einen regelmäßigen Zustand begründen können. Republikaner und Miguelisten waren beseitigt, aber zwischen den Septembristen und Chartisten dauerte der Kampf fort, und machte eine vollkommene Beruhigung unmöglich. Die Septembristen glaubten, der von Don Miguel ausgeübten Tyrannei eingedenk, die Monarchie, ohne dieselbe ganz aufheben zu wollen, auf das äußerste beschränken zu müssen, während die Chartisten von einer zu großen Schwächung des Königthums das Hereinbrechen der Anarchie und die Erneuerung des Despotismus befürchteten. Noch ehe die neue Verfassung eingeführt war, hatte die demokratische Partei, mit Hülfe des ihr ergebenen Marinecorps, in Lissabon einen Aufstand versucht, um die Grundsätze der Konstitution von 1822 ungeschmälert zur Herrschaft zu bringen. Der Versuch mißlang. Die Regierung übte an den Anstiftern keine Rache aus, sondern erließ im Gegentheil eine allgemeine Amnestie, welche flüchtigen Chartisten und zur Unterwerfung geneigten Miguelisten die Rückkehr erlaubte. Die im Jahre 1841 von Seiten des Pabstes und der Monarchen von Oesterreich, Preußen und Rußland erfolgte Anerkennung der Königin Ma-

ria II. trug zur Befestigung des Thrones bei, dessen Fortdauer außerdem durch die Geburt mehrer Prinzen gesichert zu sein schien.

Die Kortes waren bald mehr bald weniger konservativ gesinnt,
und es traten häufige Ministerwechsel ein. Indessen nahm die mon-
archisch-konstitutionelle Partei unter den aufgeklärten Klassen an Zahl
und Stärke zu, und die Septembristen wurden allmälig in den Hintergrund gedrängt. Seltsam stach die häufige Aufregung in den Städten
von der tiefen politischen Ruhe ab, zu welcher das portugiesische Landvolk zurückgekehrt war.

Am 19. Januar 1842 brach in Oporto eine Bewegung im char-
tistischen Sinne aus, welcher sich Lissabon anschloß, und in Folge deren
die Konstitution Don Pedro's wiederhergestellt wurde. Das Verfassungswerk von 1838, über welches ein ganzes Jahr lang berathen
worden war, schien mit einemmal in Vergessenheit gerathen zu sein.
Die Erblichkeit der ersten Kammer, die Ausübung des Wahlrechts in
zwei Abstufungen, und das frühere Gemeindegesetz wurden erneuert.
Der Gemahl der Königin, welcher nach der Geburt eines Thronerben
den königlichen Titel angenommen hatte, erhielt den Oberbefehl über
das Heer zurück.

Die Königin, welche von den vorangegangenen Schwankungen
und Aufständen oft erschreckt worden, obgleich selbst die Septembristen
nie ihr Thronrecht bestritten, sondern nur dessen Ausübung beschränkt
hatten, setzte ein besonderes Vertrauen in die Klugheit und Festigkeit
eines ehemaligen höheren Gerichtsbeamten Namens Costa Cabral,
welchen schon Don Pedro ausgezeichnet hatte. Costa Cabral war besonders geschickt, bei den Wahlen den Kandidaten der Regierung die
Mehrheit der Stimmen zu verschaffen, ließ sich aber dabei von seinem
Eifer für die Interessen der Krone und auch von persönlicher Selbstsucht zu Verletzungen der Verfassung fortreißen. Der Hof glaubte, daß
nur Costa Cabral, der unterdessen zum Grafen von Thomar ernannt
war, die wiederhergestellte Verfassung Don Pedro's und das monarchische
Princip befestigen könne, und gab sich unbedingt seinem Rathe hin.
Dieser Mann, der wirklich eine ausgezeichnete Befähigung, Scharfblick
und Thatkraft besaß, war aber zu Willkühr und Härte geneigt, machte
sich bei den Vornehmen durch seinen Stolz, und bei dem Volke durch
den vermehrten Steuerdruck verhaßt. Es wurde ihm außerdem das
Streben nach persönlicher Bereicherung zur Last gelegt, und sein eigener
Bruder trat als sein Gegner auf. Costa Cabral zog sich zwar, von
allen Parteien angefeindet, im Mai 1846 von der Leitung der Geschäfte

zurück, aber seine äußerst unpopulaire Verwaltung, von der Königin mit einer unklugen Hartnäckigkeit begünstigt, hatte den Samen zu neuen Unruhen ausgestreut. Im Sommer 1847 brach die lange zurückgehaltene Gährung aus. Es beburfte bebeutender Zugeständnisse von Seiten des Hofes und der Dazwischenkunft England's, Frankreich's und Spanien's, um eine allgemeine Bewegung, welche vorübergehend vielleicht den Republikanern oder ben Miguelisten das Thor geöffnet haben würde, zu verhindern. Indessen war die Erregung, wie immer in Portugal, mehr auf der Oberfläche als in der Tiefe des Volksgeistes vorhanden gewesen. Es sind der Gegensätze in Portugal weniger als in Spanien vorhanden, und der Zukunft scheinen dort keine großen Erschütterungen vorbehalten zu sein.

––––––––

32. Die skandinavischen Staaten: Dänemark — Schweden — Norwegen — von 1830 bis 1848.

In Dänemark dauerte, ungeachtet der in einem großen Theile Europa's von der Juliusrevolution angeregten principiellen und nationalen Kämpfe, die tiefste innere Ruhe fort. Die Ideen der Neuzeit waren den Dänen nicht fremd geblieben, drückten sich aber bei ihnen nicht in dem Verlangen nach deren äußerer Verwirklichung aus. Der Absolutismus wurde von dem dänischen Volke, in welchem es damals keine Gegensätze oder Parteien irgend einer Art gab, ohne Widerspruch ertragen. Alles schien mit den Einrichtungen, wie sie sich seit der Einführung des sogenannten Königsgesetzes (1660) gebildet hatten, in Uebereinstimmung zu stehen. Es war in Dänemark, ungeachtet der im Vergleiche zu der Volkszahl großen Menge begabter Persönlichkeiten, eine öffentliche Ordnung, aber kein staatliches Leben vorhanden. Die verschiedenen Klassen und Individuen bewegten sich in den von der Regierung angegebenen Gleisen, ohne Drang nach Selbstbestimmung, aber auch ohne Gefühl der Unterbrückung, in herkömmlicher Weise fort. Diese innere Friedfertigkeit des ganzen Lebens, von der langen, zum Theil unglücklichen, im Ganzen aber milden und gerechten Regierung Friedrich VI. begünstigt, wurde erst von dem in den deutschen Annexen der bänischen Monarchie sich regenden Geiste aus ihrem Schlummer aufgestört, und es sollten dann im dänischen Volke Bewegungen und

Parteikämpfe beginnen, deren Verlauf aber in eine spätere als die hier zu schildernde Epoche fällt.

Bis in den Anfang dieses Jahrhunderts hinein war das National= gefühl im Herzogthum Holstein und in dem, mit Ausnahme des nörd= lichsten Theiles, ebenfalls ganz deutschen Schleswig, wie erstarrt gewe= sen. Die Zersplitterung Deutschland's unter so viele und meist schwache Staaten hatte kein volksthümliches Bewußtsein aufkommen lassen. Die= jenigen deutschen Stämme, welche unter fremder Herrschaft standen, wie Vorpommern, Holsteiner, Schleswiger, Hannoveraner, schienen an die= sem Mißverhältniß nicht den entferntesten Anstoß zu nehmen, hier und da auf ihre Beziehungen zum Auslande sogar stolz zu sein. Die Schwei= zer, Holländer, Flamänder hatten ihre frühere Verbindung mit Deutsch= land ganz vergessen. Andere Bevölkerungen, wie Adel und Städte in den russischen Ostseeprovinzen, erinnerten sich wohl noch daran, aber jeder lebendige Zusammenhang war zerrissen worden. Einer der seiner Abkunft nach reinsten deutschen Stämme, die Elsässer, hatte sich einem fremden Volke sogar mit Eifer und Begeisterung angeschlossen. Aber von dem Umschwunge, welchen das deutsche Leben durch die Befreiungs= kriege genommen, waren zuletzt auch Holstein und Schleswig mit er= griffen worden. Da die Ideen zu einer nationalen Regeneration Deutsch= land's damals von den Universitäten ausgingen, so übte Kiel, welches ganz deutsch geblieben, auf die gebildeten Klassen in den Herzogthümern einen großen Einfluß aus, der sich allmälig auch in der Masse der Be= völkerung geltend machte. Der Unterschied zwischen der dänischen und deutschen Nationalität, welcher immer vorhanden gewesen, aber lange nicht gefühlt worden, fing von neuem hervorzutreten an. Das wieder= erwachte deutsche Volksthum wurde von der dänischen Regierung, als die Einheit ihres Staates bedrohend, mit Mißtrauen betrachtet, und in seinen Aeußerungen so viel als möglich zurückgedrängt.

Die Nationalitätsideen hatten in Holstein und Schleswig von der Juliusrevolution eine neue Anregung bekommen. Die freisinnige Par= tei in allen von jenem einflußreichen Ereigniß berührten Ländern glaubte nicht, daß die damals entstandene Bewegung sobald still stehen würde. Auch in Nordalbingien gab man sich weit aussehenden Hoffnungen auf eine politische Erhebung Deutschland's, und einen festeren Anschluß an dasselbe hin. Uwe Jens Lornsen, ein Friese von der kleinen an der Westküste von Schleswig liegenden Insel Sylt, ein Mann von Cha= rakter und Talent, hatte viele Jahre lang als dänischer Beamter in Kopenhagen gelebt, war aber den, ihm in Kiel und Jena zur Zeit des

wiedererstandenen deutschen Volksbewußtseins, gewordenen Eindrücken
treu geblieben. Um wieder mit dem deutschen Wesen in unmittelbare
Verbindung zu kommen, ließ er sich als Landvogt nach seiner heimath-
lichen Insel versetzen. Von dort aus trat er mit Gleichgesinnten für Belebung deutschen Sinnes in den Herzogthümern in Verbindung. Er
verfaßte eine Denkschrift, in welcher die Vortheile einer freien Verfassung überhaupt, und insbesondere für Nordalbingien, entwickelt waren.
Bei einer in Kiel mit Gesinnungsgenossen abgehaltenen Zusammenkunft wurden seine Meinungen angenommen, und beschlossen im Lande
Unterschriften zu einer Petition an den König von Dänemark, um Ertheilung liberaler Institutionen, zu sammeln. Die dänische Regierung,
auf diesen Schritt aufmerksam geworden, wollte darin den Anfang zu
einer Auflehnung erkennen, und ließ gegen Lornsen ein gerichtliches Verfahren eröffnen. Derselbe wurde nach einer, wegen der Menge der an
seinem Unternehmen betheiligt gewesenen Personen, langwierigen Untersuchung, zur Entsetzung von seinem Amt und einer zweijährigen Haft
verurtheilt. Nach seiner Befreiung begab er sich, von der gemachten
trüben Erfahrung verstimmt, und an dem Gelingen seiner Absichten verzweifelnd, nach Brasilien, wo er nach wenigen Jahren starb. Seine Bestrebungen für Stärkung des deutschen Volksgeistes in den Herzogthümern waren jedoch nicht vergeblich gewesen, und es sollten die von
ihm gelegten Keime tiefere Wurzeln schlagen, als er vielleicht selbst geahnt hatte.

Ungeachtet die von Lornsen eingeleitete friedliche Agitation lange
nur im Stillen fortwirkte, und für den Augenblick keinen Ausbruch veranlaßte, so glaubte Friedrich VI. den, namentlich in Holstein, lebendig
gewordenen Wünschen der Form nach in etwas entgegenkommen zu
müssen. Die Gewährung einer, wenn auch nur scheinbaren, Theilnahme
des Volkes an den öffentlichen Angelegenheiten ward von ihm zur Erhaltung des inneren Friedens für nothwendig erachtet. Um aber nicht
das Ansehen zu haben, den deutschen Nationalitätsbestrebungen nachzugeben, wurde nicht für Holstein und Schleswig allein, sondern für
alle Theile der dänischen Monarchie eine ständische Verfassung eingeführt, wobei die preußischen Einrichtungen der Art zum Vorbilde gedient
hatten. Der dänische Staat ward zu diesem Zweck in vier Provinzen
eingetheilt. Die Vertreter der Inseln sollten in Roeskilde auf Seeland,
die von Jütland in Viborg, von Schleswig in der gleichnamigen Hauptstadt des Landes, die von Holstein in Itzehoe zusammenkommen. Das
betreffende Gesetz wurde am 28. Mai 1831 erlassen. Obgleich diesen

Provinzialständen nur eine berathende, und in keiner Weise, selbst nicht in Bezug auf das Steuerwesen, eine entscheidende Stimme beigelegt war, so machte sich anfänglich selbst in der dänischen Presse ein Geist der Prüfung und zuweilen des Tadels gegen die Anordnungen der Regierung laut, der bisher in Dänemark unerhört gewesen, aber auch bald wieder verklang. Der Landtag von Roeskilde erklärte, daß das dänische Volk keine Ursache habe, in dem Bestehenden eine Veränderung zu wünschen. Die Versammlung für Holstein zeigte sich nicht ganz so zufriedengestellt, sondern nahm einige Anträge auf wesentliche Verbesserungen in der Verwaltung an, ging aber nicht über die ihr von dem Provinzialständegesetz gesteckten Grenzen hinaus. Man wollte erst die Wirkungen der neuen Einrichtungen, und besonders deren Einfluß auf die Stellung der Herzogthümer zu dem dänischen Gesammtstaat abwarten. Die Popularität des bejahrten Königs und die Wahrscheinlichkeit eines baldigen Regierungswechsels hielt von der Aufstellung weiterer Forderungen ab. Friedrich VI. starb am 3. December 1839 im zweiundsiebenzigsten Lebensjahre, nachdem er von 1784 an im Namen seines geisteskranken Vaters Christian VII., von 1808 an mit dem königlichen Titel regiert hatte. Unter ihm ging, allerdings noch mehr in Folge der großen in Europa stattgefundenen Erschütterungen, als durch die Mißgriffe seiner Politik, Norwegen für die dänische Krone verloren. Die dänische Monarchie, welche durch ihren Ursprung zu den ältesten Staatenbildungen Europa's gehört, hatte schon seit dem dreißigjährigen Kriege zu sinken angefangen, aber bis zum Kieler Frieden hin dann und wann versucht, in die allgemeinen europäischen Verhältnisse einzugreifen. Von der Abtretung Norwegen's an ward Dänemark zu einem gänzlichen äußeren Stillstande gezwungen, und einzig auf den Gedanken der eigenen Erhaltung gewiesen.

Dem Nachfolger Friedrich VI., König Christian VIII., einem Vetter des Verstorbenen, ging der Ruf einer gewissen Freisinnigkeit voran, der sich darauf gründete, daß er, fünfundzwanzig Jahre vorher, sich für die Selbstständigkeit Norwegen's erklärt und die demokratische Konstitution von Eidsvold anerkannt hatte. Aber Zeit und Umstände hatten die Gesinnungen dieses Fürsten verwandelt, und die von seiner Regierung gehegten Erwartungen gingen nicht in Erfüllung. Er war wohl geneigt, die von seinem Vorgänger eingeführten Provinzialstände gelten zu lassen, weil dadurch seine Macht nicht beschränkt wurde, er dachte aber nicht daran, den überlieferten Absolutismus durch eine konstitutionelle Staatsform zu ersetzen. Auch sah Christian VIII. noch mehr als

Friedrich VI. den dänischen Bestandtheil seines Staates als die Haupt=
stütze seines obwohl ursprünglich deutschen Hauses an, welches früher
zwischen Deutschen und Dänen keinen Unterschied gemacht hatte. Un=
ter ihm brach der Streit über die Stellung der Herzogthümer zu der
dänischen Krone aus, welcher unter seinem Sohne zu einem blutigen
Kriege führen sollte.

Schon unter Friedrich VI. war der erste Grund zu dem später
zwischen Deutschen und Dänen ausgebrochenen Nationalitätskampfe ge=
legt worden. Eine schwache Majorität in der schleswigschen Stände=
versammlung hatte die Einführung der dänischen Sprache in dem Ge=
richts= und Verwaltungswesen des dänisch redenden Theiles der Pro=
vinz verlangt, wo bisher nur das Deutsche officielle Geltung gehabt
hatte. Die dänische Sprache war aber nur im nördlichen Theile
Schleswig's, und auch dort nur unter dem Landvolke, gebräuchlich. Der
Beamtenstand war in ganz Schleswig ausschließend deutsch gebildet.
Es wäre nicht unbillig gewesen von den in jener Gegend des Herzog=
thums künftig einzusetzenden Beamten die Kenntniß des Dänischen zu
verlangen, dies aber den bereits angestellten aufzulegen, mußte als ein
Druck angesehen werden. Christian VIII. ging auf das Gesuch des dä=
nisch gesinnten Theiles der schleswigschen Ständeversammlung ein.
Diese an und für sich unerhebliche Neuerung ward dadurch bedeutend,
daß die deutsche Nationalität des Herzogthums, welche vorher unbestrit=
ten gewesen, in Frage gestellt zu sein schien. Die Unzufriedenheit ward
noch vermehrt als man vernahm, daß die Ständeversammlung in Bi=
borg einen Antrag auf Vereinigung zwischen Jütland und Schleswig
angenommen hatte. Eine solche Einverleibung wäre aber der Anfang
zu einer Danisirung Schleswig's gewesen, wogegen die Bevölkerung sich
auf das äußerste sträubte, und bei diesem Widerstande auf die eifrige
Zustimmung Holstein's rechnen konnte. Eine so kleine und schwache
Nationalität wie die dänische konnte auf eine so große und zahlreiche,
wie die deutsche, zu welcher die Herzogthümer gehören, keine Anziehungs=
kraft ausüben.

Die gegenseitigen Ansprüche würden unter allen Umständen nicht
leicht auszugleichen, und die in Holstein und Schleswig seit dem Er=
wachen des deutschen Nationalgefühls gegen das dänische Uebergewicht
herrschend gewordene Abneigung schwer zu beseitigen gewesen sein. Der
Zankapfel zwischen beiden Parteien war Schleswig. Ueber Holstein's
Stellung und Volksthum konnte, bei seiner rein deutschen Bevölkerung
und seinem Verhältniß zum deutschen Bunde, kein Zweifel obwalten.

In Schleswig aber gab es ein wenn auch wenig zahlreiches dänisches Element, welches vermöge der, besonders einer unumschränkten Regierung, zu Gebote stehenden Mittel, begünstigt und erweitert werden konnte. Schleswig machte keinen Theil des deutschen Bundes aus. Sich ganz selbst überlassen wäre es allmälig danisirt worden. Aber der enge Verband mit Holstein, früher durch gemeinsame Landtage, später durch eine gemeinsame Verwaltung erhalten, hatte diese Gefahr abgewandt. Die deutsche Kanzelei in Kopenhagen war die oberste beiden Herzogthümern vorgesetzte Behörde, und befolgte bei Leitung ihrer Angelegenheiten dieselben Grundsätze. Die Kieler Universität war für beide Länder bestimmt, und Kirche, Schule, Beamtenthum in Schleswig und Holstein auf denselben Fuß eingerichtet. Beide Gebiete stellten, im Gegensatze zu den dänischen Bestandtheilen der Monarchie, eine wirkliche, nationale und administrative, Einheit dar. Holstein und Schleswig behaupteten außerdem, daß ihre staatliche Verbindung nicht ein Werk des Zufalls, nicht blos ein seit Jahrhunderten bestehender Brauch sei, sondern von dem ersten Könige von Dänemark aus dem oldenburgischen Stamme, Christian I., in einer eigenen Urkunde (1460) ausdrücklich anerkannt, und für immer bestätigt worden, und daß sie nur unter dieser Bedingung der dänischen Krone unterworfen wären.

Die dänische Partei wollte diese Auffassung der gegenseitigen Stellung der Herzogthümer nicht zugeben. Sie legte der von Christian I. ausgestellten Urkunde einen anderen als den bisher angenommenen Sinn unter, und behauptete, daß die Verbindung zwischen Holstein und Schleswig nicht staatsrechtlicher, sondern nur privatrechtlicher Natur sei, daß die ihnen gemeinsame Gesetzgebung nur die besonderen, aber nicht die allgemeinen, Verhältnisse betreffe. Die dänischen Politiker fürchteten, daß Holstein und Schleswig, so eng an einander geknüpft, dem Dänenthum das Gleichgewicht halten, und sich unter gewissen Umständen von demselben ganz losreißen könnten. Die Stellung Holstein's zum deutschen Bunde war eine vollendete Thatsache, die sich nicht mehr zurücknehmen ließ. Aber Schleswig von Holstein für unzertrennlich gelten zu lassen, hieß ersteres der dänischen Monarchie, im engeren Sinne, entziehen, und an Deutschland überlassen. Der dänische Staat war seit dem Verluste Norwegen's so klein geworden, daß man seine einzelnen Bestandtheile fester mit einander verbinden zu müssen glaubte. Mit Holstein war dies nur bis auf einen gewissen Grad möglich. Schleswig dagegen hoffte man erst von Holstein trennen, und nach und nach Dänemark ganz einverleiben zu können. Der erste Schritt zu einer Lösung

des zwiſchen den Herzogthümern beſtehenden Verbandes war die Ein=
führung einer eigenen Ständeverſammlung für Schleswig geweſen, wo=
gegen die holſteiniſchen und ſchleswigſchen Abgeordneten Verwahrung
eingelegt, und, obwohl vergeblich, ihre Vereinigung zu einer einzigen
Verſammlung verlangt hatten.

Zu dieſen Urſachen der Spaltung zwiſchen Deutſchen und Dänen
kam noch die Ungewißheit und Meinungsverſchiedenheit über die Erb=
folge hinzu. Nach dem ſogenannten Königsgeſetz waren in Dänemark
auch die Frauen ſucceſſionsfähig, während die Herzogthümer immer für
Mannslehen gegolten hatten, obgleich in Bezug auf Schleswig von
däniſchen Publiciſten das Gegentheil behauptet wurde. Die männliche
Descendenz Friedrich III., unter welchem das Königsgeſetz erlaſſen
worden, ſchien dem Erlöſchen nahe zu ſein. Chriſtian VIII. war ſchon
bejahrt, ſein Bruder, Prinz Ferdinand, und ſein Sohn und Nachfolger,
Kronprinz Friedrich, waren kinderlos. Die deutſche Partei gab ſich der
Hoffnung hin, daß, nach dem Ausſterben der älteren Linie des olden=
burgiſchen Hauſes, die jüngere Linie, an deren Spitze der Herzog von
Auguſtenburg ſtand, in den Herzogthümern an die Regierung gelangen,
und dieſe ganz von Dänemark abgelöſt werden würden. Die Dänen
befürchteten aber von einer ſolchen Trennung den Untergang ihres
Staates, indem Jütland und die Inſeln zu ſchwach ſind, um ein eigenes
Reich ausmachen zu können. In der Ständeverſammlung von Roeskilde
ward von dem Bürgermeiſter von Kopenhagen, Algreen Uſſing, der
Antrag geſtellt (1844): den König um eine feierliche Erklärung über die
Untheilbarkeit der däniſchen Monarchie und deren Vererbung nach den
Beſtimmungen des Königsgeſetzes zu bitten. Hierauf antworteten die
holſteiniſchen Stände mit einer Adreſſe an Chriſtian VIII., worin ſie
die Selbſtſtändigkeit der beiden Herzogthümer, die Unauflösbarkeit ihrer
gegenſeitigen Verbindung, und den Grundſatz des männlichen Thron=
folgerechts für dieſelben behaupteten. Hiermit hatten ſich die beiden
Parteien offen den Fehdehandſchuh hingeworfen. So entgegengeſetzte
Meinungen und Anſprüche ließen ſich auf friedlichem Wege nicht aus=
gleichen. Der Kampf konnte aufgeſchoben, aber nicht für immer ver=
mieden werden.

Chriſtian VIII., über die wahre Stimmung in den Herzogthümern
getäuſcht, die er für weniger dänenfeindlich hielt, als ſie wirklich war,
erließ (8. Julius 1846) einen „offenen Brief“, worin er ſich für die
Untheilbarkeit des däniſchen Geſammtſtaates und die Anwendung des
Königsgeſetzes auf Schleswig ausſprach, in Bezug auf Holſtein ein

endgültiges Urtheil noch zurückhielt; aber zu verstehen gab, daß er hoffe, die Erbfolge auch dort nach denselben Grundsätzen wie in Dänemark angeordnet zu sehen. Diese Erklärung sachte den beginnenden Brand, anstatt ihn zu löschen, nur noch höher an. Denn der König hatte zu Gunsten der dänischen Partei entschieden. Zum erstenmal seit sehr lan= ger Zeit trat in der sonst so friedlichen Bevölkerung der Herzogthümer die Neigung zum Widerstande gegen ein sie bedrohendes Unrecht hervor. Es wurden Volksversammlungen gehalten, Petitionen an den deutschen Bund und die deutschen Ständeversammlungen mit der Aufforderung zum Schutze der deutschen Nationalität in Nordalbingien, einem ihrer geschichtlichen Ursitze, der Heimath der Sachsen, Angeln, Friesen, ent= worfen. Der Ausdruck: Schleswig=Holstein, die Untrennbarkeit der Herzogthümer bezeichnend, kam in Gebrauch, und man nahm eine eigene von der dänischen verschiedene Landesfarbe an. In der holsteinischen Ständeversammlung ward von dem Herzoge von Augustenburg der An= trag auf Verleihung einer beiden Herzogthümern gemeinsamen Verfas= sung, mit entscheidender nicht blos, wie bisher, berathender Stimme für die Volksvertretung, gestellt. Da die Eingaben der schleswigschen und holsteinschen Stände von der dänischen Regierung nicht beachtet wurden, so zogen sich die deutsch gesinnten Mitglieder dieser Versamm= lungen aus denselben, unter heftigen Beschwerden über die Verletzung ihrer Rechte, zurück. Die Aufregung in den Herzogthümern ward immer allgemeiner und die Theilnahme Deutschland's für sie sprach sich immer lauter aus. Der unterdessen erfolgte Tod Christian VIII. (20. Januar 1848) brachte in dieser Lage der Dinge keine Veränderung hervor. Un= ter seinem Nachfolger Friedrich VII. sollten Holstein und Schleswig von dem sich in einem großen Theile Europa's erhebenden Sturme mit fortgerissen werden, und nach Beweisen großer Thatkraft und seltener Aufopferung für den Augenblick einem unglücklichen Schicksal erliegen, aber ohne daß die Bevölkerung ihren Ansprüchen und Hoffnungen für die Zukunft entsagt hätte. Der Krieg der Herzogthümer gegen die Dänen ist ein rein nationaler gewesen, für Erhaltung alter Rechte und angestammten Volksthums unternommen, und hat sich von den schäd= lichen und krankhaften Einflüssen der Demagogie und des Socialismus, die damals so verbreitet waren, frei zu erhalten gewußt. In Dänemark brach in derselben Zeit eine innere Gährung, ein Ringen nach einer Umgestaltung des Staatslebens, nach einer Verjüngung der dänischen Nationalität aus, eine Bewegung, deren Ergebnisse sich, da sie noch kein bestimmtes Ziel erreicht hat, nicht mit Sicherheit voraussehen lassen.

Auf Schweden hat die, für West = und Mitteleuropa so folgen=
reiche, Juliusrevolution nur insofern eingewirkt, als das Verlangen nach
einer Reform des Reichstages und der damit verbundenen Einrichtungen
sich allgemeiner und lebhafter als früher vernehmen ließ. Die schwe=
dische Nationalvertretung war allmälig eine mit den Bedürfnissen der
Zeit nicht mehr übereinstimmende, schwerfällige und unförmliche, Ma=
schine geworden, welche die in ihr ursprünglichen enthaltenen Ideen von
Recht und Freiheit nicht mehr angemessen zu verwirklichen vermochte.
Dieser Uebelstand war längst gefühlt, aber nie ein geeignetes Mittel zu
seiner Abstellung gefunden worden. Die schwedische Geschichte bietet,
wie die vielen Kriege, Parteikämpfe, Staatsstreiche und Thronverände=
rungen beweisen, eine sehr bewegte Oberfläche dar, aber in der Tiefe ist
der Volksgeist starr und unbeweglich, und der Vergangenheit zugewandt
geblieben. Die entgegengesetzten Meinungen und Bestrebungen der vier
Stände, in welche die Nation eingetheilt war, ließen keine wahrhafte
Verbesserung der alten, unter von der Gegenwart so verschiedenen Ver=
hältnissen entstandenen, Verfassung zu. Was die Einen empfahlen,
ward von den Anderen verworfen. Die einzelnen Elemente der Na=
tionalvertretung arbeiteten einander, als wären sie nur äußerlich zu
einem Ganzen verbunden und sich innerlich fremd, bei jeder Gelegenheit
entgegen. Auf dem Reichstage von 1834 traten unvereinbare Gegensätze
hervor. Die aristokratische Partei wollte die Eintheilung in vier Stände
die verschiedene Wahlart, die besonderen Rechte und Bevorzugungen un=
verändert beibehalten wissen, während die demokratische Partei allge=
meine Volkswahlen, Abschaffung der ständischen Unterschiede und Ent=
scheidung nach Stimmenmehrheit verlangte. Auf diese Art ward nach
vielem Streit und gegenseitigen Beschuldigungen Alles beim Alten ge=
lassen.

Der König Karl Johann hatte jeden materiellen Fortschritt kräftig
gefördert, war aber politischen Veränderungen, aus Scheu vor den da=
mit verbundenen Schwierigkeiten und Gefahren, sorgfältig aus dem
Wege gegangen. Er sprach zwar mehrmals seine Geneigtheit für Re=
formen aus, welche von der Nation für nothwendig erachtet werden
würden, that aber nichts um eine Umgestaltung des Reichstages herbei=
zuführen, ohne welche eine Verbesserung der Verfassung unmöglich war.
Er fürchtete, in Erinnerung an die französische Revolution, aus welcher
er hervorgegangen, daß, das Gebiet der Neuerungen einmal betreten,
die einzuhaltende Grenze überschritten, und die Zukunft Schweden's
und seines Hauses ungewiß werden könnte. Er hatte Recht, als er auf

dem letzten von ihm eröffneten Reichstage (Januar 1840) des großen
Fortschrittes erwähnte, welcher unter seiner Regierung eingetreten war.
Die auswärtige Schuld des Landes war getilgt, die einheimische sehr
vermindert worden. Es waren Kanäle gegraben, Flüsse schiffbar ge=
macht, Straßen angelegt, Häfen und Zeughäuser errichtet, und die
Land= und Seemacht vermehrt worden. Die jährliche Einnahme bot
einen Ueberschuß von 700,000 Bankthalern dar, während von Karl XII.
an immer ein Deficit vorhanden gewesen, welches nur durch Anleihen
hatte gedeckt werden können. In dieser Beziehung hat sich Karl Johann
um Schweden ein unbestreitbares Verdienst erworben. Aber zu einem
moralischen Fortschritt der Nation und einer organischen Entwickelung
ihrer Institutionen hat dieser König wenig beigetragen. Der Volksgeist
ist durch ihn nicht gehoben worden. Die Schule, welche er durchgemacht
hatte, wo mehr die äußere als innere Seite des Völkerlebens in Betracht
gezogen wurde, sein fremder Ursprung, und Rücksichten auf die Lage
Europa's, besonders auf Rußland's Uebergewicht, und die Verpflich=
tungen, welche er gegen dasselbe hatte, hinderten ihn für Schweden alles
das zu thun, was er vielleicht in einer ähnlichen Stellung für sein eige=
nes Vaterland geleistet haben würde. Denn er war von der Natur mit
ungewöhnlichen Gaben ausgestattet worden. Dieser durch seine Persön=
lichkeit merkwürdige, durch seine Erlebnisse aber in seiner Art einzige
Fürst, der, am Fuße der Pyrenäen in dunkeln Verhältnissen geboren,
den Thron des fernen Schweden's besteigen, und, in seiner Jugend ein
eifriger Demokrat, über die aristokratischste aller Kontinentalnationen
regieren sollte, ging am 8. März 1844 mit Tode ab, von einem Volke,
dessen Sprache er nicht reden konnte, und von dem er in vieler Beziehung
verschieden war, allgemein geliebt und bewundert.

Karl Johann's Sohn und Nachfolger, Oskar I., war, im Gegen=
satz zu seinem Vater, da er als elfjähriger Knabe sein Geburtsland ver=
lassen hatte, ganz Schwede geworden, und seine fremde Herkunft und
frühere Stellung waren für ihn bald in den Hintergrund getreten. Da
er nach Erbrecht auf den Thron stieg und mehre Söhne besaß, so wurde
die neue Dynastie im In= und Auslande für vollkommen begründet er=
achtet, was unter Karl Johann noch zuweilen bezweifelt worden. Der
verstorbene König hatte seinen Sohn früh an den Regierungsangelegen=
heiten Theil nehmen, ihn überhaupt für seine Bestimmung trefflich vor=
bereiten lassen, dieser aber außerdem sich aus eigener Bewegung mit
Gegenständen des öffentlichen Wohles, wie Armenpflege, Gefängniß=
wesen u. s. w. beschäftigt, und bei jeder Gelegenheit einen überaus

menschenfreundlichen Sinn gezeigt. Die auswärtige Politik wurde von
dem Könige Oskar im Geiste seines Vaters fortgeführt, nur daß er auf
die freundschaftlichen Beziehungen zu Rußland einen noch höheren Werth
als letzterer zu legen schien. Schweden blieb von den großen Erschütte=
rungen, welche die meisten anderen Staaten trafen, verschont, und die
Bewegungen im Innern beschränkten sich auf Streitigkeiten unter den
Parteien und Ständen während der Reichstage, und Meinungsverschie=
denheiten in der Tagespresse, ohne in der Nation einen tiefen Wiederhall
zu finden. Oskar vermied jeden Konflikt mit dem Auslande, und nahm
später an dem zwischen Dänemark und den Herzogthümern ausgebroche=
nen Kampfe nur vorübergehend Theil.

Karl Johann war, als König von Norwegen, mehrmals mit dem
Storthing in Streitigkeiten gerathen, und hatte sich den von der Ver=
fassung von Eidsvold der Krone auferlegten Beschränkungen nur ungern
unterworfen. Die Norweger waren mit den königlichen Statthaltern
zuweilen so unzufrieden geworden, daß Unruhen auszubrechen drohten,
und zwei derselben, die schwedischen Grafen Sandels und Platen, ab=
berufen werden mußten. Obgleich Norwegen nur denselben König mit
Schweden gemein hatte, aber, außer einer ganz verschiedenen Verfassung,
auch noch eine eigene Armee und Marine besaß, so waren die auswärti=
gen Angelegenheiten doch ausschließend bisher von Schweden geleitet
worden. Die Norweger glaubten aber bemerkt zu haben, daß bei den
Verträgen mit dem Auslande ihre besonderen Interessen den schwedi=
schen nachgesetzt wurden. Es ward deshalb von dem Storthing verlangt
(1833), daß bei allen diplomatischen Unterhandlungen ein in Stockholm
residirender norwegischer Staatsminister zugezogen, und besondere nor=
wegische Konsuln angestellt werden sollten. Auf diese Forderung ward
eine der Form nach ausweichende, im Wesentlichen aber die norwegische
Eifersucht auf Schweden beruhigende, Antwort ertheilt. Im Jahre
1836 brach eine neue Spannung zwischen dem Könige und dem Stor=
thing aus, indem letzteres einen Antrag auf Veränderungen in der Ver=
fassung nicht einmal einer Berathung gewürdigt, sondern ohne Weiteres
bei Seite gelegt hatte. Karl Johann löste, von diesem Verfahren und
einer zu geräuschvollen Feier der demokratischen Konstitutionen von
Eidsvold verletzt, die norwegische Volksvertretung zwar zu der gesetz=
mäßigen Zeit auf, aber ehe sie noch die ihr vorliegenden Arbeiten be=
endigt hatte. Dennoch kam im Januar 1837 ein Gesetz zu Stande,
welches die Verhältnisse der einzelnen städtischen und ländlichen Gemein=
den der allgemeinen Verfassung des Landes ähnlich gestaltete, und die

aus der dänischen Zeit übrig gebliebene lästige Beamtenbevormundung ganz aufhob. Der norwegische Staatshaushalt war so trefflich geord= net, daß 1833 die Grundsteuer auf die Hälfte herabgesetzt, 1839 aber ganz aufgehoben werden konnte. Unter Karl Johann's Nachfolger hör= ten die nie tief gehenden, aber häufig wiederkehrenden Streitigkeiten zwi= schen Krone und Storthing ganz auf. Oskar I., welcher sich bei den Norwegern schon als Statthalter seines Vaters beliebt gemacht hatte, trat nicht mehr mit dem Streben nach Umgestaltung der Konstitution zu Gunsten der königlichen Prärogative hervor, und die Volksvertretung ließ dagegen die Stiftung eines norwegischen Ritterordens, nach einem der alten Könige der Olafsorden genannt, zu, was unter Karl Johann hartnäckig zurückgewiesen worden war.

Die heilsamen Früchte, welche die Vereinigung von Schweden und Norwegen unter demselben Monarchen für beide Länder getragen hatte, riefen den Gedanken an ein ähnliches Verhältniß Dänemark's zu Schwe= den hervor. Die Meinung entstand, daß nur auf diese Art der germa= nische Norden sich vor dem russischen Uebergewicht retten, und eine an= gemessene Stellung im europäischen Staatensystem erringen könne. Diese Ansicht wird von einer Partei, die flandinavische genannt, vertreten, welche in Schweden am meisten verbreitet ist, aber auch in Norwegen und Dänemark Anhänger zählt. Da dieser Idee, obgleich sie noch im Werden begriffen ist, und bisher auf die Wirklichkeit keinen Einfluß ausgeübt hat, keine unübersteiglichen Hindernisse entgegenstehen, dieselbe im Gegentheil von der Gleichheit der Religion, der Verwandtschaft in Sprache und Abstammung, und den gegenseitigen Bedürfnissen der be= treffenden Völker begünstigt wird, so kann sie für keine bloße Chimäre gelten, so zweifelhaft ihre Durchführung erscheinen mag. In dieser, wie in mancher anderen, Beziehung wird viel von der künftigen Stellung Deutschland's abhängen. Wenn die deutsche Nation jemals zum Be= wußtsein ihrer Stärke und ihres Rechts erwachen sollte, so wird sie die ihr angehörigen Bestandtheile nicht unter einer fremden, und von den= selben für ein Joch erachteten, Herrschaft lassen. In diesem Falle wür= den Schleswig und Holstein nicht mehr der dänischen Krone unterworfen bleiben, und Dänemark zu der Vereinigung mit Schweden und Nor= wegen gezwungen sein, da es nach dem Verluste der Herzogthümer nicht als selbstständiger Staat fortdauern könnte.

33. Die deutsche Entwickelung von dem Tode Friedrich Wilhelm III. bis zu den revolutionairen Bewegungen des Jahres 1848. — Vergebliche Versuche Friedrich Wilhelm IV. die in Deutschland und Preußen vorhandenen Gegensätze auszusöhnen. — Widerspruch zwischen den Ueberzeugungen dieses Königs und dem Geiste der Zeit. — Vereinigter Landtag. — Sinken des absolutistischen Princips in Preußen und Drang nach konstitutionellen Garantien. —

Ein Regentenwechsel übt nur auf diejenigen Staaten einen großen Einfluß aus, in welchen sich eine innere Bewegung ankündigt, oder die überhaupt noch im Werden begriffen sind. Da wo die öffentlichen Einrichtungen in dieser oder jener Richtung im Wesentlichen vollendet sind, wird der Tod eines Fürsten nur in einzelnen Kreisen gefühlt, bringt aber in der Lage des Ganzen keine Veränderung hervor. Diese Erscheinung thut sich an den entgegengesetzten Polen staatlichen Lebens, unter der Herrschaft durchgängiger Willkühr wie allgemein anerkannter Freiheit kund. Der Tod eines türkischen Kaisers machte sich bisher nur in der Stellung der Großen seines Hofes geltend, das Regierungssystem ward davon nicht berührt, sondern fuhr in demselben Gleise fort. Der Despotismus war dort so fest gegründet, daß er jeden Wechsel in den Personen überlebte. Ebenso hat in England, seit der vollkommenen Ausbildung der parlamentarischen Institutionen, das Abscheiden eines Souverains im Dasein der Nation keine sichtbaren Spuren zurückgelassen. Es hat Epochen gegeben, wo der allgemeine Zustand Europa's so wenig Gährungsstoff enthielt, und der Trieb zu Neuerung und Umwälzung so tief im Herzen der Völker schlummerte, daß der Tod selbst bedeutender und unumschränkter Fürsten ohne erhebliche Folgen blieb. Dies war aber nicht die Lage Teutschland's, und insbesondere nicht die Preußen's, in dem Augenblick, wo Friedrich Wilhelm III. die Augen schloß.

Die reaktionaire Partei hatte durch ihren Einfluß auf die Fürsten, und die Besorgnisse, mit welchen sie dieselben vor dem konstitutionellen Princip, als angeblich aus der Revolution entsprungen und zu derselben führend, zu erfüllen wußte, nicht nur jeden politischen Fortschritt aufgehalten, sondern auch, so viel als möglich, die Ideen und Institutionen der Vergangenheit zurückgerufen. Die beiden deutschen Großmächte, Oesterreich und Preußen, waren absolutistisch geblieben. In den, der Form nach, dem Repräsentativsystem angehörigen, Staaten war die Entwickelung und Belebung der eingeführten Verfassungen durch die

Bestimmungen des Bundestages gewaltsam gehindert worden. Die Zer=
splitterung Deutschland's hatte es möglich gemacht, jede Bewegung im
Entstehen zu ersticken, und jeden Widerstand alsbald zu beseitigen. Die
Reaktion, aus ursprünglich so verschiedenen Elementen, wie Absoluti=
sten, Anhängern des Feudalwesens, Ultramontanen und Pietisten, zu=
sammengesetzt, die nur in ihrem Haß gegen den Geist der Freiheit über=
einstimmten, schien durch die aus den Wiener Konferenzbeschlüssen her=
vorgegangene Gesetzgebung vollkommen ihr Ziel erreicht zu haben. Aber
dieser Sieg war nur ein äußerlicher gewesen. Vergebens hatte man dem
freien Wort in den Ständeversammlungen und in der Presse Still=
schweigen auferlegt, der innere Sinn, die Stimmung und Richtung des
Volksgeistes war dadurch nicht verwandelt worden. Der Leib der Na=
tion war in Fesseln geschlagen, aber ihre Seele davon unberührt geblie=
ben. Je größer der äußere Druck wurde, je mehr zog sich die wider=
strebende Gesinnung in sich selbst zurück, um sich zu sammeln, und im
geeigneten Moment hervorzubrechen. Ueberall in Deutschland waren
Willkühr und Zwang von der einen, Mißtrauen und Abneigung von
der anderen Seite fühlbar. Die Fortdauer eines solchen Zustandes, der
nur durch Gewalt erhalten werden konnte, drohte nicht nur die Bande
des Rechts, sondern auch die der Sittlichkeit zu lösen, und das deutsche
Volk um alle die Eigenschaften zu bringen, durch welche es sich bisher
ausgezeichnet hatte.

Ein Unterdrückungssystem wie in Deutschland hätte nur dann von
Bestand sein können, wenn in ganz Europa ein ähnlicher Zustand ge=
herrscht, und die Unmöglichkeit, eine bessere Zukunft zu erringen, eine
allgemeine Hoffnungslosigkeit hervorgebracht hätte. Dies war aber nicht
der Fall. Selbst abgesehen von England, dessen moralischer Einfluß
auf die übrigen Völker, ungeachtet seiner Absonderung, nie ganz über=
sehen werden darf, so forderten drei kleine, aber auf dem Boden ver=
fassungsmäßiger Rechte ruhende Nachbarstaaten: die Niederlande, Bel=
gien und die Schweiz, die Deutschen beständig zu Vergleichen mit ihrer
eigenen inneren Lage auf. In Frankreich bereitete sich in den Gemüthern
eine neue Umwälzung vor, deren Ausbruch alles ringsumher erschüttern
konnte. So unvollkommen auch die in Spanien und Portugal einge=
führten Repräsentativregierungen sein mochten, sie mußten immer als
ein Sieg über den Absolutismus angesehen werden. Die eine Hälfte
Europa's gehörte demnach dem konstitutionellen Systeme an, und in dem
anderen Theile gab es außer Deutschland unterdrückte oder unzufriedene
Nationalitäten, Italiener, Polen, Magyaren, welche jede gegen das

Bestehende gerichtete Bewegung aufzunehmen und zu verbreiten bereit
waren. Im Grunde waren nur zwei halb=asiatische, zu Europa nur
in äußeren Beziehungen stehende Reiche, Rußland und die Türkei, dem
Geiste der Freiheit vollkommen fremd geblieben, dessen Einfluß sonst
überall, wenn auch in ungleichem Grade, gefühlt wurde.

Unter solchen Umständen mußte ein Regierungsantritt, wie der
Friedrich Wilhelm IV., in dem ersten wahrhaft deutschen Staate und
der zugleich eine europäische Macht war, von tief eingreifender Bedeu=
tung werden. Die preußischen Zustände, welche unter seinem Vater
zwischen dem Alten und Neuen schweben geblieben, gingen unter ihm
einer Entscheidung entgegen.

Auf ein noch nicht vollkommen entwickeltes Volk übt die Persönlich=
keit des Fürsten zuweilen einen so großen Einfluß aus, daß Beide als
Eines erscheinen, und die zwischen ihnen etwa vorhandenen Unterschiede
übersehen werden. Die lange Regierung Friedrich Wilhelm III., die
heilsamen Reformen, welche in der Epoche zwischen dem Tilsiter Frieden
und den Befreiungskriegen eingeführt worden, seine Würde im Unglück,
seine Mäßigung im Glück hatten zwischen ihm und seinem Volke ein
Band geflochten, das, von dem später fühlbar werdenden Stillstande
und Rückschritte in den öffentlichen Verhältnissen, nicht einmal gelockert,
geschweige denn gelöst werden konnte. Seine natürliche Zurückhaltung
hatte es außerdem immer ungewiß gelassen, ob der in der zweiten Hälfte
seiner Regierung waltende Geist von ihm ausgegangen, seine Wahl und
Absicht gewesen, oder ihm nur von einer äußeren Nothwendigkeit aufer=
legt war. Das unter seiner Regierung vollbrachte Gute wurde ihm
selbst zugeschrieben, die mangelhaften Seiten derselben bürdete man
seinen Umgebungen auf. Dieser König hatte sich, bei seiner Scheu persön=
lich hervorzutreten, nie in vertrauliche Ansprachen, Meinungsaustausch,
Wechselreden, eingelassen, selten etwas in ostensibler Weise unmittelbar
selbst entschieden, sondern alles auf dem vorgeschriebenen Wege durch die
eingesetzten Behörden erledigen lassen. Es konnte dies für einen Mangel
an Selbstvertrauen oder an Befähigung gelten, hatte ihm aber den un=
ermeßlichen Vortheil gewährt, sich nicht leicht eine Blöße zu geben. Da
er den Widerspruch nicht hervorrief, so erfuhr er auch einen solchen nicht.
Er galt nicht für den Gründer oder Vertreter eines besonderen Systems,
sondern nur für den obersten Vollstrecker der Gesetze, und verschwand
hinter seinem Werk. Er wurde übrigens während der zweiten Hälfte
seiner Regierung, seinem Alter und seinem Wesen nach, als zu einer
schon vergangenen Epoche gehörig betrachtet, und an ihn nicht derselbe

Maßstab, wie an einen Zeitgenossen, angelegt. Anders verhielt es sich mit seinem Nachfolger, bei welchem man ein größeres Verständniß der Gegenwart voraussetzte, und von dem man die Erfüllung ihrer Forderungen erwartete.

Friedrich Wilhelm IV. begann seine Regierung mit Handlungen der Gerechtigkeit und Milde, die ihm alle Herzen gewannen. Er rief den General von Boyen, der im Jahre 1820 mit Wilhelm von Humboldt und von Beyme aus dem Ministerium geschieden war, in den Staatsrath zurück, übertrug ihm bald nachher das Kriegsministerium, und zeichnete ihn auch sonst aus. Boyen hatte immer für einen Verfechter freisinniger Meinungen · gegolten, und war nebst Scharnhorst und Gneisenau einer der Begründer des neuen preußischen Heerwesens gewesen. Ernst Moritz Arndt, Professor an der Universität Bonn, war seit 1820, wegen angeblicher Theilnahme an den sogenannten demagogischen Umtrieben, von seinem Amte suspendirt geblieben. Er wurde jetzt, unter ehrenvoller Anerkennung seiner Verdienste, seinem Berufe wieder zurückgegeben. Ludwig Jahn, der bekannte Turnmeister, hatte viele Jahre lang die kleine Stadt Freiburg an der Unstrut, die ihm nach überstandener Haft zum Aufenthalt angewiesen, nicht verlassen dürfen. Diese Beschränkung ward aufgehoben. Am 10. August (1840) kündigte ein königlicher Erlaß eine vollständige Amnestie für alle politischen Verbrechen und Vergehen der letzten Jahre an, wodurch eine Menge von Personen ihren Familien und den früher von ihnen eingenommenen Stellungen zurückgegeben wurde. Der 1839 nach der Festung Minden abgeführte Erzbischof von Köln, Droste von Bischering, erhielt die Erlaubniß, seinen Aufenthalt an jedem beliebigen Orte außerhalb seiner Diöcese nehmen zu dürfen. Der gleicherweise noch in Haft befindliche Erzbischof von Posen und Gnesen, Martin von Dunin, ward nicht nur entlassen, sondern auch seinem Sprengel zurückgegeben, was mit seinem rheinischen Kollegen ebenfalls geschehen sein würde, wenn derselbe sich weniger ablehnend gezeigt hätte,

Nach den ersten Gunst= und Freudenbezeugungen, wie sie bei jedem Regierungswechsel üblich sind, begab sich Friedrich Wilhelm IV. nach Königsberg, um dort, wo der Gründer des preußischen Königshauses sich die Krone aufgesetzt hatte, die Huldigung der Stände Ost= und Westpreußen's, zu der auch die Stände des Großherzogthums Posen entboten waren, entgegenzunehmen. Es war ein alter auch diesmal beobachteter Brauch, daß sich bei solchen Gelegenheiten ein Landtag ver=

sammelte, um von dem neuen Regenten die der Provinz zustehenden Rechte bestätigen zu lassen. In dieser Versammlung wurde der Antrag gestellt und mit 90 gegen 5 Stimmen angenommen, den König, nicht um Bestätigung der besonderen Privilegien, sondern um die Fortdauer der 1823 eingeführten Provinzialstände und um Einführung einer allge= meinen Landesvertretung zu bitten. In einer am 7. September (1840) eingereichten Denkschrift ward die Verordnung Friedrich Wilhelm III. vom 22. Mai 1815 in Erinnerung gebracht, in welcher die Errichtung von Reichsständen versprochen worden, zu welchen die Provinzialstände als Vorbereitung dienen sollten. In der, auf diese Eingabe des Land= tages erfolgten, königlichen Erwiderung wurde zwar die Erhaltung der Provinzialstände, aber nicht die Einführung einer reichsständischen Ver= fassung zugesichert. Der König erklärte, daß die Gründung einer allge= meinen Landesvertretung von seinem Vater als mit dem Glücke seines Volkes unverträglich erachtet worden, und gab zu verstehen, daß er der= selben Ueberzeugung sei. Es ward der deutsche Charakter und die ge= schichtliche Ueberlieferung des Instituts der Provinzialstände hervorge= hoben, und am Schlusse dessen sorgfältige Pflege angelobt.

Diese Auffassung der staatlichen Bedürfnisse des preußischen Vol= kes wurde zwar schon damals von manchen für bedenklich erachtet, von der Menge aber nicht alsbald begriffen. Die Huldigung ging unter lebhafter Theilnahme der Bevölkerung vorüber, wozu die persönliche Ansprache des Königs viel beitrug, welcher, in gewählten und dabei warmen und kräftigen Ausdrücken, eine gerechte und milde, alle Klassen in gleicher Liebe umfassende, Regierung versprach. Nachdem die durch eine solche Feierlichkeit herbeigeführte Aufregung der Gefühle vorüber war, fing die freisinnige Partei, an deren Spitze die bedeutendsten Män= ner der Provinz standen, wiederum über die Verordnung vom 22. Mai 1815 zu verhandeln an, wollte in derselben die ausdrückliche Verheißung einer reichsständischen Verfassung erkennen, und glaubte, oder stellte sich so, als glaubte sie, daß der gegenwärtige Träger der Krone dieselbe An= sicht hege, und nur über den Zeitpunkt ihrer Verwirklichung noch unent= schieden wäre. Als aber der König in einer Kabinetsordre vom 4. Okto= ber unumwunden erklärte, daß er dem in der Denkschrift vom 7. Sep= tember ausgesprochenen Verlangen nach Einführung einer allgemeinen Landesvertretung seine Zustimmung versagen müsse, so konnte über seine Gesinnungen und Absichten in dieser Beziehung länger kein Zweifel obwalten. Von da an begann, nicht blos wie früher in einzelnen Krei= sen, sondern allmälig im Volke selbst, sich eine Gährung zu regen, welche

später, von außerordentlichen Umständen begünstigt, zu einem Ausbruch
kam, der einen Augenblick lang alles Bestehende in Frage stellte.

Bei der in Berlin am 15. Oktober (1840) erfolgten Huldigung
der übrigen sechs Provinzen trat die zwischen Friedrich Wilhelm IV.
und den Anhängern des konstitutionellen Princips sich regende Mei=
nungsverschiedenheit ebenfalls hervor. Der König äußerte unter An=
derem, in der bei dieser Gelegenheit gehaltenen Rede, daß Preußen so
bleiben müsse, wie es ist, wenn es nicht untergehen soll. Da Preußen,
seitdem es unter diesem Namen in der Geschichte besteht, eine unum=
schränkte Monarchie gewesen, zu welcher das Königthum den Geist und
das Volk den Stoff lieferte, so war es nicht. schwer zu begreifen, was
unter dieser Fortsetzung der bisherigen Einrichtungen gemeint war. Die
innerste Gesinnung der Zeit hatte sich aber ein für allemal gegen den
Absolutismus erklärt, unter welchen Formen sich auch derselbe verhüllen,
welche Gründe er zu seiner Berechtigung anführen mochte, und es war
nicht möglich, daß besonders ein neu gebildeter, und von der allgemei=
nen europäischen Entwickelung schon längst ergriffener, Staat wie der
preußische, sich den Anforderungen der Gegenwart für immer entziehen
könne. Bei dieser Feierlichkeit hatten es die Vertreter der städtischen und
ländlichen Gemeinden als eine Zurücksetzung angesehen, daß ihnen der
Eid der Treue unter freiem Himmel, den Abgeordneten der Ritterschaft
aber im Innern des königlichen Schlosses abgenommen worden war, ein
Unterschied in der Behandlung, welcher ihnen in früheren Zeiten wahr=
scheinlich nicht aufgefallen wäre.

Der sich gegen die Fortdauer einer unumschränkten Regierungs=
form erhebende Widerspruch fand in zwei Broschüren einen Ausdruck,
welche da, wo das Verlangen nach konstitutionellen Garantien sich zum
erstenmal lebhaft ausgesprochen hatte, in Königsberg, im Anfange des
Jahres 1841 erschienen. Die erste dieser Flugschriften, welche den Titel:
„Woher und Wohin?" führte, hatte einen freisinnigen Staatsmann
aus der Stein=Hardenberg'schen Schule, den Oberpräsidenten der Pro=
vinz Preußen, von Schön, zum Verfasser, und soll ursprünglich nur zur
Mittheilung an den König, die Prinzen und die höchsten Beamten be=
stimmt gewesen sein. Es wurde darin in gemäßigter Ausdrucksweise die
Ansicht aufgestellt, daß die von dem preußischen Staate seit Friedrich
dem Großen genommene Richtung und der erreichte Standpunkt der
Gesittung eine Reichsverfassung erheischten, und daß der geeignete Mo=
ment zur Gründung einer solchen hereingebrochen sei. Die Zeit, wo
das Volk für eine willenlose, von den Machthabern beliebig zu leitende,

Menge angeſehen werden konnte, wäre vorüber und ließe ſich nicht mehr
zurückrufen. Der in einer gewiſſen Epoche ſich klar ankündigende Geiſt
räche ſich an denen, von welchen derſelbe abſichtlich verkannt wird. Die
zweite dieſer Flugſchriften: „Vier Fragen" betitelt, rührte von einem
zu dem Oberpräſidenten von Schön in nahen Beziehungen ſtehenden
Manne, dem Doktor der Medicin Jakobi, her. Was von Schön in ſei=
ner Broſchüre als eine Nachgiebigkeit gegen eine politiſche Nothwendig=
keit dargeſtellt hatte, wurde von Jakobi als ein Recht aufgefaßt, welches
ſich das Volk durch ſeine Kraft und Ausdauer während des Befreiungs=
krieges erworben, ein Recht, das Friedrich Wilhelm III. in der Verord=
nung vom 22. Mai 1815 ausdrücklich anerkannt habe. Es ſei endlich
Zeit, die damals gegebene Verheißung zu erfüllen. Dieſe Schrift war
ein geſteigerter Ausdruck der früheren, und in einem ſcharfen, einſchnei=
denden Tone abgefaßt. Die in dieſen beiden Broſchüren ausgeſproche=
nen Ideen wurden, da ſie die empfänglichſte Seite der Zeit berührten,
mit außerordentlichem Beifall aufgenommen.

Das erſte Zeichen der beginnenden Bewegung war die größere
Aufmerkſamkeit, welche die Provinzialſtände auf ſich zogen. Früher
waren dieſelben, außer im Kreiſe der zunächſt Betheiligten, ganz unbe=
achtet geblieben. Man hatte dieſelben bisher nur als eine Succurſale
der Verwaltung angeſehen, und ihnen keine ſelbſtſtändige Bedeutung
beigelegt. Die Wahlen zu ihnen wurden jetzt eine Sache des Partei=
geiſtes, und es ging ihnen, was ſonſt unerhört geweſen, Petitionen und
Adreſſen zu, in welchen ſie zur Erringung geſetzlicher Freiheit, Auf=
hebung der Cenſur u. ſ. w. aufgefordert wurden.

Indeſſen übte die ſich in einem Theile der Bevölkerung kund ge=
bende Aufregung nicht ſogleich einen Einfluß auf die ſtändiſchen Ver=
ſammlungen in den einzelnen Provinzen aus, die der Mehrzahl nach
noch aus denſelben Mitgliedern wie unter der vorigen Regierung zu=
ſammengeſetzt waren. Der ſchleſiſche Landtag wies, mit 75 gegen
8 Stimmen, eine von der Stadt Breslau eingereichte Petition um Ver=
leihung einer reichsſtändiſchen Verfaſſung, als „ungeeignet und nicht
zeitgemäß" zurück. Aehnliches geſchah in Oſtpreußen, und ſelbſt auf
dem rheiniſchen Landtage ging es in dieſer Beziehung ſehr gemeſſen und
ruhig zu. Nur die Poſener zeigten ſich unzufrieden und ungeduldig,
wurden dazu aber weniger von Drang nach Freiheit als von nationaler
Antipathie veranlaßt. Der König hegte ſolche Vorliebe für das Inſtitut
der Provinzialſtände, und erwartete von ihnen ſo viel, daß er dieſelben
fortan alle zwei Jahre einberufen zu wollen erklärte, während dies früher

unbestimmt gewesen war. Er ordnete ferner die Bildung von Ausschüssen an, welche einmal die Bestimmung hatten, die Geschäftsausführung der Landtage zu erleichtern, dann aber auch zu einer größeren Versammlung vereinigt werden sollten, um ihren Rath über allgemeine Landesangelegenheiten zu vernehmen.

Die Ausübung der Censurvorschriften hatte schon seit längerer Zeit, überhaupt in dem gebildeten Publikum, besonders aber unter Schriftstellern und Buchhändlern, Unzufriedenheit und Mißfallen erregt. Im Januar 1842 wurde eine königliche Erklärung, die Censur betreffend, bekannt gemacht, welche das Gesetz von 1819 zwar nicht aufhob, ihm aber in der Anwendung eine mildere Deutung verlieh. Eine Kabinetsorbre vom 4. Oktober 1842 schaffte die Censur bei Schriften über zwanzig Bogen, auf deren Titel Verfasser und Verleger genannt waren, gänzlich ab. Friedrich Wilhelm IV. war bei seiner lebhaften Natur kein Feind der Oeffentlichkeit und Erörterung, kein Freund stummen Gehorsams, sondern ging vielmehr gern auf Erklärungen und Untersuchungen aller Art ein. Im Vertrauen auf seine Macht und Einsicht hoffte er zuletzt immer Recht zu behalten. Wegen des Verhältnisses zum deutschen Bunde kam es aber zu keinem die Censur beseitigenden Preßgesetze, obgleich der König persönlich jedem Geisteszwange abhold war. Es wurde eine aus Gelehrten und Richtern gebildete Behörde, Obercensurkollegium genannt, errichtet (Februar 1843), welche die Beschwerden der Schriftsteller, Zeitungsredaktionen und Verleger untersuchen und entscheiden sollte, und der Presse thatsächlich einen freieren Spielraum als bisher gewährte.

Friedrich Wilhelm IV. hatte, bei seiner regsamen Natur nie die allgemeinen deutschen Verhältnisse aus den Augen verloren. Obgleich mit fremder Bildung vertraut, war er von vollsthümlichen Gesinnungen durchdrungen, fühlte sich ganz als Deutscher, und gehörte mit seinen Vorzügen wie mit seinen Mängeln ausschließend der deutschen Natur an. Die Erinnerungen seiner Jugend, die Napoleonische Herrschaft und die Befreiungskriege waren ihm, der tiefer Eindrücke fähig war, immer gegenwärtig geblieben. Er würde, wenn er die erforderliche Macht und Thatkraft besessen hätte, Deutschland gern seinen alten Glanz wieder verschafft haben. Ueber den Willen hierzu kann kein Zweifel obwalten. Nur wurde von ihm, bei seinem in geschichtlicher Beziehung mehr der Vergangenheit als Gegenwart zugewandten Sinne, Deutschland anders aufgefaßt, als es wirklich war. Er wollte oder konnte nicht die tiefe Veränderung, welche in dem Wesen der Nation vorgegangen war, anerkennen, die sich, in ihrer Entwickelung lange zurückgeblieben, als endlich von ihr eine neue Bahn betreten worden, im Vergleiche zu dem was sie früher gewesen, vielleicht unter allen Völkern am meisten verwandelt hat. Er begriff jedoch, daß ein festerer nationaler Verband unter den ein= zelnen Staaten, mehr Popularität für die Regierungen im Verhältnisse zu ihren Unterthanen und eine Belebung der deutschen Bundesversamm= lung nothwendig geworden waren, wenn nicht Deutschland über lang oder kurz aus einander fallen, und als ein Ganzes aufhören sollte. Selbst Oesterreich würde, obgleich es seinen Schwerpunkt außerhalb der deut= schen Zustände hat, ohne den Anschluß an dieselben seine Bedeutung in Europa verlieren, Preußen hängt aber so innig mit Deutschland zu= sammen, daß es ohne dasselbe gar nicht gedacht werden kann.

Von dieser Ueberzeugung geleitet, hatte sich Friedrich Wilhelm IV. bald im Anfange seiner Regierung mit dem Fürsten von Metternich, bei welchem er irriger Weise eine volksthümliche Gesinnung voraussetzte, über eine Verbesserung der deutschen Bundesangelegenheiten persönlich verständigen wollen (August 1841). Von dem österreichischen Staats= kanzler, welcher, in Bezug auf Deutschland, kein anderes System, als das bisher von ihm beobachtete, kannte, nämlich Unterdrückung der Frei= heit und Oeffentlichkeit durch Censur, Militair= und Polizeigewalt, wurden die vorhandenen Uebelstände, die Zersplitterung aller Kräfte, die Uneinigkeit und Eifersucht zwischen den einzelnen Staaten, die Läh= mung des Nationalgeistes, mit Wohlgefallen betrachtet, weil nur so Oesterreich's Uebergewicht erhalten werden konnte. Wenn es von Met= ternich abgehangen hätte, so würde selbst der Zollverein, der einzige er= sprießliche Verband, welcher den größten Theil des deutschen Volkes um= schlang, weil er ein Anfang zur Einheit war, aufgelöst worden sein. Er stellte sich jedoch, als werde des Königs Meinung über die Noth= wendigkeit einer Belebung der deutschen Bundesverhältnisse von ihm ge= theilt, und als sei Oesterreich hierbei mitzuwirken bereit. Es kam aber weiter nichts als eine Verbesserung der Kriegseinrichtungen des deut= schen Bundes, die sehr verfallen waren, zu Stande. Denn die Bundes= versammlung hatte, über dem Streben, jede freie Regung im Innern zu ersticken, die Vertheidigungsmaßregeln nach Außen hin vernachlässigt. Die, wegen der orientalischen Frage und in Folge des Vierbundvertrags, zwischen Frankreich und den übrigen Großmächten, eingetretene Span= nung hatte auf die schwachen Seiten des deutschen Bundesheerwesens aufmerksam gemacht. Da Oesterreich und Preußen, im Falle Ludwig Philipp I. nicht noch zur rechten Zeit nachgab, auf einen Kampf gefaßt sein mußten, so wurden die nöthigen militairischen Reformen bei dem Bundestage bald durchgesetzt. In Bezug auf die innere Gestaltung Deutschland's ward alles beim Alten gelassen. Von manchen Regierungen wurden den patriotischen Absichten Preußen's ehrgeizige Beweggründe untergelegt.

Es wurden übrigens von Friedrich Wilhelm IV., ungeachtet er die Schwächung und das Sinken Deutschland's und die damit verbundene Gefahr richtig erkannt hatte, nicht die zur Abstellung eines so großen Uebels geeigneten Mittel gewählt. Da er nicht gebietend in die deutschen Verhältnisse eingreifen konnte, so hätte er, wenn er einen wirklichen Einfluß ausüben wollte, diesen nur durch die Macht des von ihm gegebenen Beispiels erlangen können. Wenn in Preußen eine nationale Entwickelung von oben her begünstigt, und eine wahrhafte Repräsentativverfassung mit den dazu gehörigen Institutionen eingeführt worden wäre, so hätte Friedrich Wilhelm IV. die deutschen Völker für sich gewonnen, und eine moralische Suprematie erlangt, welche, ungeachtet des Widerstrebens einzelner Fürsten, zu einer staatlichen Oberleitung geführt haben würde. Auf diese Art würde Preußen an die Spitze einer politischen, wie schon vorher an die einer industriellen, Einigung Deutschland's getreten sein. Es wäre damals, wo in Deutschland noch keine gewaltsamen Bewegungen stattgefunden hatten, sondern nur Meinungen und Wünsche ausgesprochen worden, die Gründung freisinniger und volksthümlicher Einrichtungen, ohne einen gänzlichen Umsturz herbeizuführen, möglich gewesen. Aber Preußen mußte dabei vorangehen. Oesterreich, welches im Wesentlichen eine außerdeutsche Macht ist, vermochte dies nicht, und andere deutsche Staaten wären, selbst wenn sie es gewollt, zu einem solchen Unternehmen zu schwach gewesen. Da aber Friedrich Wilhelm IV. den Geist der Zeit verkannte, und, wie die reaktionaire Partei, das konstitutionelle Princip mit dem revolutionairen zusammenwarf, so arbeitete er unwillkührlich seinen eigenen Absichten entgegen, die damals und auch noch später offenbar auf eine Regeneration Deutschland's hinausgingen. Einzelne Verbesserungen, Censurerleichterungen und dergleichen mehr reichten nicht hin, um das deutsche Volk Preußen zuzuführen. Dazu hätte er stärkerer Anziehungsmittel bedurft.

Die Thronbesteigung Friedrich Wilhelm IV. war nicht nur in Preußen, sondern auch im ganzen übrigen Deutschland, welches sich, bei dem immer drückender werdenden Stillstande, nach einer bewegenden Kraft für sich umsah, mit großer Hoffnung begrüßt worden. Die Eifersucht so mancher Fürsten auf Preußen ward von den Völkern nicht ge-

13*

theilt, welche, ungeachtet aller erfahrenen Täuſchungen, nie die Ueber=
zeugung aufgegeben hatten, daß die Zukunft Deutſchland's, als Ge=
ſammtheit, von der Stellung Preußen's und dem Verhalten des branden=
burgiſchen Regentenſtammes abhängt. Obſchon es dem Recht nach
überall in Deutſchland Ständeverſammlungen mit Steuerbewilligungs=
recht und Antheil an der Geſetzgebung geben ſollte, ſo waren dieſelben
gleichwohl durch eine lange Reihe von, unter Metternich's Leitung er=
laſſenen freiheitsfeindlichen, Bundestagsbeſchlüſſen (20. September 1819
— 8. Junius 1820 — 28. Junius und 5. Julius 1832 — 30. Ok=
tober und 12. November 1834 — 25. Junius 1835) nicht nur um
alle politiſche Bedeutung gebracht, ſondern ihnen großentheils ſelbſt die
zu ihrer ſpeciellen Wirkſamkeit nöthigen Attribute entzogen worden.

Dem bayeriſchen Landtage von 1840 wurde von der Regierung
eröffnet, daß die Einnahmen der beiden letzten Jahre die Ausgaben um
mehre Millionen überſtiegen hätten, aber kein Nachweis über die Be=
ſtimmung oder Verwendung dieſes Mehrertrages geliefert, was eine
offenbare Verletzung der Verfaſſung war. Die liberalen Mitglieder der
würtembergiſchen Wahlkammer waren ſämmtlich ausgeſchieden, da ſie
alle ihre Anträge verworfen ſahen. In Baden machte ſich die Reaktion,
von dem ehemaligen Reichsadel und öſterreichiſchen Einflüſſen unter=
ſtützt, beſonders geltend. Rotteck's Tod (1840) ließ eine fühlbare Lücke
zurück, die durch Niemand nach ihm ausgefüllt worden iſt. Es war dies
ein Verluſt für ganz Deutſchland. Es hatte Rotteck nur ein weiteres
und ergiebigeres Feld der Thätigkeit gefehlt, um den erſten parlamen=
tariſchen Notabilitäten Frankreich's und England's an die Seite geſetzt
zu werden. Er hat, wenn man die ihm entgegenſtehenden Hinderniſſe
aller Art in Betracht zieht, viel geleiſtet, und ſein Name kann vom deut=
ſchen Volke ohne Undank nicht vergeſſen werden. — In Hannover beſaß
die freiſinnige Partei die Mehrheit in der zweiten Kammer (1841), und
arbeitete auf Wiederherſtellung des von dem Könige Ernſt Auguſt wider=
rechtlich aufgehobenen Staatsgrundgeſetzes von 1833 hin. Da ihre
Bemühungen vergeblich waren, ſo zog ſie ſich lieber ganz zurück, als
daß ſie einem, ihrer Meinung nach, ungeſetzlichen Zuſtande, durch ihre
Anweſenheit, eine ſcheinbare Anerkennung gewährt hätte.

Unter ſolchen Umſtänden war es natürlich, daß alle diejenigen,
welche nicht das Vertrauen auf eine beſſere Zukunft für Deutſchland,
auf eine Kräftigung des nationalen Verbandes und Belebung des Volks=
geiſtes ganz aufgegeben hatten, ihre Blicke auf Preußen und deſſen Kö=
nig richteten, bei welchem man den Willen und die Einſicht für Erfül=

lung dieser Hoffnungen vorausseße. Von Oesterreich konnte das deutsche Volk, wenn dies mit dem Vortheile des Kaiserstaates übereinstimmte, wohl gegen das Ausland vertheidigt, aber niemals im Innern gefördert werden, da das österreichische System seit lange für das Sinnbild des Stillstandes in Europa galt. Preußen war aber nicht nur während des Befreiungskrieges mit seinem Beispiel vorangegangen, sondern hatte auch neuerdings durch die Gründung des Zollvereins einen mächtigen Schritt zu einer inneren Einigung Deutschland's gethan. Dieser Staat war seinem bisherigen Entwickelungsgange nach zum Fortschritt bestimmt, und hatte noch lange nicht das ihm von der Natur der Dinge vorgesteckte Ziel erreicht. Da eine Erweiterung seines Gebietes, wie unter Friedrich dem Großen durch die Eroberung Schlesien's, und später durch die Theilungen Polen's, bei der gegenwärtigen Lage Europa's unmöglich geworden, so konnte er nur durch eine Vermehrung seines moralischen Einflusses auf das übrige Deutschland eine höhere Machtstellung erringen. Zu diesem Zweck gab es aber kein anderes Mittel, als die Völker, durch Anerkennung und Verwirklichung der die ganze Zeit bewegenden Idee der nationalen Einheit und politischen Freiheit, für Preußen zu gewinnen. Der Widerspruch einzelner deutscher Fürsten war in solchem Falle nicht zu fürchten, da dieselben von ihren Unterthanen zum Anschluß an einen großen sich aufthuenden Mittelpunkt fortgezogen worden wären.

Friedrich Wilhelm IV. schien zu solchen Erwartungen zu berechtigen, als er am 4. September 1842, bei Gelegenheit der feierlichen Wiederaufnahme des seit drei Jahrhunderten unterbrochenen Kölner Dombaues, in erhebenden und glänzenden Worten, von dem Ruhme und der Unabhängigkeit Deutschland's, und von der Einigkeit und Verbrüderung sprach, welche fortan die verschiedenen Konfessionen und die einzelnen Stämme des großen gemeinsamen Vaterlandes unter einander verbinden sollte. Mehre hohe fremde Gäste, welche sich zu dieser Festlichkeit eingefunden hatten, wie der König von Würtemberg und der Erzherzog Johann von Oesterreich, ließen sich in ähnlichem Sinne vernehmen. Der Weiterbau des Kölner Domes, mit Hülfe von in allen deutschen Staaten gestifteten Vereinen und geleisteten Beiträgen, wurde als ein Vorbild für Deutschland's Einheit bezeichnet. Indessen mußte eine solche symbolische Handlung, so sehr sie auch dem Gefühl und der Einbildungskraft gefallen mochte, bei näherer Prüfung von aller realen Bedeutung entblößt erscheinen. Damit, daß religiöse und künstlerische Sympathien sich zu der Vollendung eines großen im Mittelalter begon-

nenen Bauwerkes verbanden, war nichts für eine nationale und politische Wiedergeburt Deutschland's gethan, welche nicht aus dem Geiste
der Vergangenheit, sondern dem der Gegenwart, hervorgehen mußte,
und nur durch Volksthum und Freiheit begünstigende Einrichtungen gefördert werden konnte. Dieses Fest in Köln nahm, wie alles, was damals von Friedrich Wilhelm IV. ausging, oder wobei er persönlich mit-
wirkte, die Aufmerksamkeit von ganz Deutschland in Anspruch. Man
fühlte, daß Preußen eine neue Bahn einzuschlagen anfing, ohne sich jedoch von dem Ziele, an welches dieselbe führen würde, genaue Rechenschaft geben zu können. Für den Augenblick genügte es, das Eis der
langen Unbeweglichkeit und Erstarrung gebrochen, und an dessen Stelle
eine lebendige, wenn auch in ihrer Richtung ungewisse, Strömung
zu sehen.

Im Oktober 1842 traten die ein Jahr vorher bei Eröffnung der
Provinziallandtage angekündigten ständischen Ausschüsse in Berlin zusammen. Ihre Bestimmung war über Regierungsvorlagen, welche allgemeine Staatsangelegenheiten betrafen, ein Gutachten abzugeben, wie
von den gewöhnlichen Landtagen in Bezug auf die Interessen der einzelnen Provinzen geschah. Wie geringe Bedeutung aber diesem Institut,
ungeachtet der entgegengesetzten Versicherungen des Königs, von dem
Ministerium beigelegt wurde, wie dieses ganze Ständewesen nur ein
Spiel war, durch welches die Regierung sich das Ansehen gab, die
Stimme des Volkes vernehmen zu wollen, ohne sich jemals durch dieselbe für gebunden zu achten, kann schon aus den Verhandlungen der
ersten Vereinigten Ausschüsse entnommen werden. Eine königliche Kabinetsordre vom 19. August (1842) hatte als Gegenstände der Berathung
bezeichnet: die näheren Bestimmungen über den im vorigen Jahre den
Provinzialständen versprochenen und mit dem 1. Januar 1843 beginnenden Steuererlaß — die Herstellung einer umfassenden Eisenbahnver-
bindung zwischen verschiedenen Provinzen unter Beihülfe aus Staatsmitteln — und ein Gesetzentwurf über die Benutzung von Flüssen, soweit
sie das Eigenthum von Einzelnen berühren. — Wenn von der Regierung schon ein Beschluß über diese Fragen gefaßt worden war, so mußte
die Berufung der ständischen Ausschüsse als vollkommen überflüssig erscheinen. Fand aber das Gegentheil statt, so hätte man deren Berathungen freien Lauf lassen müssen. Statt dessen erklärte der Finanzminister
von vorn herein, daß der König über den betreffenden Steuererlaß bereits durch eine Herabsetzung der Salzpreise entschieden habe, eine Maßregel, welche außerdem von Sachkundigen für unzweckmäßig gehalten

wurde. In Bezug auf die projektirten Eisenbahnen wurde die Betheiligung des Staates von dem Minister unwiderruflich abgelehnt. Es blieb demnach nur die Frage über die Flußschifffahrt übrig, zu deren Erledigung es nicht der Vereinigten Ausschüsse bedurft hätte.

Damit kein möglicher Zweifel über die Bedeutung dieser ständischen Versammlungen entstehen könnte, erklärte Friedrich Wilhelm IV. den Mitgliedern der Vereinigten Ausschüsse (11. November 1842), nach dem Schlusse ihrer Sitzungen, daß er in ihnen nur Vertreter ihrer eigenen Rechte und der Rechte der Stände, von welchen sie abgeordnet worden, aber keine Repräsentanten „oberflächlicher Meinungen und der Tageslehren" sehe. Unter letzteren ward von dem Könige der fühlbar werdende Drang nach Einführung einer konstitutionellen Staatsform und der damit verbundenen Garantien verstanden. Es bedurfte nicht erst dieser Ansprache, um die Versammlung, nach den eben gemachten Erfahrungen, von ihrer eigenen Nullität zu überzeugen.

Der Widerspruch zwischen dem Geiste der Zeit und den persönlichen Ueberzeugungen Friedrich Wilhelm IV. brach zum erstenmal entschieden auf den Provinziallandtagen von 1843 hervor. In Posen, wo die polnische Partei unter den Vertretern des Adels und der Landleute die Stimmenmehrheit besaß, gab sich die heftigste nationale Opposition in Forderungen kund, deren Verwerfung von selbst vorausgesehen werden konnte, und die nur in der Absicht, die innere Trennung von der preußischen Regierung recht scharf hervorzuheben, gemacht wurden. In Ostpreußen verlangte man eine Erweiterung der Befugnisse der Vereinigten Ausschüsse, und das Recht für dieselben selbstständige Anträge stellen zu dürfen. Auch wurden daselbst Beschwerden über Beschränkung der Gewissens- und Lehrfreiheit, über hierarchische Anmaßungen unter einem Theile der protestantischen Geistlichkeit, und Verbreitung einer von oben her begünstigten pietistischen Richtung erhoben. Der rheinische Landtag stellte an die Regierung die Forderung, das Institut der Vereinigten Ausschüsse in Reichsstände mit den Befugnissen zu verwandeln, welche diesen durch die königliche Verordnung vom 22. Mai 1815 zuerkannt worden waren. Die Regierung hatte den Landtagen den Entwurf zu einem neuen Strafgesetzbuch vorlegen lassen, welcher besonders von den Posenern und den Rheinländern bekämpft wurde. In den am 30. December erschienenen Landtagsabschieden waren alle mit dem herrschenden System nicht übereinstimmenden Anträge der Provinzialstände verworfen worden. Zu dem Meinungsstreite über staatliche Verhältnisse traten noch die kirchlichen Gegensätze hinzu, um eine Bewegung, welche zuletzt in eine unauflösbare Verwirrung auszubrechen drohte, zu vermehren. Auf dem Boden des Protestantismus hatten sich von jeher zwei Parteien, die orthodoxe und rationalistische, gegenübergestanden, von welchen erstere sich streng an den Wortsinn der biblischen Wahrheiten hielt, letztere dagegen eine freiere Auslegung derselben, als ein Recht der menschlichen Vernunft, in Anspruch nahm. Da es in dieser Kirche keinen obersten Richter in Glaubenssachen und keine allgemein anerkannte Regel giebt, so hatten, je nach dem Geiste und den Einflüssen der Zeit, bald die Orthodoxen, bald die Rationalisten, in der theologischen Litteratur, der religiösen Unterweisung, und dem konfessionellen Leben ein Uebergewicht ausgeübt, ohne jedoch jemals die eine dieser Auffassungsweisen des Christenthums zu einer, die andere ganz ausschließenden, Geltung bringen zu können. Von Friedrich Wilhelm II. war durch das Religionsedikt von 1788 die orthodoxe Partei begünstigt, aber, bei der übeln Wahl der Personen, welche er zur Ausführung seiner Absichten heranzog, und bei dem äußeren Zwange, welchen er an die Stelle der freien Ueberzeugung zu setzen suchte, das ihm vorschwebende Ziel, eine Belebung des sinkenden religiösen Gefühls, nicht erreicht worden. Friedrich Wilhelm III. hatte die Verordnung seines Vorgängers zurückgenommen, und es war von ihm, obgleich er für seine Person einer strengeren Auslegung des evangelischen Lehrbegriffs anhing, während des ersten unruhigen und sorgenvollen Theiles seiner Regierung, selten in die kirchlichen Verhältnisse eingegriffen worden.

Nach wiederhergestelltem Frieden hatte Friedrich Wilhelm III. an den konfessionellen Zuständen allerdings einen näheren Antheil als früher genommen, wie die von ihm ausgegangene Vereinigung zwischen Lutheranern und Reformirten *), die Einführung einer Agende und dergleichen mehr beweist, und er hatte seine Vorliebe für die orthodoxe Partei häufig durchblicken lassen. Indessen waren von ihm auf der anderen Seite der Lehrfreiheit keine Hindernisse entgegengesetzt worden, und es hatte sich in seiner unmittelbaren Nähe, in Berlin, eine philosophische Schule erhoben, welche den äußersten Gegensatz zu allem positiven Christenthum bildete. Dieser König scheint den weisen Grundsatz befolgt zu haben, einzelne Bewegungen des Geistes, welche, wenn auch an und für sich bedenklich, jedoch nicht unmittelbar das allgemeine Wohl bedrohen, sich selbst und dem läuternden und heilenden Einflusse der Zeit zu überlassen. Der Minister von Altenstein, welcher unter Friedrich Wilhelm III.

---

*) Siehe Bd. XVII. S. 89.

lange Jahre hindurch dem Kultus= und Unterrichtswesen vorstand, hatte viel für die Vermehrung allgemeiner Bildung in Preußen gethan, aber keine exklusive Tendenz begünstigt. Es war von ihm auf jeder Seite dem Uebermaß gesteuert, aber sonst niemals Partei genommen worden. Friedrich Wilhelm IV. war, obgleich in seinem persönlichen Ver= halten eben so mild und wohlwollend wie sein Vater, in Bezug auf Theorien und Doktrinen, ausschließender als dieser gesinnt, und glaubte daß Wahrheit und Recht nur in gewissen Formen enthalten, und andere davon ganz entblößt seien. Sein Kultusminister, Eichhorn, schlug dem= gemäß eine andere als die von Altenstein befolgte Bahn ein. Derselbe hatte früher für einen Freund des Fortschritts gegolten, und sich na= mentlich bei Gründung und Ausbreitung des Zollvereins großes Ver= dienst erworben. Aber Zeit und Umstände schienen ihn ganz verändert zu haben. Er schloß sich fortan, bei Leitung des ihm anvertrauten Ge= schäftskreises, der religiösen, und, in vorkommenden Fällen, auch der po= litischen Reaktion an. Die dann und wann irrthümlich aufgefaßte, im Wesentlichen aber wahre und große Idee der Humanität, mit dem Chri= stenthum nicht unvereinbar aber einer engherzigen Auffassung desselben widerstrebend, welche seit der Restauration der Wissenschaften und Künste der vornehmste Hebel der modernen Civilisation geworden, sollte unter Eichhorn's Ministerium einem einseitigen kirchlichen System mög= lichst untergeordnet werden. Diese Richtung machte sich in der protestan= tischen Kirche durch Begünstigung einer übertriebenen, die freie For= schung und die Gewissensfreiheit beschränkenden Strenggläubigkeit, und auf allen Stufen des öffentlichen Unterrichts geltend. Es war darüber schon auf dem ostpreußischen Landtage von 1843 geklagt worden. Bei Gelegenheit der dritten Säkularfeier (1844) der Königsberger Univer= sität gab sich die Unzufriedenheit über die Eichhornsche Verwaltung in den Reden einiger Professoren kund, was aber von dem bei dieser Fest= lichkeit anwesenden Könige, als ein mittelbarer Angriff auf ihn selbst, mit Unwillen zurückgewiesen wurde.

Den schroffsten Gegensatz zu der Jubelfeier einer protestantischen Universität, wie Königsberg, wo der größte Denker der neueren Zeit gelebt und gewirkt hatte, bildete eine Handlung mittelalterthümlicher Andacht in Trier, die, innerhalb der katholischen Kirche in Preußen, eine Spaltung hervorrief, welche zuletzt ohne bestimmtes Ergebniß bleiben sollte, eine Zeit lang aber, je nach dem besonderen Standpunkt, große Erwartungen oder Befürchtungen erregte. Im August 1844 wurde in der Hauptkirche in Trier eine Reliquie „der heilige Rock" der Verehrung

der Gläubigen ausgestellt. Es war dies ein Gewand, von welchem nach
einer schon im Mittelalter vorhandenen Sage behauptet wurde, es sei
von dem Heiland während der letzten Jahre seiner irdischen Laufbahn
getragen worden. Diese Festlichkeit würde, ungeachtet des Zuströmens
von einer halben Million Menschen, an und für sich keine ungewöhnliche
Aufmerksamkeit erregt haben, da von Zeit zu Zeit Aehnliches in allen
katholischen Ländern geschieht. Aber die Unruhe und Erregbarkeit,
welche damals in den Gemüthern lag, kam bei dieser Gelegenheit zum
Ausbruch.

Ein junger katholischer Geistlicher in Oberschlesien, Namens Jo=
hannes Ronge, erließ, von der Unzufriedenheit, welche der Vorgang in
Trier nicht nur unter Protestanten, sondern auch unter aufgeklärten
Katholiken erregt hatte, ermuntert, ein Sendschreiben an den Bischof
Arnoldi von Trier, in welchem er die Ausstellung des heiligen Rockes
mit den Tetzelschen Ablaßbriefen im sechszehnten Jahrhundert verglich,
und sich im Namen des Katholicismus selbst, allerdings ohne die ge=
ringste Berechtigung zu einem solchen Auftreten, da er nur eine unterge=
ordnete Stellung in seiner Kirche einnahm, gegen diese Handlung und
die Reliquienverehrung überhaupt erklärte. Ronge war weder beredt
noch gelehrt, und protestantische Theologen hatten diesen Gegenstand
lange vor ihm unendlich gründlicher und scharfsinniger behandelt. Der
gemeinfaßliche Ton dieser Schrift, und der Umstand, daß ihr Verfasser
ein katholischer Priester war, mehr als dies aber die Stimmung der
Zeit, die jede Veranlassung zu Streit und Widerstand zu benutzen bereit
war, verschaffte einem an und für sich sehr mittelmäßigen Werke, wie
der sogenannte Rongesche „Absagebrief“, eine außerordentliche Verbrei=
tung, und regte innerhalb des katholischen Klerus selbst zur Nachahmung
dieses Beispieles an.

Der katholische Pfarrer Czerski zu Schneidemühl im Großherzog=
thum Posen sagte sich mit einem Theile seiner Gemeinde von der rö=
misch=katholischen Kirche los, und setzte, in Verbindung mit Gleichge=
sinnten, ein besonderes Glaubensbekenntniß auf, das apostolische oder
christkatholische genannt, durch welches das Christenthum auf seine ur=
sprüngliche Reinheit zurückgeführt werden sollte. Im Anfange Decem=
ber (1844) war das neue Symbol in Schneidemühl angenommen wor=
den, und schon im Januar des folgenden Jahres trat eine ähnliche Be=
wegung in Breslau ein, deren Anhänger sich Deutsch=Katholiken nann=
ten, ein Name, der bald dieser ganzen Richtung beigelegt wurde. Hier
stellte sich Ronge an die Spitze, der auf die Vorgänge in Schneidemühl

keinen unmittelbaren Einfluß ausgeübt hatte. Die neue Religionsgesell=
schaft verbreitete sich rasch, da ihr von den meisten Regierungen keine
Hindernisse in den Weg gelegt wurden, und hielt durch ihre Vertreter in
Leipzig ein sogenanntes Concilium ab, auf welchem ihre Lehren und
Gebräuche festgesetzt wurden, aus welchen aber nicht nur jede Spur von
Katholicismus verschwunden, sondern überhaupt wenig vom Christen=
thum übrig geblieben war. Verständige, hier und da selbst bedeutende,
Männer wollten in dieser Sekte eine neue Form der christlichen Wahr=
heit erkennen, und ihr eine große Zukunft beilegen. Es war dies eine
der Täuschungen der Zeit. Es giebt außerhalb des Katholicismus und
Protestantismus keine selbstständige religiöse Gestaltung mehr, die auf
Dauer und Kraft rechnen könnte. Die Einrichtungen der bürgerlichen
Gesellschaft werden noch große Veränderungen erfahren, aber der Lauf
der religiösen Ideen scheint vollendet zu sein, und was sich von den bei=
den großen Strömen, die aus dem Quell des Christenthums entstanden
sind, abtrennt, wird bald in sich vergehen. Der Katholicismus ist seit
dem Tridentinischen Concilium bis in seine einzelnsten Theile hin abge=
schlossen, und auf den Protestantismus können theologisch=philosophische
Systeme von Einfluß sein, dieselben werden aber keine eigenthümliche
Form kirchlichen Lebens mehr hervorbringen. Der Deutsch=Katholicis=
mus war aus einer oberflächlichen Aufregung entstanden, zerrann nach
wenigen Jahren, und seine Bestandtheile kehrten wieder dahin zurück,
von wo sie ausgeflossen waren.

Diese Sekte würde wahrscheinlich gar nicht aufgetaucht sein, wenn
ihr Erscheinen nicht von einer widerspruchsvollen Bewegung in der
evangelischen Kirche Preußen's begünstigt worden wäre. Denn auch
viele Protestanten hatten sich dem Deutsch=Katholicismus angeschlossen.
Friedrich Wilhelm IV. suchte die Union, das Werk seines Vaters, zu er=
halten, und in dieselbe mehr Leben, als sie bisher gehabt, zu bringen.
Die protestantische Geistlichkeit der sechs östlichen Provinzen war, um
über die Mängel der kirchlichen Zustände und deren Abstellung zu be=
rathen, schon 1843 zu Kreissynoden einberufen worden. Eine streng=
gläubige, mitunter frömmelnde Richtung hatte sich auf diesen Versamm=
lungen geltend gemacht, aber auch viele Gegner in ihrer eigenen Mitte
gefunden. Auf die Kreissynoden waren 1844 Provinzialsynoden gefolgt.
Daselbst wurden von der orthodoxen Partei Anträge auf Ueberwachung
des Lehrbegriffs, und Beaufsichtigung der Layen durch die Geistlichen
gestellt, welche allerdings nicht zur Anwendung kamen, aber für bedenk=
liche Versuche gelten konnten, ein der Entstehung und dem Wesen des

Protestantismus fremdes Zwangrecht der kirchlichen Behörden über die weltlichen Gemeindeglieder einführen zu wollen.

Im Gegensatze zu den Bestrebungen der politischen und religiösen Reaktion, nahm auf der andern Seite der Drang nach vollkommener Unabhängigkeit, nach Niederreißung selbst der von dem Zusammenleben im Staate unzertrennlichen Schranken zu. Der im deutschen Geist so lange vorherrschend gewesene Hang zu einer rein innerlichen Thätigkeit, zu Spekulation und Theorie, schien verschwunden, und an dessen Stelle ein lebhafter Trieb, seine Ueberzeugungen äußerlich geltend zu machen, und zur Anwendung zu bringen, getreten zu sein. Dieser Uebergang von einer ideellen zu einer praktischen Richtung war allerdings häufig von einer großen Unkenntniß der Welt und des Lebens, von einer auffallenden Ungeschicklichkeit in der Behandlung der Wirklichkeit begleitet, aber eine Umgestaltung im Charakter der Nation, und das Einschlagen einer neuen Bahn ließ sich nicht verkennen. Der Menge war damals noch der Gedanke an einen Angriff auf das Bestehende fremd. Sie fühlte den auf ihr lastenden Druck, aber ohne ein bestimmtes Mittel zu dessen Abschüttelung zu suchen, ohne ein klares Ziel vor Augen zu haben. Die vorhandene Aufregung trug etwas Dumpfes und Verworrenes an sich. Von selbst würde keine große Erschütterung erfolgt sein. Aber ein Anstoß von Außen, bei dem leidenschaftlichen Parteikampfe und der zunehmenden Gährung in Frankreich, über lang oder kurz unvermeidlich, mußte die innere Unzufriedenheit in Deutschland zum Ausbruch bringen. Da die deutschen Regierungen seit so langer Zeit im ausschließenden Besitze der Leitung des Volksgeistes gewesen, so hätte bei ihnen auch ein Verständniß desselben vorausgesetzt werden können. Aber die veränderte Richtung der Nation entging ihnen, oder ward von ihnen, da sie davon eine Beschränkung ihrer Macht befürchteten, nicht anerkannt. Sie arbeiteten deshalb den neu erwachten Bedürfnissen entweder geradezu entgegen, oder wo, wie in Preußen, an eine Befriedigung derselben gedacht wurde, geschah dies in einem dem Geist der Zeit widerstrebenden Sinne, und brachte das Gegentheil von dem, was bezweckt wurde, hervor.

Die religiöse Agitation in Preußen, welche auf dem Gebiete des römischen Katholicismus begonnen, und den sogenannten Deutsch-Katholicismus zur Folge gehabt hatte, setzte sich innerhalb des Protestantismus fort, wo sie einen freieren Spielraum fand. Da der römische Katholicismus, in kirchlichen Dingen, keine individuelle Richtung, keine Unabhängigkeit des Denkens und Meinens duldet, sondern unbedingte Unterwerfung unter seine Lehren verlangt, so läßt sich leicht erkennen was zu ihm gehört, oder was ihm fremd ist. Er geht nie auf eine Vermittlung ein, und stößt was ihm nicht durchaus entspricht vollkommen aus. Es macht dies seine innere Schwäche und äußere Stärke aus. Er steht wie ein Gebäude von unermeßlicher Ausdehnung da, welches aber nur einen einzigen Eingang besitzt, stark befestigt und von einem tiefen Graben umgeben ist. Alle Versuche, dem Protestantismus dieselbe scharfe Umgrenzung zu geben, in ihm dieselbe Einheit herzustellen, sind entweder vergeblich gewesen, oder haben da, wo sie von einem vorübergehenden Erfolge gekrönt wurden, dem sittlichen Leben Nachtheile gebracht. Der römische Katholicismus beruht auf der Voraussetzung, daß die göttliche Idee von einem auserwählten Stande, dem die Menge zu Unterwerfung und Vertrauen verpflichtet ist, sichtbar und persönlich vertreten werde. Der Protestantismus ist dagegen auf die religiöse Gleichberechtigung seiner Anhänger, und deren freiwillige Uebereinstimmung mit seinem Bekenntniß gegründet, weshalb in ihm Niemand den Anspruch auf Unfehlbarkeit erheben kann. Keine staatliche oder kirchliche Gemeinschaft kann das Princip, auf welches sie errichtet, und das mit ihrem Wesen eines geworden, antasten oder verrücken lassen, ohne mit sich in Widerspruch zu gerathen und sich dem Untergange auszusetzen. Der Protestantismus hätte keine Berechtigung zum Dasein, wenn er irgend einem seiner Glieder ein oberstes Schiedsamt in Glaubenssachen beilegen wollte.

Die Orthodoxen und Pietisten verkannten die Natur des Protestantismus, indem sie ihre Auffassung der christlichen Wahrheit als die allein wahre und gültige hinstellten, und die Rationalisten als eine Art von Ketzern ansahen. Der Rationalismus leugnet nicht die Bedeutung und Wirksamkeit des Christenthums, sondern weicht von der Orthodoxie nur in der Auffassung der übersinnlichen Seiten desselben ab. Der sittliche Einfluß der Religion kann, ungeachtet der verschiedenartigen Behandlung der Dogmen und Mysterien, derselbe sein. Von diesen kirchlichen Streitigkeiten, welche seit lange nicht mehr mit der Lebhaftigkeit, wie von der Thronbesteigung Friedrich Wilhelm IV. an, geführt worden, ward die Unruhe und Verwirrung, welche ohnedies reichlich auf dem politischen Boden der Zeit wucherte, auch auf das kirchliche Gebiet übergetragen, und ohne daß hier eine Entscheidung und Lösung gefunden werden konnte. Auf Seite der Strenggläubigen zeichnete sich der Professor der Theologie Hengstenberg in Berlin durch seine, im zelotischen Tone gehaltene, Evangelische Kirchenzeitung aus. Unter den Lichtfreunden, wie sich damals die Anhänger des Rationalismus und Mitglieder

der von dem officiellen Lehrbegriff abweichenden freien Gemeinden nann=
ten, thaten sich besonders die Pfarrer Uhlich und Wislizenus im Her=
zogthum Sachsen hervor, deren mittelmäßige Darstellungsgabe ihren
Meinungen unter der Menge, welche sich auf einer ähnlichen Stufe der
Befähigung befand, um so leichteren Eingang verschaffte. Unter diesem
kirchlichen Sektenwesen lag übrigens der politische Parteigeist verborgen.
Die Orthodoxen und Pietisten hingen dem Absolutismus an, während
sich die Rationalisten zum Konstitutionalismus oder der Demokratie be=
kannten.

Die Aufmerksamkeit auf die politische und religiöse Bewegung
wurde einen Augenblick lang von einer großen Gewerbeausstellung in
Berlin (1844) unterbrochen, die erste von allgemeiner Bedeutung, welche
in Deutschland statt fand, und die Theilnahme von ganz Europa auf
sich zog. Bei dieser Gelegenheit trat der große Fortschritt des deutschen
Kunstfleißes seit Gründung des von Preußen ausgegangenen Zollver=
eines unzweifelhaft hervor, und wurde der Gedanke an eine ähnliche
Einigung Deutschland's in Bezug auf Volksvertretung, Gesetzgebung
und andere staatliche Verhältnisse belebt. Aber diese glänzende Schau=
stellung sollte auch von einer der Schattenseiten des modernen Indu=
strialismus begleitet sein, die bei demselben, so lange er nicht eine orga=
nische Gestaltung bekommen haben wird, unvermeidlich sind. Im schlesi=
schen Gebirge brachen unter den dort zahlreichen, durch die in der Arbeit
selbst und in der Richtung des Verkehrs eingetretenen Veränderungen,
verarmten Linnen= und Baumwollenwebern Unruhen aus, die nur durch
Anwendung der bewaffneten Macht, und nicht ohne Blutvergießen, ge=
stillt werden konnten.

Einige Zeit nachher rief ein in der preußischen und überhaupt in
der deutschen Geschichte bisher unerhörtes Ereigniß eine allgemeine Be=
stürzung hervor. Friedrich Wilhelm IV. war im Begriff (26. Julius
1844) mit seiner Gemahlin eine Reise nach Schlesien anzutreten, und
saß bereits im Reisewagen, als aus unmittelbarer Nähe zwei Schüsse
auf ihn abgefeuert wurden. Der König war glücklicher Weise unversehrt
geblieben. Der Meuchelmörder, Namens Tschech, früher Bürgermeister,
und von der vorgesetzten Behörde, wegen Vernachlässigung, seines Amtes
entlassen, hatte sich an den König um Verbesserung seiner Lage gewandt,
und an dessen Person, für den ihm gewordenen abweisenden Bescheid,
Rache nehmen wollen. Friedrich Wilhelm IV. hatte, ungeachtet der
großen Gefahr, wie bei ähnlichen Gelegenheiten Ludwig Philipp I., die
kaltblütigste Festigkeit gezeigt. Tschech, der gegen jede Anwandelung von

Reue über sein Verbrechen verschlossen blieb, wurde mit dem Tode bestraft.

Auf den 1845 einberufenen Provinziallandtagen machte sich die Richtung der Zeit weniger geltend, als es die in einem großen Theile der Bevölkerung zunehmende Unzufriedenheit mit den inneren Einrichtungen hätte voraussetzen lassen. Es lag dies in der Zusammensetzung dieser Versammlungen, auf welchen alles von den bevorzugten Klassen entschieden wurde, die mit der bestehenden Ordnung der Dinge zufrieden, jeden Gedanken an eine Veränderung derselben als eine Drohung für sich ansahen. Die Provinzialstände waren deshalb weit davon entfernt, eine Volksvertretung, selbst nur im gemäßigten Sinne des Wortes, zu sein, und drückten nicht einmal die Stimmung der Landestheile aus, zu welchen sie unmittelbar gehörten. Es gingen zwar zahlreiche Petitionen bei ihnen ein, welche auf Einführung von Reichsständen, Preßfreiheit, und auf Abänderung eines den größeren Grundbesitz übermäßig begünstigenden Wahlgesetzes drangen, die aber entweder ganz zurückgewiesen wurden, oder nur geringe Berücksichtigung fanden.

Die brandenburgischen und pommerschen Stände gaben, wie gewöhnlich, eine vollkommene Uebereinstimmung mit den Ansichten der Regierung zu erkennen. Auf dem schlesischen Landtage wurde das Verlangen nach einer Erweiterung der Befugnisse für die ständischen Ausschüsse, wenn auch mit geringer Stimmenmehrheit, aber doch verworfen. Die sächsischen und westphälischen Stände lehnten den Antrag auf ein, an den König zu stellendes, Gesuch um Verleihung von Reichsständen ab. Die Abgeordneten der Provinz Preußen erkannten zwar die Zeitgemäßheit und das im Volke vorhandene Bedürfniß nach einer mit den nöthigen Gewährleistungen versehenen Verfassung an, erklärten aber dem Ermessen des Monarchen nicht vorgreifen zu wollen. Selbst auf dem rheinischen Landtage hatten die Anhänger des Bestehenden die Mehrheit für sich, obgleich dort allerdings vielfältig die Meinung ausgesprochen wurde, daß die Einführung von Provinzialständen keine genügende Erfüllung des Versprechens vom 22. Mai 1815 gewesen sei.

Was von legaler Opposition in den Kammern und Ständeversammlungen der übrigen teutschen Staaten noch vorhanden war, trat von der bisherigen Erfolglosigkeit ihrer Bestrebungen ermüdet, um diese Zeit nicht hervor, und schien den Kampf gegen die Reaktion ganz aufgegeben zu haben. Alle Augen waren damals auf Preußen gerichtet, als müßten dort die Würfel der Entscheidung fallen. Aber während die officiellen Vertreter des Volkes verstummten, nahm in diesem selbst

eine dem Bestehenden entgegengesetzte Gesinnung in auffallender Weise
zu. Die Masse in Deutschland, alles öffentlichen Lebens seit so langer
Zeit entwöhnt, und mit der Führung eines gesetzlichen Widerstandes
ganz unbekannt, irrte sich nicht nur häufig in Bezug auf die Gegenstände ihrer Abneigung, sondern vergriff sich auch bei Gelegenheit gänzlich in den Mitteln, welche zu einer Abstellung der herrschenden Uebelstände führen sollten. Ein bald unterdrückter, aber blutiger Tumult in
Leipzig legte einen Beweis sowohl von der Erbitterung als Urtheils-
losigkeit der Menge ab.

Im Königreich Sachsen hatte lange zwischen Fürsten und Unterthanen die vollkommenste Eintracht geherrscht. Dieses Verhältniß war
selbst nicht durch den Uebertritt des Regentenhauses zum Katholicismus
erschüttert worden. Die Unruhen in Leipzig und Dresden im September 1830 bewiesen allerdings, daß dieses Band etwas lockerer geworden
war. Indessen hatte es damals das Ansehen gehabt, als ob die Nachgiebigkeit des sächsischen Hofes und die Einführung einer zeitgemäßen,
zwischen König und Ständen vereinbarten, Verfassung alle Ursachen zu
weiterer Unzufriedenheit beseitigen werde. Diese Hoffnung war nicht in
Erfüllung gegangen. Die Regierung verletzte die Verfassung von 1831
nicht, baute sie aber auch nicht weiter aus, und es trat in Sachsen, wie
im übrigen Deutschland, nach der ersten Bewegung ein Stillstand und
bald ein Rückschritt ein. Die Willkühr der Censur und Polizei bestand
nach wie vor fort, und in der Verwaltung wurden keine weiteren Verbesserungen vorgenommen. Allmälig gab sich auch eine früher nicht ge-
fühlte Entfremdung gegen das Regentenhaus, wegen der Verschiedenheit
des Glaubens, und der Verdacht kund, daß im Geheimen der Katholicismus begünstigt, und wenigstens unter den höheren Ständen verbreitet
werde. Auf der anderen Seite regte sich die orthodox-protestantische
und pietistische Partei, wie in Preußen, auch in Sachsen, und katholische
und protestantische Strenggläubigkeit schien sich dort gegen die Forderungen der Zeit verbunden zu haben.

Der König Friedrich August von Sachsen war für seine Person
beliebt geblieben, aber sein Bruder und muthmaßlicher Nachfolger, Prinz
Johann, stand, ungeachtet seiner ausgezeichneten litterarischen Bildung,
im Rufe, sich zu den Grundsätzen der religiösen und politischen Reaktion
zu bekennen. Diese Meinung war von den Unzufriedenen auf öffentlichen und geheimen Wegen verbreitet, und zuletzt fast allgemein angenommen worden. Er ward für einen Ultramontanen und Absolutisten
gehalten, obgleich keine bestimmte Veranlassung zu diesem Verdacht vor-

lag. Unter dem Einfluß einer solchen Stimmung geschah es, daß Prinz Johann, in seiner Eigenschaft als Oberkommandant der sächsischen Kommunalgarben, in Leipzig eintraf. Bei der am 12. August 1845 abgehaltenen Musterung von der bewaffneten Bürgerschaft mit auffallendem Kaltsinn empfangen, warb er nach deren Beendigung mit beleidigendem Geschrei verfolgt, und zuletzt von einem tobenden Volkshaufen in seiner eigenen Wohnung bedroht. Das herbeigeeilte Militair glaubte ihn nur dadurch schützen zu können, daß es auf die Menge feuerte, von der sieben Personen getödtet und eine noch größere Menge verwundet wurden. Der Umstand, daß die Gefallenen und Verletzten fast alle an dem Tumult selbst unbetheiligte Zuschauer gewesen, und zum Theil in weiter Entfernung getroffen worden, ließ diesen Auftritt als besonders schmerzlich erscheinen. Prinz Johann reiste am anderen Morgen, von berittenen Kommunalgarben begleitet, mit einer Eile ab, die einer Flucht ähnlich sah. Diese Bewegung in Leipzig, ohne einen politischen Zweck, blos als ein Ausdruck des Unwillens gegen den angeblichen Vertreter freiheitsfeindlicher Ideen hervorgebrochen, wurde ohne Mühe erdrückt, ließ aber in der Bevölkerung einen Stachel zurück, der einige Jahre nachher fühlbar werden sollte. Eine kräftigere Haltung der gebildeten Klassen, woran es aber in Sachsen wie in ganz Deutschland fehlte, hätte diesen und späteren Unordnungen vorbeugen können. Anstatt die von der Verfassung gebotenen Mittel zur Abstellung rechtmäßiger Beschwerden zu benutzen, ließen die Kammern und die städtischen Vertretungen die von oben her geübte Willkühr ohne Einspruch walten, und sahen der in der Tiefe sich verbreitenden Gährung gleichgültig zu. Auf diese Art mußte sich ein Zustand vorbereiten, in welchem Freiheit und Ordnung gleich unmöglich wurden, und nur die Wahl zwischen den beiden Extremen — Revolution und Reaktion — übrig blieb.

In Preußen dauerten die Bestrebungen der Regierung nach einer festeren Einheit in dem protestantischen Kirchenwesen, und die Klagen der Rationalisten, der Lichtfreunde und freien Gemeinden, über angebliche oder wirklich erfahrene Bedrückungen fort. Der Berliner Magistrat reichte eine Eingabe an den König, Beschwerden über Mangel an Gewissensfreiheit und Rückschritt in religiösen Dingen enthaltend, ein, ein Beispiel, das von den Magistraten von Königsberg und Breslau nachgeahmt wurde. Diese und ähnliche Schritte führten nur fruchtlose Erörterungen und verletzende Abweisungen herbei, da der König sich persönlich der Partei der Strenggläubigen zuneigte. Eine evangelische Kirchenkonferenz, von fast allen protestantischen Staaten Deutsch-

land's beschickt (Januar 1846), und bald nachher eine preußische Gene=
ralsynode, beide in Berlin abgehalten, legten beachtungswerthe Grund=
sätze dar, zeigten sich gemäßigt und versöhnlich, vermochten aber nicht
die Grenzen bei den kirchlichen Bewegungen innerhalb des Protestan=
tismus auf eine genügende Art anzugeben, indem auf der einen Seite
das Bedürfniß einer religiösen Uebereinstimmung, die Aufstellung eines
allgemein verbindlichen Symbols gefühlt wurde, auf der anderen Seite
die Freiheit der Meinung und Prüfung, und die damit verbundene Ver=
schiedenheit in Begriff und Anschauung, nicht ausgeschlossen werden
konnte.

Die polnische Opposition auf den Landtagen des Großherzog=
thums Posen hatte sich, besonders seit der Thronbesteigung Friedrich
Wilhelm IV., bemerkbar gemacht. Die dadurch auf das Treiben der
Polen vermehrte Aufmerksamkeit der preußischen Sicherheitsbehörden
führte auf die Entdeckung einer Verschwörung, welche am 21. Februar
(1846) in der Provinz ausbrechen sollte. Es wurden eine Menge von
Verhaftungen vorgenommen, unter anderen die eines Officiers der ehe=
maligen polnischen Armee, Mieroslawski, der in den nachfolgenden Jah=
ren häufig genannt worden ist, und das ohnedies hoffnungslose Unter=
nehmen wurde schon im ersten Entstehen erstickt.

Die Verschwörung war jedoch nicht blos auf das Großherzogthum
Posen beschränkt gewesen. Zu derselben Zeit sollte ein Aufstand in
Galizien ausbrechen, und durch Parteigänger in das Königreich Polen
und die polnisch=russischen Provinzen getragen werden, der kleine Frei=
staat Krakau, der einzige Ueberrest des alten Polens, welcher einen
Schatten von Unabhängigkeit bewahrt hatte, war der Sammelplatz
aller derer, welche von dem Gedanken an eine Wiederherstellung ihres
verlorenen Vaterlandes erfüllt waren. An ihrem Volksthum zu hängen
und an dessen einstige Erneuerung zu glauben, hätte an den Polen ohne
Ungerechtigkeit nicht getadelt werden können. Aber jeder gewaltsame
Versuch zur Erreichung dieses Zieles war, bei der damaligen Lage Eu=
ropa's eine unnütze Verwegenheit, nur dazu geeignet, Einzelne in das
Unglück zu stürzen, und den Zustand des Ganzen zu verschlimmern.

Dessen ungeachtet wurde von einer vermeintlich patriotischen Par=
tei, die aber in diesem Falle die entgegengesetzte Bezeichnung verdient
hätte, die bisher im Freistaat Krakau bestandene Ordnung der Dinge
gestürzt, eine provisorische Regierung niedergesetzt, eine allgemeine Be=
waffnung angeordnet, und das übrige Polen zum Anschluß aufgefordert.
Ein junger Arzt Namens Tyssowski stand an der Spitze, und hatte, wie

Clopicki 1830, den Titel eines Diktators angenommen. Aber die ge=
genwärtige Schilderhebung konnte nur für ein trauriges Zerrbild des,
funfzehn Jahre vorher, von den Polen unternommenen heroischen Be=
freiungskampfes gelten. Auf die Nachricht von den Vorgängen in Kra=
kau rückten österreichische und russische Truppen, zu denen auch bald
preußische stießen, gegen die Stadt, die von ihnen, ohne den geringsten
Versuch des Widerstandes, am 3. März besetzt wurde. Die improvisir=
ten Machthaber waren entflohen.

Zu derselben Zeit hatte sich in Galizien unter einem Theile des
Adels eine aufrührische Bewegung erhoben, die aber den Untergang
nicht nur der Anstifter, sondern auch vieler ihrer unbetheiligten Stan=
desgenossen nach sich zog. Die österreichischen Beamten in diesem Theile
Galiziens, die sich persönlich bedroht sahen, glaubten dem Aufstande
nur dadurch begegnen zu können, daß sie die Adeligen bei dem Land=
volke der Unterdrückung anklagten, und die kaiserliche Regierung als
dessen Schirm darstellten. Die Bauern wandten sich hierauf gegen die
Grundherren und deren Familien, gegen welche, selbst gegen die Frauen
darunter, von der wilden Menge, die von dem beginnenden Blutbade
wie berauscht zu sein schien, die furchtbarsten Gräuel verübt wurden.

Oesterreich, Preußen und Rußland glaubten den sich in einem
Theile des alten Polens unaufhörlich erneuernden Verschwörungen und
Unruhen nur durch die Aufhebung der Selbstständigkeit des Freistaates
Krakau ein Ende machen zu können. Am 6. November (1846) schlossen
die drei Mächte, welche sich einst in das alte Polen getheilt hatten, einen
Vertrag ab, vermöge dessen Krakau und sein Gebiet dem österreichischen
Kaiserstaate, zu welchem es schon einmal, von 1795 bis 1809, gehört
hatte, einverleibt wurden. Krakau's Unabhängigkeit war zwar auf dem
Wiener Kongreß ausgesprochen worden, aber das eigenthümliche Ver=
hältniß zu den drei benachbarten Mächten, welche ein Schutzrecht über
den kleinen Freistaat besaßen, und unter gewissen Umständen sich in
dessen innere Verhältnisse einzumischen befugt waren, gab den Vorwand
zu dessen gänzlicher Unterdrückung ab. Die Polen hätten, bei mehr
Mäßigung und Klugheit, in Krakau eine Pflanzschule zur Erhaltung
ihrer Nationalität, Sprache und Bildung anlegen können. Diese Stadt
aber zu einem Herde revolutionairer Umtriebe zu machen, hieß die
drei großen Nachbarstaaten zu dem von ihnen gethanen Schritte heraus=
fordern.

In Deutschland herrschte in der Politik damals eine Stille, wie
sie zuweilen großen Erschütterungen voranzugehen pflegt. In Preußen

allein hatte der Regierungsantritt Friedrich Wilhelm IV. eine Bewegung hervorgerufen, die, ungeachtet aller ihr entgegengesetzten Hindernisse, nicht mehr ganz aufgehalten werden konnte. Die Meinung war allgemein verbreitet, daß unter diesem Könige, mit oder ohne seinen Willen, eine neue Entwicklung im öffentlichen Leben beginnen würde. Der Zauber, welchen das Walten des unumschränkten Königthums, unter Friedrich Wilhelm III., so lange über das preußische Volk ausgeübt hatte, schien unter seinem Nachfolger verschwunden, und der bisher schlummernde Geist der Freiheit, das Widerstreben gegen jede unbedingte Willensmacht, mit einemmal erwacht zu sein. Alle Welt war auf die Entschließungen des Königs gespannt. Die Einen fürchteten, die Anderen hofften, daß er dem Geiste der Zeit nachgeben, und die von seinem Vater gemachten Verheißungen erfüllen werde. Ein Theil der Reaction, besonders außerhalb Preußen's, war mit Friedrich Wilhelm IV. unzufrieden, und beschuldigte ihn, durch sein lebhaftes Walten vom ersten Augenblick seiner Thronbesteigung an, seine häufigen Erörterungen, das Entfalten seiner Ideen, den Oppositionsgeist hervorgerufen zu haben. Eine mehr unpersönliche Regierungsweise, wie die seines Vaters, würde, so meinte man, weniger Gelegenheit zur Darlegung entgegengesetzter Meinungen gegeben haben. Ein solches Verhalten wäre aber dem geistreichen und immer angeregten Wesen Friedrich Wilhelm IV. unmöglich gewesen. Von der Fortschrittspartei wurde dagegen unaufhörlich an die Verordnungen Friedrich Wilhelm III. vom 22. Mai 1815 und 17. Januar 1820 erinnert, und deren für die Krone fortbestehende Verbindlichkeit behauptet.

Mitten unter dieser Erwartung und Spannung erschien (3. Februar 1847) ein königliches Patent, in welchem die Errichtung und Einberufung eines Vereinigten Landtages, auf die Grundlage der bisherigen Provinzialstände gebaut, angekündigt wurde. In den das Patent begleitenden Verordnungen waren die näheren Bestimmungen über die Zusammensetzung, die Geschäftsordnung und den Wirkungskreis des Vereinigten Landtages enthalten.

Der Vereinigte Landtag war in zwei Kurien getheilt. Die erste bestand aus den volljährigen Prinzen des königlichen Hauses, den Mediatisirten, den Standesherren, und allen mit Virilstimmen versehenen oder an Kollektivstimmen betheiligen Stiftern und Körperschaften, welche auf den Provinziallandtagen zu erscheinen berechtigt waren. Die zweite Kurie war aus den Abgeordneten der Ritterschaften, der Städte und Landgemeinden, nach demselben Zahlenverhältniß wie auf den Provin=

ziallandtagen, gebildet. Der Vereinigte Landtag war im Wesentlichen nichts als eine Zusammenstellung der bisherigen Provinzialständever= sammlungen, und es hatte zu einer solchen Erweiterung des Bestehenden keines besonderen schöpferischen Geistes bedurft. Nur die Errichtung einer ersten Kurie oder Kammer konnte für neu gelten. Dieser Stand sollte auf dem Vereinigten Landtage in den meisten Fällen für sich allein berathen, und nur, bei Vorlagen, neue Staatsanleihen oder Verände= rungen im Steuerwesen betreffend, mit der zweiten Kurie zusammen= treten. Die Beschlüsse sollten nach Stimmenmehrheit gefaßt, Beschwer= den und Gesuche aber nur dann an den König gebracht werden, wenn sich in jeder der beiden Kurien wenigstens zwei Drittheile der Stimmen dafür erklärt hatten.

Die Mitwirkung und Zustimmung des Vereinigten Landtages sollte nur bei Einführung neuer oder Erhöhung der bestehenden Steuern und Abschließung von Staatsanleihen erforderlich sein. In Bezug auf die Gesetzgebung blieb diese Versammlung, wie die Provinzialstände, auf einen Beirath oder eine Begutachtung der von der Regierung gemach= ten Vorlagen beschränkt. Es wurde jedoch den Kurien ein Petitionsrecht über innere nicht blos provinzielle Angelegenheiten übertragen. Die im Jahre 1842 errichteten Vereinigten ständischen Ausschüsse sollten künf= tig wenigstens alle vier Jahre einberufen werden, und alle Befugnisse des Vereinigten Landtages, mit Ausnahme des Rechtes der Zustimmung zu Anleihen oder Steuererhöhungen, und des Petitionsrechtes bei Ver= fassungsangelegenheiten, geltend machen können. Es ward außerdem eine aus den Provinzialständen zu wählende Deputation zur Beaufsich= tigung der Verwaltung des Staatsschuldenwesens angeordnet.

Von der Verordnung Friedrich Wilhelm III. vom 22. Mai 1815 bis zur Einführung von Provinzialständen waren acht Jahre, von dem Provinzialständegesetz bis zu dem Patent vom 3. Februar 1847 vierund= zwanzig Jahre vorüber gegangen. Man muß gestehen, daß wenn in manchen Staaten die Verfassungsfragen etwas zu rasch gelöst, dieselben in Preußen etwas zu langsam betrieben worden.

Das Patent vom 3. Febr. erregte keine Befriedigung, und stimmte weder mit den älteren noch neueren Zuständen überein. Für Preußen, wie es bisher gewesen, einzig auf dem stehenden Heere und dem Beam= tenthum ruhend, gewährte das Patent zu viel, indem eine, wenn auch nur in einem einzigen Punkte, dem Steuerwesen, der königlichen Allge= walt Grenzen setzende Versammlung, wie der Vereinigte Landtag, einen Riß in das nach den Ideen der Autokratie errichtete Gebäude brachte, zu dessen Ausfüllung eine solche Versammlung zu schwach war. Es war etwas Altes fortgenommen worden, ohne durch etwas Neues angemessen ersetzt zu werden. Dagegen konnte eine Verjüngung und Erhebung Preußen's nicht von Einrichtungen erwartet werden, die eine so mangel=haste und veraltete Grundlage, wie das Ständewesen, hatten, und alles wahrhaft volksthümlichen Charakters entbehrten. Man vermißte in den das Patent vom 3. Febr. begleitenden Verordnungen alle Gewährlei=stungen der persönlichen Freiheit und gesetzlichen Gleichberechtigung, alle Bestimmungen, durch welche sich überhaupt ein staatlicher Fort=schritt in neuerer Zeit kund giebt. An die Stelle der Nation sollte eine sogenannte ständische Gliederung treten, als ob diese nicht in allen we=sentlichen Zügen von dem Absolutismus, unter welchem Preußen sich entwickelt, und der bisher die Natur dieses Staates ausgemacht hatte, längst zerstört worden wäre. Denn Stände, im mittelalterlichen Sinne des Wortes, als selbstständige Theile des Ganzen, sind mit der Auto=kratie unverträglich, die innerhalb ihres Bereiches keine Unabhängigkeit duldet. Sollten die politischen Institutionen Preußen's dem Geiste der Zeit fremd bleiben, so wäre es angemessener gewesen, die unumschränkte Monarchie, die einmal bestand, und früher Großes geleistet hatte, in ihrer vollkommenen Reinheit zu erhalten, als ein längst abgeblühtes Ständewesen künstlich wieder beleben zu wollen.

Die ungünstige Aufnahme des Patents vom 3. Februar von Sei=ten der großen Mehrheit der aufgeklärten Klassen fand ihren Ausdruck in einer von einem Breslauer Juristen, Heinrich Simon, verfaßten Flugschrift: „Annehmen oder Ablehnen?" in welcher die Errichtung eines Vereinigten Landtages als keine genügende Erfüllung des Ver=sprechens vom 22. Mai 1815, und als zu dem Gesetz vom 17. Januar 1820 in Widerspruch stehend, dargestellt wurde. Die verwundbaren Seiten des königlichen Patents waren in dieser Schrift scharf hervor=gehoben, aber nicht klar und entschieden nachgewiesen worden, auf welche Weise Anderes und Besseres in dessen Stelle gesetzt werden könnte. Die freisinnige Partei wünschte die Einführung eines wahrhaften Repräsen=tativsystems, statt der Nachahmung mittelalterlichen Ständethums, aber ohne hierüber zu einer festen Form in ihren Anschauungen gelangt zu sein, ein Mangel, der damals ihrer ganzen Haltung etwas Unbestimm=tes und Unsicheres gab, und sich auch später noch fühlbar machen sollte.

Der Vereinigte Landtag wurde am 11. April (1847) von Friedrich Wilhelm IV. mit einer Rede eröffnet, länger und ausführlicher, als sie wahrscheinlich jemals von einem Fürsten bei einer ähnlichen Gelegen=

heit gehalten worden ist, und in welcher derselbe seine Grundsätze über Staat, Regierung, Volksvertretung unumwunden niederlegte. Diese Rede war reich an schönen Einzelheiten in Inhalt und Form, und, was letztere betrifft, durchgängig ausgezeichnet. Aber es trat in ihr auch mancher innere Widerspruch, und besonders der durchgängige Gegensatz hervor, welcher zwischen den persönlichen Ueberzeugungen dieses Königs und dem Geiste und den Forderungen der Zeit bestand.

Friedrich Wilhelm IV. erklärte sich vor Allem gegen die Auffas= sung, in dem Vereinigten Landtage eine eigentliche Nationalvertretung sehen zu wollen. Die Mitglieder dieser Versammlung waren nach ihm, vor Allem und wesentlich, Vertreter und Wahrer der eigenen Rechte, der Rechte der Stände, deren Vertrauen sie entsendet hatte. Die Stände hätten nicht Principien, welche der König Zeit= und Schulmeinungen nannte, sondern die Interessen ihrer Kommittenten zu repräsentiren. Er sprach von seiner Machtvollkommenheit, und daß die Krone in Preußen nach eigener freier Bestimmung, und nicht nach dem Willen von Majo= ritäten regieren müsse. Er würde die Stände nicht einberufen haben, wenn er bei ihnen im entferntesten ein Gelüst nach der Rolle sogenann= ter Volksrepräsentanten vorausgesetzt hätte. Er verwarf das Verlangen nach einer, die Rechte des Regenten und der Unterthanen bestimmt ab= grenzenden, urkundlich verbrieften und besiegelten Konstitution, weil dadurch das gegenseitige Vertrauen untergraben werden müßte. Er ver= sicherte, daß ihn keine Macht der Erde zwingen sollte, das natürliche und unmittelbare Verhältniß zwischen ihm und seinem Volke sich in ein konventionelles und konstitutionelles verwandeln zu lassen. Er wies auf England hin, dessen Verfassung ein Werk der Weisheit von Jahrhun= derten, und nicht in einem Stück Papier enthalten sei. Er äußerte sich mit tiefem Unwillen über die Angriffe der Tagespresse auf sein Regie= rungssystem, und verhieß, in allen Dingen die Vorschriften des Christen= thums zur Richtschnur bei seinen Handlungen zu nehmen.

Diese Rede entsprach den gehegten Erwartungen nicht. Wenn Manches unter den in ihr niedergelegten Gedanken vollkommene Zu= stimmung, und deren warmer und lebendiger Ausdruck Bewunderung erregen konnte, so mußte dagegen vieles Andere zu Tadel und Wider= spruch auffordern. Wenn der Vereinigte Landtag nur einzelne Stände und nicht die Nation repräsentirte, so wäre gar kein Grund zu seiner Berufung vorhanden gewesen, wenigstens hätten die Mitglieder der zweiten Kurie, welche drei Stände enthielt, nicht gemeinsam berathen sollen. Welche Bedeutung man auch den organischen Gliedern des ge=

sellschaftlichen Körpers, Stände genannt, beilegen will, so muß der Staat und das ihn ausmachende Volk, und demnach auch dessen Vertretung, wo es eine solche giebt, in allen wesentlichen Beziehungen als ein Ganzes aufgefaßt werden. — Das unbedingte Besteuerungsrecht der Krone war durch das Patent vom 3. Februar aufgehoben worden, es konnte also von einer königlichen Machtvollkommenheit nicht mehr die Rede sein. — Die Hinweisung auf England mußte also verfehlt erscheinen, da das Königthum dort keine persönliche, von Parlament und Nation unabhängige Gewalt besitzt, und die Gesetze daselbst im buchstäblichsten Sinne vollzogen werden. Die Magna Charta, die Bill of Rights u. s. w. sind verbriefte und besiegelte Urkunden, oder was Friedrich Wilhelm IV. ein „geschriebenes Blatt" nannte, gewesen, und haben allerdings „wie eine zweite Vorsehung" über England gewaltet. Das Patent vom 3. Februar war ebenfalls ein solches Blatt, man wüßte wenigstens nicht, wozu man es sonst rechnen sollte. — Der Vereinigte Landtag, namentlich die zweite Kurie, war keinesweges den altdeutschen Ständeversammlungen ähnlich gestaltet, welche der König als Muster aufstellte. — Das gegenseitige Vertrauen kann nicht das einzige Band zwischen Volk und Regierung sein, und nie das Recht ersetzen, welches die Grundlage eines freien Staatslebens ausmacht. — Die Versicherung des Königs, nie in eine andere Ordnung der Dinge in Preußen, als die damals herrschende, einwilligen zu wollen, griff offenbar der Zukunft vor, die in keines Sterblichen Hand liegt. — Der durch den Vortrag Friedrich Wilhelm IV. gehende Grundton mußte, wenn man Alles was in Europa seit sechszig Jahren vorgegangen, und die klar ausgesprochene Richtung der Zeit in Betracht zog, überraschen und befremden, und den Eindruck einer aus ferner Vergangenheit kommenden Stimme hervorbringen.

Friedrich Wilhelm IV. befand sich nach seiner Thronbesteigung in der seltenen Lage, als ein Regenerator seines Landes, in einem viel umfassenderen Sinne als es sein Vater gewesen, auftreten zu können. Es war in Preußen augenscheinlich so Vieles veraltet und unbrauchbar geworden, daß eine Ersetzung desselben durch Zeitgemäßeres für unvermeidlich gelten konnte. Das preußische Volk war ungeachtet des Bundes mit dem despotischen Osten, von dem Geiste des liberalen Westens durchdrungen. Die Einführung des Repräsentativsystems in Preußen, welches darauf längst vorbereitet war, würde den bisherigen Ungewißheiten und Schwankungen ein Ende gemacht, und einen eben so festen als freien Zustand hervorgebracht haben. Die mit den parlamentari-

schen Formen möglicher Weise verbundenen Mißbräuche würden nir=
gends weniger, als unter dem preußischen Volke, zum Vorschein gekom=
men sein. Die Krone hätte daselbst immer ein hinreichendes Ueber=
gewicht besessen, und ohne Gefahr für sich den Konstitutionalismus
ertragen können. Aber das Streben etwas dem Wesen der Zeit ganz
Entgegengesetztes, wie in dem Patent vom 3. Februar und der Rede
Friedrich Wilhelm IV. geschah, aufstellen zu wollen, mußte eine ge=
waltsame Unterbrechung in dem natürlichen Entwickelungsgange Preu=
ßen's herbeiführen, und der inneren Unruhe und Gährung neue Nah=
rung geben.

Die Verstimmung und Unzufriedenheit über die in der Eröffnungs=
rede am 11. April ausgesprochenen Grundsätze war so groß, daß die
Abgeordneten der Provinz Preußen, welche meist zu der liberalen Op=
position gehörten, Berlin alsbald wieder verlassen wollten, indem von
ihnen alle weiteren Verhandlungen, bei dem so bestimmt hervorgetrete=
nen Widerstreben des Königs gegen Gewährung moderner Institutio=
nen, für zwecklos und als zu keinem Ziel führend erachtet wurden.
Ihre rheinischen Gesinnungsgenossen waren aber der Meinung, auf der
Grundlage der dem Vereinigten Landtage eingeräumten Rechte einen
festen Boden gewinnen, und von da aus zur Erreichung eines wahrhaf=
ten Verfassungslebens wirken zu müssen. Sie glaubten, daß der ent=
schieden ausgesprochene Wille der großen Mehrheit der Versammlung,
welche von konstitutionellen Principien erfüllt war, eine Aenderung in
dem von dem Könige angenommenen Regierungssystem hervorbringen
könne, und daß unter allen Umständen eine Darlegung freisinniger
Ueberzeugungen auf das Volk nicht ohne Einfluß bleiben würde. Zur
liberalen Partei gehörige Abgeordnete aus allen Provinzen der Mon=
archie traten der Auffassungsweise der Rheinländer bei.

Es wurde von beiden vereinigten Kurien, obgleich dieselben eigent=
lich nur bei Finanzfragen zu einer einzigen Versammlung zusammen=
treten sollten, eine Adresse an den König, als Antwort auf die von ihm
gehaltene Rede, beschlossen, welche eine Danksagung für die vom Throne
ausgehende Entfaltung des öffentlichen Lebens enthielt, in welcher aber
auch „ehrerbietige Bedenken" wie es hieß, gegen mehrere Punkte des
Patents vom 3. Februar und gegen die dasselbe begleitenden Verord=
nungen ausgesprochen waren. Es wurde in dieser Adresse behauptet,
daß der Vereinigte Landtag alle Rechte besitze, welche in der königlichen
Erklärung vom 22. Mai 1815 und dem Gesetz vom 17. Januar 1820
einer reichsständischen Versammlung, namentlich in Bezug auf Anleihen

und Steuerwesen, zuerkannt worden wären. Dazu stände aber die Er=
richtung einer aus den Provinzialständen zu wählenden Deputation,
welcher das Patent vom 3. Februar die Aufsicht über das Staatsschul=
denwesen beigelegt habe, in Widerspruch. Eine solche Funktion könne
nur von dem Vereinigten Landtage ausgeübt werden. Es wurde außer=
dem zu verstehen gegeben, daß in dem Patent vom 3. Februar die Stel=
lung des Vereinigten Landtages, als einer reichsständigen Versammlung,
nicht gebührend gewürdigt sei, und es wurde eine Wahrung der ständi=
schen Rechte „als Erwerbung der vom preußischen Volke während der
Befreiungskriege bewiesenen Kampfestreue" feierlichst ausgesprochen.

Die Angriffe auf einzelne Punkte des Patents hätten keine große
Bedeutung gehabt, wenn nicht die Unzufriedenheit mit der ganzen Ge=
setzgebung vom 3. Februar, und die Absicht dieselbe möglichst zu besei=
tigen, hervorgetreten wäre. Selbst solche Mitglieder des Vereinigten
Landtages, welche vermöge ihrer Ueberzeugung oder Stellung von jeder
systematischen Opposition gegen die Regierung entfernt waren, konnten
sich der Aeußerung nicht enthalten, daß es eine Unwahrheit sein würde,
wenn man dem Könige sagte, das Volk sei von dem, was er gewährt
habe, zufrieden gestellt. Die Grundverschiedenheit zwischen den staat=
lichen Anschauungen Friedrich Wilhelm IV. und der großen Mehrheit
des Vereinigten Landtages ging noch mehr aus den Berathungen über
die Adresse als aus dieser selbst hervor, in welcher die Rücksicht auf die
königliche Person nicht dieselbe Freiheit der Aeußerung, wie in der Ver=
sammlung, gestattete. Aber die von Beckerath, Hansemann, Camphau=
sen, Alfred von Auerswald, Vincke aufgestellten Grundsätze, ihr Tadel
des Bestehenden, ihre Hoffnungen für die Zukunft kamen weit herum,
und wurden überall mit Beifall wiederholt. Der den Absichten des Kö=
nigs im Wesentlichen ganz entgegengesetzte Adreßentwurf des ostpreußi=
schen Abgeordneten von Auerswald wurde mit 487 gegen 107 Stim=
men angenommen. Selbst die anwesenden Mitglieder des königlichen
Hauses hatten sich, mit alleiniger Ausnahme des Prinzen von Preußen,
für die Adresse in dieser Abfassung erklärt.

Der König, welcher auf Dank und Zustimmung gerechnet hatte,
ward von dem Widerspruche, auf den er stieß, empfindlich berührt, hielt
aber eine Vertagung oder Beseitigung der eben erst von ihm in das Le=
ben gerufenen Versammlung nicht für angemessen, besonders da derselben
von dem Ministerium wichtige, den materiellen Fortschritt betreffende
Vorlagen überwiesen werden sollten. Er erklärte auf die ihm übergebene
Adresse, daß er dem Vereinigten Landtage keine anderen Befugnisse zu=

zuerkennen vermöge, als diejenigen, welche ihm in dem Patent vom 3. Februar beigelegt worden, daß er aber diese Gesetzgebung, obgleich in ihren Grundlagen unverletzbar, nicht in ihren einzelnen Theilen für abgeschlossen halte, und deshalb Anträge auf ihre weitere Entwickelung entgegen zu nehmen und zu prüfen geneigt wäre. Zugleich versprach der König den Vereinigten Landtag fortan alle vier Jahre, selbst ohne außerordentliche Veranlassungen, wie Abschließung von Anleihen oder Steuererhöhung, einberufen zu wollen, was, da früher hierüber nichts festgesetzt gewesen, für ein Zugeständniß gelten konnte.

Obgleich während dieser Verhandlungen der Drang nach einer Veränderung in den bestehenden Einrichtungen lebhaft hervortrat, so that sich dies doch nur in allgemeiner Weise, als Verweigerung und Verwerfung des Ueberlieferten, ohne die Mittel zu einer Umgestaltung desselben nachzuweisen, kund. Die Opposition sprach viel von Recht, Freiheit, Verfassung, aber ohne anzugeben, wie die von ihr aufgestellten Forderungen, in Bezug auf die preußischen Zustände, geltend gemacht werden könnten. Es wurde dadurch in einem Theile der Bevölkerung die Unzufriedenheit mit der Gegenwart vermehrt, ohne eine bestimmte Aussicht auf die Zukunft zu eröffnen. Eine politische Versammlung, welche in eine Zeit des Ueberganges und des Kampfes zwischen Altem und Neuem fällt, muß, wenn sie einen Anhaltspunkt gewinnen will, ein für alle Augen erkennbares Ziel verfolgen. Es lag etwas Widerspruchsvolles in der Erklärung der Opposition auf dem Vereinigten Landtage ständische Rechte „wahren" zu wollen, welche nur auf Verheißungen beruhten, und bisher noch nie wirklich ausgeübt worden waren. Das Verlangen nach Einführung einer reichsständischen Verfassung, ohne genaue Bezeichnung, worin dieselbe eigentlich bestehen sollte, war geeignet, die innere Spannung im Volke zu unterhalten, ohne dasselbe über die entgegenstehenden Hindernisse aufzuklären. Der Vereinigte Landtag konnte sich bei seinem Ringen nach freisinnigen Einrichtungen nicht, wie dies sonst bisweilen in der Geschichte der Fall gewesen, auf die Vergangenheit stützen, denn diese bot in Preußen nur die Erscheinung einer unumschränkten Regierungsgewalt dar, und er besaß nicht die Kraft, dem öffentlichen Leben eine neue Bahn zu erschließen.

Die Unzufriedenheit und der Widerstand gegen das herrschende System nahm während der Berathungen über die, dem Vereinigten Landtage von dem Ministerium gemachten, Vorlagen zu. Einige und zwar die wichtigsten dieser Gesetzesentwürfe wurden, obgleich ihre äußere Nützlichkeit unverkennbar war, von der Opposition aus politischen Gründen, weil ihr der ganze bestehende Rechtsboden zweifelhaft erschien, verworfen. Die Regierung hatte die Errichtung von Kreditanstalten, Landrentenbanken genannt, vorgeschlagen, für welche der Staat, zu ihrer größeren Sicherheit, die Garantie übernehmen sollte. Der Zweck war den bäuerlichen Eigenthümern die Mittel zu verschaffen, um die an die früheren Grundherren zu zahlenden Geldentschädigungen aufzubringen, und dadurch vollkommen freie Besitzer zu werden. Durch diese Maßregel wäre die unter Stein und Hardenberg begonnene Neugestaltung des ländlichen Eigenthums vollendet worden. Eine von dem Staate zu übernehmende eventuelle Garantie sollte die Gründung dieser Anstalten erleichtern und die Kapitalisten herbeiziehen, konnte aber kein Bedenken erregen, da das gesammte bäuerliche Grundeigenthum als erste Bürgschaft dalag, und eine solche Entwerthung desselben auf dem Geldmarkte, daß der Staat als zweite Bürgschaft hätte eintreten müssen, unter die unwahrscheinlichen und fast unmöglichen Dinge gehörte. Die Opposition, deren Wortführer bei dieser Gelegenheit der Abgeordnete von Vincke war, stellte die Ansicht auf, daß der Vereinigte Landtag, da ihm nicht alle die ihm gebührenden Befugnisse einer reichsständischen Versammlung zuerkannt worden, sich nicht in der Lage befinde, irgend eine Garantie, also auch nicht die für die Landrentenbanken, so nützlich diese auch sein möchten, auszusprechen. So lange an dem Grundsatze der königlichen Machtvollkommenheit dergestalt festgehalten werde, daß ein Monarch die von seinem Vorgänger für unwiderruflich erklärten Gesetze, wie dies mit der Verordnung vom 17. Januar 1820 durch das Patent vom 3. Februar geschehen sei, aufheben oder wesentlich abändern könne, ermangelten die öffentlichen Verhältnisse einer rechtlichen Grundlage und könne keine in die Zukunft reichende Gewährleistung übernommen werden. Der Antrag auf Zustimmung des Vereinigten Landtages, zu der Uebernahme der Staatsgarantie für die Landrentenbanken, wurde mit 448 gegen 101 Stimme verworfen.

Es waren bei der zweiten Kurie zahlreiche Petitionen eingelaufen, welche mehr oder weniger tief eingreifende Veränderungen in der Gesetzgebung vom 3. Februar verlangten. Die Kurie beschloß, auf den Bericht ihrer Kommission, mit großer Stimmenmehrheit, den König um eine periodische Einberufung des Vereinigten Landtages alle zwei, statt vier Jahre, wie vorher bestimmt gewesen, zu bitten. Auch wurde der Antrag gestellt, die Wahlen zu den ständischen Ausschüssen und der Staatsschuldendeputation für jetzt auszusetzen. Man hoffte, dieselben ganz eingehen und ihre Befugnisse dem Vereinigten Landtage übertragen zu sehen. Die Opposition hob die verwirrende Mannigfaltigkeit der ständischen Behörden hervor: Provinzialständeversammlungen — der Vereinigte Landtag als Ganzes — die beiden Kurien mit gewöhnlich von einander getrennten Versammlungen — die ständischen Ausschüsse — die Staatsschuldendeputation — und wünschte die ständischen Institutionen vereinfacht zu sehen.

Die Regierung beabsichtigte die Anlegung einer Eisenbahn zwischen Berlin und Königsberg, um den gesunkenen Wohlstande der Provinz Preußen wieder aufzuhelfen. Eine Anleihe von 30 Millionen Thalern sollte zu diesem Zweck eröffnet werden. Die zweite Kurie trat der Meinung des Abgeordneten von Vincke bei, welcher erklärte, daß die Stände, so lange sie der nothwendigsten Grundlagen für die Erhaltung ihrer Rechte entbehrten, kein Darlehn bewilligen könnten, und wies den Antrag mit 360 gegen 179 Stimmen ab. Die Opposition trat immer wieder mit dem Grundsatze hervor, daß der Vereinigte Landtag die reichsständische Versammlung sei, auf welche in den Verordnungen vom 22. Mai 1815 und 17. Januar 1820 hingewiesen worden, und demnach ältere Befugnisse als die im Patent vom 3. Februar 1847 enthaltenen besitze, während der König an den von ihm geschaffenen Einrichtungen festhielt.

In der ersten Kurie war die liberale Partei nicht zahlreich vertreten, und es würden von dort aus, hätte diese Versammlung ganz allein dagestanden, keine der Regierung entgegengesetzten Anträge ausgegangen sein. Aber der Eindruck, den die mit großer Stimmenmehrheit von der zweiten Kurie gefaßten Beschlüsse machten, wirkte so bedeutend, daß auch von der ersten Kurie um ein periodisches Zusammentreten des Vereinigten Landtages und um Beseitigung der Ausschüsse bei dem Könige nachgesucht wurde. Nur die Berufung auf die frühere Gesetzgebung blieb fort, und es ward von der ersten Kurie als eine Gunst erbeten, was von der zweiten Kurie als ein Recht gefordert wurde.

Am 24. Junius (1847) gingen dem Vereinigten Landtage drei königliche Botschaften zu, in welchen die Nothwendigkeit der ständischen Zustimmung zu Staatsanleihen und Steuererhöhungen nochmals ausdrücklich anerkannt, und jeder darüber besonders in der zweiten Kurie entstandene Verdacht beseitigt, dagegen die Aufhebung der Vereinigten Ausschüsse und der Staatsschuldendeputation abgelehnt, und zu deren Wahl aufgefordert wurde. Nach heftigen Erörterungen in der zweiten Kurie ward dem Willen des Königs genüge geleistet. Nur 56 Abgeordnete verweigerten die Theilnahme an den Wahlen, und 156 Abgeordnete wählten unter dem Vorbehalt, daß sie damit keineswegs die, in dem königlichen Patent den Ausschüssen und der Deputation beigelegten, Rechte anzuerkennen gesonnen wären. Am 26. Junius wurde der Vereinigte Landtag durch den königlichen Kommissarius von Bodelschwingh mit einer Rede geschlossen, in welcher sich zwar die Unzufriedenheit der Regierung mit der Haltung der Opposition aussprach, die aber im Ganzen den Ton der Befriedigung und Hoffnung athmete. Von den für den Augenblick davon getragenen Erfolgen sicher gemacht, ward in den maßgebenden Kreisen keine Ahnung von den nahe bevorstehenden Erschütterungen empfunden.

Die Thronbesteigung Friedrich Wilhelm IV. wäre, wie selten der Regierungsantritt eines Fürsten, der geeignete Moment zu einer Regeneration Preußen's gewesen, die, bei der im übrigen Deutschland herrschenden Stimmung, auch für dieses von großer Bedeutung geworden sein würde. Die lange väterliche Regierung Friedrich Wilhelm III., die von ihm in einer gewissen Epoche derselben eingeführten Verbesserungen, die Anhänglichkeit des Volkes an seine Person hatten den, nach dem Sturze Napoleon's, aufgegangenen Trieb zu einer freieren und zeitgemäßeren Gestaltung des öffentlichen Lebens zurückhalten, aber nicht unterdrücken können. Die Nation hatte ihre Forderungen vertagt, aber nicht aufgegeben. Dieß ward von dem Nachfolger Friedrich Wilhelm III. nicht begriffen. Obgleich an der Spitze eines neuen Staates stehend, der weniger als die meisten anderen von religiösen oder politischen Traditionen erfüllt war, so wollte Friedrich Wilhelm IV. dennoch die Vergangenheit scheinbar beleben, und ein von ihr befreites Volk wieder unter deren Einfluß zurückführen. Dieser König fühlte, daß der bisherige Militair- und Administrativstaat nicht mehr genüge, und daß Preußen einer nationalen Grundlage bedürfe. Aber anstatt das Repräsentativsystem, wie es in dem besten Theile von Europa, in England, Frankreich, den Niederlanden, Belgien, und in seinen Anfängen auch in Spanien, Portugal und einigen deutschen Ländern bestand, auf Preußen überzutragen, glaubte er den Mangel an volksthümlichen Institutionen durch ein dem Lehnsstaate nachgeahmtes Ständewesen, dem es in der Gegenwart an aller Wahrheit und Wirklichkeit gebrach, ersetzen zu können.

Friedrich Wilhelm IV. hatte den kostbaren Augenblick seiner Thronbesteigung, wo Alles voll Vertrauen und Erwartung auf ihn blickte, ohne die Wünsche des Volkes zu befriedigen, vorübergehen lassen. Nach einer siebenjährigen Frist, in welcher die öffentliche Meinung sich immer

entschiedener für die Einführung parlamentarischer Formen und konsti=
tutioneller Garantien erklärt hatte, wurde in dem Patent vom 3. Fe=
bruar die in den Verordnungen vom 22. Mai 1815 und 17. Januar
1820 in Aussicht gestellte Reichsverfassung abermals versagt, und nichts
als eine Erweiterung der, ohnedies schon bald nach ihrer Einführung
für ungenügend und zeitwidrig erachteten Provinzialstände gewährt.
Von dem Vereinigten Landtage an, der, obgleich er eigentlich nichts er=
reicht oder erlebigt hatte, immer eine merkwürdige Erscheinung in der
preußischen Geschichte bleiben wird, ward von der Nation die Unmög=
lichkeit begriffen, auf dem Wege sogenannter ständischer Entwickelung,
die ein Rückschritt war, und an kein erreichbares Ziel führte, weiter zu
kommen. Die innere Unzufriedenheit und Gährung griff rasch um sich,
und der, zwischen den Absichten der Regierung und den Ueberzeugungen
des Volkes, bestehende Widerspruch drohte zu einem unheilbaren Bruch
zu führen. Der Absolutismus, welcher früher in Preußen Alles in
Allem gewesen, aber durch die Berufung des Vereinigten Landtages be=
wiesen hatte, daß er sich nicht mehr vollkommen selbst genügte, begann
in der Meinung immer mehr zu sinken, und das Verlangen nach einem
Eintritt in die Reihe der freien Nationen sich immer vernehmlicher zu
regen. Aber alle Anzeichen der Art wurden übersehen oder willkühr=
lich gedeutet. Der Genius des Jahrhunderts trat, wie die Sibylle
an den letzten Tarquinius, an Friedrich Wilhelm IV. heran, der den
von ihm für die Erschließung der Räthsel der Zeit geforderten Preis zu
hoch fand.

---

84. Frankreich von der Lösung der orientalischen Frage bis zu der
Februarrevolution. — Ministerium Soult-Guizot. — Napoleon's
Ueberreste nach Paris gebracht. — Verbreitung socialistischer und
kommunistischer Ideen unter den arbeitenden Klassen. — Plötzlicher
Tod des Herzogs von Orleans. — Regentschaftsgesetz. — Anregung
einer Wahlreform. — Guizot Ministerpräsident. — Spaltung in der
Majorität der Deputirtenkammer. — Reformbankette. — Innere
Gährung. — Volksaufstand in Paris. — Ludwig Philipp's Ab=
dankung. — Flucht der königlichen Familie. — Sturz der Julius-
monarchie.

Nach Besiegung der Volksaufstände, und Unterdrückung der gehei=
men Gesellschaften, nach Beschränkung der Preßfreiheit und des Ver=

einsrechtes, schien die Juliusmonarchie, einer kompakten Majorität in
der Deputirtenkammer, des Gehorsams der stehenden Armee, und der
Anhänglichkeit der Pariser Nationalgarde gewiß, im Innern unerschüt=
terlich fest gegründet zu sein. Die einzige drohende Verwickelung, welche
aus dem Vierbundvertrage und der von Frankreich in der orientalischen
Frage angenommenen Haltung hätte entstehen können, war durch Thiers
Rücktritt beseitigt worden, und kein Grund zu einem Zerwürfnisse mit
dem Auslande mehr vorhanden. Am 29. Oktober (1841) ward ein
neues Ministerium ernannt, in welchem der Marschall Soult den Vorsitz
und das Kriegsdepartement, Guizot das Auswärtige, Graf Duchatel
das Innere übernahmen. Die übrigen Minister, Teste, Villemain,
Cunin=Gridaine, Humann und Admiral Duperré beschränkten sich auf
ihre besonderen Verrichtungen, übten auf den allgemeinen Gang der in=
neren und äußeren Politik keinen Einfluß aus, und wurden in der Folge
zum Theil durch andere Namen ersetzt. Nur Guizot und Duchatel
harrten, mit dem Könige Ludwig Philipp vollkommen einverstanden, bis
an das Ende bei ihm aus. Guizot erließ gleich nach Antritt seines
Amtes eine Note an die fremden Höfe, in welcher er die Erhaltung des
Friedens in Europa als die Aufgabe des neuen Kabinets bezeichnete.
Oesterreich, über Rußland's Stellung im Orient, und über den sich in
Italien regenden Geist der Unruhe besorgt, hätte damals bei einem gro=
ßen Kriege am meisten auf das Spiel zu setzen gehabt. Es nahm des=
halb Guizot's Eröffnungen besonders beifällig auf, und erklärte, aus
Rücksicht auf Frankreich, sich jeder ferneren Betheiligung an Maßregeln
gegen den Vicekönig von Egypten enthalten zu wollen. England und
Rußland hatten ihren Zweck erreicht, indem ersteres eine Schwächung
der Türkei durch Abtretung von Syrien und der Insel Kandia an Me=
hemed Ali, und letzteres, indem es eine, seine weiteren Pläne auf den
Orient störende, Machtentwickelung, wie die Gründung eines eigenen
egyptisch=syrisch=arabischen Reiches, beseitigt sah. England und Ruß=
land traten deshalb eben so wie Oestreich wiederum mit Frankreich in
Verbindung, und die letzten Spuren der früheren Uneinigkeit wurden
durch den von den fünf Großmächten unterzeichneten Vertrag vom
13. Julius (1841) beseitigt, welcher der Pforte das Recht zuerkannte,
in Friedenszeiten den Bosphorus und die Dardanellen für die Kriegs=
schiffe aller Nationen zu schließen. Es schien für Frankreich die innere
und äußere Ruhe auf lange Zeit hinaus gesichert zu sein.

Ludwig Philipp I. sprach bei Eröffnung der Kammern (November
1840) friedliche und versöhnende Worte, denen von der Pairskammer

unbedingt beigepflichtet wurde. Aber in der Deputirtenkammer erhob sich zwischen Thiers und Guizot ein heftiger Kampf, indem ersterer die von ihm in der orientalischen Frage befolgte Politik vertheidigen wollte, letzterer aber, um seine Ernennung zu rechtfertigen, die von seinem Vorgänger begangenen Fehlgriffe nachzuweisen suchte. Die Deputirtenkammer war, mit Ausnahme der allerdings zahlreichen rein aus Beamten bestehenden Fraktion derselben, dem neuen Ministerium, und besonders Guizot, abhold, und von der Linken ward derselbe gleich in den ersten Sitzungen mit der größten Leidenschaftlichkeit angegriffen. Das Einzige, was das Widerstreben der Deputirtenkammer gegen Guizot einigermaßen zügelte, war die Furcht vor einem allgemeinen Kriege, der unter Thiers ziemlich nahe heran getreten war. Aber die oppositionelle Presse überließ sich den heftigsten Ausfällen gegen das Ministerium, welches von ihr „das Ministerium des Auslandes" genannt wurde, und besonders gegen Guizot, den sie, da er sich während der hundert Tage zu Ludwig XVIII. nach Gent begeben hatte, für einen Verräther an Frankreich erklärte. Der Ausdruck: „ministère de l'étranger" und „transfuge de Gand" wurde in den Tagesblättern eine stehende Redensart, und machte Guizot in den Augen der leichtgläubigen und unwissenden Menge noch unbeliebter, als er es, durch seine Persönlichkeit und Politik, bei einem Theile der Bevölkerung ohnedies schon war. Noch übler als diese Schmähungen wirkte der sich, gleich im Anfange dieser Epoche, zwischen Thiers und Guizot, in Bezug auf Charakter und Principien, aussprechende Antagonismus, welcher später die traurigsten Folgen nach sich ziehen sollte. Beide hatten früher durch ihr gemeinsames Wirken, unter allen parlamentarischen Notabilitäten am meisten zur Befestigung des Juliusthrones beigetragen. Ihre Uebereinstimmung hätte eine seltene Totalität von theoretisch-tiefer Auffassung und praktisch=scharfsinniger Gewandtheit bei Behandlung der öffentlichen Angelegenheiten dargestellt. Ihre Uneinigkeit mußte, da beide in der Deputirtenkammer und in den officiellen Kreisen großen Anhang besaßen, der Sache, der im Grunde beide, nur unter verschiedenen Formen, dienen wollten, nachtheilig werden. Thiers konnte seinem ehemaligen Verbündeten nicht die ihm vom Könige bewiesene Bevorzugung und das entgegenkommende Vertrauen der fremden Höfe verzeihen, und Guizot ließ sich, durch den Widerspruch gegen Thiers Meinungen, zu manchen Uebertreibungen in der Anwendung seiner konservativen Grundsätze verleiten.

Thiers hatte, wiewohl seinen politischen Ueberzeugungen nach ein

Gegner des Despotismus, in welcher Form, ob als Willkühr der Massen oder eines Einzigen, er sich auch zeigen mag, von jeher eine lebhafte Begeisterung für die von den Franzosen, unter der Republik und dem Kaiserreich, vollbrachten Kriegsthaten gehegt. Von ihm, als Minister der öffentlichen Arbeiten, war die Errichtung des großen Triumphbogens am nördlichen Eingange der Champs Elysées, zur Verherrlichung der von den französischen Armeen seit 1792 bis 1815 erfochtenen Siege bestimmt, angeordnet worden. Ludwig Philipp war ebenfalls von den glorreichen Erinnerungen seiner Nation erfüllt. Er hatte Napoleon's Standbild auf der Vendomesäule wieder hergestellt, außerdem aber in dem Schlosse von Versailles ein historisches Museum gegründet, welches alle wichtigen Ereignisse und merkwürdigen Persönlichkeiten der französischen Geschichte, von der Schlacht bei Zülpich gegen die Alemannen unter Chlodwig (496 n. Chr.) bis auf die neueste Zeit in unzähligen Gemälden und Skulpturwerken darstellt.

Von dem Ministerium, welchem Thiers vorstand (1. März bis 28. Oktober 1840) war, um die öffentliche Meinung zu gewinnen, die Abholung der irdischen Ueberreste Napoleon's von St. Helena beschlossen, und unter Leitung des dritten Sohnes Ludwig Philipp's, des Prinzen von Joinville, der sich dem Seewesen gewidmet hatte, vollzogen worden. Die Fregatte „la belle Poule" landete nach glücklich zurückgelegter Hin= und Herfahrt mit ihrer kostbaren Ladung in Cherbourg, und am 15. December (1840) wurde Napoleon's Leiche, von einem prachtvollen Sarkophag umschlossen, und von einem hohen glänzenden Triumphwagen getragen, durch die Champs Elysées nach dem Dome der Invaliden gebracht, um daselbst unter einem später zu errichtenden Denkmale beigesetzt zu werden. Unzählige Massen waren, ungeachtet der eisigen Kälte dieses Tages, zu dieser erhebenden Feierlichkeit herbeigeeilt, und viele Tausende von Linientruppen und Nationalgarden bildeten das Spalier, durch welches der Zug sich bewegte. Das Bild des Helden ward durch den Anblick der zahlreich erschienenen alten Krieger, welche bei dieser Gelegenheit die Uniformen jener Epoche wieder angelegt hatten, wie durch einen Zauber erneuert.

Es hatten sich jedoch manche beachtenswerthe Stimmen gegen die Abholung der Ueberreste Napoleon's, theils aus politischen, theils aus ästhetischen Gründen erhoben. Man fürchtete dadurch die Erinnerung an den Eroberer, die offenbar den vorhandenen Zuständen, so lange diese nicht tiefer mit dem Geiste der Nation verwachsen waren, feindlich gegenüber stand, in der Einbildungskraft der Menge zu beleben, und

die bonapartiftifche Partei zu neuen Hoffnungen zu ermuntern. Hatte
nicht der Neffe des großen Mannes, auf die Expedition des Prinzen von
Joinville anfpielend, bei feiner Landung in Boulogne erklärt, daß nur
ein regenerirtes Frankreich würdig wäre, die Afche des Kaifers in Em=
pfang zu nehmen? — Andere meinten, daß Napoleon's Leiche da hätte
bleiben follen, wo feine letzten Jahre verfloffen waren, weil kein Denk=
mal der Kunft das Schickfal des außerordentlichen Mannes fo treffend,
wie feine Grabesftätte auf dem erlofchenen Vulkan von St. Helena, be=
zeichnen könne. Der neue Prometheus hätte für immer auf dem Felfen
gelaffen werden follen, an welchen er von der Furcht und dem Haß
feiner Feinde gefchmiedet worden, und wo Gram und Stolz, wie der
Geyer an den Eingeweiden des Titaniden, an feinem Leben genagt hat=
ten. Das Denkmal Alexander des Großen in der egyptifchen Haupt=
ftadt, eines der Wunder der alten Welt, fei von der Zeit bis auf die
letzte Spur zerftört worden. Das Grab Napoleon's auf St. Helena
hätte nur von einer Erfchütterung des Erdballes zertrümmert werden
können. Durch keine Pracht und keine Kunft würde der Eindruck erfetzt
werden, den die geheimnißvolle Ferne der letzten Ruheftätte Napoleon's
auf die Phantafie der Menfchen ausübe.

Es giebt am Ende der Erde einen Ort, fagt Tacitus, wo man
das Geräufch hört, welches die Sonne verurfacht, wenn fie fich Abends
in das Meer fenkt. Diefe Sonne und diefer Ort waren für Frank=
reich Napoleon und St. Helena, und es kann für keinen glücklichen Ge=
danken gelten, die entfeelte Hülle des Heroen dem Himmel und dem
Meere, auf denen feine letzten Blicke verweilten, und die von dem
Schickfal mit feinem Dafein fo eng verbunden worden, entführt zu haben.

Man hatte geglaubt, daß die Erinnerung an den wunderbaren
Auf= und Niedergang Napoleon's, durch den Sarkophag, der feine
Ueberrefte enthielt, vergegenwärtigt, den Gemüthern eine ernfte und ge=
fammelte Stimmung mittheilen würde. Aber felbft der Gedanke an
jenes große Dafein, in welchem fich der Wechfel alles Irdifchen mehr
als in dem Gefchick irgend eines anderen Sterblichen abfpiegelt, konnte
die Parifer Bevölkerung nicht über die Widerfprüche und Streitigkeiten
des Augenblicks erheben. Unter den Ruf: „Es lebe der Kaifer!" —
mifchte fich der Ruf: „Nieder mit den Miniftern! Nieder mit Guizot!
Es lebe Thiers!" — Diefe Feierlichkeit brachte nicht die gewünfchte
Wirkung, eine der großen Epochen der franzöfifchen Gefchichte zurückzu=
rufen, und das Nationalbewußtfein an ihr zu ftärken, hervor, fondern
hatte nur die Folge, daß ein Gefahr drohender Vergleich zwifchen der

15*

Vergangenheit und Gegenwart herbeigeführt, und letzterer von ersterer in Schatten gestellt wurde.

Thiers Vorbereitungen zum Kriege hatten eine Mehrausgabe von 185 Mill. Fr. verursacht, zu welchen noch die zur Vollendung der Befestigung von Paris nöthigen 140 Mill. Fr. kamen. Es waren dies Extraausgaben, welche in dem gewöhnlichen Budget nicht vorhergesehen worden. Von einer Herabsetzung der Zinsen für die Staatsschuld wollte Ludwig Philipp nicht hören, weil er sich dadurch die besonders in Paris zahlreiche und bedeutende Klasse der Rentner zu entfremden fürchtete. Die Steuern zu erhöhen schien fast unmöglich, und die öffentliche Schuld durch eine Anleihe zu vermehren, bedenklich zu sein.

Es war seit langer Zeit in Frankreich keine Volkszählung mehr angestellt worden. Man wußte, daß bei der Unvollständigkeit der Bevölkerungslisten sich in allen Theilen des Landes sehr viele Leute der Personensteuer entzogen. Der Finanzminister Humann ordnete deßhalb eine Volkszählung an, nach welcher neue Listen für die Personalabgaben angefertigt werden sollten. Humann erwartete davon eine ansehnliche Vermehrung der Staatseinnahme. Diese Maßregel brachte eine sehr üble Wirkung hervor. Derjenige Theil der Bevölkerung, welcher bisher der Personensteuer entgangen war (wandernde Handwerker, Fabrikarbeiter, Tagelöhner u. s. w.) konnte von seinem geringen Gewinn nichts abgeben, und hatte, wegen seiner Armuth, bei inneren Unruhen nichts zu verlieren. Von dieser Klasse ward die Eintreibung einer alten Steuer wie die Auflegung einer neuen angesehen. An vielen Orten in Frankreich fielen Unordnungen und Gewaltthätigkeiten vor. Die mit der Anfertigung der Listen beauftragten Beamten wurden gemißhandelt, verjagt, und die Steuerregister verbrannt. Selbst viele Personen aus dem Mittelstande schlugen sich auf Seite des Volkes, indem sie die Forderung der Regierung für ungerecht und hart erklärten. In Clermont=Ferrand (der Hauptstadt der alten Auvergne) kam es zu einem Zusammenstoß mit der bewaffneten Macht, der nicht ohne Blutvergießen ablief. Es wäre, von moralischen Beweggründen ganz abgesehen, politisch klüger gewesen, eher die Staatsgläubiger durch eine Herabsetzung des Zinsfußes zu verletzen, als die unteren Klassen durch die Einforderung einer Steuer, welche sie bisher nicht gezahlt hatten, in Harnisch zu jagen. Jene würden ihrer Unzufriedenheit nur in Worten Luft gemacht haben, während von diesen ein thätiger Widerstand vorausgesehen werden konnte. Die unter einem Theile der Bevölkerung verbreitete innere Unruhe und Gährung brach diesmal in Paris, nicht in einem Volksaufstande,

aber in einem neuen Mordanfalle auf ein Mitglied der königlichen Fa=
milie hervor.

Der Herzog von Aumale, vierter Sohn des Königs Ludwig Phi=
lipp, war, nachdem er sich in Algerien im Kriege gegen die Araber
ausgezeichnet hatte, nach Frankreich zurückgekehrt. Am 13. September
(1841) hielt derselbe an der Spitze des von ihm befehligten Regiments
seinen Einzug in Paris. Die Prinzen, seine Brüder, viele Generale
und Officiere waren ihm entgegen gegangen, und schlossen sich dem
Zuge an, als in der Vorstadt St. Antoine, in der Nähe der Straße
Charonne, aufrührisches Geschrei: „Nieder mit Ludwig Philipp! Nie=
der mit Guizot!" erscholl, und aus einer Volksgruppe ein Schuß auf
den Herzog von Aumale abgefeuert wurde, welcher ohne eine Bewegung
seines Pferdes von demselben getroffen worden wäre. Der Thäter wurde
sogleich festgenommen, hieß Queniffet, hatte in dem Regiment des Her=
zoges gedient, und war wegen eines groben Vergehens gegen die Kriegs=
zucht zur Kettenstrafe verurtheilt worden. Queniffet hatte sich der Voll=
ziehung des über ihn gefällten Urtheiles durch die Flucht zu entziehen
gewußt, war nach Paris gekommen, und dort mit Mitgliedern gehei=
mer Gesellschaften, welche bis in die niedrigsten Klassen hinabreichten,
bekannt geworden.

Der Wunsch an dem Prinzen, welchem Queniffet seine Verurthei=
lung zuschrieb, Rache zu nehmen, mehr aber noch die verbrecherischen
Rathschläge seiner Genossen, welche ihm gänzliche Straflosigkeit, und
einen bald zu erwartenden großen Volksaufstand vorspiegelten, hatten
ihn zu der That veranlaßt. Er wurde am 24. December mit zwei Mit=
schuldigen zum Tode, und die übrigen zu mehr oder weniger langjähri=
ger Zwangsarbeit und Gefängnißstrafe verurtheilt. Ludwig Philipp
begnadigte Queniffet, der nach Nordamerika deportirt wurde, wo er
einige Jahre nachher ein gewaltsames Ende fand. Ein Journalist Na=
mens Dupoty wurde wegen „moralischer Komplicität" zur Verantwor=
tung gezogen und mit einer zweijährigen Haft belegt, weil, nach der
Aussage mehrer Angeklagten, dieselben vornehmlich durch die Lesung
des von Dupoty herausgegebenen „Journal du Peuple" zum Haß und
zur Verachtung gegen den König, sein Haus und die bestehenden Staats=
einrichtungen verführt worden wären. Der Grundsatz, eine gesetzliche
Schuld da anzunehmen, wo möglicher Weise eine geistige Anreizung,
aber keine äußere Theilnahme an einem Verbrechen stattgefunden hatte,
wurde von der oppositionellen Presse mit der größten Leidenschaftlichkeit
bekämpft, und brachte im Publikum, wegen des Mißbrauches, welcher

mit dem Begriff einer moralischen Komplicität getrieben werden kann, eine üble Wirkung hervor.

Der von dem Pairshofe gegen Queniſſet und ſeine Genoſſen ge=
führte Proceß ließ einen Blick in den Abgrund werfen, welcher ſich vor
Frankreich aufthat, wenn dem in den unteren Volksklaſſen ſich regenden
Drange nach Umwälzung und Zerſtörung der ſtaatlichen und geſellſchaft=
lichen Zuſtände nicht ein Damm entgegen geſetzt wurde. Der Saint=
Simonismus hatte, als eine organiſirte, mit Vorſtänden, beſtimmten
Verpflichtungen ihrer Mitglieder, und Geldmitteln verſehene Genoſſen=
schaft, nach der Verurtheilung ſeines Oberhauptes Enfantin (1832)
aufgehört. Die in ihm niedergelegten Grundſätze waren aber nicht ver=
ſchwunden, ſondern hatten in gleichzeitigen und verwandten Syſtemen
einen noch geſteigerten Ausdruck gefunden. Auf der von dem Grafen
von Saint=Simon gelegten Grundlage weiter bauend, hatte der Hand=
lungsgehülfe Fourrier ein Gebäude errichtet, in welchem die letzten Spu=
ren der von ſeinem Vorgänger noch beibehaltenen, an das Beſtehende
erinnernden, Vorſtellungen und Einrichtungen verſchwunden waren. Ca=
bet, ein ehemaliges Mitglied der Deputirtenkammer, wegen Theilnahme
an dem Aufſtande im April 1834 verurtheilt, nach England entflohen,
dann aber begnadigt und nach Frankreich zurückgekehrt, fand Fourrier's
Ideen zu dunkel und verwickelt, und ſtellte in einem Werke: „Reiſe in
Icarien" betitelt, den Grundſatz des Kommunismus, gemeinſamen
Eigenthums und gleichen Antheiles an den Früchten, auf. Dieſes Sy=
ſtem ſtand auf der Leiter der menſchlichen Verirrungen noch um einige
Sproſſen höher als der Saint=Simonismus und der Fourrierismus
da. Die Reiſe in Icarien ward gewiſſermaßen der Katechismus vieler
Handwerker, Fabrikarbeiter und Tagelöhner, die Saint=Simon's und
Fourrier's Darſtellungsweiſe nicht verſtanden hätten. Denn Cabet's
Meinungen waren noch radikaler und darum einfacher und zugänglicher.
Alle dieſe Koryphäen des Radikalismus wurden von dem Schriftſetzer
Proudhon überboten, der in einer, wenn man die abſurden Prämiſſen
zugiebt, mit großer Konſequenz gedachten und abgefaßten Schrift die
Anſicht aufſtellte, daß das Eigenthum ein Diebſtahl ſei, indem Alles
Allen gehöre. Auch ſei jede Art von Autorität eine Thrannei, in=
dem weder ein Einzelner, noch eine Majorität, noch überhaupt irgend
Jemand eine Recht habe, anderen die Regeln ihres Verhaltens vorzu=
ſchreiben.

Der Journaliſt Louis Blanc ging dem Anſchein nach in ſeinen
Neuerungsverſuchen weniger weit, inſofern er in einer Schrift über die

Einrichtung der Arbeit (L'organisation du travail) nicht die Aufhebung persönlichen und erblichen Besitzes, sondern nur die Errichtung von Nationalwerkstätten empfahl, in welchen alle Arbeiter angemessene Beschäftigung und genügenden Lohn finden sollten. Diese Anstalten waren aber nicht als Mittel zur Abhülfe einer augenblicklichen Noth, oder zur Verfolgung wohlthätiger Zwecke aufgefaßt, sondern sollten ein legales und permanentes Dasein besitzen. Auf diese Art hätte aber allmälig alle Arbeit an die Nationalwerkstätten übergehen, und eine Arbeiterrepublik entstehen müssen, in welcher zuletzt Eigenthum und Familie ebenfalls aufgehört haben würden. Unter allen in jener Zeit entstandenen Utopien ist allein die Idee von Nationalwerkstätten einen Augenblick lang in das Leben gerufen worden, hat sich aber in der Anwendung als eben so verderblich und unmöglich, wie der Saint=Simonismus, der Fourrierismus und Kommunismus erwiesen.

Die Stellung des Ministeriums zu der Deputirtenkammer war unsicher geblieben. Obgleich die Majorität alle Anträge, selbst den auf eine neue Steuervertheilung, wodurch die oben erwähnten Unruhen in Clermont=Ferrand und anderen Gegenden hervorgerufen worden, angenommen hatte, so war dies doch weniger aus Anhänglichkeit an die Juliusmonarchie, als aus der Besorgniß geschehen, daß die im Volke fühlbare Gährung durch eine Spaltung in den obersten officiellen Sphären vermehrt werden würde. Das Ministerium hatte sich bisher nur durch Zugeständnisse an die Majorität, und Begünstigung ihrer Klientel unter den Beamten, den Wahlkollegien u. s. w., erhalten können. Die Regierung wünschte ein möglichst nahes und befreundetes Verhältniß zu England, aber die im Volke, besonders seit dem Vierbundvertrage, rege Eifersucht und Abneigung gegen den großen Inselstaat blieb auf die Deputirtenkammer nicht ohne Einfluß. In der Pariser Tagespresse wurden die Klagen französischer Handelskapitaine über das, von englischen Kreuzern an der afrikanischen Küste, zu streng ausgeübte Durchsuchungsrecht beifällig wiederholt und vergrößert, und von dem Publikum mit Entrüstung aufgenommen. Eine von England gewünschte Erweiterung des Vertrages, die Verhinderung des Sklavenhandels betreffend, mußte von dem Ministerium, wider seinen Willen, abgelehnt werden. Die Deputirtenkammer, deren Mandat ohnedieß nur noch für ein Jahr gültig war, wurde aufgelöst, und die neuen Wahlen schienen dem Ministerium eine kompaktere Majorität als bisher zu versprechen.

Ludwig Philipp I. war seit seiner Thronbesteigung in allen Unternehmungen vom Glück begünstigt worden, und hatte alle ihm entgegen-

stehenden Hinderniſſe durch Klugheit und Beharrlichkeit zu überwinden
verſtanden. Der Friede mit dem Auslande, mehrmals bedroht, war er=
halten, der Widerſtand der Republikaner und Legitimiſten beſiegt, und
die äußere Ordnung, nach jeder Verletzung derſelben, mit Nachdruck
wiederhergeſtellt worden. Aber der greiſe König, deſſen Haupt ſo vielen
Mordanfällen entgangen war, zu deſſen Füßen ſich die drohendſten
Volksaufſtände zuletzt immer machtlos gebrochen hatten, und der ſich
endlich am Ziel ſeiner Hoffnungen, ſeinem Nachfolger einen befeſtig=
ten Thron und ein beruhigtes Land zu hinterlaſſen, glauben konnte,
ſollte jetzt von einem eben ſo unerwarteten als furchtbaren Schlage ge=
troffen werden.

Der Herzog von Orleans hatte ſich am 13. Julius (1842) nach
dem Sommerſitze ſeines Vaters, des Königs, dem Schloſſe Neuilly, be=
geben, um ſich von ſeiner Familie für eine Zeit lang zu verabſchieden,
da er im Begriff ſtand, nach St. Omer abzugehen, um über die dort in
einem Uebungslager zuſammengezogenen Truppen Muſterung zu hal=
ten. Die ſtarken, jungen Pferde ſeines leichten Wagens wurden plötz=
lich ſcheu, riſſen denſelben hin und her, und der Kutſcher konnte ſie nicht
mehr lenken. Der Prinz, welcher ſich von jeher durch ſeine körperliche
Gewandtheit ausgezeichnet hatte, glaubte ohne Gefahr aus dem Wa=
gen ſpringen zu können, glitt aber aus, und wurde mit ſolcher Gewalt
gegen das Steinpflaſter geſchleudert, daß er beſinnungslos liegen blieb.
Man brachte ihn in das zunächſt liegende Haus eines Gewürzkrämers,
und es eilten alsbald Aerzte zu ſeiner Rettung herbei. Aber alle ange=
wandten Mittel blieben vergebens. Die königliche Familie, welche ſein
Sterbelager umgab, ward von ihm nicht mehr erkannt. Er wurde bis
zu ſeinem Ende von einem todesähnlichen Schlummer gefeſſelt, ſchlug
nicht die Augen auf, und ſtieß keinen Laut aus. Gegen ſechs Uhr Abends
verſchied Ferdinand Philipp von Orleans, im Alter von zweiunddreißig
Jahren, mit Hinterlaſſung einer Wittwe, Helene, geborenen Prinzeſſin
von Mecklenburg=Schwerin, und zweier Söhne, des Grafen von Paris,
der vier Jahre, und des Herzoges von Chartres, der kaum zwei Jahre
alt war. Das ärmliche Haus des Gewürzkrämers, in welchem der Prinz
ſtarb, ward von dem Könige angekauft, niedergeriſſen, und an ſeine
Stelle eine dem heiligen Ferdinand gewidmete Kapelle errichtet.

Der Schmerz der königlichen Familie über dieſen großen Verluſt
war grenzenlos, und wurde von ganz Frankreich, die extremen Parteien,
Republikaner und Legitimiſten, ausgenommen, und ſelbſt von den nor=
diſchen, dem Regierungsſyſtem Ludwig Philipp's ſonſt abgeneigten, Hö=

fen getheilt. Der Berstorbene hatte sich durch keine außerordentlichen
Geistesgaben hervorgethan, aber bei jeder Gelegenheit ein gesundes
natürliches Urtheil, einen festen Willen, und Vorliebe und Verständniß
für freisinnige Staatseinrichtungen bewiesen. Er war mit Personen aus
allen gebildeten Kreisen der Gesellschaft in Berührung getreten, und
mit der Stimmung, den Wünschen und Bedürfnissen der Nation ver=
traut. Mit der den höheren Klassen des französischen Volkes eigenen
Anmuth in Sitte und Betragen verband der Herzog von Orleans eine,
in so hoher Stellung seltene, Offenheit und Geradheit der Gesinnung,
die ihm viele Freunde erwarb. Sein vortheilhaftes Aeußere und der
Muth, welchen er bei den Kämpfen gegen die Araber gezeigt, hatte ihm
die Liebe des Heeres erworben. Aus dem von ihm mehre Jahre vor
seinem Tode verfaßten und später bekannt gemachten Testament geht her=
vor, daß er unter seinem leichten heiteren Betragen einen ernsten und
beobachtenden Geist verbarg, und namentlich die schwierige Lage seiner
Familie, und die im französischen Volke im Stillen zunehmende Aufre=
gung nicht übersah. Sein Blick war, obgleich die Gegenwart ihm so
viel Glück bot, auf die Zukunft gerichtet, und er ließ sich von der, sein
Haus umgebenden, Fülle von Macht und Glanz keinesweges über die im
Hintergrunde lauernden Gefahren täuschen.

Der Tod des Herzoges von Orleans ließ aber nicht nur eine un=
ersetzliche Lücke in seiner Familie zurück, sondern griff auch tief in die
öffentlichen Verhältnisse ein. Ludwig Philipp I. stand bereits dem neun=
undsechszigsten Lebensjahre nahe, und der gegenwärtige Thronerbe, Graf
von Paris, war erst vier Jahre alt. Eine lange Minderjährigkeit des
jungen Königs konnte als wahrscheinlich vorausgesehen werden, und
diese Epochen der französischen Geschichte waren, selbst unter viel gün=
stigeren Umständen, als jetzt obwalteten, häufig von inneren Unruhen
erfüllt gewesen. Nach einem alten Herkommen übte gewöhnlich die
Mutter des minorennen Monarchen bis zu dessen Volljährigkeit die Re=
gierungsrechte aus, obgleich hierin nie ein fester Grundsatz beobachtet
worden war. Selbst die ausdrücklichen letzten Willenserklärungen der
Könige, in Bezug auf die Regentschaft während der Minderjährigkeit
ihrer Nachfolger, waren mehr wie einmal umgestoßen worden.

Am 26. Julius (1842) wurden die Kammern zu einer außeror=
dentlichen Session einberufen, und ihnen ein Gesetzentwurf über die Re=
gentschaft während der Minderjährigkeit des Grafen von Paris vorge=
legt, nach welchem der Herzog von Nemours, jetzt der älteste unter den
Söhnen Ludwig Philipp I., in diesem Falle mit der Ausübung der

obersten Gewalt beauftragt wurde. Es ward als Ursache der Ausschlie=
ßung der verwittweten Herzogin von Orleans von der Regentschaft ihr
Geschlecht und ihre Religion angegeben. Da es nöthig werden könne,
den Thron des Grafen von Paris mit dem Degen in der Hand zu ver=
theidigen, so müsse ein kriegserfahrener Prinz an die Spitze des Landes
gestellt werden. Die vielfachen Berührungen der französischen Regie=
rung mit dem päbstlichen Stuhl machten das Bekenntniß des Katholi=
cismus für den Lenker des Staatsruders unerläßlich. Der Protestan=
tismus der Herzogin von Orleans würde sie an der Ausübung mancher
der Krone zustehenden Rechte, wie die Ernennung der Erzbischöfe und
Bischöfe, hindern. Der Grund, aus welchem früher die Uebertragung
der Regentschaft an die Mutter des minorennen Königs gerechtfertigt
wurde, daß ihr nämlich am meisten an der Erhaltung des Lebens und
der Rechte ihres Sohnes gelegen sein müsse, falle in Frankreich und in der
orleansschen Dynastie fort, indem Palastrevolutionen da unmöglich wären,
wo nichts gegen den Willen der Nation unternommen werden dürfe, und
wo die Mitglieder des regierenden Hauses durch gegenseitige Zuneigung
auf das engste unter einander verbunden seien. Das Regentschafts=
gesetz wurde mit großer Stimmenmehrheit (310 gegen 94) angenom=
men. Einige dreißig Legitimisten und Republikaner hatten sich der Ab=
stimmung enthalten.

Den lebhaftesten Widerstand gegen die Ernennung des Herzoges
von Nemours zum Regenten hatte de Lamartine erhoben, der darin
eine Verletzung des natürlichen Rechtes der Mütter über dem Geschick
ihrer Kinder zu machen, und die Gründung eines neuen Erbrechtes,
weil der künftige Regent der älteste Oheim des Thronfolgers war, er=
kennen wollte. Die Regentschaft habe in Frankreich immer den Müt=
tern der minorennen Könige gehört, und sei nur ausnahmsweise, wenn
der junge Monarch keine Mutter mehr gehabt, von den männlichen
Mitgliedern der königlichen Familie ausgeübt worden. Diese Einwürfe
konnten keine Prüfung aushalten, und wurden von der Geschichte, den
Umständen und dem Geiste der Zeit von selbst widerlegt. Es hatten
in Bezug auf die Verleihung der Regentschaft nie allgemein anerkannte
gesetzliche Bestimmungen bestanden. Es war über dieselbe früher immer
durch das Testament eines Königs, oder die am Hofe einflußreichste
Partei, mit Zuziehung des Pariser Parlaments, entschieden worden. Der
Herzog von Nemours würde die ihm in Aussicht gestellte Gewalt eben
so wenig zum Nachtheil seines Neffen, wie dessen eigene Mutter ange=
wandt haben. Aber Lamartine und seine Genossen in der Kammer zogen

die Herzogin von Orleans nur deshalb dem Herzoge von Nemours
vor, weil sie unter ihr, als einer Frau, einer Fremden und Protestantin,
ohne Anhalt und Wurzel im Lande, mehr Einfluß ausüben, und die
öffentlichen Zustände nach ihren Absichten und Wünschen umgestalten
zu können hofften. Der Herzog von Nemours galt dagegen für selbst=
ständig und ablehnend, sogar für etwas stolz und eigenwillig, obgleich er
später in einem entscheidenden Augenblick, keine besondere Stärke des
Willens und der Einsicht an den Tag gelegt hat.

Die Kammern waren nach Annahme des Regentschaftsgesetzes ver=
tagt, und am 9. Januar (1843) wieder eröffnet worden. Es wurde in
dieser Session über keine Fragen von allgemeiner Bedeutung, sondern
nur über administrative und lokale Interessen verhandelt. Das einzige,
wegen seiner Folgen für die Zukunft, politisch wichtige Ereigniß war
die oppositionelle Haltung, welche Lamartine gegen die Regierung anzu=
nehmen anfing, die in der Bekämpfung des Regentschaftsgesetzes zum
erstenmal hervorbrach, im Verlaufe der nächsten Jahre sich noch steigern,
und zum Sturz der Juliusmonarchie beitragen sollte.

Lamartine war, von dem Beispiel seiner Familie, welche unter der
Schreckensherrschaft 1794 viel gelitten hatte, veranlaßt, ein eifriger
Anhänger der Restauration gewesen. Der von Karl X. versuchte Ver=
fassungsbruch, eine Reise nach dem Orient, und der Einfluß der Zeit
hatten seine Gesinnungen verändert, und ihn auf die Seite der liberalen
Partei gezogen. Eine immer weiter fortschreitende Umwandelung, von
äußeren Anreizungsmitteln vermehrt, führte ihn zuletzt in die Arme der
Republik, obgleich dieselbe seiner persönlichen Natur durchaus fremd
war. Lamartine's Meinungen waren nie fest begründet gewesen. In
seinen, in Bezug auf die Vollendung des Ausdruckes, unvergleichlichen
lyrischen Poesien wehte ein pantheistischer Hauch, lag etwas Unbegrenz=
tes und Unbestimmtes, das, ungeachtet der vielen einzelnen Schönheiten,
keinen klaren Eindruck zurückließ. Die Seele des Lesers wurde von La=
martine's Gedanken und Bildern, wie von einer aus der Ferne gehörten
Musik, von dem Boden der Wirklichkeit abgezogen, und in die Höhe des
Aethers oder die Tiefe des Meeres geführt. Seine Beredtsamkeit nahm,
als er in das öffentliche Leben trat, einen ähnlichen Charakter an. So
wie sich in seinen Gedichten eine große Erhebung des Gefühls, ohne
bestimmten Inhalt, vernehmen ließ, eben so regten seine Reden das Ver=
langen nach einer Veredelung der gesellschaftlichen Zustände an, ohne
aber die Mittel anzugeben, durch welche dieses Ziel erreicht werden
könnte, und ohne die rechte Bahn dazu von den Irrwegen zu unterschei=

ben. Lamartine kann insofern mit Chateaubriand verglichen werden, als beide in der Litteratur und Politik ihres Landes eine hervorragende Rolle gespielt haben, nur mit dem Unterschiede, daß Chateaubriand, ungeachtet der in seinem Innern vorhandenen Widersprüche, eine viel selbstständigere und praktischere Natur war, und ihm eine größere Summe von Erfahrungen und Kenntnissen als Lamartine zu Gebot stand. In einer ruhigeren Epoche und unter einem weniger veränder= lichen Volke würde Lamartine, als Staatsmann, keinen Einfluß aus= geübt haben. Aber die schwankende Lage der Dinge entsprach seinem eigenen Wesen, und beide übten eine Wechselwirkung auf einander aus. Lamartine stellte ein, mehr blendendes als wahres, politisches und socia= les, Ideal auf, durch welches die ohnedies schon vorhandene Unzufrieden= heit mit den bestehenden Verhältnissen noch vermehrt wurde, ohne daß dadurch etwas Besseres erreicht worden wäre. Seine Opposition gegen die Juliusmonarchie brachte eine ähnliche Wirkung, wie Chateaubriand's Haltung in den letzten Jahren der Restauration, hervor. Beide konn= ten das Rollen des Felsens, dem sie den ersten Anstoß gegeben hatten, nicht mehr aufhalten, und er fiel über die von ihnen gewollte Grenze hinaus. Eine Zerstörung trat da ein, wo sie nur eine Umgestaltung er= strebt hatten.

Die legitimistische Partei hatte seit langer Zeit kein Lebenszeichen mehr von sich gegeben, außer daß ihre Meinungen in einigen Tages= blättern vertheidigt, und die Erinnerungen an die alte Monarchie, an das traurige Schicksal Ludwig XVI., die Weisheit Ludwig XVIII., und die Güte Karl X. hervorgehoben wurden. Der Tod des Herzoges von Orleans, und die fühlbar werdende Unpopularität des von Ludwig Philipp befolgten Regierungssystems veranlaßten diese Partei, der Na= tion ihr Dasein zurückzurufen. Der Enkelsohn Karl X., der frühere Herzog von Bordeaux, welcher sich, seit dem Ableben seines Oheims, des letzten Dauphins und Herzoges von Angouleme, Graf von Cham= bord nannte, kam gegen Ende Novembers (1843) nach London, und ein großer Theil seiner Anhänger, meist aus den Ueberresten des alten Adels bestehend, setzte nach England über, um dem Sohne des unglück= lichen Herzoges von Berry seine Huldigungen darzubringen. Selbst Chateaubriand, sonst aller anderen Illusionen ledig, gehörte zu diesen Pilgern, die jetzt nach London, wie einst ihre Väter nach Koblenz, zogen. Aber es entstand aus dieser Schaustellung der legitimistischen Kräfte kein Krieg wie 1792, und es ward dadurch weder in Frankreich noch in Europa das Geringste verändert. Die Legitimität könnte in Frankreich

nicht durch eine Partei, am wenigsten durch den Adel, sondern nur
durch das Volk selbst wieder hergestellt werden. Die Anhänger der Ju=
liusmonarchie in der Deputirtenkammer suchten, ungerechter und unklu=
ger Weise, die Ergebenheit und Ehrfurcht für den letzten Sprößling der
älteren Linie als einen an Frankreich begangenen Verrath darzustellen,
und wußten einen, in diesem Sinne abgefaßten, Paragraphen in der
Antwortsadresse auf die Thronrede durchzubringen.

Die Majorität in der Deputirtenkammer war aus den Wahlen
von 1843 mit vermehrter Stärke hervorgegangen. Obwohl das Mi=
nisterium, vornehmlich von Guizot's zugleich kräftiger und gründlicher
Beredtsamkeit unterstützt, bei allen wichtigeren Fragen die Mehrheit der
Stimmen auf seine Seite zog, so war die Opposition doch immer zahl=
reich genug, um den Sieg zu erschweren, und besaß eine Anzahl von
Namen, die selbst dem unterliegenden Widerstand eine moralische Be=
deutung verschaffen konnten. Thiers stand immer bereit da, um jede von
dem Ministerium in den inneren und auswärtigen Verhältnissen ge=
gebene Blöße zu benutzen, oder auch eine solche da suchen zu wollen, wo
sie gar nicht vorhanden war. Wenn auch seine Gründe widerlegt wur=
den, so ließen seine Worte fast immer einen Eindruck zurück. Odilon
Barrot trat als der Herold der Idee von 1789, als der eifersüchtige
Bewahrer des heiligen Feuers der nationalen Ehre auf, und warf der
Regierung Unterdrückung im Innern und Ohnmacht gegen das Aus=
land vor. Lamartine klagte bei jeder Gelegenheit die Juliusmonarchie
an, die Bedürfnisse und Hoffnungen, durch welche sie in das Dasein
gerufen worden, unerfüllt gelassen zu haben. Er sprach von einer wei=
sen und wachsenden Demokratie, von einer Wiedergeburt des Volkes,
als befände sich dasselbe gegenwärtig in einem Zustande der Auflösung
oder Versunkenheit, von einer Regierung der Arbeit, als wenn jetzt die
Trägheit am Ruder säße. Die Menge ward von seinen Meinungen,
je unbestimmter sie waren, um so mehr angezogen. Wenn Thiers, im
Ganzen, in seinen Betrachtungen und Forderungen nicht über die Ge=
genwart hinausging, Odilon Barrot sich an die Vergangenheit von
1789 anschloß, so griff Lamartine dagegen in die Zukunft hinein, und
stellte sich als deren Apostel dar.

Eine Menge von Wortführern in der Litteratur und der Tages=
presse ließ sich in ähnlichem Sinne vernehmen, und übte auf die öffent=
liche Stimmung einen noch allgemeineren Einfluß als die officielle Op=
position in der Deputirtenkammer aus. Lamartine verbreitete durch
seine „Geschichte der Girondisten‟ einen verschönernden Schein über die

Republik von 1792, und fachte, durch den Zauber seiner Darstellung, die ohnedieß nie ganz erloschenen Erinnerungen an die erste Revolution wieder zu einer hellen Flamme an. Die Opposition bereitete durch ihre feindselige Haltung eine Umwälzung in den Meinungen vor, die unter Franzosen über lang oder kurz eine solche in den Thatsachen nach sich ziehen mußte. Die Juliusmonarchie war außer Stande, sich mit Erfolg zu vertheidigen. Auf das sogenannte: „pays légal" d. h. einige hundert tausend Wähler gestützt, wurde ihr die Masse des Volkes immer mehr entfremdet. Der persönliche Charakter Ludwig Philipp's, die Art wie er auf den Thron gestiegen, die Angriffe, welchen er von mehren Seiten zugleich ausgesetzt war, machten es ihm unmöglich, in irgend Etwas die Initiative zu ergreifen, und einer neuen Revolution durch eine große Reform zuvorzukommen. Vergebens legte Guizot in dem Kampfe gegen die Opposition eine seltene Vereinigung von Ausdauer, Kraft und Mäßigung dar, und wußte durch die Klarheit, den Nachdruck und die Gediegenheit seiner Beweisführung die Majorität, oft gegen deren Willen, mit sich fortzureißen. Er trug glänzende parlamentarische Siege, aber keine in der öffentlichen Meinung, worauf es angekommen wäre, davon. Er war, obgleich er, vermöge seiner großen historischen Studien, einen weiteren und tieferen Blick in das Leben der Völker als Ludwig Philipp besaß, wie dieser in dem Irrthum befangen, in allen Fällen mit den gewöhnlichen Mitteln einer konstitutionellen Regierung, der Majorität in den Kammern, der Ordnung in der Verwaltung, und dem Gehorsam des Heeres, ausreichen zu können. Es ward von ihm auf die innere Stimmung der Massen, welche außerhalb jener officiellen Vertretung des Landes standen, nicht die von den Umständen gebotene Rücksicht genommen. Guizot war unvergleichlich darin, das Bestehende mit Scharfsinn zu vertheidigen, seine Berechtigung nachzuweisen, die Blößen und Widersprüche in den Ansichten der Gegner zu enthüllen, aber er ging in seiner Auffassungsweise, wie sein Gebieter, der König, nicht leicht über die Bedürfnisse des Augenblickes hinaus, und sein ganzes Wesen war, wie das Ludwig Philipp's, von dem Feuer entblößt, das Andere nicht nur zu erhellen, sondern auch zu erwärmen vermag. Seine mehr theoretische als praktische Natur vermochte es nicht, in einer außerordentlichen Lage, und in einer solchen befand sich die Nation während der zweiten Hälfte der Regierung Ludwig Philipp's, dieser Lage angemessene Entschlüsse zu fassen. Guizot stellte sich, während seines letzten Ministeriums, Frankreich noch immer so wie in der ersten Zeit nach der Juliusrevolution vor, wo das Volk, von seinem Siege über die alte

Monarchie selbst überrascht, durch einige formelle Veränderungen in der Verfassung befriedigt werden konnte. Er übersah, daß die Begriffe und Forderungen sich seitdem gesteigert hatten, und die Stimmung der Nation eine andere geworden war. Die Opposition benutzte die in den Massen sich regende Unruhe und Gährung, um dem Ministerium bei jeder Gelegenheit, oft mit gänzlicher Hintenansetzung von Recht und Wahrheit, entgegenzuarbeiten, und es in der öffentlichen Meinung zu Grunde zu richten. Diese Angriffe, die vornehmlich gegen Guizot, den einzigen eigentlichen Staatsmann unter seinen Kollegen, gerichtet waren, mußten zuletzt einen Höheren, den König selbst, treffen, da man wohl wußte, daß Ludwig Philipp und Guizot in ihren politischen Anschauungen, im Wesentlichen, vollkommen übereinstimmten.

Um dem Nationalstolze zu genügen, und die französische Flagge in Gegenden zu zeigen, wo sie bisher noch selten gesehen worden, hatte Ludwig Philipp, bald nach Beendigung des Kriegslärms von 1840, ein Geschwader unter dem Befehl des Admirals Dupetit-Thouars nach dem stillen Ocean geschickt. Im Mai 1842 wurden die Marquesas-Inseln, von menschenfressenden Wilden bewohnt, und nur dann und wann von nordamerikanischen Wallfischfängern besucht, von den Franzosen, nachdem sich einer der Häuptlinge ihnen unterworfen hatte, in Besitz genommen. Dupetit-Thouars errichtete auf einer dieser Inseln, Tohuata oder St. Christina genannt, ein Fort, und ließ, bevor er weiter segelte, daselbst eine Besatzung zurück. Das französische Geschwader wandte hierauf seinen Lauf nach den Gesellschaftsinseln, und als es vor dem größten dieser Eilande, Otaheite, erschien, ward die daselbst regierende halbwilde Königin Pomare so eingeschüchtert, daß sie sich unter Frankreich's Schutz stellte, und, obwohl mit Vorbehalt ihrer Regierungsrechte, die französische Oberhoheit anerkannte. Pomare empfand jedoch bald Reue über den von ihr gethanen Schritt, und wollte denselben zurücknehmen. Da sie den mit Dupetit-Thouars abgeschlossenen Vertrag in einigen Punkten verletzte, so wurde sie von dem Admiral ohne Weiteres ihrer Würde entsetzt, und die Insel unmittelbar unter französische Botmäßigkeit gestellt. Die Königin von Otaheite flüchtete an Bord eines englischen Kriegsschiffes, und es brachen unter ihren Unterthanen alsbald Zeichen der Gährung aus, die später zu blutigen Streitigkeiten mit der französischen Besatzung führten. Sobald die französische Regierung von diesen Vorgängen Nachricht erhalten hatte, befahl sie die Wiedereinsetzung der Königin Pomare, die, da sie von Frankreich und England anerkannt war, unter dem Schutze des Völkerrechts stand. Auf Otaheite lebte damals ein englischer Missionair Namens Pritchard, welcher zugleich die Stellung eines Konsuls seiner Nation einnahm. Derselbe hatte von Anfang an widerstrebende Gesinnungen gegen die Franzosen gezeigt, und, durch die Einstellung seiner Amtsverrichtungen und die Abnahme der englischen Flagge von seinem Hause, gegen die französische Besitz= nahme der Insel Gewahrsam eingelegt. Als die Eingebornen einen An= griff auf die französische Besatzung versuchten (April 1844), wollte der Befehlshaber derselben d'Aubigné darin den Einfluß des englischen Kon= suls erkennen. Pritchard ward verhaftet und mit Gewalt auf ein eng= lisches Handelsschiff gebracht. Als der Befehl der französischen Regie= rung zur Wiedereinsetzung der Königin Pomare ankam, war der englische Konsul schon auf der Rückreise nach seinem Vaterlande begriffen. Da= selbst angekommen, ward die ihm widerfahrene Behandlung von der englischen Regierung und der zahlreichen kirchlichen Partei, die ihn als Missionair ausgesandt hatte, gleich übel empfunden. Das Parlament und die Presse klangen von Beschwerden über den Ehrgeiz der französi= schen Regierung und die Willkühr des Admirals Dupetit = Thouars und des Kommandanten d'Aubigné wider. Pritchard hatte als Konsul zugleich Handel getrieben, und durch seine plötzliche Vertreibung aus Otaheite in seinen Geschäften einige Einbuße erlitten. Von dem engli= schen Kabinet wurde, außer der Wiedereinsetzung der Königin Pomare, was schon geschehen war, für Pritchard eine Entschädigung von 25,000 Fr. verlangt. England war bei diesem Streit offenbar in seinem Recht. Aber die Opposition in der französischen Deputirtenkammer widersetzte sich der Forderung des englischen Konsuls auf das äußerste, und wollte darin eine Verletzung der Ehre Frankreich's sehen. Als Guizot mit Hülfe der Majorität durchdrang, und die 25,000 Fr. bewilligt wurden, erhob sich in einem großen Theile der Bevölkerung ein Schrei des Un= willens, und es wurden die Mitglieder der ministeriellen Partei mit dem Namen: Pritchardisten belegt, und in Zeitungsartikeln und Zerrbildern verächtlich und lächerlich gemacht. Wie mißtrauisch und gegen die Re= gierung leidenschaftlich erregt die öffentliche Meinung war, dafür legte dieser an und für sich unbedeutende Vorfall einen, für die Zukunft Be= sorgnisse erregenden, Beweis ab.

In derselben Sitzung (1844) ward von Thiers die Jesuitenfrage in Anregung gebracht. Dieser Orden, dessen Mitglieder zwar in Frank= reich gebildet wurden, aber selbst nach einer von Karl X. unter dem Ministerium Martignac erlassenen Ordonnanz keinen Unterricht erthei= len, und nicht in bestimmten Häusern zusammenleben durften, hatte sich neuerdings wieder in Paris festgesetzt, und mehre Anstalten gegründet. Thiers hoffte durch seinen Antrag auf eine Untersuchung dieses Gegen=standes das Ministerium in Verlegenheit zu setzen, indem dasselbe, wenn es die Jesuiten in Schutz nahm, die zahlreiche diesem Orden feindliche Partei gegen sich aufbringen, im entgegengesetzten Falle aber sich mit dem katholischen Klerus, und insbesondere mit den Bischöfen, überwer=fen mußte. Guizot, der ohne in seinen Ueberzeugungen als Protestant zu schwanken, und ohne dem Rechte der Krone etwas zu vergeben, bei seinen Unterhandlungen mit dem päbstlichen Stuhle große Einsicht und Mäßigung bewies, entging der ihm von Thiers gelegten Falle, indem er es in Rom dahin brachte, daß die Jesuiten, ohne eine Dazwischen=kunft der französischen Regierung, zur Auflösung ihrer Kongregation veranlaßt wurden.

Die unter Thiers Ministerium (1840) angeordnete Befestigung von Paris war mit so großem Eifer betrieben worden, daß dieselbe jetzt (1845) nur noch der Ausrüstung mit schwerem Geschütz bedurfte, um in vollkommen vertheidigungsfähigem Zustande zu sein. Von dem Mi=nisterium wurden zu diesem Zweck 18 Millionen Fr. verlangt. Lamar=tine, der, seit seiner Bekämpfung des Regentschaftsgesetzes, in seiner Opposition immer weiter gegangen war, erklärte sich in einer Rede (7. Mai 1845) gegen die Armirung der Fortifikationen, und behauptete, daß dieselben nicht zum Schutze gegen einen auswärtigen Feind, sondern zur Unterdrückung der Hauptstadt und der Freiheit errichtet worden seien. Er warf der Juliusmonarchie den Abfall von den Ideen von 1789 und 1830, und die von ihr angeblich begangenen Ungerechtigkei=ten, von der Entlassung de la Fayette's und Lafitte's bis zu der Be=drohung der Hauptstadt durch die Befestigungswerke, in noch stärkeren Ausdrücken als früher vor. Er suchte das ganze Regierungssystem Lud=wig Philipp's als einen Bruch des, bei seiner Thronbesteigung mit der Nation eingegangenen, Vertrages hinzustellen. Dessen ungeachtet wur=den die von dem Ministerium verlangten 18 Mill. Fr. mit großer Stimmenmehrheit bewilligt. Lamartine zog sich noch vor Beendigung der Session nach seinem bei Macon im alten Burgund gelegenen Landsitz zurück, und gründete in dieser Stadt ein Journal: „le Bien publique" ge=nannt, in welchem er die Regierung Ludwig Philipp's mit unermüdlichem Eifer angriff, und namentlich die Einführung des allgemeinen Stimmrechts empfahl. Lamartine wußte den populairen aber oft ganz irrigen Ideen, die er vortrug, durch seinen Styl, nicht nur einen blendenden Schein, sondern zuweilen selbst einen gewissen Charakter von Größe zu verleihen.

Denn er besaß im höchsten Grade die Gabe aus allem alles machen zu
können. Auf seine Veranlassung wurde im December (1845) in Paris
ein Journalistenkongreß abgehalten, auf welchem die Redaktoren einiger
dreißig Tagesblätter sich anheischig machten, aus allen Kräften eine
Wahlreform zu betreiben. Diese und ähnliche Kundgebungen blieben
ohne Einfluß auf die Kammern, in welchen die Majorität zur Unter=
stützung des Ministeriums bereit war, regten aber die öffentliche Mei=
nung auf, welche sich immer mehr von der Juliusmonarchie entfernte,
und sich, obwohl ohne klar erkanntes Ziel, zu einer großen Veränderung
in den bestehenden Einrichtungen hingezogen fühlte. Während der Session von 1846 trat in der Stellung der Par=
teien in der Deputirtenkammer eine Veränderung ein, deren folgen=
schwere Bedeutung erst am Ende dieser Epoche ganz begriffen wurde.
Ledru=Rollin, ein Advokat von Talent, aber noch größeren Ansprüchen,
hatte sich, obgleich er schon seit 1842 in der Deputirtenkammer saß,
bisher wenig bekannt gemacht. Er beschloß jetzt, um eine Rolle zu spie=
len, die Fahne des Radikalismus aufzustecken, und mußte eine Anzahl
Gleichgesinnter um sich zu versammeln. Lamartine's Angriffe auf die
Juliusmonarchie wurden von ihm noch überboten. Außerdem war er
ein entschiedener Gegner aller Meinungen, welche nicht auf eine gänz=
liche Veränderung des Bestehenden gerichtet waren. Tiersparti, dyna=
stische Opposition, Doktrinarismus wurden von ihm für gleich ohnmäch=
tig und überflüssig gehalten, und Guizot, Thiers, Odilon Barrot auf
dieselbe Linie gestellt. Ledru=Rollin wollte an die Stelle der konstitutio=
nellen Monarchie, deren folgerechte Durchführung die Opposition ver=
langte, über welche sie aber nicht hinausging, eine reine Demokratie,
unter der Form der Republik, gesetzt sehen. Er sprach sich hierüber nicht
vollkommen klar aus, da die parlamentarischen Gebräuche dies unmög=
lich machten, aber was er verschweigen mußte, wurde von der mit seiner
Partei verbundenen Tagespresse erklärt und ergänzt. Diese Idee machte
in der Kammer kein Glück, ward aber von den geheimen Gesellschaften,
einem großen Theile der Jugend, und den Unzufriedenen aller Klassen
um so günstiger aufgenommen. Thiers fand sich, Ledru=Rollin gegen=
über, zu der Erklärung bewogen, daß er nach wie vor ein Anhänger der
konstitutionellen Monarchie, aber mit deren gegenwärtiger Gestaltung
nicht zufrieden sei. Bisher hatte er zwar dann und wann, bei unter=
geordneten Gegenständen, dem Ministerium Verlegenheiten zu bereiten
gesucht, bei allen wichtigen Fragen aber, wie das Regentschaftsgesetz,
die Armirung der Fortifikationen u. s. w. nicht nur für dasselbe gestimmt,

sondern die Anträge der Regierung sogar mit vielem Eifer vertheidigt. Seine jetzt obwohl nur flüchtig hingeworfene Aeußerung, daß er sich von dem herrschenden System getrennt fühle, brachte einen großen Eindruck hervor, und besaß eine Tragweite, welche er ihr ursprünglich selbst nicht beilegen mochte.

Thiers, welcher nicht die blinde Neuerungssucht eines Demagogen, wie Ledru=Rollin, sondern den Ehrgeiz eines seine Kraft fühlenden Po= litikers besaß, konnte Ludwig Philipp die von demselben Guizot erwie= sene Bevorzugung nicht verzeihen. Er glaubte mehr als letzterer zum Entstehen und zur Befestigung der Juliusmonarchie beigetragen zu haben, und die Wünsche und Bedürfnisse des französischen Volkes besser als sein Nebenbuhler zu verstehen. Da er jedoch sah, daß der König sich immer mehr von ihm entfernte, und Guizot immer näher an sich heran= zog, so glaubte er eine nachhaltige Opposition gegen das Ministerium organisiren zu müssen, um Ludwig Philipp zu einem Eingehen auf seine Ideen, und zu einer Annahme seiner Person, als deren Vollstrecker, zu zwingen. Er verband sich zu diesem Zweck mit Odilon Barrot, dem Führer der dynastischen Linken, um Ledru=Rollin und dessen Partei in der Kammer und der Presse zu bekämpfen, aber um zugleich das Mini= sterium zu stürzen, und an Guizot's Stelle zu treten. Odilon Barrot hätte sich unter anderen Umständen wohl nicht zum Werkzeuge für Thiers Ehrgeiz hingegeben, aber er wollte im Bunde mit ihm dem Radikalis= mus entgegentreten, und durch angemessene Reformen einer neuen Re= volution vorbeugen. Thiers und Odilon Barrot vereinigten sich dem= nach, nicht zur Einführung des allgemeinen Stimmrechts, sondern zu einer Veränderung des Wahlgesetzes, nach welchem alle von den Mini= stern unbedingt abhängigen Beamten von der Deputirtenkammer aus= geschlossen, und derselben dadurch mehr Selbstständigkeit der Regierung gegenüber, und mehr Ansehen und Vertrauen beim Volke zugewandt werden sollte. Thiers hoffte von dem Erfolge dieses Planes eine Auf= lösung der ministeriellen Majorität, den Rücktritt Guizot's, und die Nothwendigkeit für den König, sich an ihn zur Bildung eines neuen Mi= nisteriums zu wenden. Thiers glaubte, da er für einen eben so fähigen Staatsmann als Guizot galt, und außerhalb der Kammer mehr An= hang und Einfluß als dieser besaß, mit seinen Absichten durchdringen zu können. Er dachte aber nicht entfernt an den Sturz der Julius= monarchie, mit welcher das parlamentarische System und Thiers eigene Bedeutung verschwinden mußte, sondern er wollte sich nur selbst an die Spitze bringen, und die im Volke vorhandene Unzufriedenheit durch

16 *

einige Zugeständnisse beschwichtigen. Er traute sich, mit der Leitung
der Verwaltung beauftragt, die Kraft und Geschicklichkeit zu, neuen
Stürmen vorbeugen oder ihnen widerstehen zu können. Aber Ludwig
Philipp's hartnäckiger Widerstand gegen eine Veränderung des Wahl=
gesetzes, die von den geheimen Gesellschaften und der radikalen Presse
unterhaltene Aufregung, und die im Volke zunehmende innere Unruhe
sollten eine Erschütterung hervorbringen, welche Thiers keineswegs
beabsichtigt, zu welcher er aber wider Willen durch die Forderung einer
Parlamentsreform, und die Auflösung der ministeriellen Majorität bei=
getragen hat.

Thiers suchte in einer glänzenden Rede (17. März 1846) den von
seinem Freunde und früheren Kollegen im Ministerium, Karl von Re=
musat, gestellten Antrag auf eine Ausschließung gewisser Beamtenklassen
zu vertheidigen. Er berief sich hierbei, wie dies sonst besonders Guizot
häufig that, auf England unter Wilhelm III., wo durch eine eigene
Parlamentsakte alle Personen, welche Gehälter oder Pensionen von der
Civilliste bezogen, oder bei der Erhebung der indirekten Steuern und
Zölle mitwirkten, von dem Unterhause ausgeschlossen worden waren.
Ungeachtet des Aufwandes von Geist und Scharfsinn, mit welchem
Thiers seine Ansichten entwickelte, wurde der Antrag mit 232 gegen 184
Stimmen zurückgewiesen. Indessen hatten Thiers Gründe selbst auf
viele unter seinen Gegnern Eindruck gemacht, und wurden im Publikum
überall mit Beifall wiederholt. Die Kammer wurde, nachdem dieselbe
alle Gesetzentwürfe der Regierung über Kanalbauten, über Verbesse=
rungen im Postwesen, Beaufsichtigung des Weinhandels u. s. w. ange=
nommen hatte, aufgelöst, und die neuen Wahlen führten dem Ministe=
rium eine noch größere Stimmenmehrheit als vorher zu. Bei der Ant=
wortsadresse auf die Thronrede (17. August 1846) enthielt sich die
Opposition der Abstimmung, um, da sie eine gänzliche Niederlage vor=
aussehen konnte, durch ihre Theilnahmlosigkeit ihren Widerspruch gegen
die Regierung zu erhärten. Da aber nichts ohne den ausdrücklichen
Willen des Königs geschah, welcher den Ministersitzungen vorstand, und
die oberste Leitung der Geschäfte persönlich ausübte, so war die feind=
selige Haltung der Opposition im Grunde mehr gegen ihn selbst als
gegen seine Minister gerichtet.

Bei der Wiedereröffnung der Kammern (11. Januar 1847) hatte
Ludwig Philipp die Genugthuung, denselben die Vermählung seines
jüngsten Sohnes, des Herzoges von Montpensier, mit der Schwester
der Königin von Spanien, der Infantin Luise Ferdinande, mittheilen

zu können. Der König der Franzosen hatte bei den, mit England, wegen der Verheirathung der Königin Isabelle, gepflogenen Unterhand= lungen den Grundsatz aufgestellt, daß die Wahl nur auf einen Nach= kommen Philipp V. fallen dürfe, und dadurch auch seine eigenen Söhne ausgeschlossen. Es hatte sich indessen dabei immer nur um einen Ge= mahl für die Königin Isabelle, aber nicht um einen solchen für ihre Schwester gehandelt. England war von der Ueberzeugung ausgegangen, daß Ludwig Philipp, wenn auch ohne ausdrückliche Erklärung, jedem Einflusse auf Spanien durch eine Familienverbindung entsagt habe. Als dessen ungeachtet plötzlich die Verbindung zwischen dem Herzoge von Montpensier und der Infantin Luise Ferdinande abgeschlossen wurde, beschuldigte das englische Kabinet, obgleich ungerechter Weise, den König der Franzosen des Bruches gegebener Versprechungen, und der damalige Minister des Auswärtigen, Lord Palmerston, ließ seinem Unwillen freien Lauf, ohne jedoch etwas ausrichten zu können. Das gespannte Verhältniß zu England, welches schon einmal, 1840, da gewesen, und sich jetzt wiederholte, ermuthigte die Gegner Ludwig Philipp's im In= nern, und gab ihnen die Hoffnung, daß demselben auch von außen her Schwierigkeiten bereitet werden würden.

Die Opposition in der Deputirtenkammer war so wenig zahlreich, daß sie auf gesetzlichem Wege gegen die Regierung nichts durchzusetzen vermochte. Sie beschloß deshalb sich an das Volk selbst zu wenden. Zu dem Ende war ein, bei Gelegenheit der letzten Wahlen, zu deren Lei= tung im oppositionellen Sinne, gebildeter Ausschuß anstatt, wie sonst, nach vollzogenen Wahlen aufgelöst zu werden, bestehen geblieben. An seiner Spitze befanden sich Duvergier de Hauranne und Leon de Mal= ville, zwei vertraute Freunde Thiers, welcher, obgleich im Stillen und Geheimen, die Angriffsmaßregeln gegen das Ministerium leitete.

Von diesem Ausschusse war der Entwurf zu einer Wahlreform ausgegangen. Das allgemeine Stimmrecht, nach dessen Einführung die radikale Partei strebte, war zwar ausgeschlossen, aber außer der Auf= nahme der sogenannten Kapacitäten in die Wahlkollegien, sollte der Steuersatz der Wahlbefähigung von 200 auf 100 Fr. ermäßigt, und die Zahl der Abgeordneten von 459 auf 538 gebracht, demnach um 79 vermehrt werden. Man hoffte dadurch die bisherige Majorität, auf welche sich das Ministerium stützte, aufzulösen. Dieser Antrag wurde von Duvergier de Hauranne bald nach Eröffnung der Session von 1847 gestellt, aber am 26. März mit 252 gegen 154 Stimmen verworfen. Aber Thiers und seine Freunde hatten von Hause aus nicht auf einen

Sieg in der Deputirtenkammer gerechnet, sondern wollten nur durch die Darlegung ihres Reformplanes die Aufmerksamkeit des Publikums auf diesen Gegenstand lenken. Ihre Absicht war vielmehr, in ganz Frankreich eine großartige Agitation hervorzubringen, durch welche die Regierung zur Nachgiebigkeit gezwungen werden sollte.

Zu dem Ende ward in Chateaurouge, einem Lustorte bei Paris, ein Festmahl veranstaltet, zu welchem sämmtliche Mitglieder der Opposition eingeladen waren, und an welchem mehr als 1200 Personen Theil nahmen (9. Julius 1847). Der Zweck der Versammlung war die Unterzeichnung einer Petition für Veränderung des Wahlgesetzes, in welcher die von Duvergier de Hauranne in der Deputirtenkammer in Antrag gebrachten Bestimmungen wiederholt wurden. Aehnliches sollte dann in allen größeren Städten des Landes geschehen, wo überall Wahlausschüsse, nach dem Muster des in der Hauptstadt befindlichen, gestiftet wurden. Bei dem Festmahle in Chateaurouge wurde, um dem radikalen Theile der Opposition zu gefallen, kein Trinkspruch auf den König, wie es sonst in solchen Fällen Sitte ist, ausgebracht. Man that als sei er gar nicht mehr vorhanden. Es wurde dagegen der Revolutionen von 1789 und 1830 mit Begeisterung gedacht, die Volkssouverainetät als Princip des Staatslebens aufgestellt, und auf das Elend der arbeitenden Klassen, und die Nothwendigkeit einer Verbesserung ihrer Lage hingewiesen. Dies hieß Oel in das Feuer gießen. Denn unter den Handwerksgehülfen und Fabrikarbeitern, deren es allein in Paris und der nächsten Umgegend einige Hunderttausende gab, regte sich ohnedies eine so starke Unzufriedenheit, daß bei der ersten besten Veranlassung ein Ausbruch derselben zu befürchten stand.

Nach dem Schlusse der Kammersitzungen, welcher am 9. August (1847) erfolgte, ward, als die Deputirten in ihre Departements zurückkehrten, das von Paris gegebene Beispiel in allen Theilen des Landes nachgeahmt. Ueberall wurden Reformbankette, unter Vorsitz von Mitgliedern der Opposition abgehalten, und in den dabei gehaltenen Reden das herrschende System auf das äußerste angegriffen, des Rückschrittes im Innern, der Schwäche gegen das Ausland, und einer durchgängigen moralischen Fäulniß beschuldigt. Nur Thiers, von welchem diese ganze Agitation im Grunde ausgegangen, hielt sich äußerlich zurück, und nahm an diesen Demonstrationen keinen persönlichen Antheil. Unter solchen Umständen hätte von der Regierung der strengste Ernst und die größte Wachsamkeit bewiesen werden sollen. Die vielen bei diesen Gelegenheiten vorkommenden Ungesetzlichkeiten hätten gerichtlich geahndet werden müssen. Statt dessen sah sie der um sich greifenden Bewegung ruhig zu, und gab sich einem blinden Vertrauen auf die ihr zu Gebot stehende Stimmenmehrheit in den Kammern und auf den ungestörten Gang der Verwaltung hin, ohne zu bedenken, daß diese Stützen von dem Sturm, wenn er sich einmal vollständig erhoben haben würde, gebrochen werden könnten.

Es gab sich damals in einem Theile der Bevölkerung nicht nur ein der Regierung feindlicher Geist, sondern überhaupt Mißtrauen und Geringschätzung gegen die höheren Kreise der Gesellschaft kund. Die Grundsätze des Socialismus und Kommunismus, mit dem politischen Parteigeiste verbunden, brachten eine Art von fieberhafter Aufregung hervor. Mitten in diese Stimmung fiel ein Proceß (Julius 1847), welcher ihr neue Nahrung gab. Zwei ehemalige Minister Ludwig Philipp's, General Cubières, eine Zeit lang Kriegsminister, und Teste, damals Rath am Kassationshofe und vorher Minister der öffentlichen Arbeiten, wurden der Bestechlichkeit während ihrer Amtsführung über= führt, zu einer Geldbuße, zum Verluste der bürgerlichen Ehrenrechte, und Teste außerdem noch zu einer dreijährigen Haft verurtheilt. Cubières war von der Juliusmonarchie besonders ausgezeichnet, und mit dem Oberbefehl über die französischen Truppen in Ankona (1832) betraut gewesen, und Teste hatte sich früher in der Deputirtenkammer als einen der eifrigsten Anhänger Ludwig Philipp's erwiesen.

Noch übler als dieser an und für sich schon auffallende Vorgang wirkte auf die Volksmeinung die Ermordung der Tochter des Mar= schalls Sebastiani, durch ihren eigenen Gemahl, den Herzog von Praslin, welcher sich der Verurtheilung durch Gift entzog. Dieser letztere Fall brachte mit Recht einen unermeßlichen Eindruck hervor, wurde aber von der Menge nicht als eine einzeln bestehende abscheuliche Verirrung der menschlichen Natur, sondern als ein Beweis für die Schlechtigkeit der vornehmen Klasse aufgefaßt, und der Haß und Neid gegen sie damit gerechtfertigt. Legitimistische und radikale Blätter gaben zu verstehen, daß diese Entartung aus dem herrschenden System erklärt werden müsse. Sie übersahen, daß Aehnliches in allen Zeiten und unter allen Völkern vorgekommen ist. Die Verurtheilung zweier ehemaligen Mini= ster und Pairs von Frankreich, wie Cubières und Teste, durch ihre eigenen Kollegen, hätte wenigstens die unparteiische Handhabung der Gesetze unter Ludwig Philipp beweisen können. Aber der irre geleitete Sinn des Volkes war nur für die Schattenseiten der Juliusmonarchie empfänglich, und blieb gegen deren Lichtpunkte verschlossen.

Der hochbejahrte Marschall Soult, Herzog von Dalmatien, der bisher dem Namen nach an der Spitze des Ministeriums gestanden, aber nur in das Militairwesen thätig eingegriffen hatte, erhielt endlich nach wiederholten Gesuchen seine Entlassung, und wurde durch Guizot ersetzt, den eine königliche Ordonnanz vom 19. September (1847) zum Mini= sterpräsidenten mit Beibehaltung des Ministeriums des Auswärtigen ernannte. Auf Guizot waren jetzt alle Blicke noch mehr als früher ge= richtet, und er wurde von den Anhängern der Juliusmonarchie als deren vornehmste Stütze angesehen. Der moralische Einfluß, welchen ihm ein fleckenloses Leben und ein hoher Ruf als Schriftsteller verschafften, die unleugbare Geschicklichkeit, welche er bei mehren schwierigen Unterhand= lungen mit dem Auslande bewiesen hatte, seine gründliche, von der eige= nen Ueberzeugung ausgehende, und auf diese bei anderen hinwirkende Beredtsamkeit, ließen ihn, als für die Leitung der Kammern, und die Erhaltung des konstitutionellen Systems, besonders geeignet erscheinen. Aber die Juliusmonarchie hatte nicht den Widerstand der Majorität in der Deputirtenkammer, wie dies in den letzten Zeiten der Restauration der Fall gewesen, sondern die Stimmung der Massen, von einer radika= len Presse und einer ehrgeizigen Opposition in Bewegung gesetzt, zu fürchten. Diese Gefahr ward von Guizot, ungeachtet seines sonstigen Scharfsinnes, nicht hoch genug angeschlagen. Er verließ sich in die= ser Beziehung auf seinen Kollegen, den Minister des Innern Grafen Duchatel, welcher, durch die Berichte der Präfekten über den Einfluß der Regierung in den Wahlkollegien, zufrieden gestellt, an keine Unter= brechung der inneren Ruhe glauben wollte. So große Thätigkeit Guizot auch entwickelte, er mußte sich im Ganzen auf das Departement des Auswärtigen, und die Vertheidigung des Ministeriums in den Kam= mern beschränken. Der im Volke herrschende Geist der Unruhe und Un= zufriedenheit entging ihm, oder ward von ihm für eine vorüber gehende flüchtige Aufregung gehalten. Durch die vielen, von der Juliusmonarchie über alle ihr widerstrebenden Parteien, davon getragenen Siege der Zu= kunft gewiß geworden, ward von ihm eine neue Revolution nicht für möglich erachtet. Er konnte, und von seinem Standpunkt aus mit Recht, keinen Grund zu einer Umwälzung des Bestehenden finden. Napoleon I. war an seiner Eroberungslust, Karl X. an einem Verfassungsbruche zu Grunde gegangen. Von Ludwig Philipp I. war der Buchstabe der par= lamentarischen Institutionen streng beobachtet, und der Friede mit dem Auslande erhalten worden. Die Juliusmonarchie hatte demnach in

Guizot's Augen von keiner Seite her einen ihr Dasein gefährdenden Angriff zu fürchten.

Der größte Uebelstand bei der Ernennung Guizot's zum ersten Minister einer, in der Meinung, schon wankenden, Krone war die Un= popularität, welche, ungeachtet aller Vorzüge des Charakters und Ta= lents, seinen Namen umgab. Seine großartige philosophisch = historische Anschauungsweise, welche er auf die Behandlung der Staatsgeschäfte übertrug, der streng = logische Zusammenhang seiner Reden, ohne Haschen nach Effekt, war der Menge unzugänglich geblieben. Die radikale Par= tei hatte es durch ihre wiederholten Angriffe in der Deputirtenkammer und der Presse zuletzt dahin gebracht, Guizot dem Volke in einem ganz falschen Licht erscheinen zu lassen. Anstatt ihn für den zu nehmen, der er wirklich war, für den größten Kenner und den aufrichtigsten Voll= zieher der Principien, auf welche die konstitutionelle Monarchie gegründet ist, wollte man in ihm einen heimlichen Absolutisten und Aristokraten sehen. Guizot war tiefer als irgend einer seiner französischen Zeit= genossen von der Idee des Repräsentativstaates durchdrungen, die Nie= mandem, weder Einem, noch Mehren, noch Allen, eine unumschränkte Macht zuerkennt, sondern die Herrschaft der Besten und Fähigsten will, und die Darstellung der Wahrheit und Gerechtigkeit als das Ziel des Völkerlebens betrachtet.

Thiers, der Nebenbuhler Guizot's und beim Publikum viel beliebt= ter als dieser, suchte in seinen Reden und Schriften mehr zu blenden und zu bestechen als zu überzeugen, und hatte als Minister bei mehren Gelegenheiten die konstitutionellen Formen ohne Bedenken verletzt, wenn das zu erreichende Ziel es so mit sich brachte. Aber Thiers trug einen lebhaften Patriotismus zur Schau, ein Mittel der Popularität, welches von Guizot verschmäht wurde. Thiers sprach bei jeder Gelegenheit seine Bewunderung für die Revolution und Napoleon aus, was von Guizot nur mit großen Einschränkungen geschah. Thiers bewegliche und wider= spruchsvolle Natur flößte, obgleich er, alles zu allem gehalten, weniger freisinnig als Guizot war, mehr Sympathie ein, während Guizot, bei seiner strengen Folgerichtigkeit und Abgeschlossenheit, eher abstieß als anzog. Mehr als alles aber schadete Guizot in der Meinung der ur= theilslosen unwissenden Menge die, von seinen Gegnern unaufhörlich wiederholten, Anspielungen auf seine Entfernung aus Frankreich wäh= rend Napoleon's zweiter Herrschaft, und die Anhänglichkeit, welche er für die Restauration, so lange sie nicht den mit der Nation eingegange=

nen Vertrag brach, gehegt, und die Dienste, welche er ihr erwiesen hatte. Es wäre, die Lage der Dinge während der letzten Zeit vor der Februar= revolution in Betracht gezogen, für die Juliusmonarchie besser gewesen, lieber Guizot's große Talente ganz zu entbehren, als ihn voranstellen zu wollen, dessen Name in einem Augenblick, wo die Massen sich zu regen anfingen, eher zur Anziehung als Ableitung des drohenden Un= gewitters geeignet war.

Unterdessen ging die Zeit, welche dem greisen Haupte Ludwig Phi= lipp's zur Erfüllung seines Geschickes noch vergönnt war, rasch ihrem Ziel entgegen. Am 28. December (1847) wurden von ihm zum letzten= mal die Kammern eröffnet. In der Thronrede wurde die von der Op= position und den Reformbanketten herbeigeführte Aufregung als das Ergebniß „feindlicher oder blinder Leidenschaften" bezeichnet, und kein Zugeständniß in Bezug auf das Wahlgesetz in Aussicht gestellt. Bei den Verhandlungen über die Adresse gab sich in der Deputirtenkammer eine Gereiztheit und Erbitterung gegen das Ministerium und besonders gegen Guizot zu erkennen, trat in der Sprache der oppositionellen Presse eine Gehässigkeit und Zügellosigkeit hervor, welche an die schlimmsten Zeiten der ersten Revolution erinnern konnte. Während dieser Debat= ten, welche diesmal drei volle Wochen dauerten, wurde die Julius= monarchie moralisch so erschüttert, daß es später zu ihrem materiellen Umsturze nur eines Handstreiches bedurfte.

Alle wirklichen oder angeblichen Mißgriffe, welche die Julius= monarchie von Anfang an begangen haben mochte, wurden von neuem in einer vergrößernden und ausschweifenden Weise erwähnt. Es ward ihr Unvolksthümlichkeit, Willkühr, Heuchelei zur Last gelegt. Obgleich bei allen diesen Anschuldigungen, selbst von Seite der Radikalen, der Name des Königs unerwähnt blieb, so mußten doch solche Angriffe, auf ein schon seit achtzehn Jahren bestehendes System, den obersten Reprä= sentanten desselben vorzugsweise treffen. Am allerwenigsten in Frank= reich war die Menge zur Auffassung parlamentarischer Fiktionen, zu einer Unterscheidung zwischen der Person und dem Amte des Königs, zu einer Sonderung zwischen ihm und seiner Regierung geneigt.

Da jeder politische Kampf sich an einen bestimmten Gegenstand anknüpfen muß, und nicht auf die Darlegung allgemeiner Grundsätze, deren Vertheidigung oder Bestreitung, beschränkt bleiben kann, so war es jetzt die Abhaltung der Reformbankette, was die Opposition in Bewegung setzte. In den Departements hatten die Behörden diesen Zusammenkünften keine Hindernisse entgegengesetzt. Als man aber im

zwölften Pariser Stadtbezirk Veranstaltungen zu einem politischen Fest=
mahl traf, ward von dem Polizeipräfekten, mit Bezugnahme auf die
bestehende Gesetzgebung, ein Verbot dagegen erlassen. Die Opposition
suchte die in den Departements stattgefundenen Bankette als die un=
schuldigste Sache von der Welt, als einen Austausch gefahrloser Mei=
nungen hinzustellen, wogegen der Justizminister Hebert Bruchstücke aus
den bei solchen Veranlassungen gehaltenen Reden mittheilte, aus denen
offenbar die Absicht der Anstiftung von Unruhen hervorging. Lamar=
tine behauptete, daß es in freien Ländern eine über der Regierung und
den Kammern stehende schiedsrichterliche Gewalt giebt, welche das Volk
ist, und daß das Recht sich zu versammeln, um gemeinsam seine An=
sichten kund zu geben, die eigentliche Grundlage des konstitutionellen
Staatslebens ausmacht. Er erinnerte an den 20. Junius 1789, und
den Versailler Ballspielsaal, wo ein ähnliches Verbot, wie jetzt wegen
der Bankette, die Revolution zum Ausbruch brachte. Obgleich zwischen
dem, zu einer Nationalversammlung gewordenen, Tiersetat der Reichs=
stände, und den Privatpersonen, welche den Festmahlen beiwohnten,
nicht die entfernteste Aehnlichkeit bestand, so wurde Lamartine's An=
spielung von der Opposition mit großem Beifall aufgenommen, und
ging auch für die Menge, außerhalb der Kammer, nicht verloren. Le=
dru=Rollin griff die Charte constitutionelle von 1830 an, und meinte,
daß sie aus keiner reiflichen Erwägung hervorgegangen sei. Die ge=
sammte Linke erhob sich von ihren Sitzen, und rief, auf die Minister mit
den Fingern zeigend: „Polignac und Peyronnet waren konstitutioneller
als Sie!" —

Unglücklicher Weise entstand in der Majorität eine Spaltung, in=
dem eine Anzahl konservativer Deputirten sich für eine Veränderung des
Wahlgesetzes aussprach. Sie glaubte, daß eine solche über lang oder
kurz doch eintreten müsse, und daß jetzt der rechte Augenblick dazu er=
schienen wäre. Thiers ergriff diese Gelegenheit, um noch einmal zu er=
klären, daß er keineswegs eine zu große Ausdehnung des Wahlrechts,
sondern nur die Entfernung der übergroßen Anzahl absetzbarer Beamten
aus der Deputirtenkammer wolle, welche durch ihre Abhängigkeit von
der Regierung einen Schatten auf die Volksvertretung würfen. Bei der
Abstimmung wurde der Antrag auf Wahlreform mit 222 gegen 189
Stimmen abgelehnt, und der ministerielle Entwurf der Adresse mit gro=
ßer Stimmenmehrheit angenommen (13. Februar 1848). Die Opposi=
tion hatte sich der Abstimmung enthalten, und erließ in den Blättern
ihrer Partei eine Bekanntmachung, in welcher sie das Versammlungs=

recht für einen Bestandtheil der Verfassung erklärte, dessen Aufrechthal=
tung durch alle gesetzlichen Mittel zu verfolgen versprach, und die Be=
gehung eines Reformbankettes in Paris in Aussicht stellte. Mit diesem
Manifest hatte die Opposition der Regierung, von welcher eine Kund=
gebung der Art in der Hauptstadt ausdrücklich verboten worden, den
Fehdehandschuh hingeworfen. Die Frage, ob einige hundert Personen
sich zu einem Festmahl vereinigen würden oder nicht, wurde die mittel=
bare Veranlassung zu einer Bewegung, die in ihren Folgen Frankreich
und einen großen Theil Europa's erschütterte. Freilich war diese Frage
nur eine Form, in welcher sich die in der Zeit liegenden Gegensätze für
den Augenblick aussprachen, und es würde, in Ermangelung des Strei=
tes über das Versammlungsrecht, nicht an anderen Gelegenheiten zum
Ausbruch der schon seit so lange bestehenden Gährung gefehlt haben.

Die Opposition wollte durch Begehung eines politischen Festmah=
les der hauptstädtischen Bevölkerung Gelegenheit zu einer öffentlichen
Darlegung ihrer Gesinnungen geben. Dieselbe erwartete, daß der Wie=
derhall der, bei dieser Gelegenheit, gehaltenen Reden unter den Massen,
das Ministerium zum Rücktritt nöthigen, und die gewünschte Veände=
rung im Wahlgesetz herbeiführen werde. Denn an etwas anderes, an
eine gänzliche Umwälzung, an den Sturz der Monarchie und der Dy=
nastie, dachte, mit äußerst seltenen Ausnahmen, Niemand in der Oppo=
sition, und selbst die entschiedensten Gegner der Orleans, die Republi=
kaner, glaubten die Erfüllung ihrer Hoffnungen nicht so nahe gerückt.
Gleichwohl handelte die Linke so, als hätte sie eine neue Revolution be=
zweckt. Gegner des Ministeriums, aber Anhänger des konstitutionellen
Königthums und Freunde der jüngeren Linie der Bourbonen, wie Odi=
lon Barrot, Duvergier de Hauranne u. s. w. schlossen sich Republikanern
wie Dupont de l'Eure, und Demagogen, wie Ledru=Rollin, an. Zu
dem mit den Anordnungen zum Bankett beauftragten Ausschusse wurden
die Redaktoren, nicht blos der dynastisch= und parlamentarisch=oppositio=
nellen, sondern auch der revolutionair=radikalen Journale zugezogen.
Die Linke erging sich in der Tagespresse in den heftigsten und übertrie=
bensten Anschuldigungen gegen das Ministerium oder die Juliusmonar=
chie, was in diesem Falle ganz dasselbe war, gab ihren Vorbereitungen
zu dem Festmahl die Oeffentlichkeit einer Staatshandlung, veranlaßte
in der Deputirtenkammer die leidenschaftlichsten Erörterungen über das
Versammlungsrecht, und rief die Nationalgarde auf, sich, allerdings
ohne Waffen, aber in ihrer Uniform, unter dem Vorwande, die Ord=
nung aufrecht zu erhalten, auf dem nach dem Bankettlokale führenden

Wege anzustellen. Alle, welche nicht einen gänzlichen Umsturz des Be=
stehenden wollten, hätten in diesem Augenblick, wo das Volk, an den
Folgen von Mißernbten und Ueberschwemmungen leidend, ohnedieß un=
zufrieden war, jede aufregende Kundgebung vermeiden sollen. Statt
dessen erließ der von der Opposition ernannte Ausschuß Bekanntmachun=
gen, welche darauf berechnet waren, die Menge zu erregen, und nöthigte
den Minister des Innern Duchatel, den Generalkommandanten der Na=
tionalgarde Jacqueminot, und den Polizeipräfekten Delessert zu der Er=
klärung, die Anordnungen des Ausschusses nöthigenfalls mit Gewalt
hindern zu wollen. Als endlich die Opposition, nach so langen Verhand=
lungen und Vorbereitungen, das Reformbankett aufgab, war es zu spät,
um den Eindruck des Geschehenen im Volke auslöschen zu können.

Von Ludwig Philipp und seinen Ministern, besonders Guizot,
wurde jeder Antrag auf eine Abänderung im Wahlgesetz mit einer, un=
ter den vorhandenen Umständen, schwer zu begreifenden Hartnäckigkeit
verworfen. Anstatt durch theilweise Zugeständnisse an das was, mit
Recht oder Unrecht, aber im Augenblick einmal für die öffentliche Mei=
nung galt, die schwankenden Massen zu gewinnen, und dadurch den ent=
schiedenen Gegnern jeden Vorwand zu einem Angriff zu entziehen,
glaubten der König und sein erster Minister die Juliusmonarchie nur,
durch ein folgerechtes Beharren auf der einmal eingeschlagenen Bahn,
erhalten zu können. Aber Beide waren mit der, in der Stimmung der
hauptstädtischen Bevölkerung und selbst eines großen Theiles der Nation,
eingetretenen Veränderung unbekannt geblieben. Ludwig Philipp war
von den bisher davon getragenen Erfolgen in eine falsche Sicherheit ge=
wiegt worden, und der Schmerz über den plötzlichen Tod seines ältesten
Sohnes hatte die frühere Spannkraft und Rührigkeit seines Geistes ge=
brochen. Er war innerhalb weniger Jahre auffallend schnell gealtert.
Mit Guizot war keine ähnliche Veränderung vorgegangen, und er im
vollen Besitz seiner Kraft geblieben. Aber er verließ sich zu sehr auf die
in Frankreich nur locker befestigten parlamentarischen Institutionen, und
übersah, daß die Majorität in der Deputirtenkammer nicht eine solche
in der Nation selbst war. Beide, der König und sein Minister, begrif=
fen nicht, daß das französische Volk nur durch einen entscheidenden Ein=
fluß auf die allgemeine Weltlage, oder, wenn es hierzu durchaus an Ge=
legenheit fehlte, durch großartige Verbesserungen im Innern befriedigt
werden konnte. Die bloße Beobachtung konstitutioneller Formen, ohne
Glanz und Schwung, ohne ein bestimmtes inneres oder äußeres Ziel,
ließ in der Nation, welche seit 1789 gewohnt ist, in dieser oder jener

Weise, eine hervorragende Rolle zu spielen, ein Gefühl der Leerheit und des Unbehagens zurück. Selbst große Unfälle werden von diesem Volke eher als ein geräuschloses Glück hingenommen. Die Franzosen glauben, daß sie der geistige Hebel der Gegenwart sind, und wollen deshalb in beständiger Bewegung gehalten werden. Ein bürgerliches Behagen, wie es die Juliusmonarchie gewährte, wird von dem stolzen Geiste dieser Nation gering geachtet, welche, um befriedigt zu sein, begeisternder Anregungen im Innern, oder ruhmvollen Eingreifens nach außen hin bedarf. Die mit dem Alter Ludwig Philipp's zunehmende Starrheit und Thatenlosigkeit des herrschenden Systems, besonders seit der Lösung der orientalischen Frage fühlbar geworden, erregte bei den Einen Gleichgültigkeit, bei den Anderen Abneigung, entzog der Juliusmonarchie ihre natürlichen Vertheidiger, und setzte sie zuletzt den Angriffen ihrer Gegner ohne Mittel zum Widerstande aus.

Die Opposition hatte, um sich gewissermaßen für das endliche Aufgeben des von ihr lange mit so großem Eifer betriebenen Festmahles schadlos zu halten, dem Präsidenten der Deputirtenkammer einen von vier und funfzig Abgeordneten unterzeichneten Anklageakt gegen das Ministerium zugestellt, in welchem dasselbe der Willkühr und Bestechung im Innern, der Schwäche und Haltungslosigkeit gegen das Ausland, und des Verrathes an den Grundsätzen von 1789 und 1830 beschuldigt wurde. Diese Anklage, so allgemein gehalten, und von jedem bestimmten Nachweise entblößt, konnte dem Ministerium nicht gefährlich werden, war aber darauf berechnet, die Gährung im Volke zu vermehren, und den Neidern und Nebenbuhlern Guizot's zu schmeicheln. Thiers, der, ohne äußerlich hervorzutreten, durch seine Anhänger die Opposition leitete, und im geheimen die Seele aller Angriffe auf das Ministerium war, ahnte nicht, daß der Sturm, wenn er sich einmal erhoben, nicht allein Guizot, sondern auch den Thron Ludwig Philipp's und die ganze Ordnung der Dinge, zu welcher Thiers selbst gehörte, zertrümmern würde.

Es hatten sich schon am 21. Februar (1848) große, aber unbewaffnete Volkshaufen in verschiedenen Theilen der Stadt gezeigt, sich aber auf den Ruf: „Es lebe die Reform! Nieder mit Guizot!" und das Absingen der Marseillaise beschränkt. Die geheimen Gesellschaften, welche, wenn auch in geringerer Anzahl als früher, aber immer fortbestanden, und der polizeilichen Ueberwachung eine um so größere Behutsamkeit entgegensetzten, waren mit Waffen versehen, und zu einer entscheidenden Theilnahme an den bevorstehenden Ereignissen bereit, wollten sich aber nicht sogleich an die Spitze stellen, sondern erst abwarten, wie weit das Volk von selbst vorgehen würde. In den Bureaur der radikalen „Ré= forme" und des demokratischen „National" fanden die Zusammenkünfte der Demagogen statt, welche dem Fortschritt der Bewegung begierig zu= sahen, und das Feuer mit aller Macht anschürten. Charles Lagrange, welcher den Lyoner Aufstand (1834) geleitet hatte, war in Paris, stand in täglicher Berührung mit den Leitern der geheimen Gesellschaften, und bereitete sich im Stillen auf einen verwegenen Handstreich vor. Es war am 22. und 23. Februar auf vielen einzelnen Punkten der Hauptstadt zum Kampfe zwischen den Truppen und den Mitgliedern der geheimen Gesellschaften gekommen, aber nichts deutete auf einen allgemeinen Auf= stand des Volkes und einen gänzlichen Umsturz des Bestehenden hin. Die Insurrektionen vom 6. Junius 1832 in Paris, und vom 9. April 1834 in Lyon waren mit mehr Heftigkeit ausgebrochen, und zuletzt doch besiegt worden. Die einzige wirkliche Gefahr für die Juliusmonarchie lag in der zweideutigen Haltung der Nationalgarde, welche sich zwar auf ihren Sammelplätzen einfand, aber die Linie und die Municipalgarde gegen die Aufständischen nicht unterstützte, diese vielmehr überall unge= hindert umherziehen ließ, in den Ruf: „Es lebe die Reform! Nieder mit Guizot!" einstimmte, und von der ein Theil sogar eine Petition an die Deputirtenkammer einreichte, worin die Entlassung des Ministeriums und Versetzung desselben in Anklagestand verlangt wurde.

Das Verhalten der Nationalgarde, an deren unbedingte Treue der König bisher geglaubt hatte, schreckte ihn aus seiner nur zu unbegrün= deten Sicherheit auf. Er entschloß sich zur Entlassung Guizot's und seiner Kollegen, und wollte den Grafen Molé mit Mitgliedern des lin= ten Centrums, wie Dufaure, Passy u. s. w., an die Stelle der Doktri= naire setzen. Diese Veränderung wurde am Nachmittag des 23. Februar in Paris bekannt, und mit der lebhaftesten Freude begrüßt. Als die Dunkelheit hereingebrochen, ward ein großer Theil der Stadt freiwillig erleuchtet. Volk und Truppen hatten aufgehört auf einander zu feuern, und die Wiederherstellung der Ordnung schien gesichert zu sein. Nur in den engen Straßen, welche um die Kirche St. Merry herumliegen, wur= den die Barrikaden, sonst überall verlassen, von ihren Vertheidigern nach wie vor besetzt gehalten. Dort hatte Lagrange seine Schaaren zu= sammengehalten, um zu sehen, ob der erlöschende Kampf sich nicht von neuem entzünden lasse.

Es war ein großer Mißgriff Ludwig Philipp's gewesen, Molé zum Nachfolger Guizot's zu ernennen. Es ging dadurch eine kostbare Zeit verloren, ohne daß ein Zweck erreicht wurde. Im ersten Augenblick war, bei Guizot's Unpopularität, dieser Wechsel mit Beifall aufgenommen worden. Aber die geheimen Leiter des Aufstandes wußten das Volk sehr bald zu überreden, daß es einer schärferen Trennung von dem bisherigen System bedürfe, um nicht in die frühere Bahn zurückgeführt zu werden. Die radikalen Blätter hatten in der letzten Zeit dahin gewirkt, alle, welche der Juliusmonarchie gedient hatten, der Menge in einem gehässigen Licht erscheinen zu lassen. Selbst Thiers, obwohl Guizot's Gegner, war von dem Verdammungsurtheil nicht ausgenommen worden. Fühlte sich Ludwig Philipp zu schwach, um Guizot aufrecht zu erhalten, so mußte er unmittelbar Odilon Barrot an dessen Stelle setzen, welcher bei dem Volke beliebt war, und in dessen Augen das Verdienst hatte, in der Kammer immer die Freiheit vertheidigt zu haben. Außerdem konnte der König von Odilon Barrot's persönlicher Anhänglichkeit eben so wie von der Molé's überzeugt sein. Odilon Barrot wollte, obgleich er Guizot's System bekämpfte, die Juliusmonarchie, ohne welche er kein Heil für Frankreich sah, erhalten wissen. Die augenblickliche Ernennung Odilon Barrot's nach Guizot's Entlassung hätte wahrscheinlich die Orleans auf dem Throne erhalten, wenigstens ihren Sturz hinausgeschoben. Aber Ludwig Philipp's zögernde Politik, welche ihm früher oft nützlich gewesen, sollte jetzt seinen Untergang verursachen. Die Gewalt der Ereignisse ward von ihm erst begriffen, als er sie nicht mehr aufzuhalten vermochte.

Die Oppositionsblätter (Constitutionnel, Siècle, Presse) hatten das Ministerium, die radikalen Blätter (National, Réforme), vieler anderen weniger bekannten Parteiorgane, und überhaupt eines Theiles der Litteratur nicht zu erwähnen, die Monarchie in der Meinung der Menge zu Grunde gerichtet. Die Tagesblätter, welche die Farbe Ludwig Philipp's trugen, wie vornehmlich das Journal des Débats, waren zwar mit großem Talent redigirt, übten aber auf das Volk keinen Einfluß aus, setzten ein blindes Vertrauen in die Hülfsquellen der Juliusmonarchie, verkannten deren Mängel, und ließen sich in ihrer Vertheidigung handgreifliche Uebertreibungen zu Schulden kommen. Wenige Wochen vor dem Sturze des Thrones hieß es in einem gegen die Opposition gerichteten Artikel des Débats: „Was eure Drohungen mit einer neuen Revolution betrifft, so erscheinen sie uns nur lächerlich (quant à vos menaces d'une nouvelle révolution, nous n'en faisons que rire)." Wenige Tage nach dem 24. Februar war das Blatt zu folgendem Eingeständniß genöthigt: „Es gab verborgene Kräfte, deren Dasein wir nicht geahnt

hatten (il y avait des forces latentes, dont nous n'avons pas soup-
çonné l'existence)." — Wenn Personen, deren Beruf es war, den
Stand der öffentlichen Meinung zu beobachten, die Lage der Dinge so
verkehrt ansahen, so kann man sich vorstellen, in welchem Irrthum sich
Ludwig Philipp selbst befinden mochte, der nicht dieselbe Gelegenheit besaß, die Stimmung des Volkes zu durchdringen, und welchen Täuschungen sich seine Umgebungen überließen, welche, wie gewöhnlich in solchen
Fällen, von dem Schein von Würde und Hoheit, welcher einen Thron
bis zum letzten Augenblick zu umgeben pflegt, geblendet waren. Der
Gedanke an das Geschick der älteren Linie der Bourbonen hätte indessen
Ludwig Philipp an die Gefahren, von denen er selbst bedroht war, und
an die vulkanische Natur des Bodens, auf welchem er stand, erinnern
können. Die obersten Machthaber sind aber, von Schmeicheleien und
Huldigungen verwöhnt, und von dem Gefühl ihrer Größe befangen, oft
nicht nur zu einer Verkennung der Lehren der Geschichte, sondern selbst
zu einem Vergessen ihrer eigenen Erfahrungen geneigt.

Im National und in der Réforme war Ludwig Philipp's ganze
Regierung schon seit langer Zeit als eine Reihe von an der Nation begangenen Verräthereien dargestellt, und, wenn auch in etwas dunkeln
Worten, die den Urhebern noch einen Rückzug erlaubten, von den Le-
sern aber vollkommen verstanden wurden, zu dem Umsturz des Juliusthrones aufgefordert worden. Als am 21. Februar die ersten Unordnungen vorfielen, gaben die demagogischen Blätter dem Volke zu verstehen, daß die Bewegung noch zu unentschieden und schwankend wäre,
und daß mehr Nachdruck gezeigt werden müsse. Als am 23. Februar
nach Molé's Ernennung die Ruhe wiederhergestellt zu sein schien, wurde
die Menge von den Bureaux des National und der Réforme aus aufgereizt. Dessen ungeachtet ward Ludwig Philipp selbst nie genannt, keine
Beleidigung oder Verwünschung an seinen Namen geknüpft, und immer
nur Guizot geschmäht. Dieses Verhalten war von den Leitern des Aufstandes vorgeschrieben worden, weil die erklärte Absicht nach einem Umsturz des Thrones die Nationalgarde wahrscheinlich zu einer Vertheidigung desselben veranlaßt haben würde. Man wollte den König zur
Flucht zwingen und dann erst die Monarchie zertrümmern.

Die in Folge von Guizot's Rücktritt festlich erleuchteten Boulevards waren, wie bei allen öffentlichen Veranlassungen in Paris, von
einer großen hin und her wogenden Menge erfüllt. Das Volk wäre von
selbst zu keiner Fortsetzung des Kampfes geneigt gewesen, aber irgend
ein außerordentlicher Vorfall konnte die stillstehende Bewegung von neuem

zum Ausbruch bringen. Lagrange war mit einem Haufen zum äußer=
sten entschlossener, und auf das äußerste gefaßter, Genossen von dem
Stadtviertel St. Martin nach dem Platz Vendome gezogen. Dort
wohnte der den Demagogen besonders verhaßte Justizminister Hebert,
vor dessen Wohnung aufrührisches Geschrei erhoben, und die Fenster
durch Steinwürfe zertrümmert wurden. Eine rothe Fahne und eine An=
zahl Fackeln wurde der wilden Schaar vorangetragen. Der Anblick die=
ser verwegenen Gesellen, deren Gesichter von dem Pulverrauch des auf
den Barrikaden vorher bestandenen Gefechtes geschwärzt waren, und
welche vollständig bewaffnet geblieben, brachte auf die Begegnenden einen
entflammenden Eindruck hervor. Von einer Menge Volkes, darunter auch
Frauen und Knaben, begleitet, zogen die Aufständischen nach dem Boule=
vard des Capucines, wo das Ministerium des Auswärtigen lag, und Gui=
zot's Anwesenheit vermuthet wurde. Daselbst war aber ein Bataillon Fuß=
volk im Viereck aufgestellt, welches dem Haufen den Weg verlegte. Der
Oberstlieutenant hielt zu Pferde einige Schritte vor der Front, als sich
der Mann; welcher die rothe Fahne trug, und einige der Fackelträger
dem kommandirenden Officier näherten, und vor dessen Pferde die Fahne
und die Fackeln hin und her schwenkten. Das Pferd bäumte sich, und
ein Schuß von unbekannter Hand zerschmetterte ihm ein Bein. Das
Viereck öffnete sich, und nahm den zurückgedrängten Oberstlieutenant auf,
gab aber zugleich eine Salve auf das Volk, von welchem eine ansehnliche,
obwohl nie genau angegebene, Menge todt oder verwundet niedersank.
Man hat behauptet, daß Lagrange, um jeden Preis zu einer Er=
neuerung des Kampfes entschlossen, auf das Pferd des Officiers ge=
schossen, sich, die Erwiederung der Soldaten voraussehend, im Augen=
blick des Abfeuerns auf den Boden geworfen habe, und so unversehrt ge=
blieben sei. Da dies Alles am späten Abend mitten unter einer großen
Bewegung geschah, so ist über den einzelnen Verlauf nie etwas Be=
stimmtes ermittelt worden. Die Gehässigkeit dieser Handlung, welche so
vielen Menschen das Leben kostete, hat dem Thäter, wer es auch gewesen
sein mag, nicht hervorzutreten erlaubt.
Die Menge war, mit Hinterlassung ihrer Todten und Verwun=
deten, nach allen Seiten hin, unter Ausbrücken des Schreckens und der
Wuth, auseinander gestoben. Die Kunde von dem Ereigniß vor dem
Ministerium des Auswärtigen wurde von den Fliehenden mit Blitzes=
schnelle verbreitet. Ueberall ertönte der Ruf: „Wir sind verrathen!
Man ermordet das Volk! Zu den Waffen! Zu den Waffen!" Eine
halbe Stunde nachher kam Lagrange mit seinen Genossen zurück. Diese

führten einen großen vierräbrigen Karren mit sich, auf welchen die noch nicht fortgeschafften Leichen geworfen, und bei Fackelbeleuchtung dem wieder herbei geströmten Volke gezeigt wurden. Ein Theil der Aufstän= bischen trennte sich von dem Hauptzuge ab, begab sich in die entfernteren Stadttheile, und forderte die Menge zum Anschluß auf. Um Mitter= nacht wurden die Sturmglocken der Kirche St. Germain des Prés ver= nommen, deren drohender Klang an die Nacht vom 9. zum 10. August 1792 und die Revolution von 1830 erinnerte.

Ludwig Philipp erschrak, als er von diesen Vorgängen Nachricht erhielt. In einer noch von Guizot gegengezeichneten Ordonnanz wurde der Marschall Bugeaud, in die Stelle der den Umständen nicht gewach= senen Generale Jacqueminot und Tiburtius Sebastiani, zum Oberbe= fehlshaber der Pariser Nationalgarde und der Truppen der ersten Mili= tairbivision ernannt. Zu derselben Zeit wurde Thiers, anstatt Molé's, welcher mit der Annahme gezögert und jetzt nicht mehr für geeignet galt, mit dem Vorsitz und der Bildung eines Ministeriums beauftragt. Bugeaud entwarf mit gewohnter Kraft und Sicherheit den Angriffsplan auf den sich jetzt rasch verbreitenden Aufstand, und die zahllosen Barri= kaden, die sich auf allen von den Truppen zu berührenden Punkten er= hoben. Diese Bollwerke wurden von den geheimen Leitern des Auf= ruhrs mit Geschicklichkeit und Umsicht angelegt. Um drei Uhr des Mor= gens hatte Thiers die Vorbereitungen zu einem neuen Ministerium ge= troffen, in welches auch Odilon Barrot eintreten sollte. Wie die Dinge jetzt standen, hing jedoch Alles weniger von den Ministern und ihren Berathungen, als von Bugeaud und seinen Truppen ab.

Bugeaud, der, von Austerlitz bis Waterloo, unaufhörlich gegen Russen, Oesterreicher, Preußen, Spanier und Engländer im Felde ge= legen, später mehre Volksaufstände in Paris überwältigt, und zuletzt Araber, Kabylen und Marokkaner gebändigt hatte, war nicht nur ein kühner Soldat, sondern konnte auch für einen General erster Klasse gelten. Es waren schon längst von ihm alle Mittel einen bewaffneten Aufruhr zu bezwingen, die Barrikaden auf die schnellste Art, vermöge einer besonders darauf berechneten Angriffsweise, einzunehmen, und alle Schwierigkeiten des Bodens in Betracht gezogen worden. Eine genaue und kräftige Befolgung seiner Anordnungen hätte wahrscheinlich zum Ziele geführt, und den Aufstand gedämpft. Dann wäre es für Ludwig Philipp Zeit gewesen, in Verbindung mit einem neuen Ministerium und einer neuen Kammer, die von den Verhältnissen gebotenen Refor= men einzuführen.

Aber Bugeaub's Anordnungen wurden von seinen Untergebenen mangelhaft, zum Theil gar nicht ausgeführt. Dazu kam, daß die Sol=daten aus übertriebener Besorgniß, selbst als die Volksbewegung noch ganz gering war, zu einem ihre Kräfte erschöpfenden Dienst mehre Nächte hindurch gezwungen gewesen, und jetzt ohne hinreichende Lebensmittel, selbst ohne genügenden Schießbedarf, gelassen waren. Das Land war thatsächlich ohne Regierung, denn Guizot hatte sich zurückgezogen, und Thiers erst den Anfang zur Bildung eines Ministeriums gemacht. Lud=wig Philipp war körperlich und geistig geschwächt, und doch hing alles von ihm ab. Anstatt sich, wie im Junius 1832, an die Spitze der Truppen zu stellen, oder sich wenigstens in die Nähe des Kampfplatzes zu begeben, blieb er in seinem Pallast. Seine beiden anwesenden Söhne, die Herzöge von Nemours und Montpensier, kamen ebenfalls nicht zum Vorschein. Es war in den maßgebenden Kreisen, wie beim Sturze Karl X., eine gänzliche Lähmung, durch das drückende Gefühl der Un=popularität veranlaßt, eingetreten, dem das Schwankende, Zögernde, Widersprechende in den getroffenen Maßregeln beizulegen ist. Die Um=gebungen des Königs, lange über die Stimmung des Volkes in Irr=thum geblieben, hatten, als die Gefahr näher trat, alle Besinnung ver=loren. Aber selbst viele Militairs erfüllten ihre Schuldigkeit nicht. Sonst tapfere und erfahrene Generale, wie Bedeau, ließen sich, anstatt das Volk zur Unterwerfung zu zwingen, mit den Leitern des Aufstandes in Unterhandlungen ein, schlossen mit ihnen eine Waffenruhe ab, ließen sich sogar ihr Geschütz abnehmen. Einige abgesonderte Korps lieferten, ohne Befehle gelassen, von Barrikaden eingeschlossen, an Hunger und Durst leidend, dem Volke ihre Waffen aus. Bugeaud hätte, ungeachtet aller Hindernisse, mit den unmittelbar unter ihm stehenden Truppen, wahr=scheinlich dennoch seinen Zweck erreicht, denn die Aufständischen traten, wo er sich zeigte, scheu vor ihm zurück, und die Nationalgarde folgte seinem Ruf, als ihm im entscheidenden Augenblicke, indem er sich eben zum Angriff anschickte, die Nachricht zukam, daß der König ihm den Oberbefehl entzogen habe.

Thiers und seine Freunde hatten Bugeaud's Ernennung von An=fang an nicht gebilligt, da derselbe seit dem, ihm irriger Weise Schuld gegebenen, Gemetzel in der Straße Transnonain (April 1834), bei den unteren Klassen der hauptstädtischen Bevölkerung in dem Rufe der Härte und Willkühr stand. Es kam aber in diesem Augenblicke bei einem General in Bugeaud's Stellung nicht auf seine Popularität, sondern auf seine Entschlossenheit an. Thiers hatte deshalb seine Meinung gegen den König zurückgehalten. Es herrschte aber am Morgen des 24. Februar in den Tuileries eine solche Verwirrung, daß fast Jeder, welcher wollte, in die Nähe der königlichen Familie gelangen konnte. Ein Advokat mosaischen Glaubens und Mitglied der Linken, Cremieux, der an den Reformbanketten lebhaften Antheil genommen hatte, erschien jetzt plötzlich, und stellte dem Könige die Unzweckmäßigkeit der Ernen= nung Bugeaud's, der ein Hinderniß zur Wiederherstellung der Ruhe sei, vor. Ludwig Philipp war so rath= und hülflos, daß er auf Cremieux Vorschlag dem Marschall Bugeaud den Oberbefehl abnahm, und den= selben dem Marschall Gerard übertrug, bald darauf aber auch diesen Entschluß änderte, und auf desselben Cremieux Veranlassung den Gene= ral Lamoriciere damit bekleidete.

Thiers geringe Beliebtheit beim Volke ward erst jetzt begriffen, und Odilon Barrot zum Ministerpräsidenten ernannt, was vierundzwanzig Stunden früher geschehen den beginnenden Aufstand unterdrückt haben würde. Thiers, welcher im Schlosse anwesend blieb, rieth jetzt dem Kö= nige sich mit seiner Familie nach St. Cloud zu begeben, und dort, von den Forts beschützt, den weiteren Verlauf der Ereignisse ruhig abzu= warten. Ohne Zweifel wäre dies besser gewesen als in den Tuileries zu bleiben, wo er, von den immer näher rückenden Wogen des Aufruhrs bedroht, nur zwischen Flucht oder Gefangenschaft zu wählen hatte. Wenn Ludwig Philipp den Sitz seiner Regierung in St. Cloud auf= schlug, wohin der Weg am Vormittag des 24. Februar noch offen war, und kein Hinderniß entgegenstand, so würde ihm die große Mehrheit der Kammern und der politischen und militairischen Notabilitäten da= hin gefolgt sein, und die revolutionaire Partei sich auf die Forderung seiner Abbankung beschränkt, und vielleicht nicht einmal diese erreicht haben. Die Monarchie und die Dynastie wären, im Falle der König sich mit den Ministern und den auf dem Carousselplatz aufgestellten Truppen nach St. Cloud zurückzog, höchst wahrscheinlich gerettet, und Frankreich das traurige Schauspiel einer ohnmächtigen und anarchi= schen Republik, welche mit einem Staatsstreich endigen sollte, erspart worden sein. Aber Ludwig Philipp glaubte in dem Augenblicke, wo ihm Thiers diesen Rath ertheilte, daß Paris für ihn noch nicht verloren sei, und scheute St. Cloud, weil dort Karl X. am 2. August 1830 seine Thronentsagung unterzeichnet hatte.

Odilon Barrot hatte, im Vertrauen auf seine Popularität, einen Umzug in Paris gehalten, um das Volk zur Niederlegung der Waffen zu vermögen, aber nichts ausgerichtet. Es war unkluger Weise eine

Proklamation von Barrot und Thiers gemeinsam unterzeichnet worden, obgleich letzterer der Menge ein entschiedenes Mißtrauen einflößte, was jetzt auch auf ersteren überging. Der König stieg zu Pferde, um über die im Hofe der Tuilerien anwesenden Linientruppen und Nationalgarden Musterung zu halten. Seine Gegenwart brachte aber in diesem Augen= blick keine Wirkung hervor. Seine Verwerfung der Reform hatte ihm die Nationalgarde, seine Friedensliebe das stehende Heer entfremdet. Die Maßregeln gegen den Aufstand waren zu spät, ohne Einheit und Nachdruck, unternommen worden, und hatten, nachdem Bugeaud den Oberbefehl niedergelegt, alle Aussicht auf Erfolg verloren. Der König zog sich nach beendigter Revue, in gedrückter Stimmung, in seine Ge= mächer zurück.

Wie vorher Cremieux, so drängte sich jetzt ein anderer unberufener Rathgeber an Ludwig Philipp heran. Es war dies Emil de Girardin, der Herausgeber des Journals „La Presse", welcher dem Könige zur Abdankung rieth, weil sich das Volk mit einer Ministerveränderung nicht mehr zufrieden stellen lasse. „Wenn Euer Majestät nicht auf der Stelle entsagen", rief Girardin, „so giebt es in einer oder zwei Stunden in Frankreich kein Königthum mehr!" Er schlug außerdem: Auflösung der Kammern, Ertheilung einer allgemeinen Amnestie, und Ernennung der Herzogin von Orleans zur Regentin während der Minderjährigkeit ihres Sohnes vor. Von dem Herzoge von Montpensier, allerdings noch sehr jung und unerfahren, aber doch schon vermählt, welcher sich bei dieser Gelegenheit äußerst schwach benahm, ward Girardin's Antrag unterstützt. Sein älterer ebenfalls anwesender Bruder, der Herzog von Nemours, wußte weder zu rathen noch zu handeln, und legte, ungeachtet der von ihm bei der Erstürmung von Constantine und andern Gelegen= heiten bewiesenen Tapferkeit, keine Thatkraft und Umsicht dar. Die Königin war der Abdankung entgegen, und wurde hierin von dem eben herbeigeeilten Marschall Bugeaud unterstützt, welcher dem Könige vor= stellte, daß alles verloren wäre, wenn er die Gewalt aus den Händen gäbe. Man hörte im Schlosse das Gewehrfeuer von dem nahe gelegenen Chateau d'Eau her, wo die Aufständischen und die Truppen in einem heftigen Kampfe begriffen waren. Bugeaud rief: „Erst wollen wir uns noch schlagen, und dann weiter sehen! Aber danken Euer Majestät um Gottes willen nicht ab!" — Ludwig Philipp schwankte, und setzte die Feder mehrmals an und ab. Endlich gewann in ihm die Meinung die Oberhand, daß er durch seine Entsagung das Volk beruhigen und seine Dynastie retten könnte. Er unterzeichnete das verhängnißvolle Doku=

ment, welches ihn und seine Familie vollkommen wehrlos machte. Die
Kunde von der Abbankung des Königs verbreitete sich rasch, brachte
aber auf die Menge nicht den gewünschten Eindruck hervor. Die Thron=
entsagung hatte einen organisirten Widerstand gegen die Aufständischen
unmöglich gemacht. Es gab keine Regierung mehr. Der Nachfolger
Ludwig Philipp's war ein Kind von elf Jahren, und es stand nicht
einmal fest, wer die Regentschaft, ob seine Mutter, wie es eine zahlreiche
Partei von dem Tode des Herzoges von Orleans an gewünscht hatte,
oder sein Oheim, der Herzog von Nemours, führen sollte, der von den
Kammern dazu bestimmt worden war. Aber diese Frage sollte von der
Macht der Ereignisse beseitigt werden. Innerhalb vierunddreißig Jah=
ren waren drei französische Souveraine zur Niederlegung der Krone
gezwungen worden.

Die vor den Tuileries aufgestellten Linientruppen hatten, da sie,
bei der allgemeinen Rathlosigkeit und Verwirrung, von Niemand Be=
fehle erhielten, den Karousselplatz geräumt, und sich in den Schloßhof
zurückgezogen. Von der Nationalgarde konnte, bei solcher Zuchtlosigkeit
und Auflösung, keine wirksame Hülfe erwartet werden, das Schloß lag
demnach so gut wie unvertheidigt da. Im Augenblick, wo das Getöse
der heranziehenden Volksmassen von den Bewohnern der Tuileries im=
mer deutlicher vernommen wurde, erschien abermals Cremieux, und rieth
dem Könige zu schleuniger Flucht, indem es sonst dazu bald zu spät sein
würde. Da aber das Volk auf die Livrée des Königs schoß, und aus
dem königlichen Wagenhause kein Fuhrwerk herbeigeschafft werden konnte,
so mußte man sich mit zwei Lohnkutschen begnügen, welche die königliche
Familie auf dem Konkordienplatze erwarteten. Es war für Ludwig Phi=
lipp allerdings Gefahr im Verzuge vorhanden, aber Cremieux drang
nicht aus Theilnahme für den König auf eine beschleunigte Abreise, son=
dern um das letzte Hinderniß für Einführung einer neuen Ordnung der
Dinge, in welcher er selbst eine hervorragende Rolle zu spielen dachte,
zu entfernen. Er stellte sich, als glaube er an die Erhaltung der Mon=
archie, und sagte, gegen den König gewandt: „Sire! Es ist doch aus=
gemacht, daß die Frau Herzogin von Orleans die Regentschaft über=
nimmt?" — „Nein!" antwortete Ludwig Philipp. „Das Gesetz hat
die Regentschaft dem Herzoge von Nemours zuerkannt, und ich habe
nicht die Macht ein Gesetz zu ändern!"

Die Königin hatte allein in ihrer Familie der Abbankung wider=
strebt, und ihren Gemahl sogar aufgefordert, dem Aufruhr persönlich
entgegenzutreten. Als sie jetzt, wo Alles zur Abreise in Bereitschaft

stand, den König in bürgerlicher Kleidung, ohne irgend ein äußeres Zeichen seiner Würde, aus seinem Ankleidezimmer zurückkehren sah, stellte sich ihr die eingetretene Veränderung in ihrer ganzen Stärke dar. Obgleich die Königin sich nie im Einzelnen um die Staatsangelegenheiten bekümmert hatte, so war ihr, hierin scharfsinniger als viele andere, doch nicht entgangen, daß die Gährung im Volke erst seit dem Antrage auf eine Veränderung im Wahlgesetz, und seit den darauf folgenden Reformbanketten, einen so drohenden Charakter angenommen hatte, und daß hierzu von Thiers durch seine Reden, seine geheimen Umtriebe und Aufreizungen am meisten beigetragen worden war. Thiers war bisher in Ludwig Philipp's Nähe geblieben, als ihn die Königin plötzlich mit den Worten anredete: „Das ist Ihr Werk, mein Herr! Sie haben es so weit gebracht! Sie verdienten nicht einen so guten König zu haben!" — Thiers schied jetzt schweigend aus dem Schlosse, um es nie wieder zu betreten.

Ludwig Philipp begab sich mit seiner Gemahlin am Arm, von dem Herzoge von Montpensier, der Prinzessin Clementine und der Herzogin von Nemours mit ihren Kindern begleitet, nach den beiden auf dem Place de la Concorde bereit stehenden Wagen, die ihn über St. Cloud und Versailles nach seinem Schlosse Dreux brachten.

Der König hatte die Herzogin von Orleans mit ihren beiden Söhnen, dem Grafen von Paris und dem Herzoge von Chartres, in den Tuilerieen zurückgelassen. Denn er glaubte seine Schwiegertochter und seine Enkelsöhne, bei der vor dem Schlosse aufgestellten noch immer starken Truppenmacht, keiner persönlichen Gefahr ausgesetzt, und hoffte, daß die Kammern den Grafen von Paris als König anerkennen, und der Ehrgeiz der Parteien und die Aufregung im Volke, von seiner Thronentsagung und den damit verbundenen Veränderungen, befriedigt werden würden. Gleich nach der Entfernung Ludwig Philipp's erschien Dupin der Aeltere, früher der Freund und vertraute Rathgeber des orleanschen Hauses, und, obgleich dieses Verhältniß etwas lockerer geworden, demselben noch immer nahe stehend, und bat die Herzogin, sich mit ihren Kindern in seiner Begleitung nach der Deputirtenkammer, wo er selbst, da er lange ihr Präsident gewesen, noch vielen Einfluß besaß, zu begeben. Von dem hinzutretenden Herzoge von Nemours, welcher ebenfalls im Schlosse zurückgeblieben, ward Dupin's Aufforderung an die Herzogin wiederholt. Die große Mehrheit in beiden Kammern war zur Proklamirung des Grafen von Paris als Ludwig Philipp II., und der Anerkennung des Herzoges von Nemours als Regenten geneigt. Es hät-

ten aber, um dies zur Ausführung zu bringen, die Tuileries gegen die
Aufständischen vertheidigt werden müssen, damit diese nicht zum Pallast
Bourbon, wo die Deputirtenkammer saß, vordringen, und der Natio=
nalrepräsentation Gewalt anthun konnten. Denn von der im Pallast
Luxemburg versammelten Pairskammer konnte die Entscheidung nicht
ausgehen. Ihre Zustimmung allein hätte nicht ausgereicht. Anstatt
aber die Tuileries auf das äußerste zu halten, und dadurch den Pallast
Bourbon zu schützen, war der Herzog von Nemours so unbesonnen, der
Aufforderung eines der Leiter des Aufstandes, eines jungen Arztes, Na=
mens Auber=Roche, Gehör zu geben, welcher, unter dem Vorwande
Blutvergießen zu vermeiden, das Zurückziehen der Linientruppen aus der
Nähe des Schlosses verlangte. Sobald dies geschehen, blieben die
Tuileries nur noch von der Nationalgarde besetzt, welche, wie hätte vor=
ausgesehen werden können, gegen das heranstürmende Volk keinen Wi=
derstand leistete.

In der Deputirtenkammer waren ungefähr 300 Mitglieder anwe=
send, als das Erscheinen der Herzogin von Orleans, von ihren beiden
Söhnen, ihrem Schwager, Dupin dem Aelteren, und einigen höheren
Officieren begleitet, angemeldet wurde. Sauzet hatte den Präsidenten=
stuhl eingenommen. Die Ministerbank war leer. Odilon Barrot und
Thiers hatten noch kein Ministerium zu Stande bringen können. Nach
Odilon Barrot wurde vergeblich gesucht und gefragt. Thiers war einen
Augenblick lang erschienen, aber bald wieder verschwunden. Seine ver=
störten Züge drückten seine innere Bewegung aus. Auf die an ihn ge=
richteten Fragen konnte er nur die Worte hervorbringen, indem er den
Hut hoch über den Kopf emporhielt: „Die Fluth steigt, steigt, steigt!"—
Der König hatte entsagt, sein Nachfolger und der Regent waren noch
nicht proklamirt, das Ministerium nicht gebildet. Es war demnach keine
oberste Leitung vorhanden, Niemand da, der zu befehlen gehabt hätte.
Eine wahrhafte Volksvertretung hätte sich für permanent erklärt, und
einem Ausschusse aus ihrer Mitte bis auf Weiteres die Regierung über=
tragen. Dazu fehlte es aber den Deputirten an Kraft und Einigkeit.
Unter solchen Umständen mußte die blinde Gewalt entscheiden.

Als die Herzogin von Orleans in der Deputirtenkammer erschien,
wurde sie von der großen Mehrheit der Versammlung mit außerordent=
lichem Beifall begrüßt, und ihr und ihrer Familie ein Sitz vor der Red=
nerbühne eingeräumt. Dupin der Aeltere nahm jetzt das Wort. Er
sagte, nach einer kurzen Einleitung, daß durch die Abdankung Ludwig
Philipp's der Graf von Paris, unter der Regentschaft der Herzogin von

Orleans, König geworden sei. Alsbald ließ die konservative Majori=
tät den mehrmals wiederholten Ruf: „Es lebe der Graf von Paris!
Es lebe Ludwig Philipp II.! Es lebe die Regentin!" erschallen. Aber
Dupin war sehr unglücklich berathen, als er der Regentschaft der Herzo=
gin von Orleans erwähnte, und bot dadurch der demokratischen und le=
gitimistischen Partei in der Kammer die erste Gelegenheit zum Wider=
spruche dar. Gegen die Proklamirung des Grafen von Paris als Lud=
wig Philipp II. konnte sich, so lange noch ein Schein von Recht und Ge=
setz bestehen blieb, Niemand erheben, da die Erbfolge von der Verfassung
festgestellt war. Aber Jedermann wußte auch, daß die Regentschaft
durch ein von beiden Kammern 1842 bestätigtes Gesetz dem Herzoge von
Nemours gehörte, und hierin seitdem keine Veränderung vorgenommen
worden war. Als Sauzet, mit Dupin einverstanden, die Kammer zu
einer endgültigen Entscheidung in Betreff der Regentschaft der Herzogin
von Orleans drängen wollte, erhoben sich von den Bänken der äußer=
sten Linken und der Legitimisten heftige Einreden, in welche die Zu=
schauerbühnen einstimmten. Bei dem Mangel an Aufsicht und Ord=
nung hatte die wachhabende Nationalgarde den Eingang zu dem Pallast
Bourbon nicht gesperrt, und viele zur Kammer nicht gehörige Personen,
darunter Mitglieder der geheimen Gesellschaften, in den Saal bringen
lassen. Ein wilder Lärm erhob sich, welcher Dupin und Sauzet den
Muth zur Durchführung ihrer Absichten nahm. Der Antrag der Oppo=
sition, die Sitzung zu unterbrechen, weil die Kammer nicht in der Ge=
genwart des neuen Königs und der Regentin berathen könne, ward an=
genommen. Sauzet verließ den Präsidentenstuhl. Das zunehmende
Toben in den von bewaffneten Volkshaufen sich füllenden Gängen,
welche zum Sitzungssaale führten, der Wiederhall des in der Nähe
zwischen den Aufständischen und der Municipalgarde stattfindenden
Kampfes fing die Majorität, welche bisher entschieden für die Proklami=
rung Ludwig Philipp II. und der Regentin gewesen war, einzuschüch=
tern an.

Die radikale Partei in der Kammer, welche bis dahin die Entfer=
nung Ludwig Philipp's und die Annahme eines anderen Regierungs=
systems, aber keineswegs den Umsturz des Thrones angestrebt hatte,
trat jetzt, bei der Nachricht von der Einnahme der Tuilerien durch das
Volk, und dem Steigen der revolutionairen Bewegung, mit höheren
Ansprüchen auf. Die Sitzung war, da die Umstände zu einer Ent=
scheidung drängten, ungeachtet der Anwesenheit der fürstlichen Personen,

wieder aufgenommen worden. Ein Mitglied der äußersten Linken, der Advokat Marie, schlug, die Frage über die Regentschaft umgehend, die Einsetzung einer provisorischen Regierung vor. Dieser Antrag wurde von den extremen Parteien, den Legitimisten und Demokraten, und den Zuschauerbühnen mit großem Beifall angenommen. Es war dies der erste Schritt zu weiteren Angriffen auf die bestehenden Einrichtungen. Die Einsetzung einer provisorischen Regierung mußte die Aufhebung des Königthums nach sich ziehen. Von der konservativen Majorität ward kein kräftiger Einspruch erhoben. Von Crémieux, der während dieser ganzen Zeit die Rolle eines Heuchlers und Ränkeschmiedes spielte, ward ebenfalls für die Errichtung einer provisorischen Regierung gesprochen, obgleich er erst einige Stunden vorher dem Könige Ludwig Philipp die Uebertragung der Regentschaft an die Herzogin von Orleans vorgeschla= gen hatte, von demselben aber, wie oben erwähnt, abgewiesen worden war. Der legitimistische Abgeordnete, Abbé de Genoude, Redakteur der Gazette de France, trug auf eine Berufung an die Nation an, welche in Urversammlungen über die einzuführende Regierungsform ent= scheiden sollte. Alles Unglück, meinte er, komme davon her, daß dies nicht 1830 geschehen sei. Dies hieß die Rechtmäßigkeit der Juliusmon= archie mit klaren Worten verwerfen.

Odilon Barrot war endlich in der Kammer erschienen, und sprach sich, ungeachtet einiger Zugeständnisse an die Meinung des Augen= blickes, im wesentlichen entschieden für die Proklamirung Ludwig Phi= lipp II. und die Regentschaft der Herzogin von Orleans aus. Bei den Worten des Redners: „Die Juliuskrone ruht auf dem Haupte eines Kindes und einer Frau...." gab sich in den Reihen der Majorität ein stürmischer Beifall zu erkennen. Er machte darauf aufmerksam, wie ge= fährlich es für die Freiheit und selbst die Größe Frankreichs wäre, das in Zweifel ziehen zu wollen, was durch die Juliusrevolution festgestellt worden sei. Es könne aus dem ohnedies erschütterten Boden die Flamme des Bürgerkrieges hervorbrechen, und Frankreich dem Auslande gegen= über schwächen. Dies war von Seiten Odilon Barrot's edelmüthig, da er der Juliusmonarchie nichts verdankte, während Thiers, dem dieselbe so viele Gelegenheit sich auszuzeichnen verschafft hatte, im entscheiden= den Moment gar nicht zum Vorschein kam. Nach Odilon Barrot erhob sich der legitimistische Abgeordnete Marquis de la Rochejacquelein, der sich, wie damals alle Mitglieder seiner Partei, mehr zu der Demokratie als der Juliusmonarchie hinneigte, und äußerte, was auf den Bänken

der Konservativen großen Unwillen erregte, daß die Kammer weder das
Recht noch die Macht habe, über Frankreich's Schicksal zu entscheiden,
und daß ein Beschluß der Art nur vom Volke ausgehen könne.

Das Palais royal und die Tuileries waren unterdessen von den
Aufständischen eingenommen und verwüstet worden. Im Palais royal
befand sich das Archiv des Hauses Orleans, eine kostbare Bibliothek und
eine werthvolle Gemäldesammlung. Es wurde alles zu den Fenstern
hinausgeworfen, und von der unten stehenden Menge zu einem Freuden=
feuer gebraucht. Hierauf begaben sich die bewaffneten Banden, unter
Lagrange's Anführung, nach den Tuileries, welche von den Linientrup=
pen schon früher und zuletzt auch von der Nationalgarde verlassen waren.
Alles was dort an die königliche Familie erinnerte, ihre Portraits, Bü=
sten, der mit der Krone oder dem Namenszuge Ludwig Philipp's ver=
sehene Hausrath, Sessel, Spiegel u. s. w. wurden in Stücke geschlagen.
Man schleppte den Thronsessel nach dem Platz der Bastille, und ver=
brannte ihn am Fuß der Juliussäule. Die eigentlichen Kostbarkeiten,
wie Juwelen, Gold, Silbergeräthe, wovon die königliche Familie bei
ihrer unvorbereiteten Flucht nichts mitgenommen hatte, blieben jedoch
unberührt, und einige Leute, die sich davon etwas angeeignet hatten,
wurden alsbald erschossen. Lagrange hatte im Thronsaale der Menge
die Abdankungsurkunde Ludwig Philipp's vorgelesen, und am Schlusse
erklärt, daß man nicht eher ruhen dürfe, als bis die Republik ausgeru=
fen worden sei.

Ein Theil der bewaffneten Banden, welche das Chateau d'Eau er=
stürmt und angezündet, und das Palais royal und die Tuileries einge=
nommen und verheert hatten, wollte sich jetzt auf den Pallast Bourbon
werfen. Auf dem Konkordienplatze stand, durch die früher im Hof der
Tuileries befindlich gewesenen Bataillone verstärkt, der General Bedeau
mit 8000 Mann Linientruppen und zwölf Kanonen, welche den Zug der
Anständischen, deren Absichten nicht zweifelhaft waren, sehr wohl hät=
ten aufhalten können. Bedeau, der wie alle Generale, mit Ausnahme
des Marschalls Bugeaud, sich an diesem Tage unentschlossen zeigte, und
nichts auf sich selbst nehmen wollte, schickte einen seiner Adjutanten nach
der Kammer, um bei Odilon Barrot, der den Namen nach Minister=
präsident war, anfragen zu lassen, ob er Maßregeln zur Sicherheit der
Deputirten und der sich in ihrer Mitte befindenden Mitglieder der könig=
lichen Familie treffen solle. Der Adjutant, welcher nicht bis zu Odilon
Barrot gelangen konnte, bat einen der Abgeordneten, den ehemaligen
Oberstlieutenant Courtais, den Auftrag auszurichten. Courtais, wel=

cher zur republikanischen Partei gehörte, that als verhandle er mit Odi=
lon Barrot über diesen Gegenstand, obgleich er denselben nicht einmal
berührte, ließ aber Bedeau bedeuten, daß die Kammer nicht bedroht
wäre, und keines Schutzes bedürfe. Auf diese Art vereinigten sich alle
Umstände, um den Demagogen zum Siege zu verhelfen. Erst die Räu=
mung der Tuileries, ohne welche die Aufständischen nicht in die Nähe
des Pallastes Bourbon hätten gelangen können, und dann die Unthätig=
keit der von Bedeau befehligten Truppen.

Die Spitzen der Banden, welche von den Tuileries herkamen,
drangen jetzt, indem sie die Mauer des Gartens überstiegen, in das
Innere des Pallastes Bourbon und den Sitzungssaal selbst ein. Es
waren dies Nationalgardisten, Arbeiter, Studirende, mit Flinten, Pisto=
len, Piken und Eisenstangen bewaffnet. Die Herzogin von Orleans
zog sich bei dem Eintritt der wilden Menge, mit ihrer Begleitung durch
den der Rednerbühne gegenüber gelegenen Haupteingang, von der Mehr=
zahl unbemerkt, zurück. Die Deputirten flüchteten nach den oberen
Sitzreihen hinauf. Aus der Mitte des Saales, der von Bewaffneten
eingenommen war, von den Zuschauerbühnen, und von den in das In=
nere führenden Gängen her erscholl es unaufhörlich: „Keine Regent=
schaft! Keinen König mehr! Keine Bourbonen! Auf der Stelle eine
provisorische Regierung!"

Es gab jetzt weder Majorität noch Minorität mehr. Alle gesetz=
liche Gewalt hatte aufgehört. Einige durch ihre Opposition bei dem
Volke besonders beliebt gewordene Deputirte, wie Ledru=Rollin, La=
martine u. s. w. konnten sich allein noch Gehör verschaffen. Kein Ein=
ziger von ihnen hatte sich am Morgen, in der Absicht um an einer ganz
neuen Ordnung der Dinge zu arbeiten, nach dem Pallast Bourbon bege=
ben. Selbst durch die Abdankung und Flucht des Königs war Niemand,
als einige der Leiter des Aufstandes, auf den Gedanken an den Umsturz
der Monarchie gebracht worden. Die Mitglieder der äußersten Linken
waren in ihren Wünschen nicht über die Einführung eines ihrer Mei=
nung nach liberalen Regierungssystems hinaus gegangen. Als aber
die Tuileries eingenommen, die Menge in den Sitzungssaal gedrungen,
die Herzogin von Orleans mit ihren Kindern verschwunden war, die
Nationalgarde sich zum Theil auf Seite des Aufruhrs geschlagen hatte,
als die Nachricht ankam, daß in mehren Kasernen der Soldat dem Volke
seine Waffen ohne Widerstand ablieferte, glaubten die Führer der äu=
ßersten Linken, daß der Augenblick gekommen sei, durch Einsetzung einer
provisorischen Regierung der Republik das Thor zu öffnen. Noch aber

wurde der Name: Republik — vermieden, und nur vom Nationalwil=
len, und von aus der Volksgewalt hervorgegangenen Inſtitutionen
geſprochen.

Ledru-Rollin ſchien anfänglich in der zu dieſem Zweck gehaltenen
Rede nur die Verleihung der Regentſchaft an die Herzogin von Orleans
durch die Kammer, zu bekämpfen, und die Ernennung zu dieſer Stelle
von der Wahl der Nation abhängig machen zu wollen. Er gab aber
ſeine wahren Abſichten deutlicher zu erkennen, als er auf die Wirkungs=
loſigkeit der Abdankung Napoleon's zu Gunſten ſeines Sohnes, und
Karl's des Zehnten zu Gunſten ſeines Enkelſohnes anſpielte, und durch=
blicken ließ, daß Ludwig Philipp und der Graf von Paris daſſelbe
Schickſal haben würden. Von dem Beifall, welchen ſein Vortrag bei
der Linken, auf den Zuſchauerbühnen und unter der in den Sitzungs=
ſaal eingedrungenen bewaffneten Menge fand, ermuthigt, forderte er
am Schluſſe die Errichtung einer proviſoriſchen Regierung und die
Einberufung eines Konvents, welcher die Rechte des Volkes wahrneh=
men ſollte.

Zuletzt ſprach Lamartine in der von ihm ſeit ſeinem Uebergange
zur Oppoſition angenommenen Weiſe, ſchmeichelte der Menge, hob ihre
Thatkraft und ihre Vaterlandsliebe hervor, und erklärte, daß es Zeit
ſei, die von ihr ſo lange vergeblich gehegten Hoffnungen zu verwirklichen.
Der Selbſtſucht und Bevorzugung der Einen, der Unterbrückung und
Erniedrigung der Anderen müſſe ein Ende gemacht werden. Plötzlich
erhebt ſich an den Eingängen zum Pallaſt Bourbon ein furchtbarer
Tumult. Man hört Gewehrſchüſſe, in unmittelbarer Nähe abgefeuert.
Eine neue Bande, welche von den Tuileries herkam, und deren Zug
über den Konkordienplatz von den dort noch immer befindlichen Linien=
truppen nicht aufgehalten worden war, drang in den Sitzungsſaal ein.

Dieſer Haufe hatte ein noch wilderes Anſehen, als diejenigen,
welche ihm vorangegangen waren. Viele darunter waren von dem Ge=
nuſſe der in den Schloßkellern geplünderten Weinvorräthe in den Zuſtand
der Trunkenheit verſetzt worden. Die Geſichter von Pulver geſchwärzt,
die Kleider von Blut befleckt, zogen ſie unter dem Geſange der Mar=
ſeillaiſe ein. Auf den Spitzen der Bayonnette wurden die den getödteten
Militairs abgenommenen Kopfbedeckungen getragen. „Es lebe die Re=
publik! Nieder mit der Kammer! Keine Deputirten mehr!" erſcholl es
von allen Seiten. Ein Menſch legte ſein Gewehr auf Lamartine an,
welcher ſich noch auf der Rednerbühne befand. Die Deputirten, welche
bis dahin noch ausgehalten hatten, ergriffen jetzt, mit Ausnahme der

Mitglieder der äußersten Linken, und einiger Legitimisten, wie de la Rochejacquelein, die Flucht. Der Präsident der Deputirtenkammer, Sauzet, zog sich ebenfalls zurück, und die Volksvertretung hatte damit den letzten Schein von Gesetzlichkeit verloren.

Die rohe Menge saß jetzt nicht nur, wie dies einige Male in der ersten Revolution geschehen, auf denselben Bänken zwischen den Repräsentanten der Nation, sondern nahm, nachdem die meisten derselben entflohen waren, fast allein den Sitzungssaal ein, und maßte sich die Rechte einer gesetzgebenden Körperschaft an. Lamartine war es vornehmlich, welcher durch seine wiederholten Ansprachen die augenblickliche Ernennung einer provisorischen Regierung durchsetzte. Denn es wäre sonst, bei dem wüsten Lärmen und Toben, vielleicht der Abend ohne Entscheidung herangebrochen. Der Ehrgeiz, um jeden Preis einen Antheil an der öffentlichen Gewalt zu bekommen, und dieselbe dem ihm vorschwebenden Ideal von Volkswohl gemäß anzuwenden, hatte Lamartine's von Natur edeln Sinn bei dieser Gelegenheit auf beklagenswerthe Abwege geführt. In tumultuarischer Weise, wie sonst nicht leicht vorgekommen, unaufhörlich von dem Ausruf: „Es lebe die Republik!" unterbrochen, wurden die Mitglieder der provisorischen Regierung ernannt. Sie bestand aus: Dupont de l'Eure, seit de la Fayette's Tode der Patriarch des französischen Liberalismus, Lamartine, Ledru-Rollin, Marie, Cremieux, dem berühmten Astronomen Arago und Garnier-Pagès, der sich durch einige Schriften über staatswirthschaftliche Gegenstände bekannt gemacht hatte.

Die neuen Gewalthaber begaben sich unter dem Zurufe des Volkes nach dem Hotel de Ville, wo seit 1789 alle Umwälzungen ihre Weihe erhalten hatten, und die anwesend gebliebenen Stenographen des Moniteur stellten die Ereignisse des Tages im Geiste der an das Ruder gekommenen Partei dar. Die Pairskammer hatte am Nachmittage die Ankunft der Herzogin von Orleans erwartet, und war zur Anerkennung des Grafen von Paris als König bereit gewesen. Schon war die Deputation, welche sie im Luxemburg empfangen sollte, ernannt, und die für sie und ihre Familie nöthigen Sessel in Bereitschaft gesetzt worden. Da Niemand kam, so waren die Pairs gegen Abend aus einander gegangen.

Ludwig Philipp begab sich, als er in seinem Schlosse zu Dreux Nachricht von der Einführung der Republik erhielt, von seiner übrigen Familie getrennt, mit der Königin unter einer Verkleidung nach der Küste, wo er, nach manchen Hindernissen und Gefahren, Gelegenheit fand sich nach England einzuschiffen. Die Herzogin von Orleans hatte sich, als das Volk in den Sitzungssaal der Deputirten eindrang, nach dem Hotel der Invaliden geflüchtet, wo sie von dem Gouverneur mit ehrerbietiger Besorgniß für ihre weitere Sicherheit empfangen wurde. Von da begab sie sich zu einer dem königlichen Hause befreundeten Familie, und erreichte, in Begleitung des Marquis von Mornay, mit ihren Kindern die belgische Grenze. Den Herzögen von Nemours und Montpensier gelang es, sich mit ihren Angehörigen nach England einzuschiffen. Der Prinz von Joinville und der Herzog von Aumale befanden sich zur Zeit der Februarrevolution in Algier. Letzterer war zum General-Gouverneur dieser Kolonie ernannt worden. Als die Nachricht von der Errichtung der Republik ankam, zogen sich beide Prinzen, unter lebhaften Betheuerungen ihrer unwandelbaren Anhänglichkeit an Frankreich, über Gibraltar nach England zurück. Anfangs Mai waren sämmtliche Mitglieder des Hauses Orleans auf englischem Boden versammelt.

Neueste Geschichte.

Vierter Zeitraum.
Die neuesten Begebenheiten seit der Februar=Revolution.

1. Frankreich von der Februar=Revolution bis zur Wahl Louis Napoleon's zum Präsidenten der Republik.

Aus der Deputirtenkammer war am 24. Februar, ohne Ermächtigung von Seiten der berechtigten Staatsgewalten, ohne Anwendung gesetzlicher Formen, durch den Willen und Zuruf einer wilden Menge, eine provisorische Regierung hervorgegangen, deren Mitglieder an eine solche Stellung für sich vorher im Ernst nie gedacht haben konnten. Aber das Schwierigste war nicht ihre Ernennung, sondern ihr unter der allgemeinen Aufregung Anerkennung und Gehorsam zu verschaffen. Als die neuen Machthaber von dichtgedrängten Schaaren Bewaffneter umgeben nach dem Stadthaus (Hôtel de Ville) zogen, fanden sie auf dem Greveplatz so ungeheuere Volksmassen, daß sie nur mit äußerster Mühe in dasselbe eintreten konnten. Auf dem Platze waren aus Besorgniß vor einem möglichen Angriff vier Kanonen aufgefahren, hohe Barrikaden schlossen die Eingänge zu den benachbarten Straßen, todte Pferde lagen auf dem Pflaster umher, und Tragbahren mit gefallenen oder verwundeten Kämpfern zogen unaufhörlich über ihn hin. Im Stadthause selbst sah es noch wüster aus. Alle Treppen, Gänge, Gemächer waren von den Kellern bis zum Dach von Bewaffneten zum Erdrücken voll, die sich nach beendigtem Kampf dahin als dem allbekannten Mittelpunkt des städtischen Lebens gewandt hatten. Von Leidenschaft erhitzt, von Pulverrauch geschwärzt, von Blutspuren bedeckt, wogten sie auf und ab, und machten der stürmischen Bewegung ihres Innern durch den unaufhörlich ertönenden Ruf: Es lebe die Republik! und durch das Abfeuern ihrer Gewehre Luft, die in den weiten Räumen des Gebäudes wiederklangen, und ihm das Ansehen einer mit Sturm genommenen Citadelle gaben.

Selbst die inneren Höfe waren von einer ab= und zuströmenden Menge, aber auch von schichtenweis erhöhten Leichnamen angefüllt, deren immer mehr herbeigebracht wurden, ein Anblick, der das Rachegefühl der Ueber= lebenden noch stärker anzufachen schien. Alles drängte und tobte wie rasend durcheinander, und gab seinen Haß gegen das Königthum, seine Begeisterung für die Republik in den entflammtesten Ausdrücken zu er= kennen. Die Mitglieder der provisorischen Regierung, schon früher auf ihrem Wege durch die wogenden Volksmassen von einander getrennt, wußten nicht, als sie endlich mit Mühe in dem Stadthaus zusammen= trafen, wo sie sich in demselben niederlassen sollten, da alle Räume über= füllt waren, als ihnen endlich von einem Beamten der Polizeipräfektur ein kleines Zimmer angewiesen wurde, in welchem sie festen Fuß fassen, und, wenn auch unter zahllosen Störungen ihre Arbeiten beginnen konnten. Die größte Schwierigkeit für die in der Deputirtenkammer im= provisirten Machthaber lag indessen weniger in der im Volke herrschen= den Gährung, das sehr bald das Bedürfniß einer Leitung, wenn auch einer Leitung nach seinem Sinne fühlte, als vielmehr in dem Auftreten nebenbuhlerischer Gesinnungsgenossen, die ebenfalls populair waren, und einen Antheil an der öffentlichen Gewalt als Lohn für ihre Mit= wirkung bei der Revolution beanspruchten. Als Lamartine und seine Kollegen im Stadthaus ankamen, fanden sie daselbst eine Anzahl von Personen vor, die durch ihre Meinungen im Volk beliebt waren, Jour= nalisten wie: Armand Marrast, Floccon, Louis Blanc; Mitglieder der geheimen Gesellschaften und Demagogen von Profession wie: Caussi= dière, Sobrier, Lagrange, die nicht geneigt waren, vor ihnen ohne wei= teres zurückzutreten. Indessen nahmen Männer wie: Dupont de l'Eure, Arago, Lamartine in der Schätzung der Menge offenbar den ersten Platz ein, und die rivalisirenden demagogischen Größen mußten damit zu= frieden sein, der neuen Regierung, wenn auch anfangs in untergeord= neter Stellung, beigesellt zu werden. Die erste Klippe, an der noch alles hätte scheitern können, ein innerer Kampf in der zur Herrschaft gekom= menen Partei, war demnach glücklich umschifft worden. Es fand eine Fusion von Personen und Meinungen sehr verschiedener Art statt, deren üble Folgen später hervortreten sollten, die aber wenigstens für den Augenblick ein Glück war, da ohne sie der Uebergang zu einer neuen Ordnung der Dinge noch schwieriger gewesen wäre.

Ungeachtet des furchtbaren Tumults, den nach den Mittheilungen von Augenzeugen keine Schilderung zu übertreiben vermöchte, und der zuweilen jede Organisation unmöglich zu machen schien, gelang es der proviſoriſchen Regierung feſten Fuß zu faſſen, und die Geſchäfte unter ihre Mitglieder zu vertheilen. Als die Nachricht von dem was in der Deputirtenkammer geſchehen ſich in Paris verbreitete, begab ſich eine Anzahl politiſcher und adminiſtrativer Notabilitäten nach dem Stadt- haus, um die neuen Machthaber in ihren Arbeiten zu unterſtützen. Die Maires der verſchiedenen Stadttheile, Präfekturräthe und Polizeikom- miſſarien ſtellten ſich der proviſoriſchen Regierung zur Verfügung, hal- fen ihr Anſehen unter dem Volk verbreiten, und wurden ihr mit ihren Lokalkenntniſſen nützlich. Aus der Jugend der gebildeten Klaſſen erſchie- nen Eleven der polytechniſchen Schule, die mehr jungen Militairs als Studirenden ähnlich ſind, und noch von der Vertheidigung von Paris (30. März 1814) und von der Juliusrevolution her beim Volke beliebt waren; auch fanden ſich Studenten der Rechte und Medicin ein, und bildeten mit den Polytechnikern vereint, eine Art von Schutzwache um die proviſoriſche Regierung, die den Zugang zu dem Sitzungslokal ver- theidigte, Aufträge erhielt und ausführte, und die Menge durch gewin- nende Anſprachen und Vorſtellungen zu beſchwichtigen ſuchte. Es ward jetzt, im Vergleich zu dem was vorhergegangen und bald folgen ſollte, etwas Ordnung in das Chaos gebracht, wenigſtens ſo viel als nöthig war, um die nächſten Ergebniſſe der Bewegung feſtzuſtellen, und dieſelbe dadurch einigermaßen zu beſchränken.

Das Erſte, was die neuen Machthaber thaten, war der Erlaß einer Proklamation an das franzöſiſche Volk, in der ſie die Einſetzung einer proviſoriſchen Regierung ankündigten, die aus dem Drange der Um- ſtände hervorgegangen ſei, und die Revolution organiſiren und befeſti- gen werde. Außer den ſchon oben genannten ſieben Mitgliedern der- ſelben wurden Armand Marraſt, Louis Blanc, Floccon und Albert als ihr zugetheilte Sekretaire aufgeführt, und zugleich erklärt, daß die pro- viſoriſche Regierung zwar die Republik wolle, als die mit den Grund- ſätzen der Freiheit, Gleichheit und Verbrüderung übereinſtimmendſte Staatsform, deren endgültige Feſtſtellung aber von der Genehmigung der Nation abhängig mache, die darüber ſo raſch wie möglich befragt werden ſolle. Hierauf ging die proviſoriſche Regierung an die Vertheilung der bedeutendſten Staatsämter. Dupont de l'Eure wurde Conſeilpräſi- dent ohne Portefeuille; Lamartine Miniſter der auswärtigen Angelegen- heiten; Ledru-Rollin Miniſter des Innern; Arago Marineminiſter; Ma- rie Miniſter der öffentlichen Arbeiten; General Bedeau*) Kriegsminiſter;

---

*) Da er ablehnte, wurde der General Subervie an ſeine Stelle geſetzt.

18*

Goudchaux Finanzminister; Carnot, der Sohn des berühmten Konventsmitgliedes, Minister des öffentlichen Unterrichts; Bethmont Handelsminister; der General Cavaignac wurde zum Generalgouverneur von
Algerien, und Garnier = Pagès zum Maire von Paris ernannt. Cauffi-
dière und Sobrier wurden an die Spitze der Pariser Polizei gestellt. Den
Oberbefehl über die Nationalgarde im Departement der Seine erhielt
der ehemalige Oberstlieutenant und Deputirte Courtais. Der Pairskammer wurde verboten sich wieder zu versammeln, was einer Aufhebung dieses Instituts, das übrigens nie tief in das französische Leben eingedrungen
gewesen, gleich kam, und die Deputirtenkammer ward für aufgelöst erklärt. Alle Civil = und Militairautoritäten, deren Stellen nicht ausdrücklich anders besetzt wurden, sollten vorläufig in denselben erhalten
bleiben. Die provisorische Regierung erließ hierauf eine Ansprache an
das Heer, in welcher es von seinem dem Königthum geleisteten Eid im
Namen der Nation entbunden, zur Eintracht mit den Bürgern, und
zum Vergessen des Geschehenen aufgefordert wurde. Diese ersten Anordnungen der neuen Machthaber brachten in Paris einige Beruhigung
hervor. Der besitzende Theil der Bevölkerung sah darin die nothwendigsten Grundlagen zur Wiederherstellung der Ordnung, und die gemäßigten Anhänger der Revolution fanden sich durch den Sieg ihrer
Partei befriedigt. Aber in der Masse der niederen Klasse gährte es nach
wie vor fort, und wenn auch der Ausbruch überspannter Ideen und zügel-
loser Leidenschaften dann und wann zurückgedrängt wurde, so blieb doch
der zündbare Stoff bestehen, den damals keine menschliche Gewalt vollkommen zu beseitigen oder zu löschen im Stande gewesen wäre.

Am Abend des 23. Februar war Paris wegen Entlassung des
Ministeriums Guizot erleuchtet gewesen, am Abend des 24. geschah dasselbe aus Freude, wie es hieß, über die Proklamirung der Republik, in
Wahrheit aber weil der Pariser Bürgerstand von den Maßregeln der
provisorischen Regierung Sicherheit gegen Unterdrückung, Plünderung
und weiteres Blutvergießen erwartete. Denn die Republik begegnete
nur den Wünschen eines Theils der aufgeregten Jugend, die in dieser
Staatsform ihr politisches Ideal verwirklicht sah, und fand bei den untern Klassen nur darum eine so beifällige Aufnahme, weil sie von ihr
eine Abhülfe ihres materiellen Nothstandes erwarteten. An und für sich
lag sie nicht, wie bei der nordamerikanischen Revolution, in von der Natur und Geschichte vorbereiteten Zuständen, und dem Charakter der Bevölkerung. Die Begeisterung für sie war ein Rausch, der mit den Umständen, die sie herbeigeführt hatten, wieder verfliegen sollte.

Während die Hauptstraßen der Stadt am Abend des 24. Februar
von einem Lichtmeer funkelten, und die Bevölkerung über die Beendigung
des Kampfes erfreut, wie an einem Festtag auf und nieder wogte, saßen
Lamartine und seine Kollegen in einem engen zum Ersticken vollen Zim=
mer, nachdem die dringendsten Geschäfte, wie die Proklamationen an
Volk und Heer und die Besatzung der obersten Stellen, erledigt waren,
mit Ausfertigung der einzelnen Dekrete beschäftigt, die an die Civil=
und Militairautoritäten in den Departements über die Einführung der
neuen Ordnung der Dinge erlassen wurden. Sie wurden bei dieser Ar=
beit von einer Anzahl tüchtiger Männer unterstützt, die, oft ohne amt=
liche Stellung, ihnen freiwillig mit Rath und That zur Seite standen,
aber auch unaufhörlich von der wilden Menge unterbrochen, die mit
Gewalt in den Ort ihrer Sitzungen eindrang, bald dieses bald jenes an
den von ihnen getroffenen Anordnungen tadelte und von ihnen Erklä=
rungen über ihre ferneren Plane forderte, und dies alles in der stür=
mischen, drohenden Weise, die Leuten natürlich war, die eben erst ihr
Leben für ihre Sache auf das Spiel gesetzt hatten, und sich als Sieger
und Herren des Schlachtfeldes ansahen. Die Treppen, Gänge und Fuß=
böden im Hôtel de Ville zitterten unter der Last der ungeheuren bewaff=
neten Menge, die sich auf ihnen hin und her drängte. Die vielen mensch=
lichen Leichname und todten Pferde, die in und vor dem Gebäude lagen
und zum Theil absichtlich dahin gebracht waren, verbreiteten einen un=
erträglichen Geruch. Die Gegner der provisorischen Regierung hatten
gehofft, dieselbe dadurch vertreiben oder wenigstens in ihren Arbeiten
hindern zu können. Sie hielt jedoch unerschütterlich aus. Aber die
Thüren, die zu ihrem Zufluchtsort führten, wurden mehrmals mit Ge=
walt geöffnet, und Lamartine sah sich am Abend zu wiederholten Malen
genöthigt auf den Platz herabzusteigen, und das dort versammelte
Volk unter Betheurung seiner Anhänglichkeit an die Republik und Ver=
sprechungen für die Zukunft zu beruhigen und von der Begehung wei=
terer Unordnungen abzuhalten. Erst in später Nacht verlief sich die
Menge, die seit vierundzwanzig Stunden unaufhörlich in Bewegung ge=
wesen war. Die provisorische Regierung soll, von ihrer Ankunft im
Stadthause bis gegen Morgen, wo ihren Mitgliedern vor Ermüdung die
Augen zufielen und ihren Händen die Feder entsank, gegen siebenzig
Proklamationen, Dekrete und Instruktionen erlassen haben.

Die meisten Mitglieder der provisorischen Regierung hatten seit
längerer oder kürzerer Zeit republikanische Gesinnungen gehegt, waren
aber vor dem 24. Februar von der Hoffnung weit entfernt gewesen, sie

ſchon damals verwirklicht zu ſehen. Theils Begeiſterung für das Ziel
ihrer Wünſche, theils der Ehrgeiz auf der Bahn dazu eine Rolle zu ſpie=
len hatte ſie, als die Nachricht von der Flucht des Königs in die Depu=
tirtenkammer gelangte und ein wilder Volkshaufe in ſie einbrach, bewo=
gen, die unerwartete Gelegenheit zu benutzen und ſich kopfüber in die
Bewegung zu ſtürzen. Als ſie aber einmal von ihren Wogen umgeben
waren, muß man zugeſtehen, daß ſie in der erſten Zeit, wo ſie noch von
einem friſchen Muth belebt waren, das Steuerruder mit Kraft und Ge=
ſchicklichkeit führten, und die ſchwierige Stellung, in die ſie plötzlich
hineingerathen waren, ſo auszufüllen verſtanden, als wären ſie, was bei
keinem von ihnen der Fall geweſen, unter Volksſtürmen und politiſchen
Erdbeben groß geworden. Namentlich bewies der an die edelſten Um=
gangsformen gewöhnte, ſchwärmeriſche und feinſinnige Dichter Lamar=
tine in jenen Tagen, ſowohl in den allgemeinen Anordnungen, die er
traf, als auch in dem perſönlichen Verkehr mit dem Volk einen Muth,
eine Geiſtesgegenwart und Ausdauer, einen Schwung und Strom der
Rede, der der herrlichſten Sache würdig geweſen wäre. Ohne Zweifel
war Lamartine aufrichtig, als er ſich auf Seite der Gegner der Julius=
monarchie ſchlug, und im entſcheidenden Augenblick durch ſeine Haltung
in der Deputirtenkammer die Kataſtrophe beſchleunigen half, aber wie
grauſam hat er, der jetzt (1862) noch lebt, ſich in ſeinen begeiſterten Hoff=
nungen durch die nachfolgenden Ereigniſſe getäuſcht geſehen!

Die Nacht hatte der Bewegung einen erzwungenen Stillſtand auf=
erlegt, aber das Chaos von Leidenſchaften, das in der Bruſt der erreg=
ten Menge ſtürmte, war ſo mächtig, daß es ſie nicht ruhen und raſten
ließ, und ſchon am frühen Morgen des 25. Februar ſich große Volks=
maſſen auf den Straßen und Plätzen ſammelten und in geſchloſſenen
Reihen nach dem Stadthauſe zogen. Die Ereigniſſe des 24. Februar
hatten ſich am Abend und während der Nacht in der Umgegend von
Paris verbreitet, und ein gewaltiger Zuzug von Fabrikarbeitern aus
den nahe liegenden Dörfern und Mitgliedern der geheimen Geſellſchaf=
ten aus den benachbarten Städten hatte ſich nach Paris begeben, von
Neugierigen und Müſſiggängern aus allen Klaſſen verſtärkt. Schon um
neun Uhr Morgens war das Hôtel de Ville von 25 — 30,000 Bayo=
netten umſtarrt. Die Revolution ſchien jetzt einen noch drohenderen
Charakter als am Tage vorher annehmen zu wollen. Es handelte ſich
nicht mehr wie am 24. Februar um den Sturz eines ſchon längſt wan=
kenden Throns, ſondern es war jetzt eine Steigerung der demokratiſchen
Bewegung zu fürchten, welche, die gemäßigte Republik überfluthend, in

den Socialismus und Kommunismus umzuschlagen drohte. Aus den Massen, die auf dem Greveplatz ankamen, ragten rothe Fahnen empor, und an den Hüten und Kleidern der Männer waren rothe Bänder angebracht. Ein Volkshaufe drang tobend, indem er die aufgestellten Wachen zurückdrängte, in das Berathungslokal. Ein Fabrikarbeiter sprach in kurzen abgebrochenen Sätzen mit donnernder Stimme die Forderung der draußen harrenden Menge aus, wobei er von Zeit zu Zeit mit dem Kolben seines geladenen Gewehrs auf den Boden schlug, daß die Wände des Zimmers davon erdröhnten. Er verlangte Einführung der Gütergemeinschaft, Errichtung einer Proletarierregierung, und Annahme der rothen statt der bisherigen dreifarbigen Fahne und Kokarde. Während er sprach tönte vom Platze her der Ruf: Es lebe die demokratische und socialistische Republik! Von den Regierungsmitgliedern waren nur drei: Lamartine, Marie und Garnier=Pagès anwesend, die übrigen waren in ihren Ministerien beschäftigt. Alle drei sprachen, von ihrer Umgebung unterstützt, mit Nachdruck und Würde gegen jene wahnsinnigen Forderungen, aber Lamartine war es, der an diesem Tage sich selbst übertraf und eine Unerschrockenheit und Gewandtheit bei Behandlung der irre geleiteten Menge, eine unerschöpfliche Kraft der Abwehr gegen den moralischen und physischen Druck derselben an den Tag legte, die manche seiner Schwächen aufwiegen können, und bei einer Schilderung jener Zeit hervorgehoben zu werden verdienen. Selbst entschiedene Demagogen, wie Lagrange und Louis Blanc, sprachen gegen die erwähnten Forderungen und suchten das Volk von deren Unmöglichkeit zu überzeugen. Aber Lamartine that das meiste, und es gelang ihm, die Deputation der auf dem Platze harrenden Arbeiter zum Verlassen des Sitzungslokals zu bewegen und sie einigermaßen zu begütigen. Aber um zwei Uhr Nachmittags zog ein frischer Volkshaufe von 4—5000 Köpfen heran, der noch erregter und zu Gewaltsamkeiten geneigter schien. Auch diese Neuangekommenen traten mit rothen Fahnen auf. Die vier vor dem Stadthause aufgestellten Kanonen wurden von ihnen mit Kartätschen geladen und gegen den Eingang gerichtet. Eine Anzahl von ihnen drang in das Innere des Stadthauses, und bestand mit Leidenschaft auf Annahme der rothen Kokarde und Errichtung einer aus den Proletariern genommenen Regierung. Da trat Lamartine der zügellosen Menge entgegen, und sprach mit einer Geistesgegenwart und Ueberzeugungskraft, deren Wirkung sich zuletzt Niemand entziehen konnte. Es handelte sich diesmal noch mehr als vorher um die Abschaffung der dreifarbigen und die Annahme der rothen Fahne, auf welche von den Meuterern besonderer Werth gelegt wurde, weil ihnen dieses Symbol von ihren Ideen unzertrennlich erschien. Aber eben deßhalb glaubte Lamartine diesem Ansinnen auf das äußerste widerstehen zu müssen. Wer den Einfluß äußerer Zeichen auf die Stimmung des Franzosen, besonders unter Um= ständen wie damals, kennt, weiß auch, daß es sich dabei nicht um eine bloße Veränderung der Farbe, sondern des Systems handelte. Denn auf die Annahme der rothen Fahne würde wahrscheinlich für eine Zeit lang eine neue Schreckensherrschaft, der Bürgerkrieg im Innern und der Kampf gegen das Ausland gefolgt sein. „Ich und meine Kollegen," rief Lamartine zu wiederholten malen, „wollen lieber sterben als uns durch eine feige Nachgiebigkeit gegen unheilbringende Maßregeln entehren!" Dies war aber keine rhetorische Figur, denn mehrmals hatte im Lauf dieses Tages Lamartine's Leben in Gefahr geschwebt, es waren Gewehre auf ihn angelegt und ihm sogar einmal eine Pistole auf die Brust ge= setzt worden. Aber man schritt, ungeachtet aller Drohungen, nicht zum äußersten, denn die Sitten selbst der niedrigsten Klassen hatten sich im Vergleich zu der Zeit, wo das Konventsmitglied Feraud*) im Sitzungs= saal ermordet und sein Haupt, auf eine Lanze gesteckt, dem Präsidenten Boissy d'Angles vorgehalten wurde, sehr gemildert. Das mächtigste Argument, welches Lamartine der Annahme der rothen Fahne entgegen= setzte, wenn alle anderen Gründe vergeblich gewesen, war charakteristisch für die Zeit und das Volk, an welches es gerichtet wurde. „Eure rothe Fahne," sagte Lamartine, „hat keinen anderen Umzug als auf dem Marsfeld gemacht, wo sie sich mit dem Blut**) des Volks tränkte. Die dreifarbige Fahne dagegen ist von der französischen Tapferkeit durch ganz Europa getragen, und siegreich auf den Wällen von Lissabon, Neapel und Moskau aufgepflanzt worden! Mit ihrem Verschwinden würde die Hälfte von Frankreich's Ruhm in das Dunkel der Vergessenheit ver= sinken!" — Diese Berufung auf die Nationalehre verfehlte nicht ihre Wirkung auf die wilden Gemüther. Denn das Herz des Franzosen, besonders in den unteren Klassen, schlägt, selbst wenn es für alle ande= ren Eindrücke erstorben wäre, noch immer warm und voll bei der Erin= nerung an die Größe des Vaterlands. Leute, die vorher allen Vernunft= gründen unzugänglich gewesen, die mit der Anwendung ihrer Waffen gedroht hatten, wenn die Fahne ihrer Wahl von der Regierung nicht

---

*) Am 1. Prairial des Jahres III; 20. Mai 1795.
**) Am 17. Julius 1791, bei Anwendung des Martialgesetzes gegen auf=
rührische Bewegungen.

angenommen würde, von denen der Ruf: „Nieder mit Lamartine! Tod
dem Verräther!" vernommen worden, wurden auf diese Art umgestimmt,
und zogen sich mit einem Lebehoch auf den kühnen Redner und die pro=
visorische Regierung zurück. Wer mit der französischen Weise zu empfin=
den und zu sprechen nicht vertraut ist, kann an den von Lamartine bei
dieser und anderen Gelegenheiten gehaltenen Ansprachen eine zu weit
gehende Ueberschwänglichkeit tadeln, der Kenner dieser Zustände wird
dagegen dem hohen Ton, den Lamartine in diesen drangvollen Tagen
bei der Behandlung des Volkes anzuschlagen wußte, seinen Beifall nicht
versagen. Die Menge fühlte sich geschmeichelt und gehoben, wenn ein
Mann von diesem Adel der Gesinnung und diesem Zauber des Talents
sich an sie richtete, und bei ihr ein Verständniß für diese Eigenschaften
vorauszusetzen schien. Die Wirkung war allerdings keine tief eindrin=
gende, ging aber auch nicht spurlos vorüber, und verhinderte wenigstens
für den Augenblick noch größere Uebel.

Lamartine verstand aber nicht allein schön und kräftig zu sprechen,
obwohl schon seine bloßen Worte unter solchen Umständen zu Thaten
wurden, er mußte auch klug gewählte Maßregeln zu treffen, die sehr
geschickt für die Bedürfnisse des Augenblicks berechnet waren. Von den
Gefahren erschreckt, die für die öffentliche Sicherheit aus der großen
Anzahl junger Leute entstehen konnten, die ihre Werkstätten und Fabri=
ken verlassen und zu den Waffen gegriffen hatten, wenn sie sich selbst
überlassen blieben, fiel Lamartine auf den Gedanken, ihrer so viele als
möglich in ein Korps unter dem Namen Mobilgarde zu vereinigen, das
eine Zeit lang die Linientruppen, die bei der zwischen dem Volk und dem
Heer bestehenden Spannung aus Paris entfernt oder in Folge der letz=
ten Ereignisse etwas demoralisirt waren, ersetzen und zur Erhaltung der
Ruhe mitwirken sollte. Es ward sogleich an die Ausführung dieses
Plans gegangen. Ueber zwanzigtausend junge Leute zwischen funfzehn
und zwanzig Jahren traten in dieses Korps ein, zu dem sie ein verhält=
nißmäßig hoher Sold, das Recht ihre Officiere zu wählen und eine aus=
gezeichnete Uniform hinzog. Diese Einrichtung entsprach einem doppel=
ten Zweck. Das unruhigste und verwegenste Element der Pariser Be=
völkerung, das junge Proletariat, wurde militairisch organisirt und
dadurch nicht allein von der Begehung von Unordnungen abgehalten,
sondern auch in eine Stütze der Regierung verwandelt, die auf die Mo=
bilgarde mit mehr Sicherheit als auf die Nationalgarde zählen konnte,
indem letztere jetzt die ganze waffenfähige Bevölkerung, also auch Mit=
glieder der geheimen Gesellschaften und Klubs und Anhänger des So=

cialismus und Kommunismus enthielt. Mit dem militairischen In=
stinkt, der die französische und besonders die Pariser Jugend auszeichnet,
wählten die in die Mobilgarde eingetretenen Fabrikarbeiter und Hand=
werksgehülfen lauter tüchtige Leute zu Officieren und fast nur aus den
gebildeten Klassen, ließen sich die Waffenübungen angelegen sein, und
zogen später bei einem furchtbaren Kampfe die Bewunderung der Be=
völkerung und die Achtung der alten Soldaten auf sich.

Unterdessen gährte es in den Massen immer fort. Die Revolution
von 1848 unterschied sich von der von 1789 vornehmlich dadurch, daß
sie nicht wie diese rein politischer, sondern vornehmlich socialer Natur
war. Es handelte sich diesmal nicht darum, absolutistisch=feudale In=
stitutionen zu stürzen, privilegirten Klassen ihre Vorrechte zu entreißen,
gewisse allgemeine Grundsätze über Menschenwürde und gesetzliche Gleich=
heit zur Anwendung zu bringen; dies Alles war längst errungen; die
Aufgabe war jetzt das Verhältniß zwischen Kapital und Arbeit zu
regeln, und die gesellschaftlichen Unterschiede mit dem in den Massen
erwachten Drange nach größerer persönlicher Unabhängigkeit und leich=
terer Befriedigung ihrer Bedürfnisse in Einklang zu setzen. Die hieraus
entstehenden socialen Fragen waren schwieriger als die politischen der
ersten Revolution zu behandeln, da die Anwendung der sinnlichen Ge=
walt bei ersteren zu keinem Ziel führte, selbst die Aufstellung gesetzlicher
Bestimmungen nicht ausreichte, und sie nur auf dem sittlichen Wege
gegenseitiger Mäßigung und Nachgiebigkeit gelöst werden konnten. Einer
solchen Lösung dieser Fragen standen bei ihrer langen Vernachlässigung
von Seiten des Staats, der leidenschaftlichen Erregbarkeit des Augen=
blicks und der in allen Klassen herrschenden Selbstsucht, jetzt mehr Hin=
dernisse als je entgegen. Die einen wollten von ihren Rechten, die an=
deren von ihren Ansprüchen nichts aufgeben; es fehlte an der vermit=
telnden Macht, welche die Entscheidung des großen Problems mit der
Zustimmung aller auf sich genommen hätte. Die unter solchen Umstän=
den angestellten Versuche konnten nur Halbheiten oder Fehlgriffe zu
Tage fördern.

Die provisorische Regierung erließ in den nächsten Tagen nach der
Revolution eine Menge Dekrete, von denen einige auf Erleichterung der
nothleidenden Menge berechnet waren, andere aber nur ihren Vorur=
theilen schmeichelten, wie die Abschaffung der Adelstitel und die Um=
wandlung des Pallastes der Tuileries in ein sogenanntes Civilinvali=
denhaus für arme, bejahrte oder verstümmelte Arbeiter. Es wurde allen
Bürgern das Recht zuerkannt, Vereine nach Belieben zu stiften, um bil=

ligen Vortheil von ihren Arbeiten zu ziehen, und die unmittelbare Er=
richtung von Staatswerkstätten angeordnet. Am 26. Februar erschien
das Dekret, welches unter dem Namen: „Commission du Gouverne-
ment pour les Travailleurs," einen permanenten Ausschuß mit dem
ausdrücklichen Auftrag einsetzte, das Loos der Arbeiter zu verbessern.
Am 27. Februar wußte Louis Blanc die Errichtung eines eigenen
Ministeriums für sich durchzusetzen, welches den Namen „Ministerium
des Fortschritts" erhielt, und im Pallast Luxemburg, im Lokal der
ehemaligen Pairskammer, seine Sitzungen hielt. Es wurden damit
allerdings die Ideen des Socialismus noch nicht als eine herrschende
Macht anerkannt, sondern nur gezeigt, daß man sich mit den Interessen
der Massen ernstlich beschäftigen wollte. Da aber im Grunde dabei
nichts Wesentliches erreicht wurde und auf diesem Wege auch nicht er=
reicht werden konnte, so wirkte dieses Arbeiterparlament nur schädlich,
indem es unter der Leitung eines kühnen und gewandten Sophisten einen
Herd der Aufregung bildete, und die ohne dies übertriebenen Erwartun=
gen der Menge noch vermehrte, die, als sie dadurch nichts gewann, von
dem Schmerz über die erfahrene Täuschung um so mehr erbittert wurde.
Anfangs März wurden von Marie, dem Minister der öffentlichen Ar=
beiten, die Nationalwerkstätten (ateliers nationaux) eröffnet. Dieselben
waren so wie sie geleitet wurden, mehr eine öffentliche Unterstützungs=
anstalt für die Menge von Leuten, welche durch die Februarrevolution
brodlos geworden, als daß in ihnen etwas des Lohnes würdiges geleistet
worden wäre. Die Arbeiten bestanden meist in Erdumschaufeln, Damm=
aufwerfen, Pflasterausbessern, Abputzen von Brückengeländern und La=
ternenpfählen, die entweder ganz zwecklos waren oder nützlicheren Dingen
hätten nachgesetzt werden sollen. Die Regierung hätte diese Anstalten
für die Hauptstadt unschädlich und für das Land vortheilhaft machen
können, wenn sie die kräftigsten unter diesen Arbeitern fern von Paris,
in den Departements zu großen Unternehmungen, wie dem Austrocknen
von Sümpfen, der Urbarmachung von Heiden, der Rektificirung von
Flußbetten angewandt hätte, wozu der Süden und Westen Frankreich's
so viele Gelegenheit boten. Es hätte dadurch ein dauernder Nutzen ge=
schafft und Paris von vielen schädlichen Elementen gereinigt werden
können. Statt dessen beschränkten sich die Nationalwerkstätten auf Paris
und einige andere große Städte. Die Arbeiter waren militairisch orga=
nisirt, in Brigaden und Kompagnien eingetheilt, an deren Spitze Führer
und Aufseher standen, die am Morgen unter Vortragung besonderer
Fahnen an der Spitze ihrer Leute von den Sammelplätzen aus zur

Arbeit gingen und Abends eben so wieder heimkehrten. Aber die meiste
Zeit verging mit Hin = und Herziehen, Gespräch und Kartenspiel. An=
fangs waren ungefähr 25,000 Personen in den Nationalwerkstätten be=
schäftigt, meist solche, die schon in Paris wohnten. Aber die geringe Ar=
beit und der verhältnißmäßig gute Lohn lockte bald eine Menge von
Müssiggängern aus der ganzen Umgegend herbei, so daß die National=
werkstätten zuletzt von mehr als 100,000 Arbeitern bevölkert waren,
die aber so viel wie nichts thaten, und ein für die Demagogen und die
Klubs immer bereites Heer bildeten.

Ungeachtet der Abschüttelung so mancher früher vorhanden ge=
wesenen Zügel nahm die Zahl der eigentlichen Verbrechen, wie Mord,
Einbruch, Diebstahl, in der ersten Zeit nach der Revolution in Paris
nicht zu, da es eine ungeheuere Menge Bewaffneter gab, Nationalgarde,
Mobilgarde, republikanische Garde, Montagnards, die um sich etwas
zu thun zu machen, besonders des Nachts unaufhörlich hin = und herzo=
gen, alle verdächtigen Personen aufgriffen, und auf frischer That er=
tappte Verbrecher sogleich aus eigener Macht erschossen. Dergleichen
nicht seltene Beispiele von Willkühr und Strenge jagten den Uebelthätern
von Profession einen großen Schrecken ein, die ihren gewöhnlichen Lebens=
lauf unterbrechen mußten, bis ihnen die Wiederherstellung der regel=
mäßigen Justiz ein weniger gefährliches Auftreten verstattete. Wie sehr
aber die Bande der Autorität in Allem gelockert waren, was auf irgend
eine Weise mit der Revolution zusammenhing, kann aus folgendem Vor=
fall erkannt werden. Von den Volkshaufen, die am 24. Februar die
Tuileries eingenommen hatten, war eine Anzahl unter dem Vorwande,
diesen Pallast gegen Beschädigung schützen zu wollen, daselbst zurückge=
blieben, und richtete sich in den königlichen Gemächern, besonders in den
reichlich versehenen Vorrathskammern und Kellern heiter und bequem
ein. Nach einigen Tagen ließen diese Leute, um sich die Langeweile zu
vertreiben, Frauenzimmer ihres Schlages kommen, mit denen sie Bacha=
nale der ausgelassensten Art feierten, so daß die Tuileries von einem
immerwährenden Jubel wiederklangen. Vergebens suchte die Mairie die=
sem anstößigen Schauspiel ein Ende zu machen, indem sie die Eindring=
linge erst in Güte und dann unter Drohungen zur Räumung des Pal=
lastes aufforderte. Diese blieben gegen alle Vorstellungen taub. Ge=
walt wollte man gegen die Männer des 24. Februar nicht anwenden,
die sich auf ihre Verdienste um die Revolution beriefen. Man mußte
mit ihnen einen Vergleich eingehen, vermöge dessen sie sich endlich ge=
gen Sicherung ihres Lebensunterhalts für die nächste Zeit, zum Ab=

zug entschlossen. In Paris wurde nach beendigtem Kampf vom Volk selbst einzelnen Unordnungen gesteuert, aber in der Umgegend fielen, bis die Polizei wieder einigermaßen organisirt war, große Frevel vor. Das Schloß Neuilly bei Paris, eine Privatbesitzung der Orleans, wurde von einer räuberischen Bande geplündert und in Brand gesteckt, wobei außer anderen Kostbarkeiten werthvolle Gemälde und seltene Bücher zu Grunde gingen. Dasselbe geschah mit dem Landhause der Familie Rothschild in Suresnes, obgleich der große Banquier dieses Namens eine bedeutende Summe für die Familien der am 24. Februar Gebliebenen und Verwundeten gespendet hatte. Auch wurden einige Brücken und Eisenbahnen in der Nähe von Paris beschädigt. Dieser Zerstörungslust wurde jedoch bald Einhalt gethan.

Die provisorische Regierung und ihre Befehle wurden in ganz Frankreich und den Kolonien mit der größten Willfährigkeit anerkannt. Fast alle höheren Civil= und Militairautoritäten waren unter der Juliusmonarchie eingesetzt worden. Gleichwohl zeigte sich nirgends eine Spur von Widerstand gegen die Erklärung der Republik und die Diktatur, die sich im Pariser Stadthause erhoben hatte. Die in Paris anwesenden Generale begaben sich, den Marschall Bugeaud an der Spitze, schon am anderen Tage nach der Flucht Ludwig Philipp's, nach dem Hôtel de Ville, erkannten die Republik an und boten der provisorischen Regierung ihre Degen an. Eben so entgegenkommend war der Erzbischof von Paris, der im Namen der Geistlichkeit der provisorischen Regierung seine Zustimmung und Mitwirkung aussprach. Es ward fortan in den Kirchen für die Republik wie vorher für den König gebetet. Aehnliches geschah in den Departements. Sobald die Präfekten, die kommandirenden Generale, die Maires die Befehle aus dem Pariser Stadthause empfangen hatten, versammelten sie ihre Untergebenen, machten ihnen dieselben bekannt, empfahlen ihnen deren Beachtung und endigten mit einem Lebehoch auf die Republik und die provisorische Regierung, in das gewöhnlich die ganze Bevölkerung einstimmte. In Algerien lag ein zahlreiches Heer, an dessen Spitze sich der Herzog von Aumale in den Kämpfen gegen die Araber persönlich hervorgethan hatte; der Prinz von Joinville war auf der Flotte beliebt. Aber es zeigte sich auch nicht die leiseste Spur von Widerstand gegen die Vorgänge in Paris, die wie ein Ausspruch des Schicksals aufgenommen wurden. Während in den ersten Tagen nach der Revolution die in einem Winkel des Pariser Stadthauses zusammengedrängten Mitglieder der provisorischen Regierung sich nur mit großer Mühe behaupten konnten, wurden ihre Befehle

an den äußersten Enden Frankreich's, kaum durch den Telegraphen mit=
getheilt, auch sogleich in Ausübung gesetzt. Es war dies eine Folge der
starken Centralisirung, der Gewohnheit dem Beispiel von Paris zu fol=
gen, und auch des Nationalgefühls und der Vaterlandsliebe, denen bei
der Möglichkeit eines Krieges mit dem Ausland innere Spaltungen als
das größte aller Uebel erschienen.

Die provisorische Regierung beschloß, um die neue Ordnung der
Dinge der Welt in einem glänzenden Licht zu zeigen, und zugleich die ihr
zu Gebot stehenden Kräfte zu mustern, die Einsetzung der Republik feierlich
zu begehen. Die Mitglieder der provisorischen Regierung begaben sich am
27. Februar Nachmittags um zwei Uhr, von dem Hôtel de Ville zu Fuß,
in bürgerlicher Kleidung, nur durch eine Schärpe mit den Nationalfar=
ben ausgezeichnet, durch ein Spalier von Nationalgarden schreitend, nach
dem Platz der Bastille, wo eine unzählige Volksmenge sie erwartete.
Sie wurden von den in Paris anwesenden Generalen und hohen Beamten
begleitet, und alle, besonders aber Lamartine, von den Zuschauern mit
freudigem Zuruf begrüßt. Sie machten am Fuß der Juliussäule Halt.
Hierauf ward das Dekret der provisorischen Regierung, welches die Re=
publik einsetzte, verlesen und mit donnerndem Jubel begrüßt. Dupont
de l'Eure, Arago und Cremieux beantworteten die von Deputationen
der verschiedenen Behörden gehaltenen Ansprachen und ergingen sich in
patriotischen Herzensergießungen. Zuletzt zogen 100,000 Mann Na=
tionalgarde mit klingendem Spiel und dem Gesang der Marseillaise an
der provisorischen Regierung vorüber. Das Defiliren dauerte vier Stun=
den lang.

Die Februarrevolution unterschied sich von ihrer unmittelbaren
Vorgängerin, der Juliusrevolution, außer ihrem raschen Verlauf, der
Abschaffung des Königthums und den vorwiegend socialistischen Tenden=
zen, auch durch die vollkommene Abwesenheit aller feindlichen Kund=
gebungen gegen Adel und Geistlichkeit, welche 1830 bei dem Sturze der
älteren Linie der Bourbonen an vielen Orten Beleidigungen und Ver=
folgungen ausgesetzt gewesen waren. Die Minister Karl X. waren
während ihres Processes von dem Volke mit dem Tode bedroht und nur
mit Aufbietung großer Truppenmassen gerettet worden. In dieser Be=
ziehung gab sich nach dem 24. Februar 1848 eine vollkommene andere
Gesinnung kund. So wußte z. B. die provisorische Regierung, wo sich
Guizot, der letzte Ministerpräsident unter Ludwig Philipp, während der
ersten Tage nach der Revolution, ehe er Frankreich verlassen konnte, in
Paris verborgen hielt, ließ ihn aber nicht nur unangefochten, sondern

trug auch Sorge, daß das von ihm in seiner früheren Amtswohnung
zurückgelassene Privateigenthum seiner Familie zurückgestellt wurde. Lamartine erließ im Stillen Befehle an die Behörden, um den König auf
seiner Flucht vor Gefahren zu schützen, und sorgte dafür, daß eine große
Summe Geld für ihn angewiesen wurde, um sein und seiner Familie
Unterhalt während der ersten schwierigen Zeit im Ausland zu sichern,
deren Ludwig Philipp aber nicht beburfte. — Die Legitimisten vernahmen
den Sturz der jüngeren Linie der Bourbonen mit Befriedigung, da sie
es Ludwig Philipp nie vergeben hatten, in die Stelle Karl X. getreten
zu sein. Die Republik schien ihren Gefühlen weniger als die Juliusmonarchie zu widerstreben. Einer der bekanntesten unter ihnen, der Marquis de la Rochejacquelein, hatte sich am 24. Februar, in der Sitzung
der Deputirtenkammer gegen die Anerkennung des Grafen von Paris
und für die Berufung an das Volk ausgesprochen. Die jüngeren Mitglieder dieser Partei, die unter Ludwig Philipp sich von dem öffentlichen
Leben ganz fern gehalten, glaubten, daß jetzt die Zeit für sie gekommen
sei wieder hervorzutreten. Manche von ihnen trugen republikanische Gesinnungen zur Schau. — Geistlichkeit und Volk schienen jetzt aufrichtig
Hand in Hand zu gehen. An Scenen, wie die Plünderung *) und Zerstörung des erzbischöflichen Pallastes in Paris, dachten selbst die exaltirtesten Klubisten nicht. Ein Theil des französischen Klerus steckte das
Panier der Demokratie auf, sprach und schrieb für die Republik, und
wollte in ihr den vorzugsweise christlichen Staat erkennen. Während
am 24. Februar bei der Einnahme der Tuilerien die mit den Zeichen des
Königthums versehenen Geräthschaften zerschlagen oder verbrannt wurden, ward ein kostbares Krucifix, das in einem der Säle hing, um es
vor Beschädigung zu schützen, in feierlichem Zuge nach der benachbarten
Kirche St. Roch gebracht, wobei alle Anwesenden die Häupter entblößten, und der Ruf: „Es lebe Christus! unser aller Herr!" erscholl. Bei
der Errichtung der Freiheitsbäume wurde in der Regel ein Geistlicher
geholt, der sie mit Weihwasser besprengte und ein Gebet sprach.

Die provisorische Regierung hob auf Lamartine's Antrag die Todesstrafe für politische Verbrechen auf und hätte sie gern ganz abgeschafft. Selbst der Haß gegen das Militair, ja sogar gegen die frühere
Polizei verschwand im Volke auffallend schnell. Ein gewisser Geist der
Milde und Versöhnlichkeit schien wirklich in der Masse eine Zeit lang
vorhanden zu sein, und gute Früchte zu versprechen. Aber diese günstige

*) Am 14. Februar 1831.

Stimmung hielt gegen die dämonische Macht nicht Stand, welche die
socialistischen Utopien auf die Gesinnungen und die Einbildungskraft
der Massen ausübten. Diese hofften anfänglich ihr Ziel auf friedlichem
Wege erreichen zu können. Als dies nicht gelang, brach der Drang nach
Umsturz des Bestehenden mit um so größerer Leidenschaft hervor. In=
dessen ist es nichts desto weniger wahr, daß bei allen von der Februar=
revolution verursachten Kollisionen Blut fast nur im offenen Kampfe,
wie zwischen feindlichen Heeren, aber nicht auf der Guillotine, in den
Gefängnissen oder bei Metzeleien gegen Wehrlose, wie so oft in der er=
sten Revolution geschehen, geflossen ist.

Nachdem die durch das Verschwinden der bisherigen Staatsgewal=
ten nothwendig gewordenen Anordnungen für das Innere getroffen,
richtete die provisorische Regierung ihre Aufmerksamkeit auf die Be=
ziehungen zu den auswärtigen Mächten, die ein Land wie Frankreich
nicht lange außer Acht lassen kann. Wenn Lamartine, vermöge seiner
Beredtsamkeit und Thätigkeit, schon auf die inneren Zustände, die er
nicht allein zu behandeln hatte, einen entscheidenden Einfluß ausübte,
so fand dies noch weit mehr in Bezug auf das Ausland statt, da die
Verhältnisse zu demselben unter seiner unmittelbaren Leitung standen.
Er ging dabei von dem Gedanken aus, daß der Sturz der Julius=
monarchie Frankreich den fremden Mächten gegenüber unabhängiger als
früher gemacht habe, indem die dynastischen Rücksichten, die für Ludwig
Philipp nicht selten maßgebend gewesen, unter der Republik von selbst
fortfallen würden. Da die demokratischen Ideen, die jetzt in Frankreich
zur Herrschaft gekommen, im Ausland einen für sie seit lange bearbeite=
ten Boden vorfanden, und die Republik von 1848 dem übrigen Europa
nicht so fremdartig wie die von 1792 erscheinen konnte, so fürchtete La=
martine keinen allgemeinen Bund gegen Frankreich, keinen Angriff auf
dasselbe, vorausgesetzt, daß es in seiner Haltung gegen das Ausland
keine Eroberungsgelüste, wie die erste Republik und das Kaiserreich, an
den Tag legte. Die französische Republik sollte, nach Lamartine's Mei=
nung, nur durch das von ihr gegebene Beispiel der Freiheit, Gleichheit
und Brüderlichkeit auf die Völker wirken, und sie moralisch zu sich hin=
überziehen, ihnen aber keineswegs die französischen Ideen und Formen
mit Gewalt aufdringen wollen. Da Lamartine aber zugleich die Mög=
lichkeit neuer Verwickelungen, besonders in Italien, voraussah, so glaubte
er seine Politik nicht durch eine unbedingte Anerkennung der Verträge
von 1815 binden zu dürfen, obgleich er die von dem Wiener Kongreß
geschaffenen Territorialeintheilungen anerkannte, und geneigt war, sie

als Grundlage bei den Unterhandlungen mit den fremden Mächten an=
zusehen. Er erklärte, daß die französische Republik in ihren Beziehungen
zu unterdrückten oder leibenden Nationalitäten, wenn diese nach Be=
freiung oder Erleichterung streben sollten, ihre Entschließungen sich
vorbehalte. Im Ganzen werde aber die Regierung der Republik die
Grundsätze des Friedens und der Gesittung, die beide von einander un=
zertrennlich und zur Verbreitung über ganz Europa bestimmt seien, zur
Richtschnur ihres Verhaltens nehmen. In diesem Sinne erließ Lamar=
tine ein Rundschreiben an die diplomatischen Agenten Frankreich's bei
den auswärtigen Mächten, das am 7. März im Moniteur erschien.
Dieses Schriftstück, in der officiellen Sprache „Manifest an Europa"
genannt, wich allerdings bedeutend von der gewöhnlichen Form solcher
Dokumente ab, denn ein gewisser Dithyrambenton war einmal von
allem, was Lamartine schrieb, unzertrennlich, lag aber auch in dem da=
mals herrschenden Geist. Es war indessen im Wesentlichen sehr geschickt
abgefaßt, indem es sowohl auf Frankreich's aufrichtige Neigung für Er=
haltung des Friedens als auch auf die Gefahren nachdrücklich hinwies,
die aus einem Angriff auf dasselbe für den Angreifer selbst entstehen
könnten. Die Völker fanden sich von der in Lamartine's Manifest aus=
gesprochenen Achtung vor ihrer Nationalität zufrieden gestellt, und
traten, über diesen Punkt beruhigt, gern auf Seite der darin ausge=
sprochenen humanitairen und liberalen Principien, und die Regierungen
nahmen die Erklärung des Ministers der Republik als Basis einer vor=
läufigen Politik und Geschäftsverbindung ohne Schwierigkeit an. Die
Vertreter der auswärtigen Mächte wurden angewiesen, einstweilen Paris
nicht zu verlassen, und bis auf weiteres in regelmäßigem Verkehr mit
der französischen Regierung zu bleiben.

Lamartine hielt sein Wort, dem Ausland keine Veranlassung zur
Unzufriedenheit zu geben, indem er die politischen Flüchtlinge, die nach
der Februarrevolution aus allen Gegenden nach Paris zusammenge=
strömt waren, und deren Zahl an 15,000 betrug, überwachen und an
feindlichen Unternehmungen gegen ihre Regierungen, so weit es ihm
möglich war, hindern ließ. Die unruhigsten unter ihnen waren die Po=
len, die durch das Unglück ihres Vaterlands großes Mitgefühl erregten,
und in den Pariser Klubs und der Masse der Bevölkerung zahlreichen
Anhang besaßen. Die französischen Demagogen nahmen gern die Sache
der Polen zum Vorwand ihrer Anschläge gegen die eigene Regierung
und benutzten sie zu Drohungen gegen das Ausland. Lamartine, der
nicht geneigt war, um der polnischen Flüchtlinge willen sich mit Ruß=

land, Oesterreich und Preußen zu überwerfen, wie von ihm verlangt
wurde, erklärte ihnen unter lebhaften Versicherungen seiner und Frank=
reich's Theilnahme für ihr Schicksal, daß die Beziehungen der Repu=
blik zu den fremden Mächten derselben ein einseitiges Einschreiten zu
Gunsten dieser oder jener Nationalität oder nationalen Partei nicht ge=
statteten, und empfahl ihnen Geduld und Hoffnung, ohne sich durch
Verheißungen irgend einer Art binden zu lassen. Unzufriedene Irländer,
die in Paris lebten, hegten die thörichte Erwartung, ihr Vaterland mit
Frankreich's Hülfe von der englischen Herrschaft befreit zu sehen. La=
martine, dem sie diesen Wunsch öffentlich zu erkennen gaben, wußte sie
mit einigen anerkennenden Worten über die Eigenschaften ihrer Nation
abzufinden, lehnte aber jede Einmischung Frankreich's in ihre Angelegen=
heiten entschieden ab. Lamartine's Verhalten in diesen und ähnlichen
Fällen erwarb ihm das Vertrauen der fremden Regierungen, die den
Erklärungen des einflußreichsten Ministers der Republik an die po=
litischen Flüchtlinge nicht ohne Spannung und Besorgniß entgegen=
gesehen hatten.

Ungeachtet des Austausches friedlicher Versicherungen zwischen
Frankreich und den Nachbarstaaten versäumte die provisorische Regie=
rung die nöthigen Maßregeln nicht, um für alle Fälle gerüstet zu sein.
Lamartine war auf geheimen Wegen von der Unzufriedenheit unterrichtet
worden, mit welcher der spanische Hof, zum Theil wegen seiner verwandt=
schaftlichen Beziehungen zu den Orleans, den Sturz derselben betrachtete.
Auf seinen Antrag wurde die Aufstellung eines Observationskorps von
15—20,000 Mann am Fuß der Pyrenäen beschlossen. Die Gährung in
Italien ließ die Zusammenziehung eines Heeres von 60,000 Mann zum
Schutz der Alpengränze nothwendig erscheinen. 100,000 Mann soll=
ten am Rhein aufgestellt werden, um die deutschen Mächte zu beobachten,
und einer Armee von 30,000 Mann die Hand reichen, welche im Nor=
den errichtet wurde, um diese verwundbarste Gränze zu decken.

. Aber es waren dies nur Vorsichtsmaßregeln. Die provisorische
Regierung überzeugte sich sehr bald, daß sie einen Angriff von Seiten
des Auslandes nicht zu besorgen habe, indem es nicht lange währte, daß
die deutschen und italienischen Mächte vollauf bei sich zu thun bekamen.
Die Schwierigkeiten und Gefahren lagen in den inneren Zuständen
Frankreich's, die jetzt auf längere Zeit hinaus die Aufmerksamkeit der
provisorischen Regierung ausschließend in Anspruch nahmen.

Wie gewöhnlich nach großen Erschütterungen blieb es in Paris,
seit dem die Versuche zur Einführung der „rothen Republik" abgeschla=

gen und die Volkswünsche durch Einführung der Nationalwerkstätten befriedigt worden, eine Zeit lang insoweit ruhig, als es zu keinem gewaltsamen Zusammenstoß zwischen den verschiedenen Klassen der Gesellschaft und ihren entgegengesetzten Interessen kam, und kein Blut floß. Die provisorische Regierung versprach nach allen Seiten hin Abhülfe und Verbesserungen, und die Menge stellte sich als glaubte sie an diese Verheißungen und wolle deren Erfüllung gelassen abwarten. Aber die Einstimmigkeit war nur scheinbar, und hatte nur darin ihren Grund, daß die neuen Machthaber kein bestimmtes Princip herauskehrten, sich auf nichts tief einließen, ganz weder für noch gegen etwas waren, sondern sich bald nach der einen, bald nach der anderen Seite hinwandten. Ein solches Schaukelsystem kann nach großen Bewegungen, die in der Menge eine gewisse Erschöpfung zurücklassen, von momentanem Erfolg sein, aber es hält zumal bei einem so elastischen Volke wie das französische nicht lange vor. Die Parteien lassen eine solche Regierung, die nur vermitteln will, die nichts weder absolut affirmirt noch negirt, eine Zeit lang gelten, bis sie sich stark genug fühlen sie über den Haufen zu werfen. Die provisorische Regierung stellte keine feste Meinung, kein bestimmtes System dar, wie einst in der ersten Revolution, in gutem oder übelem Sinne, die verfassunggebende Versammlung und der Konvent gethan, sondern war eine Musterkarte der verschiedenartigsten Ideen, Principien und Theorien, eine inkarnirte Konfusion, deren immerwährendes Schweben und Schwanken keine Befriedigung und Versöhnung hervorbringen konnte, sondern die Verwirrung und Gährung vermehren mußte.

Unter den Mitgliedern der provisorischen Regierung war Lamartine allein ein Redner im höheren Sinn des Worts, die übrigen besaßen nur eine gewisse glänzende Advokatenroutine, wie Ledru=Rollin, Cremieux, oder waren demagogische Phrasenmacher, wie Louis Blanc, andere beschränkten sich auf ihre besondere Amtsbeschäftigung, wie Goudchaux, der in seiner Verzweiflung über die Leerheit des Staatsschatzes das Finanzministerium an Garnier=Pagès abgab, wie Carnot und Beth=mont, die nicht viel aus ihren Specialitäten heraustraten. In diesem Kreise war Lamartine der einzige Mann von weitem und umfassendem Blick, der, ungeachtet seines Lyrismus und seiner pomphaften Redeweise, wohl wußte, worauf es ankam, die Gefahren der Zukunft nicht verkannte, und alles was von ihm abhing that, um die Bewegung, in die er sich geworfen, zum Stillstand zu bringen, und den verwüstenden Strom in befruchtende Kanäle abzuleiten. Aber er hatte sich zu sehr gewöhnt nach Popularität zu haschen, um, einzelne außerordentliche

Fälle ausgenommen, gegen das Volk vollkommen wahr, und fest auf=
treten zu können. Der Reichthum und die Biegsamkeit seiner Natur,
seine Kenntniß der Geschichte, seine auf Reisen und in mannigfaltigem
Weltverkehr erworbene Anschauung von dem Leben der Staaten und
Völker gab ihm bei dem was er sagte und schrieb die geeignetsten Ge=
danken und Ausdrücke an die Hand. Aber er zeichnete sich nur auf dem
Gebiet der Ideen aus, es fehlte ihm an der Kraft zur Ausführung und
er vermochte es nicht die Menge auf die Dauer an sich zu fesseln, was
oft viel weniger geistig begabten aber willensstärkeren Männern gelun=
gen ist. Er hing an der Republik wie an einem Ideal, ungeachtet der
widerwärtigen Umgebung, in der sie erschien, setzte aber, wie aus seinen
späteren Aeußerungen hervorgeht, schon damals kein unbedingtes Ver=
trauen in ihren Fortbestand, was allein hätte hinreichen können, seinen
Einfluß auf sie zu schwächen. Ein Mann wie Arago wäre durch sein
Alter, seinen großen Ruf, seine Erfahrung am geeignetsten gewesen, La=
martine zu unterstützen, und wo es nöthig gewesen wäre aufzuklären,
aber Arago, so bedeutend als Gelehrter, besaß in staatlichen Dingen
noch weniger schöpferischen Geist als Lamartine. Arago hatte von Ju=
gend an, unter dem Kaiserreich, der Restauration, der Juliusmonarchie,
zur Opposition gehört. Wie konnte jemand, der im politischen Leben
sich immer auf dem Standpunkt der Negation gehalten hatte, in späteren
Jahren zu positiven Ideen übergehen? In Arago's Augen war die
Republik, so wie sie plötzlich am 24. Februar aufgetaucht war, nichts
als ein Triumph der demokratischen über die monarchischen Grundsätze,
sie flößte ihm keine neuen Gedanken ein. Ledru=Rollin, der das unter
den damaligen Verhältnissen besonders wichtige Ministerium des Innern
bekleidete, hatte in der Deputirtenkammer sich nur deshalb zu republi=
kanischen Principen bekannt, um hervortreten zu können, was auf dem
gewöhnlichen Wege nicht wohl möglich gewesen wäre, da seine politische
Beredtsamkeit nicht über die Wiederholung gewisser Gemeinplätze aus
der ersten Revolution hinausging. So lange es sich nur um kühne
Phrasen und kecke Ausfälle auf die Juliusmonarchie handelte, hatte
Ledru=Rollin bei seinen Gesinnungsgenossen eine bedeutende Meinung
von sich erregt. Als er aber durch eine Revolution, die ihn selbst über=
rascht hatte, plötzlich zu einer der ersten Stellen gekommen war, gab sich
die Unanwendbarkeit seiner Ideen, die Unfruchtbarkeit seines Geistes
in überraschender Weise kund. Er hatte terroristische Anwandelungen
und schickte außerordentliche Kommissarien, meist aus der demagogischen
Presse und den Pariser Klubs genommen, mit fast unumschränkter Ge=

walt in die Provinzen, um den öffentlichen Geist zu erregen, die Legiti=
misten und Orleanisten zu überwachen, und alle nicht republikanisch ge=
sinnten Behörden nöthigenfalls abzusetzen. Diese Kommissarien, in der
Regel Personen ohne vorher gegründetes Ansehen, zuweilen selbst übel
berüchtigt, verfuhren mitunter ziemlich willkührlich, riefen aber, da ihnen
nicht, wie ihren Vorgängern zu Robespierre's und Danton's Zeit Guil=
lotine und Revolutionsarmee zu Gebot standen, in der Bevölkerung
mehr Unzufriedenheit als Schrecken hervor. Schickte Ledru = Rollin ihnen
Instruktionen von demagogischer Färbung zu, so wußte sie Lamartine,
dessen geistige Ueberlegenheit er, wenn auch ungern anerkannte, zur Zu=
rücknahme derselben oder zu einer Erläuterung im gemäßigten Sinne,
und zur Abberufung der exaltirtesten unter den Kommissarien zu vermö=
gen. Bei allen entscheidenden Gelegenheiten ordnete er sich Lamartine's
Ansichten unter, wußte aber nebenher zu verstehen zu geben, daß dies
nicht eigentlich seine eigene Meinung sei, daß er den Umständen ein Opfer
bringe, und vielleicht zu einer anderen Zeit anders handeln werde. Ob=
gleich Ledru = Rollin, der von den Spöttern, wegen seines Hanges zu
Luxus und Eleganz, der Marquis unter den Jakobinern genannt wurde,
nichts wirklich Gefährliches unternahm, so wurde er von den gemäßig=
ten Republikanern und Royalisten desselben doch für fähig erachtet und
seine zweideutige Haltung warf auf die ganze provisorische Regierung
ein übles Licht. Louis Blanc, der im Luxemburg mit den Abgeordneten
der Pariser Handwerker und Fabrikarbeiter über die „Organisation der
Arbeit" berieth, ohne aber der Lösung dieser Frage einen Schritt näher
zu kommen, nahm zugleich an den wichtigeren Regierungshandlungen
Theil. Eine unternehmendere und thatkräftigere Natur als Ledru=Rol=
lin, ein viel entschiedenerer Revolutionair und Umsturzmann als dieser,
mußte auch er in der Regel dem Uebergewicht Lamartine's nachgeben, ent=
schädigte sich aber dafür durch seine geheimen Verbindungen mit den exal=
tirtesten Demagogen in den Klubs, die auf seinen Einfluß und Beistand
bei vorkommenden Fällen rechnen zu können glaubten. Armand Marrast,
anfänglich Maire von Paris, später Präsident der Nationalversamm=
lung, war ein gemäßigter Republikaner, der glänzendste Publicist in seiner
Partei, der aber nur durch Journalartikel wirken konnte, und kein or=
ganisatorisches Talent besaß. Er war außerdem ein geistreicher Lebe=
mann, der sich auf einen feinen Fuß einzurichten wußte, was ihm bei
seiner eigenen Partei Tadel und Verläumbung zuzog. Die beiden Chefs
der Pariser Polizei, Caussidière und Sobrier, denen eine bedeutende be=
waffnete Macht zu Gebot stand, gehorchten der Regierung zwar schein=

bar, waren aber, wie diese selbst wußte, geneigt bei gelegener Zeit zu ihrem Sturze mitzuwirken. Unter diesen verschiedenen Charakteren und von einander abweichenden Ideen, die in der provisorischen Regierung zufällig zusammengekommen waren, bildete Lamartine das einzige mora= lische Band, ohne welches das Ganze auseinander gefallen wäre. Da die Gesellschaft in den ersten Monaten nach der Februarrevolution aus ihren Gleisen herausgetreten war, und Alles sich fessellos und willkür= lich nach den Eingebungen des Augenblicks bewegte, so war die Rede die einzige wirkliche öffentliche Macht geworden, und deshalb mußte ein Mann wie Lamartine, der sie mit der größten Meisterschaft übte, unter solchen Zuständen an der Spitze stehen. So lange es sich darum han= delte, die aufgeregten Massen mit schwungvollen Worten und blenden= den Bildern zu beschwichtigen, that diese Rednergabe Wunder, als es aber nöthig geworden, der von Neuem überfluthenden Bewegung eine bestimmte Richtung anzuweisen, und ihr ein festes Ziel zu setzen, gab sich ihre gänzliche Unzulänglichkeit kund.

Die größte Gefahr für das französische Volk lag übrigens nicht in der, wenn auch schwachen, aber im Ganzen nicht verderblichen Lei= tung, die es von Seiten der provisorischen Regierung erhielt, die unter anderen Umständen eben so lange wie einst das Direktorium hätte be= stehen können, das meist aus weniger ausgezeichneten Köpfen, als die Staatsmänner von 1848 waren, zusammengesetzt gewesen, sondern in den Klubs und der demagogischen Presse, indem erstere die unteren Klassen durch ihre Deklamationen mit einer zunehmenden Exaltation erfüllten, und letztere durch die Entwickelung ihrer politischen Utopien, durch sophistische Kritik des Bestehenden oder offene Angriffe auf dasselbe die Grundfesten der Gesellschaft erschütterte. Da es nach der Februar= revolution keiner polizeilichen Erlaubniß zur Eröffnung eines politischen Vereins und keiner Kaution zur Gründung eines Journals bedurfte, so tauchten sie plötzlich in übergroßer Menge auf, und erfüllten das ganze Leben mit einem betäubenden Getöse, von dem die Stimme der Vernunft und Wahrheit eine Zeit lang ganz zum Schweigen gebracht wurde.

Raspail, ein geschickter Chemiker und bei den niederen Klassen durch seine Menschenfreundlichkeit beliebter Arzt, aber sonst überspann= ter Kopf, stiftete die: „Société fraternelle centrale"; Cabet, ein ehe= maliger Gerichtsprokurator, Gründer einer kommunistischen Sekte, der seine Stellung, sein Vermögen, seine Ruhe seinen socialistischen Träu= mereien geopfert hatte, stand an der Spitze des „Club icarien"; Barbès, im Privatleben ein Ehrenmann, aber ein unverbesserlicher Demagoge, leitete den „Club de la révolution"; Blanqui, ein rastloser Wühler, der nur für geheime Gesellschaften und dunkle Zwecke lebte, neben seinem Fanatismus auch treulos und verrätherisch, selbst gegen Gesinnungsgenossen, war das Haupt der „Société républicaine centrale".

Diese genannten Klubs waren die einzigen, in denen es sich um politische, wenn auch abentheuerliche Zwecke handelte, und an deren Spitze revolutionaire Notabilitäten standen. Es gab aber deren viele andere, mit unbekannten Führern und aus Personen der niedrigsten Klassen zusammengesetzt, die auf die Massen den ansteckendsten Einfluß ausübten, und die hirnverbranntesten Meinungen in den ausschweifendsten Ausbrücken zu Tage förderten. Manche Klubs gaben eigene Journale heraus, die meisten beschränkten sich auf mündliche Diskussionen. Ubrigens trat in den Klubs von 1848 fast keine Spur von der strömenden Beredtsamkeit, der scharfen Logik, der berechnenden Politik hervor, woran es in der ersten Revolution, neben allen Uebertreibungen und Ausschweifungen, in ähnlichen Vereinen nicht gefehlt hatte. Die Klubs von 1848 lebten nur von den Reminiscenzen von 1792, und bewiesen dadurch, daß sie, selbst vom revolutionairen Standpunkte aus beurtheilt, eine selbstständige Berechtigung nicht besaßen. Sie waren nur geeignet, einen Beweis mehr dafür zu geben, daß auf dem von der Februarrevolution betretenen Wege dauernde Verbesserungen, wahrhaft sociale Reformen, nicht zu erreichen waren. Sie haben nur dazu beigetragen, den großen heranbrechenden Sturm zu beschleunigen und dann in ihm selbst zu verschwinden.

Einen noch allgemeineren Einfluß als die Klubs, die immer nur einen Theil der Bevölkerung enthalten konnten, übten die Tagesblätter aus. Zu den schon vor dem 24. Februar bestandenen, von denen die legitimistischen und orleanistischen ihre wahre Tendenz jetzt etwas verbergen mußten, trat eine große Menge neuer Journale hinzu, von denen aber viele eben so schnell wieder verschwanden als sie entstanden waren, und keine besondere Erwähnung verdienen. Alle Schattirungen der revolutionairen Partei, von Lamartine's humanitairen bis zu Cabet's kommunistischen und Blanqui's terroristischen Ideen waren in der Tagespresse vertreten. Wie es Klubs gab, die sich: „Les vautours, les voraces" nannten, so gab es auch Blätter, die unter dem Titel: „La guillotine, le pilori" erschienen und dieser Namen würdig waren. Aber selbst abgesehen von diesen extremen Richtungen, fanden sich in der Gesammtheit der revolutionairen Partei sehr verschiedene Meinungen vor, und war in den herrschenden Kreisen derselben Alles von Neid, Mißtrauen und selbst Haß gegen einander erfüllt.

Wenn es sich nur um einen Wechsel in der Staatsform, in der Besetzung der obersten Stellen, um Principien und Theorien gehandelt hätte, so würden die Massen in Frankreich, die seit sechzig Jahren an so viele Veränderungen der Art gewöhnt worden, die Republik, wenn auch nicht geliebt, aber doch ohne Widerwillen eine Zeit lang ertragen haben. Aber die Begleiterin jeder plötzlichen und allgemeinen Veränderung in den öffentlichen Zuständen, die Unordnung und Ebbe in den Finanzen, ließ auch diesmal nicht auf sich warten. Zu den früheren Ausgaben, welche dieselben geblieben, trat die durch die Revolution herbeigeführte Stockung in Handel und Gewerbe, der Mangel an Absatz und Bestellung, die Unterhaltung der Nationalwerkstätten, die Bildung neuer Truppenkorps, die Bewaffnung der Massen aus Staatsmitteln, und die vermehrte Anzahl von Armen und Nothleidenden, welche den Gemeinden zur Last fiel. Es fehlte an Kredit und Geld. Die Revolution von 1848 konnte die ihr fehlenden Mittel nicht mit der Einziehung von korporativem Eigenthum ersetzen, wie 1789 mit der Säkularisirung der geistlichen Güter geschehen war. Eine erzwungene Anleihe und die Kreirung von Papiergeld ließ sich nicht mit den von der provisorischen Regierung angekündigten Grundsätzen vereinigen. Da mehre Finanzoperationen, wie eine freiwillige Anleihe, Verkauf der Krondiamanten und eines Theils der Staatsforsten, nicht gelungen waren oder nicht ausgereicht hatten, so mußte zu einer Erhöhung der direkten Steuern um 45 Centimen auf den Franc gegriffen werden, die nur diesmal eintreten, aber sogleich erhoben werden sollte. Dieser von einer eisernen Nothwendigkeit gebotene Schritt wurde besonders vom Landvolk übel empfunden, das durch keine andere Maßregel so sehr gegen die Republik eingenommen worden ist.

Die Anordnungen der provisorischen Regierung wurden zwar von den Behörden, so weit es die in allen Verhältnissen herrschende Verwirrung erlaubte, der Form nach vollzogen, aber von den Parteien in der Hauptstadt beständig bestritten, und ihrer Ausführung alle möglichen Hindernisse in den Weg gelegt. Ihre einzige Stütze bestand, ehe sie es wagte, eine Anzahl Linientruppen nach Paris zurückzurufen, in der Nationalgarde, oder vielmehr in den besseren Elementen derselben, und in dem Theil der Mobilgarde, der in seiner Ausrüstung am weitesten vorgeschritten war. Sie konnte sich nicht einmal auf die unter Caussidière und Sobrier stehende Polizeimannschaft verlassen, die sehr leicht zu einem Handstreich gegen sie zu bewegen gewesen wäre. Lamartine, der wußte, daß er Ledru = Rollin nicht ganz trauen konnte, und dieser, dem nicht unbekannt war, in welcher Weise man von ihm in manchen Klubs sprach, waren beständig auf ihrer Hut, hatten jeder seine eigenen geheim= men Späher, und ließen ihre Hôtels die Nacht über von einer Anzahl wohlbezahlter und handfester Leute bewachen. Cabet, Raspail und Blanqui bildeten in Paris eine Art von Triumvirat, und geboten über mehr Arme als die Regierung, denn ihrem Rufe waren die Arbeiter in den Nationalwerkstätten und das Proletariat in den Vorstädten in jedem Augenblick zu folgen bereit. Die Regierung war nur insofern stärker, als sie über die öffentlichen Gelder gebot, und in ihre Maßregeln mehr Einheit als die Leiter der Klubs bringen konnte, obgleich ihre inneren Spaltungen sie um einen Theil dieser Vortheile brachten. Lamartine's Streben, den Frieden mit dem Ausland zu erhalten, im Innern die Ordnung wieder herzustellen, und die Wahlen zur Nationalversammlung möglichst rasch vollzogen zu sehen, hatte ihn den Demagogen verhaßt gemacht. Seine Gegner wagten es nicht, ihm nach dem Leben zu stehen, sie hätten dadurch die Masse der Gebildeten in ganz Frankreich gegen sich in Harnisch gebracht, aber ihn aus der Regierung zu verdrängen und ihre Absichten dann ungestörter zu verfolgen, schien ihnen bei der Aufregung des Volkes ein Leichtes zu sein. Am 17. März zogen über 100,000 Klubisten und Proletarier unter Cabet, Raspail, Blanqui, Barbès u. f. w. nach dem Stadthaus unter dem Ruf: „Es lebe Ledru= Rollin!" — was so viel heißen wollte, als Lamartine solle mit den gemäßigteren unter seinen Kollegen aus der provisorischen Regierung treten, und Ledru = Rollin mit den entschiedenen Republikanern die Lei= tung des Staats übernehmen. Aber diese Kundgebung mißlang, indem Lamartine mit seiner gewöhnlichen Unerschrockenheit Stand hielt, wobei er selbst von denjenigen unter seinen Kollegen, welche ihm im Geheimen entgegenarbeiteten, nothgedrungen unterstützt wurde, und die Demago= gen nicht den Muth hatten, Gewalt zu brauchen und allenfalls, wenn nichts anderes half, Blut zu vergießen. Am 16. April ward ein ähn= licher Versuch, die provisorische Regierung zu stürzen, obwohl mit un= gleich geringeren Mitteln (20 — 30,000 Bayonette) unternommen. Aber die Regierung war auf ihn vorbereitet, die Nationalgarde trat rasch und in so großer Anzahl zusammen, daß die Meuterer froh sein mußten, als sie ihnen einen ungefährdeten Rückzug durch ihre Reihen erlaubte, wobei sie jedoch manche Demüthigungen zu erdulden hatten, die ihre an diesem Tage bewiesene Schwäche noch offenkundiger machten.

Die Kundgebung vom 16. April hatte, außer der beabsichtigten Veränderung in der Regierung, auch den Zweck gehabt, die Wahlen zur Nationalversammlung hinauszuschieben und deren Zusammentritt zu verzögern. Die Demagogen wußten sehr wohl, daß sie nicht auf die Mehrheit in der Nation zählen konnten, und fürchteten, daß aus den Wahlen eine nach ihrer Meinung reaktionaire Volksvertretung hervorgehen könnte. Sie wollten deshalb die provisorische Regierung stürzen, einen Wohlfahrtsausschuß im Sinn von 1793 an ihre Stelle setzen, eine neue Schreckensherrschaft einführen, und unter deren Einfluß eine ultrademokratische Nationalversammlung zusammenbringen. Aber es fehlte den Demagogen von 1848, so schlimm ihre Absichten waren, zu deren Ausführung an dem koncentrirten Fanatismus, an der Gleichgültigkeit gegen die Wahl der Mittel, an der revolutionairen Taktik, die ihre Vorgänger zur Zeit der ersten Revolution so furchtbar gemacht hatte.

Die gemäßigten Mitglieder der provisorischen Regierung, Lamartine an der Spitze, suchten, ungeachtet aller von den Demagogen erhobenen Schwierigkeiten, die Einberufung der Nationalversammlung zu beschleunigen, und hatten ihre ganze Hoffnung auf deren Zusammentritt gestellt. Ein am 5. März erlassenes Dekret der provisorischen Regierung hatte die Wahlen auf den 9. April angesetzt und festgestellt, daß das Stimmenrecht direkt und allgemein ausgeübt und jeder im Besitz der bürgerlichen Rechte befindliche einundzwanzig Jahre alte Franzose Wähler und jeder fünfundzwanzig Jahre alte wählbar sein sollte. Auf 40,000 Einwohner sollte ein Abgeordneter kommen. Nach diesem Anschlage lieferten die 86 Departements 885, Algerien und die Kolonien 15, zusammen 900 Repräsentanten. Wegen der nöthigen Vorbereitungen hatten die Wahlen auf den 27. und 28. April verschoben werden müssen, und die Eröffnung der Nationalversammlung war auf den 4. Mai angesetzt worden. Je näher die Wahlen heranrückten, desto entflammter wurde die Stimmung der extremen Partei. Schon der Name: Nationalversammlung — war ihr zuwider, sie ahnte, daß sie in derselben in der Minderheit sein würde, und wollte, aber erst später, nachdem sie an das Ruder gekommen sein würde, einen Konvent einberufen. Ihre Führer drohten die provisorische Regierung zu sprengen, ehe noch die Nationalversammlung zusammengetreten sein würde, oder wollten wenigstens, wenn sie ihre Eröffnung nicht hindern könnten, dieselbe nur unter dem lähmenden Druck von 100,000 bewaffneten Proletariern berathen lassen. Alle diese Entwürfe und Drohungen waren vergeblich.

Die provisorische Regierung blieb fest und die jetzt regelmäßig organi=
sirte Nationalgarde stand auf ihrer Seite. Am Ostersonntag und Oster=
montag ging der Wahlakt in ganz Frankreich in größter Ordnung und
angemessener Feierlichkeit vor sich. Von den 400,000 Wählern des
Seinedepartements erhielten die Kandidaten der Klubs nur 15—20,000
Stimmen, ein Beweis von ihrer Unpopularität, den sie so schlagend nicht
erwartet hatten. Die meisten Stimmen (259,800) fielen in Paris auf
Lamartine. Er wurde außerdem noch in neun Departements gewählt
und hatte im Ganzen 2,300,000 Stimmen erhalten. Unter den zur
Nationalversammlung Gewählten befanden sich Legitimisten und Or=
leanisten, wie: Berryer, General Oudinot, de la Rochejacquelein, Odi=
lon Barrot, Duvergier de Hauranne; in der republikanischen Partei
ragten Lammenais und Beranger hervor. Die Klubs und Socialisten
hatten einige ihrer Führer durchgebracht, aber in geringerer Anzahl als
sie gehofft und andere gefürchtet hatten. Es waren zwei Bonaparte, ein
Murat, zwei Lafayette gewählt worden; aber die größte Anzahl der
Abgeordneten bestand aus unbekannten Neulingen

Am 4. Mai fand die von dem gemäßigten Theile der Bevölkerung
als Anfang einer friedlicheren Aera herbeigesehnte Eröffnung der Na=
tionalversammlung statt. Eine ungeheuere Volksmenge erwartete die
Mitglieder der provisorischen Regierung, die paarweise von dem Hôtel
des Justizministeriums auf dem Vandomeplatz, durch ein Spalier von
Nationalgarden und Linientruppen nach dem Pallast Bourbon zogen.
Als sie in den Sitzungssaal eintraten, wurden sie mit einem rauschenden
Lebehoch auf die Republik empfangen. Es legte dann jeder einzelne von
ihnen einen Bericht über seine Amtsführung ab, wobei besonders La=
martine mit Beifallsbezeugungen überhäuft wurde. Um fünf Uhr Nach=
mittags erschienen sie in Begleitung vieler Abgeordneten auf dem gro=
ßen Treppenabsatz bei der Concordienbrücke, und erklärten, daß die Na=
tionalversammlung die Republik einstimmig angenommen habe. Die
provisorische Regierung dankte dann ab, und an ihre Stelle trat eine
Exekutivkommission von fünf Mitgliedern: Arago, Garnier=Pagès, Ma=
rie, Lamartine und Ledru=Rollin, die interimistisch fortregieren und die
Minister ernennen sollte. Es stellte sich heraus, daß Lamartine in der
Versammlung weniger populair als unter den Wählern war, indem er,
was die Stimmenzahl betrifft, nur der vierte auf der Liste war. Unter
den neuen Ministern verdienen nur Bastide, der das Auswärtige, und
General Cavaignac, der das Kriegsdepartement erhielt, genannt zu
werden. Letzterer, der noch in Algerien abwesend war, wurde vorläufig

durch den Oberst Charras ersetzt. Nachdem die Feierlichkeiten der In=
stallirung vorüber waren, nahm das Volk an der Nationalversammlung
und ihren Verhandlungen viel weniger Antheil als an den früheren Kam=
mern, obgleich diese nur eine getheilte Gewalt besessen hatten. Die
Menge ahnte dunkel, daß die Zukunft Frankreich's nicht von dieser Ver=
sammlung entschieden werden würde.

Die vielköpfige Nationalversammlung (900 Mitglieder) mit ihren
Parteispaltungen, die bald sichtbar wurden, flößte den Klubisten und übri=
gen Demagogen noch weniger Rücksicht als die provisorische Regierung
ein, die eine größere Einheit der Gewalt dargestellt hatte. Die extreme
Partei, welche am 17. März und 16. April, in bemüthigender Weise,
ohne einen Kampf gewagt zu haben, unterlegen war, hielt jetzt den Mo=
ment für geeignet, die empfangene Scharte auszuwetzen. In der Natio=
nalversammlung war, bald nachdem sie sich konstituirt hatte, viel von
Polen und Italien, besonderes von ersterem, die Rede gewesen, und es
war für den 15. Mai eine Interpellation an das Ministerium über die
von Frankreich in der polnischen Frage zu beobachtende Politik angesetzt
worden. Diesen Tag hatten die Häupter der Demagogen zu einer gro=
ßen Manifestation, angeblich im Interesse Polen's, in Wahrheit aber
zum Sturze der Regierung und Sprengung der Nationalversammlung
bestimmt. Alles war dazu von den einflußreichsten Führern der Klubs,
Barbès, Sobrier u. s. w. vorbereitet worden. Louis Blanc und Albert,
die jetzt nicht mehr zur Regierung gehörten, hatten versprochen, sich der
Bewegung anzuschließen. Auch der Generalkommandant der Pariser
Nationalgarde, Courtais, scheint im Geheimen in das Komplot einge=
weiht gewesen zu sein. Gegen Mittag zog eine Kolonne von 15 —
20,000 Mann, die sich auf dem Bastilleplatze gesammelt hatte, die
Klubs und Arbeitervereine durch besondere Fahnen ausgezeichnet, nach
dem Pallast Bourbon, schob die aufgestellten Posten der Nationalgarde,
der Mobilgarde und der Linientruppen bei Seite, und drang unter dem
Ruf: „Es lebe Polen!" in die Höfe, Gärten und zuletzt in den
Sitzungssaal der Nationalversammlung ein. Dieser Kolonne folgten
bald mehre andere, an deren Spitze sich Raspail, Blanqui, Hubert, ein
Gerber, Flotte*), ein Koch, befanden, so daß die in und um den Pallast
Bourbon versammelte Volksmasse sich auf 100,000 Köpfe belaufen haben

---

*) Nicht zu verwechseln mit de Flotte, einem ehemaligen Marineofficier, der
später Mitglied der Assemblée législative wurde, und auf Garibaldi's Zuge
in Kalabrien fiel.

soll. Barbès bestieg die Rednerbühne, erklärte die Sache Polen's für
die Frankreich's, und schlug, um zu diesem Zweck Krieg führen zu können,
eine außerordentliche Steuer von 1000 Millionen Fr. auf die größeren
Grundbesitzer und Kapitalisten vor. Louis Blanc that sich ebenfalls
durch leidenschaftliche Ansprachen an die Meuterer hervor. Ihm folgte
Hubert, der im Namen des Volks die Nationalversammlung für aufge=
löst erklärte. Von den Abgeordneten mischten sich manche unter die ein=
gedrungene Menge, andere verließen den Saal, die meisten harrten je=
doch auf ihren Sitzen aus, obgleich von Verwirrung und Schrecken im
ersten Augenblick wie gelähmt. Nachdem die Auflösung der National=
versammlung ausgesprochen, begab sich Barbès mit seinem Anhange
nach dem Stadthaus, um dort eine neue revolutionaire Regierung ein=
zusetzen. Er wurde von Caussidière's Polizeisoldaten ohne Schwierig=
keit eingelassen, und begann über die Besetzung der obersten Regierungs=
stellen und den Erlaß einer Proklamation an das Volk mit seinen
Freunden zu berathen. Unterdessen war aber in dem Pallast Bourbon
eine plötzliche Veränderung wie durch einen Zauberschlag eingetreten. Es
war mehren Repräsentanten gelungen, sich aus dem Sitzungssaal nach
dem Quartier des Generalstabes der Nationalgarde zu begeben, und das
Einschreiten derselben zu bewirken. Andere hatten durch vertraute Send=
linge die Kommandeurs der Linientruppen zur Hülfsleistung auffordern
lassen. Bald wurde in den Hauptstraßen, auf den Plätzen und Boule=
vards der Generalmarsch geschlagen. Ein Bataillon Mobilgarde, das
in einem Hofe des Pallastes Bourbon durch List der Meuterer einge=
schlossen gewesen, zerbrach endlich die Thüren und Gitter, und drang
mit aufgepflanztem Bayonett in den Sitzungssaal ein. Die wilde
Menge, die keinen so plötzlichen Angriff erwartet hatte, stürzte durch
alle Ausgänge in das Freie hinaus. Die von mehren Seiten herbeizie=
henden Nationalgarden und Linientruppen zerstreuten die auf dem Con=
cordienplatz und auf dem Quai aufgestellten Massen, die, ohne Führung
gelassen, keinen Widerstand wagten. Eine Abtheilung Nationalgarde
zog nach dem Stadthaus und nahm Barbès mit seinem Anhange (72
Personen) ohne Weiteres gefangen. Im Laufe des Tages und während
der nächsten Nacht wurden die bekanntesten unter den Anstiftern des
Aufstandes verhaftet und vorläufig nach Vincennes abgeführt. Als der
Sitzungssaal von den Meuterern geräumt war, stiegen Lamartine und
Ledru=Rollin zu Pferde und begaben sich nach dem Stadthaus, um dort
Maßregeln gegen eine Erneuerung des Aufstandes zu treffen. Artillerie
und Reiterei wurde herbeigerufen. Der General Bedeau erhielt den

Oberbefehl über die gesammte in Paris anwesende bewaffnete Macht. Aber die Aufständischen waren wie verschwunden. Keine einzige Barrikade wurde errichtet. Die Regierung benutzte die Gelegenheit, um die Montagnards und die Garde republicaine aufzulösen. Caussidière, der sich an den letzten Vorgängen, wenn auch nur im Stillen betheiligt hatte, legte seine Stelle als Polizeichef und Volksvertreter nieder, verlor aber nicht allen Anhang in der Bevölkerung und setzte seine geheimen Verbindungen mit einigen Mitgliedern der Regierung fort. Die Leiter des Aufstandes vom 15. Mai: Barbès, Albert, Hubert wurden später von dem zur Aburtheilung politischer Verbrechen eingesetzten Hohen Gerichtshof in Bourges zur Deportation, Blanqui zu siebenjährigem Gefängniß, viele andere zu geringeren Strafen verurtheilt. Louis Blanc blieb eine Zeit lang unangefochten, und entzog sich später der Verhaftung durch die Flucht.

Um diese Zeit trat zu den vorhandenen Gährungsstoffen ein neuer hinzu. Man hörte jetzt häufig aus den Volksgruppen den Ruf ertönen: „Es lebe der Kaiser!" Es war dies nicht eine Erinnerung an den großen Todten von St. Helena, sondern an seinen Neffen, Louis Napoleon Bonaparte, den Sohn des ehemaligen Königs von Holland, der vermöge der in seiner Familie 1804 festgesetzten Erbfolge sich zur Herrschaft über Frankreich berufen glaubte, und in Straßburg und Boulogne den verfehlten Versuch gemacht hatte, diesen Anspruch zu verwirklichen. Er war bald nach der Februarrevolution aus London nach Paris gekommen, und hatte die provisorische Regierung von seiner Ankunft benachrichtigt. Da diese seine Anwesenheit mißbilligte, so reiste er wieder nach London zurück, richtete aber ein Schreiben an sie, in welchem er erklärte, man möge in dem Opfer, das er durch diese Entfernung bringe, die Reinheit seiner Absichten und die Aufrichtigkeit seines Patriotismus erkennen. Dieses Schreiben erschien in den Tagesblättern; und die öffentliche Aufmerksamkeit ward wieder auf den Neffen des Kaisers gelenkt, dessen Schriften und die darin behandelten politischen und socialen Fragen schon vorher bei einem Theil des Publikums Beifall gefunden hatten. Die Mitglieder der provisorischen Regierung erschraken über die plötzlich wieder auflebende Bedeutung des Napoleonischen Namens, und waren froh, als der Prinz Paris verlassen hatte. Aber am 4. Juni, bei Gelegenheit der durch frühere Doppelwahlen veranlaßten Neuwahlen, wurde Louis Napoleon in vier Departements, Seine, Yonne, Sarthe und Charente inférieure in die Nationalversammlung gewählt. Die Exekutivkommission wollte durch Lamartine's Mund das 1832 gegen

die Napoleoniden erlassene Verbannungsdekret gegen den Sohn des ehe=
maligen Königs von Holland ausnahmsweise aufrecht erhalten wissen.
Aber zwei seiner Vettern, Napoleon, Sohn Jerome's, und Peter, Sohn
Lucian's, saßen schon in der Versammlung. Diese erhoben nachdrücklich
ihre Stimmen zu Gunsten ihres Verwandten, und suchten ihn gegen den
Vorwurf des Ehrgeizes zu vertheidigen, indem sie auf seine Rückkehr
nach London hinwiesen. Lamartine's Antrag fiel durch, aber Louis Na=
poleon hielt seine Zeit für noch nicht gekommen und verzichtete auf seinen
Sitz in der Nationalversammlung. Sei es tiefe Berechnung oder glück=
licher Instinkt, er handelte in seinem Interesse, indem er im Auslande
blieb, und unterdessen die Schwäche der Exekutivkommission, die Un=
einigkeit in der Nationalversammlung, und die zunehmende Unzufrieden=
heit des Volks mit den bestehenden Verhältnissen für sich wirken ließ.

Ungeachtet der Aufstand vom 15. Mai gescheitert war, so hatte
sich die öffentliche Stimmung doch keineswegs beruhigt. Es fielen in
Paris fast täglich tumultuarische Zusammenrottungen vor. Einmal war
sogar die Nationalversammlung wieder bedroht gewesen (12. Juni).
Der Regierung kamen geheime Anzeigen zu, daß die Demagogen an
einer neuen großen Schilderhebung arbeiteten, die diesmal, ihren Aeuße=
rungen nach, mit größeren Mitteln als früher unternommen, ihr Ziel,
die Errichtung der socialistischen Republik, nicht verfehlen werde. Die
Exekutivkommission war schon mehrmals in der Nationalversammlung
aufgefordert worden, dem Unwesen der Nationalwerkstätten ein Ende zu
machen, welche so viel wie ein starkes Kriegsheer kosteten, und die bei
der in ihnen herrschenden Gesinnung wie ein drohendes Ungewitter über
Frankreich schwebten. Die gebildeten und besitzenden Klassen in Paris
waren der sich immer erneuernden Besorgnisse vor einem Volksaufstande
müde geworden, und verlangten, daß dieser Gefahr zuvorgekommen
werde. Die Regierung beschloß, um mit der Aufhebung der National=
werkstätten einen Anfang zu machen, 7000 Arbeiter aus denselben zu
entfernen, und den übrigen, die nicht zur Nationalgarde gehörten, die
Waffen abzunehmen. Die Arbeiter hatten diese Maßregel aus den in
der Nationalversammlung vorangegangenen Berathungen voraussehen
können, und beschlossen, ihr mit Aufbietung aller Kräfte zu widerstehen.
Ehe sie jedoch zu den Waffen griffen, sandten sie eine Deputation an
den früheren Minister der öffentlichen Arbeiten, Marie, um eine Zurück=
nahme des Beschlusses über die Nationalwerkstätten zu erlangen, von
dem sie aber abgewiesen, und zur Unterwerfung unter die Anordnungen
der Regierung aufgefordert wurden. In der Nacht vom 22. zum 23.

Juni wurden von den Anführern der bewaffneten Arbeiter, die zugleich die Aufseher in den Nationalwerkstätten waren, die Vorbereitungen für den folgenden Tag getroffen. Am 23. Juni Morgens um sieben Uhr brach der Kampf an der Porte St. Denis aus. Um acht Uhr schlug der Generalmarsch in allen Straßen und rief die Linientruppen, die Mobilgarde und die Nationalgarde zusammen, welche letztere aber am ersten Tage nur in geringer Zahl herbeikam. Vielen Familienvätern und friedlichen Bürgern graute vor dem bevorstehenden Kampfe, dessen Heftigkeit sich bei der unter den Arbeitern herrschenden Stimmung voraussehen ließ. Wie in der Nacht vom 23. zum 24. Februar, so waren auch in der vom 22. zum 23. Juni auf allen Punkten, die nicht von den Truppen besetzt waren, Barrikaden und zwar mit mehr Stärke und Kunst als früher errichtet worden. Die Truppen unter dem General Lamoriciere fanden in dem Faubourg St. Denis, St. Martin und in der Rue du Temple einen hartnäckigen Widerstand, den sie, obgleich unter großem Verlust auf ihrer Seite, zuletzt überwältigten. Um dieselbe Zeit schlug man sich auf dem linken Ufer der Seine, besonders in der Nähe des Pantheon und in dem Quartier St. Jacques, und der Kampf wogte bis in den Marais hinüber. Im Ganzen genommen waren die Truppen an diesem ersten Tag nicht glücklich gewesen. Wenn sie auf dem rechten Ufer der Seine einige Fortschritte gemacht, so waren sie dagegen auf dem linken aus mehren Stellungen verdrängt worden, die sie am Morgen inne gehabt hatten. Die ganze Nacht über heulten die Sturmglocken, welche die Aufständischen zu den von ihren Führern vorher angegebenen Sammelplätzen riefen. In der Nationalversammlung und unter den Mitgliedern der Regierung gab sich keine Muthlosigkeit, aber eine trübe Stimmung kund, die zwar zu den größten Opfern entschlossen war, deren Nothwendigkeit aber bedauerte.

Die Nationalversammlung hatte dem General Cavaignac den Oberbefehl über die gesammte bewaffnete Macht in Paris und den Departements übergeben, welche die erste Militairdivision ausmachen, und ihn für die Dauer des Kampfes mit einer diktatorischen Gewalt bekleidet. Die Exekutivkommission trat ab. Die Nationalgarde eilte am Morgen des 24. Juni, von dem Widerstande der Arbeiter erbittert und für ihr Eigenthum und ihre Familien fürchtend, in großen Massen herbei, und Cavaignac schickte nach allen Seiten Befehle an die Besatzungen der benachbarten Städte nach Paris zu eilen, die sich auch sogleich in Bewegung setzten. Aber die Aufständischen hatten sich während der Nacht sehr verstärkt, so daß ihre Zahl am 24. Juni auf 40,000 Mann

geschätzt wurde, unter ihnen viele ehemalige Soldaten, alle mit dem Ge=
brauch des Feuergewehrs vertraut und reichlich mit Schießbedarf ver=
sehen. Unter unerhörten Anstrengungen und nur durch Anwendung der
Artillerie, woran es den Arbeitern gänzlich fehlte, war es dem General
Cavaignac gelungen, das Pantheon und dessen Umgebung den Aufstän=
tischen zu entreißen, sie an der Besetzung des Hôtel de Ville zu hindern,
und am anderen Ende der Stadt, im Faubourg Poissoniere, die dort
errichteten Barrikaden zu erstürmen. Am 25. Juni wurde der Aufstand
endlich in die inneren Theile des alten Paris und die Faubourgs St.
Antoine und St. Marceau zusammengedrängt, wo er am schwersten zu
bezwingen war.

Mitten in der Entfesselung der wildesten Leidenschaften und dem
blutigen Wogen eines Vernichtungskampfs, stellte ein Mann des Frie=
dens ein erhabenes Beispiel von Menschenliebe und Selbstaufopferung
auf, zu dem der höchste sittliche Muth gehörte, da es aus den reinsten
Quellen entsprang. Der Erzbischof von Paris, Dionysius August Affre,
begab sich, von einem muthigen Geistlichen und einem treuen Diener be=
gleitet, gegen Abend nach einem Punkt, wo Angriff und Widerstand am
verzweifeltsten waren. Dort, an der Ecke der Straßen St. Antoine und
Charenton, erhob sich eine citadellenartige Barrikade, um deren Besitz
schon seit mehren Stunden gekämpft wurde. Der Erzbischof wurde von
den Aufständischen, die er zur Niederlegung der Waffen ermahnte, mit
der größten Achtung behandelt, und auf sein Verlangen der Kampf auf
beiden Seiten unterbrochen. Aber ein Signal mit der Trommel, welches
dem Blutvergießen Einhalt thun sollte, ward von einer entfernter stehen=
den Abtheilung der Truppen für ein Zeichen zum Angriff gehalten.
Das Gefecht begann von Neuem, und eine Kugel, man weiß nicht von
welcher Seite, traf den Erzbischof und verwundete ihn so schwer, daß er
am andern Tage verschied. Bis zum letzten Augenblick hatte er für die
Wiederherstellung der Eintracht seine Gebete zum Himmel emporgeschickt,
und seine eignen Leiden mit großer Standhaftigkeit ertragen. Sein christ=
lich=heroisches Ende wurde von allen Parteien aufrichtig beklagt.

Am 26. Juni wurden die Aufständischen in ihren letzten Boll=
werken, dem Faubourg du Temple und dem Faubourg St. Antoine
mit zahlreicher Artillerie angegriffen. Die Vertheidigung dauerte, ob=
gleich kein Erfolg mehr möglich war, eine Zeit mit derselben Hartnäckig=
keit wie am vorhergehenden Tage fort. Aber die festesten Barrikaden
wurden zuletzt von dem aus Vincennes herbeigebrachten schweren Ge=
schütz demolirt und dann mit dem Bayonett erstürmt. Um sechs Uhr

Abends schwieg endlich das Geschütz- und Gewehrfeuer und die Auf=
ständischen, die nicht umzingelt oder verwundet waren, warfen die Waf=
fen fort und verliefen sich nach allen Seiten. Aber die ganze Umgegend
von Paris war von Truppen angefüllt, und die meisten Flüchtigen
wurden ergriffen.

Es hatte in Frankreich seit 1789 viele Aufstände gegeben, es waren
neuerdings in Deutschland und Italien blutige Unruhen vorgefallen,
aber von dem allen konnte nichts mit dem Kampfe verglichen werden,
der vom 23. bis 26. Juni in den Mauern von Paris geliefert wurde.
Anderswo hatte es sich um die Vertheidigung oder den Sturz dieser oder
jener Regierungsform und Staatsgewalt gehandelt, der Gegenstand des
Konflikts war mehr oder weniger rein politischer Natur gewesen. In der
viertägigen Barrikadenschlacht war aber die bürgerliche Ordnung selbst,
wie sie sich seit Jahrhunderten aus rohen Naturzuständen heraus ent=
wickelt hatte, die gesammte moderne Gesittung und höhere Bildung in
Frage gestellt und mit der Rückkehr in das Chaos bedroht gewesen.
Obgleich ihre Grundlagen zu tief mit dem Dasein der Völker verbunden
sind, als daß irgend eine materielle Gewalt sie ganz zu zerstören ver=
möchte, so wäre doch selbst eine theilweise Unterbrechung ihres Beste=
hens, besonders in einem der Mittelpunkte der europäischen Kultur, ein
schwer zu überwindendes Unglück gewesen. Diese Gefahr ward nicht
nur von den Führern, sondern von der Masse der Nationalgarde, der
Mobilgarde und der Linientruppen gefühlt, und darum der Angriff auf
das Bestehende mit so leidenschaftlicher Erbitterung zurückgewiesen.

Ein großer Theil von Paris bot nach diesen Schreckenstagen einen
in seinen Mauern noch nie gesehenen Anblick dar. Viele Häuser waren
in Brand geschossen und eingestürzt, ganze Straßen von den Kugeln
stark beschädigt worden. Die meisten Fensterscheiben waren zerschlagen,
die Wände von Pulverrauch geschwärzt. In den engen Straßen wußte
man nicht, wo man den Fuß hinsetzen sollte, ohne im Blut auszugleiten.
Die Zahl der Todten und Verwundeten war so groß, daß die gewöhn=
lichen Leichenkammern und Hospitäler nicht ausreichten, und viele Kirchen
und andere öffentliche Gebäude dazu verwandt werden mußten.

Die Opfer, welche dieser furchtbare Ausbruch einer lange verhal=
tenen inneren Gährung gekostet hat, sind mit vollkommener Genauig=
keit nie angegeben worden. Von funfzehn Generalen, die Kommandos
hatten, blieben zwei auf der Stelle: Negrier beim Angriff auf eine
Barrikade, und Brea, der verrätherischer Weise von einer Abtheilung
Aufständischen zu einer Unterredung gelockt und mit zwei ihn beglei=

tenden Officieren ermordet wurde; die Generale François, Reynaud, Bourgon, Duvivier starben an ihren Wunden; Bedeau, Damesnie, Korte, Lafontaine, Foucher wurden verwundet. Nur Cavaignac, Perrot und Lamoricière blieben unversehrt. Letzterem, der eben so große Umsicht als Thatkraft entwickelt hatte, wurden zwei Pferde unter dem Leibe er=schossen. Mehre Volksrepräsentanten hatten sich an der Bekämpfung des Aufstandes betheiligt. Zwei derselben, Bixio und Charbonnel, fielen, einige andere wurden verwundet. Man giebt den Gesammtver=lust in diesen Tagen gewöhnlich auf 2 — 3000 Todte an. Sehr viele Leichen sind aber während des Kampfes in die Seine geworfen worden und man hat sie an den Orten, wo sie an das Ufer getrieben wurden, ohne weitere Anzeige zu machen, begraben. Von den Aufständischen wurden an 14,000 gefangen, denn auf allen Landstraßen waren Ka=valerieposten aufgestellt, welche alle Flüchtigen oder der Flucht Verdäch=tigen in Empfang nahmen und an die Behörden ablieferten. Sowohl sie als die verwundeten und sterbenden unter den Aufständischen, welche in den Hospitälern lagen, waren von der Niederlage ihrer Partei mehr überrascht als gebeugt, denn sie hatten auf den Sieg gerechnet, und die meisten unter ihnen blieben fest bei der Meinung, eine gute und gerechte Sache vertheidigt zu haben, und sahen sich als Märtyrer an. Es wur=den keine Todesurtheile vollzogen, obgleich manche unter den Aufstän=dischen überführt wurden, Gefangene niedergemacht und andere Grau=samkeiten begangen zu haben. Nur die später entdeckten Mörder des General Brea und der beiden ihn begleitenden Officiere sind unter der Präsidentschaft Louis Napoleon's hingerichtet worden. Auffallend bleibt es, daß die Socialisten im übrigen Frankreich sich nicht in Masse, wie ihre Gesinnungsgenossen in Paris, erhoben, da es überall Klubs und geheime Gesellschaften gab. Es scheint aber zwischen ihnen kein Zusam=menhang und gemeinsamer Plan statt gefunden zu haben. Die Fabrik=arbeiter in Rouen waren schon am 29. April losgebrochen, aber von der Nationalgarde zu Paaren getrieben worden. In Marseille erhoben sie sich am 22. Juni, wurden aber nach einem blutigen Kampfe besiegt.

Die Exekutivkommission war im Sturme der Barrikadenschlacht verschwunden. Nach errungenem Siege gab der General Cavaignac die ihm ertheilte Vollmacht an die Nationalversammlung zurück, die sie ihm aber von Neuem übertrug, und ihm überließ, seine Kollegen in der Re=gierung nach eigenem Ermessen zu wählen. Außerdem erklärte die Na=tionalversammlung, daß Cavaignac sich um das Vaterland wohl verdient gemacht habe. Lamoricière wurde Kriegsminister, Changarnier erhielt

den Oberbefehl über die Pariser Nationalgarde, dem General Bedeau,
der noch an seiner Wunde krank lag, wurde das Ministerium des Aus=
wärtigen übertragen, er aber in demselben erst provisorisch, dann defi=
nitiv durch Bastide, einen der Redakteure des National, ersetzt. Ob=
gleich die äußere Ruhe wieder hergestellt war, dauerte der Belagerungs=
zustand fort, elf der revolutionairsten Tagesblätter mußten eingehen,
alles, was nicht zur Nationalgarde gehörte, wurde zur Ablieferung der
Waffen gezwungen, und die Regierung errichtete mehre Lager in der
Nähe von Paris, so daß sie in jedem Augenblick über 50,000 Mann
Truppen verfügen konnte. Die Nationalversammlung nahm, ungeachtet
des heftigen Widerstandes der äußersten Linken, drei Gesetzentwürfe an,
welche für jedes politische Tagesblatt eine Kaution von 24,000 Fr.,
Strafen für Preßvergehen und die Beaufsichtigung der Klubs anord=
neten. Die Nationalversammlung hatte aus ihrer Mitte eine Kommis=
sion gewählt, welche beauftragt wurde, die sowohl an die Vorbereitung
als an die Ausführung der Juniereignisse sich knüpfenden Thatsachen
aufzuhellen und herauszustellen. Der Bericht der Untersuchungskom=
mission verursachte, obgleich er nichts als die Wahrheit und diese noch in
gemilbeter Form enthielt, auf der äußersten Linken, die jetzt wieder wie
im Konvent der Berg genannt wurde, eine Aufregung, die durch das
Bewußtsein der moralischen Mitschuld noch vermehrt wurde. Besonders
hatte die Darstellung des übeln Einflusses und des ungesetzlichen Ver=
fahrens der nach der Februarrevolution in die Departements gesandten
Kommissarien die Demagogen in Harnisch gebracht. Man war nicht
ohne Besorgniß vor neuen unruhigen Auftritten, die allerdings von der
bewaffneten Macht bald unterdrückt worden wären, aber vielleicht wie=
der viel Blut gekostet haben würden. Die gemäßigte Partei vermied
deßhalb in dem weiteren Verlauf der Verhandlungen jede Bitterkeit und
Leidenschaftlichkeit, zumal die Angeschuldigten nicht von der National=
versammlung, sondern von dem Hohen Gerichtshof in Bourges gerichtet
werden sollten.

Nach diesen großentheils persönlichen Debatten kam es zur Be=
rathung über den Verfassungsentwurf, an welchem von der in der Na=
tionalversammlung dazu niedergesetzten Kommission, ungeachtet aller
äußeren Störungen, unaufhörlich fortgearbeitet worden war. Derselbe
wurde, nachdem ihn die einzelnen Abtheilungen geprüft und mehrmals
abgeändert hatten, jetzt vor das Plenum gebracht. Einer der Para=
graphen des Entwurfes, der am meisten angefochten wurde, war das
Recht des Einzelnen auf Arbeit und die Beschaffung derselben von

Seiten des Staats, ein Recht, dessen Anerkennung schon Lamartine
unmittelbar nach der Februarrevolution verweigert hatte, und das
jetzt wieder hervorgesucht worden war. Dieser Paragraph wurde durch
die vereinten Bemühungen von Tocqueville, Duvergier de Hauranne,
Thiers*) und Dufaure, die drei Sitzungen hindurch gegen denselben
sprachen, in der öffentlichen Meinung zu Grunde gerichtet, und von der
Versammlung mit großer Stimmenmehrheit verworfen. Die Todesstrafe wurde nur bei politischen Verbrechen abgeschafft, blieb aber sonst
in der Kriminaljustiz stehen. Das Zweikammersystem erlag, ungeachtet
der Anstrengungen, die Odilon Barrot, Remusat, Tocqueville und
Thiers für dasselbe machten. Die Proportionalsteuer wurde der Pro-
gressivsteuer vorgezogen, für welche letztere die Linke mit großem Eifer
stritt. Die Unterrichtsfrage blieb unerledigt, so viele Mühe sich auch
Montalembert und Falloux gaben, die klerikalen Ideen in ihr geltend
zu machen. Obgleich manche dieser Sitzungen, abgesehen von den bedeutenden Gegenständen, um die es sich handelte, auch von Beredtsamkeit
und Parteieifer belebt wurden, so flößten sie dem Publikum keine ächte
Theilnahme mehr ein. Der Mißbrauch mit der Sache hatte unglücklicher aber nothwendiger Weise diese selbst vernichtet. Das Interesse an
den parlamentarischen Verhandlungen war in Frankreich auf lange Zeit
hin geschwächt worden. Die Demagogen hofften auf eine neue Schilderhebung der Massen und eine Beseitigung der Nationalversammlung,
die von ihnen seit dem 15. Mai auf das äußerste angefeindet wurde,
und der friedliche Theil des Volks sah der Zukunft mit Besorgniß entgegen, und suchte nach einer schützenden Macht für sich, als welche ihm
weder die Nationalversammlung noch die Regierung erschienen. Cavaignac, dessen kräftiger Wille und aufrichtige Gesinnung nicht bezweifelt
wurde, war doch zu wenig Staatsmann, begriff die Lage der Dinge
nicht ganz, und galt für einen zu ausschließenden Republikaner, um volles
Vertrauen in ihn zu setzen. Denn die Republik, welche mit Ausnahme
der ersten Begeisterung nach dem 24. Februar, von Anfang an wenig
überzeugte Anhänger gezählt hatte, war jetzt in der Meinung der besitzenden Klassen völlig todt. Man sah in ihr nur eine hohle Form,
die bei der ersten feindlichen Berührung von selbst zusammenstürzen
würde.

Das Verfassungswerk wurde endlich am 4. November zum Ab-

*) Thiers war, in Folge einer Ersatzwahl im Junius, in die Nationalver-
sammlung getreten.

schluß gebracht und mit 739 Stimmen gegen 30 angenommen. Es war das elfte der Art seit der Konstitution von 1791. Frankreich wurde darin für eine untheilbare demokratische Republik erklärt, die unveräußerliche und unverjährbare Souverainetät des Volks ausgesprochen, und drei von ihm ausgehende Gewalten: die gesetzgebende, die richterliche und die vollziehende festgesetzt. Die gesetzgebende Macht sollte von einer Nationalversammlung, die vollziehende von einem Präsidenten, beide unmittelbar vom Volk durch allgemeines Stimmrecht gewählt, ausgeübt werden. Am 5. November ward die Verfassung auf den Hauptplätzen der Stadt mit äußerem Pomp verkündigt, von der Bevölkerung aber mit mehr Gleichgültigkeit als zur Zeit der parlamentarischen Regierung viel weniger wichtige Ereignisse aufgenommen. Die Mehrheit des Volks war durch die häufigen Erschütterungen gegen alle politischen Systeme gleichgültig geworden, und wollte nur Ruhe und Sicherheit, unter welchen Ideen und Formen es auch immer sei.

Die Verfassung wurde, seitdem sie bekannt gemacht worden, wenig in Betracht gezogen. Die allgemeine Aufmerksamkeit war einzig auf die Präsidentenwahl gerichtet. Es gab nur wenige Kandidaten für die erste Stelle in der Republik, die Aussicht auf Erfolg gehabt hätten. Denn es war, ungeachtet es nicht an militairischen und parlamentarischen Notabilitäten fehlte, Niemand vorhanden, der in der öffentlichen Meinung eine unbestrittene, alles überragende Stellung eingenommen hätte. Die Staatsmänner, Kammermitglieder, Redner, die sich in den letzten Decennien hervorgethan hatten, waren weniger Männer des Landes als einer Partei, und wurden in dieser Eigenschaft von den anderen Parteien ausgeschlossen. Bei den Generalen ersten Ranges fand dies weniger statt, aber keiner unter ihnen konnte durch das, was er gethan, eine unbedingte Anerkennung für sich in Anspruch nehmen. Die Franzosen waren durch Napoleon gewöhnt worden, an militairisches Verdienst einen ungewöhnlich großen Maßstab anzulegen. Was wollten die Siege, welche die in Afrika befehligenden Generale über Araber und Marokkaner davon getragen hatten, im Vergleich zu den Siegen unter dem Kaiserreich und selbst der ersten Republik bedeuten? Cavaignac hatte während seiner Diktatur Muth, Verstand und Redlichkeit, aber kein besonderes politisches und organisatorisches Talent bewiesen. Da Niemand das Gewicht außerordentlicher Thaten in die Wagschale der Wahl werfen konnte, so sah sich die Nation bei der Besetzung der ersten Würde im Staat auf die Träger großer Namen gewiesen. Aber solcher durch ihren Glanz alles verdunkelnder Namen gab es in Frankreich nur zwei, einen sehr alten: Bourbon, der eine fast tausendjährige Geschichte besaß, mit dem aber das französische Volk seit sechzig Jahren viermal gebrochen hatte, und einen, von dem allerdings erst die zweite Generation vorhan= ten war, Bonaparte, dessen Gründer aber durch seinen Herrschergeist, seine Reformen im Innern und seine Siege über das Ausland in den Augen der Massen die Vergangenheit wie ausgelöscht und sich an deren Stelle gesetzt hatte. Daß der nächste Erbe dieses Namens, wenn es auf eine Wahl ankam, bei der die Menge entschied, allen anderen Bewerbern vorgezogen werden würde, konnte nur der Parteisucht und Unbekannt= schaft mit der öffentlichen Meinung zweifelhaft erschienen.

Louis Napoleon war, wie eben erwähnt worden, im Anfang Juni in vier Departements zum Abgeordneten gewählt worden, hatte aber, da seine Wahl zu unruhigen Auftritten in Paris und leidenschaftlichen Diskussionen in der Nationalversammlung Veranlassung gab, abgelehnt und war in London geblieben, nicht ohne diesen Entschluß und seine Beweggründe dem Präsidenten der Versammlung in einem in der Presse veröffentlichten Schreiben kund zu thun. Eine Stelle in diesem Schrei= ben: „Wenn mir das Volk Pflichten auflegen sollte, so werde ich die= selben zu erfüllen wissen" — hatte in ganz Frankreich großes Aufsehen erregt. Unterdessen waren in Paris und mehren Departements aber= mals Neuwahlen vorgenommen worden (17. September 1848). Louis Napoleon hatte allein in Paris 110,752 Stimmen erhalten, und war außerdem noch in vier anderen Departements gewählt worden. Die Popularität seines Namens war seit den Juniereignissen sehr gestiegen. Alles Andere schien abgenutzt, veraltet und vergessen zu sein. Lamartine war in den Hintergrund getreten, Barbès, Blanqui im Gefängniß, Louis Blanc entflohen, Ledru=Rollin hatte sich verhaßt und selbst ge= ringschätzig gemacht. Cavaignac war nur unter den Soldaten und in einem Theile der Bourgeoisie beliebt.

Unter solchen Umständen geschah es, daß Louis Napoleon sich nach Paris begab, und am 26. September zum erstenmal in der National= versammlung erschien. Seine Wahl zum Abgeordneten ward für regel= mäßig befunden. Sein Aeußeres brachte auf die Versammlung keinen bedeutenden, aber auch keinen ungünstigen Eindruck hervor. Seine Züge erinnerten wenig an die seines großen Oheims, er trat sehr anspruchslos auf und hielt eine kurze Rede, in der er seine Vaterlandsliebe lebhaft betonte, und sich für Wiederherstellung der Ordnung mit Beibehaltung der Republik und der demokratischen Institutionen aussprach. Diese Rede gefiel beiden Parteien. Die Erklärung zu Gunsten der Ordnung

gewann die rechte, die Anſpielung auf die Republik beruhigte die linke
Seite der Verſammlung. Am 5. Oktober begann die Berathung über
die Präſidentenwahl. Am 6. entſchied Lamartine's glänzende Rede die
Frage im Sinn der direkten Wahl durch das Volk. Vergebens machten
die entſchiedenen Republikaner einen Verſuch, Louis Napoleon's Wahl
unmöglich zu machen, indem ſie durch den Deputirten Thouret ein
Amendement einbringen ließen, nach welchem jedes Mitglied der Fami=
lien, die über Frankreich regiert hatten, von der Präſidentenſtelle aus=
geſchloſſen ſein ſollte. Thouret mußte, da er nicht die nöthige Unter=
ſtützung fand, ſein Amendement zurücknehmen.

Das Landvolk war überall in Frankreich, mit Ausnahme einiger
Gegenden im Süden und Weſten, entſchloſſen für Louis Napoleon zu
ſtimmen. Das Bild des Kaiſers hing in jeder Hütte, und die Erinne=
rung an ihn lebte in den Bewohnern wie eine Familientradition; der
Vater oder Großvater hatte unter ihm gefochten, die Erzählungen von
ſeinen Thaten und ſeinem tragiſchen Ende waren die erſte Nahrung für
die Einbildungskraft des gegenwärtigen Geſchlechts geweſen, dem aller=
dings kein größerer Gegenſtand hätte geboten werden können. Zu dem
militairiſchen Ruhm, der mit dem Namen Napoleon verbunden war
und in den Augen des Volks alles Andere überwog, trat für die gebil=
deten Klaſſen das Verdienſt hinzu, in Frankreich eine ſo feſte und groß=
artige Staatseinrichtung eingeführt zu haben, daß ſie in Verwaltung,
Juſtiz, Steuerweſen, Kultus und Unterricht, ungeachtet aller politiſchen
Stürme, im Weſentlichen dieſelbe geblieben war. Die Menge warf ſich
nicht die Frage auf, ob der Neffe dem Oheim an Einſicht und Thatkraft
ähnlich ſei, es wurde dies als ſelbſtverſtändlich vorausgeſetzt und mit
dem Namen verbunden gedacht. Mit dieſer Stimmung der Maſſen
wohl bekannt, ſagte Louis Napoleon am 26. Oktober in der National=
verſammlung: Frankreich ſehe in ſeinem Namen eine Bürgſchaft für die
Sicherheit der Geſellſchaft, und er werde ſich die Achtung dieſes hoch=
herzigen Volkes zu erwerben wiſſen. Er erließ ein Wahlmanifeſt, worin
er Ordnung nach Innen, Friede nach Außen, Herabſetzung der Steuern
verſprach und erklärte, er werde, wenn er an die Spitze des Staats ge=
ſtellt würde, das Miniſterium aus den Beſten und Fähigſten zuſammen=
ſetzen, zu welcher Partei ſie auch gehören möchten. Louis Napoleon
fand aber nicht nur bei den Maſſen, ſondern auch bei den politiſchen
Parteien für ſeine Wahl Beiſtand. Viele Notabilitäten aus der Zeit
der Reſtauration und der Juliusmonarchie, Legitimiſten und Orleani=
ſten, arbeiteten für ihn, und bildeten Vereine, um ſeine Wahl in Paris

unb ben Departements zu begünstigen. Sie wollten feinen Namen be=
nutzen, nm burch ihn die Republik zu ftürzen, und hofften ihn dann felbft
leicht befeitigen und einen Thronkandidaten ihrer Wahl an feine Stelle
fetzen zu können. Denn fie hielten ihn für fchwach und unfähig und
glaubten, daß er, in ben Befitz ber oberften Gewalt gefetzt, bald Miß=
griffe begehen und die Volksgunft, die ihn allein emporgetragen, verlie=
ren werde. Nie hat man fich über einen Charakter mehr getäufcht als
über ben „des Helben von Straßburg und Boulogne", und dies ift be=
fonders von Seiten ber Politiker vom Fach, und nicht blos in Frank=
reich, fondern auch faft überall im Ausland gefchehen. Aber man muß
auch geftehen, daß Niemand fich felbft fo unähnlich gewefen ift, als Louis
Napoleon vor und nach ber Zeit feiner Wahl.

Am 10. December fand die Präfidentenwahl ftatt, aber es war
im Grunde keine Wahl mehr, fondern, wenigftens auf bem Lande, ein
begeifterter Zuruf bes Volks, das von dem Namen Napoleon wie be=
raufcht erfchien. Von 7,324,672 Stimmen erhielt ber Neffe bes Kai=
fers: 5,434,226; Cavaignac: 1,448,107; die übrigen hatten fich auf
Lebru=Rollin, Raspail, Lamartine und Changarnier zerfplittert. Am
20. December wurde das Ergebniß ber Wahlen in ber Nationalver=
fammlung bekannt gemacht. Cavaignac und nach ihm alle Minifter
legten ihre Aemter nieder. Armand Marraft, ber Präfident ber Natio=
nalverfammlung war, proklamirte hierauf ben Bürger Louis Napoleon
Bonaparte zum Präfibenten ber franzöfifchen Republik, ber, nachbem
er die Verfaffung befchworen hatte, eine kurze klug berechnete Rede hielt,
in ber er hervorhob, daß er nicht ber Mann einer Partei, fondern ber
bes Landes fein werde, und daß, wenn es ihm nicht befchieden fei, Gro=
ßes zu thun, er wenigftens Gutes vollbringen wolle. Nach biefen mit
Beifall aufgenommenen Worten begab fich ber neue Präfident, ber in
bürgerlicher Kleidung, aber mit dem Stern und Band der Ehrenlegion
erfchienen war, zu dem General Cavaignac, ber wieder feinen Sitz als
Abgeordneter eingenommen hatte, brückte ihm die Hand, und erklärte,
daß er ftolz barauf fei, einem fo würdigen Manne in ber Ausübung ber
vollziehenden Gewalt zu folgen. Cavaignac nahm biefe Anerkennung
feiner Verbienfte kalt und ohne fich von feinem Platz zu erheben ent=
gegen. Louis Napoleon verließ hierauf die Nationalverfammlung in
Begleitung ber Bureaumitglieder, die beauftragt waren, ihn mit allen
feiner Würde gebührenden Ehrenbezeugungen in ben Pallaft Elyfée=
National, ber zur Refidenz bes Präfibenten ber Republik beftimmt war,
einzuführen. Dort wurde er von feinen in Paris anwefenben Verwanb=

ten und vielen Anhängern seiner Familie empfangen, die bald anfingen, ihn wie einen Souverain zu behandeln. Es war ein verhängnißvoller Moment für Frankreich, und, wie sich später gezeigt hat, für Europa, als das Gestirn der Napoleoniden, nachdem es ein ganzes Menschenalter über unsichtbar gewesen, vor den erstaunten Augen der Welt plötzlich wieder aufging, obgleich die volle Bedeutung dieses Ereignisses damals nur dunkel geahnt werden konnte.

2. Deutschland im Jahre 1848.

Der erste Anstoß zu einem neuen großen Wendepunkt in der Geschichte unserer Zeit war, wie am 14. Juli 1789 durch die Einnahme der Bastille, am 24. Februar 1848 durch die Einführung der Republik wieder von Paris ausgegangen, wo seit siebenzig Jahren ein Vulkan sich erhoben hat, der zuweilen erloschen scheint, plötzlich aber sich wieder entzündet, und bei jedem neuen Ausbruch die in ihm entstandene Erschütterung immer weiter in die Ferne verbreitet. Der geistige Einfluß der Revolution von 1789 hatte sich bald fühlbar gemacht, weil sie in den Ideen schon seit lange vorbereitet gewesen, aber in die äußere Gestaltung der Welt griff sie erst durch ihre siegreichen Kriege ein, zu denen sie durch die Angriffe des Auslandes herausgefordert wurde, in deren Verlauf sie aber später weder Maß noch Ziel kannte. Der Unterschied zwischen Frankreich und dem übrigen Europa war damals noch zu groß, als daß letzteres sich hätte veranlaßt fühlen können, dieselbe oder auch nur eine ähnliche Bahn zu betreten. Ganz anders verhielt es sich mit der Revolution von 1848. Sie wurde weder vom Auslande bedroht, noch griff sie dasselbe an, sondern ihr bloßes Beispiel reichte hin, einen großen Theil Europa's in Flammen zu setzen. Ihre Wirkung war viel rascher und viel weiter reichend als das erstemal, weil zwischen den Franzosen und den anderen Völkern, ungeachtet aller natürlichen Verschiedenheit, nicht mehr dieselben moralischen Schranken wie früher bestanden. Seit dem Wiener Kongreß hatte sich in vielen Ländern ein immer tiefer gehender Widerwille gegen das reactionaire System, dem sie unterworfen wurden, verbreitet, wozu später noch die socialistischen Ideen hinzutraten, die, ebenfalls von Frankreich ausgehend, nur dadurch so schnell um sich griffen, weil sie überall dieselbe Unzufriedenheit mit

dem Bestehenden vorfanden. Es wäre aber ein Irrthum und eine Ueber=
treibung, wenn man das, was in den Jahren 1848 und 1849 in
Deutschland, Oesterreich, Preußen, Italien und Ungarn geschah, einzig
als eine Folge der Februarrevolution ansehen wollte. Es ward in Pa=
ris nur das äußere Zeichen zum Ausbruch der in jenen Ländern längst
vorhandenen Gährung gegeben, die ohne den 24. Februar 1848 wahr=
scheinlich noch länger an sich gehalten hätte, aber auf diese oder jene
Art, wenn auch später, unfehlbar hervorgetreten sein würde. Nament=
lich im Großherzogthum Baden, dem in politischer Beziehung beweg=
lichsten Theile Deutschland's, gab es schon vor 1848 eine radikale Par=
tei, in der sich ähnliche Gesinnungen und Bestrebungen regten, wie spä=
ter in Frankreich nach dem 24. Februar zum Durchbruch kamen. Der
Advokat Hecker und der Journalist von Struve, welcher letztere den in
Mannheim in revolutionairem Geist geschriebenen „Zuschauer" heraus=
gab, hielten im September 1847 in Offenburg eine Versammlung von
Gleichgesinnten, in der schon von Selbstregierung des Volks, allgemei=
ner Bewaffnung, progressiver Einkommensteuer und Garantie der Arbeit
von Seiten des Staates, dem Inhalt nach ungefähr eben so wie später
in den Pariser Klubs und in dem sogenannten Arbeiterparlament, wenn
auch in etwas gemäßigterer Form, die Rede war. Auf einer Zusam=
menkunft von liberalen Notabilitäten aus der Opposition verschiedener
Kammern, die der badische Abgeordnete von Itzstein im Oktober nach
Heppenheim berufen hatte, war lebhaft über eine Vertretung des deut=
schen Volkes am Bundestag verhandelt worden. Am 12. Februar 1848,
also vierzehn Tage vor der Februarrevolution, hatte Bassermann aus
Mannheim in der badischen Abgeordnetenkammer eine Volksvertretung
am Bundestag mit der Bemerkung beantragt, daß es die dringendste
Aufgabe der Fürsten sein müsse, die Abneigung der Nation gegen ihre
oberste Behörde, den Bundestag, in Vertrauen zu demselben zu verwan=
deln, weil sonst die Kluft immer größer werden würde. Bei dieser Ge=
legenheit waren von ihm die prophetischen Worte ausgesprochen worden:
„An der Seine und an der Donau neigen sich die Tage!" was, beson=
ders der letztere Theil der Aeußerung, neu und überraschend erschei=
nen mußte.

Bei dieser inneren Vorbereitung und verwandten Stimmung brachte
die Kunde von dem, was in Paris am 24. Februar vorgegangen, in
ganz Deutschland eine ungeheure, seit den Tagen der Reformation da=
selbst nicht mehr gesehene Aufregung hervor. Die deutschen Regierun=
gen, welche die Februarrevolution eben so wenig wie die Juliusrevolu=

tion vorausgesehen hatten, waren im ersten Augenblick wie betäubt, und ahnten die Folgen dieses Schlages, ohne zu wissen wie sie denselben begegnen sollten. Die beiden deutschen Großmächte näherten sich ein= ander, und der König Friedrich Wilhelm IV. schickte einen seiner Ver= trauten, den General von Radowitz, nach Wien, um die von dem öster= reichischen Kabinet früher immer abgewiesenen Vorschläge zu einer Bun= desreform zu erneuern, auf die Metternich, diesmal eingehen zu müssen glaubte. Es wurde am 10. März eine Erklärung Oesterreich's und Preußen's veröffentlicht, nach welcher am 15. März in Dresden ein Fürstenkongreß zur Berathung über die deutschen Angelegenheiten zu= sammentreten sollte. Durch ein so einseitiges Mittel glaubte man den tiefen Schäden in den deutschen Zuständen abhelfen zu können. Diese diplomatische Zusammenkunft wurde von den Ereignissen verhindert. Man kann wohl ohnedies überzeugt sein, daß auf ihr nichts Heilsames zu Stande gekommen sein würde.

Unterdessen war die freisinnige Partei, für die sich jetzt die große Mehrheit der Bevölkerung mit unaufhaltsamem Ungestüm erklärte, um so thätiger gewesen, und hatten sich die Ereignisse mit einer sonst in Deutschland unerhörten Eile überstürzt. Gleich nach der ersten Nach= richt von dem Siege des Pariser Volks wurde am 27. Februar bei Mannheim auf freiem Felde eine große Versammlung unter Itzstein's Vorsitz gehalten, wo die Forderung eines deutschen Parlaments, der Preßfreiheit, der Volksbewaffnung, der Schwurgerichte in eine Adresse zusammengefaßt wurde, die dem Großherzog von Baden überbracht wer= den sollte. Struve, der in seinen Ansichten weit über Itzstein hinaus= ging, und bei dieser Gelegenheit im socialistischen Sinne von einem gleichen Recht aller Stände auf Wohlstand, Bildung und Freiheit sprach, veranstaltete einen Massenzug nach Karlsruhe, wo das Ministe= rium in alle Forderungen, mit Ausnahme eines deutschen Parlaments, dessen Gewährung außer seiner Macht lag, einwilligte, und die Censur= freiheit nach dem Preßgesetz vom 28. December 1831 wieder herstellte. An demselben Tage wurde in Württemberg die durch die Verordnung vom 1. Oktober 1819 eingeführte Censur aufgehoben. Am 28. Februar stellte Heinrich von Gagern in der zweiten Kammer des Großherzog= thums Hessen den Antrag auf Einberufung eines deutschen Parlaments unter der Voraussetzung, daß gleichzeitig ein oberstes Haupt der deut= schen Nation gewählt werden würde. In Wiesbaden wurden in einer Volksversammlung am 2. März folgende Forderungen des nassauischen Volkes zu sofortiger Erfüllung aufgestellt: allgemeine Bewaffnung mit freier Wahl der Führer; unbedingte Preßfreiheit; Einberufung eines deutschen Parlaments; Vereidigung des Militairs auf die Verfassung; Recht der freien Vereinigung; öffentliches und mündliches Verfahren mit Schwurgerichten u. s. w. Der Minister von Dungern bewilligte, da der Herzog von Nassau abwesend war, die Volksbewaffnung und Preßfreiheit aus eigener Macht, die Herzogin = Mutter sprach sich für die Gewährung aller Punkte aus, und der Herzog bestätigte nach seiner Rückkehr nach Wiesbaden sämmtliche in seinem Namen gemachten Zugeständnisse. Vorzüglich war es die Preßfreiheit, welche in allen politischen Versammlungen vorangestellt wurde, was der öffentlichen Meinung jener Zeit zur Ehre gereicht, und zugleich erkennen läßt, woran es bisher am meisten gefehlt hatte. Der Bundestag fand sich deshalb bereits am 3. März zu der Erklärung bewogen, daß es jedem deutschen Staat frei stehe, die Censur aufzuheben. Der Kurfürst von Hessen, dem schon die von seinem Vater mit den Ständen im Jahr 1831 vereinbarte Verfassung mißfiel, wollte vollends von einer Verbesserung und Erweiterung derselben nichts wissen, wozu er von den Deputationen, die aus allen Theilen seines Landes seit dem 3. März in Kassel eintrafen, aufgefordert wurde. Mit gewohnter Hartnäckigkeit blieb er bei seiner Weigerung, gab sich das Ansehen, die Volkswünsche zu verachten und ließ Truppen gegen Hanau vorrücken, wo sich eine „Volkskommission" gebildet hatte, die mit bewaffnetem Widerstand drohte. Da aber der Kurfürst alles um sich her schwanken sah, gab er endlich nach und willigte in alle Forderungen (11. März), welche dieselben wie in Karlsruhe waren, denn das Programm der badischen Freisinnigen leuchtete bei allen diesen Bewegungen voran. Aehnliches geschah in Sigmaringen, in Frankfurt a. M., in München, und zu derselben Zeit am entgegengesetzten Ende Deutschland's, in Oldenburg, Hamburg und Bremen. Die Anhänger der vormärzlichen Zustände haben aus dieser Gleichzeitigkeit der Erhebung und ihrem ähnlichen Verlauf auf weit von einander entfernten Punkten, auf ein unter den Freisinnigen vorangegangenes Einverständniß, gewissermaßen auf eine Verschwörung gegen das Bestehende, schließen wollen. Nichts ist unbegründeter als diese Voraussetzung. Bei dem Unterdrückungssystem, das in Deutschland seit Jahren von oben her geübt worden, bei dem zwar erfolglosen, aber nie ganz verstummten Widerspruch, der sich in den Kammern der konstitutionellen deutschen Staaten und in der Presse dagegen erhoben hatte, war es kein Wunder, daß die öffentliche Meinung von dem Wiederhall des in dem großen Nachbarlande gefallenen Donnerschlags im Innersten ergriffen wurde, und ihn krampfhaft in ſich nachempfand. Da den Deutſchen, wenn auch der moraliſche und materielle Druck in den verſchiedenen Staaten nicht derſelbe war, die zu einem freien nationalen Leben nothwendigen Rechte und Einrichtungen faſt überall gleichmäßig fehlten, ſo war es natürlich, daß der Drang nach deren Erringung ſich in allen Gegenden auf ſehr ähnliche Weiſe zu erkennen gab.

Zu dieſen im weſentlichen politiſchen Bewegungen, die, wenn auch Einzelheiten in ihrem Verlauf Veranlaſſung zum Tadel geben können, ihrem Urſprung und Ziel nach durchaus gerechtfertigt erſcheinen müſſen, geſellten ſich ſocialiſtiſche Berirrungen, deren Ausbrüche in die Reihe der gewöhnlichen Verbrechen gehörten. Im Odenwald erhob ſich damals das Landvolk gegen die Grundherrſchaften. Eine Menge Schlöſſer wurden überfallen, und die Archive mit den Kontrakten, dem Verzeichniß der Leiſtungen, der Zinſen u. ſ. w. vernichtet. Der Adel floh erſchreckt in die Städte. Doch fiel, da hier die Menge nicht ſo erregt und wild wie 1789 in Frankreich war, kein Mord vor, und die Ruhe ward von dem herbeieilenden Militair bald wieder hergeſtellt.

Die an vielen Stellen plötzlich eintretenden Ausbrüche, die unter ſich in keinem äußeren Zuſammenhang ſtanden, würden, wenn ſie auch das Vorhandenſein eines weit verbreiteten Brennſtoffs verriethen, keine großen Folgen nach ſich gezogen haben, und wahrſcheinlich bald in ſich erloſchen ſein, wenn nicht eine leitende Hand ſich ihrer bemächtigt und ihnen eine beſtimmte Richtung gegeben hätte. Die altliberale oder konſtitutionelle Partei im ſüdweſtlichen Deutſchland verſtand es gleich anfangs ſich an die Spitze der Bewegung zu ſtellen, und in die Forderungen des Volks an die Regierungen dadurch Maß und Uebereinſtimmung zu bringen, daß ſie ihr vornehmſtes Streben auf Reform des deutſchen Bundes richtete. Auf eine von Mannheim ausgegangene Einladung verſammelten ſich einundfunfzig Männer, meiſt aus Führern der bisherigen Kammeroppoſitionen beſtehend, am 5. März in Heidelberg, um ſich über „die dringendſten Maßregeln für das Vaterland" zu beſprechen. Die bekannteſten unter ihnen waren: Welcker, Baſſermann, Gervinus, von Itzſtein, Matthy, Hecker, von Struve, Peter, von Soiron aus Baden; Römer aus Württemberg; Heinrich von Gagern aus Darmſtadt; Kirchgeßner aus Bayern; Hanſemann aus Preußen; welche einen Aufruf an die deutſche Nation erließen, worin ſie eine nach Volkszahl zu wählende Nationalvertretung für dringend nothwendig erklärten, vor einer Einmiſchung in die Angelegenheiten Frankreich's und einem Bündniſſe mit Rußland warnten, und eine Kommiſſion von

sieben Personen ernannten, die Vorschläge hinsichtlich der Wahl und
Einberufung einer Nationalvertretung machen und zu einer Versammlung von vaterländisch gesinnten Notabilitäten, d. h. zu einem Vorparlament einladen sollten, welches die Nationalvertretung vorbereiten
würde. Zu den Sieben gehörten: Gagern, Itzstein, Welcker und Römer. Es war dies ein in Deutschland bisher unerhörter, aber von den
Umständen gebotener und deßhalb rechtmäßiger Versuch einer Anzahl
patriotisch gesinnter und meist auch durch Talent ausgezeichneter Männer sich an die Spitze Deutschland's zu stellen, und die Forderungen
der Nation zur Anerkennung zu bringen, da von den deutschen Fürsten
nach einer vieljährigen Erfahrung keine Initiative bei einer Reform
der deutschen Zustände zu erwarten war.

Die Regierungen hielten es für das Angemessenste, die Führer der
Bewegung an sich zu ziehen, und die früher zurückgestoßenen, zuweilen
selbst verfolgten Liberalen in die Ministerien zu berufen, um mit Hülfe
der Konstitutionellen sich der Demokraten erwehren zu können. Die bisherigen Leiter der Bewegung in der zweiten württembergischen Kammer:
Römer, Pfitzer, Duvernoy, wurden an die Spitze der Verwaltung ihres
Landes gestellt. Dasselbe geschah im Großherzogthum Hessen mit Heinrich von Gagern und seinen politischen Freunden. Welcker wurde als
badischer, Jordan als kurhessischer Gesandter nach Frankfurt geschickt.
Welcker war früher wegen seiner freisinnigen Richtung seiner Professur
enthoben, Jordan sogar in langer Haft gehalten worden. Selbst der
in der Ausübung der Willkühr und der Unterdrückung der Freiheit ergraute Bundestag glaubte plötzlich eine zeitgemäße Haltung annehmen
und sich zu Concessionen herbeilassen zu müssen, um sich das Ansehen
einer Bestätigung dessen was vorging zu geben, und das Heft nicht ganz
aus den Händen zu lassen. Am 9. März erklärte die Bundesversammlung den alten deutschen Reichsadler mit der Umschrift: „Deutscher
Bund", und die Farben des ehemaligen deutschen Reichspaniers, schwarz,
roth, gold, zu Wappen und Farben des deutschen Bundes. Am folgenden Tage beschloß sie, sämmtliche Bundesregierungen zu alsbaldiger Abordnung von Männern des allgemeinen Vertrauens einzuladen, welche
bei Revision der Bundesverfassung auf, wie es hieß, wahrhaft nationaler und zeitgemäßer Grundlage mitwirken sollten.

So rasch und entschieden auch die Bewegung sich über einen großen
Theil Deutschland's verbreitet hatte, sie würde kein Ganzes geworden
sein und keine allgemeine Bedeutung erlangt haben, wenn sie nicht die
beiden deutschen Großstaaten, Oesterreich und Preußen, in ihre Wirbel

hineingezogen hätte. In Folge der Juliusrevolution waren 1830 in
Braunſchweig, Dresden und Kaſſel ernſte Unruhen ausgebrochen, die
Oppoſition war in einigen deutſchen Ständeverſammlungen mit mehr
Nachdruck als früher aufgetreten, aber es hatte dies alles zuletzt mit
unwirkſamen Beſchwerden und Rechtsverwahrungen geendigt, und nur
Gelegenheit zu noch drückenderen Maßregeln von Seiten der Bundesverſammlung gegeben, weil jene Bewegungen auf ſich ſelbſt beſchränkt
blieben, indem Oeſterreich und Preußen von dem im übrigen Deutſchland ſich regenden Geiſte damals nicht ergriffen wurden. Das öſterreichiſche Regierungsſyſtem hatte ſeit langer Zeit aus allen Kräften danach geſtrebt, in den ihm unterworfenen Völkern jeden freien Aufſchwung,
jede geiſtige Erhebung niederzuhalten, namentlich alle aus der Fremde,
wozu das geſammte nicht öſterreichiſche Deutſchland gerechnet wurde,
kommenden Einflüſſe abzuhalten, und das ganze Leben in einen von
oben her geleiteten Mechanismus zu verwandeln. Aber es war dies nur
zum Theil, nur ſcheinbar und nur auf der Oberfläche des Volkslebens
gelungen. Es giebt geiſtige in der Zeit liegende Strömungen, die aller
gegen ſie aufgerichteten Schranken ſpotten, ſich auf unſichtbaren Pfaden
den verbotenen Eingang verſchaffen, und unvermerkt und allmählig in
die Gemüther bringen. Aeußerlich ſchien alles ſich nach dem von der
Regierung vorgezeichneten Maße zu bewegen, und das angeſtrebte Ideal
der moraliſchen und politiſchen Unbeweglichkeit ſo viel als möglich erreicht zu ſein. Kirche, Schule, Verwaltung, Polizei, Militairweſen,
alle Einrichtungen waren vor allem darauf berechnet, das Gefühl der
Abhängigkeit und des Stillſtandes in der Bevölkerung zu erhalten. Aber
es gab eine deutſche Litteratur und Wiſſenſchaft, die, wenn auch den
Oeſterreichern noch ſo ſpärlich zugemeſſen, doch nicht ganz von ihnen
abgehalten werden konnte, und die, obgleich unvermögend durch ſich
allein die politiſche Freiheit zu erringen, doch immer eine gewiſſe geiſtige
Selbſtſtändigkeit verlieh; es gab ein liberales Ausland, mit dem man
die Berührung nicht durchaus verhindern konnte, und deſſen ſelbſt nur
ganz vereinzelte Blitze in den Gemüthern von Zeit zu Zeit den ſchlum-
mernden Funken verwandter Geſinnung, wenn auch geräuſchlos, erweck-
ten; es gab in der Hauptſtadt Oeſterreich's eine wenn auch oberflächliche
aber lebendige Geſelligkeit, eine unaufhörliche gegenſeitige Berührung
verſchiedener Nationalitäten, Sprachen und Sitten, die keine vollkommene
Erſtarrung des Volksgeiſtes zuließen. Die Scham über die politiſche
Nullität, zu der die gebildeten Klaſſen von dem herrſchenden Syſtem
verurtheilt waren, der Zorn unter den Maſſen über die herabwür-

bigende Behandlung, der sie in vielen Fällen von Seiten der Polizei und Verwaltung ausgesetzt waren, hatte schon seit langer Zeit im Stillen um sich gegriffen, ohne daß die Regierenden dessen gewahr geworden wären. Die Gesetze und Einrichtungen des patriarchalisch = absoluti= stischen Regiments waren dieselben geblieben, aber sie hatten ihre frühere Spannkraft verloren, schienen abgenutzt und verbraucht zu sein. Unter denen, welche dieses rostende Räderwerk im Gange zu erhalten hatten, fühlten sich manche von dem einförmigen seelenlosen Getriebe ermüdet und wandten sich zweifelnd von ihm ab, andere wiegte die lange Ge= wohnheit unbedingten Gebietens und Gehorchens in träge Sicherheit ein. So traf der in Paris sich erhebende und über Deutschland brau= sende Sturm in Oesterreich bei den einen auf eine entzündliche, bei den andern auf eine abgestumpfte Stimmung, riß die einen auf seinen Flügeln mit sich fort und warf die anderen im ersten Anlauf nieder.

Eine näher liegende Einwirkung als aus Frankreich und dem süd= westlichen Deutschland kam für die österreichische Hauptstadt von dem östlichen Nachbarlande, Ungarn, her, wo in den letzten Jahren eine kräf= tige Opposition unter den privilegirten Klassen selbst, sich gegen die Eingriffe des österreichischen Absolutismus erhoben hatte, und unter der Leitung eines der kühnsten, beredtesten und gewandtesten Agitatoren stand, die das Zeitalter der Revolution hervorgebracht hat. Ludwig Kossuth faßte in einer am 3. März im Reichstag zu Pesth gehaltenen, von Leidenschaft, Glanz und Schwung überströmenden Rede die Ver= gangenheit und Zukunft Oesterreich's zusammen, und sprach über „den erstickenden Dampf des tödtlichen Windes, der aus den Bleikammern des Wiener Regierungssystems, alles niederdrückend, lähmend, vergif= tend wehe", ein Verdammungsurtheil aus, dem alle beistimmten, deren Urtheil nicht von Eigennutz oder Beschränktheit getrübt war. Diese Rede war ein Ereigniß. Sie wurde in unzähligen, da die Censur noch bestand, zum Theil handschriftlichen Kopien außerhalb Ungarn's ver= breitet. Eine Adresse an den Kaiser Ferdinand, die Kossuth sogleich durchsetzte, in der eine nationale, von jedem fremden Einfluß freie Regie= rung für Ungarn verlangt wurde, war ein Fingerzeig für das, was in den übrigen Provinzen, namentlich in der Hauptstadt selbst, erstrebt werden sollte.

Am 8. März schlug Arthaber, einer der ersten Industriellen Wien's, in einer Sitzung des niederösterreichischen Gewerbevereins, in Gegenwart des Erzherzoges Franz Karl und des Ministers Kolowrat eine einstimmig angenommene Petition an den Kaiser vor, in welcher freisinnige Reformen in der Verwaltung verlangt und tadelnde Blicke auf das herrschende System geworfen wurden. Der Erzherzog sagte die Uebergabe und die Befürwortung der Petition an seinen kaiserlichen Bruder zu. In Prag wurde am 11. März eine von 600 notabeln Einwohnern besuchte Versammlung im Wenzelsbad, einem Gasthofe, gehalten, in der sich zwar national = czechische Tendenzen geltend machten, wo aber auch von Aufhebung der Feudallasten, selbstständiger Gemeindeverwaltung, Preßfreiheit u. s. w. die Rede war, was den am Hofe und in den Ministerien bisher maßgebend gewesenen Gesinnungen auf das äußerste entgegengesetzt war. Der entscheidende Wurf mußte jedoch in Wien fallen, das nicht nur der Sitz der Regierung, sondern zugleich der Kulminationspunkt der österreichischen Kultur war, und auch auf die fremden dem Kaiserhause unterworfenen Nationalitäten eine große Anziehungskraft ausübte. Ein früher im österreichischen Volksleben unbekanntes Element, die Universitätsjugend, hatte sich in Wien erhoben, und sollte zu einem der Hebel der ausbrechenden Bewegung werden. Diese Klasse der Jugend, die bisher selten über die besondern Zustände, in denen sie lebte, hinausgeblickt und gedacht hatte, war jetzt von den neuen Gedanken, welche die Welt erfüllten, auf das lebendigste ergriffen worden. Durch das von dem Gewerbeverein gegebene Beispiel ermuntert, beschloß zunächst nur eine kleine Anzahl Studirender eine Petition an den Kaiser zu entwerfen, in der die gewöhnlichen Forderungen der Gegenwart, besonderes Preß =, Lehr = und Lernfreiheit, ausgesprochen waren. Der Entwurf wurde bald bekannt, die Petition in dem angegebenen Sinne redigirt und mit zahlreichen Unterschriften bedeckt. Bei einer Audienz, welche die Professoren Hye und Endlicher bei dem Erzherzog Ludwig hatten, den der Kaiser Franz seinem Nachfolger als eine Art von Mentor zurückgelassen hatte, wurde Fürst Metternich von Endlicher als ein Hinderniß für das Glück Oesterreich's bezeichnet, und auf seine Entfernung angespielt. Eine vor kurzem noch unmögliche Thatsache, die man kaum zu träumen gewagt hätte! Aber noch mehr als dies geschah. Am Abend des 12. März ward die Petition der Studirenden dem Kaiser von den genannten beiden Professoren in der Hofburg überreicht, und wenn auch nicht Gewährung der darin ausgesprochenen Wünsche, doch Erwägung derselben zugesagt.

Eben so neu als die plötzliche Bedeutung zu der die akademische Jugend gelangte, war die Gährung von der die zahlreichen Fabrikarbeiter in den Wiener Vorstädten ergriffen wurden, die sich sonst nie an einer außer ihrem nächsten Kreise liegenden Angelegenheit betheiligt

hatten. Die, seit der Kunde von dem was in Paris und im südwest=
lichen Deutschland geschehen, täglich zunehmende Spannung und Un=
ruhe drängte alles zur Theilnahme am öffentlichen Leben hin. Die
Menge wußte nicht was vorgehen würde, aber die Erwartung eines
großen Umschwungs hatte sich der Gemüther bemächtigt.

Der niederösterreichische Landtag, dessen Eröffnung diesmal, gegen
die sonstige Gewohnheit, mit Spannung entgegengesehen wurde, hatte
eine Adresse an den Kaiser entworfen, in welcher auf die gefährliche Lage
des Staates, die Mißbräuche in der Verwaltung, die Unzufriedenheit
in den Provinzen aufmerksam gemacht, und auf Abhülfe durch Erwei=
terung des ständischen Instituts und Gewährung der Preßfreiheit ge=
drungen wurde. Am 13. März ward der Landtag eröffnet, zugleich
aber fand verabredetermaßen eine große Versammlung von Studiren=
den in der Universität (Aula) statt, um zu wissen, wie der Kaiser die
ihm gestern von den Professoren Hye und Endlicher übergebene Petition
aufgenommen habe. Plötzlich ertönte aus dieser erregten Menge der
Ruf: „Zum Landhaus" (Ständehaus)! Der Zug ward sogleich ange=
treten, und von dicht gedrängten Schaaren begleitet, welche auf den
Plätzen und Straßen der Dinge, die da kommen sollten, harrten. Zwei
später oft genannte Volksführer, ein im städtischen Hospital angestellter
Arzt, Namens Fischhof, und ein Doktor Goldmark, die bei dieser Ge=
legenheit zum erstenmal hervortraten, stellten sich an die Spitze der
Menge und hielten Ansprachen an dieselbe, in denen die Forderung einer
Konstitution besonders betont wurde. Das Volk drang in den Stände=
saal ein. Unter den Landtagsmitgliedern war ein Theil mit dem in den
obersten Regierungssphären herrschenden Geiste unzufrieden, ein anderer
ward von der beginnenden Bewegung eingeschüchtert, und ihr Präsident,
Graf Montecucoli, suchte die Menge zu gewinnen, indem er Fischhof
aufforderte, aus ihr zwölf Männer wählen zu lassen, welche als Zeugen
und Vertreter des Volks den Berathungen des Landtages beiwohnen
sollten. Mehrere Mitglieder der Versammlung begaben sich, von Stu=
direnden begleitet, nach der Hofburg, um dem Kaiser die Wünsche des
Volks vorzutragen, und um deren Gewährung zu bitten. Die Sitzung
ward unterbrochen. Die meisten Landtagsabgeordneten hatten sich in
die Seitenzimmer begeben. Es wurde jetzt in dem fast leer gewordenen
Ständesaal ein Comité aus Bürgern und Studirenden errichtet, und
um ein militairisches Einschreiten gegen die Bewegung zu verhindern,
von dem Magistrat die augenblickliche Mobilmachung eines Theiles der
städtischen Miliz verlangt. Das Volk, einmal in Aufregung gesetzt, ver=

mehrte sich als wüchse es aus dem Boden heraus, und wurde immer lauter und ungeduldiger. Nach dem von Fischhof und Goldmark gegebe= nen Beispiel erhoben sich Redner aus seiner Mitte, die ihrem Tadel über das Bestehende keinen Zügel anlegten, und um jeden Preis zur Er= ringung besserer Zustände aufforderten. Diese Menge war keineswegs blutdürstig und grausam, und wollte im Grunde nur, wenn auch in tumultuarischer Form, was die Vertreter des deutschen Konstitutionalis= mus in Mannheim, Heidelberg und an vielen anderen Orten bereits ausgesprochen hatten. Der lange Druck hatte die große Mehrheit der Wiener Bevölkerung ungeduldig nach einer Befreiung, aber nicht rach= süchtig wegen der erlittenen Unbilden gemacht. Erst allmälig veränderte sich diese versöhnliche Stimmung durch die mehrmonatliche Unentschie= denheit der inneren Zustände, die zweideutige Haltung des Hofes und der Aristokratie, und das Hinzutreten schädlicher, dem ursprünglichen Wiener Wesen fremder Elemente.

Ein Theil der Besatzung war schon am Morgen, als die ersten Zeichen einer unruhigen Stimmung im Volk hervorbrachen, aus den Kasernen und den Vorstädten nach der innern Stadt gerückt. Es wur= den Kanonen aufgefahren, und alle Straßen, die zur Hofburg führen, und die in der Nähe befindlichen Plätze mit Infanterie und Kavallerie besetzt. Aber es war kein Plan zur Ueberwältigung des beginnenden Auf= standes vorhanden. Man fühlte am Hofe, so wenig man die moralische Unwürdigkeit des bisher befolgten Systems begreifen mochte, endlich doch, daß dasselbe ein politischer Fehler gewesen, und eine gefährliche Situation herbeigeführt habe. Einen Theil der unruhigen Masse niederschießen zu lassen, um die übrigen in Furcht zu setzen, wozu man in anderen Zeiten wohl ohne Bedenken gegriffen hätte, wurde bei der Lage, in der sich Oesterreich, Deutschland und halb Europa befanden, nicht für rathsam gehalten, weil es für die Regierenden über kurz oder lang die übelsten Folgen nach sich ziehen konnte. Es kam aber doch zu einem Zusammen= stoß. Das Militair zog dem von der Menge angegriffenen Landhause zu Hülfe, wo dieselbe, darüber erbittert, daß der Hof mit der Gewährung der gestellten Forderungen zögerte, alles von oben bis unten zerschlagen und verwüstet hatte. Die Trümmer der Geräthschaften wurden aus den Fenstern auf die anrückenden Truppen geschleudert, wobei der persönlich unbeliebte Erzherzog Albrecht, der an der Spitze der bewaffneten Macht stand, nicht geschont wurde. Eine Abtheilung Infanterie gab jetzt Feuer, wodurch eine Anzahl Personen getödtet und verwundet wurde. Die Menge stob auseinander, sammelte sich aber wieder, und griff das

Militair von neuem, aber in für dasselbe wenig gefahrvoller Weise, meist nur mit Steinen und Ziegelstücken, an. Unterdessen begab sich Deputation auf Deputation von dem Landtage und der Universität zu den Erzherzögen Franz Karl und Ludwig, um Vorschläge zur Wieder= herstellung der Ruhe zu machen, und in den höchsten Kreisen berieth man ohne Unterlaß über die gegen das Volk zu nehmenden Maßregeln, ohne zu einer Entscheidung gelangen zu können. Fürst Metternich, gegen den, oder wenigstens sein System, diese ganze Bewegung gerichtet war, verhielt sich unter so gefahrdrohenden Umständen ganz unthätig. Seit lange an kampflose, oft unverdiente Erfolge gewöhnt, hatte er sich bei den ersten Zeichen von Widerstand wie gelähmt gefühlt. Er legte seine Stelle nieder, entfernte sich heimlich von Wien, und kam ungefährdet in England an. Metternich hatte sich übrigens schon seit lange überlebt, und war in den letzten Jahren nur noch der Schatten seines früheren Selbst gewesen. Der Erzherzog Albrecht und Fürst Windischgrätz er= boten sich dem Aufstand mit Waffengewalt ein Ende zu machen, aber der Kaiser und ein Theil der kaiserlichen Familie waren zur Nachgiebig= keit geneigt. Die Bürgergarde trat jetzt zahlreich hervor, die im städti= schen Zeughaus vorhandenen Waffen wurden unter das Volk ausge= theilt, das, nachdem es sich an den Anblick der Gefahr und des Bluts gewöhnt hatte, von Schrecken zu Zorn überging, und eine herausfor= dernde Stellung gegen die Truppen annahm. In den Vorstädten und den nächstliegenden Dörfern begann ein zahlreicher Zuzug nach der in= neren Stadt. Die Hofburg, die Kunstschätze, die öffentlichen Gebäude Wien's wären, wenn es zu einem allgemeinen Kampfe kam, möglicher Weise der Zerstörung ausgesetzt gewesen. Der Kaiser Ferdinand, der damals noch an seiner Haupt= und Residenzstadt hing und in derselben persönlich beliebt war, wollte kein weiteres Blutvergießen, und willigte endlich, wie es schien, mit zufriedner Miene, in die vorher zurückgewie= sene Volksbewaffnung und Preßfreiheit ein, und versprach auch die Ver= leihung einer zeitgemäßen Verfassung für den österreichischen Staat, mit Ausnahme Ungarns und seiner Nebenländer, wo in dieser Beziehung nicht erst alles, wie in den deutschen, slavischen und italienischen Pro= vinzen zu gründen, sondern das Vorhandene nur zu verbessern und zu erweitern war.

Es waren am 13. März in Wien kaum funfzig Personen auf den verschiedenen Punkten getödtet oder verwundet worden, was bei den großen Massen, die einander zuweilen auf engen Räumen gegenüber= standen, auffallen muß, und auf beiden Seiten keine besondere persön=

liche Erbitterung verräth. Die aufgeregte Menge hatte nur das Land=
haus und die Villa des Fürsten Metternich verwüstet, ohne jedoch von
den dort gefundenen Geräthschaften etwas für sich zu behalten. Dage=
gen hatte der Pöbel in den Vorstädten in Verbindung mit entsprunge=
nen Sträflingen mehre einsam liegende Wohnungen geplündert, Zoll=
häuser in Brand gesteckt und auch an Beamten dieser Kategorie Gewalt=
thätigkeiten verübt, denen aber von den bewaffneten Bürgern und Stu=
direnden bald ein Ziel gesetzt wurde. Eine nicht unbedeutende Anzahl
unter diesem verbrecherischen Gesindel wurde ergriffen und in die Ge=
fängnisse der inneren Stadt abgeliefert. Am 15. März machte der
Kaiser Ferdinand, von seinem Bruder und dessen Sohn, dem jetzigen
Kaiser Franz Joseph, begleitet, in offenem Wagen eine Spazierfahrt
durch die Stadt, wo er von dem Volke mit Bezeugungen der wärmsten
Anhänglichkeit empfangen wurde, deren er, ungeachtet seiner Schwäche
als Regent, wegen seiner wohlwollenden Gesinnung als Mensch wür=
dig war. Das Patent mit den gemachten Zugeständnissen und Verhei=
ßungen war unterdessen gedruckt worden, und wurde von einem kaiser=
lichen Herold vor der Hofburg verlesen, und dann in unzähligen Exem=
plaren unter das Volk vertheilt. Am Abend desselben Tages kam eine
Deputation des ungarischen Reichstages in Wien an, um dem Kaiser
die Forderungen der ungarischen Nation in Form einer Adresse vorzu=
legen. Kossuth, dessen Name seit seiner am 3. März in Pesth gehalte=
nen Rede, in Wien in jedermanns Munde war, wurde daselbst mit einer
selbst in Ungarn nie übertroffenen Begeisterung empfangen. Er hielt
bei Fackellicht unter rauschender Musik einen triumphalischen Einzug,
bei dem das kaiserliche Patent, mit Blumen bekränzt, auf der Spitze
eines Bayonetts feierlich vorgetragen wurde. Kossuth sprach zweimal
zu dem Volk über die Ereignisse des Tages. Seine außerordentliche
Rednergabe durchbrach die Schranken einer ihm ungewohnten Sprache,
und brachte in Wien denselben Eindruck wie in Pesth hervor. Die Na=
tionalgarde, wie von jetzt an die Bürgerwehr genannt wurde, das be=
waffnete Studentenkorps und eine unzählige Menge brachten als Schluß=
fest des Tages dem auf dem Balkon der Hofburg erscheinenden Kaiser
eine begeisterte Huldigung dar, von der Ferdinand sichtbar ergriffen
und in seinen volksfreundlichen Absichten bestärkt wurde. Der Jubel
war unermeßlich und diesmal aufrichtig gemeint.

Die Ereignisse von 13. bis 15. März in Wien sind von einer über
die Bedeutung des Augenblicks und der nächsten Zeit weit hinaus=
gehenden Tragweite gewesen. Die in jenen Tagen errungene Freiheit

konnte durch den mit ihr getriebenen Mißbrauch und die äußere Gewalt ihrer Gegner wieder verloren werden, aber ihr auch nur kurzer Besitz unmöglich spurlos vorübergehen. Der Absolutismus hatte in Wien, seinem stärksten Bollwerk, eine Wunde bekommen, für die er später Rache nehmen konnte, die aber gleichwohl für ihn tödtlich wurde. Der Wahn von der Allmacht und Unfehlbarkeit der Einen und der unbedingten Unterwürfigkeit und unerschöpflichen Geduld der Anderen, war auf dem klassischen Boden dieser Meinung und der mit ihr mit verbundenen Einrichtungen, wenn er auch für Zwischenzeiten sich wieder erheben sollte, auf die Dauer unhaltbar geworden.

In Preußen war eben so viel Gährungsstoff wie in Oesterreich, wenn auch von theilweise anderer Beschaffenheit und anderem Ursprung, vorhanden. Von der preußischen Regierung war die geistige Entwickelung ihrer Unterthanen nie aufgehalten worden, eher könnte man sagen, daß sie dieselbe in einzelnen Richtungen überzeitigt, und sie zuweilen sich zu sehr in das Weite und Unbestimmte hatte verirren lassen. Aber während sie durch die eifrige Pflege des öffentlichen Unterrichts die intellektuelle Bildung der Nation förderte, hatte sie es versäumt politische Institutionen zu schaffen, in denen jene Fülle von Ideen und Kenntnissen, welche von den gelehrten Anstalten ausging, im wirklichen Leben ein Feld freier Thätigkeit gefunden hätte. Es war allmälig im preußischen Volk ein in dieser Weise sonst selten dagewesener Widerspruch zwischen den staatlichen Einrichtungen und dem geistigen Dasein der Einzelnen entstanden. Preußen war durch die ideellen Schätze, in deren Besitz sich seine Bevölkerung befand, eines der am weitesten fortgeschrittenen Länder der Welt, während seine politischen Zustände tief unter dieser geistigen Höhe standen. Allerdings boten auch die öffentlichen Einrichtungen manche ausgezeichnete Erscheinungen dar. Die Verwaltung, namentlich der Finanzen, die Militairorganisation, die Sorge für die inneren Kommunikationen und die Landeskultur wurden selbst vom Ausland als musterhaft angesehen. Aber es betraf dies nur die formelle Seite der staatlichen Zustände, das innere Heiligthum des Volkslebens entbehrte der Wärme und Bewegung, weil es ohne Freiheit geblieben. Man kann schon daraus, daß Preußen, obgleich der größte reindeutsche Staat, sich mit mittelalterlichen Provinzialständen begnügen mußte, während Mittel- und Kleinstaaten, wie Bayern, Baden, Weimar, konstitutionelle Staatsverfassungen besaßen, erkennen, daß es an zeitgemäßer politischer Entwickelung, anstatt Deutschland voranzugehen, hinter einem Theile desselben zurückgeblieben war. Dieser Mangel hatte durch einen rein intellektuellen Fortschritt und die Ausbildung einzelner Verwaltungszweige nicht ersetzt werden können.

Der Widerspruch zwischen dem Geiste des preußischen Volkes und den Grundsätzen, nach denen es regiert wurde, der früher nur in den ständischen Versammlungen, in der Presse und überhaupt unter den gebildeten Klassen hervorgetreten war, brach durch den von der Februarrevolution gegebenen Anstoß zuletzt auch unter den Massen aus. Eine innere Unruhe und Unzufriedenheit mit dem Bestehenden war schon seit Jahren vorhanden, schien aber mehr in den Provinzen als in der Hauptstadt verbreitet zu sein, als plötzlich in letzterer von geringfügigen Anfängen aus sich eine Gährung entwickelte, die einen Augenblick lang alles mit sich fortzureißen drohte.

Bisher war die Kunde von der Umwälzung in Frankreich und der Aufregung im südwestlichen Deutschland für die Berliner Bevölkerung nur ein Gegenstand lebhafter Neugierde, aber ohne Anwendung auf die eigenen Zustände gewesen, als am 6. März eine Versammlung von Personen, die den litterarischen Kreisen angehörten, mit Handelsgehülfen und Arbeitern vermischt, auf einem Platz vor den Zelten, einem Vergnügungsort im Thiergarten, abgehalten, und daselbst über die Forderungen des Volkes berathen wurde, die in Form einer Petition an den König ausgesprochen werden sollten. Am folgenden Tage wurde diese Zusammenkunft, aber unter viel größerer Betheiligung des Publikums wiederholt. Man setzte eine Adresse auf, die eine Kopie dessen enthielt, was im Großherzogthum Baden geschehen war. Die Polizei verhinderte die Absendung einer Deputation nach dem königlichen Schlosse, ließ aber zu, daß dieses Schriftstück an öffentlichen Orten zur Sammlung von Unterschriften aufgelegt wurde. Am 9. März fand an demselben Ort eine noch zahlreicher besuchte Versammlung statt. Der König hatte von der Annahme einer Petition nichts wissen wollen, und ein lebhaftes Mißfallen über diese Kundgebungen geäußert. Am 13. März kam wieder eine große Menge Menschen zur Besprechung über die Ereignisse des Tages vor den Zelten zusammen. Von eigentlichen revolutionairen Anträgen, von Drohungen oder Beleidigungen gegen die Regierenden war dabei nicht die Rede gewesen. In der letzten Zusammenkunft war vornehmlich über einen so harmlosen Gegenstand, wie die Gründung einer deutschen Flotte, verhandelt worden. Beim Nachhausegehen fanden die tausende von Theilnehmern an dieser Versammlung, unter den Linden, in der Nähe des Schlosses und den benachbarten Straßen, Truppen aufgestellt und sogar Kanonen aufgefahren. Es kam zwischen einzelnen Volkshaufen und den Infanterie= und Kavalleriepatrouillen hier und da zu einem Zusammenstoß, wobei einzelne Personen starke Verwun= dungen erhielten. In der Grünstraße wurde schon der Versuch gemacht, eine Barrikade zu bauen. In der Jägerstraße wollte die Menge einen Waffenladen erbrechen, zog aber unverrichteter Sache ab. Die Stim= mung zwischen Volk und Soldaten kündigte sich von diesem Augenblick als bedrohlich für die Zukunft an. Während das Volk sich früher durch die Vorrechte oder den Uebermuth des Militairstandes blos persönlich verletzt gefühlt hatte, begann es jetzt denselben auch grundsätzlich als ein Werkzeug des Absolutismus anzufeinden. Am 14. März empfing der König die Deputation des Magistrats und der Stadtverordneten der Hauptstadt, welche ihm eine Adresse zur Darlegung der Zustände und Erwartungen des Landes überreichte. Friedrich Wilhelm IV. ver= wies alle Entscheidung auf den Vereinigten Landtag, der zum 27. April einberufen war, konnte sich aber dennoch nicht enthalten, auf die „gute alte deutsche Ordnung, die ständische Gliederung" anzuspielen, was für eine Reminiscenz aus der königlichen Rede bei Eröffnung des ersten Vereinigten Landtags gelten konnte. Aber die Zeiten hatten sich seitdem sehr geändert. Vielleicht hätte die beginnende Bewegung noch einen friedlichen Verlauf genommen, und mit einem Weiterbau des Vereinig= ten Landtags geendigt, wenn nicht abermals Mißhandlungen des Volkes von Seiten des Militairs, und diesmal in noch größerem Maß als früher vorgefallen wären, welche die Erbitterung der Menge steigerten und Rachegedanken in ihr hervorriefen. Es wurden einige Personen getödtet und eine nicht unbeträchtliche Anzahl ward verwundet. Am 15. März wiederholten sich ähnliche Scenen. Das Militair machte an diesem Tage zum erstenmal von der Schußwaffe Gebrauch, während das Volk sich mit Steinwürfen und allerlei zusammengerafften Geräth= schaften zur Wehre zu setzen suchte. Seine Reizbarkeit wurde noch durch die Nachricht von der am 13. März statt gehabten Erhebung Wiens vermehrt, die wie ein Blitzstrahl wirkte. Mit Hinweisung auf die dorti= gen Ereignisse ward jetzt unter der Menge das Verhalten der Königs, seine Stellung zum Volk, und das nicht länger zu umgehende Recht desselben lebhaft besprochen. Am 16. März wurde von dem zahlreich ausgerückten Militair auf die unruhigen, aber nicht angreifenden Massen, die besonders auf dem Platze zwischen dem Zeughause und dem Opern= hause dicht zusammengedrängt standen, Feuer gegeben, wobei zwei Men= schen getödtet und drei andere schwer verwundet wurden. Die Menge flog, die einen mit Angstgeschrei, die andern mit Aeußerungen des Zorns, auseinander. Die Wahrscheinlichkeit eines größeren Zusammenstoßes stellte sich jetzt vielen Gemüthern dar. Am 17. März trat eine im Vergleich zu der Erregtheit der vorhergehenden Tage auffallende äußere Ruhe und Stille ein; als wolle man seine Kräfte zu der sich nähernden Entscheidung aufsparen. An diesem Tage traf eine Deputation aus Köln, den Oberbürgermeister von Wittgenstein an der Spitze, in Berlin ein, von der die drohende Lage der Rheinprovinz dem Könige dargelegt und nicht undeutlich zu verstehen gegeben wurde, daß, ohne eine Umgestaltung des preußischen Staatslebens im Sinne der Freiheit, im Großherzogthum Niederrhein sich Gedanken der Losreißung von Preußen regen könnten. Friedrich Wilhelm IV. erwiederte, daß die ihm vorgetragenen Wünsche mit seinen eigenen Ansichten übereinstimmten, und daß die Einführung der nothwendig gewordenen Reformen nicht länger verzögert werden solle.

Am 18. März, einem Sonnabend, gab sich in der Berliner Bevölkerung eine große Bewegung kund, die aber einen friedlicheren Charakter als die Tage vorher zu haben schien. In verschiedenen Theilen der Stadt wurden am Morgen Bürgerversammlungen gehalten, und ward über einen großen Zug nach dem Schlosse berathen, der dem Könige die Forderungen des Volkes unmittelbar vorlegen sollte. Diese bestanden vornehmlich in Entlassung des bisherigen Ministeriums, Einführung einer freisinnigen Verfassung und Bürgerbewaffnung. Eine Deputation, welche eine Adresse dieses Inhalts dem Könige überreicht hatte, war mit Geneigtheit empfangen worden, und brachte die Aussicht auf nahe Erfüllung der ausgesprochenen Wünsche zurück. Das Wetter war an jenem Tage von einer für die Jahreszeit seltenen Heiterkeit und Milde, und die Volksmenge nahm auf dem Schloßplatz und in den benachbarten Straßen von Stunde zu Stunde zu. Gegen zwei Uhr hieß es, daß die von dem Könige der Kölner und Berliner Deputation gemachten Zusagen, in zwei Patenten zusammengefaßt, so eben gedruckt seien, und in einem Extrablatt der Allgemeinen Preußischen Zeitung ausgegeben werden würden. Die beiden Patente enthielten: Aufhebung der Censur, beschleunigte Einberufung des Vereinigten Landtages zum 2. statt 27. April, und Umgestaltung des deutschen Staatenbundes in einen Bundesstaat, die, wie es hieß, eine konstitutionelle Verfassung aller deutschen Länder nothwendig erheische. Es war also auf diese Art schon vor dem Ausbruch der Katastrophe von dem König alles um das es sich handelte, und was man in den beiden letzten Wochen laut und öffentlich als höchsten Ausdruck der Volkswünsche bezeichnet hatte, be-

willigt worden. Das Blatt, welches die beiden Patente enthielt, wurde
mit allgemeiner Befriedigung gelesen. Ein frohes Gefühl ging durch
die Massen, die sich nach dem Schloßplatz begaben, um dem Könige ihre
Dankbarkeit durch ein Lebehoch auszudrücken. Friedrich Wilhelm IV.
erschien zweimal auf dem Balkon des Schlosses, und wurde von einem
tausendstimmigen Jubel begrüßt. Da regte sich plötzlich mitten unter
den Freudensbezeugungen in dem Volke die Erinnerung an die von dem
Militair in der letzten Zeit erlittenen Unbilden, an die Todten und Ver=
wundeten, die es am 15. und 16. März gehabt hatte. Es hieß: „Mili=
tair fort! Militair zurück! Der König vertraue sich seinen Bürgern
an!" Denn die Eingänge zu dem Schloß waren mit Infanterie besetzt,
und auf dem Platz vor demselben Dragoner aufgestellt. Der König,
dem dieses Verlangen der Menge mitgetheilt wurde, wies es mit der
Bemerkung zurück, daß man ihm einen unehrenhaften Rückzug der Trup=
pen nicht zumuthen könne. Die Weigerung, das Militair zu entfernen,
verbreitete sich mit Blitzesschnelle unter den Massen. Man glaubte von
den Soldaten einen unerwarteten Angriff wie am 15. und 16. befürch=
ten zu können. Der Ruf: „Militair fort!" nahm, mit Drohungen und
Verwünschungen gemischt, von Neuem überhand. Da ließ der Kom=
mandeur des Garde = Dragonerregiments seine Mannschaft mit gezoge=
ner Waffe gegen das Volk vorrücken. Zu gleicher Zeit drang aus dem
Portal des Schlosses ein Bataillon des Kaiser Franz = Regiments nach
der Mitte des Schloßplatzes vor, worauf es, mit gefälltem Bayonett
nach der langen Brücke abschwenkend, die Menge unter dem Wirbeln
der Trommeln vor sich hertrieb. In diesem Augenblick fielen in den
Reihen der Soldaten zwei Schüsse, die aber Niemand verwundeten, und
wahrscheinlich durch irgend ein Versehen von selbst losgegangen waren.
Eine keinesweges beglaubigte, aber hartnäckig festgehaltene Meinung
wollte in diesen beiden Schüssen ein verabredetes Zeichen sehen, und die
Exaltirten in den beiden einander gegenüberstehenden Parteien haben
die Schuld desselben und seine Folgen sich gegenseitig zugeschrieben, ohne
aber diesen Vorwurf irgend wie begründen zu können. Es war dies in=
dessen der entscheidende Moment, wie er auch herbeigeführt gewesen ist.
Die feindselige Haltung der Truppen und besonders die beiden Schüsse
riefen Wuth und Entsetzen hervor. Die Menge überredete sich, die bei=
den Schüsse seien das Signal zu einer Niedermetzelung des Volks, und
die königlichen Verheißungen nur eine Lockspeise gewesen, um dasselbe
ins Verderben zu stürzen. Unter dem Ruf: „Wir sind verrathen! Zu
den Waffen! Zu den Waffen!" flog die Menge nach allen Richtungen

auseinander. Es ward sogleich der Bau von Barrikaden angefangen, wozu Wagen, Karren, Tonnen, Rinnsteinbrücken, Pflastersteine u. s. w. genommen wurden. Bald waren überall, selbst in den entfernteren Theilen der Stadt, Barrikaden errichtet. Auf den meisten von ihnen wehte die schwarz-roth-goldene oder deutsche Fahne, welche für das Symbol der Freiheit galt, während die preußischen, schwarz-weißen Farben als das Sinnbild des alten Militair- und Polizeistaates ange-sehen wurden. Die Barrikaden waren im Durchschnitt mit Geschicklich-keit angelegt, und hätten mit Erfolg gegen ein Militair vertheidigt wer-den können, das in dieser Art von Angriff ganz unerfahren war. Aber es fehlte dem Berliner Volk an Waffen und besonders an Schußwaffen, die in der Regel in Ländern, wo es eine Nationalgarde giebt, oder wo die Jagd frei ist, in Ueberfluß vorhanden sind. Der einzige gut be-waffnete Theil waren die Mitglieder der Schützengilde, von der sich ein Theil dem Volke anschloß. Diesem Mangel an Waffen konnte von der Leidenschaft und Unerschrockenheit der Kämpfer unmöglich ganz abge-holfen werden. Auch fand, was allein geeignet wäre das Gerücht von einem förmlich gegen die Regierung eingeleiteten Komplot zu wider-legen, zwischen den Vertheidigern der Barrikaden in den verschiedenen Stadttheilen, keine Verbindung, kein gemeinsamer Plan statt, wie dies bei Bewegungen der Art in Paris fast immer der Fall gewesen ist. Bald nach drei Uhr begann der Angriff der Truppen gegen eine an der Ecke der Oberwall- und Jägerstraße errichtete Barrikade, gegen fünf Uhr wurden die ersten Kartätschenschüsse gehört, welche von der Chur-fürstenbrücke aus die Königsstraße bestrichen, in der bis zum Alexander-platz sich viele Barrikaden erhoben. Gegen sieben Uhr Abends war der größte Theil der Königsstraße von den Truppen genommen, die, wie dies in Bürgerkriegen und bei Straßenkämpfen leider häufig ist, beim Eindringen in die Häuser, aus deren Fenstern geschossen, oder von deren Dächern mit Steinen geworfen worden, keinen Unterschied zwischen Be-waffneten und Unbewaffneten machten, und auch Wehrlose oder Unbe-theiligte als Feinde behandelten. Als es dunkel geworden, begann ein schauerliches Sturmläuten, das von Leuten aus dem Volk, welche die Kirchthürme erstiegen hatten, bis zu Tagesanbruch unterhalten wurde. Die Nacht war klar und windstill, vom Monde taghell beleuchtet. Die Artillerieschuppen vor dem oranienburger Thor und die Eisengießerei waren in Brand gesteckt worden, und die Feuerlohe wälzte sich in lan-gen Streifen über die Stadt hinweg am Himmel hin. Das Militair machte viele Gefangene, die zunächst in den Schloßkeller eingesperrt, und dann nach Spandau gebracht wurden. Unter ihnen gab es nicht wenige, die sich an dem Kampfe gar nicht betheiligt hatten, aber wie die übrigen mit Schimpfreden, Stößen und Schlägen gemißhandelt wurden. Mehre Versuche wurden bei dem Könige gemacht, um ihn zur Entfernung der Truppen zu bewegen, aber er verlangte, daß vorher die Barrikaden von dem Volke fortgeräumt würden. Er erließ während der Nacht eine Proklamation an die Bevölkerung, die am Morgen veröffentlicht wurde, in der er in seinem und der Königin Namen in den beweglichsten Ausdrücken die Menge beschwor von dem Kampfe abzulassen, und Erfüllung aller rechtmäßigen Wünsche versprach. Das mit Munition und Geschütz reichlich versehene Militair befand sich gegen die unbewaffnete oder höchstens halb bewaffneten Menge während des Kampfes überall im Vortheil, und man muß sich wundern, daß dies nicht noch vollständiger der Fall gewesen, aber es fühlte sich am Morgen des 19. März von einem seit acht Tagen anhaltenden, beschwerlichen Dienst und den Anstrengungen der letzten Nacht erschöpft, und das Volk konnte auf Zuzug rechnen, und schien weder ermattet noch entmuthigt zu sein. Dieser Umstand ist wahrscheinlich nicht ohne Einfluß auf den um neun Uhr aus dem Schloß einlaufenden Befehl gewesen, die Truppen in die Kasernen zurückzuführen. Einige Stunden später ward die Stadt von ihnen geräumt. Am Nachmittag erschien die königliche Verordnung, welche die Entlassung der Minister bekannt machte, den Grafen Arnim-Boitzenburg zum Vorsitzenden eines neuen Ministeriums ernannte, und in dasselbe den Grafen Schwerin und den bisherigen Gesandten in Paris, Heinrich von Arnim, berief. Die neu errichtete Bürgerwehr ward mit Waffen aus dem königlichen Zeughaus versehen. Dies brachte eine beruhigende Wirkung hervor. Man suchte das Vorgefallene zu vergessen und gab sich neuen Hoffnungen hin. Die Barrikaden wurden abgetragen. Die Führer der Volkspartei sprachen den König von aller Schuld an dem blutigen Zusammenstoß frei, und suchten denselben dem Prinzen von Preußen aufzubürden, der den Befehl zum Einschreiten gegen das Volk gegeben haben sollte. Für diese Behauptung fehlt es an jedem Beweise, dagegen unterliegt es keinem Zweifel, daß der Prinz mit dem König in Bezug auf die schon vor dem Eintreten der Katastrophe gemachten Zugeständnisse einverstanden gewesen ist. Die plötzliche Abreise des Prinzen von Preußen nach London gab der gegen ihn ausgestreuten Gerüchten neue Nahrung.

Während des Kampfes waren von dem Volke zweihundertundsechzehn, von dem Militair nur achtzehn Mann gefallen, ein Mißver-

hältniß, das auffallend erscheinen muß, aber gleichwohl statt gefunden
hat, und aus der mangelhaften Bewaffnung der Barrikadenkämpfer er=
klärt werden kann. Auf beiden Seiten gab es außerdem eine Anzahl
mehr oder weniger schwer Verwundeten, die in den Hospitälern lagen.
Die Leichen derer, die auf Seiten des Volkes gefallen, wurden, theils
auf Bahren, theils auf offenen Wagen, die Häupter mit Blumen und
grünen Zweigen geschmückt, nach dem Schloßhof gebracht, und dort zur
Schau ausgestellt, bis der König und die Königin, die beide von dem
Anblick tief ergriffen wurden, auf der inneren Gallerie des Schloßhofes
erschienen, wo in ihrer Gegenwart der Choral: „Jesus, meine Zuver=
sicht!" angestimmt wurde. Am 20. März wurden die in Folge eines
im Großherzogthum Posen versuchten Aufstandes seit 1846 in Berlin
gefangen gehaltenen Polen auf freien Fuß gesetzt. Mieroslawski, der
an ihrer Spitze gestanden, zog unter dem Jubel der Zuschauer mit den
Seinigen durch einen Theil der Stadt am königlichen Schloß vorbei,
auf dessen Balkon sich der König mit einigen seiner neuen Minister be=
fand. Friedrich Wilhelm IV. gab mehrmals durch lebhafte Zeichen seine
Zufriedenheit über die Befreiung der Polen zu erkennen. Mieroslawski
sprach, auf einem Wagen stehend, eine schwarz=roth=goldene Fahne in
der Hand, während des Zuges zu wiederholten Malen zu der ihn um=
gebenden Menge von der Verbrüderung des deutschen und polnischen
Volkes, und der Wiederherstellung Polen's als einer Vormauer gegen
Rußland, eine Idee, die damals viele Anhänger zählte. Von den be=
freiten Polen wurde eine Dankadresse an die Berliner gerichtet. Am
21. März erschien schon am Morgen in der Deckerschen Geheimen Ober=
hofbuchdruckerei ein Plakat: „An die deutsche Nation" überschrieben,
in welchem erklärt wurde, daß Preußen's Friedrich Wilhelm IV. sich
zur Wiedergeburt und zur Rettung Deutschland's an die Spitze des
Gesammtvaterlandes stellen werde. Gegen Mittag hielt der König, von
den in Berlin anwesenden Prinzen und mehren Ministern und Gene=
ralen begleitet, von seinem Schloß aus einen Umritt, wobei er und sein
Gefolge schwarz=roth=goldene Schleifen am Arm trugen und eine
Fahne mit den deutschen Reichsfarben den Zug eröffnete. An der Uni=
versität hielt der König still und sagte zu den Professoren, den Studiren=
den und dem versammelten Volk, daß er zwar Farben trage, die nicht die
seinigen wären, daß er aber damit nicht fremde Rechte an sich reißen,
sondern nur Deutschland's Freiheit, Ordnung und Einigkeit wiederher=
stellen wolle. Schon mehrmals sei es vorgekommen, daß, wenn Deutsch=
land von innerer Zerrüttung bedroht gewesen, ein mächtiger Fürst oder

Herzog sich an die Spitze der Nation gestellt habe, um die einbrechenden Gefahren von ihr abzuwenden. Als in der Nähe des Königs der Ruf erscholl: „Es lebe der Kaiser von Deutschland!" wies der König diese Huldigung mit Unwillen zurück. Am Abend desselben Tages erließ der König noch den Aufruf: „An mein Volk und an die deutsche Nation!", in welchem das später so verschiedenartig ausgelegte Wort: „Preußen geht fortan in Deutschland auf" — vorkam. Es wurde darin auch auf eine deutsche Ständeversammlung hingewiesen, in welcher die deutschen Fürsten mit Vertretern des deutschen Volkes über die Wiedergeburt des Gesammtvaterlandes berathen sollten. In einer Proklamation gewährte der König die Forderungen, welche von Beginn der deutschen Bewegung an in Baden aufgestellt worden waren. Auch versprach er das stehende Heer auf die Verfassung vereidigen zu lassen. Am 22. März fand die Beerdigung der am 18. und 19. März auf Seite des Volks Gefallenen auf dem Friedrichshain, einem zu einer Gartenanlage umgeschaffenen Hügel, statt, der vor dem Landsberger Thor liegt. Alle Klassen der Bevölkerung betheiligten sich an dieser Todtenfeier, die in würdiger und erhebender Weise vollzogen wurde. Als der an 20,000 Köpfe starke Zug an dem Schloß vorbei kam, stand der König auf dem Balkon, und hielt sein Haupt so lang entblößt, bis die Särge mit den Todten vorüber waren. Mit dieser Feierlichkeit schlossen die großen aufregenden Scenen jener Tage, die, wie man auch über ihre Nothwendigkeit oder Rechtmäßigkeit urtheilen mag, immer einen Wendepunkt in der inneren Geschichte Preußen's bezeichnen werden.

Die meisten deutschen Regierungen hatten sich schon vor den Katastrophen in Wien und Berlin zur Erfüllung der Volkswünsche bereit erklärt. Nur Sachsen und Hannover wollten weder auf Abschaffung der Censur noch auf Vertretung des deutschen Volkes am Bundestag eingehen. Erst Metternich's Sturz bewog den König Friedrich August zur Nachgiebigkeit. Er ernannte ein liberales Ministerium, in dem der später oft genannte Professor v. d. Pfordten hervortrat. Auch der König Ernst August von Hannover ward endlich durch die Vorgänge in Berlin umgestimmt. Er ließ durch den freisinnigen Bürgermeister von Osnabrück, Stüve, ein neues Ministerium bilden. Sowohl in Sachsen als Hannover wurde das Programm der badischen Liberalen zur Geltung gebracht. In Bayern hatte sich König Ludwig allmälig von absolutistischen und ultramontanen Einflüssen zu einer Regierungsweise verleiten lassen, die ihn um die Gunst und das Vertrauen seines Volkes brachte, die er früher besessen und verdient hatte. Im Gegensatz zu seiner streng kirchlichen Richtung ließ sich dieser sonst treffliche Fürst in schon vorgerücktem Lebensalter, von den Reizen einer spanischen Abentheuerin, der schönen Tänzerin Lola Montes, so blenden, daß er derselben erlaubte, sich sogar in öffentliche Angelegenheiten einzumischen, was allgemeinen Unwillen in München hervorrief. Das Volk stand noch unter dem Eindruck dieses zwar gelös'ten aber nicht vergessenen Verhältnisses, als die Wirkungen der Februarrevolution über Deutschland hereinbrachen. Auch in Bayern war überall Unzufriedenheit mit dem bisherigen System vorhanden. Am 2. März wurde in München eine mit 10,000 Unterschriften bedeckte Adresse an den König gerichtet, in welcher die in Baden gewährten Freiheiten auch für Bayern verlangt wurden. An demselben Tage stürmte das Volk die Wohnung des Ministers Berks, und zwang ihn die Flucht zu ergreifen. Als die königliche Gewährung der gestellten Forderungen auf sich warten ließ, drang die Menge am 6. März in das Zeughaus ein und bewaffnete sich. Auch in diese politische Bewegungen mischte sich seltsamer Weise der Haß gegen die schöne Lola Montes, von der das Volk glaubte, daß sie heimlich nach München zurück gekehrt sei, um ihren Einfluß auf den König wiederzuerlangen. Das Polizeigebäude, in welchem sie versteckt sein sollte, wurde von der Menge verwüstet. König Ludwig hatte schon vorher alles zugestanden was gewünscht worden, wollte aber nicht selbst nach einem anderen System als bisher regieren. Er entsagte deßhalb am 20. März dem Thron, den sein ältester Sohn unter dem Namen Maximilian II. bestieg, der die Vertretung des deutschen Volkes am Bundestage und alle anderen Zusagen von neuem ausdrücklich bestätigte.

Der Umritt Friedrich Wilhelm IV. am 21. März hatte in einem großen Theile Deutschland's einen übeln Eindruck hervorgebracht. Er ward als ein vorbereitender Schritt, um die Herrschaft über Deutschland zu gewinnen, verdächtig gemacht, und in Wien, München und Stuttgart, von der sich noch geheim haltenden Partei der Reaktion und der jetzt offen hervortretenden der Demokratie sogar mit Hohn aufgenommen. Denn beide waren, obgleich aus verschiedenen Gründen, der Idee einer preußischen Führerschaft in Deutschland entgegen, und vereinigten sich in diesem Falle gegen die Konstitutionellen, von denen sie wußten, daß sie sich bei ihren Bestrebungen um die Reform des deutschen Bundes auf Preußen zu stützen dachten. Jene Anschuldigung war sowohl dem bekannten Charakter Friedrich Wilhelm IV. als seiner ausdrücklichen öffentlichen Erklärung entgegen, wurde aber vom Parteigeist für wahr gehalten, und geschäftig ausgebreitet. Die Katastrophe vom

18. März ward besonders dadurch zu einem Unglück für Preußen, weil sie das Volk in Parteien spaltete, deren extremste Spitzen, die Verwirklichung ihrer Grundsätze über das Dasein des Staates stellend, das Ansehen der preußischen Regierung im übrigen Deutschland schwächten. Wäre es möglich gewesen, daß Krone und Volk in Preußen, ohne gewaltsame Störung der inneren Eintracht, in die neue Aera hinübertraten, so würde bei der Ohnmacht und Auflösung, in der sich Oesterreich befand, Preußen, nicht durch eine Verletzung der Rechte anderer, sondern durch die Nothwendigkeit der Dinge, sowohl von den Fürsten als Völkern mit der Führerschaft in Deutschland beauftragt worden sein. Aber so gut sollte es Deutschland und Preußen nicht werden.

In Preußen zeigte sich die öffentliche Meinung mit dem Ministerium Arnim=Boytzenburg unzufrieden, das außerdem unvollständig war. Um der Regierung in dem Vereinigten Landtag die Majorität zu sichern, mußten einige Führer der ehemaligen Opposition ihr beigegeben werden. Auch glaubte man auf die Stimmung der Rheinlande Rücksicht nehmen zu müssen, da dort die Abneigung gegen das vormärzliche Regiment sich besonders lebhaft geäußert hatte. Graf Arnim=Boytzenburg, der durch Grundsätze und Gewohnheit der alten Bureaukratie angehörte, trat demnach zurück, und am 29. März wurde der Präsident der Kölnischen Handelskammer, Camphausen, mit der Bildung eines neuen Ministeriums beauftragt, in welchem er den Vorsitz übernahm, und in das Hansemann aus Aachen für die Finanzen, Alfred von Auerswald für das Innere, General von Reyher für das Kriegsdepartement eintraten. Graf Schwerin und Heinrich von Arnim blieben in ihren bisherigen Stellungen. Das Erste, was Camphausen that, war den König außerhalb des Parteikampfes zu stellen, indem er von ihm erwirkte, daß alle Petitionen in Verfassungsangelegenheiten dem Ministerium zur Entscheidung überwiesen wurden, und indem er erklärte, daß letzteres die Verantwortlichkeit für alle königlichen Entschließungen auf sich nehmen werde. Eine königliche Kabinetsordre vom 22. März hatte bestimmt, daß die neue Verfassung nicht von dem Vereinigten Landtag, sondern von einer aus einem neuen Wahlgesetz hervorgehenden Versammlung berathen werden sollte. Man mußte also zunächst an die Abfassung eines solchen Wahlgesetzes gehen. Nach Beseitigung verschiedener Entwürfe wurde beschlossen, eine einzige Versammlung zu berufen, und sie aus allgemeinem Stimmrecht hervorgehen zu lassen. Auf dem Vereinigten Landtag, der am 2. April zusammentrat und nur acht Tage versammelt blieb, drang das Ministerium, ungeachtet des von der feudalen

Oppoſition geleiſteten Widerſtandes, mit allen ſeinen Anträgen durch.
Die Haſt, mit der der Vereinigte Landtag verfuhr, die Widerſprüche, in
die er verfiel, oder die er zuließ, die Zweideutigkeit einiger ſeiner Be=
ſchlüſſe, ſind nicht ohne übeln Einfluß auf die ſpäteren Ereigniſſe geblie=
ben. Die öffentliche Aufmerkſamkeit in Preußen richtete ſich jetzt vor=
nehmlich auf die Wahlen zu der Nationalverſammlung, welche mit der
Krone die neue Verfaſſung vereinbaren ſollte.

Inzwiſchen war, vermöge der von der Heidelberger Kommiſſion
der Sieben getroffenen Anordnungen, ein Vorparlament in Frankfurt
a. M. zuſammengetreten. Es ſollte nach den noch vor den Kataſtrophen
in Wien und Berlin gegebenen Beſtimmungen, nur aus frühern oder
gegenwärtigen Ständemitgliedern und Theilnehmern an geſetzgebenden
Verſammlungen der verſchiedenen deutſchen Staaten beſtehen. Aber am
22. März wurde von Frankfurt aus eine Aufforderung an die Stadt=
verordneten in Preußen gerichtet, aus ihrer Mitte Vertreter zu dem Vor=
parlament zu wählen, weil durch den zum 2. April berufenen preußi=
ſchen Landtag die preußiſchen Ständemitglieder am Erſcheinen in Frank=
furt verhindert ſein würden. Es hatten aber auch Städte anderer deut=
ſchen Länder und ſelbſt bloße Volksvereine Vertreter geſandt, die ab=
zuweiſen nicht für angemeſſen gehalten wurde. Außerdem hatten die
Siebener erklärt, daß auch eine Anzahl anderer durch das Vertrauen des
deutſchen Volkes ausgezeichneter Männer, die bisher nicht Ständemit=
glieder geweſen, beſondere Einladungen erhalten würden. Es war für die
Siebener unmöglich geweſen in voraus zu wiſſen, von welcher Art ſo=
wohl in Bezug auf die Anzahl als die Parteiſtellung die Verſammlung
ſein werde, die ſie ausgeſchrieben hatten. Wie ungleich die Staaten ver=
treten waren, kann daraus entnommen werden, daß aus Oeſterreich nur
zwei, aus Preußen hundertundeinundvierzig, aus Heſſen=Darmſtadt vier=
undachtzig, aus Hannover neun Mitglieder erſchienen. Bei dieſen Ver=
hältnißzahlen und der Unvorbereitheit zu gründlichen Berathungen ward
für nothwendig erachtet, mit Beſchlüſſen nur ſoweit vorzugehen, um die
Verſammlung nicht alles wirklichen Ergebniſſes ermangeln zu laſſen.
Das Vorparlament ſollte vor allem die nöthigen Beſtimmungen über die
Zuſammenſetzung einer konſtituirenden Verſammlung und ihr unzweifel=
haftes und baldiges Zuſammentreten treffen.

Das Vorparlament wurde am 31. März in der Paulskirche in
Frankfurt a. M., einer im antiken Styl gebauten Rotunde, unter dem
Vorſitze des Heidelberger Profeſſors der Rechte, Mittermaier, eröffnet.
Die Mehrheit der Verſammlung war konſtitutionell=monarchiſch ge=

sinnt, allerdings so, daß sie das Bedürfniß der Freiheit lebhafter als das der Monarchie fühlte, aber beide in Deutschland mit einander ver=binden zu können hoffte. Dem setzte sich eine nicht zahlreiche aber lei=denschaftlich erregte Partei entgegen, an deren Spitze Hecker und Struve standen, welche sich für die föderalistische Verfassung der nordamerika=nischen Freistaaten, also Aufhebung der erblichen Monarchie, und deren Ersatz durch freigewählte Parlamente mit einem zeitweiligen Präsiden=ten, erklärte. Sie trug auf Ernennung eines Vollziehungsausschusses an, der bis zur Eröffnung der konstituirenden Versammlung zusammen=bleiben, die erforderlichen Gesetzesvorlagen entwerfen und das große Werk der Wiederherstellung Deutschland's vorbereiten sollte. Die An=träge der republikanischen Partei wurden nach stürmischen Debatten ab=gewiesen, bei denen sich unversöhnliche Meinungsverschiedenheiten, die Zukunft bedrohend, schon damals ankündigten. Dagegen ward mit gro=ßer Einmüthigkeit beschlossen, Schleswig, als mit Holstein national und staatsrechtlich unauflösbar verbunden, und Ost= und Westpreußen in den deutschen Bund aufzunehmen, und durch Abgeordnete in der Na=tionalversammlung vertreten zu lassen. Die Theilung Polen's wurde für ein schmachvolles Unrecht erklärt, die Frage über die Stellung des Großherzogthums Posen aber offen gelassen. Was den Maßstab der Bevölkerung bei den Wahlen zu der konstituirenden Versammlung betraf, so sollte auf je 50,000 Seelen ein Abgeordneter kommen. Die direkte Wahl der Abgeordneten ward im Princip anerkannt, dabei aber den einzelnen Staaten die Freiheit gelassen, in diesem Punkt nach Bedürf=niß zu handeln. Im Uebrigen sollte die Wahl von Census, Glaubens=bekenntniß und Standesverhältniß unabhängig sein. Die von Hecker und Raveaux beantragte Permanenz des Vorparlaments ward auch von sonst sehr demokratisch gesinnten Mitgliedern verworfen. Dagegen wurde ohne Widerrede beschlossen, an die Stelle des bisherigen Bundes=tages ein einheitliches Bundesoberhaupt zu ernennen, und demselben eine Reichsversammlung, bestehend aus einem Senat und einem Volks=hause, zur Seite zu setzen. Zugleich wurden dem deutschen Volk alle die Rechte zuerkannt, welche zuerst in Baden gefordert und bereits von allen Bundesregierungen bewilligt worden waren. Unter allen Beschlüssen, die damals gefaßt wurden, war aber der wichtigste, daß die zu wählende deutsche Nationalversammlung die künftige Reichsverfassung, allein, ohne Zustimmung der einzelnen Regierungen, festsetzen sollte. Diese Ueberschätzung der populairen und demokratischen Kräfte und zu ge=ringe Berücksichtigung der entgegenstehenden Hindernisse hatte später

22 *

das Mißlingen des ganzen Werkes zur Folge. Man dachte nicht daran, indem man den Grundsatz der Volkssouverainetät aussprach, für dessen Behauptung eine bestimmte materielle Macht zu schaffen, und würde, wenn dieser Gedanke sich auch dargestellt hätte, nicht gewußt haben, wo eine solche hernehmen. Das Vorparlament, welches sich schon nach vier Sitzungen auflöste, wählte einen Funfzigerausschuß, der die Aufgabe hatte, den Bundestag bei Wahrung der nationalen Interessen, und bei der Verwaltung der Bundesangelegenheiten bis zum Zusammtritt der konstituirenden Versammlung selbstständig zu berathen, bei eintretenden Gefahren des Vaterlandes das Vorparlament sofort wieder einzuberufen, und bei den Regierungen dahin zu wirken, daß die allgemeine Volks= bewaffnung in allen deutschen Ländern ins Leben gerufen werde.

Es ist oben erwähnt worden, daß der Bundestag bei der großen Gährung, die im Anfang des Märzmonats im südwestlichen Deutsch= land ausbrach, den Volkswünschen in einigen Dingen entgegengekom= men war, und, unter anderem, die Bundesregierungen zur Absendung von Vertrauensmännern, je einen für jede der 17 Stimmen des engeren Rathes der Bundesversammlung, behufs der Revision der Bundesver= fassung, aufgefordert hatte. Unter diesen Vertrauensmännern, gewöhn= lich die Siebzehner genannt, müssen besonders Schmerling, Dahlmann, Gagern, Uhland, Gervinus, Droysen, Bassermann und Jordan erwähnt werden. Sie hielten ihre erste Sitzung in Gemeinschaft mit dem Bundes= tag am 30. März, erst am 3. April, nach Beendigung der Verhand= lungen des Vorparlaments, traten sie zu ihrer ersten besonderen Be= rathung zusammen. Der Bundestag suchte sich ein Scheinleben, einen Schatten von Kompetenz und Autorität zu bewahren, indem er am 2. April alle seit den Karlsbader Beschlüssen erlassenen Ausnahmsge= setze aufhob, am 4. April Preußen zum Einschreiten in dem zwischen Holstein und Dänemark entbrannten Streite aufrief, und allgemeine Wahlen zum deutschen Parlament verfügte, wobei er das Vereinbarungs= princip zwischen der konstituirenden Nationalversammlung und den Für= sten aussprach, und feststellte, daß auf je 70,000 Seelen ein Abgeord= neter kommen sollte. Er mußte aber der populairen Macht, die plötzlich an seiner Seite emporgestiegen war, sich unterordnen, und konnte seinen Untergang, wenn der Strom der herrschenden Ideen nicht eine andere Richtung annahm, nur aufhalten aber nicht abwenden. Der Funfziger= ausschuß hat, obgleich im Einzelnen sehr thätig, keine Zeit und Ge= legenheit zu großen Entschließungen gehabt. Seine Aufmerksamkeit war vornehmlich auf die Abwehr gegen Anarchie und Reaktion gerichtet, und er hat das Verdienst gehabt, das Zusammentreten der konstituirenden Versammlung, ungeachtet der vielen Schwierigkeiten, ohne große Erschütterung herbeigeführt zu haben. Der Funfzigerausschuß hat, obgleich weniger von Leidenschaften bewegt als das Vorparlament, ebenfalls keine Voraussicht in die Zukunft bewiesen und dieselbe zu sehr im Interesse seiner Ideen ausgelegt. Die moralische Seite an ihm ist besser als die politische gewesen.

Unterdessen war das südwestliche Deutschland nahe daran gewesen, einer vollständigen staatlichen Auflösung zu verfallen. Die republikanische Partei wollte, weil sie auf dem Wege der freien Berathung und Beschlußnahme mit ihren Grundsätzen nicht durchdringen konnte, durch Aufwiegelung der Massen ihre Zwecke erreichen. Hecker und Struve zogen mit einigen ihrer Anhänger eine Zeit lang in Baden hin und her, hielten Volksversammlungen, bei denen die Republik ausgerufen wurde, waren aber nicht im Stande, eine bewaffnete Macht aufzubringen, die geeignet gewesen wäre, einen tüchtigen Kern für ein Volksheer zu bilden, um im Nothfall den Angriffen der süddeutschen Regierungen zu widerstehen. Ihr ganzes Auftreten hatte etwas Abentheuerliches und Unförmliches, das mehr an das Treiben mittelalterlicher Jacquerien als an den Verlauf moderner Revolutionen erinnert. Ein Bruder Heinrichs von Gagern, der General Friedrich von Gagern, der früher in niederländischen Diensten gewesen, ward an die Spitze eines hessendarmstädtischen Korps gestellt, um die Ruhe mit Gewalt wiederherzustellen. Auf die badischen Truppen glaubte man schon damals sich nicht ganz verlassen zu können. Am 20. April stieß Gagern bei Kandern auf Hecker und dessen Freischaaren. Gagern suchte dieselben in persönlicher Ansprache zur Niederlegung der Waffen und Unterwerfung unter die Gesetze zu bewegen. Aber seine Worte brachten keinen Eindruck hervor. Als er im Begriff war zu seinen Truppen zurückzukehren, ward von den Freischaaren auf ihn verrätherischer Weise geschossen, und er sank von drei Kugeln durchbohrt entseelt nieder. So traurig endigte ein Mann von ausgezeichnetem Charakter und Talent, auf den die konstitutionelle Partei große Hoffnungen gebaut hatte, da er neben seiner Loyalität auch freisinnig war. Seine Soldaten rächten den Tod ihres Führers, indem sie auf die Freischaaren eindrangen, die in großer Eile entflohen, aber doch eine Anzahl Todter zurückließen. Hecker entkam, Struve ward bei Säckingen von den bis zum Rhein vorgerückten Würtembergern gefangen, die ihn aber bald wieder frei ließen. Die Bayern besetzten Konstanz und machten dort der republikanischen Bewegung ein Ende. Erst als

Hecker und Struve mit ihrem Unternehmen gescheitert waren, langte Herwegh mit einer deutschen Freischaar aus Frankreich an, wurde aber bei dem Dorfe Dossenbach von einer kleinen Abtheilung würtembergi= scher Infanterie, fast ohne Widerstand zu leisten, in die Flucht getrieben. Selbst in diesem erregtesten Theile Deutschland's hatte die republika= nische Partei durch ihre verunglückten Schilderhebungen nur ihre Ohn= macht und die Unanwendbarkeit ihrer Ideen kund gethan.

Während im Badischen die Kopflosigkeit der revolutionairen Füh= rer und die Zuchtlosigkeit ihrer Schaaren dem deutschen Charakter nicht zur Ehre gereichten, hatte in einem anderen Theile Deutschland's ein edlerer und für den deutschen Namen rühmlicher Kampf begonnen. Am 28. Januar (1849) war von dem eben erst auf den Thron gestiegenen König Friedrich VII. von Dänemark eine Verfassung für alle der däni= schen Krone unterworfenen Gebietstheile erlassen worden. In Kopen= hagen glaubte man durch liberale Zugeständnisse Holstein und Schles= wig für die größere Abhängigkeit von Dänemark entschädigen zu können. Aber diese beiden Länder zogen ihre deutsche Nationalität der politischen Freiheit, die ihnen Dänemark bot, vor, deren sie übrigens in dem fremd= artigen Bunde doch niemals vollkommen theilhaftig geworden wären. Am 17. Februar protestirten die Stände der beiden deutschen Herzog= thümer gegen die Gesammtstaatsverfassung. Am 18. März traten sie in Rendsburg aus eigener Macht zu einer einzigen Versammlung zu= sammen und verlangten, Schleswig solle mit Holstein in den deutschen Bund aufgenommen werden. Dieser Schritt der Herzogthümer brachte in Kopenhagen eine große Aufregung hervor, und veranlaßte die Ein= setzung eines neuen Ministeriums, das im rein dänischen Sinne und Interesse regieren zu wollen erklärte. Am 24. März setzte die Landes= vertretung von Schleswig = Holstein eine provisorische Regierung ein, an deren Spitze der Herzog von Augustenburg, Graf Reventlow und der Rechtsanwalt Beseler traten. Der Herzog von Augustenburg, der sich durch den „Offenen Brief" um sein Erbrecht in den Herzogthümern gebracht sah, wandte sich nach Berlin, wo ihm Schutz und Hülfe zuge= sagt und die Vereinigung Holstein's und Schleswig's anerkannt wurde. Der Bundestag stimmte zu, und nahm Mabai als Bundestagsgesand= ten für Schleswig = Holstein in seine Mitte auf. Die Dänen begannen sogleich den Krieg, und brachten den abgefallenen Truppen aus den Herzogthümern bei Bau eine empfindliche Niederlage bei. Aber die Preußen, welche auf Verlangen des Bundestages in Holstein eingerückt waren, zerstörten unter General Wrangel am 23. April das Danewirk,

und am folgenden Tage wurden die Dänen bei Oeverfen von den han=
növerschen Bundestruppen unter General Halkett geschlagen. Am 18.
Mai rückte Wrangel in Jütland ein, und schrieb eine Kriegssteuer von
3 Mill. Thaler aus. Er wollte diese Provinz so lange militairisch be=
setzt halten, bis die Dänen, die auf ihren Inseln beim Mangel einer
deutschen Kriegsflotte unangreifbar waren, den deutschen Handel für die
ihm zugefügten Verluste entschädigt haben würden.

Um dieselbe Zeit ward von preußischen Truppen der Aufstand der
Polen im Großherzogthum Posen überwältigt. Die Führer der polni=
schen Nationalpartei wollten den Augenblick benutzen, wo Preußen und
Oesterreich im Innern gelähmt zu sein schienen, um die Theile des alten
Polen's, welche sich im Besitz dieser Mächte befanden, ihnen zu ent=
reißen, und daselbst den Anfang zur Wiederherstellung des Ganzen zu
machen. In Posen hatte sich ein polnisches Nationalcomité gebildet,
und auch in Krakau wurde im Geheimen an der Losreißung von Oester=
reich gearbeitet. Die preußische Regierung that zu Gunsten ihrer polni=
schen Unterthanen das äußerste was möglich war, indem sie den östlichen
Theil des Großherzogthums, wo die polnische Nationalität überwiegend
ist, von dem westlichen, wo das Gegentheil statt findet, abtrennen, jenem
eine nationale Verwaltung, sogar eine besondere militairische Organisa=
tion verleihen wollte, und sich nur die Rechte der Oberhoheit vorbehielt.
Aber die Polen verlangten das ganze Großherzogthum für sich. Selbst
die kosmopolitischsten deutschen Demokraten in Frankfurt, wie Struve,
hatten dies Ansinnen verworfen, weil es ungerecht und unsittlich sei,
die zahlreiche deutsche Bevölkerung in diesem Theil des alten Polen's
der Willkühr der Polen Preis zu geben, um diesen die Wiederherstellung
ihres früheren Reiches zu erleichtern. Es kam zwischen den polnischen
Adeligen, die sich an die Spitze ihrer bewaffneten Bauern gestellt hatten
und den preußischen Truppen zu mehren Gefechten, unter denen das bei
Xions am 29., bei Mieloslaw am 30. April, die bedeutendsten waren,
in welchen erstere gänzlich geschlagen wurden, worauf die Polen am
9. Mai zu Bardo kapituliren mußten, und der Aufstand zu Ende ging.
Mieroslawski, der am 20. März in Berlin aus dem Gefängniß ent=
lassen worden, hatte auch bei dieser Bewegung an der Spitze gestanden.
In Krakau wurde am 26. Mai in einem blutigen Straßenkampf der
letzte Aufstandsversuch der Polen überwältigt. Diese inneren Unruhen
im preußischen und österreichischen Polen des Jahres 1848 sind nur
ein hohles und trauriges Nachspiel zu der letzten heroischen Erhebung
Polen's gegen Rußland gewesen.

Alle Augen richteten sich jetzt auf das was als das Ziel und der Gewinn der ganzen deutschen Bewegung angesehen wurde, die Eröffnung der verfassunggebenden Versammlung in Frankfurt a. M., die schon vor den Märzereignissen von wohlgesinnten und denkenden Männern als Deutschland's Rettungsanker herbeigesehnt worden war. Während der Wahlen hatte sich in allen deutschen Ländern, mit Ausnahme Böhmen's, wo die Opposition der Czechen einen Mißklang hervorrief, eine rein nationale Begeisterung, ohne Parteizwecke und Sonderinteressen, wie sonst bei keiner anderen Gelegenheit kund gegeben. Selbst in Gegenden, wo bisher kein Zeichen von volksthümlichem Bewußtsein hervorgetreten war, legte die Bevölkerung, auch wenn sie wie in manchen Theilen Oesterreich's von slavischen Elementen durchkreuzt wurde, eine große Liebe für Teutschland dar. Die schwarz = roth = goldnen Fahnen wehten damals auf den Kirchthürmen der einsamsten Weiler in den steirischen und tyroler Alpen. Uralte Erinnerungen an Deutschland's frühere Größe stiegen aus den fernsten Tiefen der Vergangenheit wie unterirdische Stimmen auf, und wurden selbst von der unwissenden und unvorbereiteten Menge, wenn auch nicht vollkommen verstanden, aber doch instinktartig gefühlt. Dieser schöne Moment hätte verdient um des allgemeinen Heils willen sorgfältig gehegt und zu einer dauernden öffentlichen Meinung erhöht zu werden. Aus Mangel an der gehörigen Einwirkung von oben her ging er, wie so vieles, was damals geschah, ohne Folgen nutzlos vorüber.

Am 18. Mai Nachmittags um drei Uhr traten gegen 330 Abgeordnete der deutschen Nation zu Frankfurt a. M. im Kaisersaale des Römers (Rathhaus) zusammen, und begaben sich von da, nachdem sie einen Alterspräsidenten, dessen Stellvertreter und die Schriftführer eingesetzt hatten, in feierlichem Zuge, mit entblößtem Haupt, nach der Paulskirche, wo sie sich unter einem dreimaligen Lebehoch für konstituirt erklärten. Am folgenden Tage wurde Heinrich von Gagern, der seine Stelle als hessen = darmstädtischer Minister niedergelegt hatte, mit 305 Stimmen zum provisorischen Präsidenten der Versammlung gewählt. Derselbe war durch Persönlichkeit, Ruf, Charakter und Talent zu dieser Stelle wie gemacht, hat die in ihn gesetzten Erwartungen aus eigner Schuld nie getäuscht, und würde unter weniger hemmenden Verhältnissen Bedeutendes geleistet haben. Die große Mehrheit der Versammlung gehörte, wie ihr Präsident, der konstitutionellen Partei an, nur ein verhältnißmäßig kleiner Theil war von demokratischen Ideen erfüllt. Nie hat es in einer anderen politischen Versammlung so viele Mitglieder gegeben, die mit Theorien, Systemen, mit den Lehren der Geschichte, mit wissenschaftlichen und litterarischen Gegenständen aller Art in dem Grade vertraut gewesen wären, wie in diesem Parlament statt fand. Denn der Stand der deutschen Gelehrten, Schriftsteller und höheren Beamten war in ihm zahlreich vertreten. Aber es giebt Einsichten und Erfahrungen, die sich nicht aus Büchern und dem gewöhnlichen Geschäftsgange erwerben lassen. Die in der Versammlung vorhandenen Professoren und Juristen begriffen großentheils nicht, daß es, um die Einheit in einem seit Jahrhunderten in viele Staaten getheilten Volke, wie das deutsche, wiederherzustellen, anderer Mittel bedarf, als um die Freiheit in einem Volke zu gewinnen, das schon ein Ganzes ausmacht, einen gemeinsamen Schwerpunkt besitzt, und im Wesentlichen denselben Impulsen zu folgen gewohnt ist. Deutschland war in seiner politisch-nationalen Entwickelung in der Zersplitterung des Mittelalters stehen geblieben, und in dieser Beziehung fast von allen anderen Nationen überholt worden. Einen solchen Zustand auf einmal aufheben zu wollen, gehörte unter die Unmöglichkeiten. Es hätte dazu entweder eines alles umgestaltenden Eingreifens von oben, eines Eroberers, bedurft, der sich mit Gewalt an die Stelle der anderen Fürsten gesetzt hätte, oder einer solchen Erschütterung von unten her, die alles Bestehende umgestürzt, und den Boden zu einer neuen Schöpfung frei gemacht hätte. Von einem Eroberer im Innern war keine Spur vorhanden, und die Gährung im Volke nicht stark und tief genug, um alle alten Gewohnheiten und Bande zu zerreißen, und um den Preis blutiger Kämpfe, zahlloser Opfer und des Unterganges einer ganzen Generation eine andere Zeit heraufzuführen. Dies wollten aber nur wenige, und selbst die, welche eine vollkommene Zerstörung des Alten wollten, hätten nicht die Mittel und Wege anzugeben vermocht, auf welchen dies bewerkstelligt werden könne. Unter solchen Umständen hätte eine Versammlung, welche die Leitung Deutschland's in die Hand nahm, sich auf die möglichen und erreichbaren Verbesserungen in den deutschen Zuständen beschränken, und hierüber sich mit den erschütterten aber immer noch bestehenden Gewalten der deutschen Fürsten in Einverständniß setzen sollen. Diese waren fast alle durch die Erfahrungen der letzten Zeit von den Mängeln in den bisherigen Einrichtungen überzeugt worden, und würden unter dieser Bedingung einer Umgestaltung der deutschen Zustände nicht entgegen gewesen sein. Die meisten Mitglieder der konstituirenden Versammlung wären als Einzelne zu einem solchen Einhalten in den Grenzen des Möglichen auch geneigt gewesen, ließen aber als Ganzes, aus doktrinairem Stolz und Theorieſucht, ſich zu dem Fehlgriff verleiten, die von dem Vorparlament angenommene Idee der Volksſouverainetät ſich anzueignen und das Vereinbarungsprincip abzuweiſen. Dadurch erregte die konſtituirende Verſammlung erſt die Beſorgniſſe und dann den Widerſtand der Fürſten, von denen unmöglich angenommen werden konnte, daß ſie ſich von der Leitung der öffentlichen Angelegenheiten, die ihnen früher allein zugeſtanden hatte, jetzt ganz ausſchließen laſſen wür= den. Der Weg der Vereinbarung wäre allerdings ein langer, mühſamer geweſen, würde aber, beharrlich feſtgehalten, wahrſcheinlich zu einem Ziel geführt haben, es würde auf ihm eine wenigſtens im Vergleich zu den bisherigen Zuſtänden größere Einheit und Freiheit des deutſchen Volkes erreicht worden ſein. Die Abſicht des Parlaments, die künftige Verfaſſung Deutſchland's aus eigener Macht feſtſtellen zu wollen, ohne die Mittel zu beſitzen, dieſen Anſpruch durchſetzen zu können, führte erſt zu einer chaotiſchen Verwirrung in den meiſten Einzelſtaaten und endlich zu dem Untergang der Verſammlung ſelbſt, die ſich dieſe Macht beige= legt hatte, und die, als ſie verſchwand, nur ohnmächtige Zuckungen und den Schmerz erfahrener Täuſchungen und verfehlter Beſtrebungen zurückließ. Es erhob ſich jetzt in der Nationalverſammlung eine wichtige ihr Verhältniß zu den Einzelſtaaten betreffende Frage, die im Schooße der demokratiſchen Partei ſelbſt eine entgegengeſetzte Auffaſſung fand. Raveaux ſtellte den Antrag, es ſollten gleichzeitig neben dem allgemeinen Parlament in Frankfurt auch die Landesvertretungen in den einzelnen Bundesſtaaten zuſammentreten. Man ſetzte voraus, daß dieſe, von na= tionaler Begeiſterung gehoben, den ſich regenden Partikularintereſſen der einzelnen Staaten entgegentreten würden. Robert Blum bekämpfte dieſen Antrag, indem er nachzuweiſen ſuchte, daß die Landesvertre= tungen ſich dem Parlament nicht vollſtändig unterordnen, vielmehr Eiferſucht gegen daſſelbe empfinden, und, ſelbſt ohne beſtimmte Abſicht, durch ihr bloßes Daſein, dazu beitragen würden, die Sonderintereſſen zu fördern, deren Ueberhebung ſie nach Raveaux's Meinung verhindern ſollten. Die Nationalverſammlung entſchied, daß alle Beſtimmungen einzelner deutſcher Verfaſſungen, welche mit dem von ihr zu gründenden allgemeinen Verfaſſungswerke nicht übereinſtimmten, nur nach Maßgabe des letzteren als gültig zu betrachten ſeien. Robert Blum hatte vom Standpunkt der ſtaatlichen Einigung Deutſchland's offenbar Recht. Aber wo hätte das Parlament die Macht hergenommen, wenn ſie Ro= bert Blum's Auffaſſung beigepflichtet wäre, dem Verbot die einzelnen

Landesversammlungen einzuberufen, Nachdruck zu geben? Von dieser Zeit an begannen die Parteistellungen in der Nationalversammlung sich schärfer zu sondern, obgleich sie sich noch nicht wie später unversöhnlich gegenübertraten.

Nachdem eine hinlängliche Anzahl von Wahlprüfungen in den betreffenden Abtheilungen erledigt worden, konnte zur Ernennung eines regelmäßigen Vorstandes, da der bisherige nur provisorisch gewesen, geschritten werden. Mit 499 gegen 19 Stimmen wurde Heinrich von Gagern zum Präsidenten gewählt (31. Mai). Zu seinen Stellvertretern wurden von Soiron und Baron von Andrian, letzterer einer der Vorläufer der österreichischen Erhebung, ernannt. Die drei Präsidenten wurden jedesmal auf vier Wochen, die Schriftführer für die ganze Dauer der Versammlung gewählt. Letztere konnten jedoch nach drei Monaten zurücktreten.

Schon vor den Märzereignissen war in Deutschland häufig von Gründung einer deutschen Flotte die Rede gewesen. Jetzt mußte das Verhältniß zu Dänemark diesem Gedanken einen neuen Aufschwung geben. Der Marineausschuß beantragte durch den Abgeordneten General von Radowitz eine Anweisung auf 6 Mill. Thaler zu diesem Zweck, was, aus Mißtrauen über die Art wie bisher die Bundesangelegenheiten gehandhabt worden, nur unter Vorbehalt der Verwendung durch die künftige Centralgewalt bewilligt wurde.

Die Bildung einer provisorischen Centralgewalt war seit der Errichtung eines regelmäßigen Vorstandes für die bringlichste aller Fragen erkannt worden. Als man jetzt an ihre Lösung ging, gaben sich die verschiedenartigsten Auffassungen derselben kund. Abgesehen von den Anträgen des Ausschusses wurden deren sechzehn von einzelnen Abgeordneten gestellt, und nicht weniger als 223 Redner, fast die Hälfte der Versammlung, hatten sich im voraus für die Verhandlung einschreiben lassen. Nach achttägigen Debatten wurde der Erzherzog Johann von Oesterreich, einer der ausgezeichnetsten und populairsten deutschen Fürsten, aber schon sechsundsechzig Jahre alt und an eine selbstständige Leitung von Regierungsgeschäften nicht gewöhnt, zum Reichsverweser gewählt (29. Juni). Kanonendonner und Glockengeläute verkündigten der Bevölkerung dieses Ereigniß, durch welches in der deutschen Angelegenheit ein fester Boden gewonnen zu sein schien. Eine Deputation von sieben Mitgliedern der Versammlung sollte dem Erzherzoge die amtliche Kunde von seiner Wahl nach Wien überbringen. Obgleich das Parlament den Reichsverweser der Form nach aus eigener

Macht ernannt hatte, so waren doch vorher geheime Unterhandlungen mit den größeren Höfen gepflogen und deren Zustimmung eingeholt worden. Der Reichsverweser sollte übrigens nur den Uebergang zu dem künftigen Kaiser vermitteln, zu welcher Würde von der Mehrheit der Konstitutionellen im Stillen der König von Preußen ausersehen war, gegen welchen aber damals noch zu viele Vorurtheile, besonders in Süd= deutschland und unter den Katholiken, bestanden, um mit der Absicht seiner Erhebung schon offen hervortreten zu können. Gagern, Dahl= mann und ihr zahlreicher Anhang hofften diese Hindernisse im Lauf der Zeit wegräumen zu können. Am 11. Juli hielt der Reichsverweser unter allgemeinem Jubel seinen Einzug in Frankfurt, und bildete am folgen= den Tage ein Ministerium, in welchem der bisherige österreichische Präsi= dialgesandte Ritter von Schmerling das Ministerium des Auswärtigen, der preußische General von Peucker das des Krieges, und der Hamburg'= sche Advokat Heckscher das Justizministerium erhielten. Die Minister des Reichsverwesers sollten für alle Regierungshandlungen der Natio= nalversammlung verantwortlich sein, er selbst aber war für unverant= wortlich erklärt worden. Der Bundestag, der, ungeachtet der Gleich= gültigkeit der einen und der Abneigung der anderen gegen ihn, selbst noch in der letzten Zeit hier und da ein Lebenszeichen von sich gegeben hatte, legte jetzt seine Gewalt in die Hände des Reichsverwesers nieder, und schien für immer beseitigt zu sein.

Die Nationalversammlung beburfte, da sie ein Konvent weder sein wollte noch konnte, einer Exekutive. Aber die provisorische Central= gewalt hat, ungeachtet alles guten Willens, den man bei ihr voraus= setzen kann, der Sache der Wiederherstellung Teutschland's weder im Innern noch nach Außen hin Dienste geleistet, die den in sie gesetzten Erwartungen auch nur einigermaßen entsprechend gewesen wären. Ein bejahrter Prinz, einem Staate angehörig, der gerade aus allen Fugen zu gehen schien, an die Spitze eines Reichs gestellt, das noch geschaffen werden sollte, ohne Schatz, ohne Heer, mochte den deutschen Fürsten in seiner Ohnmacht bequem sein, war aber außer Stande, etwas der Na= tion, die ihn zu ihrer Leitung berufen hatte, würdiges zu leisten. Im Herzogthum Limburg ließ die niederländische Regierung die schwarz= roth=goldenen Fahnen abreißen, obgleich dieses Land zum deutschen Bunde gehörte; Dänemark nahm von dem Reichsverweser keine Kennt= niß und unterhandelte nur mit Preußen. In London und Paris wur= den die deutschen Reichsgesandten, Baron von Andrian und Friedrich von Raumer, nur in officiöser Weise empfangen und mit leeren Höflich=

lekten abgefunden. Aber auch in Deutschland selbst gab sich die Schwäche der Reichsgewalt schon wenige Wochen nach ihrer Einsetzung kund. Von dem Reichskriegsministerium war an sämmtliche Bundestruppen der Befehl ergangen, dem Reichsverweser am 6. August durch Abhaltung einer Parade und Ausbringung eines dreimaligen Lebehochs zu huldigen. Nur in den kleineren Staaten kam man dieser Weisung nach. In Oesterreich, mit Ausnahme Wien's, in Preußen und Hannover geschah gar nichts; in Bayern kam man dem Befehl des Reichskriegsministers nach, aber unter beschränkenden Klauseln, die dem Akt alle Bedeutung nahmen. In einem Manifest vom 30. August erklärte der Reichsverweser, er wolle sich „so weit thunlich" mit den Landesregierungen in Einvernehmen setzen, und rechne vertrauensvoll auf ihre Mitwirkung. Aber wie dann, wenn sie sich dazu nicht bereitwillig finden ließen? Die einzige wirkliche materielle Macht, der Heeresbefehl, war ausschließlich in ihrer Hand geblieben. Der Reichsverweser war in Deutschland noch viel ohnmächtiger als die letzten deutschen Kaiser, da er über gar nichts Eigenes zu gebieten hatte.

Schon das Vorparlament hatte in seinen Berathungen gewisse Rechte des Volkes als nothwendige Forderungen der Zeit aufgestellt. Die Nationalversammlung erweiterte diese Bestimmungen, die als „Grundrechte" der künftigen Verfassung zur Basis dienen und den großen Freibrief der deutschen Nation bilden sollten. Sie waren den Ideen nachgebildet, die über Recht und Freiheit im Staat, in England und Frankreich zur Geltung gekommen waren. Dort war dies aber durch eine „ganze" Revolution, durch den entschiedenen Sieg der liberalen Principien errungen worden, während in Deutschland, wie schon damals hellsehenden Köpfen nicht verborgen blieb, nur eine „halbe" Revolution statt gefunden hatte, d. h. der größte und mächtigste Theil der alten Zustände, die Dynastien mit ihrem weit verzweigten Anhange, unversehrt stehen geblieben war. Auch lag etwas Unangemessenes und selbst Verkehrtes darin, Rechte und Gesetze für ein Reich geben zu wollen, das noch gar nicht vorhanden war, da diese nur in einem solchen eine bestimmte Bedeutung haben können. Mit den Grundrechten des Volkes hätte eine deutsche Verfassung nicht beginnen sollen. Wenigstens hätte man sich dabei kürzer fassen, nur wenige allgemeine Normen feststellen und alsbald an die Verfassung selbst gehen sollen, durch welche diese Grundrechte erst Leben und Anwendung erhalten konnten. Statt dessen verschwendete man eine kostbare Zeit mit der Abfassung von einzelnen Bestimmungen, die, so lange es in der Wirklichkeit noch kein deutsches

Reich gab, in der Luft zu schweben schienen. Ueber die zwei ersten Worte in den Grundrechten: „Jeder Deutsche" — hatte man sich erst nach stundenlangem Streiten vereinigen können. Die eigenthümliche Krankheit des deutschen Geistes, die aus seinem rein theoretischen Bildungsgange entstanden ist, das Sichverlieren in unfruchtbaren Einzelheiten, unter dem Vorwande der Gründlichkeit, wobei aber oft die Punkte, auf die es eigentlich ankommt, übersehen werden, der pedantische kleinliche Eigensinn, die unpraktische Wortklauberei, der Hang zu endloser Wiederholung, ließ bei dieser Gelegenheit einen mehr breiten als tiefen Strom von doktrinairen Reden hervortreten, welche zuweilen selbst das Allbekannte und Unzweifelhafte dunkel und ungewiß erscheinen ließen, und die angestrengteste Aufmerksamkeit erschöpfen konnten.

Unter den auswärtigen Verhältnissen, die in der Nationalversammlung zur Sprache kamen, hat nur die Stellung Deutschland's zu Dänemark wegen der deutschen Herzogthümer eine praktische Bedeutung gehabt. Nachdem der General Wrangel, wie oben erwähnt worden, in Jütland eingedrungen war, bekam er von Berlin aus den Befehl zum Rückzug (24. Mai), der dem Einflusse fremder Mächte auf das preußische Kabinet, namentlich Rußlands, beigemessen wurde, was im übrigen Deutschland großen Unwillen erregte. Die Dänen, zuversichtlich geworden, warfen sich auf die Hannoveraner bei Hollbühl (5. Juni), wurden aber am folgenden Tage bei Düppel von den Preußen geschlagen. Ihre Schiffe blokirten unterdessen alle deutschen Häfen und fügten dem Handel großen Schaden zu. Der Krieg wurde von da an von den Preußen so lässig geführt, daß es aussah als ob sie sich von demselben ganz zurückziehen wollten. Das Reichsministerium beschloß deshalb ein Bundesheer aufzustellen, um den Kampf im Nothfall auch ohne preußische Hülfe fortsetzen zu können. In den süddeutschen Staaten schien ein vermehrter Eifer für die deutsche Sache zu erwachen. Der tapfere bayerische Oberst von der Thann führte eine eigene Freischaar gegen die Dänen; und die würtembergischen und badischen Kontingente setzten sich nach dem Norden zu in Bewegung. Da aber unterdessen in den maßgebenden Kreisen die Ueberzeugung von der Unentbehrlichkeit Preußen's mehr als früher Raum gewonnen hatte, so bevollmächtigte der Reichsverweser die preußische Regierung im Namen des Reiches zu Unterhandlungen über einen Waffenstillstand mit Dänemark, der zu Malmoe in Schweden, unter schwedischer Vermittlung geschlossen wurde (26. August). Dänemark gestand eine gemeinschaftliche Regierung für Schleswig und Holstein zu, deren Mitglieder zur Hälfte von Dänemark, zur

Hälfte vom deutschen Bunde ernannt werden sollte, verlangte aber, daß alle Akte der provisorischen Regierung für ungültig erklärt würden, und daß die schleswigschen Truppen, von den holsteinischen getrennt, in Schleswig stehen blieben, während die holsteinischen in ihr Land zurück= kehrten. Die Kriegsgefangenen und genommenen Schiffe sollten zurückge= geben werden. Beide Theile sollten übrigens durch die Bedingungen des Waffenstillstandes bei dem künftigen endgültigen Friedensschlusse nicht gebunden sein. Der Waffenstillstand von Malmoe rief in der Natio= nalversammlung einen Sturm von Unwillen und Entrüstung hervor. Dahlmann, der mehr als irgend einer für die Rechte der Herzogthümer durch Wort und Schrift gewirkt hatte, erklärte Deutschland's Ehre durch diesen Vertrag für verletzt, der in der Sitzung der Nationalversamm= lung vom 5. September verworfen wurde. Sämmtliche Reichsminister reichten ihre Entlassung ein. Dahlmann wurde von dem Reichsverwe= ser mit der Bildung eines Ministeriums beauftragt, was aber weder ihm noch dem bayerischen Abgeordneten von Hermann gelang. Da aber ohne Preußen eine Fortsetzung des Krieges unmöglich erschien, so wurde am 16. September der Waffenstillstand von Malmoe von der Mehr= heit der Nationalversammlung angenommen.

Die Unzufriedenheit, welche der Waffenstillstand mit den Dänen in ganz Deutschland selbst unter den Gemäßigten hervorrief, die Be= sorgniß, daß er nur das Vorspiel zu einem Aufgeben der Herzogthümer sei, erregte im höchsten Grade die Exaltation der Demokraten, die ohne= dies nie geruht hatten, und begierig jede Gelegenheit zur Darlegung ihrer leidenschaftlichen Gesinnungen ergriffen. Am stärksten war für den Augenblick die Gährung in Frankfurt und dessen Nähe, wo die Opposi= tion in der Nationalversammlung mit ihren Gesinnungsgenossen außer= halb derselben in unmittelbarer Verbindung stand, und dieselben sich gegenseitig entflammten. Am 17. September wurde auf der Pfingst= weide, einem großen Anger im Nordwesten der Stadt, eine Volksver= sammlung, aus wenigstens 20,000 Köpfen bestehend, abgehalten, wo die Abgeordneten Schlöffel, Simon aus Trier, Zitz aus Mainz Worte sprachen, die eine Aufforderung zum offenen Kampfe enthielten. Zitz sagte: „jetzt wollen wir Fraktur schreiben!" Die 258 Abgeordneten, welche den Malmöver Waffenstillstand angenommen hatten, wurden von der versammelten Menge für Verräther am deutschen Volke erklärt. Die geheime Absicht der Führer war, wenn die vorbereitete Bewegung gelingen sollte, die Nationalversammlung sprengen und die Republik ausrufen zu lassen, äußerlich aber stellten sie sich als wollten sie nur die

Zurücknahme des Beschlusses wegen des Waffenstillstandes mit den Dä=
nen im Wege einer großen Petition durchsetzen. Das Reichsministerium
war von dem Vorhaben der Demokraten unterrichtet, und hatte einige
Bataillone Oesterreicher und Preußen aus dem benachbarten Mainz her=
beigerufen. Als die auf der Pfingstweide vorbereitete Petition, wegen
Zurücknahme der gefaßten Beschlüsse, der Nationalversammlung über=
geben werden sollte, fand die Menge die Umgebungen der Paulskirche
von Truppen besetzt. Es kam zu einem Zusammenstoß, der aber ohne
viele Opfer an Menschenleben entschieden wurde. Das Volk hatte Bar=
rikaden gebaut, die von den Truppen mit einem Verlust von nur acht
Mann genommen wurden. Von größerer Bedeutung aber wurde dieser
Kampf durch den tragischen Tod zweier preußischer Mitglieder der Na=
tionalversammlung, des Fürsten Lichnowsky und des Generals von
Auerswald, der ein grelles Licht auf die damals in den niederen Schich=
ten der revolutionairen Partei herrschende Stimmung wirft. Beide
hatten, so hieß es, den zur Bekämpfung des Aufstandes herbeiziehenden
Bundestruppen entgegenreiten wollen, waren aber vor der Stadt von
einer blutdürstigen Rotte angefallen und niedergemacht worden. Auers=
wald blieb auf der Stelle todt, während Lichnowsky erst in der folgen=
den Nacht verschied. Auch der Reichsminister Heckscher, der früher sehr
populair gewesen, und der greise Turnvater Jahn hatten in großer Ge=
fahr geschwebt. Der Reichsverweser, der bis dahin wenig Thatkraft
gezeigt hatte, raffte sich jetzt zusammen, erklärte die Stadt in Belage=
rungszustand, hob die Vereine auf, und nahm strenge Maßregeln zur
Wiederherstellung der Ruhe. Der Aufstand vom 17. September in
Frankfurt, das damals gewissermaßen für die politische Hauptstadt
Deutschland's gelten konnte, ist ein Ereigniß von größerer Tragweite
gewesen, als der äußere Verlauf desselben für den Augenblick anzudeuten
schien. Die Massen hatten sich gegen die Nationalversammlung erklärt,
die nur durch militairische Hülfe vor gewaltsamer Auflösung gerettet
worden war. Das Parlament durfte nicht mehr auf das Volk rechnen,
und die Soldaten, die es geschützt hatten, konnten, nachdem das Volk
von ihnen besiegt worden, sich bei einem Streit zwischen den Regierun=
gen und der Nationalversammlung auch gegen diese verwenden lassen.
Die Lage der Dinge war eine entschieden andere als bei der Eröffnung
des Parlaments geworden.

    Wenige Tage nach dem deutschen Parlament war in Berlin die
zur „Vereinbarung der Verfassung berufene" preußische Nationalver=
sammlung, wie es im officiellen Styl hieß, von Friedrich Wilhelm IV.

eröffnet worden (22. Mai). In ihr befanden sich 100 Justiz=, 50 Ver=
waltungs=, 28 Gemeinde=Beamte, 50 Geistliche, 27 Lehrer, 68 bäuer=
liche Grundbesitzer, 28 Handwerker. Aus den Mitgliedern der früheren
Ritterschaft waren nur wenige gewählt worden. Dieser Stand, der sich
noch vor einem Jahr geweigert hatte, den Stadt= und Landgemeinden
einige Abgeordnete mehr zu bewilligen, sah sich von der Theilnahme an
der Neugestaltung des politischen Lebens in seinem Vaterlande thatsäch=
lich fast ausgeschlossen. Die Berliner Versammlung besaß weniger be=
rühmte Namen und allgemein anerkannte Kapacitäten als die Frank=
furter, was jedoch nicht nothwendig ein Hinderniß zur Lösung ihrer
Aufgabe gewesen wäre. Aber auch in ihr regten sich, und zwar noch
früher als in Frankfurt, die zersetzenden und zerstörenden Elemente, die
in jener anfangs so hoffnungsvollen, später so traurigen Epoche hervor=
getreten sind. Die in Preußen wie in ganz Deutschland so lange unna=
türlich zurückgedrängte Entwickelung der staatlichen Zustände rächte sich,
als die Schranken endlich gefallen waren, durch die Maßlosigkeit in den
Forderungen, den Haß gegen das Bestehende, die zügellose Parteiwuth,
das gegenseitige Mißtrauen, die wie Eiterbeulen an allen Stellen des
gesellschaftlichen Körpers hervorbrachen, und später gewaltsame Opera=
tionen, aber keine innere Heilung herbeiführten.

Die preußische Nationalversammlung nahm, allerdings großen=
theils durch die Ungunst der ihrem Zusammentreten vorangegangenen
und dasselbe begleitenden Umstände, eine Richtung und Haltung an, die
es ihr unmöglich machte, die Gefahren, die sie selbst enthielt, oder von
denen sie umgeben war, zu vermeiden. Es war in ihr eine Partei vor=
handen, welche von der Vereinbarung der Verfassung mit der Krone
nichts wissen wollte, sondern das Königthum gewissermaßen wie sus=
pendirt ansah, und ohne dasselbe eine Verfassung zu berathen dachte, die
es nach ihrer Vollendung unbedingt anerkennen sollte, und eine andere
Partei, die, von der im Monat März ausgebrochenen Bewegung an=
fänglich wie betäubt und zu sehr weit gehenden Koncessionen bereit, all=
mälig wieder Muth gefaßt hatte und die Hoffnung hegte, die früheren
Zustände, im Wesentlichen, wenn auch unter etwas veränderten Formen,
wiederherstellen zu können. Die aufrichtigen, gemäßigten und aufge=
klärten Freunde einer wahrhaften konstitutionellen Monarchie waren in
der Minderzahl, spalteten sich und arbeiteten einander häufig sogar ent=
gegen. Die meisten wollten über das vorgesetzte Ziel hinausgehen oder
hinter demselben zurückbleiben. Von oben her fand so gut wie gar keine
Leitung statt. Der König trat in einem Lande, das so lange eine abso=

lute Monarchie gewesen, und dessen Bevölkerung noch immer monarchisch
gesinnt war, zu wenig hervor, und die Minister, welche die Verantwort=
lichkeit für alle von oben her kommenden Entscheidungen auf sich ge=
nommen hatten, konnten sich weder auf den Träger der Krone noch auf
einen zahlreichen und festen Anhang in der Versammlung stützen. Die
anarchische Partei, die Straßendemagogie, der Hang zu Excessen waren
in Berlin als einer großen Stadt und in der eine gewaltsame Unter=
brechung der herkömmlichen Verhältnisse statt gefunden hatte, weit ver=
breiteter als in Frankfurt und es wurden ihnen von oben her weniger
Zügel angelegt. Während auf der einen Seite die Neigung zu gesetz=
widrigen Ausschreitungen und Uebertretungen mehre Monate lang im=
mer allgemeiner wurde, und die Märzbewegung sich in lauter einzelne
Tumulte oft der niedrigsten Art aufzulösen schien, ließ anderseits das
dem Namen nach konstitutionelle Ministerium das ganze Personal des
alten absolutistischen Regiments bestehen, mit dessen Hülfe die Reaktion
bei der ersten günstigen Gelegenheit die zerrissenen Fäden ihrer Zusam=
mengehörigkeit mit den früheren Zuständen wieder anknüpfen konnte.

Wie sehr es sowohl der Regierung als der Nationalversammlung
an politischem Geist und Takt fehlte, gab sich besonders bei der Rückkehr
des Prinzen von Preußen kund. Da derselbe sich freiwillig entfernt
hatte und sogar während seiner Abwesenheit zum Abgeordneten gewählt
worden war, so verstand es sich von selbst, daß er zu jeder Zeit wieder=
kommen und seinen Sitz in der Versammlung einnehmen konnte. Gleich=
wohl machte das Ministerium seine Rückkehr zu einer öffentlichen Ange=
legenheit, indem es dieselbe in einem Bericht an den König befürwortete
und dessen Genehmigung dazu einholte, so als ob gesetzliche Hindernisse
vorhanden gewesen wären. Auch schien die Regierung eine Art von Ga=
rantie für die konstitutionelle Gesinnung des Prinzen übernehmen zu
wollen. Dadurch wurden die Demagogen veranlaßt alle früher ausge=
streuten Verläumdungen gegen den Prinzen zu wiederholen, und sich
gegen seine Rückkehr in das Vaterland in Petitionen und Straßenauf=
läufen zu erklären. Als der Prinz von Preußen in der Nationalver=
sammlung erschien, vergaß man bei seinem Empfange absichtlich, daß der
Deputirte zugleich der präsumtive Thronfolger war. Als am 8. Juni
der Antrag des Abgeordneten Behrends, daß die Kämpfer des 18. März
sich um das Vaterland wohlverdient gemacht hätten, nicht allgemeine
Zustimmung fand, wurden beim Nachhausegehen der Minister der aus=
wärtigen Angelegenheiten, Heinrich von Arnim, und der Abgeordnete
Prediger Sydow, von der rohen Menge beleidigt, und mußten, um wei=

teren Mißhandlungen zu entgehen, sich in das Universitätsgebäude
flüchten. Am 15. Juni stürmte der Pöbel das Berliner Zeughaus,
plünderte, zerstörte, und wurde erst verhindert als der Schaden und die
Schande schon vollbracht waren. Der vermöge des Princips der Volksbewaffnung in Berlin errichteten Bürgerwehr fehlte es nicht an tüchtigen
Elementen, aber sie wurde wie absichtlich ohne angemessene Führung gelassen, und dagegen eine überzahlreiche Polizeimannschaft errichtet, die,
wenn man der Bürgerwehr eine bessere Organisation gegeben hätte, überflüssig gewesen wäre. Camphausen, der als Minister die früher in ihn
gesetzten Hoffnungen nicht gerechtfertigt hatte, trat am 20. Juni zurück,
und Hansemann bildete ein neues Ministerium, in welches Rudolph von
Auerswald, der Graf von Schwerin, Rodbertus und Milde eintraten.
Dasselbe war von Anfang an in sich uneinig, und schien keinen bestimmten Plan und Zweck zu verfolgen. Rodbertus trat bald wieder aus, da
seine Absicht, die preußische Politik der deutschen Einheitsidee unterzuordnen, bei seinen Kollegen keinen Anklang fand. Friedrich Wilhelm IV., der in der ersten Zeit nach den Märzereignissen, wie mehre
seiner öffentlich gethanen Aeußerungen annehmen lassen, sich mit den
eingetretenen Veränderungen und dem Aufhören der absoluten Gewalt
ausgesöhnt haben würde, wenn er einen sicheren Grund zum Bau eines
neuen Systems gefunden hätte, schien an dem Gelingen des begonnenen
Werkes auf dem eingeschlagenen Wege zu verzweifeln, und neigte sich
wieder den vormärzlichen Anschauungen und Einflüssen zu.
  Der Nationalversammlung war von dem Ministerium ein Verfassungsentwurf vorgelegt worden, der, was den in ihm vorherrschenden
Geist betrifft, nicht ganz zeitgemäß und in der Form lückenhaft war.
Aber anstatt ihn zu verbessern und zu vervollständigen, denn er enthielt
auch vieles Brauchbare, ward er vollkommen bei Seite geschoben, und die
Nationalversammlung ging, aber sehr langsam, an die Ausarbeitung
eines ganz neuen Entwurfes. Zwischen dem Ministerium und der Volksvertretung fand nicht die nöthige innere und äußere Berührung statt.
Der Verband war locker und schien zuweilen wie gar nicht vorhanden
zu sein. Die Regierung hatte für die Nationalversammlung beim Anfange der Session nicht hinreichende Vorlagen in Bereitschaft gesetzt, und
die Abgeordneten würden im Anfange wenig zu thun gehabt haben,
wenn sie nicht die Zeit mit Interpellationen an die Minister ausgefüllt
hätten, die aber für die betreffenden Gegenstände selten förderlich waren.
Später kam mehr Leben in die Arbeiten der Ausschüsse, die ausgezeichneteren Fachmänner, an denen es der Versammlung nicht fehlte, er-

                                                              23*

mannten ſich, und es ward ein reichhaltiges, legislatives Material ge=
ſammelt, das aber, nachdem ſpäter die Rückſchrittspartei die Oberhand
gewonnen hatte, ſo gut wie unbenutzt geblieben iſt. Aber die Gährung
in den Maſſen, die Schwäche der Miniſter, das Schwankende des gan=
zen Zuſtandes, die trübe Ausſicht in die Zukunft verhinderten, daß die
geſetzgeberiſchen Arbeiten ſelbſt von denen mit Freudigkeit und Ruhe in
Angriff genommen wurden, die dazu geneigt und befähigt waren. Rei=
bungen zwiſchen Volk und Militair wurden ſo häufig und nahmen hier
und da einen ſo drohenden Charakter an, daß am 9. Auguſt in der Na=
tionalverſammlung der Antrag geſtellt und angenommen wurde, der
Kriegsminiſter möge ſich in einem Erlaß an die Armee dahin aus=
ſprechen, daß die Officiere allen reactionairen Beſtrebungen fern bleiben,
und daß diejenigen unter ihnen, mit deren politiſchen Ueberzeugungen
dies nicht vereinbar ſei, den Dienſt verlaſſen ſollten. Da dieſer Beſchluß
unausgeführt geblieben, ſo ward er am 7. September mit großer Stim=
menmehrheit erneuert, worauf das Miniſterium zurücktrat, und der Kö=
nig ein neues Kabinet einſetzte, in welchem der General Pfuel den Vor=
ſitz mit dem Kriegsminiſterium, Graf Dönhoff und Oberpräſident Eich=
mann, Männer der alten Diplomatie und Bureaukratie, die auswärtigen
Angelegenheiten und das Innere übernahmen. In der Hauptſtadt wie
in den Provinzen dauerten die Tumulte und Unordnungen aller Art
ununterbrochen fort, welche der Realtion mehr als alles Andere in die
Hände arbeiteten, die in ſich ſelbſt ſchwerlich die Kraft gefunden hätte,
ihr Haupt wieder emporzurichten. Am 16. Oktober fand in Berlin ein
blutiger Zuſammenſtoß zwiſchen Bürgerwehr und Arbeitern ſtatt; in
denſelben Tagen brachen auf weit von einander gelegenen Punkten, in
Elbing, Greifswalde und Liegnitz, meuteriſche Bewegungen aus. Am
26. Oktober trat in Berlin ein ſogenannter Demokratenkongreß zuſam=
men, der aber die Ideen, denen er zu dienen beabſichtigte, nur herabſetzen
konnte. Die niederen Schichten der Berliner Bevölkerung zeigten ſich
jetzt auch gegen die Majorität der Nationalverſammlung mißtrauiſch
und feindſelig, und gingen ſelbſt zu perſönlichen Beleidigungen gegen
die Mitglieder der rechten Seite über. Das Miniſterium that nichts,
um dieſen Ausſchreitungen ernſtlich entgegenzutreten. Mehre Monate
lang, während ſo viele Unordnungen vorfielen, war weder die Garniſon
der Hauptſtadt angemeſſen verſtärkt, noch die Bürgerwehr beſſer organi=
ſirt worden. Die Realtion, die nur auf den geeigneten Augenblick war=
tete, um ſich des Staatsruders bemächtigen zu können, glaubte ihn ge=
funden zu haben, als am 31. Oktober der Berliner Pöbel das Schau=

spielhaus, wo damals die Nationalverfammlung ihre Sitzungen hielt,
umstellte, die ihm mißliebigen Mitglieder derselben beim Ein- und Ausgehen beleidigte, während der Abendsitzung mehre Thüren vernagelte,
und Stricke zum Vorschein brachte, als Symbole dessen, was ein Theil
der Versammlung nach seiner Meinung verdient hätte. Es wäre leicht
gewesen, solchen Ausbrüchen der Rohheit zuvorzukommen, man wollte es
aber nicht, um sie nachher im reaktionairen Sinne auszubeuten zu können.

Das Ministerium Pfuel war von Freunden und Gegnern von
Anfang an nur als ein Uebergangsministerium angesehen worden. Daß
der Zustand, so wie er damals war, nicht fortdauern konnte, ward allgemein gefühlt. Pfuel reichte mit seinen Kollegen seine Entlassung ein,
und am 1. November wurde der General Graf von Brandenburg, ein
natürlicher Sohn Friedrich Wilhelm II., von dem Könige mit der Bildung eines neuen Kabinets beauftragt. Als die Nationalversammlung
von diesem Schritt in Kenntniß gesetzt wurde, schickte sie ihren Präsidenten mit einer Deputation nach Potsdam, um Friedrich Wilhelm IV.
eine Adresse zu überreichen, in der gegen die Ernennung des Grafen von
Brandenburg protestirt und ein volksthümliches Ministerium bringend
angerathen wurde. Der König ertheilte keine Antwort auf die Adresse,
und schien in sehr gereizter Stimmung zu sein, die noch zunahm, als
der Doktor Johannes Jakoby aus Königsberg, der Verfasser der „Vier
Fragen", mit unzeitiger Freimüthigkeit die Worte fallen ließ: es sei das
Unglück der Könige, daß sie die Wahrheit nicht hören wollen. Am
8. November machte eine Kabinetsordre den Rücktritt des Ministeriums
Pfuel und die Ernennung eines neuen Kabinets bekannt, in welchem
Graf Brandenburg das Präsidium mit den auswärtigen Angelegenheiten, der bisherige Ministerialdirektor von Manteuffel das Innere,
der Generalmajor von Strotha das Kriegsdepartement übernahmen.
An demselben Tage ging der Nationalversammlung eine königliche Botschaft zu, in welcher deren Verlegung nach Brandenburg, und Eröffnung
ihrer Sitzungen daselbst für den 27. November ausgesprochen war. Als
Grund dieser Veränderung wurden die Einschüchterungen und Gewaltthätigkeiten angegeben, welchen die Mitglieder der Versammlung in Berlin zu wiederholten Malen ausgesetzt gewesen. Die Mehrheit der Nationalversammlung protestirte gegen ihre Verlegung, indem sie der Krone
das Recht zu dieser Maßregel bestritt. Am 10. November rückte General Wrangel mit zahlreichen Truppen in Berlin ein, ohne den geringsten
Widerstand zu finden. Die Stadt wurde in Belagerungszustand erklärt,
die Bürgerwehr aufgelöst und eine allgemeine Entwaffnung angeordnet.

Die rechte Seite der Nationalverfammlung folgte der Weifung des Kö=
nigs und begab fich nach Brandenburg, die Majorität mit dem Präfi=
denten von Unruh verfuchte ihre Sitzungen in Berlin fortzufetzen, wurde
aber aus einem Zufluchtsort nach dem anderen vertrieben, fprach aber,
ehe fie gezwungen wurde, ihre Berathungen zu fchließen, das Verbot
aus, die Steuern an das neue Minifterium zu entrichten. Die Ver=
fammlung wurde am 27. November in Brandenburg wirklich eröffnet.
Ein Theil der Oppofition hatte fich ebenfalls dahin begeben, aber nur
um gegen die Rechtmäßigkeit des Gefchehenen zu proteftiren. In der
Sitzung des 1. December verließ fie im Augenblick der Abftimmung
den Saal, wodurch die Wahl des Präfidiums verhindert wurde. Am
5. December löfte der König die Nationalverfammlung auf, gab aus
eigener Macht eine Verfaffung mit zwei Kammern, ließ Neuwahlen für
diefelben ausfchreiben und fetzte ihre Eröffnung auf den 26. Februar
1849 in Berlin feft. Die preußifche Nationalverfammlung hat wäh=
rend ihrer kaum fechsmonatlichen Dauer allerdings große Mißgriffe be=
gangen, wer aber fich die Umftände vergegenwärtigt, unter denen fie
gewirkt hat, wird das Fehlfchlagen der in fie gefetzten Erwartungen
nicht ihr allein Schuld geben wollen.

Unterdeffen war in Wien die Revolution faft durch diefelben Sta=
dien wie in Berlin gegangen, nur daß diefelbe, obgleich weniger blutig
begonnen, ein gewaltfameres Ende finden follte. Die Regierung war
feit den Märzereigniffen in Wien wie in Berlin ohne Haltung und
Kraft, den Führern der freifinnigen Partei fchwebte kein beftimmtes
Ziel ihres Strebens vor, oder fie wußten den Weg dazu nicht zu finden,
und die Menge wurde nach Abfchüttelung des früheren Joches von rohen
Ausbrüchen der Leidenfchaft hin= und hergeworfen, die es unmöglich mach=
ten, auf den Trümmern des Alten neue und beffere Zuftände dauernd zu
gründen. Alles lief verworren und planlos durcheinander, und oft ward,
was heute mit Eifer erfaßt worden, fchon am anderen Tage gleichgültig
bei Seite gefetzt. Die Nothwendigkeit einer Regulirung der Preffe wurde
gefühlt, da eine große Menge meift fchlechter Tagesblätter plötzlich auf=
getaucht war, welche die öffentliche Meinung auf Abwege führten. Am
31. März ward ein proviforifches Preßgefetz erlaffen, das aber von der
Aula verworfen und von Prager Studenten fogar öffentlich verbrannt
wurde. Im Minifterium herrfchte folche Uneinigkeit, daß der Mini=
fter des Innern diefes Gefetz zurücknahm, während der Juftizminifter
daffelbe zur Beachtung an die Gerichtshöfe verfandte. Am 25. April
wurde die neue, vom Kaifer in den Märztagen verfprochene Verfaffung

verkündigt, die aber keine Partei befriedigte und ein todter Buchstabe blieb. Die Regierung hatte nicht umhin können, die Stellung Oester= reich's zu Italien und Deutschland in Betracht zu ziehen, wo neuer= dings so große Veränderungen eingetreten waren. Sie zeigte sich zur Abtretung der Lombardei an Sardinien geneigt, und arbeitete in Frank= furt und an den deutschen Höfen dem preußischen Einfluß entgegen. Aber es waren die Ereignisse, nicht die Plane derer, welche in Wien dem Namen nach an der Spitze standen, welche diese Fragen entschieden. Das neue österreichische Ministerium war von Anfang an in Auf= lösung begriffen. Graf Kolowrat, der früher im Vergleich zu Metter= nich für freisinnig und für dessen politischen Gegner gegolten hatte, ob= gleich er viele Jahre mit ihm an demselben Ministertisch gesessen, war an seine Stelle getreten, fühlte sich aber der ihm jetzt zugefallenen Auf= gabe so wenig gewachsen, daß er schon in den ersten Tagen des Aprils zurücktrat. Dasselbe geschah von Seiten des Finanzministers von Kü= beck, der den Minister von Krauß zum Nachfolger bekam, welcher, merk= würdig genug, in allen Phasen der Revolution, bald etwas schneller bald etwas langsamer gehend, bis zum Schlußakt aushielt. Am Ende des Aprilmonats gab auch General Zannini das Kriegsportefeuille auf, das der Graf Latour übernahm, der bis zu seinem tragischen Ende in dieser Stellung blieb. Das Ministerium des Innern bekleidete von Pil= lersdorff, der, bis zu den Märzereignissen für eine bedeutende Kapacität geltend, während der revolutionairen Bewegungen sich unentschlossen und rathlos zeigte, aber weil er es mit keiner Partei ganz hielt und mit keiner ganz verdarb, eine Zeit lang unentbehrlich schien. Der fähigste und geistreichste unter den damaligen österreichischen Staatsmännern, der als Diplomat und politische Schriftsteller ausgezeichnete Graf Ficquelmont, der in diesem Ministerium die auswärtigen Angelegenheiten leitete, wurde, nicht durch einen Volksaufstand, sondern durch eine im größten Styl ausgeführte Katzenmusik gestürzt, ein Vorfall, der die ganze Situation nicht übel zeichnete. Dasselbe Mittel der Einschüchterung wurde gegen den Erzbischof von Wien, den Fürsten von Lichtenstein, den päbstlichen Nuntius und andere bedeutende Personen angewandt. Während des Aprilmonats wäre so etwas, da die Begeisterung der Märztage noch einigermaßen nachwirkte, nicht möglich gewesen. Aber die Unentschie= denheit und Thatlosigkeit der Regierung und das furchtsame Sichzurück= ziehen der besseren Elemente der Bevölkerung ließen die Demagogen, die unreife Jugend und den Pöbel immer mehr in den Vordergrund treten. Von Anfang Mai an wurde die Geschichte der Wiener Revolution eine

Geschichte von Straßenaufläufen, Barrikadenbauten und Komplotten, über denen Zeit, Kraft und Sinn zu einer Neugestaltung Oesterreich's verloren ging.

Während in den Märztagen die Gewährung der Preßfreiheit und das bloße Versprechen einer Verfassung in Wien so lebhafte Bezeugungen der Freude und des Dankes gegen den Kaiser hervorgerufen hatte, war man jetzt mit der am 25. April bekannt gemachten Verfassung, schon weil sie eine von oben her gegebene war, eine erste Kammer, Census und indirekte Wahlen bestimmte, im höchsten Grade unzufrieden. Ein Centralcomité, aus Abgeordneten der Nationalgarde und der akademischen Legion bestehend, stellte sich an die Spitze der aus der Revolution hervorgegangenen Volkswehr, und forderte von der Regierung die Beseitigung der octroyirten Verfassung und die Einberufung einer konstituirenden Versammlung, um ein neues Grundgesetz zu entwerfen. Die Minister dachten anfänglich diesem Ansinnen zu widerstehen und ließen Militair und Kanonen in Bereitschaft setzen. Da rückte am 15. Mai Abends acht Uhr die akademische Legion, Gewehr im Arm, nach dem Gebäude des Hofkriegsraths, wo das Ministerium berieth und noch nicht zur Gewährung aller aufgestellten Forderungen bereit schien. Die Stadt ward erleuchtet, Barrikaden erhoben sich, Gerüchte von einer allgemeinen Volkserhebung wurden absichtlich verbreitet und geglaubt, obgleich nichts der Art zu befürchten stand. Der Hof gerieth in Bestürzung, und nach Mitternacht wurde die Aprilverfassung für aufgehoben erklärt, und eine aus fast allgemeinem Wahlrecht hervorzugehende konstituirende Reichsversammlung bewilligt. Der Kaiser, der sich für seine bisherige Nachgiebigkeit so übel belohnt sah, und von den häufigen Tumulten in seiner Nähe erschreckt war, beschloß Wien im Stillen zu verlassen, was schon am 17. Mai ausgeführt wurde, indem die kaiserliche Familie, anstatt von ihrer gewöhnlichen Spazierfahrt nach Schönbrunn in die Hauptstadt zurückzukehren, den Weg nach Innsbruck einschlug, wo sie mit unermeßlichem Jubel empfangen wurde. Die Wiener erschraken über die Entfernung des Hofes und die Minister fühlten eine Anwandlung von Entschlossenheit Das Centralcomité wurde aufgelöst, einige der bekanntesten Aufwiegler mußten sich verbergen und man war nahe daran, die Aula selbst zu sprengen. Zahlreiche Deputationen wurden an den Hof nach Innsbruck gesandt, um ihn zur Rückkehr einzuladen Aber das Ministerium wußte diese ihm günstige Stimmung nicht zu benutzen, die bald in das Gegentheil umschlug. Es wurde ein Sicherheitsausschuß eingesetzt, es erhoben sich wieder Barriladen, die Demagogen drohten mit einer neuen Schilderhebung, und die Regierung gab nach, und schien jeder unabhängigen Willensäußerung entsagen zu wollen.

Das früher so feste und starke Oesterreich, das der Expansionskraft der französischen Revolution und dem militairischen Genie Napoleon's einen so beharrlichen Widerstand entgegengesetzt hatte, weil damals die einzelnen Bestandtheile des Reichs in der gemeinsamen Gefahr unter einander eng verbunden gewesen, drohte jetzt wie eine abgenutzte Maschine auseinander zu fallen. Die Lombardei und Benedig hatten sich von dem Gesammtstaat bereits losgesagt und in Ungarn herrschte eine Stimmung, die Aehnliches erwarten ließ. Der alte gegenseitige Haß der verschiedenen Nationalitäten, die den Kaiserstaat bilden, das Streben derselben, sich vom Mittelpunkt ganz oder wenigstens zum Theil unabhängig zu machen, sich die eine auf Kosten der anderen zu erheben, erwachte auch da, wo sich seit lange keine Zeichen dieser Gesinnung kund gegeben hatten. Unter den Czechen in Böhmen regte sich die Erinnerung an die frühere Macht und Unabhängigkeit ihres Landes, und sie begannen ihre deutschen Landesgenossen als Fremde und selbst als Feinde anzusehen. Der geistige Vorkämpfer ihrer Nationalität, Palacky, hatte die Zugehörigkeit Böhmen's zu Deutschland bestritten, und die Czechen von den Wahlen zu der Nationalversammlung in Frankfurt abgehalten. Die Czechen verlangten die Einverleibung Mähren's und des österreichischen Schlesien's mit ihrem Lande als Anerkennung eines alten Rechts. Ihre Wortführer stellten, die Kopfzahl der zum Kaiserreich gehörigen Bevölkerungen allein in Betracht ziehend, die Ansicht auf, daß Oesterreich mehr slavisch als deutsch sei, und träumten von einer Föderation aller oder wenigstens der österreichischen Slaven. Sie hatten gehofft, der Kaiser werde, als er sich von Wien entfernte, sich in ihre Mitte, statt nach Innsbruck begaben. Um ihre Bestrebungen zu concentriren, hatten die Leiter der czechischen Bewegung einen Slavenkongreß nach Prag ausgeschrieben, der am 2. Juni unter Palacky's Vorsitz eröffnet wurde. Alle slavischen Stämme waren dabei vertreten, die Russen durch den später bekannt gewordenen politischen Flüchtling Michael Bakunin. Aber diese Zusammenkunft war eher geeignet, die Verschiedenheit als die Einheit der slavischen Stämme darzuthun. Denn die Nord= und Südslaven verstanden sich nur sehr unvollkommen, und waren genöthigt, bei ihren Erörterungen sich häufig der deutschen Sprache zu bedienen, ein widerwilliges Eingeständniß, daß im österreichischen Kaiserstaat die deutsche Nationalität das allgemeine Verbindungsmittel und Kulturelement

iſt, dem ſelbſt die Gegner der deutſchen Suprematie ſich nicht entziehen
können. Uebrigens wurden auf dieſem Slavenkongreß zwar viele Fra=
gen angeregt, aber keine einzige gründlich beleuchtet, geſchweige denn
entſchieden, und er verſchwand ohne eine Spur ſeines Daſeins zurück=
zulaſſen. Die Abneigung gegen das deutſche Wien und das Mißtrauen
gegen das den deutſchen Tendenzen huldigende Miniſterium veranlaßte
die Czechen in Prag eine proviſoriſche Regierung einzuſetzen, im Grunde
nur, um ihre nationalen Zwecke zu verfolgen, aber dem Vorgeben nach,
um dem Kaiſer im Gegenſatz zu dem aufrühriſchen Wien eine unge=
färbte Treue zu bewahren. Einer ihrer Wortführer, der ſpäter oft ge=
nannt worden iſt, Rieger, ſetzte eine Konſtitution für Böhmen auf, die
aber vom Hofe in Innsbruck abgelehnt wurde. Die Czechen glaubten
jetzt ihre Abſichten leichter durchſetzen zu können, wenn ſie den Fürſten
Windiſchgrätz, der die kaiſerlichen Truppen in Prag befehligte, von dort
entfernten. Sie beſchloſſen in einer Volksverſammlung im Wenzelsbad,
die Verſetzung dieſes Generals beim Kaiſer zu beantragen. Es kam zu=
letzt zu einem Zuſammenſtoß zwiſchen den kaiſerlichen Truppen und der
czechiſchen Partei, die aber von Windiſchgrätz mit einigen Kanonen=
ſchüſſen zur Unterwerfung gebracht wurde (17. Juni). Es war dies ſeit
den Märztagen der erſte Sieg des Militairs über einen bewaffneten
Volksaufſtand, und der Vorläufer deſſen, was ſpäter auf einem größeren
Schauplatz geſchehen ſollte.

Nach dem 15. Mai war in Wien eine gewiſſe Ruhe eingetreten.
Die demokratiſche Partei wünſchte die Rückkehr des Kaiſers, um ihre
Maßregeln von ihm ſanctioniren zu laſſen, und ſie vermied deshalb
alles, was dem Hofe Grund zu einer längeren Entfernung geben konnte.
Der Kaiſer hatte ſeinen Oheim, den Erzherzog Johann, zu ſeinem Stell=
vertreter in Wien ernannt, der ſich aber bald nach Frankfurt begeben
mußte, um ſich an die Spitze der deutſchen Centralgewalt zu ſtellen.
Er übte übrigens anweſend oder abweſend, keine Macht aus, die Ent=
ſcheidung lag nach wie vor in der Aula und dem Sicherheitsausſchuß.
Als der Erzherzog am 17. Juli wieder in Wien erſchien, fand eine Ver=
änderung im Miniſterium ſtatt. Pillersdorff legte das Miniſterium des
Innern nieder, das der durch ſeine Oppoſition auf den früheren Land=
tagen bekannte Baron von Doblhoff übernahm; Weſſenberg, der Oeſter=
reich unter Metternich ſchon auf dem Wiener Kongreß vertreten hatte, ein
Bruder des berühmten Bisthumsverweſers von Konſtanz, übernahm das
Auswärtige; der damals noch freiſinnige Advokat Alexander Bach er=
hielt das Departement der Juſtiz; der Journaliſt von Schwarzer wurde

Arbeits=, der Fabrikenbesitzer Hornbostl Handelsminister. Latour und Krauß blieben in ihren Stellen. Dieses Ministerium, fast aus allen den gebildeten Klassen angehörigen Berufszweigen hervorgegangen, war aber gleichwohl ohne Einheit und Kraft.

Es waren inzwischen die Wahlen zu der am 15. Mai gewährten konstituirenden Nationalversammlung vollzogen worden. Die Eröffnung derselben durch den Erzherzog Johann im Namen des Kaisers fand am 22. Juli unter lebhafter Betheiligung des Publikums statt. Die Versammlung bestand aus 383 Mitgliedern, und war wohl eigenthümlicher zusammengesetzt als je in einem großen Staat und einer glänzenden Hauptstadt der Fall gewesen ist. Es befanden sich in ihr 92 Bauern, von denen 32, die Gallizien angehörten, in Röcke von roher Leinwand oder in Schafpelze gekleidet waren, und wenig oder gar kein deutsch verstanden. Das Ministerium, ohne äußere Stütze und innere Uebereinstimmung, konnte im Reichstage keine feste Partei für sich bilden, und übte auf denselben keinen Einfluß aus. Es hatte sein Verbleiben im Amt von der Rückkehr des Kaisers abhängig gemacht, der am 12. August seinen Einzug in Wien hielt und dann seine Residenz in Schönbrunn aufschlug. Er ward diesmal lau, hier und da selbst mit Hohn, empfangen, die frühere Liebe des Volks für seine Person schien ganz erkaltet zu sein. Die Abneigung gegen seine Umgebungen hatte sich zuletzt auch gegen ihn, obwohl unverdienter Weise, gerichtet. Wie wenig moralischen Einfluß die Anwesenheit des Kaisers auf die Masse der Bevölkerung ausübte, kann schon daraus entnommen werden, daß es am 21. August zwischen der Nationalgarde und dem Proletariat zum offenen Kampf kam, weil das Ministerium den Lohn für die öffentlichen, von staatswegen angeordneten Arbeiten herabgesetzt hatte. Die Proletarier wurden mit Hinterlassung einiger Todten und vieler Verwundeten besiegt. In Folge dessen ward der Sicherheitsausschuß aufgelöst, der sich vornehmlich auf die Arbeiter gestützt hatte. Mitten in diese traurigen Wirren und die im Ganzen unerquicklichen Berathungen des Reichstages fiel ein heilsames und folgenreiches Ereigniß. Am 9. September bestätigte der Kaiser die von der Versammlung beschlossene Aufhebung des ländlichen Unterthanenverbandes und Entlastung des bäuerlichen Besitzes.

Die Vorgänge in Ungarn hatten von Beginn der Bewegung an auf Wien einen großen Einfluß ausgeübt. Das Beispiel der magyarischen Opposition, die begeisternden Reden Kossuth's, die Beschlüsse des ungarischen Reichstags entflammten die Gleichgesinnten in Wien, und flößten ihnen Hoffnung auf ähnliche Erfolge ein. Auch hatte Kossuth

Agenten in Wien, Deutsche, Ungarn, Polen, durch die er auf die Tages=
presse und die öffentliche Meinung einen bedeutenden Einfluß ausübte.
Namentlich unterhielt er eine geheime, aber sehr thätige Verbindung
mit den Demagogen in den Vereinen und Ausschüssen. Er verstand es
mit Hülfe seiner geheimen Verbündeten und rechtzeitiger Geldspenden
Stürme zu erregen und zu beschwichtigen, je nach den Erfordernissen
seiner Politik. Am 6. September kam eine aus 120 Mitgliedern be=
stehende ungarische Deputation in Wien an, um den Kaiser nach Pesth
einzuladen, was aber von demselben abgelehnt wurde. Vierzehn Tage
später sandte Kossuth zwölf Mitglieder des Reichstages nach der öster=
reichischen Hauptstadt, diesmal aber um, nicht mit dem Kaiser, sondern
der Nationalversammlung zu unterhandeln, in der Absicht, diese zu einer
Vermittelung zwischen Ungarn und dem Hofe zu bewegen. Die Ver=
sammlung wagte es aber nicht, obwohl sie fühlte, daß ihre Sache mit
der Ungarn's in mehr als einer Beziehung zusammenhing, die Deputa=
tion zu empfangen, die unverrichteter Sache nach Pesth zurückkehrte.

Der längst vorhergesehene Bruch zwischen den Ungarn und dem
kaiserlichen Hofe war endlich eingetreten, und ein Theil der Wiener Be=
satzung sollte am 6. Oktober nach der ungarischen Grenze vorrücken.
Ein Grenadierbataillon verweigerte den Gehorsam, und wurde, als es
von herbeigerufener Kavallerie zum Abmarsch gezwungen werden sollte,
bei seinem Widerstande von Nationalgarden, Studirenden und Arbei=
tern unterstützt. Es erhob sich an der Taborbrücke ein Gefecht, in wel=
chem zwei höhere österreichische Officiere, General Bredy und Oberst=
lieutenant Klein getödtet und einige Kanonen vom Volk genommen
wurden. Auch die Nationalgarde gerieth aneinander, indem ein Theil,
der sich auf die Seite des Kaisers neigte, das Sturmläuten auf dem St.
Stephans=thurm verhindern wollte, während ein anderer dies durchsetzte,
so daß in der Kirche selbst Blut floß. Alles gerieth in die wildeste Auf=
regung und das Militair wurde auch in anderen Stadttheilen ange=
griffen. Da kam der Reichstag unter Strohbach's Vorsitz mit den im
Kriegsministerium versammelten Ministern dahin überein, daß die
10,000 Mann starken Truppen unter Graf Auersperg die Stadt ver=
ließen, der Reichstag sich aber verpflichtete, die Minister zu schützen.
Schon seit längerer Zeit war der Kriegsminister Graf Latour der exal=
tirten Partei besonders verhaßt, und man hatte bereits im September
von den Demagogen Todesdrohungen gegen ihn ausstoßen hören. Man
wußte, daß Radetzky, vornehmlich durch die von Latour ihm nach Ita=
lien zugesandten Verstärkungen, in den Stand gesetzt worden war, wie=

der die Offensive gegen die Sardinier zu ergreifen, was ihn zuletzt zum
Siege geführt hatte. Auch war es bekannt geworden, daß Latour wäh=
rend der zweideutigen Rolle, die der Hof eine Zeit lang zwischen dem
ungarischen Ministerium und dem General Jellachich, Banus von Kroa=
tien, spielte, letzteren im Geheimen mit Geld und Kriegsvorrath unter=
stützt hatte. Die demokratische Partei in Wien hielt ihr eigenes Schicksal
von dem Ausgange der Dinge in Italien und Ungarn für unzertrenn=
lich. Daher der Grimm gegen den, der zur Niederlage der Sardinier
und der Verstärkung der Kroaten beigetragen hatte. Das Volk war am
6. Oktober durch den mit dem Militair geführten Kampf blutdürstig
geworden. Eine wilde Rotte drang in das Gebäude des Kriegsministe=
riums ein. Die übrigen Minister waren entflohen; Bach, auf dessen
Untergang es ebenfalls abgesehen war, hatte sich in einer Verkleidung
gerettet. Latour ward aufgefunden, und obgleich ihn einige Reichstags=
mitglieder und mehre Nationalgardisten zu schützen suchten, mit Ham=
merschlägen und Messerstichen ermordet, der Leichnam an einen Later=
nenpfahl gehängt und verstümmelt. Mit dieser Gräuelthat grub sich
die Volksbewegung in Wien ihr eigenes Grab.

Am folgenden Tage war die kaiserliche Familie aus Schönbrunn
verschwunden; der Kaiser hatte, von einer starken Truppenabtheilung
begleitet, den Weg nach Olmütz eingeschlagen, wo er am 14. Oktober
ankam. Graf Auersperg bezog mit den Truppen, die vorher in Wien
gestanden hatten, ein Lager bei Schönbrunn und zog von allen Seiten
Verstärkungen an sich. Jellachich rückte von Raab aus gegen die Haupt=
stadt vor, während Windischgrätz von Prag her sich in Bewegung setzte.
Wien war jetzt von der übrigen Monarchie wie abgeschnitten, und sah
sich, um dem hereinbrechenden Sturm zu widerstehen, auf seine alleinigen
Hülfsmittel gewiesen. Ein Versuch, das Landvolk für die Sache zu ge=
winnen, schlug fehl. Die Bauern fühlten sich von der Aufhebung des
Unterthanenverbandes befriedigt, und wollten an der Bewegung keinen
weiteren Antheil nehmen. Von Ungarn war keine Unterstützung zu er=
warten, da Kossuth hierzu eine Aufforderung von Seiten der National=
versammlung verlangte, die es nicht über sich nehmen wollte, offen mit
dem Kaiser zu brechen.

Jetzt nahte die letzte Katastrophe mit schnellen Schritten heran.
Am 16. Oktober wurde Windischgrätz zum Oberbefehlshaber aller kai=
serlichen Truppen, mit Ausnahme derer, welche unter Radetzky in Ita=
lien standen, ernannt. Am 20. erklärte er Wien in Belagerungszustand.
Die Nationalversammlung hielt nach wie vor Sitzungen, aber ihre

Reihen waren sehr gelichtet, indem die Rechte und die meisten Böhmen die Hauptstadt nach dem 6. Oktober verlassen hatten. Auch manche der früher einflußreichsten Volksredner und Aufwiegler waren unsichtbar geworden. Dagegen hielten die meisten der in den letzten Wochen nach Wien geströmten Liberalen, unter ihnen zwei Mitglieder des deutschen Parlaments, Robert Blum und Julius Fröbel, unerschrocken aus, und boten dem einbrechenden Ungewitter Trotz. Der Reichsverweser machte einen Versuch, zwischen dem Hofe und der Hauptstadt zu vermitteln, indem er zwei Abgesandte aus Frankfurt, Welcker und den oldenburgischen Oberst Mosle nach Olmütz und an Windischgrätz schickte, deren Vorstellungen aber kein Gehör fanden. Am 22. Oktober berief der Kaiser den Reichstag von Wien nach Kremsier, der aber diese Einladung ablehnte, und alle von Windischgrätz getroffenen Maßregeln für ungesetzlich erklärte.

Am 23. Oktober war Wien von 80,000 Mann unter Windischgrätz, Jellachich und Auersperg umstellt. In der Stadt soll es eben so viele Bewaffnete gegeben haben, denen es aber an einer einheitlichen Leitung fehlte, wovon bei einem Massenkampfe alles abhängt. Auch wäre eine lange Vertheidigung der Hauptstadt, da das Land umher ruhig blieb, selbst bei der besten Führung, unmöglich gewesen. Denn jede Revolution, die sich nicht ausbreiten kann, muß in sich selbst zusammenstürzen, und die Bewegung in Wien würde, auch ohne äußeren Angriff, da sie isolirt blieb, in kurzer Zeit still gestanden und auseinander gefallen sein. Doch wehrten die Wiener sich eine Zeit lang muthig und machten den Truppen jeden Fuß breit streitig. An der Spitze der Vertheidigung stand Messenhauser, ein ehemaliger österreichischer Officier und Schriftsteller, der persönlich unerschrocken, aber ohne militairisches Talent war, und sich in einer leeren Rhetorik, in der Abfassung von Reden und Proklamationen übermäßig gefiel. Die aktivste Rolle bei dem Kampfe war dem kühnen General Bem*) übertragen, der die äußeren Linien gegen den Andrang des Feindes behaupten sollte. Ein anderer Pole, der Oberst Jelowicki, war über die Artillerie gesetzt. Die Barrikaden waren methodisch angelegt worden, doch boten die Vertheidigungswerke gegen reguläre Truppen immer nur einen sehr ungenügenden Schutz dar. Ungeachtet der hartnäckigen Vertheidigung drangen die Kaiserlichen mit Hülfe ihrer zahlreichen Artillerie am 29. Oktober bis zu dem Glacis vor, welches die innere Stadt von den Vorstädten

---

*) Siehe Bd. XVII. S. 400.

trennt. Messenhauser erklärte am Abend, daß die Munition ausge=
gangen und eine weitere Vertheidigung unmöglich sei. Am andern
Tage forderte er die Nationalgarde und die übrigen Korps zur Nieder=
legung der Waffen auf. Es war dies nicht Kleinmuth, denn er wollte
dadurch nicht sich selbst retten, sondern Ueberzeugung von der Ver=
geblichkeit des Widerstandes und Scheu vor längerem Blutvergießen.
Die große Mehrheit der Bevölkerung war schon zur Beendigung des
Kampfes und Unterwerfung unter die von Windischgrätz gestellten Be=
dingungen geneigt, als am Nachmittage vom Stephansthurme aus die
Annäherung einer magyarischen Armee bemerkt wurde, die unter Gene=
ral Moga die Grenze überschritten hatte. Sogleich griff ein Theil der
Wiener wieder zu den Waffen. Aber Moga hatte entweder nicht den
Auftrag, der bedrängten Stadt zu Hülfe zu kommen, oder zweifelte an
einem glücklichen Ausgang, denn er trat nach einer kurzen Kanonade
den Rückzug an. Jetzt erhob in der unglücklichen Stadt die Anarchie
das Haupt, und ein Theil des bewaffneten Proletariats begann zu plün=
dern. Am 31. Oktober schossen die Kaiserlichen das Burgthor zusam=
men, nahmen die letzten Barrikaden und drangen unaufhaltsam in das
Innere der Stadt vor. Aller Widerstand hörte auf. Am 1. November
hatte Wien ein vollkommen verändertes Ansehen angenommen. Die
Nationalgarde, die Freikorps, die akademische Legion waren verschwun=
den. Das Lokal des Reichstags ward geschlossen, und der Reichstag
mußte jetzt sich der Uebersiedelung nach Kremsier fügen. Nach beendig=
tem Kampfe begann aber eine Blutarbeit von anderer Art, nämlich die
Hinrichtung derer unter den Besiegten, die besonders schuldig waren,
oder den Siegern als solche erschienen. In erster Reihe unter diesen
stand Robert Blum, der, wie Fröbel, an der Vertheidigung Wien's per=
sönlichen Antheil genommen, und, sich zu sehr auf seine Eigenschaft als
Mitglied des deutschen Parlaments verlassend, es verabsäumt hatte, sich
zur rechten Zeit in Sicherheit zu setzen und nach Windischgrätz Einzuge
in Wien geblieben war. Blum und Fröbel wurden verhaftet, Fröbel,
obgleich er sich ganz in demselben Falle befand, entlassen, Blum aber
am 9. November in der Brigittenau erschossen. Messenhauser, der sich
freiwillig stellte, erlitt denselben Tod, obgleich er in seiner Eigenschaft
als Oberkommandant von dem Ministerium anerkannt worden war.
Der Finanzminister Krauß hatte zu den Kosten der Vertheidigung aus
dem Staatsschatz beigesteuert, ohne daß er später von Seiten des Hofes
darüber zur Verantwortung gezogen worden wäre. Einige unter den
Ministern haben damals ohne Zweifel eine Doppelrolle gespielt, und

find im Geheimen mit dem Hofe verbunden gewesen, während sie schein=
bar mit der Nationalversammlung und dem Gemeinderath gingen. In
den nächsten Wochen nach der Einnahme wurden in bunter Reihe
Schriftsteller, Führer von Freikorps, Nationalgarden und desertirte Sol=
daten, Einheimische und Fremde, hingerichtet. Für dasselbe Vergehen
traf den einen der Tod, den anderen völlige Begnadigung; derselbe
Grund, der für den einen eine Milderung der Strafe herbeiführte, diente
bei dem anderen zu einer Verschärfung derselben; in den meisten Fällen
entschieden persönliche Gründe oder der Zufall. Der schrankenloseste
Militairdespotismus ward in Wien eingeführt und lange Zeit über
aufrecht erhalten. Eine dumpfe Verzweiflung bemächtigte sich der hei=
tersten Stadt Deutschland's. Aber in dieser Epoche und unter den Ein=
drücken, die sie zurückließ, verschwand das patriarchische Verhältniß zwi=
schen den Regierenden und den Regierten, das ein Ausdruck der Un=
mündigkeit und Unfreiheit der letzteren gewesen war, und an die Stelle
des gedankenlos sinnlichen Lebens, das dort seinen Hauptsitz in Europa
gehabt hatte, trat in dem österreichischen Volke das Streben nach Selbst=
bestimmung, Freiheit und Recht, das ohne jene unglückliche Katastrophe
noch lange geschlummert haben würde.

**3. Italien von dem Aufstande in Sicilien im Jahre 1848 bis zu
der Rückkehr Pius IX. nach Rom im April 1850.**

Nachdem die Erhebung des italienischen Liberalismus in einem
Theile des Kirchenstaates, in Modena und Parma durch österreichische
Waffengewalt besiegt worden (1831), schien für Italien jede Hoffnung
auf Befreiung von dem politischen und moralischen Druck, unter dem es
seufzte, jede Aussicht auf eine bessere Zukunft in eine weite trostlose
Ferne hinausgerückt zu sein. Das von dem römischen Hofe den Groß=
mächten gegebene Versprechen, Verbesserungen in der Verwaltung und
Rechtspflege einzuführen, blieb unerfüllt. Im Königreich Neapel waren
die nach der Unterdrückung der Revolution von 1821 eingeführten
Ausnahmegesetze auch bei wiederhergestellter äußerer Ruhe nicht besei=
tigt worden, und wurden, im allgemeinen schon hart genug, in den ein=
zelnen Fällen mit äußerster Willkühr gehandhabt. In der Regierung
Toskana's verläugnete sich nicht die erbliche Milde des lothringschen

Fürstenhauses, aber der politische Stillstand, der ganz Italien auferlegt war, machte sich auch dort geltend. In dem Lombardo = Benetianischen hatten bei der großen Militairmacht, die Oesterreich daselbst hielt, keine offenen Ausbrüche der Unzufriedenheit statt gefunden, gleichwohl nahm der geistige Druck, die polizeiliche Ueberwachung mit jedem Jahr zu, und schien es darauf angelegt zu haben, die Bevölkerung durch Fesselung jeder freien Regung, auf dem Gebiet der Litteratur wie auf dem der Politik, an den Zustand einer dumpfen Bewußtlosigkeit gewöhnen zu wollen. Dagegen wehrte sich der ungeachtet seiner beweglichen Oberfläche feste und ausdauernde italienische Bolksgeist mit den einzigen Waffen, die ihm zu Gebot standen, indem er den leidenschaftlichen Haß gegen die fremde Herrschaft in sich nicht erlöschen ließ, und durch Berschwö= rungen und geheime Gesellschaften den Gedanken an Widerstand wach erhielt. Biele ausgezeichnete Italiener hatten in Folge der Ereignisse von 1821 und 1831 in das Ausland fliehen müssen, oder sich freiwillig dahin gewandt. Dieselben bildeten in Frankreich, England, Belgien, der Schweiz, politische Kreise, die mit den Gesinnungsgenossen in der Heimath in enge Berbindung traten, und durch Wort und Schrift das Feuer der Unzufriedenheit geschäftig anschürten. Unter ihnen that sich bald ein junger Genueser, Joseph Mazzini, hervor, der London zum Mittelpunkt seiner Wirksamkeit machte, und von dort durch Stiftung eines Geheimbundes, das junge Italien genannt, allmälig eine zahl= reiche Partei in ganz Italien an sich zu fesseln wußte, deren Mitglieder sich auf seinen Wink, wie das Schicksal der Brüder Bandiera und vieler anderen weniger bekannten beweist, jeden Augenblick in die verzweifelt= sten Unternehmungen zu stürzen bereit waren.

Alle Regungen des italienischen Liberalismus würden es jedoch nicht weiter als zu dunkeln Berschwörungen und vereinzelten Aufstands= versuchen gebracht haben, hätte es nicht in Italien einen Staat wie Sardinien gegeben, dem es gelungen war, sich von dem Einflusse Oester= reich's freier als die übrigen Regierungen der Halbinsel zu halten. Das Haus Savoyen und die sardinische Armee konnten der nationalen Partei eine materielle Stütze bieten, ohne welche jede gegen den inneren und äußeren Druck gerichtete Bewegung sogleich besiegt werden mußte. Dort war vorhanden was sonst überall in Italien fehlte: ein Herrscher= haus, das, wenn auch ursprünglich fremd, seit vierhundert Jahren ita= lienisch geworden war, ein tapferes Heer, eine erbliche Eifersucht auf Oesterreich, und die Neigung sich auf Kosten desselben zu vergrößern. Allerdings war Sardinien auf sich allein gewiesen zu einem Kampfe mit dem mächtigen Oesterreich zu schwach, es konnte aber bei einer nationalen Erhebung den Kern derselben bilden, und, von seiner Lage begünstigt, sich mit Frankreich verbünden, wie dies in früheren Zeiten schon mehrmals der Fall gewesen war. Die beiden letzten Könige aus der älteren Linie des savoyischen Hauses theilten mit Oesterreich den Haß gegen die liberalen Ideen, waren aber deshalb nicht wie die übrigen italienischen Fürsten geneigt, sich unter den Schutz dieser Macht zu stellen, und behielten vor allem die Unabhängigkeit ihres Landes im Auge. Es erhellt aus diplomatischen Schriftstücken und Korrespondenzen, die lange geheim geblieben, und erst in der letzten Zeit ans Licht getreten, daß selbst für reaktionair geltende sardinische Staatsmänner vor dem Einfluß Oesterreich's warnten, und sogar die Annäherung an die revolutionaire Partei anriethen, wenn dies zur Sicherung der europäischen Stellung Sardinien's und seiner Selbstständigkeit gegen Oesterreich nöthig werden sollte. Es war diese Auffassung der Verhältnisse allerdings mehr aus dynastischen als patriotischen Beweggründen entstanden, aber es schien weit blickenden Geistern schon wenige Jahre nach dem Sturze Napoleon's nicht unwahrscheinlich, daß eine Zeit kommen könnte, wo die besonderen sardinischen Interessen mit den allgemeinen italienischen zusammenfallen würden. Karl Albert, der erste König aus der jüngeren Linie der Carignan, hatte als Kronerbe die Revolution von 1821 im Stich gelassen, und war nach seiner Thronbesteigung gegen revolutionaire Umtriebe schonungslos eingeschritten, hatte aber immer an der traditionellen Politik seines Hauses gegen Oesterreich festgehalten, und nie den Gedanken an die Möglichkeit eines nationalen Aufschwunges Italien's und dessen Unterstützung von Seite Sardinien's aufgegeben, sobald die Lage Europa's dazu eine Aussicht bieten würde. Karl Albert suchte vor allem sein Heer so schlagfertig als möglich zu machen, stellte dann, als die revolutionaire Gährung im Innern erloschen schien, viele Mißbräuche in den öffentlichen Einrichtungen ab, schloß im November 1847 mit Rom und Toscana einen Zollvertrag, und trat, ohne seinem Volke eine eigentliche Verfassung zu verleihen, als ein Reformator auf. Die liberale Partei in Italien glaubte, daß er bei günstiger Gelegenheit noch mehr thun werde, und diese Erwartung bestärkte ihn in seinen Absichten. Aber auch Erscheinungen von mehr ideeller Natur kamen hinzu, um die Aufmerksamkeit Italien's und selbst des Auslandes auf Piemont zu lenken. Silvio Pellico, der berühmteste unter denen, welche für die nationale Idee in den österreichischen Kerkern gelitten, war ein Piemontese; der Philosoph Gioberti und der Historiker Cäsar

Balbo, die durch ihre Schriften ganz Italien begeiſterten, gehörten Pie=
mont an. Ausgezeichnete Talente auf dem Gebiet der Wiſſenſchaft und
Litteratur, die in den übrigen Staaten der Halbinſel nicht gelitten wur=
den, fanden in Turin eine Zuflucht. Da die Litteratur auf ein ſo geiſt=
volles Volk wie das italieniſche immer einen großen Einfluß ausgeübt
hat, ſo war es kein geringer Vortheil für Piemont, daß es der Sitz einer
neuen litterariſchen Schule wurde, die zugleich mit den nationalen Be=
ſtrebungen in Verbindung ſtand, ja ſie recht eigentlich zu ihrem In=
halt machte.

Der erſte Anſtoß zu der großen Bewegung, von der Italien wenige
Jahre nachher ergriffen wurde, ſollte aber von einer Seite ausgehen, von
der man es am wenigſten erwartet hatte. Der kirchlich und politiſch ſtarre,
den Jeſuiten und Oeſterreich ergebene Pabſt Gregor XVI. war am
1. Juni 1846 geſtorben, und hatte zu ſeinem Nachfolger den Kardinal
Maſtai=Ferretti, der den Namen Pius IX. annahm. Der neue Pabſt
ſchlug eine von ſeinem Vorgänger ganz verſchiedene Richtung ein. Er
erließ eine Amneſtie für alle politiſchen Vergehen, rief die Verbannten
zurück, gab ihnen ihre eingezogenen Güter zurück, gewährte der Preſſe
mehr Spielraum, bereitete nützliche Veränderungen in der Verwaltung
vor, legte Empfänglichkeit für freiſinnige und volksthümliche Einrich=
tungen an den Tag, und rief dadurch in Italien eine Theilnahme für
ſich hervor, von der bald ganz Europa ergriffen wurde. Dieſe ſeit ſehr
langer Zeit an einem Pabſt nicht mehr geſehene Geſinnung brachte die
nationale Partei auf den Gedanken, Pius IX. an die Spitze eines ita=
lieniſchen Staatenbundes zu ſtellen, um auf dieſe Art Oeſterreich den
bisher von ihm ausgeübten Einfluß zu entreißen. Da dies aber nicht
ohne einen harten Kampf geſchehen konnte, für den ſich weder die kirch=
liche Stellung noch die militairiſche Schwäche des Beherrſchers des
Kirchenſtaates eignete, ſo richteten ſich die Blicke der italieniſchen Li=
beralen, nachdem die erſte Begeiſterung über Pius IX. glückliche An=
fänge einer nüchternen Erwägung der Verhältniſſe Platz gemacht hatte,
wieder nach Turin, wo allein neben dem Willen auch die Macht vor=
handen war, für die Befreiung Italien's von der fremden Herrſchaft
mit den Waffen einzutreten.

Den größten Druck, mehr noch als ſelbſt im Kirchenſtaat unter
Gregor XVI., übte die neapolitaniſche Regierung und dies beſonders in
Sicilien aus, wo der weniger italieniſch als lokal ſicilianiſche Patrio=
tismus die herrſchenden Uebelſtände am ungeduldigſten ertrug. Sicilien
hatte unter Ferdinand II. alle ſeine früheren Rechte verloren und war

24*

zu einer bloßen Provinz von Neapel herabgeſetzt worden. Es herrſchte ſchon ſeit einiger Zeit eine Gährung auf der Inſel, die am 12. Januar in Palermo in einen offenen Aufſtand ausbrach. Die Stadt wurde bombardirt, blieb aber ſtandhaft, erhielt Zuzug vom Lande her, und zwang endlich die Beſatzung ſich nach Neapel einzuſchiffen. Der glückliche Erfolg der ſicilianiſchen Erhebung wirkte auf Neapel zurück, wo der König am 29. Januar eine Verfaſſung nach franzöſiſchem Muſter verſprach, die am 10. Februar bekannt gemacht wurde, und ein liberales Miniſterium ernannte. Dieſe Verfaſſung ward aber von Sicilien, das von der Erinnerung an ſeine frühere Selbſtſtändigkeit nicht laſſen wollte, abgelehnt, was ſpäter zu einem brudermörderiſchen Kriege zwiſchen den beiden Völkern führte, in Folge deſſen beide unter das alte Joch zurückfielen. Die Ereigniſſe in Sicilien und Neapel machten in Turin großen Eindruck, wo der König am 8. Februar als Ergänzung der bisherigen Reformen eine Verfaſſung gab, das Statut genannt, die alle weſentlichen Forderungen des modernen Freiheitsbegriffs erfüllte. Am 17. Februar betrat der Großherzog Leopold II. von Toskana dieſelbe Bahn. Auch Rom wurde jetzt von der geſteigerten Bewegung ergriffen. Pius IX. hatte ſich ſchon dazu verſtanden, auch Layen in das Miniſterium eintreten zu laſſen, als Bologna mit der Bitte um eine Verfaſſung voranging, über die von einer Kommiſſion von Kardinälen und Prälaten berathen wurde, als die Kunde von der Februarrevolution nach Rom gelangte. Am 14. März erließ der Pabſt das „Fundamentalſtatut für die weltliche Regierung des Kirchenſtaates", das ſich nur dadurch von anderen Verfaſſungswerken unterſchied, daß neben den zwei Kammern das Kardinalskollegium als ein geheimer Staatsrath des Pabſtes, und zwar unverantwortlich, beſtehen blieb. Die inneren Widerſprüche, an denen dieſe römiſche Konſtitution litt, die zwei ſo unvereinbare Gegenſätze, wie Theokratie und Konſtitutionalismus, unter demſelben Dach friedlich zuſammenbringen wollte, hätten nur durch die größte gegenſeitige Mäßigung und Verſöhnlichkeit gelöſt werden können. Daran war aber bei dem Charakter des Volks und dem Geiſt der Epoche nicht zu denken.

Der entſcheidende Schlag für Italien konnte jedoch nicht in Turin, Florenz oder Neapel, ſondern mußte in Mailand fallen, der berühmteſten Stadt Nordbtaliens, wo Despotismus und Fremdherrſchaft ſich vereinigten, um den Haß aller Klaſſen der Bevölkerung gegen ſich zu entflammen. Schon von Anfang Januar an war es zwiſchen dem österreichischen Militair und der einheimischen Jugend zu nicht selten blutigen Streitigkeiten gekommen. Als die Kunde von der Wiener Revolution in Mailand einlief, brach daselbst ein Aufstand aus (18. März), an dem sich Alles, Hohe und Niedere, Geistliche und Weltliche, mittelbar oder unmittelbar betheiligten, in Folge dessen der Feldmarschall Graf Radetzky nach viertägigen Kämpfen die Stadt verließ, die in der Lombardei zerstreut liegenden österreichischen Besatzungen so schnell als möglich an sich zog, und zwischen Mantua, Peschiera und Verona eine von allen Seiten gedeckte Stellung nahm. Radetzky würde Mailand länger gehalten haben, oder wenigstens in dessen Nähe stehen geblieben sein, wenn er nicht vernommen hätte, daß ein sardinisches Heer gegen die lombardische Hauptstadt heranzog. Karl Albert überschritt die österreichische Grenze ohne Kriegserklärung, blos mit einer Proklamation an seine Armee, indem er sich zum Befreier Italien's erklärte. Fast zu derselben Zeit ging durch die Schwäche und Kopflosigkeit der österreichischen Generale Palffy und Zichy Venedig für Oesterreich verloren, wo der bei der Bevölkerung sehr beliebte Advokat Daniel Manin die Republik ausrief und sich an deren Spitze stellte. Nach einundfunfzigjährigem Schweigen war wieder in der Lagunenstadt von dem heiligen Markus als dem Symbol der nationalen Unabhängigkeit die Rede. Radetzky befand sich im Anfange der Bewegung in einer übeln Lage, indem er sich mitten in einer aufgestandenen Provinz von einem feindlichen Heer bedroht sah, und bei den anarchischen Zuständen in Wien eine Zeit lang ohne Verhaltungsbefehle, ohne Geld und Verstärkung blieb. Zu Radetzky's Glück war Karl Albert zwar persönlich tapfer, aber kein Heerführer, und auf ausgezeichnetes militairisches Verdienst unter seinen Generalen eifersüchtig, so daß er grade den Befähigsten am ungernsten Gelegenheit sich hervorzuthun gab. Wäre der König von Sardinien mit seiner ganzen anfänglich überlegenen Macht schnell über Radetzky hergefallen, so würde er ihn wahrscheinlich zur Räumung des Landes gezwungen haben. Aber er hoffte die Lombardei durch Unterhandlungen zu gewinnen, und seine Streitkräfte für weitere Unternehmungen unversehrt zu erhalten. Er wurde von den Lombarden wenig unterstützt, die höchstens 8000 einigermaßen schlagfertige Freiwillige zusammenbrachten, und fühlte sich von der unter dem Einfluß Mazzini's in Mittelitalien um sich greifenden republikanischen Agitation bedroht. Er ordnete deshalb keine allgemeine Volksbewaffnung an, weil sie sich möglicher Weise gegen ihn richten konnte. Unthätig standen sich die österreichischen und sardinischen Truppen an der Etsch eine Zeit lang gegenüber, indem Radetzky Verstärkungen erwartete, und Karl Albert, ungewissen Sinnes, zu keinem Entschluß kommen konnte.

In Sicilien hatte sich eine provisorische Regierung gebildet, das sicilianische Parlament war nach der Verfassung von 1812 einberufen und von Ferdinand II. anerkannt worden. Die Pariser Februarrevolution hatte zu diesem Entschluß des Königs von Neapel beigetragen. Die Leiter der sicilianischen Bewegung gingen aber jetzt weiter, und räumten zwischen Neapel und Sicilien nur eine Personalunion ein, dergestalt, daß Sicilien nicht nur ein eigenes Ministerium, sondern auch ein besonderes Heer und besondere Finanzen besitzen sollte. Das Verhältniß Schweden's zu Norwegen leuchtete den sicilianischen Patrioten als Muster vor. Diese Forderung ward von Ferdinand II. verworfen, und die englische Vermittelung unter Lord Minto war nicht im Stande, den Kampf zwischen Neapel und Sicilien zu verhindern. Die Nachricht von der Wiener Revolution brachte in Rom eine große Aufregung hervor. Das österreichische Wappen wurde von dem Gesandtschaftspalais abgerissen, und Pius IX. mußte genehmigen, daß ein päbstliches Truppenkorps und eine Schaar Freiwilliger, zusammen 17,000 Mann stark, unter dem General Durando und dem Oberst Ferrari nach dem Norden gegen die Oesterreicher zogen. Ein Korps von 7000 Toskanern unter General Laugier schloß sich der sardinischen Armee an. Am 7. April wurde Ferdinand II. gezwungen, Krieg an Oesterreich zu erklären, und 13,000 Neapolitaner unter dem greisen Freiheitskämpfer Wilhelm Pepe, setzten sich nach Norditalien gegen die Oesterreicher in Bewegung.

Unterdessen hatte Radetzky seine Truppen mit der Kraft und Zuversicht erfüllt, die ihn selbst belebte, und war auch durch Latour's Sorgfalt mit frischer Mannschaft aus dem Innern Oesterreich's verstärkt worden. Karl Albert hatte die beste Gelegenheit, den Feind zu schlagen, versäumt. Als er endlich am 9. Mai einen allgemeinen Angriff auf die österreichischen Linien bei Santa Lucia unternahm, scheiterte derselbe an dem unerschütterlichen Widerstande und der vortheilhaften Stellung der Oesterreicher. Am 29. Mai wurde die toskanische Division unter Laugier fast ganz aufgerieben, wobei die Freischaar der Pisaner Studenten, unter ihnen der Professor Pilla, nach tapferer Gegenwehr einen ruhmvollen Untergang fand. Dagegen siegten die Sarbinier am 30. Mai bei Goito, wo der Fürst Felix Schwarzenberg, vorher österreichischer Gesandter in Neapel, sich persönlich hervorthat und verwundet wurde. An der Spitze eines ausgesuchten Korps von Freiwilligen, die Alpenjäger genannt, that sich Joseph Garibaldi *) hervor, der den Oesterreichern am Fuß der Alpen jeden Schritt streitig machte, sie im Rücken unaufhörlich beunruhigte, ihre vereinzelten Abtheilungen unerwartet überfiel, und wenn größere Massen erschienen, eben so plötzlich verschwunden war. Garibaldi legte damals durch seine kühnen Märsche, seine persönliche Tapferkeit, und die begeisternde Einwirkung auf seine Umgebungen den ersten Grund zu dem großen Namen, den er später erlangen sollte. Der österreichische Hof, der sich zur Zeit in Innsbruck befand, war vornehmlich auf Veranlassung des englischen Gesandten, Lord Ponsonby, zu Unterhandlungen mit Karl Albert und der Abtretung der Lombardei geneigt, und befahl Radetzky bei den Sardiniern auf einen Waffenstillstand anzutragen. Der tapfere Feldmarschall, dessen Hoffnung auf endlichen Sieg durch die nachdrucksslose Kriegsführung des Feindes und den Mangel an Einheit in der italienischen Revolution erhöht wurde, schickte Schwarzenberg nach Innsbruck, um zur ununterbrochenen Fortsetzung des Kampfes zu rathen und drang mit seiner Meinung durch. Das Kriegsglück wechselte noch dann und wann, obgleich es im Ganzen sich immer mehr auf Seite der Oesterreicher neigte. Peschiera mußte sich an die Sardinier ergeben, aber Durando ward gezwungen, Vicenza zu räumen. Am 25. Juli stieß Radetzky bei Custozza auf die Sardinier, die nach tapferem Widerstand unterlagen. Gleichzeitig war der General Haynau mit der österreichischen Reserve von Verona aufgebrochen und griff die Sardinier bei Sommacampagna an, wo der zweite Sohn Karl Albert's, der Herzog von Genua, sich durch seine Unerschrockenheit im dichtesten Kugelregen auszeichnete, aber zuletzt geschlagen wurde. Am 27. Juli wollte Karl Albert bei Volta Stand halten, ward aber auch hier zum Rückzug gezwungen. Die sardinischen Truppen fochten, besonders in der letzten Zeit, mit verzweifelter Tapferkeit, und brachten den Oesterreichern bei mehren Gelegenheiten große Verluste bei, aber es war kein Zusammenhang in ihren Bewegungen, keine Rechtzeitigkeit in den Angriffen, wodurch sie zuletzt immer in Nachtheil geriethen. Karl Albert war unfähig, das Ganze zu leiten, mischte sich aber doch in alles, und wollte die Ent-

---

*) Geboren 1807 in Nizza und zum Seemann erzogen, mußte 1834, in eine Militairverschwörung verwickelt, sein Vaterland verlassen, und ging nach Südamerika, wo er sich in den dortigen Kriegen, namentlich im Dienst der Republik Uruguay, an der Spitze einer italienischen Legion auszeichnete. Im April 1848 landete er mit einer Anzahl von Freunden und Gesinnungsgenossen in Nizza, um an dem Kampf gegen Oesterreich Theil zu nehmen.

scheidung keinem anderen überlassen. Er setzte seine Person im Gefecht
oft so rücksichtslos aus, daß es aussah, als wolle er lieber sterben als
siegen. Radetzky war den weichenden Sardiniern mit reißender Schnel=
ligkeit nachgerückt, überwältigte den letzten Widerstand, den sie am
5. August versuchten, und zog am folgenden Tage in Mailand ein, das
von den Vornehmen und Reichen schon verlassen war, denen jetzt auch
ganze Massen niederen Volkes folgten. Karl Albert hatte bei all' seinem
Heldenmuth durch seine von Anfang an planlose und zuletzt unglückliche
Kriegsführung, sich den Verdacht des Verrathes zugezogen, und sein
Leben war während der letzten Nacht, die er in Mailand zubrachte, von
der Partei der exaltirten Demokraten bedroht gewesen. Am 9. August
wurde von österreichischen und sardinischen Bevollmächtigten ein Waffen=
stillstand auf sechs Wochen geschlossen, der nach Ablauf dieser Frist ent=
weder mit gemeinsamer Uebereinstimmung verlängert, oder acht Tage
vor Wiederaufnahme der Feindseligkeiten gekündigt werden sollte. Mo=
dena und Parma sollten von den sardinischen Truppen geräumt und
die sardinische Flotte aus den venetianischen Gewässern zurückgezogen
werden. Die Lombardei war jetzt von den Oesterreichern wieder erobert,
und in Venedig, wo Karl Albert am 4. Juli zum König ausgerufen
worden, stellte Manin, nachdem ihm Kunde von dem Waffenstillstand
zugekommen, die Republik wieder her.

Die Erfolge der österreichischen Waffen in Oberitalien übten auf
das Schicksal Mittel= und Süditalien's einen alsbald fühlbaren und
zuletzt entscheidenden Einfluß aus. Die Wahlen für das neapolitanische
Parlament waren im April ohne Störung, aber auch ohne lebendige
Theilnahme des Volks vollzogen worden. Geistlichkeit und Adel waren
dem konstitutionellen System entgegen, das die bisherigen Vortheile ihrer
Stellung zu schmälern drohte. Die unteren Klassen, in den Städten
an Müssiggang und Zügellosigkeit gewöhnt, auf dem Lande in Aber=
glauben und Unwissenheit versunken, widerstrebten jeder politischen Re=
form, die ihnen von den Priestern als eine Gefahr für die Religion dar=
gestellt wurde. Einen gebildeten und freisinnigen Mittelstand gab es
nur in Neapel und einigen anderen größeren Städten. Derselbe war
begierig nach neuen Ideen und innerlich empört über das auf ihm seit
so langer Zeit lastende Joch, aber ohne politische Reife, ohne Kraft des
Charakters, im höchsten Grade beweglich und den verderblichsten Rath=
schlägen zugänglich, wenn sie seinen Leidenschaften schmeichelten. Die
von Ferdinand II. am 10. Februar bekannt gemachte Verfassung war
von den mittleren Klassen der hauptstädtischen Bevölkerung mit Begei=

sterung aufgenommen worden. Besonders die Jugend wollte in der neuen Konstitution ein Heilmittel für alle staatlichen Uebelstände erkennen, und sah deren Abstellung mit Ungeduld entgegen. Es gab in Neapel wie überall in Italien, außer der konstitutionellen, eine nicht zahlreiche, aber rührige republikanische Partei, die der Druck des Despotismus von selbst ins Leben gerufen hatte, der die gemachten Zugeständnisse nicht genügten, und welche dieselben zum Umsturz der Monarchie anzuwenden dachte. Es war außerdem in Neapel eine Menge politischer Abentheurer und Glücksjäger, einheimische wie fremde, vorhanden, die hofften aus einer gewaltsamen Veränderung Vortheil ziehen zu können, und, auf die Pariser Februarrevolution hinweisend, die leichtgläubige Jugend zu überreden suchten, daß die Einführung der Republik auch in Neapel leicht sein würde. Der Reaktion, die das Ohr des Königs besaß, entgingen diese Umtriebe nicht. Sie machte Ferdinand II. auf die Gefahren aufmerksam, von denen sein Thron bedroht sei, und stellte ihm vor, wie gering die Anzahl der entschiedenen Anhänger der Verfassung sei. Die Armee war gegen die neue Ordnung der Dinge eingenommen worden, die nur in der Nationlgarde eine bewaffnete Stütze besaß. Ferdinand II. hatte am 6. April ein Ministerium unter dem Vorsitz des Historikers Troja eingesetzt und das Programm desselben angenommen, nach welchem es dem neapolitanischen Parlament frei stehen sollte, die Verfassung vom 10. Februar zu modificiren und zu reformiren. Ferdinand wollte dies Recht nicht mehr anerkennen, ein Theil der Deputirtenkammer ihm aber nur unter diesem Vorbehalt den Eid der Treue leisten. Es kam am 14. Mai zwischen den beiden Parteien, die sich in der Hauptstadt gegenüberstanden, den Reaktionairen und den Demokraten, zu einem Tumult, bei dem gegenseitig Drohungen ausgestoßen und Barrikaden gebaut wurden. Aber am 15. Mai, dem Tage, an welchem die Kammern eröffnet werden sollten, brach ein offner Kampf aus, in welchem der König vornehmlich durch die Tapferkeit der in seinem Dienst stehenden Schweizer die Oberhand behielt. Die Lazzaronen schlugen sich, wie immer bei ähnlichen Gelegenheiten, auf Seite des Stärkeren. Die Soldaten mordeten, der Pöbel plünderte und es wurden viele Gräuel auch an Wehrlosen verübt. Die demokratische Partei hatte alles, was sie seit dem Januar gewonnen, auf einen Wurf gesetzt und ihr Spiel verloren. Der König ließ die Nationalgarde entwaffnen, von der kaum der zehnte Theil sich auf den Barrikaden gezeigt hatte. Unter dem Einfluß des Schreckens stehend, von dem im Frühjahr 1848 so viele Machthaber erfüllt gewesen, hatte er sich zur Beob-

achtung der Verfassung geneigt gezeigt, aber zum Kampfe herausgefor=
dert und Sieger geblieben, hielt er sich an seine Versprechungen nicht
mehr gebunden, und begann von jetzt an mit noch mehr Härte und
Willkühr als vorher zu regieren. Der 15. Mai führte über Neapel
neues Elend herauf und gab der italienischen Unabhängigkeit einen harten
Stoß. Das neapolitanische Hülfskorps, das unter Wilhelm Pepe nach
Norditalien gezogen, erhielt den Befehl zu schleuniger Rückkehr nach der
Heimath. Pepe verweigerte den Gehorsam, und wandte sich mit 1500
Mann nach Venedig, bei dessen Vertheidigung er sich auszeichnete. Bei=
nahe 12,000 wohleingeübte neapolitanische Soldaten fehlten dem König
Albert auf den Schlachtfeldern der Lombardei, die jedenfalls einiges
Gewicht in die Wagschale der Entscheidung hätten werfen können.

In Rom nahm die herrschende Partei keine Rücksicht auf die eigen=
thümliche Stellung des Pabstes, die ihm nicht erlaubte die theokratischen
Institutionen den konstitutionellen Principien vollkommen unterzuord=
nen. Anstatt hierin einen Mittelweg einzuschlagen, der es Pius IX.
möglich gemacht hätte, der nationalen Bewegung sich anzuschließen, ohne
seine kirchlichen Pflichten zu verletzen, schien man ihm unkluger Weise
den Widerspruch in seiner Lage recht fühlbar machen und ihn mit Ge=
walt in das entgegengesetzte Lager treiben zu wollen. Nachdem Pius IX.
sich lange vergeblich nach einem geschickten und zuverlässigen Manne
umgesehen hatte, dem er die Leitung der weltlichen Angelegenheiten
seines Landes übertragen konnte, glaubte er einen solchen an dem bis
zum 24. Februar in Rom beglaubigt gewesenen französischen Botschaf=
ter, Pellegrino Rossi, 1846 von Ludwig Philipp zum Grafen ernannt,
gefunden zu haben. Rossi, der 1815 seiner politischen Meinungen
wegen Italien verlassen mußte, und lange Jahre in Genf als Professor,
Rechtsanwalt und Schriftsteller gelebt hatte, ist einer der ausgezeichnet=
sten Italiener der neuesten Zeit gewesen. Durch mehre einflußreiche
Freunde, wie Guizot und den Herzog von Broglie, nach Paris auf einen
Lehrstuhl für konstitutionelles Recht berufen, erwarb er sich auch dort
so großen Ruf, daß er Mitglied des Instituts, Pair von Frankreich
und zuletzt Gesandter am päbstlichen Hofe wurde. Er war nach der
Februarrevolution in Rom geblieben, und fand jetzt Gelegenheit seine
seltenen Talente der Sache seines angestammten Vaterlandes zu widmen.
Rossi's Idee war das konstitutionelle System im Kirchenstaat mit Be=
rücksichtigung des besonderen geistlichen Charakters seines Souverains
einzuführen, einen italienischen Staatenbund zu gründen, und den Pabst
an dessen Spitze zu stellen. Kaum war er seit einigen Wochen Minister

Pius IX., so machte sich seine belebende Thätigkeit in allen Richtungen geltend. Er ergriff die Zügel mit fester Hand und wollte vor allem Ruhe und Ordnung, um eine Grundlage für Verwirklichung seiner weiteren Plane zu gewinnen. Dies zog ihm aber den tödtlichen Haß der anarchischen Partei in Rom zu, die alles in Verwirrung zu setzen dachte, um aus dem Chaos eine vermeintlich neue Schöpfung hervorgehen zu lassen. Rossi wurde am 15. November, als er sich, ungeachtet der ihm zugegangenen Warnungen, unerschrocken in eine Sitzung der Deputirten begeben wollte, auf der Treppe, die dahin führte, von einem Dolchstich getroffen und blieb auf der Stelle todt. Pius IX., seiner kräftigsten Stütze beraubt, von persönlichen Gefahren, von Aufruhr und Mord bedroht, verließ heimlich Rom (25. November) und begab sich nach Gaeta, wo der König von Neapel ihm eine ehrenvolle Zuflucht gewährte. Der Großherzog von Toskana wäre bei der größeren Einfachheit seiner Stellung noch geneigter als der Pabst zur Anerkennung des konstitutionellen Systems gewesen, aber auch ihm ward es unmöglich gemacht. Nachdem die toskanischen Demagogen so freisinnige Staatsmänner wie Ridolfi und seine Kollegen, die aber nur das Erreichbare und Mögliche anstrebten, gestürzt hatten, mußte sich Leopold II. das Ministerium Guerazzi aufdringen lassen, das offen auf die Republik losteuerte. In Rom war nach der Flucht Pius IX. Mazzini und sein Anhang zur Herrschaft gekommen, zu dem auch Fürst Karl von Canino, ein Sohn Lucian Bonaparte's und Neffe Napoleon I. gehörte. Es wurde nach Rom eine verfassunggebende Versammlung berufen, die am 5. Februar (1849) die weltliche Macht des Pabstthums für aufgehoben erklärte und die republikanische Staatsform einführte. Der Rückschlag auf Toskana war für den Augenblick unwiderstehlich. Der Großherzog verließ sein Land (21. Februar 1849), wo die Republik proklamirt und Guerazzi an deren Spitze gestellt wurde. In Gaeta traf Leopold II. mit Pius IX. zusammen, die jetzt beide für eine Zeit lang Schützlinge des Königs von Neapel wurden.

Ferdinand II. hatte den Beschluß des sicilianischen Parlaments, daß zwischen Neapel und Sicilien künftig nur eine Personalunion bestehen sollte, verworfen, und war darin von der großen Mehrheit des neapolitanischen Volks, das sich zu Sicilien wie England zu Irland, aber mit noch weniger Fug und Recht, stellte, bestärkt worden. Da wurde am 13. April (1848) der König von Neapel von beiden sicilianischen Kammern einstimmig der sicilianischen Krone für verlustig erklärt, und die Wahl eines anderen italienischen Fürsten auf den erledig-

ten Thron in Ausſicht geſtellt. Dieſer Beſchluß wurde auf der ganzen
Inſel mit Begeiſterung wiederholt. Verſchiedene Kandidaten wurden in
Ferdinand II. Stelle vorgeſchlagen, bis am 11. Juli der Herzog von
Genua, zweiter Sohn Karl Albert's, von dem Parlament zum König
von Sicilien gewählt wurde. England hatte bei der ſicilianiſchen Be=
wegung von Anfang an ſeine Hand im Spiel gehabt. Es wollte die
Trennung Sicilien's von Neapel, um ſeinen auf der Inſel bis 1815
ausgeübten Einfluß wieder zu gewinnen. Aus demſelben Grunde war
aber Frankreich der Trennung entgegen, indem es beſorgte, daß Sicilien
für England ein anderes Portugal werden könnte. Der zwar noch nicht
ſehr zahlreichen, aber überall auf der Halbinſel vorhandenen Partei, die
ganz Italien zu einem Reich vereinigt wiſſen wollte, war der Beſchluß
des ſicilianiſchen Parlaments ebenfalls nicht genehm. Karl Albert nahm
die Deputation, welche ihn von dem Beſchluß des ſicilianiſchen Parla=
ments in Betreff ſeines Sohnes in Kenntniß ſetzte, mit großer Zurück=
haltung auf.

Am 1. Juli wurden die neapolitaniſchen Kammern eröffnet, indem
Ferdinand II. ſich noch nicht für ſtark genug hielt, um ſie ganz umgehen
zu können. Als aber während ihres Zuſammenſeins die von Radetzky
in Norditalien erfochtenen Siege bekannt wurden, legte er ſeiner Abnei=
gung gegen die parlamentariſchen Inſtitutionen weiter keinen Zwang an.
Feindſelige Kundgebungen des Militairs und des Pöbels gegen die frei=
ſinnigen Mitglieder des Parlaments wurden von oben her geduldet, und,
wie man glaubte, ſogar veranlaßt. Die Kammern wurden hierauf vom
5. September bis zum 3. November vertagt, ohne daß ihnen das Mini=
ſterium, welches zum Theil aus abtrünnigen Liberalen beſtand, Gelegen=
heit zu einer heilſamen Thätigkeit gegeben hatte, für die es weder an
Neigung noch an Talent fehlte. Es waren ihnen keine Vorlagen ge=
macht worden, um ſie vor der öffentlichen Meinung als unnütz erſchei=
nen zu laſſen. An der Expedition zur Wiedereroberung Sicilien's war
unterdeſſen mit großem Eifer gearbeitet worden. Durch Unterjochung
dieſer Inſel ſollte die Willkührherrſchaft in Neapel befeſtigt werden.
Am 6. September landete ein Korps von 8000 Neapolitanern bei Meſ=
ſina unter dem General Filangieri, Fürſten von Satriano, das von
einer Flotte herübergeführt worden, unter der ſich ſechs Dampffregatten
befanden, was den Neapolitanern, die auf dieſe Art jeden Punkt der
Küſte unerwartet angreifen konnten, eine große Ueberlegenheit gab.
Filangieri war der Sohn des berühmten Publiciſten dieſes Namens, der
kurz vor Ausbruch der franzöſiſchen Revolution in Neapel geſtorben

war. Er hatte seine militairische Ausbildung unter Murat und den Franzosen erhalten, und Napoleon's Feldzug in Rußland beigewohnt. Filangieri war ohne politische Grundsätze, und geneigt, sich jedesmal der stärkeren Macht anzuschließen, die jetzt offenbar bei Ferdinand II. war. Die französischen und englischen Kriegsschiffe, die vor Messina lagen, nahmen Flüchtlinge auf, verhielten sich aber sonst neutral. Messina wurde von der Flotte und der Citadelle, welche letztere im Besitz der Neapolitaner geblieben war, Tag und Nacht bombardirt, und nachdem der schönste Theil der Stadt zu einem Schutthaufen gemacht, erstürmt und geplündert. Die Bevölkerung hatte sich bis auf das äußerste vertheidigt. Durch Vermittelung des französischen und englischen Admirals ward, vornehmlich um Palermo vor einem ähnlichen Schicksal zu bewahren, zwischen Filangieri und den Sicilianern ein Waffenstillstand geschlossen. Die Sicilianer waren, wenn auch in ihrem Hasse gegen den König von Neapel und sein Regierungssystem einig, sonst in Parteien gespalten, sie hatten im Vertrauen auf fremde Hülfe verabsäumt ein regelmäßiges Heer zu bilden, und die Freikorps und Nationalgarden waren ungeachtet ihres persönlichen Muthes zu einem langdauernden Widerstande nicht geeignet. Sicilien besaß außerdem kein einziges Kriegsschiff. Das sicilianische Ministerium hatte den Polen Mieroslawski, der bei dem Aufstand im Großherzogthum Posen thätig gewesen, aus Frankreich berufen und ihm den militairischen Oberbefehl auf der Insel übergeben. Am 29. März war der Waffenstillstand abgelaufen. Zunächst wurde Taormina von den Neapolitanern genommen und verbrannt. Dann bombardirte die neapolitanische Flotte Catania, während Filangieri es von der Landseite angriff. Mieroslawski, der hier, wie überall wo er persönlich zugegen war, sich unerschrocken aussetzte, wurde verwundet und mußte besinnungslos fortgetragen werden. Die neapolitanischen Angriffskolonnen wurden von den Sicilianern geworfen, als die Schweizer anrückten und die Stadt nach einem verzweifelten Widerstand erstürmten (6. April 1849). Jetzt verloren auch die Machthaber in Palermo den Muth, und waren bereit auf die von Filangieri im Namen Ferdinand II. gemachten Vorschläge einzugehen, welche, die Lage der Dinge in Betracht gezogen, ziemlich gemäßigt waren. Aber einzelne Freikorps und ein Theil der unteren Volksklassen wollten von keiner Kapitulation hören, und glaubten, daß die Neapolitaner die eingegangenen Bedingungen nach Einnahme der Stadt nicht halten würden. Aber Filangieri überwältigte mit seiner Artillerie zuletzt jeden Widerstand und zog am 17. Mai in Palermo ein. Der Krieg war von

Seiten der Neapolitaner mit großer Unmenschlichkeit geführt worden. Viele Frauen und Kinder waren der Wuth der Soldaten erlegen, die ihren Marsch überall durch die Niederbrennung der Ortschaften bezeich= neten. Filangieri wurde zum Herzog von Taormina und Statthalter der Insel ernannt. Er ordnete eine allgemeine Entwaffnung an und ließ die geringste Uebertretung der Art mit dem Tode bestrafen. Die Stille des Kirchhofes breitete sich über Sicilien aus.

Die Oesterreicher benutzten die Niederlage der Sardinier und den Waffenstillstand zur Ausbreitung ihrer Macht in Mittelitalien und zur Wiedereinsetzung der vertriebenen Fürsten. Die Herzöge von Mo= dena und Parma kehrten in ihre Staaten zurück. Karl Albert, der die empfangene Scharte auswetzen und die von ihm so lange genährte Hoff= nung, sich zum Herrn von Oberitalien zu machen, nicht aufgeben wollte, kündigte am 16. März (1849) den Waffenstillstand auf. Radetzky ging ungeachtet seines hohen Alters mit jugendlichem Feuer in den Krieg. Er war von erprobten Generalen umgeben, seine Soldaten setzten ein Vertrauen auf ihn, wie seit den Zeiten des Erzherzogs Karl kein öster= reichischer Feldherr mehr erregt hatte. Er besaß ein vortreffliches Ma= terial, eine zahlreiche Artillerie, die in dem Kriege auf diesem Boden, wo die Kavallerie wenig Gelegenheit zu Thaten findet, von besonderer Wirkung war. Auf sardinischer Seite stand es nicht so gut. Karl Albert war selbst kein Feldherr, und besaß zwar viele tapfere Officiere, aber niemand, dem er wenigstens zutraute, ein ganzes Heer führen zu können. Es war deshalb von ihm der Oberbefehl über seine Truppen einem Po= len, Chrzanowski, übergeben worden, der sich bei der letzten Erhebung der Polen gegen die Russen durch strategisches Talent, aber nur in untergeordneter Stellung, hervorgethan hatte. Das Kommando über eine starke Division des sardinischen Heeres erhielt Romarino, ein mili= tairischer Abentheurer, der früher unter Napoleon und 1831 unter den Polen gedient hatte. In Sardinien wurde der Krieg von einem großen Theil der Bevölkerung nicht gebilligt. Geistlichkeit und Adel waren da= gegen, selbst in der Armee war keine Begeisterung für ihn vorhanden. Man glaubte im Fall des Gelingens nur den Mazzinisten und Repu= blikanern in die Hände zu arbeiten. Mit der Verpflegung des Heeres war es schlecht bestellt. Es fehlte an Geld. Zwei große Kriege im Laufe eines Jahres zu führen, überstieg die Kräfte des Landes. Chrzanowski ließ sich von Radetzki über dessen Plane täuschen, Romarino führte die ihm gegebenen Befehle gar nicht aus; ersterer bewies wenig Berechnung und Voraussicht, letzterer scheint ein Verräther gewesen zu sein. So kam es, daß die Sardinier bei Mortara am 21. März geworfen und am 23. bei Novara gänzlich geschlagen wurden. Sie hatten selbst nach dem Zeugniß des Feindes mit großer Tapferkeit gefochten, waren aber schlecht geführt worden. Karl Albert legte noch in der Nacht nach der Schlacht die Krone nieder und erklärte seinen ältesten Sohn, den bisherigen Herzog von Savoyen, unter dem Namen Viktor Emanuel zum König von Sardinien. Er hatte bei Novara, als der Sieg sich offenbar auf Seite der Oesterreicher neigte, den Tod gesucht, und schien verwundert zu sein, daß ihn die Kugeln verschonten. Sein Herz war von dem Fehlschlagen seiner Hoffnungen gebrochen, und sein Stolz erlaubte ihm nicht, den nothwendig gewordenen Frieden bei einem Gegner zu suchen, den er zweimal herausgefordert hatte. Er sagte seiner Gemahlin schriftlich ein ewiges Lebewohl, und begab sich, nur von zwei Dienern begleitet, durch Frankreich und Spanien nach Portugal, wo er in Oporto am 26. Juli 1849 wiederholten Schlaganfällen, im einundfunfzigsten Lebensjahre, erlag. Karl Albert besaß keine hervorragenden Talente, aber sein Charakter war nicht von gewöhnlicher Art. Indem er in einem entscheidenden Moment das Geschick Italien's mit dem seines Hauses und Landes verband, hat er seinem Dasein eine Bedeutung gegeben, die weit über dessen äußere Grenzen hinausreicht und von der Geschichte nie vergessen werden kann.

Am 24. März hatte der neue König mit Radetzky eine Zusammenkunft in einem Gehöfe nördlich von Novara, in der ein Waffenstillstand verabredet wurde, der die Einleitung zum Frieden bilden sollte. Viktor Emanuel versprach die aus lombardischen, ungarischen und polnischen Unterthanen des Kaisers Franz Joseph gebildeten Korps aufzulösen, denen andererseits eine Amnestie bewilligt wurde. Das sardinische Heer ward auf den Friedensfuß gebracht, während 17,000 Oesterreicher das piemontesische Gebiet zwischen Sessia und Po, und 3000 Oesterreicher mit eben so vielen Sardiniern Stadt und Festung Alessandria besetzten. Die Friedensunterhandlungen, die in Mailand geführt wurden, waren von großen Schwierigkeiten umgeben, und mehrmals nahe daran, abgebrochen zu werden. Oesterreich mußte aus Rücksicht auf Frankreich und England seine anfangs hochgespannten Ansprüche aufgeben und sich mit einer Kriegscontribution von 75 Mill. Franken begnügen. Die sardinischen Kammern erkannten diesen Frieden nur durch Stillschweigen an.

Die Schlacht von Novara hatte zu Brescia ein blutiges Nachspiel gehabt. Die Bevölkerung, von lange verhaltener Wuth gegen die fremde Herrschaft erfüllt, von der falschen Nachricht verführt, die Sardinier

hätten bei Novara gesiegt, fiel über die österreichische Besatzung her, und
schlug die Angriffe des Generals Nugent ab, der selbst schwer verwun=
det wurde. Da kam der General Haynau mit 4000 Mann frischen
Truppen und einer zahlreichen Artillerie herbei, und bombardirte die
Stadt von außen, während sie zugleich von innen von dem Kastell aus,
das im Besitz der Oesterreicher geblieben, beschossen wurde. Brescia
konnte erst nach einem furchtbaren Straßenkampf, an dem selbst Frauen
sich betheiligten, überwältigt werden (1. April). Gegen 300 Häuser
waren in Feuer aufgegangen oder von den Bomben zerstört worden.
Die Gefangenen wurden von Haynau mit einer Grausamkeit behandelt,
die man vergebens zu beschönigen gesucht hat.

Die anarchische Partei, die unaufhörlich an der Revolutionirung
der Volksmassen arbeitete, ohne Rücksicht darauf, daß durch dieses wüste
Treiben die Regeneration Italien's unmöglich gemacht wurde, hatte
nach der Schlacht von Novara in Genua einen Aufstand gegen die sar=
dinische Regierung erregt, der von dem General Lamarmora mit Waffen=
gewalt gedämpft werden mußte (5. April 1849). In Florenz wurde
dagegen der Willführherrschaft der Demagogen von dem bessern Theile
der Bevölkerung selbst, ohne Hülfe von außen, ein Ende gemacht. Am
11. April erhoben sich die Florentiner gegen Guerazzi und die von ihm
eingesetzte Regierung, jagten sie in die Flucht und beschlossen die Rück=
berufung des Großherzogs. In Livorno behaupteten sich die Anarchi=
sten, von der Lage der Stadt begünstigt, noch einige Wochen lang, bis
die Stadt am 11. Mai von österreichischen Truppen unter General
d'Aspre nach einem hartnäckigen Widerstande besetzt wurde. Am 16.
Mai zwang der österreichische General Wimpfen Bologna, wo eine Zeit
lang die wildeste Unordnung geherrscht hatte, durch ein Bombardement
zur Uebergabe, und setzte sich am 18. Juni in Ankona fest. Leopold II.
kehrte am 29. Juli in seine Staaten zurück, wo er die von ihm gegebene
Verfassung erst nur außer Wirksamkeit setzte, dann aber förmlich aufhob,
während Ferdinand II. zwar seit dem März 1849 die Kammern nicht
mehr einberief, die Konstitution selbst aber nicht ausdrücklich abschaffte.

Am 22. August 1849 fiel Venedig nach einem langen und muthi=
gen Widerstand wieder unter die österreichische Herrschaft zurück. Allen,
welche sich bei der Revolution betheiligt hatten, war vermöge der mit
den Oesterreichern abgeschlossenen Kapitulation vergönnt, sich nach dem
Ausland zu begeben. Der greise Pepe, der sechsundzwanzig Jahre ver=
bannt gewesen, mußte wieder den Weg des Exils betreten und sollte
sein Vaterland nicht mehr wiedersehen. Manin, der die Seele der ephe=

meren Republik und daselbst im höchsten Grade populair gewesen, begab sich nach Paris, wo die während der Ausübung der Macht von ihm bewiesene Uneigennützigkeit ihn zwang von seiner Arbeit zu leben. Er starb daselbst im Besitz der allgemeinen Achtung. Manin sprach in seiner letzten Zeit gegen seine Freunde wiederholt die Ueberzeugung aus, daß Italien nur durch die savoyische Dynastie von der Fremdherrschaft befreit und in sich geeinigt werden könne.

Die Lage des Pabstes und des Kirchenstaates hatte unterdessen die ernste Aufmerksamkeit der Mächte auf sich gezogen. Louis Napoleon, der durch die Abstimmung vom 10. December an die Spitze der französischen Republik getreten, wollte die Geistlichkeit seines Landes, deren Unterstützung er zur Verfolgung weiterer Plane bedurfte, auf seine Seite ziehen, indem er die Waffen Frankreich's zur Wiederherstellung der weltlichen Macht des Pabstes anwandte. Der Widerspruch, in den er die französische Republik dadurch verwickelte, daß dieselbe den Untergang einer anderen Republik, die ihr keinen Grund zum Angriff auf sie gegeben hatte, verursachen sollte, blieb von ihm unbeachtet, da er überhaupt entschlossen war, jeden zu friedlicher Lösung nicht geeigneten Knoten mit dem Schwerdt zu durchhauen. Sophistische Verdrehungen der wahren Sachlage, und Verheißungen auf angebliche vom Pabst im Geist der Zeit zu gewährende Reformen sollten die Gewaltthat beschönigen und ihre wahre Gestalt verhüllen. Die politische Welt in Frankreich wurde für einen Angriff auf die römische Republik dadurch gewonnen, daß man ihr vorstellte, es sei dies das einzige Mittel, um dem Einfluß Oesterreich's in Mittelitalien zu beschränken. Spanien und Neapel schlossen sich dem Unternehmen an, das von dem frommen, obwohl nichts weniger als sittenstrengen spanischen Hofe als ein neuer Kreuzzug aufgefaßt wurde, und Ferdinand II. glaubte die Republik in Rom aus Rücksicht auf seine eigene Sicherheit nicht dulden zu dürfen. Ein französisches Truppenkorps unter dem legitimistisch gesinnten General Oudinot landete in Civitavechia (29. April 1849) und setzte sich gegen Rom in Bewegung. Die Reaktion hatte eine Erhebung des römischen Volks zu Gunsten Pius IX. hoffen lassen. Aber die Römer waren in diesem Augenblick nichts weniger als päbstlich gesinnt, und beschlossen den Angriff der Franzosen zurückzuweisen. Außerdem hatte sich eine Menge tapferer Italiener, besonders aus der Lombardei und der Romagna, selbst einige französische Republikaner, Schweizer und Polen der Vertheidigung zugesellt. Oudinot, der sich zu unvorsichtig der Stadt genähert, erlitt eine empfindliche Niederlage, und zog sich nach Civita-

vechia zurück, um Verstärkung abzuwarten. Man hatte die französi=
schen Soldaten überredet, daß die Römer nicht einmal ihren Anblick
ertragen würden, und sie selbst und ganz Europa wurden deßhalb von
dem tapferen Verhalten der Vertheidiger nicht wenig überrascht. Am
3. Juni griff Oudinot von neuem Rom und diesmal mit großer Ueber=
macht an. Den 35,000 französischen Soldaten standen nur 19,000
Italiener, meist Freiwillige und Nationalgarden, gegenüber, die aber in
den Kämpfen Mann gegen Mann den Franzosen an Tapferkeit nichts
nachgaben. Garibaldi, der hier wie einige Monate früher, in dem
Kriege gegen die Oesterreicher, an der Spitze einer ausgesuchten Frei=
schaar erschienen war, riß durch seinen stürmischen Muth seine An=
hänger zu den kühnsten Thaten mit sich fort. Er nahm immer die schwie=
rigste Arbeit auf sich, war bei jedem Gefecht in der ersten Reihe zu
sehen, und seine Todesverachtung wurde von Freund und Feind bewun=
dert. Manche durch Namen und Bildung in ganz Italien bekannte
Männer fielen bei der Porta San Pancrazio und bei der Vertheidigung
der auf dem alten Janiculus liegenden Villen Corsini und Pamfili.
Der klassische Boden und der Heroismus bei einem hoffnungslosen Kam=
pfe haben diesen Ereignissen einen besonderen Reiz verliehen, deren An=
denken in Rom wie ein nationales Heiligthum bewahrt wird. Es kam
damals nicht darauf an zu siegen, was unmöglich geworden, sondern
der Welt zu zeigen, daß die Italiener, und unter ihnen nicht blos Sol=
daten von Beruf, sondern auch Männer aus allen Ständen für ihre
Ueberzeugung zu sterben mußten. Endlich siegte die Ueberlegenheit der
französischen Artillerie, es war Bresche geschossen und alles zum Sturm
in Bereitschaft gesetzt worden. Selbst die kühnsten unter den Verthei=
digern fanden einen längeren Widerstand zwecklos. Der Municipalrath
schloß mit Oudinot die Kapitulation ab. Alle welche in der republika=
nischen Bewegung eine hervorragende Rolle gespielt hatten, verließen
Rom. Während die Franzosen in die schweigende Stadt einrückten
(4. Juli), zog Garibaldi mit 4000 Freiwilligen zum entgegengesetzten
Thor hinaus. Er wollte Venedig zu Hülfe eilen, wurde aber von der
überlegenen Macht der Oesterreicher gezwungen, sein Korps aufzulösen.
Bei Ravenna starb seine Frau, eine geborne Brasilianerin, die seine
Entbehrungen und Gefahren bis zum letzten Augenblick getheilt hatte,
an Entkräftung. Garibaldi begab sich über Genua nach Südamerika,
wo er wieder Schiffskapitain wurde, was er schon einmal früher gewesen,
aber nie die Hoffnung auf Italien's Befreiung verlor. Die Spanier hat=
ten bei der Belagerung Rom's fast gar nichts gethan, und die Neapolita=

ner waren von den Freischaaren Garibaldi's bei jeder Gelegenheit geschlagen worden. Rom mußte sich wieder unter die geistliche Herrschaft
beugen. Am 4. April 1850 kehrte Pius IX. in seine Hauptstadt zurück,
in der er aber einen ganz veränderten Geist antraf, und wo er sich
fortan nur unter dem Schutz der französischen Bayonette behaupten
konnte, eine für den weltlichen Souverain wie für das Oberhaupt der
katholischen Kirche eben so demüthigende als gefährliche Lage.

---

4. Ungarn's Erhebung gegen Oesterreich vom März 1848 bis zum August 1849.

In Ungarn war schon seit längerer Zeit eine innere Gährung vorhanden, die nur eines äußeren Anstoßes bedurfte, um gewaltsam hervorzubrechen. Es hatte daselbst, bei der freien Verfassung, deren das Land
sich erfreute, und seinem eigenthümlichen Verhältniß zu der österreichischen Monarchie, von der es einen Theil ausmachte, ohne in ihr ganz
aufzugehen, nie an einer Opposition gegen die Wiener Regierung gefehlt, dieselbe war aber jetzt viel nachhaltiger, lebendiger und allgemeiner
geworden. Früher hatte es sich von Seiten der Ungarn einzig um die
Erhaltung der alten Konstitution des Landes gehandelt, die von dem
österreichischen Absolutismus wohl hier und da verletzt, seit Joseph II.
aber als ein Ganzes nie mehr bedroht gewesen war. Ungeachtet der häufigen Streitigkeiten auf den Reichstagen über den Betrag der Steuern,
die Zahl der Rekruten, die Ausdehnung der königlichen und ständischen
Befugnisse, war die Regierung mit ihren Forderungen zuletzt in der
Regel durchgedrungen, indem sie sich allerdings hütete, dieselben zu hoch
zu spannen. Beide Theile hatten nie gewisse Grenzen überschritten.
Das monarchische Stabilitätsprincip Oesterreich's und das aristokratische Ungarn's hielten sich das Gleichgewicht, und es schien nicht wahrscheinlich, daß aus ihnen jemals ein unvereinbarer Gegensatz entstehen
könnte. In diesem Verhältniß Ungarn's zu Oesterreich hatte schon in
den letzten Jahren der Regierung des Kaisers Franz eine stille aber tief-
gehende Veränderung angefangen. Der Geist der Zeit und der Einfluß
der liberalen Ideen war allmälig auch in Ungarn zur Geltung gekommen. Die nationale Partei hatte damit begonnen, den arg danieder liegenden materiellen Zustand durch großartige Unternehmungen, Errich-

tung von Banken und Fabriken, Einführung neuer Methoden beim
Landbau, Anlegung von Brücken und Straßen zu heben, und war dann
in ihrem Streben zu einer Verbesserung in der Lage des Landvolls, zu
einer Erleichterung seiner Lasten und Dienste übergegangen. Allmälig
schritt man aber weiter, unterwarf das Bestehende einer schärferen Prü=
fung, und wollte alle die Grundsätze der Konstitution in das praktische
Leben einführen, mit deren theoretischer Anerkennung man sich früher
begnügt hatte. Die nationale Partei der specifisch magyarisch Gesinn=
ten, im Gegensatz zu den Anhängern des österreichischen Gesammtstaa=
tes, beabsichtigte die Stellung ihres Landes, seine von Oesterreich ver=
schiedene Natur, seine besonderen Rechte und Einrichtungen bestimmter
als bisher auszusprechen, und arbeitete, nicht auf eine gänzliche Tren=
nung, aber auf eine größere Unabhängigkeit von Oesterreich hin. In
diesem Sinne hatte die Opposition auf den beiden letzten Reichstagen
gewirkt, und es war zwischen ihr und der Regierung bei mehren Ge=
legenheiten zu lebhaften parlamentarischen Kämpfen gekommen. Die
Seele der nationalen Partei war Ludwig Kossuth, der, obgleich von
adeliger Herkunft, aber unbemittelt und ohne Verbindungen, sich einzig
durch sein großes Talent, die Leichtigkeit, mit der er die verwickeltsten
Geschäfte zu behandeln verstand und seine genaue Kenntniß der ungari=
schen Zustände emporgebracht hatte. Er hatte seine öffentliche Laufbahn
als Journalist angefangen, war wegen eines Preßvergehens zu vierjähri=
gem Gefängniß verurtheilt gewesen, und endlich 1846 in den Reichstag
gewählt worden. Was diesen Mann anziehend, aber zugleich gefährlich
machte, war eine ungewöhnliche Gabe der Beredtsamkeit, die ihn allen,
welche ihm nicht grundsätzlich durchaus entgegen waren, unwiderstehlich
erscheinen ließ. Aber Kossuth besaß mehr Gefühl als Urtheil und war
den Illusionen der Phantasie unterworfen, die ihm die Dinge nicht im=
mer in ihrem wahren Licht zeigten. Obgleich im Besitz einer allgemeinen
europäischen Bildung und mit mehren fremden Sprachen vertraut, war
er doch wieder ganz Magyare, stolz auf seine Nation bis zur Gering=
schätzung anderer, feurig, beweglich, und neben großer praktischer Ge=
schicklichkeit im Einzelnen, bei der Auffassung des Ganzen von vorgefaß=
ten Meinungen bis zur Verkennung der wirklichen Sachlage beherrscht.
Kossuth war, über die Verfolgungen, welche er von den Anhängern
Oesterreich's erfahren, erbittert, von seinem Patriotismus zur Einfüh=
rung umfassender Reformen getrieben, und von Ungeduld über deren
Verzögerung erfüllt, allmälig ein leidenschaftlicher Gegner alles Oester=
reichischen geworden, eine Gesinnung, die er durch Wort und Schrift in

weiteren Kreisen zu verbreiten wußte, und für die er eben so eifrige An=
hänger, als er selbst war, gewann. Kossuth war, obgleich er nie ein
höheres Amt bekleidet hatte, keinen ererbten Rang und kein Vermögen
besaß, der populairste und wie sich bald zeigen sollte, der mächtigste
Mann in seinem Lande geworden.

Bei der in Ungarn herrschenden Stimmung mußte schon die Fe=
bruarrevolution, und noch mehr was in den Märztagen in Wien ge=
schah, einen außerordentlichen Eindruck hervorbringen. Die Opposition
nahm im Reichstage eine entschiedenere Haltung als je an, und sprach,
Kossuth an der Spitze, in den stärksten Ausdrücken ein Verdammungs=
urtheil über das ganze österreichische Regierungssystem aus. Auf seinen
Antrag ging im Reichstage eine Adresse an den Kaiser, als König von
Ungarn, durch, in der als wesentliche Garantie für alle Reformen die
Einsetzung einer nationalen, von jedem fremden Einflusse freien ungari=
schen Regierung, und die Umgestaltung des bisherigen Kollegialmini=
steriums, das in Wien seinen Sitz hatte, in ein verantwortliches nur
für Ungarn bestimmtes Ministerium verlangt wurde, das in Pesth resi=
diren sollte. Am 16. März überreichte eine Deputation des Reichs=
tages die betreffende Adresse dem Kaiser, der dieselbe annahm und selbst
nach Preßburg kam, wo er in einer am 11. April (1848) zum erstenmal
in magyarischer Sprache gehaltenen Rede die Beschlüsse des Reichstages
feierlich sanktionirte. Das ungarische Ministerium, in welchem Graf
Ludwig Batthyani den Vorsitz und Kossuth die Finanzen übernahm,
trat alsbald ins Leben. In den Augen der nationalungarischen Partei
war diese Veränderung in der bisherigen Regierungsweise nur eine
Konsequenz der Selbstständigkeit Ungarn's, die in der pragmatischen
Sanktion, in dem Krönungseide der Könige und den Fundamental=
gesetzen des Landes ihre Berechtigung hatte. Die Magyaren glaubten
damit nicht die konstitutionelle Prärogative des Souverains, sondern nur
die Eingriffe der österreichischen Minister in die ungarische Verfassung
zu beschränken. Am Hofe sah man aber in der Errichtung eines natio=
nalen und selbstständigen Ministeriums für Ungarn nicht nur den ersten
Schritt zu einer gänzlichen Trennung dieses Landes von Oesterreich,
sondern glaubte das Bestehen der Monarchie überhaupt gefährdet, in=
dem Böhmen, Gallizien, das österreichische Italien dasselbe fordern und
der Gesammtstaat auseinander fallen würde. An die Fortdauer des=
selben knüpften sich aber zu viele und große Interessen, als daß eine Lö=
sung dieses Verbandes ohne furchtbare Zuckungen im Innern und blu=
tige Kämpfe nach außen möglich gewesen wäre. Kossuth und das neue

ungariſche Miniſterium begingen außerdem noch die Unklugheit, in der
zugleich eine große Ungerechtigkeit lag, jetzt wo Ungarn ſeine eigenen
Finanzen haben ſollte, einen Antheil an der öſterreichiſchen Staats=
ſchuld abzulehnen, unter dem Vorwande, daß dieſelbe ohne Genehmi=
gung des ungariſchen Reichstages und für Ungarn fremde Zwecke kon=
trahirt worden ſei. Dieſe Maßregel, welche das ungariſche Miniſterium
zurücknehmen wollte, als es zu ſpät dazu geworden, rief überall in Oeſter=
reich, beſonders aber in Wien, eine große Entrüſtung hervor, da ihre
Durchführung den Ruin vieler Familien verurſachen mußte. Dieſer
Reichstag, der letzte, welcher in Preßburg ſeine Sitzungen hielt, denn
künftig ſollte derſelbe in Peſth zuſammentreten, nahm noch eine Menge
Anträge des Miniſteriums an, durch welche das mittelalterliche ſtän=
diſche Ungarn in einen wahrhaft modernen Staat mit parlamentariſchen
Inſtitutionen verwandelt werden ſollte. Am 5. Juli wurde der aus
einem neuen Wahlgeſetz hervorgegangene Reichstag in Peſth von dem
Palatin Erzherzog Stephan im Namen des Königs eröffnet.

Die abgeſchloſſene nationale Geſtaltung, welche Ungarn angenom=
men hatte, erregte die Eiferſucht und das Mißtrauen der Südſlaven,
Serben und Kroaten, welche die Herrſchaft des ungariſchen Miniſte=
riums und den Reichstag in ſeiner neuen Form nicht anerkennen woll=
ten. Die Magyaren waren von jeher zu ſtolz geweſen, um die Slaven
an ſich zu ziehen und ſich gleich zu ſtellen. Auch jetzt, wo ein Konflikt
mit Oeſterreich dem etwas vorausſchauenden Blick nicht mehr als eine
Unmöglichkeit erſcheinen konnte, vermochte es Koſſuth nicht, ſich von dem
nationalen Vorurtheil der Suprematie des magyariſchen Stammes über
die ungariſchen Nebenländer zu befreien und wies die Forderung derſel=
ben nach politiſcher Gleichſtellung ab. Die Serben hielten hierauf eine
große Nationalverſammlung, konſtituirten ſich als ein ſelbſtſtändiges
Volk, und erwählten den in ſittlicher Beziehung ſehr verrufenen, aber
unternehmenden Erzbiſchof von Karlowitz, Rajachich, zu ihrem Patri=
archen, und Stamirowich zum Befehlshaber ihrer bewaffneten Macht.
Der öſterreichiſche Hof erkannte mit ſcharfem Blick die Vortheile, welche
für ihn aus der Oppoſition der Südſlaven gegen die Magyaren hervor=
gehen konnten, und ernannte den Baron Jellachich, den Sohn eines
öſterreichiſchen Generals, zum Ban oder Statthalter von Kroatien, wo
die neue Stellung, welche Ungarn jetzt einnahm, und die Beſchlüſſe ſei=
nes Miniſteriums und Reichstags ebenfalls verworfen wurden. Jel=
lachich war, ohne ungewöhnliche Talente zu beſitzen, ein unternehmender
und verſchlagener Mann, ſtand hoch im Vertrauen der kaiſerlichen Fa=

milie, von der er seit früher Jugend mit Wohlthaten überhäuft worden, und hing an der Idee eines „einigen" Oesterreich's, weil nur so Kroatien seine Selbstständigkeit den Magyaren gegenüber behaupten konnte. Jellachich wurde vom Hofe im Geheimen zum Widerstande gegen die Ungarn ermuntert, obgleich man ihn, so lange es zu einem offenen Bruch mit Ungarn noch nicht Zeit schien, zum Gehorsam gegen das ungarische Ministerium aufforderte, ihn bei Gelegenheit verläugnete und sogar entsetzte, dann aber als der rechte Augenblick gekommen, um so höher erhob. Kossuth, der Ungarn von Serben und Kroaten bedroht sah, den Einfluß des Hofes auf die Haltung der Südslaven ahnte, und sein Land auf alle Fälle sicher stellen wollte, hatte beim ungarischen Reichstag eine Aushebung von 200,000 Mann Nationaltruppen, Honveds genannt, und die Kreirung eines Papiergeldes im Betrage von 42 Mill. Gulden durchgesetzt. Während Ungarn und Serben sich im Banat mit der größten Erbitterung bekämpften, war Jellachich in Ungarn eingefallen, wurde aber von dem General Moga bei Velencze geschlagen (29. September) und sah sich zugleich auf allen Seiten vom magyarischen Landsturm bedroht. Seine Aufforderung an die Festung Komorn zur Uebergabe blieb vergeblich, und er mußte, da ihn ein starkes Korps regulairer ungarischer Truppen unter Casimir Batthyani und Anton Perczel im Rücken bedrohte, sich der österreichischen Gränze nähern, wo er von Moga verfolgt, in sehr geschwächtem Zustande ankam.

Die Vorstellungen der Ungarn am Hofe gegen Jellachich's Unternehmen waren von Anfang an vergeblich gewesen, und Kossuth hatte sich endlich zu einem entscheidenden Schritt entschlossen, und einen Landesvertheidigungsausschuß errichtet, an dessen Spitze er sich stellte. Der Erzherzog-Palatin legte, da seine Vermittelungsversuche vergeblich gewesen, seine Würde nieder und entfernte sich heimlich aus Ungarn. Da ernannte der Kaiser, während sich Magyaren und Kroaten gegenüberstanden, den General Grafen Lamberg zu seinem Statthalter in Ungarn, dem alle Civil- und Militairautoritäten untergeben sein sollten. Dies war eine offenbare Verletzung nicht nur der dem letzten Reichstag in Preßburg gemachten Zusagen, sondern auch der alten vormärzlichen Konstitution, nach welcher der König zu einer solchen Ernennung nicht berechtigt gewesen. Lamberg wurde, als er seine neue Gewalt in Pesth antreten wollte, auf der Donaubrücke von einer wüthenden Rotte ermordet (27. September). Der Reichstag sprach seinen Abscheu über das begangene Verbrechen aus und ordnete eine strenge Untersuchung an, der aber unter den damaligen Umständen keine Folge gegeben werden konnte. Der Kaiser erließ hierauf ein Manifest (3. Oktober), in welchem er den Reichstag auflöste, und den Ban Jellachich zu seinem Stellvertreter in Ungarn mit unumschränkter Vollmacht ernannte. Indem der Kaiser den Ban von Kroatien, den er selbst schon einmal entsetzt, den der Reichsrath in seinen Proklamationen für einen Aufrührer erklärt hatte, mit der Diktatur über Ungarn bekleidete, erschwerte er in den Augen der Ungarn die Verletzung ihrer Gesetze noch durch eine Handlung beleidigenden Hohns, die den beginnenden Bruch unheilbar machte. Der Reichstag protestirte gegen das kaiserliche Manifest, erklärte es unter Berufung auf die ungarische Konstitution für ungesetzlich und nichtig, und befahl, Jellachich im Ergreifungsfalle als Hochverräther zu behandeln.

Unterdessen war der Thronwechsel in Oesterreich eingetreten und Franz Joseph hatte die Stelle seines kaiserlichen Oheims eingenommen. Fürst Windischgräß, der in seiner Jugend bei mehren Gelegenheiten sich als tüchtiger Kavallerieofficier gezeigt, aber nie Beweise von höherem militairischen Talent abgelegt hatte, wurde mit der Unterwerfung Ungarn's beauftragt. Derselbe galt, seitdem er Prag und Wien bezwungen, für einen Mann, der besonders zur Besiegung von Rebellen geeignet sei, wie jetzt die ungarische Nationalpartei am österreichischen Hofe genannt zu werden anfing. Der ungarische Reichstag erkannte nämlich die Abdankung Ferdinand's und die Thronbesteigung seines Neffen in Betreff Ungarn's gar nicht an, fuhr fort in des abgetretenen Monarchen Namen, als König von Ungarn Ferdinand V. genannt, zu handeln, und behauptete in seinem Recht zu sein, wenn er die ungarische Krone dem vorenthielt, der mit Verletzung der Gesetze des Landes sich ihrer bemächtigen wollte. Das ungarische Ministerium und besonders Kossuth, der immer mehr in alle Verhältnisse einzugreifen anfing, hatten die Vorbereitungen zum Kriege mit großem Eifer betrieben, und die Nation war ihnen mit dem den Magyaren eigenthümlichen Feuer entgegengekommen. Aber es war alles zu schaffen gewesen, denn es hatte früher wohl ungarische Regimenter, aber keine ungarische Armee gegeben. Während Windischgräß's Armee meist aus altgedienten Truppen bestand, die vollkommen disciplinirt waren, mußten die neu ausgehobenen magyarischen Truppen erst eingeübt und an den Kriegsdienst gewöhnt werden. Auch schien es vortheilhaft, den Feind in das Innere Ungarn's zu locken, um ihn dort mit mehr Aussicht auf Erfolg bekämpfen zu können. Kossuth beschloß deshalb, Pesth aufzugeben, und sich mit dem Reichstag

und allen Behörden nach Debreczin, in den Mittelpunkt des alten Ma-
gyarenlandes zurückzuziehen, und von dort aus den Krieg mit dem größten Nachdruck zu führen. Zu gleicher Zeit ward noch ein Versuch zu
Unterhandlungen mit Windischgrätz gemacht. Derselbe ließ aber die
magyarische Deputation, an deren Spitze Graf Ludwig Batthyani stand,
die ihm Friedensanerbietungen machen wollte, gar nicht vor sich, verlangte, wie von den Wienern, auch von den Ungarn unbedingte Unterwerfung, wobei er vergaß, daß er es diesmal nicht mit einer einzigen
Stadt, sondern mit einem ganzen Lande zu thun hatte, und berief sich
unaufhörlich auf die pragmatische Sanktion, während gerade nach dieser
die Ungarn wenigstens zum Theil im Recht gegen die österreichische Regierung waren. Am 5. Januar zog Windischgrätz in Pesth ein, das von
einem großen Theil seiner Einwohner verlassen war. Anfänglich waren
die kaiserlichen Streitkräfte im Ganzen im Vortheil. Der General Graf
Schlick, der ein Armeekorps unter Windischgrätz befehligte, schlug bei
Kaschau den General und Kriegsminister Meszaros, und die Serben
wiesen die Angriffe des Obersten Kiß auf die Römerschanzen zurück.
Im Westen und Süden war der Operationsplan der Oesterreicher mit
Erfolg ausgeführt worden. Aber der österreichische General Puchner,
der von Siebenbürgen aus, im Einklang mit den Bewegungen der Haupt-
armee, gegen Arad hin in die Maroschgegenden eindringen und den
Magyaren in den Rücken fallen sollte, wurde durch das kühne Vorgehen
des Generals Bem, der nach der Einnahme Wien's in ungarische Dienste
getreten, an der Ausführung der ihm gewordenen Befehle gehindert.
Bem, der anfänglich über eine, im Verhältniß zu seiner Aufgabe nur
kleine Macht gebot, war durch Kossuth's Zuthun ansehnlich verstärkt
worden. Zu seinem Korps gehörte, außer den Honvedbataillonen, alles
was von der akademischen Legion nach der Einnahme Wien's übrig geblieben, eine Abtheilung der polnischen Legion, denn viele ehemalige
polnische Officiere und Freiwillige aus allen Ständen waren zu den
Magyaren gestoßen, und Szekler Husaren, deren Landsleute sich bei der
Nachricht, daß Bem in Siebenbürgen eingedrungen, in Masse für die
Ungarn erhoben. Bem, der im höchsten Grade thätig und unternehmend war, schlug die Oesterreicher auf vielen Punkten, in einer Reihe
von Gefechten, namentlich bei Kahiela, Bistritz, Klausenburg, während
der ersten Hälfte Januars, und bewirkte, daß Puchner keinen Antheil
an den allgemeinen Operationen nehmen konnte, und in Siebenbürgen
fest gehalten wurde. Das Theiß- und Marschthal und der Rücken der
ungarischen Armee war somit gesichert. Außer Bem war jetzt auch ein

anderer Pole, der General Dembinski, durch seine Thaten im letzten
Kriege der Polen gegen die Russen bekannt, von Paris nach Debreczin
gekommen und hatte von Kossuth ein Kommando erhalten. Die An=
wesenheit dieser beiden polnischen Generale, vieler tapferen Officiere
und eines ganzen Truppenkorps dieser Nation ist den Ungarn, unge=
achtet der auf dem Schlachtfeld geleisteten Dienste, zuletzt verderblich
geworden, indem ihr Kampf dadurch einen mehr revolutionairen als
nationalen Charakter erhielt, welchen letzteren er zu seinem Glück hätte
bewahren sollen, und der ihm ursprünglich auch eigen gewesen war.

Die Ungarn besaßen eine Anzahl ausgezeichneter Generale, hierin
den Sardiniern, so wie deren Armee 1848 und 1849 beschaffen war,
sehr überlegen: Klapka, Vetter, die beiden Perczel, Kiß, Damjanich,
unter denen besonders Arthur Görgei, der jüngste unter ihnen, sich
bald am meisten bemerkbar machte. Görgei war von der Natur zum
Feldherrn bestimmt, denn früher in österreichischem Dienst nur Lieute=
nant und ohne je einen Krieg gesehen zu haben, zeichnete er sich durch
strategischen Blick, tiefe Berechnung, unerschöpfliche Thatkraft, kaltblü=
tigen Muth gleich im Anfange des Kampfes so aus, daß er nach weni=
gen Monaten den Oberbefehl über ein ganzes Heer erhielt, und den
Kriegsplan der Oesterreicher vereitelte. Aber sein Ehrgeiz, das Sträuben
gegen jede Unterordnung, die Beneidung fremden Verdienstes, Selbst=
sucht und Härte brachen schon im Beginn seiner Laufbahn hervor. Er
hatte den jungen Grafen Eugen Zichy, zu einer der ersten Familien des
Landes gehörig, weil er mit Jellachich in geheimer Verbindung stand
und dessen Proklamationen in Ungarn verbreiten half, mit dem Strange
hinrichten lassen, ohne zu bedenken, daß in revolutionairen Zeiten und
in Bürgerkriegen die Rechtsbegriffe getrübt sind, und Pflicht und Gesetz
von den kämpfenden Parteien verschiedenartig aufgefaßt werden. Gör=
gei zog im strengsten Winter unter immerwährenden Gefechten durch
die Karpathen, vereinigte sich mit Klapka an der oberen Theiß, und
zwang Schlick unter großen Verlusten alle früher von ihm eingenom=
menen Positionen zu räumen und die obere Theiß dem Feinde zu über=
lassen. Die Ungarn concentrirten, nachdem Görgei's geschickte Manö=
ver die Straße von Kaschau frei gemacht hatten, daselbst 36,000 Mann
mit 60 Kanonen, über die Dembinski den Oberbefehl erhielt, der aber
bei Kapolna (26. Februar 1849) von den Oesterreichern geschlagen
wurde und darauf das Kommando niederlegte. Man behauptet, Görgei
habe, aus Eifersucht gegen Dembinski, die Befehle desselben in dieser
Schlacht nicht pünktlich ausgeführt, und es sei dann von ihm unter den

magyatischen Befehlshabern ein förmliches Komplot gegen den polni=
schen General angestiftet worden, was Kossuth's Ansehen in der Armee,
von dem Dembinski berufen worden, erschüttern mußte.

In Siebenbürgen war Bem dicht bei Herrmannsstadt, am 21. Ja=
nuar, von dem an Zahl ihm sehr überlegenen Puchner geschlagen wor=
den, hatte aber von allen Seiten Verstärkungen an sich gezogen und sich
so furchtbar gemacht, daß der österreichische General die in der Wallachei
stehenden Russen zu Hülfe rufen mußte, die 10,000 Mann stark in den
ersten Tagen Februars in Kronstadt und Herrmannsstadt einrückten.
Bem vereinigte sich hierauf mit den den Magyaren stammverwandten
und ihrer Sache zugethanen Szeklern, warf die Oesterreicher und Russen
aus Herrmannsstadt heraus, und zwang einen Theil von ihnen mit dem
General Puchner nach der Wallachei zu fliehen. Ganz Siebenbürgen
war jetzt, mit Ausnahme der kleinen Festung Karlsburg, im Besitz der
Ungarn. Im März wurden die Serben von Moritz Perczel in drei
blutigen Gefechten, bei Zombor, Sirig und Horgos geschlagen, die Rö=
merschanzen erstürmt und Peterwardein entsetzt. Unterdessen hatten die
kaiserlichen Truppen auf anderen Stellen Ungarn's noch empfindlichere
Verluste erlitten. Bei Szolnok wurde die Brigade Karger von Damja=
nich fast aufgerieben (5. März), Komorn, der strategisch wichtigste Punkt
in Ungarn, das die Oesterreicher belagerten, wurde von Görgei entsetzt,
der jetzt das Kommando über die obere Theißarmee übernommen hatte.
Bei Miskolz wurden die österreichischen Brigaden Schulzig und Jablo=
nowski geschlagen, und ward in allen von den Oesterreichern befreiten
Gegenden der Landsturm organisirt. Die vielen für die Oesterreicher
unglücklich ausgefallenen Gefechte zwangen Windischgrätz zum Rückzug
bis nach Pesth, und zu diesen Erfolgen der Magyaren hatte Görgei
durch eine seltene Mischung von Kühnheit und Umsicht das meiste bei=
getragen. Sein Name war nach Kossuth der populairste im ganzen
Lande, und in der Armee galt er alles und fast allein. In der Nacht
vom 23. zum 24. April verließen die Oesterreicher in aller Stille Pesth,
wo die Ungarn von der Bevölkerung mit unendlichem Jubel empfangen
wurden. Windischgrätz, der sich seiner Aufgabe keineswegs gewachsen
gezeigt hatte, legte den Oberbefehl nieder, den der dazu ebenfalls wenig
geeignete General Welden erhielt. Welden ließ in der Festung Ofen
eine starke Besatzung unter dem tapferen General Henzi mit dem Befehl
zurück, sich bis auf das äußerste zu vertheidigen. Der Ban Jellachich
zog sich mit den Ueberresten seines Heeres nach Kroatien zurück.

In Wien war am 4. März (1849) eine Verfassung für den Ge=

sammtstaat bekannt gemacht worden, welche die besonderen Rechte und
Einrichtungen der einzelnen Kronländer und soweit auch die uralte mit
dem ganzen Leben der Nation verwachsene ungarische Konstitution auf=
hob. Kossuth antwortete hierauf mit der Thronentsetzung des Hauses
Habsburg=Lothringen, das des Verrathes, Meineides und offenbarer
Feindseligkeiten gegen Ungarn beschuldigt, seiner Rechte auf die ungari=
sche Krone verlustig erklärt und für immer aus dem Lande verbannt
wurde (14. April). Ungarn sollte von jetzt an als selbstständiger Staat
in die europäische Völkerfamilie eintreten. Kossuth's Antrag wurde von
beiden Häusern des Reichstages einstimmig angenommen. An dem=
selben Tage ernannte ihn der Reichstag zum Haupt der ungarischen Re=
gierung unter dem Titel: Gouverneur von Ungarn, und ermächtigte
ihn zu der Bildung eines verantwortlichen Ministeriums. Die Ent=
scheidung über eine definitive Staatsform für Ungarn ward dem Reichs=
tag vorbehalten. Dieser Beschluß mußte für Ungarn neue Gefahren
heraufführen. Seine Erhebung gegen Oesterreich hörte von da an auf,
ein nationaler Kampf für Unabhängigkeit und altes Recht zu sein, und
wurde ein europäischer Principienkrieg, der für alle Nachbarstaaten die
Frage: ob Monarchie oder Republik? — enthielt. Oesterreich, Ungarn's
und der Gebiete beraubt, welche die Magyaren zu ihrem Staat rechnen,
wäre eine Macht zweiten Ranges geworden, und hätte, wenn diese
Trennung auch in anderen Kronländern Nachahmung fand, ganz auf=
hören müssen. Um eine solche Umgestaltung im europäischen Staaten=
system durchzusetzen, wären die Magyaren, auf sich selbst gewiesen, unter
allen Umständen zu schwach gewesen, und hätten bei der damaligen
Weltlage auf Unterstützung vom Auslande her nicht hoffen können.
Auch veranlaßte der Beschluß vom 14. April in der Aristokratie und der
Armee eine Spaltung, die zu Ungarn's Verderben beitragen sollte. Die
alte Konstitution und den König Ferdinand V. wider die österreichi=
sche Octrohirung und den Kaiser Franz Joseph zu vertheidigen, galt
auch in den Augen vieler monarchisch gesinnten Adeligen und Officie=
ren für rechtmäßig, und sie waren geneigt diejenigen, welche dabei zu
Grunde gingen, als Märtyrer einer heiligen Sache anzusehen. Aber die
Dynastie zu entsetzen und das Königthum, wenn auch nur für einige
Zeit abzuschaffen, erschien ihnen als ein Aufgeben aller nationalen Tra=
ditionen, und als eine That der Revolution, die weder vor der Politik
noch der Moral bestehen könne.

Kossuth und sein Anhang hätten jetzt wenigstens alles Mögliche
thun sollen, um ihrem Beschluß Nachdruck zu geben. Die östereichische

Armee war geschwächt und entmuthigt als sie Pesth aufgeben mußte, und die Magyaren beseelte dagegen das Feuer und die Zuversicht des Siegers. Die ungarische Hauptmacht stand unter Generalen wie Görgei, Klapka, Vetter, Damjanich, 60 bis 70,000 Mann stark, auf beiden Ufern der Donau von Pesth bis Komorn, und konnte in kurzer Zeit concentrirt werden. Sie mußte ohne Verzug den weichenden Oesterreichern nachsetzen und auf Wien losgehen. Radetzky konnte in Italien keine Truppen entbehren und fremde Hülfe war noch fern. Ein ehrenvoller Vergleich wäre nur durch eine kühne Benutzung der Umstände möglich gewesen, und hätte von den Ungarn nur in Wien erlangt werden können. Statt dessen erhielt Görgei den Befehl, Ofen, das strategisch eine nur untergeordnete Wichtigkeit besaß, und das mit einem verhältnißmäßig kleinen Korps cernirt werden konnte, um jeden Preis zu nehmen. Denn die Magyaren, Volk und Armee, hielten es für schimpflich, einen durch Sage und Geschichte in ihren Augen geheiligten Ort, wie Ofen, länger in den Händen des Feindes zu lassen. Dieser momentanen Erregung des Gefühls ward jede ernstere Rücksicht untergeordnet. Ein anderer verhängnißvoller Umstand war es, daß Kossuth und seine Umgebung an keinen so kräftigen und langen Widerstand der von Welden zurückgelassenen Besatzung geglaubt hatten, und als der Angriff einmal angefangen worden, von ihm nicht mehr abstehen wollten. Die Belagerung Ofen's erforderte ein ganzes Armeekorps, was während dieser Zeit jede andere Operation unmöglich machte, und dauerte bis zum 21. Mai, an welchem Tage der Platz von Görgei mit Sturm genommen wurde. Der unerschrockene Henzi starb an seinen Wunden. Die Ungarn wollten sich jetzt von den Anstrengungen des langen Feldzuges erholen und feierten in Pesth ihre Siege. Stadt und Umgegend schienen in ein Lustlager verwandelt zu sein. Ueberall hörte man Musik und Gesang. Kossuth hielt in Pesth einen triumphartigen Einzug, und der Reichstag kehrte von Debreczin dahin zurück. Kossuth selbst gab sich dem Eindrucke des Augenblicks hin und hielt Ungarn für gerettet.

Die Oesterreicher hatten, während die besten ungarischen Truppen und ihr erster General Ofen belagerten, angefangen, sich von ihren Niederlagen zu erholen und von allen Seiten Verstärkungen an sich zu ziehen. Indessen würden sie, auf ihre eigene Macht beschränkt, Ungarn nicht so bald bezwungen haben, und der Krieg hätte in diesem Fall ins Unbestimmte hinaus dauern können. Aber der österreichische Hof hatte die Stimme des Stolzes in sich zum Schweigen gebracht und Rußland's Hülfe nachgesucht. Der Ehrgeiz, als der Verfechter des Absolutismus

in Europa dazustehen, die Besorgniß, daß Polen von der ungarischen
Bewegung mit ergriffen werden könnte, und die Absicht, die österreichische Politik von sich abhängig zu machen, bewirkten, daß der Kaiser Nikolaus auf das Gesuch des österreichischen Kabinets so eifrig einging,
als wenn es sich um eine rein russische Angelegenheit gehandelt hätte.
Am 2. Mai ward der betreffende Antrag zwischen Rußland und Oesterreich unterzeichnet. Am 21. Mai kamen die beiden Kaiser in Warschau
zusammen, wo die letzten Bestimmungen über die russische Intervention
und den gemeinsamen Operationsplan getroffen wurden. Die Ungarn
hätten bei kalter Ueberlegung diese Wendung der Dinge von selbst, auch
ohne die ihnen seit Anfang Mai zugekommenen Nachrichten, voraussehen
können, da für Rußland mehr als ein Grund zur Unterstützung Oesterreich's vorhanden war. Aber sie hatten darüber wie überhaupt über
ihre Lage sich optimistischen Illusionen überlassen, zu denen der Nationalcharakter und Kossuth's besondere Natur ohnedies hinneigten. Als
dieses tapfere Volk sich endlich die Wahrheit nicht länger verhehlen konnte,
wurde es nicht von Zaghaftigkeit,, sondern von Zorn über die in seinen
Augen unbefugte Einmischung Rußland's ergriffen, und machte die außer-
ordentlichsten Anstrengungen, um diesem neuen Gegner widerstehen zu
können. Aber außer der erdrückenden Uebermacht, mit der es die Ungarn
jetzt zu thun bekamen, stellte sich auch innere Uneinigkeit und Zwiespalt,
die gewöhnlichen Begleiterinnen des Unglücks, unter ihnen ein.

Der Todeskampf des magyarischen Volks, denn ein solcher war
dieser Krieg als Rußland an ihm Theil nahm, begann in der Mitte
Juni's. Der Sieg war seitdem unmöglich geworden, und es kam nur
noch darauf an, mit mehr oder weniger Ruhm zu fallen. Alle ungarischen Streitkräfte betrugen nach Kossuth's eigener Berechnung, der seine
Hülfsquellen eher zu hoch als zu niedrig anzuschlagen pflegte, höchstens
170,000 Mann, die aber zu sehr vertheilt und über einen zu weiten
Raum verbreitet waren, um sich gegenseitig so unterstützen zu können,
wie es zum Widerstand gegen einen, auf jedem einzelnen Punkt übermächtigen Feind nöthig gewesen wäre. Die 170,000 Ungarn, von denen
einige 20,000 Mann Festungsbesatzungen abgezogen werden müssen,
die im offenen Felde nicht verwendet werden konnten, sollten es mit
85,000 Oesterreichern aufnehmen, die von dem äußerst unternehmenden
Haynau geführt wurden; mit 25,000 Kroaten und Serben unter Jellachich; der österreichisch = russisch = siebenbürgischen Armee von 46,000
Mann, und dem russischen Hülfsheer von 90,000 Mann unter Paskiewitsch. Oesterreicher und Russen besaßen außerdem, besonders letztere,

zahlreiche Reserven, und konnten ihre Verluste leicht ersetzen, während die Magyaren in ihren Mitteln beschränkt waren und schon alles auf= geboten hatten, was aufzubieten möglich war. Der Kampf begann in Siebenbürgen, wo Bem, vielleicht der genialste Kriegsmann, den Polen hervorgebracht, Außerordentliches gegen die überlegene Macht der Russen und Oesterreicher leistete, mit Blitzesschnelle bald auf diesem bald auf einem anderen Punkte erschien und dem Feinde keinen Augenblick Ruhe ließ, aber nachdem er bei Herrmannsstadt durch den dreifach stärke= ren Lüders eine Niederlage erlitten, von Kossuth nach Ungarn gerufen wurde, wo seine Gegenwart noch nöthiger erschien. Nach seinem Ab= gang wurde der Krieg in Siebenbürgen nur matt fortgesetzt. Im Süden Ungarn's verlor der tapfere, aber übereilte Moritz Perczel bei Kaacz ein Gefecht gegen die Kroaten und Serben, in Folge dessen er das Kom= mando niederlegen mußte, und den General Vetter zum Nachfolger erhielt, der die Festung Arad einnahm, und den Ban Jellachich bei Hegyesch überfiel und gänzlich schlug (11. Juli). Görgey wollte mit 45,000 Mann das Centrum der viel stärkeren österreichischen Haupt= armee unter Haynau durchbrechen, um die verschiedenen Korps der= selben, bevor Paskiewitsch herbeigezogen, einzeln aufreiben zu können, wurde aber erst bei Zsigard und dann bei Komorn geschlagen und ver= wundet. Klapka übernahm an seiner Statt den Oberbefehl, und wagte eine neue Schlacht bei Komorn, aber wieder vergebens (11. Juli). Die kühnen Angriffe der Magyaren scheiterten an der Uebermacht der Oester= reicher, und den geschickten Dispositionen Haynau's. Gegen Paskie= witsch operirte anfangs Dembinski mit nur 18,000 Mann, welche sich vor der fünffachen Ueberlegenheit der Russen zurückziehen mußten. Gör= gei, der unermüdlich war, kam Dembinski zu Hülfe, schlug die Russen unter Rüdiger bei Waitzen, mußte aber bei Paskiewitsch Ankunft sich in die Gebirge werfen, wo es ihm durch meisterhafte Manöver gelang, drei russischen Armeekorps zu entgehen, die ihn einschließen wollten. Kossuth hatte sich mit dem Reichstag von Pesth nach Szegedin zurück= gezogen, wohin jetzt Haynau seinen Marsch richtete. Dembinski sollte ihn aufhalten, wurde aber erst bei Szöreck (5. August) und dann bei Temeswar (9. August) so geschlagen, daß seine Armee sich fast auflöste. Unter den ungarischen Befehlshabern hatte es seit Anfang dieses zweiten Feldzugs an der nöthigen Uebereinstimmung gefehlt, es war von ihnen nach keinem gemeinsamen Plan gehandelt worden, und die Soldaten wurden endlich des erfolglosen Hin= und Herziehens müde. Kossuth war eine bedeutende, in ihrer Art seltene Natur, aber in diesem Kriegs=

sturm besaß er, da er kein Militair war, nicht Ansehen genug, um der gegenseitigen Eifersucht und dem Hange zur Willkühr, die unter den Generalen häufig waren, einen starken Zügel anzulegen. Es fehlte ihm an der, besonders dem Leiter einer Revolution unentbehrlichen Kraft des Charakters, der bei dem Ringen nach einem großen Ziel keine Rücksichten auf die Personen nehmen darf. Kossuth war mehr geeignet, die Massen zu begeistern als die Einzelnen sich unterzuordnen. Seinem wahrhaft freisinnigen Wesen widerstrebte der despotische Zwang, ohne dessen Anwendung revolutionaire Bewegungen der nöthigen Einheit entbehren und einem organisirten Angriff erliegen müssen. Nach der Schlacht bei Temeswar trat im ungarischen Lager eine gänzliche Lähmung und Verwirrung ein. Endlich brachte Görgei die Sache zur Entscheidung. Er verzweifelte längst an der Möglichkeit des Erfolges und soll schon als er den Befehl erhielt, Ofen zu belagern, anstatt die Oesterreicher zu verfolgen, in die Worte ausgebrochen sein: „Jetzt ist Ungarn verloren!" obgleich er damals nichts that, um seine Regierung über die Verderblichkeit dieses Schrittes aufzuklären. Görgei wollte jetzt der hereinbrechenden Anarchie ein Ende machen, wählte aber dazu ein Mittel, das seines Rufes, seiner Thaten, seiner ganzen Vergangenheit unwürdig war, und ihn mit dem Brandmal des Verrathes an seinem Lande bezeichnet hat. Bei der Rathlosigkeit, die nach Dembinski's Niederlage im ungarischen Ministerium und Reichstage herrschte, wurde es Görgei leicht, Kossuth zur Niederlegung der höchsten Gewalt zu vermögen und dieselbe sich übertragen zu lassen. Er hatte schon seit einiger Zeit im Geheimen mit Paskiewitsch Unterhandlungen über eine Kapitulation seiner Truppen eingeleitet, unter dem Vorwand, dem jetzt zwecklos gewordenen Blutvergießen ein Ende zu machen. Er scheint dabei keine andere Bedingung gestellt zu haben, als daß die Uebergabe vor den Russen, aber nicht vor den Oesterreichern geschehe, und hat, nach dem Erfolge zu urtheilen, nur für sich selbst Schonung des Lebens erlangt. Er nahm eine Stellung innerhalb der feindlichen Linien, und streckte dann mit seiner noch 23,000 Mann starken Armee am 13. August bei Bilagos vor dem russischen General Rüdiger die Waffen. Daß Görgei seinen Plan ungehindert ausführen konnte, wird nur durch das blinde Vertrauen, das seine Truppen in ihn setzten, und durch das Gefühl der Hülflosigkeit erklärbar, das sich ihrer in der letzten Zeit bemächtigt hatte, und das er für seinen Zweck zu benutzen verstand. Denn je größer die Anstrengungen vorher gewesen, um so tiefer ist gewöhnlich die Muthlosigkeit, wenn dieselben sich zuletzt als vergeblich erweisen. Alle ungarischen Korps lösten sich jetzt auf, die Festungen ergaben sich auf Gnade und Ungnade. Nur die Besatzung von Komorn, wo Klapka kommandirte, erhielt eine ehrenvolle Kapitulation. Kossuth rettete sich mit Bem, Dembinski, Meszaros, Moritz Perczel, mit Polen und Italienern, auf türkisches Gebiet. Bei Bilagos war aber nicht nur das Görgei'sche Korps, sondern auch viele andere Personen, die in der Revolution hervorgetreten, Minister, Reichstagsmitglieder, hohe Beamte in die Hände der Russen gefallen, und wurden von diesen, nachdem man sie eine Zeit lang im russischen Lager freundlich behandelt hatte, an die Oesterreicher ausgeliefert. Haynau begann damit, in Pesth und Arad Kriegsgerichte einzusetzen, von denen viele in diesem Kampf berühmt gewordene Personen zum Tode durch die Kugel oder den Strang verurtheilt wurden. Auf diese Art endigten, um hier nur die bekanntesten Namen zu nennen: Graf Ludwig Batthyani, früher ungarischer Premierminister, den der Kaiser selbst dazu ernannt hatte; Pereny, Präsident des ungarischen Oberhauses; der Minister Czani; die Generale Kiß, Lazar, Desöffy, Graf Becsay, Graf Leiningen, ein Stammverwandter der deutschen Fürsten dieses Namens; Aulich, Pöltenberg; Nagy Sandor und Damjanich. Zugleich wurden die Besitzungen der Hingerichteten und Flüchtigen, von denen viele reich, manche sehr reich waren, eingezogen. Es ist überflüssig über dieses Verfahren des Siegers etwas hinzuzufügen, da die ganze civilisirte Welt längst darüber den Stab gebrochen hat.

Görgei, der, wie Kossuth im Anfange, so am Ende in der Tragödie der ungarischen Revolution die Hauptrolle gespielt hat, mußte verschont werden, da er unter russischem Schutz stand, und Klagenfurt wurde ihm zum Aufenthaltsort angewiesen. Sein Verhalten in dieser letzten Zeit hat etwas Räthselhaftes, das erst von der Zukunft vollkommen aufgeklärt werden kann. Man begreift nicht, daß er, sonst ein so tapferer Soldat, es vorzog sich zu ergeben, anstatt in einer Schlacht ruhmvoll unterzugehen, oder sein Heer über die türkische Grenze zu führen, und daß er sich in die Hände derer überlieferte, denen er so lange Trotz geboten hatte; man begreift nicht, wie er es über sich gewinnen konnte, seinen Namen, nachdem er ihn auf dem Schlachtfeld verherrlicht hatte, mit einem unauslöschlichen Makel zu beflecken. Seine Denkwürdigkeiten, in rein militairischen Dingen im Ganzen so klar und bestimmt, geben über die Beweggründe zu seiner letzten Handlung keinen genügenden Aufschluß, und sind in dieser Beziehung lückenhaft und dunkel.

Von den türkischen Behörden wurden die ungarischen Flüchtlinge

gastlich aufgenommen und erst in Widdin und dann in Schumla unter=
gebracht. Rußland und Oesterreich verlangten vom Sultan die Aus=
lieferung der bedeutendsten unter ihnen, was derselbe aber edelmüthig
abwies und in seiner Weigerung von England und Frankreich unter=
stützt wurde. Einige von ihnen, wie Bem, traten zum Islam über, um
dadurch zu Gunsten ihrer politischen Meinungen auf die Pforte mehr
Einfluß ausüben zu können. Kossuth ging später nach England und
den Vereinigten Staaten, ward in London und Newyork mit Begeiste=
rung aufgenommen, und suchte überall durch Wort und Schrift für sein
unglückliches Vaterland zu wirken.

Ueber ganz Ungarn ward der schrankenloseste Militairdespotis=
mus verhängt. Hinrichtungen, Einkerkerungen, Vermögenseinziehungen
waren an der Tagesordnung. Ueber 100,000 seiner tapferen Söhne
waren im Kampfe gefallen, 50,000 wurden der österreichischen Armee
einverleibt. Jahre lang blieb das Land wie von dumpfer Betäubung
gefesselt. Es ward nicht nur die alte Verfassung aufgehoben, sondern
auch die Integrität des Reichs durch die Abtretung Siebenbürgen's,
Kroatien's und der Woiwodina verletzt. Für den Augenblick war an
keinen weiteren Widerstand zu denken, und das unglückliche Volk trug
mit verborgenem Grimm im Herzen das ihm auferlegte Joch, verlor
aber nicht die Hoffnung auf eine bessere Zukunft.

---

5. Frankreich von der Wahl Louis Napoleon's zum Präsidenten der Republik bis zur Errichtung des Kaiserthrons.

Louis Napoleon sah sich, als er durch die Abstimmung vom
10. December (1848) an die Spitze von Frankreich gestellt worden, an
das Ziel lange genährter Wünsche gebracht, befand sich aber zugleich in
einer Lage, deren Ungewißheiten und Gefahren einen weniger ehrgeizigen
und kühnen Charakter hätten bedenklich machen können. Er war, seit
seinem achten Jahr aus Frankreich verbannt, persönlich neu in dem
Lande, in welchem er jetzt die erste Stelle einnahm, und mußte sich, ehe
er einigermaßen mit Personen und Dingen vertraut geworden, in vielen
Beziehungen auf andere verlassen. Er hatte zwar durch seine Wahl
zum Präsidenten einen großen Beweis von der Macht bekommen, welche
die Erinnerung an das Kaiserreich im Volke ausübte, aber er konnte dies,

eine so hohe Meinung er auch von sich haben mochte, nicht auf seine
Person beziehen, da er bisher nie Gelegenheit gehabt hatte etwas Be=
deutendes zu leisten. Die Erbschaft von Ruhm und Größe, die sein
Oheim seiner Familie zurückgelassen, mußte neben allem Glanze auch
etwas Drückendes für den weniger begabten Nachfolger haben, und zu
nachtheiligen Vergleichungen für denselben auffordern. Louis Napoleon
war zwar durch eine ungeheuere Stimmenmehrheit in den Besitz des
Präsidentenstuhls gesetzt worden, aber nur für wenige Jahre, und es
stand ihm, wenn er ihn über die gesetzliche Frist hinaus behaupten
wollte, ein neuer Kampf bevor, oder er mußte in das Dunkel des Pri=
vatstandes und vielleicht in die Verbannung zurückkehren, da ein Bona=
parte schwerlich als ein einfacher Bürger in Frankreich lange geduldet
worden wäre. Er besaß, ungeachtet der Popularität seines Namens,
keine organisirte Partei als er seine neue Stellung antrat. Die höheren
Klassen, alle welche seit vierzig Jahren in der Politik und Litteratur,
als Staatsmänner, Redner, Schriftsteller hervorgetreten, waren nichts
weniger als bonapartistisch gesinnt. Louis Napoleon konnte im An=
fange seiner Laufbahn der Armee nicht gewiß sein, da Cavaignac aus
deren Reihen bei der Präsidentenwahl eine große Menge Stimmen er=
halten hatte, und die ausgezeichneteren Generale von dem Helden von
Straßburg und Boulogne keine hohe Meinung hegten. Auch in der
Nationalversammlung, ohne die Louis Napoleon wenigstens im Anfange
nichts vermochte, besaß er zwar Anhänger, die indessen damals kaum
hervorzutreten wagten, aber keine eigentliche Partei, und doch mußte
er seine Minister aus einer Majorität nehmen, die ihn nur als das Ge=
schöpf der Volkslaune und eine vorübergehende Nothwendigkeit ansah,
und ihn für ihre besonderen Absichten zu benutzen und dann zu beseitigen
dachte. Dieser Lage, deren gefährliche Seiten einem so scharfen Ver=
stande, wie Louis Napoleon besitzt, nicht entgehen konnten, setzte derselbe
ein unerschütterliches Vertrauen auf die Bedeutung seines Namens für
Frankreich entgegen, dem, nachdem es von der Restauration, der Julius=
monarchie und der Republik, was schon vor Ablauf des ersten Jahres
dieser letzteren unzweifelhaft erschien, nicht befriedigt worden, nach sei=
ner Ansicht, keine andere Wahl als zwischen ihm und der Anarchie
übrig geblieben sei. Als Präsident der Republik mit dem Oberbe=
fehl über die Armee bekleidet, hoffte er die Führer, deren Stellung
von ihm abhing, für sich zu gewinnen, und die Soldaten durch die
Erinnerung an jene Tage des Ruhms unter dem ersten Bonaparte und
durch Sorge für ihr Wohl an sich zu fesseln. Er kannte die Furcht der

besitzenden Klassen, die in Frankreich bei der großen Theilung des Eigenthums so zahlreich sind, vor dem Socialismus und ihr Bedürfniß der Ruhe und Sicherheit, und stellte sich deshalb vor allen Dingen als einen Vertheidiger der Ordnung und des innern Friedens hin. Es war ihm nicht entgangen, daß die Nation durch den mit dem parlamentari=schen System getriebenen Mißbrauch gegen dasselbe gleichgültig gewor=den, und daß er deshalb nicht den Geist der Freiheit zu fürchten habe, daß ihn vielmehr die große Mehrheit der Bevölkerung bei Be=kämpfung desselben unterstützen würde. Nach Herstellung einer festen Ordnung im Innern wollte er den gesunkenen Einfluß Frankreich's auf das Ausland wieder herstellen und als ein Erneuerer der nationalen Größe auftreten. Da er wohl einsah, daß er die politischen Notabili=täten, die in den letzten dreißig Jahren eine Rolle gespielt hatten, nicht zu sich hinüberziehen könne, so gedachte er sie entbehrlich zu machen, in=dem er die bis dahin in zweiter Linie gestandenen Talente hervorzog und erhob, die nicht anstehen würden, sich zu Werkzeugen für ihn herzugeben. Bei der Popularität, die ihm sein Name gab, glaubte er unter allen Umständen auf die Massen zählen zu können. So viel aber stand in ihm fest, von der errungenen Höhe nicht mehr herabzusteigen, sich mit Auf=bietung aller Kräfte auf ihr zu erhalten, und sie nur mit dem Leben selbst aufzugeben. Der erste Napoleon hatte die Macht einbüßen können, ohne dadurch vernichtet zu werden, denn er besaß etwas, das einmal er=worben, nicht verloren werden kann, den persönlichen Ruhm. Sein Neffe hing vor allem an der Macht, ohne die er keine Bedeutung gehabt hätte. Er glaubte, daß sein großer Oheim nur durch das Uebermaß seiner kriegerischen Unternehmungen zu Grunde gegangen, übrigens aber in seinem Regierungssystem die Wünsche und Bedürfnisse des französischen Volkes ausgedrückt habe und war der Ueberzeugung, daß, nachdem alle andern Staatsformen sich abgenutzt hätten, die Zeit zur Erneuerung der Napoleonischen Aera gekommen und die Erfüllung dieser Aufgabe ihm beschieden sei. Daß diese Ideen nicht erst in ihm entstanden sind, als er zu dem Besitz der Macht gekommen, sondern daß er sie schon vor=her gehegt, geht aus seinen früher erschienenen Schriften hervor, in welchen diese Anschauungsweise immer durchblickt. Er hütete sich aber ihnen schon im Anfange seiner neuen Stellung eine praktische Anwen=dung geben zu wollen. Das Mißlingen seiner Plane in Straßburg und Boulogne und die mehrjährige Gefangenschaft in Ham, hatten ihm eine Vorsicht und Erwägung der Umstände eingeflößt, die ihn jetzt auf jedem Schritte begleitete, ihn genau lehrte, was in einem gegebenen Moment zu erreichen möglich sei und was aufgeschoben werden müsse, wo Gewalt oder List anzuwenden sei, wo abgewartet oder rasch zugegriffen werden müsse. Wenn er nicht das Genie seines Oheims besaß, so war er auch von den Mängeln frei, die den Sturz desselben verursacht hatten. Die Zeit war eine andere als die des großen Kaisers, und im Vergleich zu dieser viel kleiner geworden. Es bedurfte keiner so außerordentlichen Eigenschaften mehr, um sie beherrschen, die vielleicht sogar hinderlich gewesen wären. Der Name, der Schatten des Oheims reichte für den Neffen hin, um bei scharfer Berechnung und kluger Benutzung der Umstände an das Ziel zu gelangen.

Da der Präsident der Republik einen bestimmten und zahlreichen Anhang in der Nationalversammlung nicht besaß, so nahm er sein erstes Ministerium aus den Reihen der Majorität; Legitimismus und Orleanismus waren in ihm vertreten, aber nicht der Bonapartismus, weil dieser noch keine gesonderte Parteistellung angenommen hatte. Dieses Ministerium bestand meist aus schon unter Ludwig Philipp bekannt gewordenen parlamentarischen Namen, wie: Odilon Barrot, Leon de Malleville, Passy, Falloux u. s. w. Der General Bugeaud erhielt das Oberkommando über die Alpenarmee, die, wegen der unruhigen Zustände in Oberitalien, an den Grenzen von Savoyen und Piemont zusammengezogen wurde; der General Changarnier wurde an die Spitze aller Linientruppen, die sich im Bereich der ersten Militairdivision befanden und der hauptstädtischen Nationalgarden gestellt, was für den Augenblick eine große Militairmacht in seine Hände legte. Die konstituirende Versammlung war, da sie viele anarchische Elemente enthielt, im Ganzen sehr unpopulair geworden. Vornehmlich um ihre Macht zu beschränken, und zu verhindern, daß sie nicht in einen Konvent ausarte und durch ihre Ausschüsse Frankreich regiere, war ein Präsident mit der Ausübung der vollziehenden Gewalt beauftragt worden. Man hatte geglaubt, daß die Nationalversammlung sich nach Abfassung der Konstitution, dem großen Akt, um deswillen sie eingesetzt worden, zurückziehen werde und war unzufrieden als dies nicht geschah. An Louis Napoleon gingen zahlreiche Glückwünschungs- und Beifallserklärungen ein, während die feindseligen Kundgebungen gegen die Nationalversammlung sich in demselben Maße vermehrten. Endlich stellte der Volksrepräsentant Rateau den Antrag auf Einberufung der legislativen Versammlung (assemblée nationale législative), was anfangs mit Unwillen abgelehnt, dann aber doch aus Rücksicht auf die öffentliche Meinung, obwohl mit sehr geringer Majorität, angenommen wurde. Leon

Faucher, der sich durch seine staatswirthschaftlichen Schriften einen
Namen gemacht hatte, und vom Präsidenten zum Minister des Innern
ernannt worden, ließ die Klubs streng überwachen und die unter ihnen,
welche für die öffentliche Sicherheit gefährlich schienen, ganz aufheben.
Ein Versuch der Demagogen dieser Anordnung mit gewaffneter Hand
zu widerstehen mißlang. Der Hohe Gerichtshof in Bourges hatte unter=
dessen die Urheber des Aufstandes vom 15. Mai (1848), wie Barbès,
Blanqui, Raspail u. s. w. verurtheilt. Dadurch war wieder in alle
Verhältnisse etwas Ruhe und Sicherheit gebracht worden. Der Verkehr
belebte sich von Neuem, die Fabriken arbeiteten, und die Rente stieg
unerwartet schnell. Viele reiche Familien, die sich seit der Februar=
revolution von Paris fern gehalten hatten, kehrten dahin zurück. Der
ganze gesellschaftliche Zustand nahm eine regelmäßigere Gestalt an.
Am 26. Mai (1849) löste sich die konstituirende Nationalversammlung
auf und die Legislative trat an ihre Stelle. Louis Napoleon war, außer
daß er häufig Musterungen über die Nationalgarden und Linientruppen
gehalten hatte, während dieser ersten Monate seiner Präsidentschaft
öffentlich wenig hervorgetreten. Er hatte im Stillen den Boden unter=
sucht, auf dem er stand, das Treiben der Parteien beobachtet, gesehen
was seinen Absichten förderlich oder hinderlich sein könne, aber äußerlich
seine Minister walten lassen.

Am 28. Mai (1849) trat die Legislative zusammen. Die Wah=
len zu ihr waren unter dem Einfluß der Abneigung gegen die voran=
gegangene Nationalversammlung zu Stande gekommen, und in diesem
Sinne von einem, aus fünfundsiebenzig Mitgliedern der gemäßigten
Partei bestehenden Centralverein, der Verein der Straße Poitiers ge=
nannt, geleitet worden. Zu ihm gehörten: Broglie, Molé, Duvergier
de Hauranne, Montalembert, Thiers, Charles de Remusat u. s. w.
Nur ein entschiedener Anhänger Louis Napoleon's, Persigny, befand
sich unter ihnen, und allenfalls noch Fould, dessen Parteistellung aber
damals noch keine erklärte war. Das Ministerium wurde theilweise
umgestaltet, und ein berühmter litterarischer Name, Alexis de Tocque=
ville, übernahm das Departement des Auswärtigen. Es wäre über=
flüssig, diese häufigen Ministerveränderungen immer zu erwähnen, da
sie nicht mehr dieselbe Bedeutung wie zur Zeit der parlamentarischen
Monarchie besaßen. Die Haltung der Nationalversammlung und des
Präsidenten war jetzt die Hauptsache geworden. Kaum die Hälfte der
Mitglieder der ersten Nationalversammlung war in die zweite gewählt
worden. Selbst Lamartine und Armand Marrast waren durchgefallen.

So sehr hatte sich die öffentliche Meinung verwandelt. Die Parteien waren in der legislativen schärfer als in der konstituirenden Versamm= lung gesondert, weil es in ersterer weniger Uebergangsstufen gab. Die Monarchisten, die sich, da der Name und die Gesetze der Republik noch immer bestanden, für gemäßigte Republikaner ausgeben mußten, standen den Demokraten und Socialisten schroff gegenüber. Die Erbitterung dieser letzteren ward noch gesteigert, als die Majorität über den Antrag der Linken, den Präsidenten und das Ministerium wegen der Expedition gegen die römische Republik, als einen Verfassungsbruch und eine Ver= letzung des Völkerrechts enthaltend, in Anklagestand zu versetzen, zur Tagesordnung überging. Es gab in dieser Zeit große Unzufriedenheit in den unteren Klassen in Paris, denn der Verkehr stockte wieder, und die Cholera, an der auch der Marschall Bugeaud starb, forderte viele Opfer. Die Socialisten fanden diesen Augenblick zu einer Schild= erhebung geeignet. Am 13. Juni brach die Gährung aus, indem große Volkshaufen sich gegen den Pallast Bourbon, wo die Nationalversamm= lung tagte, in Bewegung setzten. Changarnier ließ die Aufständischen angreifen und mit dem Bayonett auseinander treiben. Ledru = Rollin, der in der letzten Zeit durch mehre Reden die Gemüther entflammt hatte, begab sich mit seinem Anhange und einer Abtheilung Artillerie der Na= tionalgarde nach dem Konservatorium der Künste und Handwerke, und wollte dort eine Art von Konvent bilden und das Volk zu den Waffen rufen. Man ließ ihm aber hierzu keine Zeit. Er ward mit seinen Ge= nossen überrascht und zur Flucht gezwungen. Paris wurde in Bela= gerungszustand erklärt und die Artillerie der Nationalgarde aufgelöst. Diejenigen, welche sich mit Ledru=Rollin an dem Aufstande betheiligt und sich nicht in das Ausland gerettet hatten, wurden verhaftet, vor den Hohen Gerichtshof*) in Versailles gestellt und zu verschiedenen Strafen verurtheilt. Ledru = Rollin war nach England geflüchtet. Der General Magnan hatte um dieselbe Zeit einen socialistischen Aufstand in Lyon nicht ohne Blutvergießen überwältigt. Hierauf vertagte sich die Nationalversammlung vom 11. August bis 10. Oktober (1849). Wäh= rend dieser Ferien wurde sie, der Verfassung gemäß, von einer Perma= nenzkommission vertreten, die aus Mitgliedern aller Parteien zusammen= gesetzt war, aber nichts Erhebliches unternahm. Nach der Wiedereröff= nung der Versammlung richtete der Präsident eine Botschaft an sie über

---

*) Eine Fortsetzung der vorher in Bourges bestandenen Behörde dessel= ben Namens.

den Zustand der Republik, in der er einen etwas höheren Ton annahm, auf die Größe seines Namens hinwies und erklärte, daß derselbe ein ganzes Regierungsprogramm enthalte, und Ordnung, Religion, Wohl= fahrt im Innern und Nationalwürde dem Auslande gegenüber bedeute. Auch beklagte er sich ziemlich deutlich über die Uneinigkeiten in der Na= tionalversammlung, und die geringe Unterstützung, die er von ihr er= halte. Damit war zugleich die Einsetzung eines neuen Ministeriums verbunden, das zwar aus den Reihen der Majorität genommen war, aber doch dem Präsidenten etwas näher als das vorangegangene stand. Eine leise Verstimmung bemächtigte sich der Versammlung über die Bot= schaft und den Ministerwechsel, die zwar noch zu keinem Widerstand führte, aber das gute Einvernehmen der ersten Zeit nicht mehr aufkom= men ließ.

In Paris sprach man damals viel von einer Aussöhnung zwischen der älteren und jüngeren Linie des französischen Königshauses, für die besonders zwei ehemalige Minister Ludwig Philipp's, Guizot und Sal= vandy, wirkten, die aber nicht zu Stande kam, da der verbannte Enkel= sohn Karl X., der Graf von Chambord, sich nicht sehr entgegenkom= mend bewies, und die Herzogin von Orleans, um die Rechte ihrer Söhne unverletzt zu bewahren, eine Anerkennung des unbedingten Legitimitäts= princips ablehnte.

Die Ungewißheit über die Zukunft, die Widersprüche, die in der gegenseitigen Stellung der beiden obersten Gewalten lagen, dauerten fort und machten sich bei jeder Gelegenheit fühlbar. Noch hielt der Präsident sich klüglich im Hintergrund und ließ seine Minister hervor= treten, aber einzelne Aeußerungen und Handlungen bewiesen, daß er sich nicht immer mit dieser scheinbar unthätigen Rolle begnügen werde. Zwar nahm der Verfassung nach die Nationalversammlung den ersten Platz in der Republik ein, und Louis Napoleon war, wie seine Gegner mit Recht behaupteten, nicht das Oberhaupt des Staates, sondern nur der verantwortliche Leiter der vollziehenden Gewalt. Aber der Umstand, daß er, so wie die Nationalversammlung, aus dem allgemeinen Wahl= recht hervorgegangen und Millionen Stimmen erhalten, bewirkte, daß er sich ebenfalls für den Vertreter der Nation und mit derselben Macht bekleidet ansah. Da er außerdem noch ein Napoleonide war, den Ober= befehl über die Land= und Seemacht und die Ernennung zu allen Be= amtenstellen besaß, so war er offenbar stärker als die Nationalversamm= lung, und das Volk fühlte dies und blickte auf ihn mehr, als auf die

750 Repräsentanten, die im Pallaſt Bourbon tagten. Louis Napoleon, der, wie die Folgezeit nur zu ſehr bewieſen hat, ehrgeiziger als irgend Jemand in der Nationalverſammlung war, nahm jedoch den Schein an, als wolle er die Volksrechte ſchützen, und als gäbe er den Eingriffen in dieſelben nur ungern nach. Die Majorität, welche, obgleich unter repu= blikaniſchen Formen berathend, antirepublikaniſch geſinnt war, ſah den Präſidenten nur als Mittel zur Erhaltung einer leiblichen Ordnung an, nach deren Befeſtigung ſie ihn zu beſeitigen und das Königthum wieder herzuſtellen dachte. Zugleich fürchtete ſie immer den Ausbruch neuer Unruhen und Aufſtände, und ſuchte ihnen zuvorzukommen, indem ſie die Militairmacht vermehrte, und die von der Verfaſſung dem Volke ver= liehenen Rechte ſchmälerte. Sie erhöhte dadurch die Stellung des Präſi= denten, unter dem die Armee ſtand, bereitete die Menge auf eine wider= ſtandsloſe Unterwerfung unter die äußere Gewalt vor, und entfremdete ſich die Maſſen, die in der Majorität nicht ihre Vertreter, ſondern einen Verein von Legitimiſten, Orleaniſten und Klerikalen ſah, der nur auf den Augenblick wartete, um die Republik ſtürzen zu können. Die Ma= jorität ſetzte eine Beſchränkung des Wahlrechts durch, zu deſſen Aus= übung nicht, wie bisher, ein ſechsmonatlicher, ſondern ein dreijähriger Aufenthalt in der Gemeinde gehören ſollte, was an drei Millionen Wähler, welche dieſe Bedingung nicht erfüllen konnten, von dem Stimm= recht ausſchloß. Außerdem wurde die Tagespreſſe unter eine ſtrengere Aufſicht geſtellt, und ihrer Wirkſamkeit ein großer Stoß verſetzt, indem auf Antrag zweier legitimiſtiſchen Volksrepräſentanten, des Marquis von Tinguy und des Herrn be la Boulie, die Unterzeichnung aller Jour= nalartikel von politiſchem Charakter, mit dem Namen des Verfaſſers ge= ſetzlich angeordnet wurde. Obgleich dieſe und ähnliche Beſtimmungen dem Präſidenten nur willkommen ſein konnten, indem ſie den Geiſt der Freiheit unterdrücken halfen, ſo benutzte er ſie dennoch zu Angriffen auf die Nationalverſammlung, und erklärte bei einem Bankett in Dijon, die= ſelbe unterſtütze ſeine Regierung nur, wenn es auf Repreſſivmaßregeln ankomme, nicht aber da, wo es ſich um Verbeſſerungen in der Lage der Maſſen handle. Das Land wurde, mit Ausnahme von Paris und der erſten Militairdiviſion in drei große Militairkommandos eingetheilt, um im Augenblick der Gefahr raſch einſchreiten zu können. Da Frankreich damals nirgends Krieg führte, ſondern nur in Rom und Civitavecchia Beſatzungen hielt, ſo ſchien die ganze ungeheuere Armee einzig zur Be= wachung des Volks da zu ſein. Auf dieſe Art trat aber das parlamen= tariſche Element immer mehr hinter dem militairiſchen zurück, und Louis

Napoleon breitete seinen Einfluß eben so sehr aus, als der der National=
versammlung sich verringerte.

Die beiden Fraktionen des Royalismus, die Legitimisten und Or=
leanisten, glaubten daß es Zeit sei, ein Zeichen ihres Daseins vor der
Welt zu geben. Die Legitimisten versammelten sich, um den nach Wies=
baden gekommenen Grafen Chambord (August 1850), der bei der Un=
einigkeit zwischen dem Präsidenten und der Nationalversammlung und
der Ungewißheit, in der Alles in Frankreich lag, neue Hoffnungen für
sich und das von ihm vertretene Princip hegte. Aber obgleich es schon
klar am Tage lag, daß die Republik in Frankreich nicht von Dauer sein
werde, so war es doch nicht der Royalismus, der von der Februarrevolu=
tion erben sollte. Die legitimistische Partei, ohnedies seit langer Zeit
nur negirend und protestirend, ohne aktiven und positiven Einfluß auf
den Gang der Ereignisse, spaltete sich um diese Zeit in zwei Lager, in=
dem die Einen das Recht des Grafen von Chambord auf die Krone ein=
zig von seiner Geburt herleiteten, die Anderen, dem Geist der Zeit nach=
gebend, eine Berufung auf das Volk, als Verstärkung und Ergänzung
des ursprünglichen Rechts, für nöthig hielten. Da der Graf von
Chambord ausschließend an seinem Geburtsrecht hing und jede ander=
weitige Vermittlung verwarf, so entfernte sich ein Theil seiner Anhänger
von ihm, von denen einige der bekanntesten, wie Larochejacquelein und
Pastoret, später sogar zu Louis Napoleon übergingen. Am 26. August
1850 war Ludwig Philipp in Claremont, im Alter von siebenundsiebzig=
zig Jahren gestorben. Viele Freunde seiner Familie begaben sich nach
England, um derselben ihr Beileid zu bezeigen, und zugleich den Plan
zu einer Aussöhnung der beiden Zweige des französischen Königshauses,
die sogenannte Fusion, zu betreiben. Der greise König hatte geglaubt,
daß von den Stürmen des Jahres 1848 die Monarchie in Frankreich
mit den Wurzeln aus dem Boden gerissen und für immer oder wenig=
stens für lange unmöglich geworden sei, und daß sie auch im übrigen
Europa ihrem Verfall entgegengehe. Seine Anhänger theilten diese
Meinung nicht, waren aber außer Stande etwas für die Wiederher=
stellung des Königthums zu thun, da ihnen jede Handhabe fehlte, mit der
sie die Sache hätten angreifen können, und vermochten nicht einmal über
die Bedingungen einer Fusion sich mit den Legitimisten zu verständigen.
Um allen Unterhandlungen der Art fern zu bleiben, hatte sich die Her=
zogin von Orleans mit ihren beiden Söhnen nach Deutschland entfernt.
Louis Napoleon rächte sich für die royalistischen Pilgerfahrten nach
Wiesbaden und Claremont und die ohnmächtigen Restaurationspläne,

die bort berathen wurden, indem er häufiger als vorher Musterungen über die Pariser Armee abhielt, und Militairbankette veranstaltete, bei denen der Wein in Strömen floß, und wie bei den Revuen selbst nicht selten der Ruf: Es lebe der Kaiser! erklang. Die Truppen wurden auf diese Art gewöhnt in dem Präsidenten etwas mehr und anderes als den ersten Beamten der Republik zu sehen. Es hätte indessen dieser künstlichen Anreizungen nicht bedurft. Ein Bonaparte, an die Spitze der französischen Armee gestellt, mußte, wenn er nicht ganz kraftlos und beschränkt war, selbst mitten im Frieden, durch die Erinnerungen, die sich an seinen Namen knüpften, unter den Soldaten populair werden.

An Streitigkeiten zwischen den Parteien in der Nationalversammlung und zwischen dieser und den Ministern und kommandirenden Generalen fehlte es nie. Der Präsident allein zog aus dieser Uneinigkeit Vortheil. Der General Changarnier, der allerdings in der militärischen Hierarchie eine exceptionelle Stellung einnahm, indem er zugleich über Linientruppen und Nationalgarden gesetzt war, und sich wenig an die Anordnungen des Kriegsministers kehrte, dabei aber sich große Verdienste um die Erhaltung der Ruhe in Paris erworben hatte, wurde von der Opposition wegen angeblich eigenmächtiger und verfassungswidriger Handlungen auf das heftigste angegriffen, und von dem Präsidenten, der erkannt hatte, daß er diesen General nicht in ein Werkzeug für sich verwandeln könne, aufgegeben. Changarnier mußte das Kommando über die Pariser Armee niederlegen, welches unter zwei Generale getheilt wurde. Es war dies ein schwerer Schlag für die royalistische Fraktion der Nationalversammlung, die im Nothfall auf Changarnier, der ihre Grundsätze theilte, gezählt hatte. Louis Napoleon verstand es, die ausgezeichneteren Generale, die er nicht gewinnen konnte, allmälig außer Thätigkeit zu setzen und dadurch den Truppen zu entfremden. Die Minister wechselten bei den ungewissen Majoritäten in der Nationalversammlung häufiger als je, und der Präsident sah dies nicht ungern, indem sich dadurch viele politische Notabilitäten rasch abnutzten, und die Haltlosigkeit in den öffentlichen Zuständen immer augenfälliger wurde. Louis Napoleon pflegte dann über die endlosen Parteistreitigkeiten und inneren Reibungen zu klagen, während er ihnen im Geheimen Vorschub leistete. In dieser allgemeinen Schwankung schien er als der einzige feste Punkt dazustehen. Thiers, der die Politik des Präsidenten durchschaute, aber nichts dagegen zu unternehmen vermochte, schloß eine seiner Reden mit den Worten: „Meine Herren! Das Kaiserreich ist fertig!"
Die besitzenden Klassen wurden endlich immer mehr von Ungeduld

über die aussichtslose Lage des Landes, und von Besorgnissen über die
Zukunft ergriffen. Von den Generalräthen liefen Petitionen über Pe=
titionen bei der Nationalversammlung ein, welche auf die Nothwendig=
keit einer Revision der Verfassung bringend hinwiesen. In der Masse
der Bevölkerung, die nicht unter dem Einfluß der Parteien stand, nahm
die Ueberzeugung überhand, daß nur Louis Napoleon das Staatsruder
führen könne, und daß ohne ihn das Land eine Beute der Demagogen und
Anarchisten werden würde. Die Gewalt des Präsidenten lief am 3. Mai
1852 ab. Alle friedliebenden und umsichtigen Personen, selbst solche, die
keinesweges aus Neigung Bonapartisten waren, wünschten, daß er in
seiner Stellung verbliebe, da Niemand da war, um ihn zu ersetzen, und
bei einer neuen Wahl innere Unruhen und vielleicht ein Bürgerkrieg aus=
brechen konnten. Aber der Artikel 45 der Konstitution vom 4. Nov. 1848
untersagte ausdrücklich die Wiedererwählung des ausgeschiedenen Präsi=
denten vor Ablauf von vier Jahren, und der Artikel 111 bestimmte, daß
zu einer Revision der Verfassung drei Viertheile der Stimmen in der Na=
tionalversammlung nöthig seien. Die Nationalversammlung konnte sich
endlich vor den sie von allen Seiten bestürmenden Anträgen auf eine
Revision der Verfassung nicht länger verschließen und begann über diese
Frage am 14. Juli 1851 zu berathen. Die Verhandlungen dauerten
fünf Tage und wurden mit einem seltenen Aufwande von Geist und
Beredtsamkeit geführt, brachten aber kein Resultat hervor. Da die
Monarchisten und Republikaner auf ihren entgegengesetzten Standpunk=
ten, ohne Rücksicht auf die Lage der Dinge, einseitig beharrten, so ward
es unmöglich, die Dreiviertheile der Stimmen zusammenzubringen, die zur
Revision der Verfassung nöthig waren. Da Louis Napoleon auf gesetz=
lichem Wege nicht wieder gewählt werden konnte, er aber fest entschlossen
war, seine Macht freiwillig nicht aufzugeben, so war ein gewaltsamer
Angriff auf das Bestehende von seiner Seite vorauszusehen. Die Natio=
nalversammlung, obgleich dann und wann von trüben Ahnungen erfüllt,
traute dem Präsidenten immer noch nicht genug Entschlossenheit zur
Ausführung seiner Absichten zu, obgleich dieselben in den Augen un=
parteiischer Beobachter nicht mehr zweifelhaft sein konnten.

Die Nationalversammlung vertagte sich, von dem Bewußtsein, wie
wenig sie der Größe ihrer Aufgabe gewachsen sei, entmuthigt, vom
10. August bis zum 4. November. Aber während sie durch die Verwer=
fung der Revision die Zukunft des Landes dem Bürgerkrieg und der
Anarchie überließ, war dasselbe mit den Mitteln zu seiner Rettung be=
schäftigt. Vom 1. Juni bis zum 15. Juli waren aus allen Theilen

Frankreich's Petitionen mit beinahe anderthalb Millionen Unterschriften eingelaufen, die eine Revision der Verfassung forderten. Die National=versammlung nahm diese Mahnungen der öffentlichen Stimme an ihr Gewissen mit übel verhehltem Unwillen auf, und sah sie als eine unbe=fugte Einmischung in ihre Rechte an. Während der parlamentarischen Ferien wurde diese Angelegenheit von den versammelten Generalräthen der Departements lebhaft betrieben. Von 85 Generalräthen sprachen sich 80 für die Revision, obgleich nicht alle auf dieselbe Weise aus. Bei einigen blickte der Wunsch durch die legitime Monarchie wiederhergestellt zu sehen, andere hielten eine Revision für nothwendig, ohne die Frage über die Präsidentschaft in Betracht zu ziehen, die meisten erklärten aber, daß die Erhaltung der inneren Ruhe von der Verlängerung der Gewalt Louis Napoleon's abhänge. Während die gesetzliche Vertretung der De=partements sich an das Mögliche und Nothwendige hielt, gab sich ein Theil der Presse utopistischen Phantasien hin. Von den Freunden einer Revision im monarchischen Sinne schlugen die einen für die erste Stelle in der Republik den Grafen von Chambord, die anderen den Prinzen von Joinville, den dritten Sohn Ludwig Philipp's vor. Die Fusionisten wiesen auf Changarnier hin, und die Socialisten dachten an Carnot, oder an einen Unternehmer von Bauten, Namens Nadaud, der sich in der Nationalversammlung bei einigen Gelegenheiten durch seine radika=len Meinungen bemerkbar gemacht hatte.

Der Präsident hatte kurz vor dem Wiedereintritt der National=versammlung ein neues Ministerium ernannt, weil ihm das frühere nicht entschieden genug auf seiner Seite zu stehen schien. Unter den neuen Ministern stand am höchsten in seinem Vertrauen der Kriegsmini=ster General Leroi de St. Arnaud, dem er bei der Ausführung seiner Plane die wichtigste Rolle zugedacht hatte. Louis Napoleon, der bisher mit seltenem Takt sein Verhalten genau nach den Umständen eingerichtet und Kühnheit mit Umsicht verbunden hatte, beschloß jetzt, als er die Rathlosigkeit der Nationalversammlung und die Stimmung des Landes erkundet hatte, ohne weiteres seinem Ziele näher zu treten.

In der ersten Sitzung der Nationalversammlung, nach Ablauf der parlamentarischen Ferien, am 4. November, theilte der neue Minister des Innern, Thorigny, eine Botschaft des Präsidenten mit, in welcher die Wiederherstellung des allgemeinen Stimmrechts beantragt wurde, weil es die Quelle aller seit der Februarrevolution getroffenen Einrich=tungen sei, und es ohne dasselbe dem Bestehenden an einem Rechtsboden fehle. Die Majorität ging auf diese Gründe nicht ein und wies den

Antrag zurück. Ein Theil der Versammlung, welcher begriff, daß diese Verwerfung zu einem vollkommenen Bruch zwischen ihr und dem Präsidenten führen müsse, verlangte für die Volksvertretung das Recht, im Nothfall zu ihrer Vertheidigung die Hülfe der bewaffneten Macht in Anspruch nehmen zu können. Aber die Bergpartei, welche sich an den Legitimisten, Orleanisten und gemäßigten Republikanern für die Niederlagen rächen wollte, die sie von ihnen bei anderen Gelegenheiten erfahren, stimmte, jede andere Rücksicht bei Seite setzend, gegen den Antrag, der durchfiel. Die Nationalversammlung stand wehrlos da. Allgemein fühlte man, daß eine Katastrophe im Anzuge sei, nur wie und wann war unbekannt. Die in der letzten Zeit systematisch gewordene Feindseligkeit zwischen der Nationalversammlung und dem Präsidenten mußte zu einem gewaltsamen Ausbruch führen. Einige kühne Männer unter den Gegnern Louis Napoleon's trugen sich mit dem Gedanken, ihn im Pallast Elysée aufheben und nach Vincennes bringen zu lassen, und ihn dann wegen Umtriebe gegen die Republik und Verletzungen der Verfassung in Anklagestand zu versetzen. Aber der Plan kam nicht zur Ausführung, da es der Partei, in der er entstanden, zuletzt an Muth fehlte, und eine für den Anschlag geeignete Truppenmacht, da die Pariser Garnison jetzt unter lauter Louis Napoleon ergebenen Generalen stand, nicht so leicht gefunden worden wäre. Auch war die Uneinigkeit in der Nationalversammlung so groß, daß sie nach dem Sturz des Präsidenten nicht gewußt hätte, wen sie an seine Stelle setzen sollte, da jede Partei ihren Kandidaten hatte und alles zu einer Personenfrage geworden war.

Louis Napoleon hatte endlich seinen Entschluß unwandelbar festgesetzt, aber nur wenige Personen in das Geheimniß seines Unternehmens gezogen. Es waren dies der Kriegsminister St. Arnaud, der Polizeipräfekt Maupas und der Volksrepräsentant Graf Morny, ein natürlicher Bruder des Präsidenten von Seiten seiner Mutter, der ehemaligen Königin von Holland, die diesen Sohn von einem Adjutanten Napoleon's, dem Grafen Flahaut, gehabt hatte. Vierzehn Tage lang hatte die Berathung in tiefster Stille gedauert. Als alles vorbereitet war, wurde der 2. December (1851), der Jahrestag der Krönung Napoleon's und der Schlacht von Austerlitz, zur Ausführung bestimmt.

Den Abend des 1. Decembers brachte Ludwig Napoleon im Elysée, von einer zahlreichen Gesellschaft umgeben, zu, mit der er sich bis gegen Mitternacht scheinbar heiter und unbefangen unterhielt. Unterdessen waren 800 Polizeiagenten und die Sicherheitsbrigaden in der Polizeipräfektur versammelt worden. Durch sie sollte der Anfang des Unter-

nehmens gemacht und alle diejenigen verhaftet werden, deren Widerstand
der Präsident, wenn sie auf freiem Fuß blieben, zu fürchten gehabt hätte.
Zu ihnen gehörte vor allen eine Anzahl von Generalen, die um jeden
Preis von der Berührung mit den Truppen fern gehalten werden muß=
ten. Die innere Einrichtung der Wohnungen und die Gewohnheiten
aller derer, welche verhaftet werden sollten, waren vorher genau ausge=
kundschaftet worden, damit dabei kein Irrthum und keine Verzögerung
vorkommen konnte. Am 2. December, fünf Uhr Morgens, stellten sich
die vierzig Polizeikommissarien der Pariser Polizeireviere auf der Prä=
fektur ein, die mit dem Zweck des Unternehmens bekannt gemacht wur=
den, und unter deren Leitung die einzelnen Agenten ihre Aufträge voll=
ziehen sollten. Kein einziger weigerte sich, diesen ungesetzlichen Befehl
auszuführen. Bald nach sechs Uhr wurden die Generale Cavaignac,
Changarnier, Lamoricière, Leflô, Bedeau, der Oberst Charras, mehre
Volksrepräsentanten, unter ihnen Thiers, nebst Klubs= und Barrikaden=
chefs meist in ihren Betten überrascht und nach verschiedenen Gefäng=
nissen abgeführt. Eine halbe Stunde später nahm Morny, von einer
Abtheilung Vincenner Jäger begleitet, von dem Ministerium des In=
nern Besitz, dessen bisheriger Inhaber, Thorigny, nicht für unterneh=
mend genug gegolten hatte. Der Pallast Bourbon wurde von dem
Oberst Espinasse mit dem 42. Linienregiment umstellt. Etwa sechzig
Volksrepräsentanten, die, von dem was vorging benachrichtigt, nach dem
Sitzungssaal geeilt waren, wurden von der bewaffneten Macht aus
demselben vertrieben. Die einzelnen Maßregeln hatten wunderbar gut
ineinander gegriffen, und alles war zur bestimmten Zeit und vollständig
ausgeführt worden.

Während der Nacht war in der Staatsdruckerei ein Dekret Louis
Napoleon's und zwei Proklamationen an das Volk und die Armee ge=
druckt, und noch vor Tage an den Straßenecken angeschlagen worden.
Das Dekret erklärte die Auflösung der Nationalversammlung und des
Staatsraths, die Wiederherstellung des allgemeinen Stimmrechts, die
Einführung des Belagerungszustandes im Bereiche der ersten Militair=
division, und die Abhaltung von Wahlversammlungen zwischen dem 14.
und 21. December, die über Abänderungen in der Verfassung abstim=
men sollten. In der Proklamation an das Volk klagte der Präsident die
Nationalversammlung an, statt Gesetze im allgemeinen Interesse zu er=
lassen, Waffen für den Bürgerkrieg zu schmieden, und schlug die Wieder=
herstellung der vom ersten Konsul am Ende des vorigen Jahrhunderts
eingeführten Institutionen vor (die Konstitution vom 22. Frimaire des

Jahres IX oder dem 13. December 1799), welche ſchon einmal die
Ruhe und Wohlfahrt Frankreich's geſichert hätten, und ſich auch jetzt
wieder bewähren würden. Die Grundzüge der Verfaſſung, welche den
Wahlverſammlungen vorgelegt werden ſollte, waren: Ein verantwortliches Staatsoberhaupt, auf zehn Jahre ernannt und Miniſter, die nur
von ihm abhängen; ein Staatsrath, der die Geſetze ausarbeitet, und die
Verhandlungen darüber vor dem geſetzgebenden Körper führt; ein geſetz-
gebender Körper, aus dem allgemeinen Wahlrecht hervorgegangen, der
das Budget und die Geſetze prüft und über ſie abſtimmt, und eine zweite
Verſammlung (der nachmalige Senat), gebildet aus allen Notabilitäten
des Landes, eine zur Erhaltung des Gleichgewichts beſtimmte Staatsgewalt, welche über die Konſtitution und die öffentlichen Freiheiten
wacht. Sollte die Nation dieſen Einrichtungen ihre Zuſtimmung ver-
ſagen, ſo werde der Präſident eine außerordentliche Verſammlung einberufen, und ihr die ihm anvertraute Gewalt zurückgeben, denn er wolle
nicht länger für Maßregeln verantwortlich ſein, die er für verderblich
halte. In der Proklamation an das Heer klagte Louis Napoleon die
Nationalverſammlung an, die Rechte angetaſtet zu haben, die ihm durch
die allgemeine Abſtimmung übertragen worden, und erklärte, daß er auf
die Truppen rechne, um die bedrohte Volksſouverainetät wieder herzuſtellen. Er erinnerte die Soldaten an die Beleidigungen und Zurück-
ſetzungen, die ſie 1848 von den Demagogen und Anarchiſten erfahren
hätten, und berief ſich darauf, daß zwiſchen ihnen und dem Namen,
den er führe, eine Gemeinſchaft des Ruhms und Unglücks beſtehe, die
unauflösbar ſei, und auch in der Zukunft zu Frankreich's Größe fortdauern ſolle.

Die Menge las das Dekret und die beiden Proklamationen als es
Tag geworden, mit Erſtaunen, aber ohne Zorn, denn die Anerkennung der Volksſouverainetät und die Wiederherſtellung des allgemeinen
Stimmrechts ſchmeichelten ihr, und die Anſchuldigungen gegen die Nationalverſammlung waren ihr aus der Seele geſprochen, da dieſelbe
beſonders in der letzten Zeit äußerſt unpopulair geworden war. Außer
dieſer neugierigen und friedlichen Menge gab es in Paris eine republi-
kaniſche und ſocialiſtiſche Partei, die Louis Napoleon's Abſichten durch-
ſchaute, und wohl geneigt geweſen wäre, ſich gegen ihn zu erheben, die
aber durch die gerichtlichen Verurtheilungen während der letzten Jahre
ihrer unternehmendſten Führer beraubt worden, und in dieſem Augenblick auf einen Kampf nicht vorbereitet war. Gegen dieſe hatte man die
ſtarke Truppenmacht beſtimmt, die ganz im Stillen zuſammengezogen

war, und als es Tag geworden, den Pallast Bourbon, den Quai d'Or=
say, den Garten der Tuileries und die benachbarten Stadttheile besetzte.
Um neun Uhr wurde den Truppen das Dekret und die beiden Prokla=
mationen des Präsidenten vorgelesen und von ihnen mit lautem Beifall
aufgenommen. Um zehn Uhr trat eine Anzahl von Mitgliedern der
äußersten Linken unter Cremieux Vorsitz zusammen, ward aber von der
bewaffneten Macht aufgelöst. Gegen Mittag versammelten sich unge=
fähr 200 Repräsentanten, meist zur legitimistischen und orleanistischen
Partei gehörig, in der Mairie des zehnten Aronbissements, dekretirten
die Absetzung des Präsidenten, und stellten zwei Legitimisten, die Ge=
nerale Oudinot und Lauriston, an die Spitze der Linientruppen und
Nationalgarden. Es waren dies aber Generale ohne Armee, denn mit
Ausnahme einer kleinen Abtheilung Nationalgarde, die bald auseinander
ging, stellte sich Niemand dieser Fraktion der Nationalversammlung zur
Verfügung. Es wurden erbitterte Reden gegen den Präsidenten gehal=
ten, die Versammlung ward aber zuletzt von den Truppen gesprengt,
welche 150 Repräsentanten verhafteten, die jedoch einige Tage später
ihre Freiheit wieder erhielten. Der Hohe Gerichtshof, der von der Kon=
stitution zur Aburtheilung über politische Verbrechen eingesetzt war, hatte
sich im Justizpallast versammelt, und wollte ein Verfahren gegen den
Präsidenten einleiten, als er von einer Abtheilung Municipalgarde ver=
trieben wurde. Um ein Uhr stieg Louis Napoleon zu Pferde, begleitet
von seinem Oheim, dem ehemaligen König von Westphalen, einem zahl=
reichen Stabe und vielen Volksrepräsentanten, die sich auf seine Seite
geschlagen hatten, und wurde von den Truppen mit stürmischem Zuruf
empfangen. Das zuschauende Publikum verhielt sich gleichgültig, gab
weder Beifall noch Unzufriedenheit zu erkennen. In der darauf folgen=
den Nacht bereiteten sich Mitglieder der äußersten Linken mit ihrem
Anhange in den Klubs zu einer insurrektionellen Bewegung vor. Am
3. December wurden Barrikaden gebaut, bei deren Vertheidigung der
Repräsentant Baudin getödtet und sein Kollege Madier de Montjeau
verwundet wurde. Die Ruhe wurde von den Truppen ohne Mühe wie=
der hergestellt. Aber am 4. December kam es auf den Boulevards und
in den Straßen St. Denis und St. Martin zu einem kurzen, aber hef=
tigen Kampfe, bei dem die Artillerie thätig war und auf beiden Seiten
viele Opfer fielen, der aber von den Truppen siegreich beendigt wurde.
Der Soldat hatte an diesem Tage mehr Blut vergossen, als nöthig ge=
wesen wäre, und sich zuweilen gegen Wehrlose und Unschuldige grausam
gezeigt. Am 6. December erschien eine Proklamation des Präsidenten,

in der er die Wiederherstellung der Ruhe anzeigte, auf die von den Wahlversammlungen zu erwartende Entscheidung über die Verfassungs= anträge hinwies, die er gestellt hatte, und sich gegen die Beschuldigung des Ehrgeizes verwahrte. Den Ausspruch der Nation werde er stets ehren, aber so lange sie sich noch nicht erklärt habe, keine Mühe scheuen, um aufrührische Umtriebe zu vereiteln. Wenn er das Vertrauen des Volks nicht mehr besitze, so sei es unnöthig kostbares Blut zu vergießen, es ge= nüge ein verneinendes Votum in die Urne zu legen. — Obgleich Louis Napoleon mit Verletzung der von ihm beschwornen Verfassung die Dik= tatur an sich gerissen hatte, so suchte er sich doch immer das Ansehen zu geben, als sei er nur der Bevollmächtigte der Nation, als stelle er alles ihrem obersten Schiedsgericht anheim.

Die Ereignisse vom 2. December wurden in den größeren Provin= zialstädten, wie Lyon, Bordeaux, Nantes, Rouen von den höheren Klas= sen mit schweigendem Unmuth, von der Menge aber mit Gleichgültigkeit oder Billigung aufgenommen, riefen aber daselbst keine Unruhen hervor. Aber in einigen Gegenden im Innern des Landes, in den Umgebungen von Moulins und Nevers, im Jura, im Departement der Niederalpen und im Department du Gard, wo die socialistische Propaganda in den niederen Klassen zahlreichen Anhang gefunden und wenig Militair stand, brachen Aufstände aus, aber nicht im Namen der gesprengten National= versammlung, sondern des Konvents und der Revolution von 1793, die aber bald unterdrückt wurden. Dem Präsidenten wurden diese Bewe= gungen nützlich, indem sie ihm Veranlassung gaben, halb Frankreich in Belagerungszustand zu erklären und Militairgerichte und außerordent= liche Kommissionen einzusetzen, wodurch die allgemeine Einschüchterung und Fesselung noch vermehrt wurde.

Am 3. December ward eine berathende Kommission (commission consultative) errichtet, die den mit der Nationalversammlung aufge= lösten Staatsrath ersetzen sollte, die aber keinen Einfluß ausgeübt hat und nur der Form wegen zuweilen zugezogen worden ist. Bald ging die ganze Nation mit wenigen Ausnahmen auf die ihr von Louis Napoleon vorgezeichnete Bahn ein. Gegen 7 Millionen Wähler stimmten für die Verlängerung der Gewalt des Präsidenten auf 10 Jahre, und ertheilten ihm außerdem das Recht, in den Institutionen des Landes diejenigen Veränderungen einzuführen, die er für angemessen erachten würde (20. und 21. December 1851). Am 31. December begab sich Baroche, Vice= präsident der berathenden Kommission, die mit der Prüfung der Wahl= zettel beauftragt gewesen, nach dem Elysée, legte dem Präsidenten das

ihm so äußerst günstige Ergebniß der Abstimmungen vor, und hielt da=
bei eine jener pomphaften Reden, wie sie seit 1804 bei so vielen Gele=
genheiten an die Machthaber in Frankreich gerichtet worden sind. Am
. 1. Januar (1852) wurde in Gegenwart Louis Napoleon's in der Kirche
Notredame ein Tedeum gesungen, und fortan für ihn, wie früher für
den König und dann für die Republik, von der Geistlichkeit bei dem
öffentlichen Gottesdienst gebetet. Die fremden Mächte, die aus Besorg=
niß vor Unruhen bei einer neuen Präsidentenwahl den Staatsstreich mit
Beifall aufgenommen hatten, erschienen in der Person ihrer Gesandten
vor dem Neffen Napoleon's und brachten ihm ihre Glückwünsche dar.
Um diejenigen unter seinen Gegnern, die ihm durch ihre Grundsätze,
ihr Talent oder ihre Stellung besonders gefährlich erschienen, für sich
unschädlich zu machen, erließ der Präsident ein Dekret (9. Januar),
durch welches eine bedeutende Anzahl ehemaliger Volksrepräsentanten zu
einer zeitweiligen oder immerwährenden Verbannung aus Frankreich ver=
urtheilt wurde. Zu ihnen gehörten, um nur die bekanntesten zu nennen:
Viktor Hugo, Edgar Quinet, Thiers, Emile de Girardin, Duvergier de
Hauranne, Changarnier, Leflô, Lamoricière, Bedeau, Charras u. s. w.
Cavaignac wurde von dieser Maßregel nicht getroffen und konnte seinen
Aufenthalt in Paris nehmen. Manchen unter diesen Verbannten, wie
namentlich Thiers und Duvergier de Hauranne, wurde einige Zeit nach=
her, als der Präsident sich bereits sicher fühlte, verstattet nach Frankreich
zurückzukehren. Am 14. Januar wurde die neue Verfassung bekannt ge=
macht, die, wie schon eben erwähnt worden, nichts als eine Kopie der
Konstitution von 1799 war. Die vierunddreißig Jahre der parlamen=
tarischer Monarchie schienen wie ausgelöscht zu sein. Das Land sah
sich in seiner politischen Entwickelung auf den Punkt zurückgebracht, auf
dem es funfzig Jahre vorher gestanden hatte. Am 22. Januar erschien
ein Dekret, durch welches die Besitzungen, welche Ludwig Philipp am
Vorabend seiner Thronbesteigung seiner Familie abgetreten hatte, und
die nach einem alten im vierzehnten Jahrhundert*) entstandenen Brauch
mit den Staatsdomainen hätten vereinigt werden sollen, eingezogen
wurden. Außerdem mußten die Mitglieder des Hauses Orleans ihre in
Frankreich liegenden Besitzungen binnen Jahresfrist verkaufen. Diese
Maßregel, die vielen ungerecht erschien, da Ludwig Philipp, der nicht
durch Erbrecht, sondern durch eine Revolution auf den Thron gestiegen,
auch nicht an die Hausgesetze der alten Monarchie gebunden gewesen

---

*) Unter Philipp V., der Lange genannt

war, veranlaßte mehre bedeutende Personen, die sich Louis Napoleon angeschlossen hatten, unter andern auch Montalembert, sich von ihm zurückzuziehen. Am 29. März fand die Installirung des Senats und des gesetzgebenden Körpers statt, und hörte, da die neue Konstitution in Wirksamkeit trat, die diktatorische Gewalt des Präsidenten auf.

Die Wiederherstellung des Kaiserthums war von jeher der herrschende Gedanke in Louis Napoleon's Leben gewesen. Er hatte diesen Plan unter den ungünstigsten Umständen, in der Verbannung und im Gefängniß gehegt, als er nur ein ehrgeiziger Traum zu sein schien. Wie hätte er ihn jetzt nicht verwirklichen sollen, wo er sich thatsächlich im Besitz der obersten Gewalt befand, und dem ersehnten Ziel so nahe gekommen war? Auch war alles dazu angelegt und darauf vorbereitet. Der Präsident hatte, so bald er durch den Staatsstreich in seinen Entschließungen vollkommen unabhängig geworden, die beiden einflußreichsten Stände des französischen Volkes, die Geistlichkeit und die Armee, die ihre hierarchische Organisation so mächtig macht, an sich zu fesseln gewußt. Das Pantheon wurde dem katholischen Kultus zurückgegeben und eine strengere Beobachtung der Sonn= und Feiertage angeordnet. Bei jeder Gelegenheit hob Louis Napoleon die Bedeutung der Religion und ihrer Diener hervor. Die Generale und höheren Officiere wurden durch Auszeichnungen, und, wenn sie es bedurften, durch außerordentliche Gratifikationen gewonnen, die Ehrenlegionkreuze freigebiger als je verliehen, und für die Unterofficiere und Soldaten Medaillen gestiftet, deren Besitz eine lebenslängliche, jährliche Einnahme von 100 Fr. gewährte. Auch die industriellen und arbeitenden Klassen wurden nicht vergessen. Die Bewilligungen zur Anlegung von Eisenbahnen, zur Gründung von Kreditvereinen, Leihbanken u. s. w. fesselten die Kapitalisten, Rentner und überhaupt die wohlhabenden Klassen an die Erhaltung der inneren Ordnung, die von der bestehenden Regierung unzertrennlich erschien, und die Angriffnahme großer Bauten, besonders in Paris selbst, die Verbindung des Louvre mit den Tuileries, die Anlegung ganzer Straßen und neuer Stadtviertel gaben den Handwerkern und Tagelöhnern eine Beschäftigung, die ihnen in solcher Fülle und Ausdehnung früher nie geboten worden. Auch für die untersten Schichten der Bevölkerung wurde durch Vermehrung der bestehenden Wohlthätigkeitsanstalten und Gründung neuer viel gethan, und dies alles in öffentlicher geräuschvoller Weise, die ihre Wirkung nicht verfehlen konnte.

Louis Napoleon war unter den Massen populair geworden, und konnte gewiß sein, daß, da das allgemeine Stimmrecht wieder herge=

stellt war, jeder von ihm gemachte Antrag, namentlich wenn er ihn per=
sönlich betraf, mit Beifall aufgenommen werden würde. Vorsichtig und
erwägend wie er war, sobald ihn nicht die Umstände zu einer raschen
Entscheidung zwangen, wünschte er den Schein zu haben, als gebe er
bei dem was der innerste Wunsch seines Herzens war, die Wiederher=
stellung des Kaiserthums in seiner Person, nur dem Andrange des
Volkes nach. Er beschloß eine Rundreise durch Frankreich zu machen
und der öffentlichen Meinung Gelegenheit zur Darlegung ihrer Wünsche
zu geben. Seine kühnsten Erwartungen wurden übertroffen. In Bour=
ges, dem ersten Aufenthaltsort (14. September) begab er sich zuerst,
wie überall auf seinem Wege, nach der dortigen Hauptkirche, wo er von
der Geistlichkeit wie ein anderer Konstantin der Große empfangen wurde.
Auf einem Triumphbogen las man die Inschrift: „Ave, Caesar Impe-
rator!" und auf die Millionen von Stimmen anspielend, die er 1848
und 1851 erhalten hatte: „Vox Populi vox Dei!" In Lyon wohnte
er der Enthüllung einer Reiterstatue seines großen Oheims bei. In
Avignon hatten sich 500 Geistliche zu seinem Empfange versammelt.
Alles was er sprach und that war geeignet ihm die Gunst der Menge
zu verschaffen. Bei schicklichen Gelegenheiten spielte er auf die Erhebung
seiner Familie durch die Stimme der Nation als auf den rechtmäßig=
sten aller Besitztitel, als die einzig wahre Legitimität an. „Die Macht
kommt von Gott, das Recht vom Volk!" pflegte er zu sagen. In Mar=
seille wurde die Begeisterung des Publikums für ihn noch durch die Ent=
deckung eines Anschlages auf sein Leben erhöht, dessen Urheber entflohen
war. Selbst in Gegenden, wo die legitimistische Partei lange vorherr=
schend gewesen, wie in Languedoc und Gascogne, wurde ihm der glän=
zendste Empfang zu Theil. Ganze Gemeinden kamen aus oft ziemlich
entfernten Orten, um ihn zu sehen, und brachten die Nacht im Freien
zu, um den Augenblick seiner Vorbeifahrt nicht zu versäumen. In Bor=
deaux wurde ihm ein großes Festmahl gegeben, bei dem er zum ersten=
mal dem Gedanken an die Wiederherstellung des Kaiserthums offen
Raum gab. Die Stimmung der Bevölkerung auf seiner weiten Reise
hatte ihn in der Ueberzeugung von seiner Unentbehrlichkeit für Frank=
reich bestärkt. „Frankreich scheint zum Kaiserthum zurückkehren zu wol=
len," sagte er bei dem Bankett in Bordeaux. „Das Kaiserthum, meinen
manche," setzte er hinzu, „ist der Krieg. Nein, meine Herren, es ist der
Friede." Er versprach von dieser Veränderung in der Staatsform fried=
liche Erfolge: Verbesserung des Ackerbaus, Belebung des Handels, Ab=
hülfe des Nothstandes.

Der Rückweg von Bordeaux nach Paris führte durch jene west=
lichen Departements, in denen einst die Vendeer das alte Königthum so
heldenmüthig gegen die Republik vertheidigt hatten, und wo 1815 und
selbst noch 1830 diese Gesinnung sich, wenn auch nicht mehr mit der
früheren Kraft geregt hatte. Jetzt kam man auch dort dem Präsidenten,
zwar nicht mit Begeisterung, aber doch willfährig entgegen. Die Geist=
lichen hatten überall das Volk für das nach ihrer Meinung zur Rettung
Frankreich's auserkorene Werkzeug gewonnen. Sein Einzug in Paris
(16. Oktober) war der feierlichste und glänzendste, dessen man sich erin=
nern konnte. Die ganze ungeheure Stadt war überall, wo der Zug
durchging, mit Triumphbogen, Fahnen, Teppichen und Blumen auf das
prächtigste geschmückt. Von allen Seiten klangen die nationalen und
militairischen Melodien zahlreicher Musikchöre wieder. Zu der einhei=
mischen Bevölkerung waren viele Tausende aus der Umgegend hinzuge=
kommen, besonders Landleute, unter denen Louis Napoleon von Anfang
an populair gewesen und es seitdem noch mehr geworden war. Unauf=
hörlich ertönte der Ruf: „Es lebe der Kaiser!" Ueberall sah er sich von
den Sinnbildern des Kaiserthums umgeben. Der Präsident stieg nicht
mehr in dem Pallast Elysée, sondern in den Tuileries ab, wo ihn seine
Verwandten und zahlreiche Anhänger und Diener empfingen. Die öffent=
liche Stimme verlangte die Wiederherstellung des Kaiserthums als eine
Folge alles dessen, was seit dem 24. Februar 1848 geschehen, als das
einzig mögliche Heil für Frankreich, als die Erneuerung der glorreichsten
Epoche der französischen Geschichte. Fast von allen Generalräthen, von
unzähligen Kommunen liefen Petitionen an den Senat ein, welche Louis
Napoleon's Erhebung zur kaiserlichen Würde beantragten. Die Maires
von Sevres und Lisieux proklamirten ihn in ihren Gemeinden auf eigene
Hand, wohlwissend, daß ihnen Niemand entgegen sein werde. Am
4. November versammelte sich nach erhaltenem Auftrage von Seiten des
Präsidenten der Senat, um über eine Abänderung der Verfassung vom
14. Januar 1852 zu berathen. Am 7. November wurde das Senats=
konsult erlassen und von 87 Senatoren unterzeichnet, das Louis Napo=
leon unter dem Namen Napoleon III. zum erblichen Kaiser der Fran=
zosen ernannte und ihm das Recht verlieh, wenn er ohne männliche
Nachkommen bleiben sollte, einen seiner Verwandten zu adoptiren. Die
Präfekten und Maires beeilten sich jetzt alles zu den am 21. und
22. November abzuhaltenden Wahlversammlungen vorzubereiten. Denn
Louis Napoleon wollte, seinem Princip treu, durch die allgemeine Abstim=
mung zum Thron wie vorher zum Präsidentenstuhl gelangen. Frank=

reich schien unerschöpflich in Gunstbezeugungen für den Neffen des Kai=
sers zu sein. 7,824,189 Wähler stimmten für das Senatskonsult,
während nur 253,145 Stimmen sich dagegen erklärten. Am 2. Decem=
ber wurde der Präsident zum Kaiser ausgerufen. Was die fremden
Mächte betrifft, so erkannten Staaten von sehr verschiedenem politischen
Charakter, England, Holland, Sardinien, Schweiz einerseits und Nea=
pel und Spanien andererseits Napoleon III. mit raschem Entgegenkom=
men und scheinbarer Theilnahme an, während die drei Mächte, von denen
einst die heilige Allianz ausgegangen war, Bedingungen zu stellen und
Erklärungen zu fordern geneigt waren, die sich jedoch zuletzt in eine ein=
fache thatsächliche Zustimmung zu dem Unabänderlichen auflösten. Am
5. Januar (1853) erkannte Rußland, am 6. Oesterreich und Preußen
das französische Kaiserthum an. Bald sollte diese große, in den inneren
Zuständen Frankreich's eingetretene Veränderung sich in ganz Europa
fühlbar machen.

---

6. Deutschland von dem Frankfurter Septemberaufstande bis zur Wiederherstellung des Bundestages.

Ungeachtet der Niederlage, welche die revolutionaire Partei am
18. September in Frankfurt und überall, wo sie sich damals regte, er=
fahren hatte, ruhte sie doch nicht und gab ihre Hoffnungen nicht auf.
Da sie ihre Kräfte nirgends zu einem großen Schlage concentrirte, son=
dern mit geringen Mitteln vereinzelte Aufstände erregte, so wurde sie
durch das Fehlschlagen derselben, so lange ihre Zeit überhaupt noch
nicht abzelaufen war, nie vollkommen entmuthigt, sie machte es sich aber
durch ein solches Auftreten auch unmöglich, ein bedeutendes Ziel zu er=
reichen. Am 21. September überschritt Struve mit einer Anzahl Frei=
schaaren von Basel aus die badische Gränze, verstärkte sich in Lörrach mit
Gleichgesinnten und rief daselbst die deutsche Republik aus. Obgleich
seine Proklamationen an das Volk mit den Worten: „Wohlstand, Bil=
dung und Freiheit für Alle" anfingen, so wurde der Theil der Bevölke=
rung, der nicht alsbald Partei für ihn ergriff, zuweilen hart mitgenom=
men, indem er Lieferungen ausschrieb, Kontributionen erhob, Verhaf=
tungen vornahm und ganzen Gemeinden, die seiner Sache nicht geneigt
schienen, außerordentliche Leistungen auflegte. Ueberall, wo er hinkam,
wurden die öffentlichen Kassen von ihm in Beschlag genommen, und die

Beamten nicht selten gemißhandelt. Aber dieses Unternehmen sollte nicht besser, als sein erstes Auftreten im März und April glücken, als er im Verein mit Hecker das badische Volk aufzuwiegeln suchte. Der Zuzug blieb auch diesmal schwach, es war unmöglich, in diese revolutio= nairen Schaaren Ordnung und Zucht einzuführen, und so geschah es, daß Struve von dem badischen General Hoffmann bei Staufen gänzlich geschlagen (24. September) und auf der Flucht zum Gefangenen ge= macht wurde. Man führte ihn und eine Anzahl seiner Genossen in die Gefängnisse zu Mülheim und Freiburg ab. Am 26. September erhob sich das Volk in Sigmaringen, von den Reden des Advokaten Wirth erregt, und vertrieb den Fürsten, der aber von bayerischen Trup= pen wieder eingesetzt wurde. Diese plan= und zusammenhangslosen Bewegungen wiederholten sich auf vielen Punkten ohne Kraft wie ohne dauernden Erfolg. Es waren Ausbrüche einer rohen, unverständigen Demagogie, denen kein politischer Gedanke voranleuchtete, und bei denen in der Regel die Führer eben so wenig Einsicht, als ihre Anhänger wenig Muth bewiesen. Hecker, der noch der begabteste unter diesen Demagogen war, hatte, an der deutschen Revolution verzweifelnd, sich um die Zeit, als Struve von der Schweiz her in Baden einfiel, nach Nordamerika eingeschifft. — Am 6. Oktober ging es in Zwickau und Hildburghau= sen, am 9. in Lübeck, am 13. im Bernburgischen sehr unruhig her. Alle diese und viele andere hier nicht erwähnte Tumulte wurden von der be= waffneten Macht ohne große Anstrengung überwältigt, und hatten nur die üble Wirkung in Vieler Augen die Ausschweifungen der Freiheit mit dieser selbst als gleichbedeutend erscheinen zu lassen.

Unter heftigen Kämpfen, die durch den Frankfurter Aufstand und die einander entgegengesetzte Stellung der Parteien zu demselben noch ver= mehrt wurden, waren die Berathungen über die „Grundrechte des deut= schen Volkes" beendigt worden (21. Decbr.). Ihre wesentlichsten Bestim= mungen waren: Die Gleichheit der Deutschen vor dem Gesetz; Schutz der persönlichen Freiheit; allgemeine Wehrpflicht; Vereinsrecht; Gleich= berechtigung aller Kulte; Preßfreiheit; Schwurgerichte; Abschaffung der Feudallasten, der Fideikommisse, der Todesstrafe u. s. w. Die mächtig= sten unter den deutschen Staaten: Oesterreich, Preußen, Bayern, Han= nover, Sachsen nahmen die Grundrechte nicht an, oder verschoben ihre Anerkennung bis zur Vollendung der Reichsverfassung. Unterdessen hatten sich in dem Deutschland, das die Nationalversammlung umgestal= ten wollte, Dinge zugetragen, die, als sie zusammentrat, Niemandem als möglich erschienen wären, und welche die Lösung einer ohnedies schwierigen Aufgabe noch schwieriger machen mußten. In den ersten deutschen Städten, Wien und Berlin, herrschte der Belagerungszustand, war das Militairregiment eingeführt. Welcher Gegensatz zu den Grund=rechten! Vergebens hatte man von Frankfurt aus über die Hinrichtung Robert Blum's in Wien Beschwerde geführt, vergebens einen Tadel über die Verlegung der preußischen Nationalversammlung von Berlin nach Brandenburg zu erkennen gegeben, vergebens bei der Eidgenossen=schaft wegen Duldung der wiederholten Struve'schen Freischaareneinfälle Vorstellungen gemacht, man war nirgends gehört und beachtet worden.

Am 20. Oktober hatte die Berathung über die deutsche Reichsver=fassung begonnen und dauerte mit geringen Unterbrechungen den ganzen Winter über fort. Die Mängel des bisherigen Staatenbundes, wo zwei Staaten, die zugleich europäische Großmächte waren, vier Königs=reiche und eine Menge kleiner und kleinster Staaten, jeder selbstständig und alle unter sich uneinig, in blos äußerlichem Zusammenhange unter einander standen, waren so augenfällig, hatten die Entwickelung Deutsch=land's als Nation so niedergehalten, daß man zu demselben um keinen Preis zurückkehren wollte. Auch viele unter denen, welche sich später wieder als eifrige Anhänger des Alten zeigen sollten, waren damals zu keiner Wiederherstellung desselben geneigt. Aber der Gedanke an ein Aufgehen der Einzelstaaten in eine Staatseinheit, der in den Märztagen sich so lebhaft geregt hatte, war seitdem nicht als irrig, sondern als unmöglich aufgegeben worden. Man erstrebte jetzt, statt eines deutschen Staats, ein deutsches Reich, in welchem die bisherigen Fürsten und Völ=ker Raum und Fortbestand gefunden hätten. Aber die Gränzen zwischen beiden zu finden, schien, zumal keine Erfahrung der Art den Trägern dieses Gedankens zu Gebot stand, unauflösbar zu sein. Von den Klein=staaten war bei Errichtung eines deutschen Reiches kein Widerstand zu besorgen, oder wäre derselbe leicht zu beseitigen gewesen. Sie hatten bei dem Ausbruche der revolutionairen Bewegungen nur zu sehr ihre Ohn=macht fühlen lernen, und wie ihre vermeintliche Selbstständigkeit nur ein leerer Schein war. Aber von Seiten der Mittelstaaten, die seit dem westphälischen Frieden als ganz unabhängige, sich selbst bestimmende Mächte aufzutreten gewohnt gewesen, die seit dem Rheinbunde viele ihrer ehemaligen Mitstände unter ihre Herrschaft gebracht sahen, konnte eine hartnäckige Opposition gegen jede Beschränkung ihrer Stellung er=wartet werden. Und dann blieb noch die schwierigste aller Fragen auf diesem Gebiet, die über das Verhältniß der beiden Großmächte zu dem neuen deutschen Reiche übrig.

Eine Beschränkung der bisherigen Unabhängigkeit der einzelnen Fürsten und Staaten war, wenn Deutschland eine einheitliche Spitze und eine Reichsgewalt erhalten sollte, unvermeidlich. In diesem Sinne wurde die Reichsverfassung von der Nationalversammlung berathen und festgestellt. Die Reichsgewalt allein sollte die völkerrechtliche Vertretung Deutschland's ausüben; die Einzelstaaten durften keine ständigen Gesandten empfangen oder halten und keine Konsuln anstellen. Alle Verträge, die nicht rein privatrechtlichen Inhalts wären, sollten der Reichsgewalt zur Kenntnißnahme, und, insofern das Reichsinteresse dabei betheiligt, zur Bestätigung vorgelegt werden. Die Reichsgewalt sollte das Recht über Krieg und Frieden, und die Verfügung über die gesammte bewaffnete Macht Deutschland's besitzen. In den Fahneneid sollte die Verpflichtung der Treue gegen das Reichsoberhaupt und die Reichsverfassung an erster Stelle aufgenommen werden. Die Seemacht sollte ausschließlich Sache des Reichs sein, eben so die Gesetzgebung und Oberaufsicht über Flüsse, Eisenbahnen, Post-, Bank- und Münzwesen. Da das Reich nur ein einziges Zollgebiet bilden sollte, so mußte auch in dieser Beziehung der Reichsgewalt die Gesetzgebung und Leitung zustehen. Auch die Wahrung des Reichsfriedens, die Erlassung allgemeiner Gesetzbücher, die über den Gesetzen der Einzelstaaten stehen würden, sollte ihr obliegen. Die erforderlichen Geldmittel sollten durch Reichssteuern, Matricularumlagen und aus den Zolleinnahmen aufgebracht werden. Der Reichstag sollte aus einem Staatenhause und einem Volkshause bestehen. Die Mitglieder des Staatenhauses sollten zur Hälfte von den Regierungen, zur Hälfte von der Volksvertretung der Einzelstaaten ernannt werden. Das Staatenhaus sollte eine Darstellung des deutschen Sonderlebens geben und den Interessen der Einzelstaaten eine Bürgschaft gewähren, während das Volkshaus für ganz Deutschland die Stellung einnehmen würde, welche der Abgeordnetenkammer in dem Einzelstaat zukommt. Zu einem Reichstagsbeschluß sollte es der Uebereinstimmung beider Häuser bedürfen. Der Reichsgewalt sollte nur ein suspensives Veto zustehen, das aber in der Wirkung einem absoluten so ziemlich gleich gekommen wäre, denn erst nach dreimaliger Berathung und dreimaliger Annahme in drei aufeinander folgenden ordentlichen Sitzungsperioden sollte ein Beschluß, auch ohne Genehmigung des Reichsoberhauptes, Gesetzeskraft erlangen.

Diese Verfassung hätte so oder auch etwas anders sein können. Darauf kam im Grunde wenig an. In der Anwendung und Ausführung, wenn eine solche ernstlich und aufrichtig unternommen worden wäre, würde sich im Laufe der Zeit manches monarchischer, d. h. zum Vortheil der Reichsgewalt, gestaltet haben. Das Wichtigste und Schwierigste war und blieb die Oberhauptsfrage. Dabei mußte der Gegensatz der staatlichen Interessen in der Nationalversammlung zu allgemeinem und deutlichem Bewußtsein kommen. So lange es den Kampf gegen die Revolution gegolten hatte, waren die österreichischen und preußischen Abgeordneten miteinander gegangen. Auch bei den Berathungen über die eigentliche Verfassung waren keine tiefen Meinungsverschiedenheiten hervorgebrochen. Als man aber an die Lösung der zugleich politischen, religiösen und dynastischen Frage über die Besetzung der obersten Stelle in dem zu errichtenden deutschen Reich kam, trat ein unversöhnlicher Widerspruch hervor, an dem der ganze Entwurf zu Grunde ging.

Vom Zusammentreten der Nationalversammlung an war die Oberhauptsfrage der Gegenstand der Erwägung und Bemühung aller derer gewesen, welchen Deutschland's Zukunft am Herzen lag. Zum alten deutschen Reiche mit einem Habsburger zurückkehren, war schon 1815 in Wien im Rath der Souveraine für unthunlich erachtet worden, und mußte 1848 in der Nationalversammlung noch unmöglicher erscheinen. Preußen an die Spitze Deutschland's mit Einschluß von Deutsch-Oesterreich's zu stellen, war eben so unausführbar, da Oesterreich sich ihm nicht untergeordnet haben würde. Der Plan, die oberste Stelle zwischen Oesterreich und Preußen abwechseln zu lassen, oder ein Direktorium von drei, fünf oder sieben Fürsten mit der Reichsgewalt zu bekleiden, ward ebenfalls für ungeeignet erkannt. Schon seit längerer Zeit hatte eine zahlreiche, aufgeklärte und patriotische Partei sich mit dem Gedanken getragen, Preußen die Hegemonie in Deutschland, mit Ausnahme der deutschen Provinzen Oesterreich's, zu verschaffen, und dem Könige von Preußen die oberste Leitung der deutschen Angelegenheiten zu übertragen. Das ruhmvolle Verhalten Preußen's bei der Befreiung Deutschland's im Jahre 1813, der geistige Fortschritt, der in Preußen ungeachtet des politischen Stillstandes ununterbrochen geblieben, die bedeutende militairische Macht, die überwiegend deutsche Natur des preußischen Staates im Gegensatz zu dem von fremden Elementen erfüllten Oesterreich, die deutsche Gesinnung Friedrich Wilhelm IV., hatten dieser Idee eine große Verbreitung verschafft. Sie besaß Anhänger in allen Theilen Deutschland's mit Ausnahme derer, in welchen der österreichische und katholische Einfluß vorherrschte, und wurde in der Nationalversammlung von einem Phalanx ausgezeichneter Männer vertreten, wie: Heinrich von Gagern, Dahlmann, Beseler, Moritz Arndt, Droysen, Ludwig

Jahn, Bassermann u. s. w., deren deutscher Patriotismus rein und un=
zweifelhaft war, und die man keiner blinden Vorliebe für Preußen be=
schuldigen konnte, da sie großentheils außerhalb des preußischen Staates
geboren waren. Diese Partei wurde einzig von der Ueberzeugung ge=
leitet, daß ohne Preußen's Führerschaft Deutschland wieder dem alten
Bundestage oder der Anarchie verfallen müsse.

Das österreichische Ministerium, in welchem Fürst Felix Schwar=
zenberg und Graf Stadion die ersten Rollen spielten, hatte, nachdem
der Reichstag von Wien nach Kremster verlegt worden, ein Programm
aufgestellt, in welchem sich die Absicht erkennen ließ, alle Bestandtheile
des Kaiserstaates in einen einzigen Staatskörper mit derselben Verfas=
sung und Gesetzgebung umgestalten zu wollen. Dieser hohle unfrucht=
bare Gedanke, der von den nationalen Unterschieden der dem österreichi=
schen Scepter unterworfenen Völker, dem historischen Recht, von dem
sonst in Oesterreich so viel die Rede war, und in Ungarn und dessen
Nebenländern von uralten Freiheiten abstrahirte, war nur darauf be=
rechnet, das Ausland durch eine scheinbare Machtvergrößerung zu blen=
den, konnte aber nie die Grundlage zu einer Verjüngung und Belebung
des österreichischen Staates werden. Wie dem aber auch sein mochte,
ganz Oesterreich konnte unmöglich in das projektirte deutsche Reich
eintreten.

Gagern, der am 16. December in Schmerling's Stelle zum Reichs=
minister ernannt worden, legte der Versammlung sein Programm vor,
in welchem er die von Paul Pfizer früher ausgesprochene und neuer=
dings von Bunsen, dem preußischen Gesandten in London, weiter ent=
wickelte Idee von einem engeren deutschen Bundesstaat proklamirte, zu
dem Oesterreich nicht unmittelbar gehören könnte, zu dem es aber in einer
besonders zu bestimmenden Union stehen sollte. Jedermann begriff, daß
es sich um ein Ausscheiden Oesterreich's aus Deutschland, und um die
Hegemonie Preußen's in dem engeren Bundesstaat handelte. Von dem
Augenblick an trat der Unterschied zwischen den Anhängern Oesterreich's
und Preußen's in der Paulskirche schärfer als früher hervor. Es son=
derten sich unter denen, welche bisher gemeinsam gegen die Revolution
gekämpft hatten, zwei Parteien, die Großdeutschen und die Kleindeut=
schen, von einander ab. Kleindeutsche nannte man diejenigen, welche
den engeren Bund unter Preußen ohne Oesterreich wollten, weil Deut=
schland dadurch nach der Meinung der Gegner Preußen's verringert
werden würde. Der Ausdruck: Großdeutsche — erklärt sich aus sich
selbst. Indessen war diese Bezeichnung, so sehr sie auch in Gebrauch kam,

und zum Feldgeschrei der Parteien wurde, keineswegs richtig. Die so=
genannten Kleindeutschen hätten gern ganz Deutschland vereinigt ge=
sehen, wenn es möglich gewesen wäre. Sie begriffen aber, daß die He=
gemonie Oesterreich's, und eine andere Stelle konnte dasselbe in Deutsch=
land, wenn es zu demselben gehörte, nicht einnehmen, die Rückkehr zu
den vormärzlichen Zuständen herbeiführen müsse. In ihren Augen war
ein kleineres Deutschland immer noch besser als gar keines, d. h. als ein
Staatenbund, in welchem die Nation, in eine Menge von selbstständigen
Fraktionen zersplittert, der Einheit sowohl als der Freiheit entbehrend,
nur um ihrer Fürsten willen da zu sein schien. Unter den Großdeutschen
gab es allerdings manche, die es schmerzte, die deutsch = österreichischen
Lande, die alte Ostmark des deutschen Reiches, von dem Bundesstaat ge=
trennt zu sehen. Bei vielen war es aber nicht Liebe zu einem gemein=
samen Deutschland, was ihre Parteistellung bedingte, sondern instinkt=
artige Sympathie für die religiösen und politischen Zustände der Ver=
gangenheit, und deshalb Abneigung gegen Preußen als einen neu empor=
gekommenen Staat und Haupt des Protestantismus auf dem Kontinent.
Uebrigens würde durch eine Union des engeren Bundesstaates mit
Oesterreich, wie es die Kleindeutschen wollten, immer eine Verbindung
zwischen diesen beiden Theilen des großen Ganzen geblieben sein. Die
Hauptsache in jener Zeit war die Herstellung eines deutschen Bundes=
staates, die einzige Möglichkeit eines wahrhaft nationalen und politi=
schen Verbandes unter den Deutschen, der ohne die Hegemonie Preußen's
und den dadurch bedingten Ausschluß Oesterreich's nicht zu Stande
kommen konnte. Die so dachten, waren deshalb noch keine specifischen
Preußen und keine systematischen Gegner Oesterreich's. Sie wollten,
daß Preußen in Deutschland aufgehe, und nicht etwa umgekehrt. Aber
sobald Oesterreich an die Spitze Deutschland's trat, so wurde auch die
Wiederherstellung des Bundestags, und die Fortdauer der Kleinstaaterei
mit allem bisherigen Elend der politischen Zustände Deutschland's un=
vermeidlich. Die größere Liebe zu Deutschland, der Eifer für die Er=
neuerung seiner nationalen Bedeutung, der Blick in die Zukunft lag
deshalb auf Seite der Kleindeutschen, was der Ausgang der ganzen
Krisis, in der sich Deutschland damals befand, nur zu sehr bewie=
sen hat.

Schwarzenberg warf dem Gagern'schen Programm dem Fehde=
handschuh hin, indem er erklärte (28. December), Oesterreich werde nicht
dulden, daß man es vom deutschen Bunde ausschließe, oder seine deut=
schen Provinzen vom österreichischen Einheitsstaat trenne, um sie einem

neuen deutschen Bundesstaate einzuverleiben. Unterdessen suchte das
preußische Kabinet, aus Scheu vor einer zu nahen Berührung mit der
Nationalversammlung, sich mit Schwarzenberg über den Plan zu einer
künftigen Gestaltung Deutschland's zu verständigen, der, wenn er von
beiden Großmächten ausgegangen wäre, in Frankfurt so leicht nicht
hätte abgewiesen werden können. Aber es kam keine Einigung zu
Stande. Oesterreich verlangte in einer Note vom 17. Januar (1849)
ein Direktorium der mächtigeren Bundesfürsten zur obersten Leitung
Deutschland's, eine Eintheilung des deutschen Bundes in Kreise, und
sprach sich, wahrscheinlich nur zum Schein, noch für ein Volkshaus aus.
In der Paulskirche glaubte man jetzt seinem Ziel um einen bedeutenden
Schritt näher treten zu müssen, indem man sich mit 258 gegen 211
Stimmen in der Oberhauptsfrage für einen regierenden Fürsten entschied
(19. Januar). Preußen erließ hierauf ein Umlaufsschreiben (23. Ja=
nuar), in welchem unter vielen Lobeserhebungen Oesterreich's nachge=
wiesen wurde, daß dasselbe sich nicht zum Eintritt in den deutschen
Bundesstaat eigene, weshalb ein engerer Bund ohne dasselbe nothwendig
geworden sei, daß aber dessen ungeachtet ein näheres Verhältniß zwi=
schen diesem engeren Bunde und dem österreichischen Kaiserstaate beste=
hen könne. Am 25. Januar beschloß die Majorität in der Paulskirche,
daß der regierende Fürst, welcher zum Oberhaupt des neuen Reiches ge=
wählt werden würde, den erblichen Kaisertitel führen sollte. Hierauf
wiederholte Oesterreich seine Erklärung vom 17. Januar, und versicherte,
daß es sich dem neuen Kaiser nicht unterordnen werde (4. Februar).
In Hannover, besonders aber in München, sprach man sich lebhaft
gegen das preußische Erbkaiserthum aus. Fürst Schwarzenberg kam in
einer Note vom 27. Februar wieder auf seine Idee von einem Direk=
torium zurück, der die Mittelstaaten, da damit jede einheitliche Leitung
und die von ihnen so gefürchtete Unterordnung unter Preußen ausge=
schlossen war, gern beistimmten.

Am 24. Februar hatte Gagern die Bevollmächtigten der Einzel=
staaten versammelt und sechsundzwanzig derselben, aber nur die kleine=
ren und kleinsten, zur Anerkennung des preußischen Erbkaiserthums ge=
wonnen. Manche von ihnen thaten dies, weil sie einer Stütze bedurften,
die, wie die Dinge lagen, eher von Preußen als Oesterreich, das in
Ungarn und Italien vollauf zu thun hatte, erwartet werden konnte, die
meisten aber aus Furcht vor ihren Ständen und dem Volke, das in vie=
len Gegenden den Gedanken eines einheitlichen deutschen Vaterlandes,
wenigstens für den Augenblick, mit Feuer ergriffen hatte. Schwarzen=

berg glaubte jetzt, das vier Monate vorher erlassene Programm von Kremsier verwirklichen zu müssen, löste den Reichstag auf und octroyirte eine neue Verfassung (4. März), in welcher die Einheit und Untheilbarkeit der österreichischen Monarchie festgesetzt war. Die hervorragendsten Mitglieder der Opposition mußten sich verbergen und flüchtig werden, oder wurden verhaftet. Nach einem so gewaltsamen Verfahren ließ sich das baldige Aufgeben, selbst des letzten Scheins von Konstitutionalismus, voraussehen. Auch ist die Verfassung vom 4. März nie in Wirksamkeit getreten. Schwarzenberg wollte mit der Auflösung des Reichstags dem, wenn auch erfolglosen, aber von Zeit zu Zeit sich immer wieder regenden parlamentarischen Widerstand ein Ende machen, und mit dem in dieser Verfassung aufgestellten Grundsatz, von der Untheilbarkeit der Monarchie, dem von Frankfurt möglicher Weise sich erhebenden Anspruch begegnen, daß Deutsch-Oesterreich beim deutschen Bundesstaat bleiben sollte.

Dänemark war, beim Anblick der endlosen politischen Wirren in Deutschland, von Rußland im Geheimen ermuntert, und auf Frankreich's und England's diplomatische Unterstützung bauend, zur Wiederaufnahme des durch den Waffenstillstand von Malmoe unterbrochenen Kampfes entschlossen, und hatte demgemäß seine Maßregeln getroffen. Da es auf deutscher Seite bei der mangelhaften Organisation der Centralgewalt nicht leicht war, die zur Führung eines solchen Krieges nöthigen Mittel herbeizuschaffen, so ward Gagern's Stellung unhaltbar, wenn es ihm nicht gelang, das preußische Kabinet für seine Plane zu gewinnen. Die Agitation in den Ständeversammlungen, in der Presse, im Volke für eine neue Gestaltung Deutschland's nahm, je schwankender die Zustände wurden, um so mehr zu. Endlich trug Welker, der eine Zeit lang sich zu den Großdeutschen gehalten, weil er Deutsch-Oesterreich für den Bundesstaat nicht aufgeben wollte, zuletzt aber begriffen hatte, daß die großdeutschen Entwürfe sämmtlich zum alten Bundestage zurückführen mußten, am 12. März feierlich darauf an, den König von Preußen zum Erbkaiser der Deutschen zu wählen. Gagern und seine Freunde drängten jetzt, indem sie alle vorhandenen Schwierigkeiten zu beseitigen suchten oder dieselben übersahen, zur Kaiserwahl hin. Sie vergaßen zu sehr, daß Friedrich Wilhelm IV. die Kaiserkrone niemals allein aus den Händen der Nationalversammlung annehmen, sondern die Zustimmung der deutschen Regierungen verlangen werde. Da die Kaiserpartei ohne Preußen nichts von dem, was sie wollte, erreichen konnte, so hätte sie auch auf die Art, wie das preußische Kabinet diese Frage auffaßte, entgegenkommender eingehen sollen. Es wurde nämlich von ihr, außer dem nur suspensiven Veto des Reichs= oberhaupts, im Wahlgesetz die geheime, statt der öffentlichen Abstim= mung angeordnet, und, was vielleicht am übelsten gewirkt hat, entschie= den, daß nachträglich an der Reichsverfassung nichts geändert werden dürfe. Durch diese übereilte Bestimmung wurde jede weitere Unterhand= lung mit Preußen, wenn dasselbe ablehnte, von vorn herein abgeschnit= ten. Gagern und seine Freunde kannten wohl die geringe Neigung, die der König von Preußen für die ihm auf diese Art dargebotene Krone hegte, sie hofften aber, daß Preußen's alte Eifersucht auf Oesterreich, und der Andrang der öffentlichen Meinung noch im letzten Augenblick günstig für ihren Plan wirken werde. Am 28. März wurde Friedrich Wilhelm IV. mit 290 gegen 248 Stimmen zum Erbkaiser der Deut= schen gewählt. Die Linke, der bei ihren republikanischen Tendenzen ein erbliches Oberhaupt für Deutschland keinesweges genehm sein konnte, hatte nur deshalb mit der Kaiserpartei gestimmt, um von ihr als Gegen= dienst ein ganz demokratisches Wahlgesetz zu.erlangen, das dann auch anderweitig zu verwerthen gewesen wäre. An der Annahme der Kaiser= würde von Seiten Preußen's glaubte sie nicht. Sie hoffte aber, daß die revolutionairen Ideen durch die Ablehnung eine vermehrte Stärke und Bedeutung in den Massen gewinnen würden.

Die Nationalversammlung sandte eine zahlreiche Deputation nach Berlin, um den König von Preußen von der auf ihn gefallenen Wahl in Kenntniß zu setzen und ihn zur Annahme derselben einzuladen. Am 3. April ward die Deputation von Friedrich Wilhelm IV. im Berliner Schlosse empfangen. Derselbe dankte zwar für das ihm bewiesene Ver= trauen, und erkannte in dem Beschlusse der Nationalversammlung die Stimme der Vertreter des deutschen Volkes an, setzte aber hinzu, daß er ohne das freie Einverständniß der deutschen Regierungen eine ent= sprechende Entschließung nicht fassen könne. Diese hätten erst die Ver= fassung zu prüfen, sie müßten untersuchen, ob die ihm übertragenen Rechte ihn in den Stand setzen würden, mit starker Hand, wie es ein solcher Beruf von ihm verlange, die Geschicke Deutschland's zu leiten. Es ließ sich aus seinen Worten erkennen, daß die Zugeständnisse der Kaiserpartei an die Linke einer der Hauptgründe gegen die Annahme der Kaiserwürde gewesen. Die Antwort des Königs war eine Ab= lehnung, indem er die Annahme von schwer zu erfüllenden Bedingungen abhängig machte. Indessen blieb immer noch ein Schimmer von Hoff= nung übrig. Friedrich Wilhelm IV. hatte nicht gänzlich mit der Kaiser=

partei gebrochen. Er wollte den von ihr entworfenen Bundesstaat mit Ausschluß Oesterreich's verwirklichen, nur sollten diejenigen Regierungen, welche in dem neuen Bunde sich ihm unterzuordnen hätten, ihre freie Zustimmung zu erkennen geben. Die Deputation der National=versammlung sah nur die ablehnende Seite in der königlichen Antwort, verwarf den Grundsatz der Vereinbarung, welcher die Endgültigkeit der Reichsverfassung noch in Frage stellte, gab in diesem Sinne sogleich eine Erklärung ab, und reiste in tiefer Verstimmung und Enttäuschung nach Frankfurt zurück.

Friedrich Wilhelm IV. würde bei seiner Vorliebe für die politischen Ideen des Mittelalters die Kaiserkrone, wenn sie ihm Seinesgleichen, die übrigen deutschen Fürsten, angetragen hätten, mit Stolz und Freude angenommen haben. Vielleicht würde er auch in einer großen allgemei=nen Kundgebung zu seinen Gunsten, in der Stimme des ganzen Volkes, einen Wink der Vorsehung erkannt haben. Aber von einer in seinen Augen revolutionairen Versammlung, mit einer Majorität von zwei=undvierzig Stimmen auf den deutschen Kaiserthron erhoben zu werden, hatte für ihn nichts Verlockendes. Ein kühner, ehrgeiziger, thatendursti=ger Fürst in der Stellung Friedrich Wilhelm IV., an der Spitze von 200,000 Kriegern, deren Zahl sich leicht hätte verdoppeln lassen, würde sich wenig an das suspensive Veto und das demokratische Wahlgesetz ge=stoßen, sondern rasch zugegriffen, die Macht an sich gerissen und dann die ihm lästigen Schranken durchbrochen haben. Ein solcher würde den im deutschen Volk erwachten Drang nach Einheit und nationaler Gel=tung benutzt, sich zum Herrn der Bewegung gemacht, und jedem inneren und äußeren Angriff Trotz geboten haben. Friedrich der Große hatte unter ungünstigen Umständen, um eines geringeren Preises willen, den Kampf mit halb Europa nicht gescheut. Aber Friedrich Wilhelm IV. war kein Feldherr, und es würde um das preußische Erbkaiserthum und den Ausschluß Oesterreich's von dem engeren Bundesstaat durchzusetzen ohne Zweifel eines gewaltigen Krieges, vielleicht mit mehren Mächten zugleich bedurft haben, indem Rußland und Frankreich, um die Erhebung Preußen's zu verhindern, sich Oesterreich's angenommen haben würden. Was aber, von allem Anderen abgesehen, Friedrich Wilhelm IV. zu einer solchen Rolle durchaus ungeeignet machte, war sein tiefer Wider=wille gegen jede gewaltsame Neuerung, sie mochte von oben oder von unten her unternommen werden, die hohe Meinung, die er von den Rechten anderer Fürsten wie von seinen eigenen hegte und die Scheu vor den übeln Folgen, die das Mißlingen eines Wagnisses, wie man

ihm zumuthete, für Deutschland und Preußen hätte nach sich ziehen
können. Ein Fürst wie dieser, der nicht die Politik und allgemeine
Ideen, sondern das traditionelle Recht und das individuelle Gewissen
zur Richtschnur seiner Handlungen nahm, wäre in einer großen nationalen Bewegung nicht an seinem Platz gewesen, und hätte durch seine
Theilnahme an ihr nur sich und andere in das Verderben gestürzt.

In Preußen waren gemäß der octroyirten Verfassung vom 5. December die beiden Kammern am 26. Februar (1849) eröffnet worden.
Die erste Kammer, in der fast sämmtliche Oberpräsidenten, Regierungs-
präsidenten, die vormärzlichen, pensionirten Minister und Diplomaten
vereinigt waren, bot einen vorherrschend bureaukratischen Charakter dar.
Die Minister aus der Zeit der Nationalversammlung: Camphausen,
Hansemann, Rudolph von Auerswald, Milde, Gierke erschienen hier,
und hatten ihren Sitz theils im rechten und linken Centrum, theils auf
der Linken gewählt. Zwei Männer traten jetzt zum erstenmal im parlamentarischen Leben auf, die weder auf dem Vereinigten Landtage noch
in den Bewegungen des Jahres 1848 sich bemerkbar gemacht hatten,
der Professor Stahl und der Gerichtspräsident von Gerlach, die eine
Zeit lang für die Orakel der reaktionairen Partei gelten sollten. Beide
hatten das Gemisch von theokratischen, absolutistischen und feudalistischen
Ideen, dem man in den Schriften des savoyischen Grafen Joseph de
Maistre, des französischen Vicomte von Bonald und des Schweizers von
Haller begegnet, sich zu eigen gemacht, ihnen aber durch einen Zusatz
von lutherischer Orthodoxie das feste sie zusammenhaltende Band des
Katholicismus entzogen, ohne den jene Systeme, von ihrem Inhalt ganz
abgesehen, auch der äußeren formellen Konsequenz entbehren würden.
Stahl und Gerlach hatten die auf katholischem und romanischem Boden
entstandenen Ansichten über Staat und Recht zum Bedarf der preußischen
Reaktion zurecht geschnitten, und ihnen einen, so zu sagen, lokalen auf
die Zustände unter denen sie wirken wollten berechneten Charakter gegeben. Jene oft tiefsinnigen und umfassenden Ideen der katholischen
Weltanschauung, deren bedeutendste Repräsentanten die drei oben genannten Publicisten sind, wurden von Stahl und Gerlach in der Anwendung, die sie von ihnen machten, häufig verengt und verflacht, was
ihnen aber unter den gegebenen Umständen für den Augenblick um so mehr
Verbreitung verschaffte. In der zweiten Kammer fehlte keine von den
Notabilitäten der aufgelösten Nationalversammlung. Waldeck, Jakoby,
Temme, Rodbertus waren wieder gewählt worden. Zu den Mitgliedern
des ehemaligen Vereinigten Landtages gehörten die Abgeordneten: Graf

Arnim=Boitzenburg, von Kleist=Retzow, von Bismark=Schönhausen u. s. w. Aus der Paulskirche waren herbeigekommen, um auf einen bedeutenderen Platze zu wirken: Graf Schwerin, von Vincke, Heinrich Simon aus Breslau, Ludwig Simon aus Trier u. s. w. Die ablehnende Antwort des Königs an die Frankfurter Deputation brachte in der zweiten Kammer eine große Aufregung hervor. Dieselbe drängte um so mehr zur Annahme der Kaiserkrone und der Reichsverfassung hin, als am 14. April neunundzwanzig Regierungen, fast alle Staaten mit Ausnahme Oesterreich's, Preußen's und der Königreiche, erklärt hatten, daß sie mit der Wahl des Königs von Preußen zum Kaiser einverstanden seien, daß sie die Reichsverfassung, obgleich sie nicht in allen Theilen ihren Ueberzeugungen entspreche, in Betracht der mit einer längeren Verzögerung verbundenen Gefahren, annähmen, und von der deutschen Gesinnung der übrigen Regierungen ein Gleiches erwarteten. Robbertus beantragte in der zweiten Kammer eine Mißbilligung des von der preußischen Regierung eingeschlagenen Weges der Vereinbarung, und das Festhalten an der in Frankfurt rechtmäßig beschlossenen Reichsverfassung, welcher letztere Punkt mit 175 gegen 159 Stimmen angenommen wurde. Das Ministerium fand nur mit großer Mühe Ausflüchte, um eine entschiedene Erklärung aufzuschieben. Als es sich endlich bei der verlangten Aufhebung des Belagerungszustandes abermals in der Minorität sah, löste es die Kammern auf (27. April).

Das Frankfurter Parlament fühlte sich von der ablehnenden Antwort des Königs von Preußen an seine Deputation, wie von einem tödtlichen Schlage getroffen. Denn mit Ausnahme der Linken, die eine Annahme nicht gewünscht hatte, und einiger Mitglieder der äußersten Rechten, die mit der innersten Gesinnung Friedrich Wilhelm IV. vertraut waren, hatte Niemand eine Ablehnung erwartet. Diese war allerdings, was die Form betrifft, nicht absolut und definitiv, sobald die Nationalversammlung sich zur Vereinbarung mit den deutschen Regierungen hätte herbeilassen wollen. In diesem Sinne hatte sich noch eine Note des preußischen Kabinets an die deutschen Regierungen ausgesprochen, in der erklärt wurde, der König sei entschlossen, an die Spitze eines deutschen Bundesstaats zu treten, der aus den Staaten bestehen würde, welche demselben aus freiem Willen sich anschließen möchten. Die preußischen Gesandten an den deutschen Höfen wurden angewiesen die Regierungen zur Abschickung von Bevollmächtigten nach Frankfurt aufzufordern, um sich über den Beitritt zum Bundesstaat und eine Vereinbarung mit der Nationalversammlung, so wie über das Verhältniß zu

28*

denjenigen Staaten zu erklären, die sich von dem Bundesstaat ausschlie=
ßen würden. Die Kaiserpartei wäre, ihrer ganzen Gesinnung und Stel=
lung nach, zum Eingehen auf die von der preußischen Regierung ge=
machten Vorschläge geneigt gewesen, denn das Wesentliche in ihren
Augen war die Gründung eines Bundesstaats, statt des bisherigen
Staatenbundes, mit Preußen, dem mächtigsten rein deutschen Staat an
der Spitze, weil man sonst zu dem alten Bundestag zurückkehren mußte.
Aber sie hatte der Linken ihr Wort verpfändet, zu keiner Veränderung in
der Reichsverfassung die Hand zu bieten, und glaubte nicht zurücktreten
zu können. Beide Parteien vereinigten sich zur Erneuerung des soge=
nannten Dreißigerausschusses, zu gleichen Theilen aus ihnen gewählt,
der für die Durchführung der Reichsverfassung Sorge tragen sollte,
während die Oberhauptsfrage eine offene blieb. Die Nationalversamm=
lung beschloß auf den Antrag des Dreißigerausschusses die Einberufung
des Reichstages, die Beeidigung aller Beamten und der gesammten be=
waffneten Macht auf die Reichsverfassung und einen Aufruf an das
deutsche Volk. Zugleich ward von den Regierungen verlangt, daß sie
ihr Recht, die Ständeversammlung aufzulösen, nur in so weit anwenden
sollten, als es sich mit den Kundgebungen des Volkswillens vereinigen
lasse. Denn fast alle Ständeversammlungen, in den größten wie in den
kleinsten Staaten, hatten sich für die Reichsverfassung erklärt. Von den
Königen hatte nur Wilhelm von Württemberg nach langem Wider=
streben, von Adressen und Deputationen unaufhörlich gedrängt, die
Reichsverfassung anerkannt. Hannover und Sachsen lösten ihre Stände=
versammlungen, weil sie auf der Annahme der Reichsverfassung bestan=
den, auf. Die der Nationalversammlung entgegenstehenden Schwierig=
keiten nahmen offenbar zu und ihre Hülfsmittel in demselben Maße ab,
aber sie schien durch die Kühnheit ihrer Beschlüsse sich und andere über
ihre wahre Lage täuschen zu wollen. Sie ertheilte ihrem Präsidenten
das Recht nach seinem Ermessen zu jeder Zeit und an jedem Ort
Sitzungen der Nationalversammlung anzuberaumen. Dieselbe sollte be=
schlußfähig sein, auch wenn nur hundertundfunfzig ihrer Mitglieder
beisammen wären. Denn schon hatte die österreichische Regierung mit
der Erklärung, daß die Nationalversammlung durch die Kaiserwahl und
die einseitige Beschließung der Reichsverfassung ihre Befugnisse über=
schritten habe, ihre Landesangehörigen aus der Paulskirche abberufen,
schon hatten viele Großdeutsche ihren Austritt angekündigt, und von
vielen anderen ließ sich ein solcher erwarten. Zwei Tage nach jenen Be=
schlüssen der Nationalversammlung erklärte das Berliner Kabinet die

unwiderrufliche Ablehnung der Kaiserkrone und der Reichsverfassung (28. April), lud aber zugleich die deutschen Regierungen ein, sich unmittelbar nach Berlin zu wenden, um dort über das Verfassungswerk in Unterhandlungen zu treten. Die preußische Note enthielt die drohenden und rückhaltslosen Worte: „Die Haltung und die weiteren Beschlüsse der Nationalversammlung werden ergeben, in wie weit noch eine Verständigung mit derselben und ein Mitwirken zu dem angestrebten Ziel zu hoffen ist." — Die Nationalversammlung antwortete hierauf mit einem Beschluß, auf dessen Wirksamkeit kein Einsichtsvoller zählen konnte. Sie forderte alle Regierungen, die Gemeinden der Einzelstaaten, das gesammte deutsche Volk zur Durchführung der Reichsverfassung auf, berief den Reichstag auf den Monat August ein, und bestimmte, daß, wenn Preußen auf diesem Reichstag unvertreten sein sollte, der Regent des nächstmächtigen Staates, unter dem Titel eines Reichsstatthalters, in die Rechte des Reichsoberhaupts eintreten sollte (4. Mai).

Das Mißtrauen, das in einem großen Theil des deutschen Volks schon seit lange gegen die Politik seiner Regierungen herrschte, wurde jetzt durch den Widerstand, welchen die mächtigsten unter ihnen der Einführung der Reichsverfassung entgegensetzten, noch vermehrt. Die Meinung, daß die deutschen Fürsten unversöhnliche Gegner der Freiheit und dem Geist des modernen Staats- und Völkerlebens durchaus fremd seien, und die Ablehnung der Kaiserkrone von Seiten des Königs von Preußen, wodurch die letzte Hoffnung auf eine bessere Zukunft vernichtet zu sein schien, rief eine fieberhafte Stimmung hervor, die überall fühlbar wurde, aber vornehmlich in Sachsen und im südwestlichen Deutschland zu blutigen Ausbrüchen führte. Allerdings war von den deutschen Regierungen vieles versäumt und verschuldet worden, am meisten dadurch, daß sie erst im letzten Augenblick, als ihnen die Fluth der Märzbewegung über den Kopf zu steigen drohte, an eine staatliche Wiederbelebung Deutschland's gedacht hatten. Aber auch das Verhalten der Massen war nichts weniger als mustergültig, und stellte durch den Wechsel von wilder Selbsthülfe und mattherziger Rathlosigkeit ein trauriges Bild der Entartung dar. Wenn die, welche an die Möglichkeit eines einigen und freien Deutschland's glaubten, und es war dies damals die instinktartige Ueberzeugung der großen Mehrheit, ihre Forderungen einmüthig, ernst und furchtlos dargethan hätten, so würden sie auch ohne äußere Gewalt, durch die moralische Stärke einer solchen Kundgebung ihren Willen durchgesetzt haben. Statt dessen ließen sich die Massen von beschränkten Fanatikern zu maßlosen Uebertreibungen, zu unaufhörlichen Tumulten und Ausschweifungen aller Art verleiten, die das Gefühl des Rechts in ihnen schwächten und von Neuem den Vorwand zu ihrer Unterdrückung boten. Obgleich in Deutschland, bei seinen, eines großen Volks so unwürdigen öffentlichen Zuständen, die innere Gährung überall dieselben äußeren Zeichen annahm, so bestand dennoch keine bestimmte Verbindung zwischen den Volksbewegungen in den einzelnen Gegenden. Ein nationaler Bund unter den vaterländisch Gesinnten aller Stände und aller Landestheile zu dem Zweck der Einheit und Freiheit Deutschland's errichtet, unter anderen Formen und für ein anderes Ziel, aber mit derselben Eintracht und Festigkeit aufrecht erhalten, wie man dies bei einigen großen Veranlassungen in England gesehen hat, würde seine Wirkung nicht verfehlt haben, weil es keine Regierung giebt, die der von der Mehrheit ihrer Unterthanen nachdrücklich und übereinstimmend dargelegten Gesinnung auf die Dauer widerstehen kann. Dazu hätte aber bei den Leitern eines solchen Bundes eine Einmüthigkeit, Mäßigung und Opferbereitwilligkeit, und bei der Menge eine Ausdauer, Selbstbeschränkung und Richtung aller Kräfte auf den vorgesetzten Zweck gehört, die damals in Deutschland äußerst selten war. Statt dessen sah man überall ungeregelte Gährung, unbestimmte Zielpunkte, Selbstüberhebung und Ohnmacht zu einem hoffnungslosen Ganzen gemischt.

Sachsen war mit radikalen Elementen, zum Theil aus Schuld der Schwäche und Halbheit seiner Regierung, noch mehr als andere deutsche Staaten, Baden ausgenommen, angefüllt. Die Kammer, die unter dem Einfluß der in allen größeren Städten des Landes für Robert Blum abgehaltenen Todtenfeier, gewählt worden, steuerte ganz offen auf eine deutsche Republik hin. Sie beschloß eine progressive Einkommensteuer, Auflösung des Heeres, Wahl aller Beamten durch das Volk, allgemeine Volksbewaffnung. Am 28. April löste der König Friedrich August diese Kammer auf. Im Ministerium, das im Ganzen das revolutionaire Treiben einmüthig bekämpfte, fand insofern eine Meinungsverschiedenheit statt, als ein Theil desselben für Einführung der Reichsverfassung, als ein Mittel der Beruhigung für die Massen war, ein anderer aber an der Souverainetät der Einzelstaaten und dem Vereinbarungsprincip festhielt. Der Minister des Auswärtigen von Beust, und der Kriegsminister Oberst Rabenhorst waren letzterer Ansicht zugethan, und das Ministerium ward in diesem Sinne umgestaltet. Die Auflösung der demokratischen Kammer und die Weigerung der Regierung, die Reichsverfassung einzuführen, brachte die längst vorhandene Unzufriedenheit

zum Ausbruch. Der König hatte die Anträge der bedeutendsten städti=
schen Korporationen des Landes, der Universität Leipzig und vieler poli=
tischen Vereine auf Einführung der Reichsverfassung entschieden abge=
lehnt. Die Volkspartei wollte diese Anerkennung mit den Waffen in
der Hand erzwingen. Am 3. Mai kam es zwischen der Kommunalgarde,
Freischaaren aus der Umgegend, Bergleuten aus dem Erzgebirge, die
in Dresden zusammengezogen waren, auf der einen und den Truppen
auf der anderen Seite zu einem Zusammenstoß, in welchem letztere an=
fänglich wenig ausrichteten, bis einheimische Verstärkung aus Leipzig
und fremde Hülfe aus Berlin herbeikam. In der Nacht vom 3. zum
4. Mai war der König mit seiner Familie nach dem Königsstein ent=
flohen. Alsbald trat eine provisorische Regierung, aus Tschirner, Heub=
ner und Todt bestehend, zusammen. Ein ehemaliger russischer Officier,
Namens Bakunin, leitete den Aufstand. Die bewaffnete Menge wehrte
sich anfänglich hartnäckig, unterlag aber zuletzt der Taktik und Disciplin
der Truppen und den Wirkungen ihres Geschützes, an dem es den Auf=
ständischen fehlte. Am 9. Mai war der Kampf beendigt und die Stadt
unterworfen. Es hatte sich in Dresden im Kleinen wiederholt, was in
Wien ein halbes Jahr vorher im Großen geschehen war. Der Wider=
stand einer einzigen Stadt, ohne daß das ganze Land an ihm Theil
nahm, mußte bald erliegen. Der Verlust war, ungeachtet man sich mehre
Tage lang geschlagen hatte, besonders auf Seite der Truppen äußerst
gering, indem diese, Preußen und Sachsen zusammengenommen, nur
31 Mann verloren. Sie hatten meist in gedeckter Stellung gefochten.
Von dem Volke waren 178 geblieben. Bakunin und Heubner wurden
auf der Flucht gefangen genommen. Obgleich einer gewissen Partei, die
sich an dem Aufstande in Dresden betheiligte, republikanische und kom=
munistische Tendenzen nicht fremd gewesen sein mögen, so war doch im
Ganzen für Durchführung der Reichsverfassung, also um eines an und
für sich keineswegs verwerflichen Zweckes willen gekämpft worden. Das
schwankende Verhalten der Regierung konnte der Menge als selbstsüchtig
und treulos, und ihre eigene Erhebung als eine verdienstliche Handlung
erscheinen. Die Agitation für Einführung der Reichsverfassung war
weit verbreitet. In Köln traten am 8. Mai die Abgeordneten von 303
rheinländischen Gemeinden zusammen, um sich für die Reichsverfassung
zu erklären. Am 19. geschah dasselbe in Königsberg, aber nur von
22 Gemeinden. Ein westphälischer Städtetag, nach Münster einberu=
fen, kam, nicht aus Mangel an Eifer, sondern wegen polizeilicher Ver=
hinderungen, nicht zu Stande. Diese Kundgebungen bewirkten, daß die

Landwehr an vielen Orten den Dienst verweigerte, als sie gegen die Aufständischen geführt werden sollte. Denn die Verfechter der Reichsverfassung schienen ihr im Recht zu sein. Vom 6. Mai an brachen Aufstände in Elberfeld, Crefeld, Neuß, Hagen, Düsseldorf, Iserlohn aus, die durch preußische Truppen unter General Hanneken unterdrückt wurden. In Iserlohn war auf beiden Seiten mit großer Erbitterung gekämpft worden. Franken war ebenfalls heftig erregt und in Nürnberg sprach sich eine große Volksversammlung nachdrücklich für die Reichsverfassung aus.

Alle diese Unruhen wurden durch eine geringe Anzahl Truppen leicht besiegt, oder erloschen aus Mangel an bewegender Kraft von selbst. Aber im südwestlichen Deutschland, wo die Unzufriedenheit mit dem Bestehenden am verbreitetsten war, und wo im März des vorigen Jahres die deutsche Revolution begonnen hatte, brach ein Aufstand aus, der in sich wenig Gehalt und Stärke besaß, aber anfangs von den Umständen begünstigt, sich mehr als anderswo verbreitete, und zu dessen Unterdrückung ein ganzes Heer aufgeboten werden mußte. Am 1. Mai wurde in einer großen Volksversammlung zu Kaiserslautern in der Pfalz der bayerischen Regierung der Gehorsam aufgekündigt und die Entrichtung der Steuern an sie verboten, weil sie die Reichsverfassung nicht anerkannt hatte. Am folgenden Tage erklärte sich der sogenannte Landesausschuß der demokratischen Vereine zu einer provisorischen Regierung, die keinen Widerstand fand, da die Soldaten sich auf Seite des Volkes schlugen und die Behörden wie gelähmt waren. Der Abgeordnete Eisenstuck wurde von Frankfurt aus zur Beilegung der Unruhen nach der Pfalz geschickt, überschritt aber seine Vollmachten, indem er die Beschlüsse der provisorischen Regierung anerkannte, und mußte vom Reichsministerium abberufen werden. Ein ehemaliger österreichischer Officier, Fenner von Fennenberg, der sich an der Wiener Revolution, aber ohne Beweise von Muth und Befähigung zu geben, betheiligt hatte, wurde an die Spitze der pfälzischen Freischaaren gestellt, aber bald wieder entlassen und durch einen Weinreisenden, Namens Blenker*), ersetzt, der sich durch einen kühnen Handstreich Ludwighafens bemächtigt hatte. Die bayerischen Festungen Landau und Germersheim blieben der Regierung erhalten, obgleich viele einzelne Soldaten zu den Aufständischen übergingen.

---

*) Blenker befehligt jetzt (1862), im Kriege der amerikanischen Nordstaaten gegen die Südstaaten, eine Division im Heer der ersteren.

Die pfälzische Bewegung schlug bald nach Baden über. Hier hatte die Regierung, obgleich im Ganzen freisinnig, so weit es in Deutschland vor 1848 möglich gewesen, aber einem unruhigen, reizbaren Volksgeist gegenübergestellt, den sie weder zu zügeln noch zu befriedigen vermochte, durch die Widersprüche in ihrem Verhalten, indem sie bald vorwärts bald rückwärts ging, sich um Ansehen und Vertrauen gebracht. Das stehende Heer, seit dem März 1848 die einzige Schutzwehr der deutschen Regierungen gegen die hochgehenden Wogen der Revolution, war in Baren während des langen Friedens in Verfall gerathen, und jetzt zerrüttet und in innerer Auflösung begriffen. Ein freies moralisches Band zwischen den Officieren und ihren Untergebenen hatte daselbst nie bestanden, und das erzwungene Band, die militairische Disciplin, war durch den Einfluß der revolutionairen Ideen auf die Unterofficiere und Soldaten, gelöst worden. Zwar hatten die badischen Truppen im vorhergehenden Jahr gegen die Hecker'schen und Struve'schen Freischaaren Stand gehalten, aber auch nicht mehr als durchaus nothwendig war gethan. Seitdem war aber der Geist in den unteren Schichten des Heeres durch die Schwäche der Regierung, die schwankende Lage der Dinge und die Künste der Verführung, welche die Demagogen besonders in der Presse anwandten, ein viel schlimmerer geworden. Die in einer revolutionairen Flugschrift ausgesprochene Drohung: ,,Man müsse die Soldaten lehren auf ihre Officiere statt auf ihre Brüder zu schießen'' — fing an eine gefährliche Bedeutung zu gewinnen. In Rastadt lagen, obgleich es eine Bundesfestung war, außer einer kleinen Abtheilung österreichischer Artillerie, nur badische Truppen. Unter diesen brach am 9. Mai die erste Meuterei aus. Es fand daselbst eine Versammlung auf dem Exercirplatz statt, wo Unterofficiere und Soldaten über ihre Rechte und Pflichten, und die Mittel denselben Geltung zu verschaffen verhandelten. Die Bürgerwehr nahm Theil und verbrüderte sich mit dem Kriegsvolk. Einige verhaftete Soldaten wurden mit Gewalt befreit. Alle Wirthshäuser waren voll, denn die Soldaten wurden auf Kosten des revolutionairen Theils der Bürgerschaft frei gehalten. Der Hang zur Völlerei, ohnedies schon verbreitet, fand eine ungemessene Befriedigung. Die Zusammenkünfte der Soldaten wurden von jetzt an ein Mittelding zwischen einem revolutionairen Klub und einem Trinkgelage. In den folgenden Tagen nahmen die Unordnungen und Gewaltthätigkeiten zu. Das Haus des verhaßten Oberst Pieron wurde zerstört, nachdem er selbst und mehre Officiere gemißhandelt worden. Der von Karlsruhe herbeigeeilte, sonst persönlich beliebte Kriegsminister, General

Hofmann, konnte die Ordnung nicht wieder herstellen und mußte flüch=
ten. Aehnliches geschah in Bruchsal, wo Struve aus seiner Haft befreit,
in Freiburg und Lörrach, an welchem letzteren Orte der Oberst von Rot=
berg von seinen eigenen Leuten schwer verwundet wurde. Auch diese
Tumulte einer rohen Soldateska wollten sich einen politischen Anstrich
geben, indem bei ihnen immer die Durchführung der Reichsverfassung
zum Vorwand genommen wurde, was aber hier nicht denselben Sinn
wie in Dresden haben konnte, da die badische Regierung dieselbe bereits
anerkannt hatte. Diese Militairaufstände waren aber gewissermaßen nur
die Einleitung zu den weiteren und stärkeren Ausbrüchen des revolutio=
nairen Geistes. Am 13. Mai fand in Offenburg eine große Volksver=
sammlung statt, die von dem „provisorischen Landesausschuß der Volks=
vereine in Baden", der in Mannheim seinen Sitz hatte, angesagt und
vorbereitet worden war. Daselbst wurden folgende Beschlüsse gefaßt:
Durchführung der Reichsverfassung; Bündniß mit der bayerischen Pfalz;
Rücktritt des gegenwärtigen Ministeriums; Aufhebung der bisherigen
Ständekammern, und Berufung einer aus allgemeinen Wahlen hervor=
gegangenen verfassunggebenden Landesversammlung; unentgeldliche Auf=
hebung sämmtlicher Grundlasten; Einführung einer progressiven Ein=
kommensteuer; Wahl der Officiere durch die Soldaten; Verschmelzung
des stehenden Heeres mit der Volkswehr; Rückkehr der politischen Flücht=
linge und Freilassung der politischen Gefangenen. Von dem Großher=
zog Leopold war nicht die Rede, obgleich er in seinem Lande bisher sehr
beliebt gewesen und dieß auch verdient hatte. Denn die Abstellung der
vorhandenen Mißbräuche und Mängel hatte nicht in seiner Macht ge=
legen. Sie waren leider in den allgemeinen deutschen Verhältnissen be=
gründet gewesen. Es war schon in Offenburg von Einführung der
Republik die Rede gewesen. Aber die Führer der Bewegung hatten, mit
Ausnahme einiger wenigen besonders exaltirten Demagogen, sich dage=
gen erklärt, und es war manchen unter ihnen vor der Steigerung des
revolutionairen Geistes selbst bange geworden. Aber einmal in seine
Wirbel hineingerissen war es ihnen, wie fast immer der Fall ist, unmög=
lich geworden, sich ihm wieder zu entziehen. An demselben Tage, an
welchem in Offenburg jene radikalen Beschlüsse gefaßt worden, war in
Karlsruhe der entscheidende Schlag gefallen. Dort empörte sich die
Garnison, zerstörte eine Kaserne, verwüstete die Wohnung des Oberst
Holz, der mit genauer Noth mit dem Leben davon kam, tödtete den Ritt=
meister von Laroche, und wollte das Zeughaus erstürmen, das aber von
der Bürgerwehr mit rühmlicher Ausdauer vertheidigt wurde. In der

darauf folgenden Nacht entfloh der Großherzog mit seiner Familie, an=
fänglich von einer Abtheilung Dragoner und einiger Artillerie begleitet,
und konnte nur auf Umwegen, da das ganze Land im Aufstand begriffen
war, sich in Sicherheit setzen. Den anderen Tag zog Brentano mit dem
Landesausschuß, von einem Regiment Infanterie und zahlreichen Frei=
schaaren begleitet, in Karlsruhe ein. Minister, Deputirte, Behörden,
alles war entflohen, verstummt oder unsichtbar geworden. Brentano
gab sich das Ansehen, als sei er zum Schutz der Bevölkerung gekommen,
und übernahm die öffentliche Gewalt im Namen des Großherzogs, ohne
dessen Vollmacht und trotz der Gegenerklärungen, welche derselbe bald
nachher erließ.

Das Frankfurter Parlament glaubte, da die von ihm beschlossene
Reichsverfassung so häufig gegen die Regierungen angerufen wurde, an
eine Bedeutung und Macht von seiner Seite, die nur noch ein aus der
Bewegung von 1848 herübergekommener Nimbus war, dessen Leerheit
unmöglich lange mehr verborgen bleiben konnte. Es hielt hartnäckig an
der Meinung fest, daß die Revolution noch immer von den Fürsten, wie
zur Zeit des Vorparlaments und im Anfange seiner eigenen Sitzungen
gefürchtet werde, und ließ die sonst leicht zu erkennenden Zeichen der in
der Lage der Dinge eingetretenen Veränderung außer Acht. Die Linke
erklärte in ihren Reden diejenigen Regierungen, welche die Reichsver=
fassung nicht angenommen hatten, für Empörer, und drohte gegen die=
selben mit Waffengewalt vorgehen zu wollen. Neben der Nationalver=
sammlung tagten in Frankfurt die von der Linken geleiteten Märzver=
eine, so genannt, um an die Begeisterung im März 1848 zu erinnern,
die einen von Fröbel und Ravaux unterzeichneten Aufruf an das deut=
sche Volk zur Ergreifung der Waffen gegen die Regierungen erließen.
Gagern, von der Linken auf das heftigste angegriffen, weil er der eben
in Sachsen ausgebrochenen Revolution die Reichshülfe zu leisten ver=
sagte, und von dem Reichsverweser nicht unterstützt, trat aus dem
Reichsministerium (9. Mai). Am folgenden Tage erklärte die National=
versammlung auf Antrag des Abgeordneten von Reden mit 188 gegen
147 Stimmen, daß das unbefugte Einschreiten preußischer Truppen
in Dresden einen schweren Reichsfriedensbruch enthalte, dem mit allen
zu Gebot stehenden Mitteln entgegenzutreten sei, daß sie alle Bestre=
bungen des deutschen Volks und seiner Vertreter zur Durchführung der
Reichsverfassung unter ihren Schutz nehme, und forderte die Central=
gewalt zur Ausführung dieses Beschlusses auf.

Der König von Preußen hatte unterdessen durch Radowitz eine

Unionsakte entwerfen und bekannt machen lassen. Man hoffte auf diese Art den engeren Bund mit Preußen an der Spitze, der Gagern in Frankfurt nicht gelungen war, in Berlin durchsetzen zu können. Gagern blieb jetzt nichts übrig als sich den Planen zuzuwenden, welche von Preußen für die Herstellung eines engeren Bundesstaats zu erwarten waren. Bassermann, der als Reichskommissarius nach Berlin gesandt worden, um dort die Annahme der Reichsverfassung zu befürworten, für die er selbst als Abgeordneter und Unterstaatssekretair so lange thä=tig gewesen, erkannte jetzt die Vergeblichkeit dieser Bestrebungen, und sprach sich nach seiner Rückkehr für die Verfassung, über welche so eben die Minister von Preußen, Sachsen und Hannover in Berlin unterhan=delten, und für eine „freie Vereinbarung" zwischen Fürsten und Völkern aus. Mit so überzeugenden Gründen er auch die Nothwendigkeit dieser neuen Richtung darzulegen wußte, so wollte die Linke doch um keinen Preis darauf eingehen, und lieber alles auf das Spiel setzen. Als Ant=wort auf die Annahme des Reden'schen Antrages rief die preußische Re=gierung die ihrem Lande angehörigen Abgeordneten aus der Paulskirche ab, und erließ am folgenden Tage ein Proklamation, die neue Zusiche=rungen für die Zukunft enthielt. Friedrich Wilhelm IV. sagte unter Anderem darin: „Meine Regierung hat mit den Bevollmächtigten der größeren deutschen Staaten, welche sich mir angeschlossen, das in Frank=furt begonnene Werk der deutschen Verfassung wieder aufgenommen. Diese Verfassung soll und wird der Nation in kürzester Frist gewähren, was sie mit Recht verlangt und erwartet: ihre Einheit dargestellt durch eine Exekutivgewalt, die nach außen den Namen und die Interessen Deutschland's würdig und kräftig vertritt, und ihre Freiheit, gesichert durch eine Volksvertretung mit legislativer Befugniß. Die von der Nationalverfassung entworfene Reichsverfassung ist hierbei zu Grunde gelegt, und sind nur diejenigen Punkte derselben verändert worden, welche, aus den Kämpfen und Zugeständnissen der Parteien hervorge=gangen, dem wahren Wohl des Vaterlandes entschieden nachtheilig sind. Einem Reichstage, aus allen Staaten hervorgegangen, die sich dem Bundesstaat anschließen, wird diese Verfassung zur Prüfung und Zu=stimmung vorgelegt werden." — Welcher Unstern muß über Deutsch=land's Angelegenheiten walten, daß von diesen Zusicherungen, in deren Aufrichtigkeit kein Zweifel zu setzen ist, bis jetzt (1862) auch nicht das Geringste in Erfüllung gegangen ist! —

Der Reichsverweser, von den langen und vergeblichen Anstrengun=gen seiner Amtsführung ermüdet und entmuthigt, sagte sich jetzt von den

Ideen von 1848 und den Bedingungen ſeiner Stellung los. Er war Patriot genug, um eine politiſche Regeneration Deutſchland zu wünſchen, aber weder die von der Nationalverſammlung beſchloſſene, noch die von Preußen gebotene Verfaſſung ſagte ihm zu. Er wandte ſich jetzt, da er eine Umgeſtaltung der deutſchen Zuſtände, im Sinne der Einheit, Größe und Freiheit des deutſchen Volkes, auf lange hinaus für unmöglich hielt, wieder dem partikulariſtiſchen Standpunkte eines öſterreichiſchen Prinzen zu. Er ernannte ein Miniſterium Detmold-Grävell, deſſen Mitglieder von jeher Gegner der preußiſchen Richtung, des Kaiſerthums, der deutſchen Einheit geweſen, von denen einige ſogar für Anhänger des vormärzlichen Syſtems galten. Die Nationalverſammlung nahm die Ernennung dieſes Miniſteriums als einen Hohn gegen ſie auf, und antwortete darauf mit dem Beſchluß, daß ein Reichsſtatthalter gewählt werden ſolle, der der Verfaſſung gemäß den Reichstag einzuberufen habe. Da die Nationalverſammlung nicht mehr die Macht hatte eine ſo herausfordernde Maßregel durchzuſetzen, ſo beſchleunigte ſie dadurch nur ihren eigenen Untergang. Gagern und ſeine Anhänger begriffen endlich, daß ihnen nur der Bürgerkrieg oder der Austritt übrig geblieben. Erſterer war hoffnungslos, und hätte der Vergangenheit und den Grundſätzen dieſer Partei widerſprochen. Am 21. Mai legten neunzig Mitglieder der Verſammlung, unter ihnen Gagern, Dahlmann, Beſeler, Moritz Arndt, Droyſen, ihr Mandat nieder. An demſelben Tage wurden die ſächſiſchen Abgeordneten abgerufen. Am 23. Mai traten noch einige vierzig Mitglieder der Rechten, unter ihnen Friedrich von Raumer, am 26. Mai Welcker und ſeine Freunde aus.

Die Nationalverſammlung war jetzt nur noch ein Schatten von dem was ſie früher geweſen. Die meiſten politiſchen Notabilitäten waren ausgeſchieden, aber es war in ihr noch immer eine Partei vorhanden, die an die Möglichkeit einer allgemeinen Erhebung des Volks glaubte, wenn demſelben das Zeichen dazu von ſeinen unerſchüttert gebliebenen Vertretern gegeben würde. Um freie Hand zu weiteren Unternehmungen zu haben, mußten die, welche die Revolution nicht für völlig geſcheitert hielten, an einen anderen Sitzungsort als Frankfurt denken, wo der Reichsverweſer und ſein Miniſterium jedem Beſchluſſe ihr Veto entgegenſetzten, und demſelben durch Herbeiziehung von Truppen Nachdruck verſchaffen konnten. Nach Baden wollte man nicht gehen, weil dies einer offenen Betheiligung am Bürgerkriege gleichgekommen wäre, und die Nationalverſammlung ſich immer noch das Anſehen geben wollte, eine über den Parteien ſtehende geſetzgebende Macht zu ſein. Stuttgart wurde als der ſchicklichſte Ort zur Fortſetzung der Sitzungen auserkoren, weil dort die Reichsverfaſſung anerkannt, zugleich aber der äußere Friede bewahrt war. Die Verlegung war nur mit 71 gegen 64 Stimmen entſchieden worden. Zu den Gegnern des Beſchluſſes, die es aber für ihre Pflicht hielten, ſich von der Majorität nicht zu trennen, gehörten: Uhland, Schott, Temme, Benedey u. ſ. w. Die Nationalverſammlung hatte ſich vorher noch für beſchlußfähig erklärt, wenn auch nur hundert ihrer Mitglieder anweſend wären. Am 30. Mai 1849, Nachmittags zwiſchen zwei und drei Uhr, verließen die letzten Abgeordneten die Paulskirche, um ſie nie wieder zu betreten. Am 6. Juni hielten ſie ihre erſte Sitzung in Stuttgart. Die Stuttgarter Bürgerwehr bildete das Spalier, durch das die Abgeordneten vom Rathhaus aus nach dem ihnen geöffneten Saal der württembergiſchen Ständekammer hinzogen. Am Abend ernannten ſie eine Reichsregentſchaft von fünf Mitgliedern: Raveaux, Vogt, Simon aus Breslau, Schüler und Becher. Die Nationalverſammlung ſprach dann die Abſetzung des Reichsverweſers aus, forderte alle deutſchen Heere zur Anerkennung ihrer Befehle auf, und verlangte von der württembergiſchen Regierung mit Geld und Mannſchaft unterſtützt zu werden. Aber das württembergiſche Miniſterium, obgleich ein zur Nationalverſammlung gehörendes Mitglied, Römer, an ſeiner Spitze ſtand, war nicht geneigt, dieſem Anſinnen zu willfahren, und ſeine Weigerung wurde von der württembergiſchen Ständeverſammlung und denen, welche mit dem allgemeinen Zuſtande Deutſchland's näher bekannt waren, gebilligt. Indeſſen wagte man doch nicht, die Frage, ob die Nationalverſammlung noch zu Recht beſtehe, im verneinenden Sinne zu entſcheiden. Denn die Schuld ihrer verringerten Anzahl konnte ihr nicht beigemeſſen werden, da die fehlenden Abgeordneten nicht freiwillig, ſondern auf Befehl ihrer betreffenden Regierungen ausgetreten waren. Sie war, wenn man ſie auch nicht für ſouverain gelten laſſen wollte, doch nie den deutſchen Regierungen für untergeordnet erklärt worden. Sie hatte mit ihnen auf dem Fuß der Gleichheit unterhandelt, und konnte deshalb von ihnen dem Recht nach nicht aufgelöſt werden. Die württembergiſche Regierung ſtellte ſich aber auf den Boden der Thatſachen, wie dies von ihrem Standpunkt aus das allein Vernünftige und Mögliche war, und erklärte, das Land um der ſchwachen Ueberreſte der Nationalverſammlung willen, nicht dem Unglück eines äußeren Angriffs und innerer Erſchütterungen Preisgeben zu dürfen. Denn in Württemberg ſah es ſehr unruhig aus. Aus Stuttgart ſelbſt und einer großen Anzahl von Gemeinden und Volksvereinen liefen Adreſſen an die Nationalversammlung ein, welche ihr Schutz und Beistand anboten. Indessen hielten die Truppen zur Regierung, und dies gab derselben den Muth, die Nationalversammlung zur Einstellung ihrer Sitzungen aufzufordern, und das Lokal derselben schließen zu lassen. Am 18. Juni, Nachmittags um drei Uhr, setzte sich die Nationalversammlung in feier- lichem Zuge von dem Hotel Marquardt, wo ihre Mitglieder zusammen- zukommen pflegten, nach ihrem Sitzungssaal, zu dem neuerdings ein Reithaus eingerichtet worden, in Bewegung. Voran ging der Präsident der Versammlung, Löwe von Kalbe, von dem seit Goethe's Tode be- liebtesten deutschen Dichter, Uhland, und von dem Prokurator Schott, dem ältesten und bewährtesten der württembergischen Freisinnigen, be- gleitet. Fußvolk und Reiterei hatte die Wege zum Sitzungslokal abge- sperrt und drängte die Abgeordneten mit Gewalt zurück, wobei es nicht an Beleidigungen gegen einzelne derselben fehlte. Die Abgeordneten mußten, von der vorrückenden Reiterei fort und fort gedrängt, ausein- ander getrieben und versprengt, zuletzt in einzelnen Häusern Schutz suchen. Wie zwecklos auch dieses letzte Auftreten des deutschen Parla- ments erscheinen mag, es stellte, wenn auch in verkleinerter Gestalt, im- mer noch das deutsche Vaterland und einen in den Augen des Patrioten ehrwürdigen Namen dar, und hätte deshalb selbst in seinem Verfalle noch Ansprüche auf Schonung und Achtung gehabt. Die Ueberreste jener großen Versammlung handelten ohne Zweifel unklug, indem sie bis zum letzten Augenblick an ihrem Recht festhalten wollten. Wenn man aber sonst die unwandelbare Treue für eine unglückliche Sache für edel und rühmlich hält, so begreift man nicht, warum es in diesem Falle anders sein sollte. Der Muth, mit dem diese Versammlung in den letz- ten Augenblicken, von aller Welt verlassen, ihrem tragischen Verhängniß zu widerstehen suchte, wird ihr in den Augen der Nachwelt nicht zur Unehre gereichen.

Nachdem die preußische Regierung ihre Landesangehörigen aus der Paulskirche abgerufen, brauchte sie auf die Nationalversammlung keine Rücksicht mehr zu nehmen, aber die königliche Proklamation vom 15. Mai legte ihr die Verpflichtung auf, die politische Regeneration Deutsch- land's, wenigstens derjenigen Theile, die sich ihrer Leitung anvertrauen würden, jetzt selbst in die Hand zu nehmen. Sie zeigte aber bei diesem Werk so wenig Umsicht und Ausdauer, daß man zuweilen zu der An- nahme versucht wird, daß es ihr damit überhaupt kein wahrer Ernst gewesen, oder daß sie von Hause aus an dem Gelingen des Plans ge- zweifelt habe. Anstatt den engeren Bund zu Stande zu bringen, und dann mit Oesterreich über seine Stellung zu demselben zu unterhandeln, schlug man in Berlin den umgekehrten Weg ein. Der vormärzliche Minister, General von Canitz, wurde nach Wien gesandt, um über die Union Oesterreich's mit dem engeren Bundesstaat Preußen's Ansichten mitzutheilen. Man antwortete demselben dort ganz einfach, daß man sich über das Verhältniß zu einem Bundesstaat, der noch gar nicht vorhanden sei, nicht aussprechen könne (16. Mai). Ueber den Bundesstaat selbst werde Oesterreich sich bei den Berliner Konferenzen erklären. Hierauf erneuerten die beiden Kabinette die schon früher gemachten Vorschläge: Oesterreich über die Errichtung eines Direktoriums, um an Deutschland's Spitze zu stehen, Preußen über die Bildung eines engeren Bundes, was aber zu keinem Ergebniß führte. Nach vierzehntägigen Unterhandlungen wurde General Canitz abgerufen (25. Mai).

Unterdessen hatten die Konferenzen in Berlin ihren Anfang genommen, und dauerten vom 17. bis 26. Mai ununterbrochen fort. Aber nur Bayern, Sachsen und Hannover, welche die Reichsverfassung nicht anerkannt hatten, betheiligten sich an ihnen. Der österreichische Bevollmächtigte, von Prokesch=Osten, war nur in der ersten Sitzung anwesend, und erklärte dann, daß ein Verfassungsentwurf für einen engeren Bund, in welchem Oesterreich keinen Platz einnehmen solle, dasselbe auch nicht berühren könne. Bayern folgte Oesterreich's Beispiel und zog sich ebenfalls zurück. Dasselbe war gegen die Reichsverfassung gewesen, weil sie Preußen an die Spitze stellte, und verwarf jetzt aus demselben Grund den engeren Bund. Hannover und Sachsen hielten damals zu Preußen, aber mehr um an demselben bei möglichen revolutionairen Bewegungen einen Schirm zu haben, als aus Liebe zur deutschen Sache, und schlossen mit ihm am 28. Mai das sogenannte Dreikönigsbündniß, jedoch nur als Provisorium auf ein Jahr, bis zum 1. Juni 1850. Die Grundbestimmungen desselben waren: allen Mitgliedern des deutschen Bundes steht der Beitritt zu dem Dreikönigsbündniß frei. Preußen erhält die militairische und diplomatische Leitung des Bundes. Der wichtigste Artikel des Statuts, Art. 4, lautete: „Um den ernsten Willen zu bethätigen, die Verhältnisse Deutschland's in Zukunft nach den Bedürfnissen der Zeit und den Grundsätzen der Gerechtigkeit zu ordnen, verpflichten sich die Verbündeten, dem deutschen Volk eine Verfassung nach Maßgabe des unter ihnen vereinbarten und diesem Vertrage anzuschließenden Entwurfs zu gewähren. Sie werden diesen Entwurf einer lediglich zu diesem Zweck zu berufenden Reichsversammlung vorlegen. Abänderungen, welche von dieser Reichsversammlung

beantragt werden, bedürfen zu ihrer Gültigkeit der Zustimmung der
Verbündeten. Dieselben behalten sich vor, über Zeit und Ort der
Reichsversammlung, so wie über die Form der Berufung das Weitere
festzusetzen." — Ein anderer Artikel betraf die Einsetzung eines provisorischen Bundesschiedsgerichts, zu dessen Sitz Erfurt bestimmt war, und
dessen Entscheidung sich sämmtliche Mitglieder des Bundes unterwerfen
sollten. Dem Statut beigefügt waren der Entwurf zu einer Verfassung
für den deutschen Bundesstaat, und der Entwurf zu einem Wahlgesetz
für den künftigen Reichstag. Der Verfassungsentwurf schloß sich fast
durchgängig der viel getadelten Frankfurter Reichsverfassung an. Der
Ausdruck „Reich" war darin auf den engeren Bund übergetragen. Nur
hieß das Oberhaupt nicht Kaiser, sondern: Reichsvorstand; aber letztere
Würde wurde, wie in Frankfurt die des Kaisers, mit der preußischen
Krone verbunden. In zwei wichtigen Punkten wich jedoch der Entwurf
zu dem engeren Bundesstaat von der Frankfurter Reichsverfassung ab.
Die Regierung des Reichs sollte nämlich nicht von dem Reichsvorstand
allein, sondern von letzterem an der Spitze eines Fürstenkollegiums geführt werden. Das Fürstenkollegium sollte aus sechs Stimmen bestehen,
nämlich: Preußen; Bayern; Sachsen mit den thüringischen Staaten
und Anhalt; Hannover mit den norddeutschen Staaten; Württemberg,
Baden, Hohenzollern und Lichtenstein; die drei Hessen, Luxemburg, Limburg, Nassau, Waldeck, Lippe, Frankfurt a. M. Der Reichstag war in
zwei Kammern getheilt. Er übte mit dem Fürstenkollegium die gesetzgebende Gewalt aus. Der Form nach schien in diesem Verfassungsentwurf das allgemeine Wahlrecht beibehalten, die besondere Art und
Weise der Wahl war aber dem Princip der Gleichberechtigung ganz
entgegen.

Oesterreich und Bayern sahen mit mißtrauischen Blicken auf diesen
Versuch Preußen's, unter etwas anderen Namen und Formen als bei
Annahme der Frankfurter Reichsverfassung der Fall gewesen sein würde,
die Leitung Deutschland's in die Hand zu nehmen. Der bayersche Minister von der Pfordten reiste nach Wien, um Bayern eng mit Oesterreich zu verbinden. Fürst Schwarzenberg erklärte jetzt ohne Umschweife,
was von ihm bisher nur angedeutet worden, daß er ein deutsches
Reich und Parlament nicht mehr aufkommen lassen werde. Nach ihm
sollte Deutschland einfach zum alten Bundestag unter Oesterreich's
Vorsitz zurückkehren. Was dem österreichischen Minister damals eine so
große Zuversicht einflößte, war die Wiedereroberung Oberitalien's, und
die Aussicht mit Rußland's Hülfe auch Ungarn zu überwältigen. In

seinem Siegesrausch ahnte Schwarzenberg nicht, daß die von ihm be=
folgte Politik Oesterreich's innere Verlegenheiten vermehren, und in nicht
gar ferner Zeit neue Kriegsstürme gegen dasselbe herbeiziehen werde.

Die preußische Regierung konnte nicht, wie die österreichische, daran
denken, das begonnene Verfassungswerk ganz ruhen zu lassen, denn sie
würde in diesem Falle, von den Schwierigkeiten im Inneren abgesehen,
alle Sympathien in Deutschland verscherzt haben. Oesterreich verließ
sich bei seinem Streben, wieder an Deutschland's Spitze zu treten, auf
sein so lange anerkannt gewesenes Recht auf diese Stellung, auf den
Einfluß der katholischen Ideen, die es als ihren Beschützer ansehen, und
die Besorgniß der Mittelstaaten, daß Preußen daran arbeite, ihre Selbst=
ständigkeit zu untergraben. Preußen durfte aber, wenn es die Hegemo=
nie in Deutschland erringen wollte, mit den konstitutionellen Formen
nicht völlig brechen, da sie im Geist der Zeit liegen, und von dem deut=
schen Volk gefordert wurden. Es wollte aber den Principien von Volks=
vertretung, Wahlrecht, gesetzlicher Gleichheit u. s. w., ohne sie in der
Theorie zu verwerfen, bei sich so wenig praktische Anwendung und Be=
deutung als möglich zugestehen. Die preußischen Kammern waren, wie
oben erwähnt worden, am 27. April aufgelöst worden, da sie die Durch=
führung der Reichsverfassung, die Aufhebung des Belagerungszustandes
in Berlin beantragt und sich überhaupt nicht fügsam genug gezeigt
hatten. Blieb das bisherige Wahlgesetz, so erhielt man auch dieselbe
Volksvertretung wieder. Es wurde deshalb wie früher eine neue Ver=
fassung, so jetzt ein neues Wahlgesetz octroyirt, das in den Grundlagen
mit dem übereinstimmte, das für den in Aussicht gestellten Reichstag des
engeren Bundes erlassen worden war. Angeblich geschah dies in der
Absicht, um die preußische Gesetzgebung der des Bundesstaats so gleich=
artig als möglich zu gestalten. Die geheime Abstimmung ward in eine
öffentliche verwandelt, und die Wähler wurden nach Maßgabe ihres
Steuerbetrages in drei Klassen eingetheilt, von denen jede ein Drittheil
der zu wählenden Wahlmänner und Abgeordneten ernennen sollte. Der
einseitige Ursprung des Dreiklassensystems was die Form, und das ge=
schmälerte Wahlrecht was den Inhalt betrifft, veranlaßte die angesehen=
sten Führer der demokratischen Partei zu einer Zusammenkunft in Kö=
then (11. Juni), auf der beschlossen wurde, sich an den nach diesem
Wahlgesetz zu vollziehenden Wahlen nicht zu betheiligen. Dieses unpo=
litische Verhalten, durch das, um principiell ein Recht zu bewahren, die
praktische Anwendung desselben ganz aufgegeben wurde, verhalf den
Gegnern der konstitutionellen Entwickelung zu einem vollständigeren

Siege als sonst möglich gewesen wäre, indem dieselben jetzt, da sie in den Kammern die Majorität erlangten, die Verfassung in ihrem Sinne um= gestalten konnten.

Was den Muth der Reaktion in Preußen beflügelte, waren die Ereignisse, die unterdessen in der Pfalz und in Baden eingetreten, und größtentheils durch preußische Waffen vollführt waren. Nach der Flucht des Großherzogs Leopold hatte sich die Ordnung im badischen Lande vollkommen aufgelöst. Im Oberlande, von Bruchsal bis zur Schweizer= grenze, war schon vor der Ankunft des Landesausschusses in Karlsruhe, die bewaffnete Macht ihrer Fahne untreu geworden, jetzt griff der Ab= fall der Truppen auch im Unterlande rasch um sich. Mit Ausnahme einer Abtheilung Dragoner, die nach Landau detachirt war, fielen die Unterofficiere und Gemeinen überall der Revolution zu. Die Officiere wurden von den Soldaten verjagt, gemißhandelt, selbst solche, welche vorher beliebt gewesen; es war als ob sich ein allgemeiner Rausch der Mannschaften bemächtigt hätte. Den Truppen, welche den Großherzog Leopold bis Germersheim, von wo sich derselbe nach Lauterburg begab, begleitet hatten, war es nur mit großer Mühe gelungen, bis auf würt= tembergisches Gebiet zu gelangen. Dort löste sich das Korps auf. Die meisten Officiere flohen, die dies nicht konnten, wurden auf jede Art be= schimpft. Der Artilleriehauptmann von Großmann, der die sechzehn Kanonen, die er bei sich führte, für den Großherzog nicht retten konnte, erschoß sich.

Die Civilverwaltung löste sich eben so wie das Militairwesen auf. Brentano, der, im Vergleich zu seinen Kollegen, für gemäßigt gelten konnte, suchte einen Rest von Ordnung zu erhalten, indem er die bis= herigen Beamten, die nicht besonders unbeliebt waren oder sich nicht freiwillig zurückzogen, in ihren Stellen beließ, sah sich aber in seinen Absichten von der extremen Fraktion der Demokratie gehindert und durchkreuzt, die das Land in die äußerste Verwirrung stürzte. Die Presse überbot an Zügellosigkeit Alles, was in Deutschland noch erlebt worden, und erinnerte an die schlimmsten Zeiten der ersten französischen Revolu= tion. Eine Menge Abenteurer aus Deutschland, der Schweiz, Frank= reich, Ungarn, Polen hatten sich in Baden eingefunden und halfen die Anarchie vermehren. Es fehlte der herrschenden Partei nicht an Geld, da in den großherzoglichen Kassen mehre Millionen Gulden vorräthig gewesen, die in einigen Wochen verschleudert wurden. Die ersten Ver= ordnungen der neuen Gewalthaber setzten die flüchtigen Minister ab, lösten die Kammer auf, beriefen auf den 10. Juni eine konstituirende

29*

Versammlung, und befahlen, außer der Bewaffnung aller Gemeinden, die Mobilmachung des ersten Aufgebots, d. h. aller unverheiratheten Männer von 18 bis 30 Jahren. Es wurden Kriegskommissarien für die militairische Organisation und Civilkommissarien für Polizei und Verwaltung ernannt, die oft auf das drückendste und willkührlichste schalteten. Alle diese Beschlüsse und Formen waren der ersten französischen Revolution entlehnt, aber ohne den Geist derselben, ohne die große That= kraft, das tiefe Nationalgefühl, die verzweifelte Entschlossenheit, welche jene Epoche bezeichnen. In Baden nahm die ganze Bewegung die Ge= stalt einer wüsten Orgie an. Hätte man dort wie in Dresden, die Durchführung der Reichsverfassung zum Ziel genommen, würde der Aufstand Sinn und Grund gehabt haben. So aber hegten die badischen Demagogen gegen das Werk der Nationalversammlung, diese selbst und Alles, was von ihr ausgegangen war, die tiefste Geringschätzung. Ihr Ideal war die socialistische und demokratische Republik, für die im Juni 1848 in den Pariser Straßen gekämpft worden, und die daselbst gänz= lich unterlegen war. Sie waren in nichts eigenthümlich und selbstitän= dig, sondern nur Nachahmer, weshalb es auch ihrem Thun an jedem Anfluge von Frische und Kraft gefehlt hat.

Der badische Landesausschuß sah sich nach auswärtiger Hülfe um, gewann aber nur die Pfalz für sich, mit deren provisorischen Regierung er am 17. Mai einen Vertrag abschloß, wonach die beiden Länder sich so ansehen sollten, als gehörten sie ein und demselben Staate an, und sich gegenseitig militairische Hülfe zusagten. Das Bündniß konnte aber keinem von beiden etwas helfen, da die Revolution in beiden, obgleich in der Pfalz zu ihr mehr Grund als in Baden vorhanden war, an der= selben inneren Ohnmacht litt. Ein Versuch des Landesausschusses, sich mit der französischen Republik in Verbindung zu setzen, und bei derselben Unterstützung zu finden, blieb vergeblich.

In Hessen=Darmstadt war der Boden, was die Gesinnung der Massen betrifft, vielleicht nicht weniger unterwühlt als in Baden, aber die Truppen waren daselbst der Regierung treu geblieben. Um den Auf= stand dorthin zu verpflanzen, wurden im Odenwald erst unbewaffnete, dann bewaffnete Volksversammlungen abgehalten. Am 24. Mai sollte eine große bewaffnete Versammlung in dem hessischen Grenzdorfe Ober= laubenbach statt finden, um die Odenwälder zum Anschluß an die Re= volution fortzureißen. Badischer Zuzug war in Masse da. Sieben bis achttausend Menschen hatten sich eingefunden. Der hessen=darmstädti= sche Kreisrath Prinz aus Heppenheim war in Begleitung von drei Kom=

pagnien Soldaten angelangt, und suchte die Menge durch Hinweisung auf das Gesetz zum friedlichen Auseinandergehen zu bewegen. Er hatte noch nicht ausgesprochen, als er von mehren Kugeln zu Boden gestreckt wurde. Die Soldaten, über diesen feigen an einem Wehrlosen verübten Mord empört, gaben auf die Aufständischen Feuer, von denen an vier= zig auf dem Platz blieben. Von diesem Augenblick an blieb das hessen= darmstädtische Militair gegen jeden Versuch es zu verführen fest. In Württemberg wurden die Hoffnungen der babischen Radikalen um diese Zeit ebenfalls vereitelt. In Reutlingen wurde am 27. Mai eine große Volksversammlung abgehalten. Man verhandelte über einen Anschluß Württemberg's an Baden und die Pfalz und die Durchführung der deut= schen Reichsverfassung. Fickler, ein Freund Hecker's und wie dieser schon vor der Revolution sich zu republikanischen Grundsätzen bekennend, be= gab sich, von Karlsruhe aus mit Geldmitteln versehen, nach Stuttgart, um dort unter den Truppen für die Republik zu werben. Seine Absicht wurde entdeckt, er ward verhaftet und nach der Festung Hohenasperg gebracht. Die württembergischen Soldaten waren damals nicht ganz zuverlässig, indem aber ihre Verführung im rechten Moment verhindert wurde, fanden sie später keine Gelegenheit mehr zum Abfall. Unter dem bayerischen Beobachtungskorps, das bei Donauwörth stand, waren die Gesinnungen, die in Baden und der Pfalz zum Ausbruch gekommen, ebenfalls vertreten. Die Soldaten sangen revolutionaire Lieder und brachten Lebehochs auf Hecker aus. Doch wußten die militairischen Obern unter ihnen wie unter den Württembergern, eine offene Auflehnung zu verhindern. So wurde der babische und pfälzische Aufstand von außen isolirt, und besaß in sich selbst nicht die Lebenskraft, ohne welche es keinen Erfolg und keine Dauer giebt. Von der entgegengesetzten Seite wurden bedeutende Streitkräfte zusammengezogen. Diese würden schon früher eingeschritten sein, wenn nicht der Reichsverweser und sein Mi= nisterium die Entscheidung durch Begünstigung der österreichischen Son= derinteressen verzögert hätten. Es sollte ein „Reichsheer" unter dem Prinzen Emil von Hessen gebildet werden, der für einen unbedingten Anhänger der österreichischen Politik galt. Die in Vorarlberg stehenden österreichischen Truppen hätten dazu nicht ausgereicht. Bayern, Würt= temberg, Nassau, beide Hessen sollten ein Kontingent zu dem Reichsheer stellen. Man hätte dann in Baden die großherzogliche Regierung unter österreichischem Schirm wieder eingesetzt, und dieselbe von der bundes= staatlichen Politik zu der süddeutschen Liga, die man in Wien im Auge hatte, herübergezogen. Aber von dem Großherzog Leopold, welchem die

Hülfe, welche der Reichsverweser in Aussicht stellte, ziemlich ungewiß und fern erschien, wurde ausdrücklich die Unterstützung Preußen's nach= gesucht, und von diesem sogleich zugesagt. Die preußischen Truppen, die am Niederrhein, an der Nahe, in Mitteldeutschland schon in Bereitschaft standen, erhielten Befehl zum Vorrücken. Dies Alles bereitete sich in den letzten Tagen des Maimonats vor. Der Großherzog Leopold, der unter= dessen nach Frankfurt gekommen, schloß mit Preußen einen Vertrag ab, erkannte das Dreikönigsbündniß und den octroyirten Entwurf zu einer Reichsverfassung an, und ernannte ein neues Ministerium, dessen Mit= glieder sich des Vertrauens des preußischen Kabinets erfreuten.

Der badische Landesausschuß, Brentano an der Spitze, glaubte jetzt etwas thun zu müssen, um seine Truppen zu beschäftigen, und die Hoffnung seiner Partei nicht ganz sinken zu lassen. Schon war der Moment versäumt worden, in dem man, wie Raveaux bringend ge= rathen, mit der regulairen badischen Streitmacht hätte vordringen und Württemberg, Hessen, den Odenwald, Franken, wo anfänglich wenige und nicht besonders treue Truppen standen, insurgiren sollen. Wahr= scheinlich hätte ein solches Unternehmen keinen dauernden Erfolg gehabt, es wäre aber wenigstens immer ein kühner Versuch, und der revolutio= nairen Rolle, die man einmal angenommen hatte, angemessen gewesen. Dazu hatte es aber den Führern der Revolution an Einsicht und Ent= schlossenheit gefehlt, und sie hatten eine kostbare Zeit mit vergeblichen Unterhandlungen, leeren Entwürfen und unthätigem Abwarten zuge= bracht. Als sie sich zur Offensive entschlossen, war es offenbar zu spät geworden. Am Nachmittag des 30. Mai überschritt ein starkes badi= sches Korps, bestehend aus mehren Regimentern Infanterie, Dragonern, Artillerie und Freischaaren, die hessen=darmstädtische Grenze bei Hep= penheim, wo sich ein Theil des Reichsheeres befand. Die Badener wur= den von einem früheren Lieutenant, Namens Sigl, dem der Landesaus= schuß das Oberkommando über seine bewaffnete Macht anvertraut hatte, befehligt, der früher Hecker's Adjutant gewesen, aber außer seinem per= sönlichen Muth nichts besaß, was ihn zu einer höheren militairischen Stellung befehligt hätte. Sigl *) traf so unzweckmäßige Anordnungen, daß seinen Truppen ihre Ueberlegenheit an Zahl keinen Vortheil ge= währte. Ein einziges Bataillon Hessen, mit etwas Reiterei und Geschütz versehen, schlug den Angriff der Badener zurück, verfolgte sie auf ihr

---

*) Kommandirt jetzt (1862) eine Division in der Armee der Union gegen die Konföderirten.

eigenes Gebiet, und vertrieb sie bei Hembach aus einer von Natur festen Stellung. Die badischen Schaaren waren erst in Heidelberg zum Stehen zu bringen gewesen. Dieser verunglückte Versuch der Revolution, ihre Macht auszubreiten, brachte ihr großen Schaden. Die Württemberger und Nassauer, die zu dem Peucker'schen Korps gehörten und bisher in ihrer Gesinnung schwankend gewesen, waren jetzt geneigt, das Beispiel der Hessen nachzuahmen.

Die sich den badischen Machthabern jetzt mehr als früher auf= dringende Ueberzeugung von den sie bedrohenden Gefahren, veranlaßte sie, ihre Kräfte zusammenzufassen. Der badische Landesausschuß löste sich auf und wurde durch eine provisorische Regierung ersetzt, in der Brentano, Gögg und Werner die ausübende Gewalt mit diktatorischen Befugnissen ausübten. In der Pfalz nahmen Fries, Schmitt und Hepp eine ähnliche Stellung ein. Hier hatten die militairischen Befehlshaber schon früher überzeugende Beweise von ihrer Unfähigkeit gegeben, aber nach dem Gefecht bei Heppenheim ward es klar, daß auch Sigl, auf den man vorher große Hoffnungen gebaut, zum Kommando durchaus ungeeignet sei. Man sah sich nach fremden Anführern um. Die Pfälzer übertrugen den Oberbefehl über ihre bewaffnete Macht an einen Gene= ral der ehemaligen polnischen Armee, Namens Sznaybe (Schneider), von deutscher Herkunft, aber in Polen geboren, und die Badener riefen zu demselben Zweck den bekannten Mieroslawski herbei, der neuerdings in Sicilien gefochten hatte, dort verwundet und kaum erst genesen war. Man hat beide häufig als ganz unbedeutend und untauglich hinstellen wollen, was aber nicht der Wahrheit gemäß ist. Sznaybe, der schon bejahrt war, hatte in der polnischen Armee für einen der besten Kavalle= rieofficiere gegolten, und, da er von dunkler Herkunft war, sich einzig durch sein Verdienst emporgebracht. Mieroslawski stand in der Kraft des Lebens, war von frühester Jugend an zum Soldaten erzogen wor= den, besaß, außer seiner Tapferkeit, militairischen Blick, und war nicht ohne strategische Kenntnisse. Da er aber immer in unglücklichen oder verlorenen Situationen aufgetreten ist, so haben seine natürlichen An= lagen sich nicht vollkommen entwickeln können. Jedenfalls waren beide Polen den einheimischen Kapacitäten, die auf die Leitung der militairi= schen Operationen Anspruch machten, sehr überlegen. Auch von den übrigen polnischen Officieren, die sich in Baden eingefunden hatten, kann man dasselbe sagen. Sie waren wenigstens entschlossene Soldaten. Was hätten aber selbst die erfahrensten und tüchtigsten militairischen Führer unter Verhältnissen ausrichten können, wo ihnen jeder feste Bo=

ben und jede natürliche Stütze fehlte? Sznahde fand in der Pfalz nur
uneingeübte Freiſchaaren und zuchtloſe bayeriſche Ausreißer vor. In
Baden, wo Mieroslawski wirken ſollte, wäre es zwiſchen den verſchiede=
nen Fraktionen der demokratiſchen Partei beinahe zum offenen Kampfe
gekommen. Struve, an der Spitze von Freiſchaaren und Abentheurern
aus allen Ländern, wollte in Karlsruhe die Republik ausrufen, wofür
ihn Brentano verhaften ließ. Ein Freiſchaarenführer und ehemaliger
Philhellene, Namens Böning, nahm ſich Struve's an, und wollte ihn
mit Gewalt befreien. Die Karlsruher Bürgerwehr ſtellte ſich auf Bren=
tano's Seite, die Freiſchaaren nahmen für Struve Partei. Beide waren
im Begriff handgemein zu werden, als Struve unter der Bedingung,
daß er mit ſeinen Anhängern aus Karlsruhe abziehe, aus dem Gefäng=
niß entlaſſen wurde.

Die konſtituirende Landesverſammlung, die am 10. Juni mit gro=
ßem Gepränge in Karlsruhe eröffnet wurde, hätte, ſelbſt wenn ſie aus
beſſeren Elementen, als der Fall war, zuſammengeſetzt geweſen wäre,
unter ſo ungünſtigen Umſtänden ihrer Beſtimmung, dem Lande eine
zeitgemäße Verfaſſung zu geben, nicht entſprechen können. So war ſie
aber in ſich ſelbſt eine der kläglichſten Volksvertretungen, die es je ge=
geben hat, und beſtand, wie Brentano ſpäter ſelbſt öffentlich erklärt hat,
der Mehrheit nach aus ganz unfähigen, rath= und thatloſen Demagogen
der niedrigſten Art, denen es eben ſo ſehr an Urtheil wie an Kenntniſſen
gebrach. Es kam in dieſer Verſammlung vor, daß Beſchlüſſe, die heute
gefaßt wurden, ſchon am anderen Tage, wegen offenbarer Ungereimtheit
oder Unmöglichkeit der Ausführung, zurückgenommen werden mußten.

Die Maßregeln zur Unterwerfung der Pfalz und Baden's waren
durch die Uneinigkeit, die zwiſchen Oeſterreich und Preußen beſtand,
verzögert worden, aber endlich doch zur Ausführung gekommen. Der
Reichsverweſer hatte den Oberbefehl über die Reichsarmee, welche aus
Heſſen, Mecklenburgern, Bayern, Württembergern, Naſſauern u. ſ. w.
zuſammengeſetzt war, dem früheren Reichskriegsminiſter, dem preußi=
ſchen General von Peucker, übergeben. Nur unter Bedingung dieſer
Ernennung, die den entſcheidenden Einfluß bei der Führung dieſes Krie=
ges in die Hand Preußen's legte, hatte daſſelbe eingewilligt, die Reichs=
truppen durch ein Kontingent unter dem General von der Gröben zu ver=
ſtärken. Die preußiſche Regierung behielt ſich aber vor, ein beſonderes
Korps unter dem Prinzen von Preußen gegen die Aufſtändiſchen operi=
ren zu laſſen. Um in die Bewegungen der beiden Armeen Uebereinſtim=
mung zu bringen, hielt der Prinz von Preußen in Mainz mit Peucker

und von der Gröben eine Zusammenkunft, wo beschlossen wurde, das Reichsheer unter Peucker solle die badische Streitmacht eine Zeit lang beschäftigen, dann links abschwenken und bei Durlach ihr in den Rücken fallen, während die preußische Armee unter dem General Hirschfeld, über die sich aber der Prinz von Preußen selbst den Oberbefehl vorbehielt, auf mehren Punkten in die Pfalz einrückte und bei Germersheim über den Rhein ging, um dann gemeinschaftlich mit dem Reichsheer die Aufständischen zu erdrücken.

Am 13. Juni drangen die Preußen unter Hirschfeld zwischen Kreuznach und Saarbrücken auf drei Straßen in die Pfalz ein. Die Freischaaren zogen sich, ohne den Angriff des Feindes abzuwarten, in eiliger Flucht zurück. Der General Sznaybe konnte mit Truppen, wie die waren, an deren Spitze er sich befand, es nicht wagen, dem Feinde entgegenzutreten. Das sogenannte pfälzische Volksheer floh bei Homburg, dann bei Kirchheim=Bolanden, bei Durkheim und zuletzt bei Rinnthal, wo es unter Willich's Anführung, der früher in preußischen Diensten gewesen, einen kurzen Widerstand versuchte. Bei Knielingen zogen sich die Pfälzer über den Rhein zurück. Die Festungen Germersheim und Landau wurden von den Preußen entsetzt. Erst am 19. Juni ging das bayerische Korps unter dem Fürsten von Thurn und Taxis bei Worms über den Rhein, und besetzte die von den Preußen verlassenen Punkte der Pfalz, indem es denselben nachzog. Am 20. Juni bewerkstelligte der General von Hirschfeld bei Germersheim seinen Uebergang über den Rhein, und rückte in Baden ein. Die revolutionaire Regierung der Pfalz war auseinander gesprengt. Der Prinz von Preußen hatte die ihm zunächst gestellte Aufgabe vollständig und in kürzester Zeit erfüllt.

Am 15. Juni begann der Kampf an der Neckarlinie. Man schlug sich bei Käferthal, eine Stunde von Mannheim, dann bei Ladenburg, auf beiden Seiten lebhaft und hartnäckig, zuletzt wurden die Badener geworfen. Ein unvorsichtiges Vorrücken des mecklenburgischen Obersten von Witzleben zog ihm einen größeren Verlust an Todten und Verwundeten zu, als sonst in diesen Gefechten vorkam, und veranlaßte die Gefangenschaft des preußischen Major Hindersinn. Unterdessen waren die Preußen auf dem linken Rheinufer bis Ludwigshafen, gegenüber von Mannheim, vorgerückt, und trieben die badische Besatzung über die Brücke bis Mannheim zurück. Am 16. Juni ergriff eine Abtheilung der Revolutionsarmee unter dem ehemaligen polnischen Oberst Oborski die Offensive, schlug die Reichstruppen bei Groß=Sachsen, wurde aber

von Witzleben, der den Badenern in den Rücken kam, wieder zur Um=
kehr gezwungen. Am 19. Juni hatte der größte Theil des Peucker'schen
Korps den Weg durch den Odenwald nach dem obern Neckar einge=
schlagen, und am 21. Juni nach kurzem, aber hartnäckigem Gefecht bei
Beerfelden, Hirschhorn und Eberbach den Fluß überschritten, während
gleichzeitig das preußische Korps unter Gröben bis Weinheim vorge=
schoben und in die Positionen der Reichstruppen eingerückt war. Mie=
roslawski, der jetzt in Gefahr war von drei Seiten eingeschlossen zu
werden, ließ seine ganze verfügbare Macht, zwölf= bis funfzehntausend
Mann, auf der Eisenbahn nach Langenbrücken bringen. Am 20. Juni
warf sich derselbe bei Waghäusel auf einen Theil des Hirschfeld'schen
Korps, das, bedeutend schwächer an Zahl als der Feind, bis Philipps=
burg zurückgedrängt wurde, wo es Verstärkung erhielt. Die Badener
wurden nach hartnäckigem Widerstand zuletzt überwältigt, und zogen
sich in großer Unordnung theils gegen Wiesloch, theils gegen Heidel=
berg zurück. Die Sieger verfolgten den errungenen Vortheil so langsam,
als wenn sie desselben nicht ganz sicher gewesen wären, sonst würde die
badische Streitmacht an diesem Tage auseinander gesprengt worden sein.
Am 23. Juni zog das Gröben'sche Korps in Heidelberg ein. In Mann=
heim hatten die Dinge sich rascher entschieden. Die Nachricht von der
letzten Niederlage der Revolutionsarmee gab einer Anzahl konservativer
Bürger den Muth, von einer Schwadron dem Großherzog Leopold treu
gebliebener Dragoner unterstützt, eine Abtheilung Volkswehr zu ent=
waffnen, und den Civilkommissarius von Trützschler, der mit der Kreis=
kasse zu Mieroslawski entfliehen wollte, zu verhaften. An demselben
Tage rückten die Preußen in Mannheim ein. Da Mieroslawski, der
in jedem Gefecht sein Leben unerschrocken aufs Spiel gesetzt hatte, nur
langsam verfolgt wurde, so gelang es ihm, seine Truppen noch mehr=
mals zum Stehen zu bringen, und namentlich zwischen den Dörfern
Ubstedt und Stattfeld und bei Durlach lebhaften Widerstand zu leisten.
Aber das Verhängniß ließ sich durch keine theilweisen Anstrengungen
mehr abwenden. Am 25. Juni rückten die Preußen in Karlsruhe ein,
das am Tage vorher von der Regierung, der konstituirenden Landesver=
sammlung, den Freischaaren, und mehren Mitgliedern der in Stuttgart
gesprengten Nationalversammlung in größter Eile und Verwirrung ge=
räumt worden war. Die pfälzischen Freischaaren, die vor den Preußen
nach Baden geflohen waren, und eigentlich nirgends Stand gehalten
hatten, wollten sich für ihre Niederlagen an dem General Sznayde
rächen, der keine Schuld daran hatte, fielen über ihn her, und mißhan=

delten ihn, so daß er nur mit genauer Noth mit dem Leben davon kam. Die aus Karlsruhe entflohenen revolutionairen Führer waren am 25. Juni in Offenburg angekommen. Dort tauchte Struve plötzlich wieder auf, der keinem Gefecht beigewohnt hatte, sondern mit einer Frei= schaar im Lande umher gezogen war, um, wie er behauptete, das Feuer der Revolution nicht erlöschen zu lassen. In Freiburg, wohin die Ueber= reste der revolutionairen Regierung sich gewandt hatten, glaubte Struve wieder eine Rolle spielen zu können, und schlug in der konstituirenden Landesversammlung, die dort noch einmal zusammentrat, vor, jeden Versuch mit dem Feinde zu unterhandeln als Verrath am Vaterland zu bestrafen, was mit 28 gegen 15 Stimmen angenommen wurde. Bren= tano, der sich von diesem Antrag persönlich bedroht sah, da er dafür galt den Gedanken an Rückberufung des Großherzogs nie ganz aufgegeben zu haben, und Struve's im letzten Augenblick noch einmal auflodernden Fanatismus fürchtete, flüchtete nach der Schweiz, und erließ von dort aus eine heftige Erklärung gegen seine bisherigen Kollegen, in der er ihnen die Begehung aller möglichen Fehlgriffe und Ungerechtigkeiten vorwarf. Manche von den revolutionairen Führern, sowohl aus der Pfalz als aus Baden, hatten reichlich aus den Staatsmitteln für sich geschöpft, und scheuten sich zuletzt nicht sogar Privateigenthum an sich zu reißen.

Mieroslawski setzte sich noch einmal zur Wehre und nahm eine Stellung hinter der Murg, indem er sich auf die Festung Rastadt stützte. Am 29. und 30. Juni wurde in einer langen Linie von Kuppenheim bis Gernsbach gekämpft. Die Badener schlugen sich noch ziemlich gut, mußten aber zuletzt der Uebermacht weichen. Von da an eilte Alles in unaufhaltsamer Flucht über die Schweizergrenze. Die Preußen rückten nach, und verlangten von den Kantonen die Zurückgabe des badischen Staatseigenthums, das die Aufständischen in großer Menge mit sich fortgeführt hatten. Die Schweizer lieferten Kanonen, Pferde und alles übrige Kriegsgeräth aus, ließen sich aber die gehabten Unkosten wieder= erstatten. Am 16. Juli erließ der Bundesrath an die geflüchteten Leiter der Revolution die Aufforderung, das Gebiet der Eidgenossenschaft un= gesäumt zu verlassen. Die Menge konnte daselbst bleiben, wenn sie Mit= tel zum Unterhalt besaß oder fand. Die meisten Unterofficiere und Soldaten, die in der Revolutionsarmee gedient hatten, kehrten nach einiger Zeit in ihre Heimath zurück. Oesterreich sah die Preußen nicht gern in Süddeutschland und am wenigsten am Bodensee, wo sie Kon= stanz besetzt hatten. Der Reichskriegsminister Fürst Wittgenstein wollte Oesterreicher in den badischen Seekreis einrücken lassen, um dort ein

Gegengewicht gegen die Preußen aufzustellen. Aber der Prinz von Preußen erklärte, daß der Großherzog von Baden nicht österreichische, sondern preußische Hülfe nachgesucht habe, und drang mit dieser Ansicht, ungeachtet des Widerspruchs des Reichskriegsministers, durch.

General von der Gröben war vor Rastadt zurückgeblieben. Er schloß die Festung eng ein, wollte sich ihrer aber nicht mit Gewalt bemächtigen, um sie nicht zu beschädigen, da sie Bundeseigenthum war. Der Schluß der badischen Revolution, die Vertheidigung von Rastadt, ist für die Betheiligten noch weniger ehrenvoll als so manche andere Episode jener traurigen Epoche gewesen. Obgleich es von selbst einleuchtete, daß, wenn die aktive badische Armee geschlagen und der Aufstand im offenen Felde besiegt war, eine einzige, selbst stärker als Rastadt befestigte Stadt sich nicht lange halten und die Lage der Dinge nicht verändern konnte, so blieben doch mehr als fünftausend Mann Truppen daselbst zurück, als hätten sie ihren Feinden Gelegenheit geben wollen, sie später als Verbrecher zu behandeln, und ihnen die äußerste Schmach anzuthun. Wollten dieselben für die Zukunft ein Beispiel von muthiger Ausdauer aufstellen, und lieber aufs äußerste widerstehen als ihren flüchtigen Kameraden nach der Schweiz folgen, so mußten sie, nachdem Rastadt von ihnen so lange als möglich vertheidigt worden, in einem verzweifelten Ausfall einen ehrenvollen Untergang suchen, oder sich unter den Ruinen der Festung begraben. Statt dessen ergab sich Rastadt am 23. Juli auf Gnade und Ungnade an die Preußen, gerade zehn Wochen nachdem der provisorische Landesausschuß daselbst eingezogen war, und vier Wochen nach dem Einrücken der Preußen und Reichstruppen in Baden. Wie anders als die Rastadt'sche Besatzung haben sich die Ungarn in ihrem letzten Bollwerk, in Komorn, gezeigt!

Wie früher in Oesterreich so ward auch jetzt in Baden über die bewaffneten Führer des Aufstandes ein strenges Gericht gehalten. Die bekanntesten unter denen, welche in Folge standrechtlicher Erkenntnisse erschossen wurden, waren: der Gouverneur der Festung Rastadt, Tiedemann, früher badischer Officier, dann in griechischen Diensten; der ehemalige badische Major von Biedenfeld; der Civilkommissarius von Trützschler; der schon bejahrte Böning, der am griechischen Freiheitskriege Theil genommen; der Pole Mniewski; der Redakteur des „Festungsboten", Elsenhans; der Freischaarenanführer Jakobi u. s. w. Viele andere wurden zu Zellengefängniß oder Zuchthaus verurtheilt. Die eigentlichen Urheber der ganzen Bewegung hatten sich, wie gewöhnlich, zur rechten Zeit in Sicherheit gesetzt. Die untergeordneten Werkzeuge, die mehr

hineingezogen worden, als daß sie angestiftet hätten, mußten für sie bü=
ßen. Wenn auch nach dem formellen Recht gegen die Erkenntnisse der
Kriegsgerichte nichts einzuwenden war, so hätten höhere sittliche Rück=
sichten eine mildere Behandlung des besiegten Aufstandes anrathen sollen,
wie auch in Sachsen nach dem Maiaufstande geschah, wo Niemand in
Folge desselben hingerichtet worden ist. Allgemeine Theilnahme erregte
das Schicksal des Dichters Kinkel, der sich am Aufstande betheiligt hatte
und zu lebenslänglicher Strafarbeit verurtheilt wurde. Es war kein
glücklicher Gedanke, an ihm die Leiden Silvio Pellico's erneuern zu
wollen. Die Einnahme Rastadt's hatte den Belagerern nach ihrer An=
gabe etwa hundert Mann, unter ihnen nur zehn Todte, der ganze Feld=
zug in der Pfalz und Baden ungefähr tausend Mann, darunter kaum
hundertundfunfzig Todte, gekostet. Der Verlust auf revolutionairer Seite
ist viel größer gewesen, kann aber nicht einmal annähernd angegeben
werden. Seltsamer Weise erschien Hecker, der im Anfange der deutschen
Bewegung mit seinen Ideen nicht hatte durchbringen können, plötzlich
an ihrem Ende wieder, als Alles verloren war. So wie damals zu früh
trat er jetzt zu spät auf. Er hatte, von dem Anblick der Freiheit in
Nordamerika begeistert, an dem endlichen Siege derselben in Deutsch=
land nicht verzweifelt, und war jetzt herbeigeeilt, um an ihren Kämpfen
Theil zu nehmen. Am 16. Juli in Straßburg angekommen, konnte er
mit eigenen Augen den Untergang aller seiner Hoffnungen erblicken, und
ging in großer Verstimmung nach seinem transatlantischen Asyl zurück.
Viele unter den Theilnehmern an der deutschen Revolution, die nicht in
die Hände ihrer Feinde gefallen, begaben sich ebenfalls nach den Ver=
einigten Staaten, da ihnen damals fast ganz Europa, England ausge=
nommen, verschlossen war. Am 18. August kehrte der Großherzog von
Baden in seine Hauptstadt zurück. Mit der Einnahme Rastadt's hatten
die revolutionairen Bewegungen in Deutschland aufgehört.

Während dies im Südwesten Deutschland's vorging, war auch im
Norden der Krieg wieder ausgebrochen. Der Waffenstillstand von Mal=
moe hatte weder bei den Herzogthümern, noch bei Dänemark Beifall
gefunden, und Rußland und England besorgten, daß Schleswig durch
das Provisorium der dänischen Krone vollends entfremdet werden würde.
Die skandinavische Partei hätte um den Preis einer Vereinigung der
drei nordischen Reiche die beiden Herzogthümer gern ganz an Deutsch=
land überlassen, wodurch beide, Deutschland und Skandinavien, gewon=
nen haben würden, aber dies war es gerade, was Rußland und Eng=
land nicht wollten. Deshalb thaten diese beiden Mächte Alles, um die

Idee eines skandinavischen Einheitsstaates nicht zur Anwendung kommen zu lassen, und sie begünstigten dagegen die Schöpfung des dänischen Einheitsstaates, in welchem Schleswig-Holstein, Jütland und die dänischen Inseln zu einem Ganzen verbunden werden sollten. Die dänische Regierung hatte die Zeit des Waffenstillstandes benutzt, um ihre Streitmacht auf einen möglichst furchtbaren Fuß zu setzen, und war dabei von allen Klassen der Bevölkerung eifrig unterstützt worden. Aber auch die Herzogthümer waren nicht müssig gewesen, hatten die allgemeine Wehrpflicht eingeführt und eine Anzahl tüchtiger preußischer Officiere in ihr Heer aufgenommen. Dänemark verließ sich zugleich auf seine Flotte, der die norddeutschen Staaten auf offener See keinen Widerstand entgegensetzen konnten. Vornehmlich im Vertrauen auf diese Ueberlegenheit hatten die Dänen am 26. März den Waffenstillstand gekündigt. Da geschah es, daß das dänische Geschwader, welches in die Mündung des Eckernförder Meerbusens eingelaufen war, von zwei schleswig-holsteinischen Strandbatterien eine gänzliche Niederlage erlitt (5. April). Das dänische Linienschiff Christian VIII. von 84 Kanonen strandete und wurde mit glühenden Kugeln in Brand geschossen. Der schleswig-holsteinische Artillerieunterofficier Preußer, der zu diesem Erfolg das meiste beigetragen hatte, wollte, nachdem der Christian VIII. die Flagge gestrichen hatte, die Bemannung des brennenden Schiffes retten, verspätete sich aber bei diesem menschenfreundlichen Unternehmen, und flog mit Masten, Segeln, Holzwerk und einem Theil der Mannschaft in die Luft. Die Fregatte Gefion von 56 Kanonen mußte ebenfalls die Flagge streichen. Die dänischen Seekapitaine, Paluban und Meyer, geriethen mit 900 Seesoldaten und Matrosen in Kriegsgefangenschaft. Dieser Sieg war von 32 schleswig-holsteinischen Artilleristen über 140 feindliche Geschütze erfochten worden. Der Herzog von Koburg hatte zu dem Erfolge beigetragen, indem er mit einer halben Feldbatterie an dem Kampfe Theil nahm. Der in den Herzogthümern über diese herrliche Waffenthat erhobene Jubel klang in Deutschland wieder.

Die tapferen Söhne der deutschen Nordmarken brannten vor Begierde mit den Dänen handgemein zu werden, und die allen Theilen Deutschland's angehörigen Truppen, die bereits im März in die Herzogthümer eingerückt, waren von keinem geringeren Eifer beseelt. Aber schon waren in Berlin Noten von Rußland und Frankreich eingelaufen, welche sich entschieden gegen eine Besetzung Jütland's erklärten, und nur zugaben, daß die deutschen Truppen die nach dem Waffenstillstand von Malmoe bezeichneten Positionen einnähmen. Da das preußische

Kabinet hierauf einging, so durfte nur Schleswig von den Deutschen besetzt werden, ohne daß an ein Vorrücken nach Jütland ernstlich gedacht werden konnte. Am 13. April wurden die Düppeler Schanzen von den deutschen Truppen erstürmt, die sich jetzt der Insel Alsen hätten bemächtigen können, wenn dies nicht den Bestimmungen des Waffenstillstandes entgegen gewesen wäre. Am 20. April wurden die Dänen in einem blutigen Gefecht bei Kolding geschlagen, aber Bonin durfte aus demselben Grunde nicht in Jütland vordringen. Hierauf langte das schleswig-holsteinische Heer vor Friedericia an. Anstatt dasselbe zur Verfolgung des Feindes zu verwenden, wurde jetzt eine Festung belagert, die schwer einzunehmen war, und deren Besitz keine Entscheidung herbeiführen konnte. Während Friedericia mit großer Lässigkeit belagert wurde, und das Belagerungskorps in zwei Hälften getheilt war, die auf keinem Punkt miteinander in unmittelbarer Verbindung standen, führte der dänische General Rye von Halgenaes zu Wasser ansehnliche Verstärkungen nach Friedericia, ohne daß Bonin davon unterrichtet gewesen wäre. In der Nacht vom 5. zum 6. Juli warf Rye sich an der Spitze einer überlegenen Macht auf das Belagerungskorps, das nach einem heißen Kampfe mit einem Verlust von 1500 Gefangenen, 2800 Todten und 28 Kanonen geschlagen wurde. Die Dänen hatten diesen Sieg theuer erkauft, sie verloren den General Rye, der im Gefecht blieb, und gegen 1300 Mann an Todten und Verwundeten, unter ihnen über 100 Officiere. Die Schleswig-Holsteiner waren so wenig entmuthigt, daß sie wieder zum Angriff übergehen wollten, als die Nachricht einlief, daß Preußen mit Dänemark am 10. Juli einen Waffenstillstand geschlossen habe. Derselbe lautete dahin, daß Schleswig von Holstein getrennt, eine Demarkationslinie in ersterem Herzogthum gezogen, der nördliche Theil von schwedischen, der südliche von preußischen Truppen besetzt, und für Schleswig eine besondere Landesverwaltung, aus einem dänischen und einem preußischen Kommissarius bestehend, gebildet werden solle. Dem Waffenstillstand waren Friedenspräliminarien von demselben Datum beigefügt, nach welchen Schleswig, unbeschadet der Verbindung mit der dänischen Krone, eine abgesonderte Verfassung erhalten und von Holstein getrennt werden sollte. Die schleswig-holsteinische Statthalterschaft erließ ein Manifest an die deutschen Regierungen, in welchem sie sich auf die urkundlichen Rechte der Herzogthümer berief, und namentlich die Anerkennung derselben durch Preußen hervorhob. Die Landesversammlung stimmte dieser Erklärung bei. Als aber die Leiter der schleswig-holsteinischen Bewegung vernahmen, daß die preußi-

sche Regierung beabsichtige, ihre Officiere, wenn die Herzogthümer die=
sem Waffenstillstand Widerstand entgegensetzen sollten, aus dem schles=
wig = holsteinischen Heere abzurufen, wodurch dasselbe desorganisirt wor=
den wäre, und sogar den Waffenstillstand nöthigenfalls mit Gewalt
durchsetzen wolle, glaubten sie den Umständen nachgeben zu müssen.
Die Landesversammlung genehmigte den Rückzug der schleswig = hol=
steinischen Truppen hinter die Eider, und die Statthalterschaft schlug
ihren Sitz in Kiel auf. Die Preußen zogen in Südschleswig, die Schwe=
den in Nordschleswig ein. Um das an Schleswig begangene Unrecht
zu beschönigen, ward von der Reaktion das Gerücht von einer nord=
albingischen Republik erfunden und verbreitet. In den Blättern dieser
Partei ward über den Sieg der dänischen Interessen und die Unter=
drückung der deutschen ohne Scheu gejubelt, und es wurden von ihr die
Dänen als Verfechter der Monarchie, die Schleswig=Holsteiner als
Revolutionaire bezeichnet. Sowohl die sachlichen als persönlichen Ver=
hältnisse erfuhren dabei die äußerste Entstellung. Denn die Dänen sind
weit demokratischer als die Schleswig=Holsteiner gesinnt, welche am
Alten und Herkömmlichen vielleicht mehr als irgend ein anderer deut=
scher Stamm hängen, und sich nur für dessen Erhaltung erhoben hatten.
Dänemark war schon zur Zeit des Absolutismus im Wesentlichen ein
demokratischer Staat, und hat deshalb auch die Form eines solchen, ohne
große innere Erschütterungen und ohne seine Natur zu verändern, an=
nehmen können, während in Schleswig = Holstein sich, ungeachtet sei=
nes angeblich revolutionairen Geistes, Ueberreste des mittelalterlichen
Ständewesens sich bis auf diese Stunde (1862) erhalten haben.

Man hätte vielleicht die Rechte der Herzogthümer besser gewahrt,
und dem Andrange der fremden Mächte zu Dänemark's Gunsten weniger
nachgegeben, wenn noch eine deutsche Nationalversammlung bestanden
und die Centralgewalt mehr Gewicht besessen hätte. Aber die Vertre=
tung des deutschen Volks war theils durch eigene Schuld, theils durch
die Ungunst der Umstände zu Grunde gegangen, und die von ihr ge=
schaffene Exekutivgewalt stand nach ihrem Verschwinden einsam und
haltlos wie eine Ruine da. Schon nach der Kaiserwahl wäre der
Reichsverweser geneigt gewesen, sein Amt niederzulegen, aber von Wien
aus war ihm die Weisung zugekommen, in seiner Stellung auszuharren
bis Oesterreich nach dem Mißlingen aller Reformversuche wieder seinen
alten Platz an der Spitze Deutschland's einnehmen könne. Die An=
wesenheit eines seiner Prinzen am Sitz des alten Bundestags sollte die=
sen Uebergang erleichtern. Der Reichsverweser hegte eine wirklich deut=

sche Gesinnung, und er wäre seiner Neigung nach wohl gern etwas mehr als ein bloßes Werkzeug der Politik des österreichischen Ministeriums gewesen, aber erst von der Nationalversammlung mehr gehindert als unterstützt, und später von aller Welt verlassen, konnte er zuletzt nichts weiter als ein gegen Preußen vorgeschobener österreichischer Posten sein. Auch war es natürlich, daß er, als eine freie und einheitliche Gestaltung Deutschland's unmöglich geworden, und es sich nur noch um eine preußische oder österreichische Suprematie handelte, für letztere wirkte, da ihm, selbst abgesehen von seinem Charakter als Erzherzog, sobald es sich nur um die Wiederherstellung der früheren Bundesverhältnisse handelte, die Ansprüche Oesterreich's als älter und begründeter erscheinen konnten. Er widerstand deshalb auch dem mehrfachen Ansinnen Preußen's sich zurückzuziehen, da ihm nach der Auflösung der Nationalversammlung, von der er gewählt worden, die Bedingung seines Daseins verloren gegangen, mit dem Bemerken, daß er allein noch das Band zwischen den einzelnen Staaten Deutschland's bilde, und daß er sein Amt nur in die Hände sämmtlicher deutscher Regierungen, sobald sie sich darüber geeinigt haben würden, niederlegen werde. In den letzten Tagen des Juni verließ der Bevollmächtigte der preußischen Regierung, Legationsrath von Kamptz, Frankfurt, und damit hörte jede officielle Verbindung zwischen Preußen und der Centralgewalt auf. Preußen war jetzt bemüht auch die Staaten, welche im April die Reichsverfassung anerkannt hatten, in sein Bündniß zu ziehen. Um die öffentliche Meinung in Deutschland für die Dreikönigsverfassung zu gewinnen, hatten die Leiter der ehemaligen Kaiserpartei ihre Gesinnungsgenossen aus der Paulskirche nach Gotha zu einer Besprechung eingeladen. Die Zusammenkunft fand am 26. Juni an dem genannten Orte statt, und alles erklärte sich offen für den engeren Bundesstaat mit Preußen an der Spitze. Auch die übrigen Regierungen schlossen sich endlich, mit Ausnahme von Bayern und Württemberg, an. Der Reichsverweser setzte seine Schattenregierung, die im Grunde nur in der Erfüllung gewisser Formalitäten bestand, bei Ermangelung aller anderen Hülfsquellen, von Oesterreich und Bayern schwach unterstützt, so gut wie es möglich war, fort. Unterdessen war zwischen Wien und Berlin über eine vorläufige Regelung der Gesammtangelegenheiten Deutschland's unterhandelt worden. Bayern suchte zwischen den beiden auf einander eifersüchtigen Großstaaten zu vermitteln. Nach einem von dem bayerischen Minister von der Pfordten entworfenen Plan sollten Oesterreich und Preußen das Präsidium des deutschen Bundes abwechselnd führen, und die Kleinstaa-

ten sollten mediatisirt und nach ihrer geographischen Lage unter die fünf
Königreiche vertheilt werden, damit sie nicht ausschließend unter preußi=
sche Oberherrlichkeit fielen. Es erscheint diese Idee noch unhaltbarer als
was sonst damals in der Art ausgedacht wurde, indem ihr bei der Aus=
führung, von Innen und Außen, alsbald unübersteigliche Hindernisse
entgegen getreten sein würden, und war überhaupt nur dazu aufgestellt,
um das Dreikönigsbündniß zu sprengen, und Sachsen und Hannover
von Preußen abzuziehen. Da gar nichts zum Abschluß kommen wollte,
und es aussah, als wenn Deutschland auseinander fallen sollte, so war
der Reichsverweser, der dann und wann ein Lebenszeichen von sich gab,
schon auf den Gedanken gefallen, eine neue Reichsversammlung nach
Frankfurt einzuberufen, was allenfalls den Kleinstaaten hätte zusagen
können, von Oesterreich, Preußen und den Mittelstaaten aber um kei=
nen Preis zugegeben worden wäre. Vielleicht war es dieser Plan, der
schwerlich auch nur zu einem Anfang von Ausführung gekommen wäre,
dessen bloße Kundgebung aber bei der damaligen Stimmung die Ver=
wickelung vermehren konnte, der eine Annäherung der beiden Großmächte
bewirken half. Oesterreich wollte einen Erzherzog nicht länger in einer
so mißlichen Stellung lassen, und Preußen hatte die Vergeblichkeit seiner
Bemühungen, die provisorische Centralgewalt in seine eigene Hand zu
nehmen, erkannt. So blieb nur der Ausweg übrig, dieselbe den beiden
Mächten gemeinsam zu überlassen. Zu dem Zweck ward der Ministe=
rialrath von Biegeleben von dem Reichsverweser nach München, Wien
und Berlin gesandt. Derselbe fand mit seinem Antrag bei den drei Hö=
fen Gehör, und am 30. September unterzeichneten in Wien Fürst
Schwarzenberg und der preußische Gesandte Graf Bernstorff einen Ver=
trag, das „Interim" genannt, nach welchem Oesterreich und Preußen
die „Ausübung der Centralgewalt für den deutschen Bund" bis zum
1. Mai 1850 im Namen sämmtlicher Regierungen übernahmen. Als
Zweck des Interims ward die Erhaltung des deutschen Bundes bezeich=
net. Während des Interims sollte, nach §. 3 des Vertrages, die deut=
sche Verfassungsangelegenheit der freien Vereinbarung der einzelnen
Staaten überlassen bleiben, und sollte sie beim Ablauf des Interims
noch nicht zum Abschluß gediehen sein, so war eine Uebereinkunft über
das Fortbestehen dieses Vertrags in Aussicht genommen. Die bisher
von der Centralgewalt geleiteten Angelegenheiten sollten, in so weit sie
zur Befugniß des engeren Rathes der Bundesversammlung gehört hat=
ten, einer „Bundeskommission" übergeben werden, zu der Oesterreich
und Preußen je zwei Mitglieder ernannten. In dem Fall die Bundes=

kommiffion sich zu einem Beschluß nicht einigen könnte, sollten drei Bun=
desglieder Schiedsrichter sein. Endlich sollte, sobald die Regierungen
diesem Vertrage zugestimmt hätten, der Reichsverweser „die ihm über=
tragenen Rechte und Pflichten des Bundes in die Hände des Kaisers
von Oesterreich's und des Königs von Preußen niederlegen." Die
öffentliche Meinung in Deutschland sah in dem Interim nur eine Vor=
bereitung auf Wiederherstellung des Bundestages. Das preußische Ka=
binet glaubte irriger Weise durch den Inhalt des dritten Paragraphen
dieses Vertrages die Verwirklichung des engeren Bundesstaats gesichert
zu haben. Es bedachte nicht, daß Hannover und Sachsen, die dem
Bündniß vom 26. Mai einzig in Rücksicht auf die für sie damals be=
denklichen Zeitumstände beigetreten waren, nur die Wiedererstarkung
Oesterreich's abwarteten, um aus dem untergeordneten Verhältniß von
Mitgliedern des Bundesstaats, wieder zu der gleichberechtigten Stellung
von Mitgliedern des Staatenbundes überzutreten. Auch von manchen
der kleineren Staaten würde, wenn ihre Besorgnisse vor der Revolution
einmal geschwunden, eine freiwillige Verzichtleistung auf irgend eine
Parcelle ihrer Souverainetätsrechte nicht erfolgt sein. Nur die schwäch=
sten unter den deutschen Regierungen würden sich, im Gefühl ihrer
Hülflosigkeit, unter die Flügel des preußischen Adlers geflüchtet haben.
Die Einsetzung der Bundeskommission verzögerte sich noch über zwei
Monate. Endlich trafen in der Mitte Decembers die Mitglieder der=
selben in Frankfurt ein: von Seiten Oesterreich's der ehemalige Mini=
ster von Kübeck und Feldmarschall=Lieutenant von Schönhals; von Sei=
ten Preußen's der General von Radowitz und der frühere Oberpräsident
der Provinz Preußen, Bötticher, in deren Hände der Erzherzog Johann
am 20. December die Würde eines Reichsverwesers niederlegte. Mit
dem Aufhören der Stelle des Reichsverwesers verschwand der letzte Rest
des 1848 angestellten Versuches zu einer staatlichen Wiederbelebung
Deutschland's, geräuschloser und regelmäßiger, aber darum nicht ehren=
voller als die Sprengung der Trümmer der Nationalversammlung in
Stuttgart gewesen. Stück vor Stück wurden die zum Neubau Deutsch=
land's zusammen getragenen Materialien bei Seite geworfen. Es war
in dieser deutschen Bewegung alles von Hause aus so unglücklich und
zweckwidrig angelegt gewesen, daß man sich beim Rückblick auf jene Tage
wundern muß, wie so viele erfahrene und einsichtsvolle Männer in der
nationalen Partei, unter solchen Umständen, ein Gelingen ihres Unter=
nehmens für möglich halten konnten. Der Erzherzog Johann war schon
bejahrt und lebensmüde, als er sein hohes Amt antrat, und hat von

seiner Thätigkeit in Frankfurt weder Freude noch Ruhm gehabt. Es muß ihn aber, da er ein edler Charakter und aufrichtiger Patriot war, bei diesem Scheitern eines so großen Werks ein trauriges Gefühl als am Abend einer verlorenen Schlacht angewandelt haben. Denn hier sank die Hoffnung eines ganzen Volkes in das Grab.

Im Gegensatz zu Oesterreich, wo das konstitutionelle Leben ganz eingeschlummert schien, war man in Preußen, obwohl nicht ohne viele Schwierigkeiten, mit dem Bau einer neuen Verfassung zu Stande ge= kommen. Die Reaktion, die in den Kammern, welche in Folge des Drei= klassensystems gewählt worden, die Majorität besaß, hatte die liberalen Bestimmungen der octroyirten Verfassung vom 5. December 1848 so zu beschränken gewußt, daß der Volksvertretung ein Veto nur gegen Auflegung neuer Steuern blieb, die Erhebung der bestehenden aber ohne weiteres erfolgen konnte. Die preußischen Kammern hatten nicht das Recht die Steuern jährlich zu bewilligen, was in der Theorie wie in der Praxis für einen der Grundpfeiler der öffentlichen Freiheit im konstitutio= nell = monarchischen Staate gilt. Nachdem die Berathungen über die Ver= fassung geschlossen und deren Ergebnisse der Regierung zur Genehmi= gung vorgelegt waren, wurden noch einige Beschränkungen der Volks= rechte verlangt, ehe der König sich zur Beschwörung der Verfassung bereit erklärte. Der Gedanke, der die reaktionaire Partei bei dieser Re= vision leitete, war, die 1848 verlornen Vorrechte und Ausnahmszustände durch die Verfassung selbst wieder herzustellen. Sie rechnete zur Er= reichung dieses Ziels auf die Dehnbarkeit der einzelnen Bestimmungen in dem Verfassungswerk, und die in ihm enthaltenen Widersprüche. Da keine Partei stark genug war, um die Verfassung ganz zurückzu= weisen, und dem Ministerium für seinen Plan in Betreff des Bundes= staats ein Abschluß wünschenswerth erschien, so kam ein solcher auch wirklich zu Stande, und am 6. Februar 1850 ward die Verfassung vom Könige und den Mitgliedern der beiden Kammern im Rittersaal des königlichen Schlosses in Berlin feierlich beschworen. Obgleich Friedrich Wilhelm IV. die Verfassung aufrichtig annahm und unverbrüchlich zu halten gelobte, so erinnerte doch manches in der Rede, die er bei dieser Gelegenheit hielt, an die Grundsätze und Anschauungen, die er bei Er= öffnung des Vereinigten Landtags ausgesprochen hatte. Die feudale Partei machte in Bezug auf die Worte des Königs darauf aufmerksam, daß derselbe auch die bei der Huldigung gegebene Erklärung erneuert habe, welche die Aufrechthaltung der ständischen Rechte in sich schließe. Die Verfassung sei von ihm nur unter der Bedingung beschworen wor=

den, daß ihm das Regieren mit derselben möglich gemacht werde, indem man die unverjährbaren Rechte der Krone und der Stände, als über der Verfassungsurkunde stehend, anerkenne, und nur unter der Bedingung, daß die Kammern fortführen, die Verfassung im Sinne der Monarchie und der Regierungsgewalt zu verbessern. Wie es auch mit diesen wirklichen oder vermeintlichen Vorbehalten gemeint gewesen sein mag, das Wesentliche war, daß Preußen mit dem 6. Februar in die Reihe der Verfassungsstaaten eingetreten war, daß das Königthum fortan Schranken anerkannte, und das Volk bestimmte Rechte besaß.

Preußen suchte jetzt den engeren Bund thatsächlich in das Leben zu rufen. Aber es fehlte dem preußischen Entwurf ein mächtiges Gewicht, das die Arbeiten der deutschen Nationalversammlung eine Zeit lang für sich gehabt hatten, das moralische Gewicht, aus einer Volksvertretung hervorgegangen zu sein, und demnach im Volk selbst eine mächtige Partei für sich zu haben. Vom Standpunkt der praktischen Ausführbarkeit schien es noch immer sehr zweifelhaft, ob sich die Menge der von so verschiedenen Interessen erfüllten deutschen Regierungen jemals freiwillig über einen Verfassungsentwurf einigen werde, der manche Opfer von ihnen verlangte, die ihrer eingewurzelten partikularistischen Selbstsucht empfindlich sein konnten. Schon im August hatte der nassauische Bevollmächtigte einen Antrag auf baldige Vorbereitung der Wahlen zum nächsten Reichstag gestellt, was seitdem mehrmals wiederholt worden war. Aber Hannover widersetzte sich diesem Antrag aus Rücksicht auf Oesterreich, Bayern und Württemberg, und erklärte, daß er zur Zeit ungelegen sei, und zu unabsehbaren Verwickelungen führen müsse. Die Verhandlungen im Verwaltungsrath, d. h. unter den Mitgliedern des engeren Bundes, nahmen einen gereizten Ton an, und drohten das Werk im Entstehen zu Grunde zu richten. Sachsen schloß sich der hannover'schen Auffassung an, und Mecklenburg-Strelitz neigte sich ebenfalls auf diese Seite. Es war dies der erste Anfang zu einem Bruch des kaum begonnenen Werks. Auf Antrag des preußischen Bevollmächtigten im Verwaltungsrath, des Staatsministers von Bodelschwingh, wurde der Beschluß gefaßt, am 15. Januar (1850) die Wahlen der Abgeordneten zum Volkshaus für den nächsten Reichstag vorzunehmen. Da trat Oesterreich dazwischen, indem es die Rechtsbeständigkeit der Bundesversammlung behauptete, gegen den angekündigten Reichstag einen förmlichen Protest erhob, und erklärte, es werde einem Rechtsbruch mit seiner ganzen Macht zu begegnen wissen. Dies flößte den öffentlichen und geheimen Gegnern Preußen's, die seit den Erfolgen der preußischen Waffen im südwestlichen Deutschland etwas eingeschüchtert gewesen, wieder Muth ein.

Der Einspruch Oesterreich's kam jedoch zu spät, um die Vorbereitungen zum Reichstag hindern zu können, und am 13. Februar berief der Verwaltungsrath den Reichstag auf den 20. März nach Erfurt ein. Aber da zeigte es sich plötzlich, auf wie schwankendem Boden dieser Bau stand, und wie thätig im Stillen Mißgunst und Eifersucht gegen Preußen gewesen. Hannover erklärte am 25. Februar, es sehe durch den jüngsten Beschluß des Verwaltungsraths sein Verhältniß zum Vertrage vom 26. Mai als gelöst und auf die Grundlage des deutschen Bundes zurückgeführt an. Darauf rief Preußen seinen Gesandten aus Hannover ab. Noch übler gestaltete sich Preußen's Verhältniß zum König von Württemberg. Derselbe bezeichnete bei Eröffnung der württembergischen Ständeversammlung das Bündniß vom 26. Mai als einen künstlichen Sonderbundsversuch, auf den Selbstmord der Gesammtheit berechnet, und ohne Aussicht auf Bestand in den Tagen der Gefahr. Die preußische Regierung sah sich in Folge dessen genöthigt, ihre diplomatischen Beziehungen zu Württemberg abzubrechen. Die öffentliche Meinung wurde durch die von den Gegnern des Bundesstaats angenommene Haltung gereizt, weil es aussah, als ob dieselben aus Selbstsucht gar nichts zu Stande kommen lassen wollten, und neigte sich in diesem Augenblick zu Preußen, weil dieses wenigstens den Willen zu einer politischen Reform an den Tag legte. Selbst in vielen großdeutschen Kreisen ward die Meinung vernommen, es sei immer besser, daß etwas in Erfurt als anderwärts nichts geschehe. Dieser Stimmung verdankte ein abermaliger Verfassungsentwurf für Deutschland sein Entstehen, der am 27. Februar von Bayern, Sachsen, Württemberg unterzeichnet wurde, und an dessen Berathung Hannover sich betheiligte. Es war darin eine Bundesregierung von sieben Mitgliedern aufgestellt, aus den vier Königreichen, neben Oesterreich und Preußen, bestehend; von den übrigen Bundesgliedern fanden nur die beiden Hessen, weil deren Treue gegen das Bündniß vom 26. Mai zu wanken begann, Berücksichtigung. Baden blieb, weil es von preußischen Truppen besetzt war, von diesem Entwurf ausgeschlossen. Eine Versammlung von 300 Mitgliedern sollte als Nationalvertretung der Bundesregierung zur Seite stehen, und durch die einzelnen Landesvertretungen gewählt werden. Das österreichische Kabinet stimmte diesem Entwurfe unter der Bedingung bei, daß ihm die Möglichkeit geboten werde, sich dem projektirten Bunde mit dem gesammten Umfange des Kaiserreichs anzuschließen. Dieser Entwurf war

noch weniger als eine der vielen anderen Kombinationen, die in jener
Zeit auftauchten, geeignet, den wesentlichen Bedürfnissen Deutschland's
abzuhelfen, und ist, wie die österreichische Verfassung vom 4.
März, nie, selbst nicht zu einem Anfang von Ausführung, gekommen. Es war da=
mit überhaupt nicht eine politische Regeneration Deutschland's, sondern
nur eine Revision der alten Bundesakte gemeint gewesen. Aber selbst
ein so bescheidenes Ziel würde auf diesem Wege nicht erreicht wor=
den sein.

Unterdessen waren die Wahlen zum Erfurter Parlament vollzogen,
und dasselbe am 20. März im Rathhause dieser ehemaligen Reichs=
stadt eröffnet worden. Die bekanntesten Führer der Gothaischen Par=
tei: Vincke, Camphausen, Simson, Heinrich von Arnim, Auerswald,
Beckerath, Schwerin, Max Duncker u. s. w., waren gewählt worden.
Auch in den übrigen Bundesstaaten hatten die Gothaer einen überwie=
genden Sieg erfochten. Aus Baden, Hessen, den thüringischen Fürsten=
thümern, Oldenburg, den Hansestädten fehlte nicht leicht ein hervor=
ragender Name unter den vormaligen Führern des Centrums in der
Paulskirche. Wer hätte es unter solchen Umständen für möglich gehal=
ten, daß auch aus dieser Versammlung kein Ergebniß hervorgehen,
daß sie bald so angesehen werden würde, als sei sie nie vorhanden ge=
wesen. Und doch geschah dies. In Erfurt traten nicht, wie früher in
Frankfurt, ungemessene Ansprüche, die Vorstellung einer schrankenlosen
Befugniß, Gleichgültigkeit gegen die entgegenstehenden Schwierigkeiten,
sondern Schwäche, Halbheit und Unklarheit bei Behandlung des unter=
nommenen Werkes hervor. Nachdem die Versammlung, ungeachtet des
Widerstandes der reaktionairen Partei, die Verfassung mit einer starken
Majorität angenommen hatte, wurde der Reichstag, aus Scheu vor
Oesterreich's Einsprache, Rußland's Drohungen, und aus Besorgniß
vor dem Abfall einiger deutschen Staaten, plötzlich am 29. April ver=
tagt, um nie mehr zusammenzutreten. Man war unterdessen in Berlin
anderen Sinnes geworden und wollte entschieden wieder in die Bahn
des Rückschritts einlenken, und damit ließ sich ein nationaler Gedanke,
wie der des engeren Bundes, und eine denselben verkörpernde Reichs=
versammlung nicht vereinigen. Da änderte sich wiederum unerwarteter
Weise die Stimmung am preußischen Hofe. Um nicht das Ansehen zu
haben, das ganze so mühsam vorbereitete Werk über Bord zu werfen,
ergingen Einladungen zu einem Fürstenkongreß für den 8. Mai nach
Berlin, wo über die Begründung des engeren Bundes verhandelt wer=
den sollte. Fast sämmtliche Mitglieder desselben, mit Ausnahme des

Großherzogs von Hessen = Darmstadt und des Herzogs von Nassau, die sich entschuldigen ließen, erschienen in der preußischen Hauptstadt. Aber auch dort ward nichts für den vorgesetzten Zweck ausgerichtet. Baden, Kurhessen und Mecklenburg = Schwerin sprachen sich in einer Weise aus, die ihr Beharren bei der Union als zweifelhaft erscheinen ließ.

Oesterreich glaubte jetzt den Augenblick zu einem kühnen Vorwärts= gehen gekommen. Es richtete am 26. April eine Einladung an alle Bundesglieder, sich in Frankfurt zu versammeln, der, außer den vier Königreichen, von Kurhessen, von Dänemark für Holstein = Lauenburg, von Holland für Luxemburg und Limburg, von Hessen = Homburg und Lichtenstein Folge geleistet wurde. Da das Interim mit dem 1. Mai ablief, beschloß man zunächst die Bildung einer neuen provisorischen Centralgewalt und die Revision der Bundesverfassung in Betracht zu ziehen. Oesterreich legte nachher einen Entwurf vor, wonach der Bun= destag aus sieben Gruppen mit neuen Stimmen bestehen sollte. Was man in Berlin gelegentlich mit dem geringschätzigen Ausdruck: „Frank= furter Kongreß" bezeichnet hatte, trat also gleich im ersten Augenblick als erneuetes Organ der alten Bundesverfassung auf. Dem von Sach= sen, Hannover, Kurhessen gegebenen Beispiel folgten Schaumburg = Lippe, Hessen = Darmstadt und Mecklenburg = Strelitz, die ihre Bevollmächtigten in das reaktivirte Plenum nach Frankfurt sandten. Oesterreich ging jetzt noch einen Schritt weiter, und am 14. August wurden sämmtliche Bundesglieder eingeladen den engeren Rath wieder zu beschicken. Was Oesterreich so kühn machte, war nicht seine eigene Stärke, denn es hatte zur Unterwerfung Ungarn's der russischen Hülfe bedurft, und seine in= neren Zustände waren nichts weniger als gesund und naturgemäß ge= staltet, sondern die Ueberzeugung von Preußen's Unentschlossenheit, die es nie auf das Aeußerste ankommen lassen werde, das Verlangen der meisten deutschen Regierungen nach den vormärzlichen Zuständen, unter denen man so unbeschränkt und verantwortungslos hatte walten können, und die tiefe Niedergeschlagenheit, die sich der freisinnigen Partei in Deutschland bemächtigt hatte. Ueberall waren die politischen Vereine gesprengt, die Kammern wiederholt aufgelöst, die liberalen Ministerien beseitigt und die Mitglieder der reaktionairen Partei an die Spitze der öffentlichen Angelegenheiten gestellt worden. Es war sogar eine sehr überflüssige Vorsicht, daß Oesterreich bei jedem seiner Anträge auf Re= staurirung des Bundestages vorgab, es sei damit keinesweges die Rück= kehr zu den alten Zuständen gemeint, sondern man sehe diesen Weg nur als den einzigen an, um zu einer den Bedürfnissen der Zeit angemessenen

Reform des Bundes zu gelangen. Es hätte seine Absicht zu den vor=
märzlichen Ideen zurückgreifen zu wollen offen darlegen können, es
würde auf keinen anderen Widerstand als den von diplomatischen Noten
und Zeitungsartikeln gestoßen, die es in ähnlicher Weise erwiedert, und
während dieser Zeit nach seinen Absichten gehandelt hätte. Preußen
antwortete auf die Einladung zur Beschickung des engeren Rathes mit
einer ausführlichen Denkschrift, in der alle Gründe hervorgehoben waren,
die gegen eine Wiederherstellung des Bundestags, insbesondere die im
Juli 1848 einstimmig erfolgte Aufhebung desselben, sprechen konnten.
Dieses und Aehnliches blieb auf die Realtion ohne Eindruck, die sich
auf keinen ernsten Vernunftstreit einließ, sondern zu Verdrehungen der
Wahrheit, Sophismen und Deklamationen ihre Zuflucht nahm. Es
kam jetzt nicht auf Recht oder Unrecht, sondern auf Macht oder Ohn=
macht an, und man fühlte in ganz Deutschland, daß Oesterreich zur
Durchführung seiner Plane nöthigenfalls zu den Waffen greifen könne,
Preußen aber seine Sache nur mit Worten und auf dem Papier ver=
theidigen werde. Während das nur von dreizehn Regierungen beschickte
„Plenum" des alten Bundes rüstig vorwärtsschritt und entscheidende
Beschlüsse faßte, vernahm man wenig oder nichts von der „Union", der
die Mehrzahl der deutschen Regierungen der Form nach angehörte.
Oesterreich, das im Stillen bedeutende Streitkräfte in Böhmen zusam=
mengezogen hatte, nahm gegen Preußen eine immer schroffere Haltung
an. Es griff die Militairkonventionen an, welche die preußische Regie=
rung mit Anhalt, Mecklenburg, Braunschweig und Baden geschlossen,
und setzte der Verlegung der badischen Truppen, die eine Zeit lang
preußische Garnisonen beziehen sollten, eine Reihe von Hindernissen ent=
gegen. Dasselbe Preußen, das einst unter Friedrich dem Großen und
neuerdings in den Befreiungskriegen so entschlossen und thatkräftig auf=
getreten, schien jetzt von einer Art Lähmung befallen zu sein, und es ver=
hielt sich leidend und zuwartend, als hoffte es auf einen übernatürlichen
Beistand. Wenn es zur rechten Zeit für seinen Bundesstaat, zu dem
sich anfänglich der größte Deutschland's hinneigte, so viel Eifer und
Entschiedenheit, wie Oesterreich für die scheinbar ganz verlorene Sache
des Bundestags bewiesen hätte, so wäre der Erfolg kaum zweifelhaft
gewesen. Aber durch die Nachgiebigkeit und Schwäche, die es zuerst ge=
gen Hannover, dann in Erfurt und bei mehren anderen Gelegenheiten
bewiesen hatte, verlor es die Sympathie des deutschen Volks, das sich
von jetzt an weder um Union noch Fürstenkollegium bekümmerte, sondern
seine Blicke nach Schleswig=Holstein wandte, wo die deutsche Nationali=

tät von einem fremden Joch bedroht wurde, und nach Kurheſſen, wo
verfaſſungsmäßige Rechte in Gefahr ſtanden, fürſtlicher Willkühr auf=
geopfert zu werden.

Schleswig war ſeit dem Waffenſtillſtand vom 10. Juli 1849
unter der Form einer gemiſchten Landesverwaltung dem Drucke der
Dänen Preis gegeben. Der preußiſche Bevollmächtigte, Graf zu Eulen=
burg, ging auf alle Maßregeln ſeines däniſchen Kollegen von Tillich ein,
welcher die Schleswiger für ihre Anhänglichkeit an Deutſchland und
ihre Abneigung gegen Dänemark in jeder Weiſe mißhandelte, deutſch
geſinnte Prediger und Lehrer vertrieb, patriotiſche Beamte entſetzte, den
Gemeinden, die ſich ſeinen Anordnungen nicht alsbald fügten, außer=
ordentliche Laſten auflegte, und überhaupt ein Verfahren einhielt, das
um ſo mehr verletzen mußte, da es von einem kleinen Volk gegen die
Angehörigen eines viel größeren verübt wurde. Die deutſchen Regierun=
gen ſchienen dieſe Demüthigung der deutſchen Nationalität nicht zu füh=
len. Die Holſteiner, über die Leiden ihrer ſchleswigſchen Brüder erbit=
tert, ſtellten, als Bonin nach Berlin abgerufen wurde, den preußiſchen
General von Williſen an die Spitze ihrer Streitmacht, und beſchloſſen
den Krieg gegen Dänemark auf eigene Hand fortzuſetzen. Jetzt mußten
alle preußiſchen Officiere auf höheren Befehl die holſteiniſche Armee
verlaſſen. Williſen war ein bekannter militairiſcher Schriftſteller, ein
gelehrter Generalſtabsofficier und durch vielſeitige Bildung ausgezeich=
net, hatte aber nie ſelbſtſtändig kommandirt, und war von der Schule,
die er durchgemacht, nicht auf einen Volkskrieg, wie der war, den er jetzt
zu führen hatte, vorbereitet worden. Er nahm als General eine über=
triebene und unzeitige Rückſicht auf die politiſche Lage des Landes, deſ=
ſen Rechte er vor allem mit den Waffen zu vertheidigen hatte, und ging
von der Anſicht aus, daß die militairiſchen Operationen nur dazu dienen
ſollten, die Friedensunterhandlungen zu erleichtern. Aber er machte ſich
auf dieſe Art jede große Unternehmung unmöglich, und wurde bei der
Ausführung ſeiner Plane von Bedenklichkeiten zurückgehalten, die mit
ſeiner nächſten Aufgabe nichts gemein hatten. Da Dänemark ſich an=
heiſchig gemacht hatte, nicht in Holſtein vorzudringen, und ein Einfall
der Holſteiner in Schleswig durch die Preußen verhindert wurde, ſo
dauerte das Proviſorium bis in den Sommer hinein. Am 2. Juli 1850
wurde zwiſchen Preußen und Dänemark ein definitiver Friede unter=
zeichnet, der Schleswig den Dänen überließ, in Holſtein aber noch die
Rechte des deutſchen Bundes wahrte. Als die Preußen Schleswig ver=
ließen, rückte Williſen daſelbſt ein, um das Land gegen die Dänen zu

behaupten. **Am 24. und 25.** Juli (1850) kam es bei Jbstedt, unweit
der Stadt Schleswig, zu einer Schlacht, in der die Holsteiner, ungeachtet
der von ihnen bewiesenen Tapferkeit, aus Mangel an kräftiger Führung und Einheit in den Bewegungen, geschlagen wurden. Dieser Kampf
fiel sehr blutig aus, indem auf beiden Seiten fast der zehnte Mann getödtet oder verwundet wurde. Schleswig sollte jetzt auf lange Zeit
hinaus für Deutschland verloren gehen. Am 2. August unterzeichneten
England, Frankreich, Rußland, Schweden und Dänemark zu London
ein Protokoll, in welchem der dänische Einheitsstaat anerkannt wurde.
Oesterreich trat dieser Erklärung bei, die am 30. September von dem
reaktivirten deutschen Bunde bestätigt wurde.

So bezeichnend auch für den Geist, in welchem die deutschen Angelegenheiten geführt wurden, die Ereignisse in Schleswig-Holstein
waren, der entscheidende Schlag bei der Lösung der schwebenden Fragen
mußte in einem mehr im Mittelpunkt Deutschland's liegenden Staate
erfolgen. Es war dies Kurhessen. Daselbst waren die Souveraine schon
seit drei Generationen gewohnt, mehr ihren eigenen Vortheil als den
des Landes zu berücksichtigen, und der Laune und Willkühr einen vorherrschenden Einfluß auf die Führung der Regierung einzuräumen. Der
gegenwärtige Kurfürst schien hierin seine beiden Vorgänger eher über-
treffen, als ihnen nachstehen zu wollen. An und für sich würden die
Vorgänge in Kurhessen nicht weitgreifend genug gewesen sein, um ganz
Deutschland in Bewegung zu setzen, sie erhielten aber dadurch eine große
Bedeutung, daß die Politik der beiden deutschen Großmächte dort am
stärksten auf einander stieß, und ihre gegenseitige Stellung, wie die zu
Deutschland bei Gelegenheit des hessischen Verfassungsstreites, eine entschiedene Wendung nahm. Der Kurfürst Friedrich Wilhelm, dem schon
die Verfassung von 1831 als eine große Beschränkung erschien, hatte
sich nur sehr ungern zur Annahme des freisinnigen Wahlgesetzes von
1849 herbeigelassen, und war nur von den Umständen gedrängt dem
engeren Bunde beigetreten. Ihm gefiel vor allem der Zustand, wie er
unter dem Bundestag bis 1848 gewesen, wo die deutschen Fürsten,
wenn sie nur den aus Frankfurt kommenden freiheitsfeindlichen Beschlüssen zustimmten, was dem Kurfürsten nicht schwer fiel, im Innern
ihrer Staaten so gut wie unumschränkt waren, und bei etwaigen Streitigkeiten mit ihren Landständen immer auf eine ihnen günstige Entscheidung am Bundestag rechnen konnten. Bei der Uneinigkeit, die zwischen
Oesterreich und Preußen schon bei der Frankfurter Kaiserwahl ausgebrochen war und seitdem immer zugenommen hatte, bei der Eifersucht

der Mittelstaaten auf die preußische Suprematie, und der offenbaren
Unentschlossenheit des preußischen Kabinets in der Behandlung der deut=
schen Frage, schien dem Kurfürsten die Zeitlage günstig, um wieder auf
die von ihm 1848 verlassene Bahn zurückzukehren, von der er sich nur
gegen Neigung und Ueberzeugung entfernt hatte. Zu dem Ende entließ
er im Februar 1850 das freisinnige Ministerium Eberhard, und stellte
einen entschiedenen und als solchen erprobten Reaktionair, den Gehei=
menrath Hassenpflug, an die Spitze seiner Regierung. Dieser Mann,
der sich nur als Fürsten= und nicht als Staatsdiener betrachtete, war,
wie der Kurfürst selbst, dem absolutistischen System mit Leib und Seele
ergeben. Er war einer von den Menschen, welche zur Willkühr geneigte
Fürsten immer herauszufinden wissen, und auf welche sie ihre Verant=
wortlichkeit entladen können, ohne selbst die ganze Schuld ihrer Hand=
lungsweise auf sich nehmen zu dürfen. Hassenpflug verachtete bei seinem
beschränkten, nur auf den Augenblick und dessen Erfolge gerichteten Ur=
theil, die öffentliche Meinung, und verließ sich unter allen Umständen
auf die Anwendung der Gewalt. Aber er war ausdauernd, verschlagen
unter plumpen Formen, und, wenn er sich den Rücken gedeckt wußte, bis
zur Verwegenheit unternehmend. Ein solcher Diener mußte für einen
Gebieter vom Charakter des Kurfürsten ein treffliches Werkzeug ab=
geben. Nachdem Hassenpflug zwei Ständeversammlungen, von denen
seine Finanzvorschläge verworfen worden, aufgelöst hatte, ordnete er,
ohne sich um die Zustimmung der Volksvertretung zu bekümmern, die
Forterhebung aller direkten und indirekten Steuern an, und erklärte, als
er damit bei den Gerichten auf Widerstand stieß, das ganze Land in
Kriegszustand. Hassenpflug, dem es nicht entging, daß er hierbei in
Kollision mit Preußen gerathen könne, zu dessen Bundesstaat Kurhessen
noch gehörte, verließ sich auf Oesterreich's und dieses wiederum auf
Rußland's Unterstützung. Die Differenzen zwischen dem preußischen
und österreichischen Kabinet gaben dem Kaiser Nikolaus Gelegenheit, als
Schiedsrichter in den deutschen Angelegenheiten aufzutreten. Die strei=
tenden Parteien legten ihm ihre Klagen zur Begutachtung vor. In der
zweiten Hälfte des Juni erschien der Kaiser von Rußland in Warschau,
wohin sich von Berlin der Prinz von Preußen, von Wien Fürst Schwar=
zenberg begaben. Die günstige Entscheidung, die letzterer für seine An=
sprüche erhielt, gab ihm den Muth, in Frankfurt den engeren Bundes=
rath, also den ächten alten Bundestag, wieder zu eröffnen (2. Septem=
ber), unter Vorbehalt des Zutritts der sich noch weigernden, dem Bünd=
niß vom 26. Mai zugehörigen Staaten. Oesterreich ließ Preußen jetzt

keine andere Wahl, als Nachgeben oder Krieg, und zwar einen Krieg, bei dem, außer einem Theile Deutschland's, auch Rußland sich auf Seite Oesterreich's gestellt haben würde.

Haffenpflug, der mit seinen Gewaltmaßregeln nicht durchgedrungen war, indem die gesammte Staatsdienerschaft bis auf die Polizei hin= unter, und zuletzt selbst das Militair seine Anordnungen unausgeführt ließ, bewog den Kurfürsten zur Flucht von Kassel nach Frankfurt, wo= hin er denselben begleitete (12. September), um die Hülfe des Bundes= tags in Anspruch zu nehmen. Von dort begab sich der Kurfürst mit seinem Minister nach Wilhelmsbad, wo er einstweilen den Sitz seiner Regierung aufschlug. Der Bundestag sagte in einem Beschluß vom 17. September dem Kurfürsten Hülfe zur Wiederherstellung seiner Auto= rität zu. Da Kurhessen sich damals vom engeren Bundesstaat noch nicht getrennt hatte, so blieb Preußen nur übrig, entweder sich dem neuen Bundestag zu unterwerfen, oder dessen Dazwischenkunft mit Ge= walt entgegenzutreten. Friedrich Wilhelm IV. protestirte gegen den Bundesbeschluß vom 17. September, und ernannte den General von Radowitz zum Minister der auswärtigen Angelegenheiten. Zugleich wurde ein preußisches Truppenkorps in Westphalen zusammengezogen. Aber auch Oesterreich hatte sich auf alle Fälle in Bereitschaft gesetzt und ein Heer in Böhmen aufgestellt, über das Graf Radetzky den Oberbefehl übernehmen sollte. Am 11. Oktober kam der Kaiser Franz Joseph mit den Königen von Bayern und Württemberg, die eifrig auf die Politik des österreichischen Kabinets eingegangen waren, in Bregenz zusammen, um mit ihnen die Vollziehung des Bundesbeschlusses vom 17. Sep= tember zu verabreden. Ein bayerisches Korps, unter dem Fürsten von Thurn und Taxis, von einem österreichischen Kontingent verstärkt, sollte in Kurhessen einrücken, wodurch zugleich die in Baden stehenden preußi= schen Truppen bedroht wurden. Aber ehe man an die Ausführung ging, mußte die Meinung des Kaisers Nikolaus vernommen werden. Der= selbe kam abermals nach Warschau, wohin sich der Kaiser Franz Joseph und Fürst Schwarzenberg, und von preußischer Seite der Ministerpräsi= dent Graf Brandenburg begaben. Oesterreich verlangte von Preußen das Aufgeben der Union und die Anerkennung des restaurirten Bundes= tags, eine Forderung, die von Rußland aus lebhaft unterstützt wurde. Ungeachtet der nahen Verwandtschaft mit dem preußischen Königshause neigte sich Nikolaus damals durchaus zu Oesterreich hin, und Graf Brandenburg soll von dem russischen Herrscher sehr verletzende Worte über den Gang der preußischen Politik vernommen haben.

Radowitz hatte durch ein preußiſches Armeekorps unter General von der Gröben die Etappenſtraßen in Kurheſſen beſetzen laſſen, und in Vorausſicht eines Krieges die ſchleunige Rückkehr der in Baden ſtehenden preußiſchen Truppen angeordnet. Die Bayern unter Thurn und Taxis rückten in Kurheſſen ein, beſetzten Hanau und drangen auf der Straße nach Kaſſel vor, wo eine preußiſche Beſatzung lag. Ein blutiges Zuſammentreffen ſchien unvermeidlich zu ſein, ward aber durch die Veränderung vermieden, die unterdeſſen im preußiſchen Miniſterium eingetreten war. Radowitz hatte am 2. November im Miniſterrath ein Programm vorgelegt, wonach Preußen nur die gemeinſame Löſung des kurheſſiſchen Verfaſſungsſtreites zuließ, dem Einrücken der Bayern widerſtehen und ſeine Truppen auf den Kriegsfuß ſetzen ſollte. Auch ſollte ein Manifeſt an das preußiſche Volk erlaſſen und die Kammern einberufen werden. Aber die Friedenspartei hatte im letzten Augenblick am preußiſchen Hofe die Oberhand gewonnen. Radowitz drang mit ſeinen Anfragen nicht durch, legte ſein Amt nieder, und der bisherige Miniſter des Innern, Manteuffel, übernahm die proviſoriſche Leitung der auswärtigen Angelegenheiten. General von der Gröben erhielt ſogleich Befehl den Rückzug anzutreten. Bei dieſer Gelegenheit kam ſeine Nachhut mit der bayeriſchen Vorhut bei Bronzell (8. November) in Berührung. Es fielen von beiden Seiten einige Schüſſe, ohne daß ſich ein Gefecht entſponnen hätte. Kaſſel wurde von Preußen und Bayern gemeinſchaftlich beſetzt. Unterdeſſen war Graf Brandenburg, der ſchon krank von Warſchau zurückgekehrt, geſtorben, und der Kultusminiſter von Ladenberg einſtweilen mit dem Vorſitz im Miniſterrath betraut worden. Als aber Manteuffel in Radowitz Stelle getreten, ließ er in Wien erklären (3. November), daß Preußen der Ausführung der Bundesſchlüſſe in Kurheſſen und Holſtein keinen Widerſtand entgegen ſetzen werde, aber die Abhaltung von Konferenzen über die deutſche Verfaſſungsfrage für nöthig erachte. Einige Tage ſpäter ward eine Mobilmachung der preußiſchen Armee und Landwehr angeordnet, aber dem öſterreichiſchen Geſandten in Berlin die Verſicherung gegeben, daß dies nur geſchehe, um die öffentliche Meinung zu beruhigen, und daß die Zugeſtändniſſe vom 3. November damit nicht zurückgenommen wären. Oeſterreich verwarf in ſeiner Antwort einen Theil der preußiſchen Forderungen ganz, beſchränkte andere, verlangte definitives Aufgeben der Union, und Anerkennung des Bundestags, von dem die Beſchlüſſe der abzuhaltenden Konferenzen ratificirt werden ſollten. Preußen räumte alles ein, und beſtand nur auf baldiger Eröffnung der

Konferenzen, und daß die Etappenstraßen durch Kurhessen für die preu=
ßischen Truppen offen blieben. Am 15. November ward von preußischer
Seite in einer Sitzung des Fürstenkollegiums die Unzweckmäßigkeit der
Union unter den gegenwärtigen Umständen erklärt, zugleich aber ein
neues Bündniß unter veränderten Formen in Aussicht gestellt, zu dem
aber die bisherigen Bundesgenossen Preußen's wenig Neigung zeigten.
Die Union löste sich in den nächsten Wochen durch den Rücktritt der ein=
zelnen Glieder von selbst auf. Um der Wiederkehr so drohender Zer=
würfnisse, wie zwischen Oesterreich und Preußen in der letzten Zeit sich
erhoben hatten, vorzubeugen, begab sich der Minister von Manteuffel,
der jetzt die leitende Hand im preußischen Kabinet geworden war, nach
Olmütz, um mit dem Fürsten Schwarzenberg die noch streitigen Punkte
auszugleichen. Die österreichische Politik trug in der dort geschlossenen
Uebereinkunft (29. November) einen vollständigen Sieg davon, indem
Preußen sich zur Anerkennung aller von Oesterreich in der letzten Zeit
gestellten Forderungen in Betreff der deutschen Verfassungsfrage, und
der Zustände Kurhessen's und Schleswig=Holstein's verstand.

Die nächste Wirkung der in Olmütz gefaßten Beschlüsse sollte in
den genannten Ländern bald gefühlt werden. In dem ersteren derselben
gewann der Kurfürst die seit dem März 1848 verlorene Stellung wie=
der, und mehr als dies, und er und seine vertrauten Diener und Ge=
sinnungsgenossen fanden Gelegenheit sich für die unterbrochene Will=
kührherrschaft reichlich zu entschädigen. Nachdem das Land mit Hülfe
bayerischer und österreichischer Truppen wieder unter die unumschränkte
Gewalt des Kurfürsten gerathen, schaltete Hassenpflug daselbst wie in
Feindesland. Die ihm mißliebigen Beamten wurden entsetzt oder zum
Rücktritt gezwungen; manche von ihnen zogen die Flucht in das Ausland
einer langen Untersuchungshaft und den Erniedrigungen vor, von denen
sie bedroht waren. Alle Versammlungen, selbst die einzig zum geselligen
Vergnügen bestimmten, wurden von einer besonderen Erlaubniß ab=
hängig gemacht, es wurden Zeitungen unterdrückt, Lesekabinette geschlos=
sen, und Einzelne wie Gemeinden, die sich den Hassenpflug'schen Anord=
nungen nicht schnell und unbedingt unterwarfen, mit Einquartierung
von Soldaten bestraft, deren Zahl in der Regel zu den Kräften der Be=
lasteten in keinem Verhältniß stand. Obgleich zur Wiederherstellung der
Autorität des Kurfürsten zwei Bundeskommissarien, ein preußischer und
ein österreichischer, nach Hessen gesandt worden, so ging doch alle Ent=
scheidung einzig von letzterem aus. In dem von der Natur ohnedies
nicht begünstigten Lande entstand durch die gewaltsame Unterbrechung

der bestehenden Ordnung, den Stillstand aller Geschäfte und die Ver=
pflegung so vieler fremden Truppen, bald so große Noth, daß in den
benachbarten Staaten öffentliche Sammlungen zu deren Linderung ver=
anstaltet wurden. Die Auswanderung nahm überhand. Einige Zeit
nachher standen ganze Dörfer von allen Bewohnern verlassen da.

Schleswig seufzte jetzt unter dem dänischen Joch, aber die Hol=
steiner waren durch den Verlust der Schlacht von Idstedt so wenig ent=
muthigt, daß sie den Dänen noch mehre, wenn auch unentschiedene Ge=
fechte lieferten. Aber es genügte nicht, daß die deutschen Regierungen
Holstein in seinem schweren Kampf im Stich ließen, sie selbst trugen
dazu bei, daß es entwaffnet und wieder der dänischen Herrschaft über=
liefert wurde. In Folge der Olmützer Uebereinkunft war ein österreichi=
scher und ein preußischer Kommissarius nach Holstein gesandt worden,
und ein österreichisches Korps unter dem Feldmarschall=Lieutenant Le=
geditsch, dem eine Abtheilung Preußen beigegeben war, sollte die Unter=
werfung des unglücklichen Landes bewerkstelligen. Preußische Pionniere
schlugen die Brücke über die Elbe, auf welcher die Oesterreicher nach den
Herzogthümern rückten. Jetzt blieb den Holsteinern nichts übrig, als den
Forderungen der Kommissarien nachzugeben. Willisen hatte das Kom=
mando schon im Anfang December niedergelegt, jetzt trat auch sein
Nachfolger, der tapfere General von der Horst, zurück. Die Landesver=
sammlung ging auseinander, die Statthalterschaft verließ das Land,
das Heer ward aufgelöst. Den Dänen ward von den Bundestruppen
überall der Weg geebnet, und es wurden ihnen sogar die Festungen
Friedrichsort und Rendsburg übergeben, obgleich dieselben zu Holstein,
demnach zu Deutschland gehörten. Vergebens machte der ehemalige
preußische Minister des Auswärtigen, Heinrich von Arnim, in der preu=
ßischen Kammer darauf aufmerksam, daß Rendsburg ganz Holstein,
Friedrichsort den Kieler Hafen beherrsche. Diese und ähnliche Proteste
verklangen ungehört. Ein Verhalten, wie der Bundestag und die mit
ihm übereinstimmenden Regierungen in diesem Falle bewiesen, war un=
erhört. Jeder mußte jetzt die Ueberzeugung gewinnen, daß es bei denen,
welche die deutschen Angelegenheiten in Händen hatten, nicht mehr auf
Recht und Volksthum, sondern einzig auf politische Konvenienzen und
das Interesse der Fürsten und Dynastien ankam.

Während in Kurhessen die Reaktion auf Kosten der verfassungs=
mäßigen Freiheit, in Schleswig=Holstein auf Kosten der Ehre und
Größe der deutschen Nation triumphirte, waren die in Olmütz verab=
redeten Konferenzen am 23. December in Dresden eröffnet worden.

Auch bei diesen Verhandlungen gab sich die Dazwischenkunft und das entscheidende Uebergewicht Rußland's kund. Oesterreich und Preußen hätten dem neuen deutschen Bunde gern eine dualistische Spitze gegeben, und sich die Entscheidung über Krieg und Frieden ausschließend vorbehalten. Dem waren aber die Mittelstaaten entgegen, deren Widerstand von Rußland unterstützt wurde. Oesterreich wiederholte seine Forderung, mit seinem gesammten Länderkomplex in den deutschen Bund aufgenommen zu werden, was Preußen nicht genehm sein konnte, und wogegen sich Rußland, hierbei von Frankreich und England unterstützt, nachdrücklich erklärte. Bayern kam noch einmal auf seine mit besonderer Vorliebe gehegte Trias zurück, und Württemberg sprach sich sogar für ein deutsches Parlament aus, wovon aber Oesterreich nichts wissen wollte, und dabei Preußen auf seiner Seite hatte. Unter diesen von so mannigfaltigen und entgegengesetzten Interessen erfüllten Unterhandlungen vergingen mehre Monate, ohne daß es zu einem Ergebniß gekommen wäre. Da weder die dualistische Spitze, noch die Trias, noch der Eintritt Gesammtösterreich's, noch ein Parlament möglich waren, indem jede dieser Kombinationen auf den von Rußland unterstützten Widerstand eines Theiles der deutschen Regierungen stieß, so blieb zuletzt nichts als die einfache Rückkehr zur deutschen Bundesverfassung übrig, wie sie vom Wiener Kongreß bestimmt worden. Am 27. März forderte Preußen die bisherigen Mitglieder der Union zur Beschickung des Bundestags auf. Am 15 Mai schloß die Konferenz in Dresden ihr Sitzungen. An demselben Tage wurde der neue preußische Bevollmächtigte, von Rochow, bisher Gesandter am russischen Hofe, am Bundestage eingeführt, und die kleineren Unionsstaaten, die noch zu Preußen gehört hatten, folgten bald nach. Am 30. Mai 1851 war der deutsche Staatenbund wieder vollständig hergestellt.

---

7. Der Krimkrieg.

Man hätte erwarten sollen, daß nach den Stürmen, welche in den Jahren 1848 und 1849 einen großen Theil Europa's, Frankreich, Deutschland, Italien, Ungarn verheert und so tiefe Nachwehen zurückgelassen hatten, das Bedürfniß der Ruhe sich mit verstärkter Macht geltend machen und auf lange Zeit hinaus den so schwer errungenen Frieden sichern würde.

Dem war aber nicht so. Auf die von den Ideen der Revolution oder der Nationalität erregten Kämpfe folgte zum Erstaunen der überrasch= ten Welt ein Krieg, der von dem Geist der Eroberung eingegeben wurde, und von einem Staat ausging, der, von den Erschütterungen der letzten Jahre nicht getroffen, in gesammelter, ungeschwächter Kraft dastand. Der Kaiser Nikolaus, durch die von seinen Feldherren über Türken, Perser und Polen davon getragenen Siege, in der Ueberzeugung von der Ueberlegenheit der russischen Waffen bestärkt, durch den stummen Ge= horsam in allen Klassen seines Volks verwöhnt, und durch die Berück= sichtigung, die seine Meinungen und Plane bisher bei den fremden Mächten gefunden hatten, über alle Bedenklichkeiten hinausgehoben, be= schloß das Ansehen von Entkräftung und Zerrüttung, das einige der ersten Staaten Europa's nach dem Ausgange der inneren Kämpfe boten, zu einer Lösung der orientalischen Frage im Sinne Rußland's und zu einem kühnen Schlage nach dieser Richtung hin zu benutzen. Dieser Monarch hatte die Türkei nie aus den Augen verloren, und besonders seit dem Regierungsantritt des schwachen Sohnes Mahmud II., die Hoffnung gehegt, daß während Europa von Revolutionen geschwächt werde, Rußland sich dem Ziel seiner seit so vielen Jahren befolgten Politik, der Eroberung des türkischen Reiches, ungestört nähern könne, um dann in einem geeigneten Augenblick demselben das Schicksal Po= len's zu bereiten. Die Umstände schienen ein solches Unternehmen zu begünstigen. In Frankreich hatte sich der Napoleonide eben das Diadem seines Oheims auf das Haupt gesetzt, war aber von dem Hasse der alten Parteien bedroht, und schien zu sehr mit der Sicherstellung der an sich gerissenen Größe beschäftigt, um an weit aussehende Unternehmungen denken zu können. Auch war die französische Nation nach den furcht= baren inneren Gährungen vor allem auf Ruhe und Wiederherstellung der gestörten materiellen Interessen bedacht. Die Fraktion der brittischen Aristokratie, welche damals am Staatsruder saß, hatte sich bei mehren Gelegenheiten dem russischen Ehrgeiz gegenüber so unentschlossen ge= zeigt, und der Kaiser Nikolaus besaß in ihren Reihen so ergebene und einflußreiche Freunde, daß er hoffte, sich mit England bei Ausführung seiner Plane gegen die Türkei, ohne große Schwierigkeiten ins Reine setzen zu können. Obgleich es seit lange ein stehender Grundsatz der englischen Politik war, die Türkei nicht unter Rußland's Botmäßigkeit fallen zu lassen, so war England, auf sich selbst gewiesen, nicht stark genug, um die russischen Heere bei einem Zuge nach Konstantinopel auf= zuhalten, und die öffentliche Meinung war damals in allen Klassen der

brittischen Nation so sehr gegen Napoleon III. gerichtet, daß ein Bünd=
niß der beiden großen Westmächte gegen Rußland höchst unwahrschein=
lich erschien. Die meisten Kontinentalregierungen hatten zwar den
Staatsstreich des Napoleoniden mit Beifall aufgenommen, da er der
politischen Freiheit in Frankreich ein Ende machte, sie sahen ihn aber,
als er sich der Krone bemächtigte, als einen Eindringling an, und hiel=
ten sich von ihm zurück. Der Kaiser Nikolaus glaubte nicht befürchten
zu dürfen, daß Napoleon ihm einen bedeutenden Widerstand bei einem
Angriff auf die Türkei entgegensetzen werde, da Frankreich ganz allein
hierzu nicht die erforderliche Macht besaß. Oesterreich verdankte dem
russischen Kaiser — so glaubte derselbe wenigstens — seine Erhaltung
im ungarischen Kriege, und war ihm demnach tief verpflichtet. Der
kühnste der österreichischen Staatsmänner, der sich wahrscheinlich kein
Gewissen daraus gemacht hätte, die Last der Dankbarkeit gegen Ruß=
land von sich zu werfen, Fürst Felix Schwarzenberg, war bereits todt.
Ueber Preußen's Zustimmung zu allem, was Rußland unternehmen
möchte, kam dem Kaiser Nikolaus kein Zweifel ein, da ihm dasselbe bis=
her so viele Beweise einer bis zur Selbstverläugnung gehenden Anhäng=
lichkeit gegeben hatte. Die Verhältnisse schienen demnach auf allen Sei=
ten die russischen Eroberungsgelüste zu begünstigen.

An einem Vorwand zu Streitigkeiten mit der Türkei konnte es
Rußland bei der eigenthümlichen Stellung der beiden Reiche, die in
Europa und Asien aneinander grenzten, von denen das eine für den
Schirm der griechischen Kirche, das andere für das Haupt des Islams
gilt, nie ganz fehlen. Unter der Herrschaft des Sultans lebten mehre
Millionen Christen griechischen Bekenntnisses, darunter Stammver=
wandte der Russen, die ihre Befreiung von Rußland erwarteten, und
dessen Monarchen als ihren Schutzherrn und künftigen Gebieter an=
sahen. Aeltere und neuere Verträge hatten Rußland zwar nicht ein un=
mittelbares Protektorat über die christlichen Unterthanen des Sultans
verliehen, ihm aber doch in manchen Fällen das Recht der Einmischung
zur Erhaltung der Gerechtsame gewisser griechischer Kirchen im türki=
schen Reiche, und zu Vorstellungen gegen die Bedrängnisse eingeräumt,
welche von den Behörden des Sultans der griechischen Geistlichkeit zu=
gefügt werden konnten. Dieses Recht der Einmischung war in von Sei=
ten Rußland's absichtlich dunkel abgefaßten Bestimmungen, die verschie=
denartige Auslegung zuließen, ausgesprochen, und konnte je nach den
Umständen in weiterem oder engerem Sinn genommen werden. Dem
eben so feinen als unternehmenden Geist der russischen Diplomatie war

hiermit ein ergiebiges Feld geboten. Sie hatte es immer trefflich ver=
standen durch Intriguen und Sophismen einzuleiten, was später durch
die rohe Gewalt entschieden werden sollte.

Obgleich die Schwäche der Pforte nach dem letzten Kriege gegen
Rußland und den durch Ibrahim Pascha erfahrenen Niederlagen nicht
zweifelhaft sein konnte, so wurde der Kaiser Nikolaus durch die Nach=
giebigkeit, welche dieselbe in der letzten Zeit gegen Frankreich und Oester=
reich bewiesen hatte, noch mehr in der Ueberzeugung bestärkt, daß er nur
seine Wünsche darzulegen brauche, um bei ihr alles durchsetzen zu können.
Denn es war ursprünglich keinesweges seine Absicht den Sultan als=
bald mit Krieg zu überziehen, sondern er wollte ihm nur Zugeständnisse
abnöthigen, welche Rußland ein bestimmtes Recht zur Dazwischenkunft
in die inneren Zustände des türkischen Reichs geben konnten. Dadurch
wären die christlichen Unterthanen der Pforte noch mehr als bisher an
Rußland herangezogen worden, und würde der Sultan zuletzt auch bei
den Bekennern des Islams in Berachtung gefallen sein. Der auf diese
Art vorbereiteten inneren Auflösung der Türkei hätte dann wie von selbst
das äußere Zusammenbrechen derselben, und die Gelegenheit für Ruß=
land, sich ihrer zu bemächtigen, folgen müssen.

Frankreich hatte seit alter Zeit ein Schutzrecht über die Katholiken
in Palästina ausgeübt, das 1740 in einem besonderen Vertrag von der
Pforte ausdrücklich anerkannt worden war. Nach und nach hatten sich
aber die Griechen viele Eingriffe in die Rechte der Lateiner erlaubt,
namentlich waren letztere von neun der sogenannten heiligen Stätten,
die Gegenstände besonderer Verehrung sind und zu denen zahlreiche Wall=
fahrten unternommen werden, ausgeschlossen worden. Louis Napoleon,
der schon als Präsident die Würde Frankreich's gegen das Ausland mit
größerem Nachdruck, als die ihm vorangegangene Regierung vertrat,
bestand auf Vollziehung des Vertrags von 1740, und die Pforte gab,
obwohl ungern und nach vielen Unterhandlungen, indem sie Rußland's
Mißfallen fürchtete, aber zuletzt vollständig, dem gebieterischen Auftreten
des französischen Gesandten in Konstantinopel, Marquis de Lavalette,
nach. Noch willfähriger war das Verhalten der türkischen Regierung
bei einem am Ende des Jahres 1852 zwischen ihr und Oesterreich aus=
gebrochenen Konflikt. Die Montenegriner wollten sich der Oberherrschaft=
keit des Sultans entziehen, und hatten sich unter den Schutz Rußland's
begeben, das unter dem Vorwand der Religionsverwandtschaft sich in
alle inneren Angelegenheiten dieses Volkes mischte, und in der letzten
Zeit die Trennung der bis dahin in Montenegro bestandenen Einheit der

geiſtlichen und weltlichen Macht durchgeſetzt hatte, weil es ſeiner Politik
nützlich erſchien, beide Gewalten nicht länger in derſelben Hand vereinigt
zu laſſen. Montenegro hatte für Rußland durch die natürliche Feſtigkeit
ſeiner Lage, die religiöſe und nationale Verwandtſchaft ſeiner Bevölkerung mit den Ruſſen und den Haß der Montenegriner gegen die Türken, eine größere Bedeutung als manche umfangsreicheren Gebiete. Aus
denſelben Gründen wollte aber die Pforte ihrer Oberherrſchaft über
Montenegro nicht entſagen. Sie fürchtete, daß die Ruſſen durch Montenegro im Innern der Türkei Fuß faſſen könnten. Eine überlegene
türkiſche Streitmacht unter dem Kommando Omer Paſcha's drang in
Montenegro ein, indem ſie das Land verwüſtete und an den Einwohnern
die größten Gewaltthätigkeiten beging. Oeſterreich, das ein chriſtliches
Volk nicht unter ſeinen Augen und gewiſſermaßen vor ſeiner Schwelle
hinmorden laſſen und auch Rußland nicht Gelegenheit zur Einmiſchung
geben wollte, ſchickte im Januar 1853 den Feldmarſchalllieutenant Grafen von Leiningen nach Konſtantinopel mit dem durchgreifenden Verlangen, die Bekriegung der Montenegriner, gegen Erfüllung billiger Bedingungen von Seite dieſer letzteren, alsbald einzuſtellen, widrigenfalls
Montenegro von öſterreichiſchen Truppen beſetzt werden würde. Obgleich Graf Leiningen etwas ſchroff auftrat, ſo willigte die Pforte doch
in alles, was er im Namen ſeines Kabinets von ihr verlangte, denn ſie
fühlte, daß Oeſterreich es aufrichtig mit ihr meinte, und nur verhindern
wollte, daß Rußland die Unruhen in Montenegro zu einem Eingriff in
die inneren Angelegenheiten der Türkei benutzte.

Der Kaiſer Nikolaus begann die Ausführung ſeiner Pläne gegen
die Pforte damit, daß er den engliſchen Geſandten in St. Petersburg,
Sir Hamilton Seymour, für die Anſicht zu gewinnen ſuchte, daß die
Türkei am Vorabend ihres Untergangs ſtehe, und daß es für die Mächte
wichtig ſei, ſich in voraus über die in dieſem Fall zu treffenden Maßregeln unter einander zu verſtändigen. Er nannte den Sultan einen
„kranken Mann", bei dem die Heilmittel nicht mehr anſchlagen, und ließ
ſich über das, was er bei der unabwendbaren Kataſtrophe zu thun ge-
denke, mit einer drohenden Offenheit aus. Er erklärte, daß er von den
Umſtänden genöthigt werden könne, Konſtantinopel von ſeinen Truppen
beſetzen zu laſſen, läugnete aber die Abſicht es behalten zu wollen. Er
verwarf die Idee von der Wiederherſtellung des byzantiniſchen Reichs
und der Vergrößerung des Königreichs Griechenland, und meinte, daß
es am geeignetſten wäre Servien, Bosnien, Bulgarien zu ſelbſtſtändi-
gen Staaten unter ruſſiſchem Schutz, wie die Donaufürſtenthümer, zu

erheben. Er bot den Engländern aus der großen zu erwartenden Beute einen lockenden Antheil: Egypten und die Inſel Kandia, an. Er äußerte gegen den engliſchen Diplomaten, daß alles von dem Einver= nehmen Rußland's und England's abhänge, indem die Meinungen und Abſichten der anderen Mächte im Grunde von keiner Bedeutung wären. Oeſterreich's erwähnte der ruſſiſche Selbſtherrſcher wie eines Vaſallen, Preußen ward von ihm ganz übergangen. Sir Hamilton Seymour war von dieſen vertraulichen Mittheilungen nicht wenig überraſcht, wider= ſprach aber ſelten, ſondern beobachtete nur und ſuchte ſich den Sinn der Worte des Kaiſers durch geſchickt angebrachte Fragen klar zu machen. Aber die engliſchen Miniſter waren zu ſtaatsklug, um ſich durch die ruſſiſchen Anerbietungen täuſchen zu laſſen. Sie läugneten, daß die Türkei ſo lebensunfähig ſei, wie Rußland es behauptete, und lehnten jede vorbereitende Berathung über die im Fall ihrer Auflöſung zu faſſen= den Entſchließungen ab. Beſtändig den Sturz des türkiſchen Reiches vorherzuſagen heiße ihn beſchleunigen, anſtatt ihn abzuwenden, ward von Lord Clarendon, der unterdeſſen die Leitung der auswärtigen An= gelegenheiten übernommen, in einer Depeſche von Sir Hamilton Sey= mour bemerkt. Der Kaiſer Nikolaus ſoll ſich hierauf, ſo heißt es, an das franzöſiſche Kabinet mit ähnlichen Vorſchlägen gewandt, auch eine Vergrößerung Frankreich's auf Koſten Deutſchland's angedeutet, damit aber ebenfalls kein Gehör gefunden haben.

Der ruſſiſche Selbſtherrſcher ließ ſich durch die ablehnende Haltung der Weſtmächte in der Ausführung ſeiner Plane nicht aufhalten, ver= traute auf die eigene Macht und die Hingebung Oeſterreich's und Preu= ßen's, und ſandte im Februar (1853) den Admiral Fürſt Menſchikof mit einem außerordentlichen Auftrage nach Konſtantinopel. Derſelbe hielt unterwegs bei Sebaſtopol eine glänzende Muſterung über die ruſſiſche Flotte des ſchwarzen Meeres und 30,000 Mann Landtruppen ab. Zu derſelben Zeit rückten zwei ruſſiſche Armeekorps in Beſſarabien ein. In der türkiſchen Hauptſtadt angelangt weigerte ſich Menſchikof den Mini= ſter des Auswärtigen, Fuad Effendi*), zu beſuchen und mit ihm zu unterhandeln, der hierauf ſeine Stelle niederlegte. Fuad Effendi war es geweſen, der 1851 die Räumung der Donaufürſtenthümer von den ruſſiſchen Truppen betrieben, und neuerdings bei dem Streit über die heiligen Stätten ſich zu Gunſten Frankreich's ausgeſprochen hatte. Am 2. März erſchien Menſchikof in einer feierlichen Sitzung des Divans,

---

*) Jetzt (1862) Großvezier.

und legte eine grobe Verachtung gegen die Türken an den Tag, indem er gewöhnliche Reisekleider und bestaubte Stiefeln trug. Bei den darauf folgenden Unterhandlungen ward von ihm im Namen seines Gebieters ein allerdings der Form nach nur religiöses Protektorat Rußland's über alle der Pforte unterworfene griechische Christen verlangt. Da aber in der Türkei die kirchlichen von den weltlichen Zuständen noch weniger als anderswo vollkommen getrennt werden können, so wäre die Gewährung dieser Forderung die Anerkennung der Mitregentschaft Rußland's in den inneren Angelegenheiten des türkischen Reiches gewesen. Denn unzählige Dinge, die Entscheidung über öffentliche wie über private Verhältnisse, die auf irgend eine Weise mit der Religion zusammenhängen, und im Orient findet dies fast immer statt, wären dann der Entscheidung der russischen Gesandtschaft in Konstantinopel oder des Petersburger Kabinets überwiesen gewesen. Bei jeder Meinungsverschiedenheit, bei jedem Streit hätte sich Rußland auf dieses Protektorat berufen, die griechischen Christen, mehre Millionen Seelen, und in manchen Provinzen viel zahlreicher als die türkische Bevölkerung, an seinen Einfluß gewöhnt, und den Sultan allmälig aller Gewalt entkleidet. Der Divan verwarf deshalb Menschikof's Ansinnen, der unter Drohungen am 21. Mai Konstantinopel verließ.

Die russischen Forderungen hatten als sie ruchbar wurden, nicht nur im Divan, sondern auch unter den europäischen Gesandten eine große Bestürzung erregt. In England war unterdessen eine Ministerveränderung eingetreten. Das neue Kabinet, an dessen Spitze ein vieljähriger Freund des Kaisers Nikolaus, Lord Aberdeen, stand, hatte sich von den Betheuerungen der russischen Diplomatie, daß die Eröffnungen des Kaisers an Sir Hamilton Seymour keine bestimmte Tragweite gehabt hätten und mißverstanden worden, wieder beruhigen lassen. Lord Aberdeen hielt einen Krieg im Orient für höchst bedenklich für den Weltfrieden, und rieth der Pforte zur Nachgiebigkeit, so weit es mit ihrer Unabhängigkeit irgend verträglich wäre. Da aber bei Sebastopol eine große russische Flotte versammelt war und am Pruth zahlreiche Truppenkorps zusammengezogen wurden, so beschlossen England und Frankreich, vom Sultan dringend um Hülfe angegangen, ihre Seemacht in kriegsfertigen Stand zu setzen, wobei Frankreich mehr Eifer und Entschiedenheit als England bewies. Napoleon III. schien sehr bald in der türkisch-russischen Differenz eine Verwickelung zu erkennen, die nach vergeblichen Unterhandlungen zuletzt doch nur durch das Schwert gelöst werden könnte, und bereitete sich auf diesen Ausgang vor. Eine franzöfische Flotte unter dem Admiral Hamelin ging von Toulon aus unter Segel. Das englische Geschwader des Mittelmeers unter Admiral Dundas setzte sich etwas später von Malta aus in Bewegung. Am 14. Juni lagen beide Flotten in der Besikabucht, dicht am Eingang der Dardanellen, vor Anker.

Noch wollte der Kaiser Nikolaus nicht an den Ernst der Westmächte glauben, und hoffte Frankreich und England, die sich einander genähert hatten, wieder trennen zu können. Der geringe Nachdruck, den das englische Kabinet in dieser Angelegenheit bisher bewiesen hatte, überzeugte ihn, daß sie in den Augen desselben nicht für eine Lebensfrage galt. England werde sich auf Proteste und Demonstrationen beschränken, so dachte er, es aber nicht auf einen offenen Kampf ankommen lassen. Von den großen Hülfsmitteln, die Frankreich zur Führung eines Krieges besaß, und den ausgezeichneten Fähigkeiten seines gegenwärtigen Herrschers schien er keine angemessene Vorstellung zu haben. In den Augen des russischen Volks suchte er seinem Streit mit den Türken einen religiösen Charakter zu geben, indem er eines Tages mit dem Kreuz in der Hand nach der Isaakskirche zog, und in seiner Antwort auf die Anrede des Metropoliten von St. Petersburg sich als den Vertheidiger des wahren Glaubens hinstellte. So vorbereitet befahl er seinen Truppen den Uebergang über den Pruth, der unter dem Oberkommando des Fürsten Gortschakof, in zwei Armeekorps, jedes 40,000 Mann stark, von den Generalen Lüders und Danneberg geführt, am 2. Juli erfolgte. Die russische Diplomatie erklärte, der Kaiser werde die Donaufürstenthümer als ein „materielles Pfand", bis zur Befriedigung seiner rechtmäßigen Ansprüche von Seiten der Pforte in Besitz nehmen, wolle aber keinesweges diese Provinzen seinem Reich einverleiben, und beabsichtige überhaupt keine Eroberungen. Aber das Gegentheil geschah. Die Russen nahmen die Landeskassen, die öffentlichen Magazine in Beschlag, legten neue Steuern auf, und zwangen die einheimische Miliz in ihren Reihen einzutreten. Die Hospodare, Ghika von der Moldau und Stirbay von der Wallachei, entflohen nebst vielen Bojaren über die österreichische Grenze.

Das Einrücken der Russen in die Donaufürstenthümer setzte die ganze Diplomatie in Bewegung. Die Westmächte fuhren in ihren Rüstungen fort, obgleich England sich noch immer schmeichelte, dem Krieg durch eine einmüthige Erklärung der Großmächte gegen Rußland's Verfahren vorbeugen zu können, eine Auffassungsweise der Lage der Dinge, der auch Frankreich, obgleich mit weniger Vertrauen in ihre

Wirksamkeit, beitrat. Das russische Kabinet bewies, indem es für eine
so vertragswidrige Handlung, wie die Besetzung der Moldau und Wal=
lachei, einen so nichtigen Grund wie die Anwesenheit der englischen und
französischen Flotte in der Bucht von Besika angab, daß es an keinen
Angriff der Westmächte, keine Koalition gegen sich glaubte, und die
Pforte durch rasches Vorgehen zur Nachgiebigkeit zu zwingen hoffte.
Oesterreich und Preußen wären berufen gewesen, in dieser Angelegen=
heit das entscheidende Wort zu sprechen, da sie als nächste Nachbarn
Rußland's von dessen Uebergriffen weit mehr als England und Frank=
reich bedroht wurden. Aber in Wien traute man dem Kaiser der Fran=
zosen nicht und stand zu England auf gespanntem Fuß, dessen Politik
in der letzten Zeit bei jeder Gelegenheit Oesterreich entgegen gewesen
war. Preußen war den Westmächten noch weniger geneigt. Oesterreich
und Preußen tadelten zwar das willkührliche Einschreiten Rußland's
gegen die Pforte, begnügten sich aber dagegen freundschaftliche Vor=
stellungen zu erheben, und enthielten sich jeder von Drohungen beglei=
teten Abmahnung.

Die Gesandten der Großmächte waren inzwischen in Wien zu einer
Konferenz zusammengetreten, und hatten sich zu einer Note des Inhalts
vereinigt, daß die Pforte alle Forderungen Rußland's gewähren sollte,
mit Ausnahme des ausschließlichen Protektorats über die griechischen
Christen, das aber nicht ausdrücklich verweigert, sondern nur mit Still=
schweigen übergangen werden sollte (31. Juli). Der Kaiser Nikolaus
ließ sich diesen Ausweg gefallen, legte die Note aber so aus, als stimme
sie mit den von Menschikof in Konstantinopel gemachten Anträgen ganz
überein. Wahrscheinlich wäre es hierbei geblieben, da der Kaiser der
Franzosen, so wenig er den Krieg fürchtete, ihn nicht allein unternom=
men haben würde, und der Sultan eben so wenig allein zu widerstehen
vermocht hätte. Aber die öffentliche Meinung sprach sich in London und
Konstantinopel mit großem Nachdruck gegen die Schwäche und Halb=
heit der Regierungen aus. Ein hervorragendes Mitglied des brittischen
Unterhauses, Layard, durch seine archäologischen Entdeckungen auf dem
Boden des alten Assyrien's bekannt, griff das Ministerium über die von
demselben in der orientalischen Frage bisher befolgte Politik heftig an,
und Lord Aberdeen und selbst der Gemahl der Königin, Prinz Albert,
wurden zu großer Hinneigung zu Rußland beschuldigt. Die im Parla=
ment begonnene Opposition wurde in der Presse und in öffentlichen
Versammlungen mit Eifer und Nachdruck fortgesetzt. Es gab sich im
englischen Volk eine sehr gereizte Stimmung gegen Rußland kund.

In Konstantinopel warf die alttürkische Partei dem schwachen Abdul Medschib Verrath am Islam vor. Die Ulemas traten zusammen und verlangten von ihm, daß er abdanke, oder die Forderungen Rußland's verwerfe. Der Sultan gab, wie vorher den Vorstellungen der Großmächte, so jetzt der Stimme seines Volks nach.

Der russische Kaiser hegte noch immer die Hoffnung, durch Vermittlung seiner Freunde und Anhänger in der englischen Aristokratie, England von Frankreich zu trennen. Die endliche Vergeblichkeit dieser Bemühungen konnte damals noch nicht mit Sicherheit vorausgesehen werden, und verursachte mancherlei Schwankungen in der Politik des Augenblicks. Besonders aber suchte er Oesterreich und Preußen an sich zu ziehen. Aber das Wiener Kabinet begann, von dem drohenden Uebergewicht Rußland's beunruhigt, sich Frankreich zu nähern, und schickte den Fürsten Jablonowski mit mehren Officieren zur Begrüßung Napoleon's in das Lager von Satory ab. Nikolaus, der gewohnt war, auf seinen persönlichen Einfluß zu rechnen, kam im September (1853) mit Franz Joseph in Olmütz, und bald darauf mit Friedrich Wilhelm IV. in Berlin zusammen. Er hatte es auf eine Tripelallianz gegen Frankreich und England abgesehen, erreichte aber nur die Neutralität der beiden deutschen Großmächte, und auch diese nur gegen das Versprechen, seine Truppen nicht die Donau überschreiten zu lassen.

Die Pforte hatte, um dem russischen Koloß zu widerstehen, große Vorbereitungen zum Kriege getroffen. Die Steuern waren auf mehre Jahre in voraus erhoben worden, die regulairen Truppen ansehnlich vermehrt und in allen Theilen des türkischen Reichs Freiwillige aufgerufen worden. Der alte Russenhaß und der religiöse Eifer der mahometanischen Bevölkerung kamen den Absichten des Sultans mit Eifer entgegen. Auch die Vasallenstaaten, wie: Egypten, Tunis u. s. w., leisteten willig Hülfe. Am 4. Oktober erklärte die Pforte Krieg an Rußland, wenn dieses nicht sofort die Donaufürstenthümer räumte. Das russische Kriegsmanifest erschien am 1. November. Die Sprache der Türken war einfach und männlich, die der Russen geschraubt, übermüthig, schon vor dem Kampf siegathmend und mit einer religiösen Färbung versehen. Die türkische Hauptmacht stand unter Omer Pascha am linken Ufer der Donau. Der Anfang des Kriegs entsprach den Drohungen und hohen Ansprüchen der Russen nicht, die sich ihren Gegnern in keiner Weise überlegen zeigten. Omer Pascha hatte eine Abtheilung seines Heeres auf das rechte Donauufer übersetzen lassen, die sich bei

Olsenitza verschanzte, und dort von großer russischer Uebermacht angegriffen, derselben bedeutende Verluste zufügte und sich in ihrer Stellung behauptete (4. November).

Die Kabinette fuhren in ihren Berathungen über eine friedliche Beilegung des entbrannten Streites fort. Napoleon III. war für rasches Vorgehen gegen Rußland, während Lord Aberdeen noch immer unterhandeln wollte. In einem Vertrage vom 27. November sagten die Westmächte der Pforte ihre Unterstützung zu, falls Rußland billige Friedensvorschläge abweisen sollte. Die englische und französische Flotte lagen im Bosporus vor Anker, ohne jedoch in das schwarze Meer hinauszusegeln. Da gab ein unerwartetes Ereigniß den entscheidenden Anstoß. Der russische Admiral Nachimoff, der die Flotte vor Sebastopol befehligte, griff, von einem tiefen Nebel begünstigt, ein türkisches Geschwader unter Osman Pascha im Hafen von Sinope an (30. November). Die Türken, die viel schwächer als die Russen waren, kämpften mit dem Muth der Verzweiflung. Zwei ihrer Flottenkapitaine zogen es vor, sich mit ihren Schiffen in die Luft zu sprengen, als die Flagge zu streichen. Das türkische Geschwader wurde fast ganz zerstört. Die Bemannung fiel unter den russischen Kugeln oder ertrank. Nur wenige wurden gefangen genommen, unter ihnen Osman Pascha, der verwundet in die Hände der Russen fiel. Aber auch sie hatten bei der tapferen Gegenwehr der Türken große Verluste erlitten.

Nachimof's plötzlicher Angriff auf die türkische Flotte, während auf allen Seiten unterhandelt wurde, erregte ein außerordentliches Aufsehen, und wurde häufig, obwohl mit Unrecht, da Rußland und die Türkei einander schon Krieg erklärt hatten, als ein verrätherischer Ueberfall angesehen. Besonders war man in England geneigt, in dem von den Russen in der Nähe einer englischen Flotte erfochtenen Seesieg eine Beleidigung des brittischen Namens zu sehen. Lord Aberdeen konnte sich nicht länger halten, und Palmerston bildete ein neues Ministerium, dessen Programm war: Schutz- und Trutzbündniß mit Frankreich; Einlaufen der verbündeten Flotten in das schwarze Meer, und Vertreibung der russischen Schiffe aus demselben, bis die russischen Truppen die Donaufürstenthümer geräumt haben würden. Der Krieg war jetzt um so unvermeidlicher geworden, da das russische Kabinet das Protokoll der Wiener Konferenz vom 5. December, das gemäßigte, für Rußland noch immer vortheilhafte Friedensbedingungen enthielt, verworfen und erklärt hatte, mit der Pforte allein, ohne Einmischung der anderen Mächte, unterhandeln zu wollen, worauf aber die Türken nicht eingingen. Na=

poleon III. richtete am 24. Januar (1854) ein Schreiben an den Kaiser Nikolaus, in welchem er mit überzeugender Wahrheit das von Rußland bei der Besetzung der Donaufürstenthümer gegen die Pforte und die europäischen Verträge begangene Unrecht entwickelte. Diese Vorstellung blieb ohne Wirkung und wurde mit Ausflüchten und Entstellungen der Sachlage beantwortet. Graf Orlof, der vertrauteste Günstling des russischen Kaisers, ging nach Wien, um Oesterreich in der Neutralität zu erhalten, das zwar mit Rußland nicht brach, aber ein starkes Observationskorps an der servischen Grenze aufstellte. Preußen schlug ein ihm angetragenes Bündniß mit Rußland ab, und erkannte an, daß dasselbe im Unrecht sei, traf aber keine Vorbereitungen, um dieser Ansicht Nachdruck zu geben. Am 12. März schlossen die Westmächte mit der Pforte eine Offensiv= und Defensivallianz ab, und am 28. März erklärten sie den Krieg an Rußland, ein Ereigniß, das, obgleich es längst hätte vorausgesehen werden können, in ganz Europa großen Eindruck machte. Denn es war seit Napoleon's Sturz der erste Kampf, an dem sich die drei mächtigsten Reiche der Erde betheiligten.

Die Russen hatten unterdessen den Krieg an der Donau in einer Art geführt, die weder den stolzen Forderungen ihrer Regierung, noch ihren angeblichen Rüstungen entsprach, die von den Russenfreunden überall, namentlich in Deutschland, für ungeheuer ausgegeben wurden. Kalafat wurde von den russischen Truppen vergeblich belagert, und bei Cetate wurden die Russen überfallen und geschlagen. Aber der Kaiser Nikolaus war im Vertrauen auf die Neutralität Oesterreich's und Preußen's nicht zur Nachgiebigkeit geneigt, sondern ordnete in allen Provinzen seines Reichs eine zahlreiche Aushebung an. Auch wurde sein erster Feldherr, der greise Fürst Paskewitsch, auf den Kriegsschauplatz gesandt. Er sollte Silistria nehmen und sich dadurch den Eintritt in das Herz des türkischen Reichs öffnen, und jetzt gegen die Türken die früher gegen Perser, Polen und Ungarn durchlaufene Siegesbahn erneuern. Omer Pascha, der sich zu einer Schlacht im offenen Felde zu schwach fühlte, ging bis Schumla zurück, wo er eine von Natur und Kunst feste Stellung nahm. Die Russen überschritten unter Lüders und Schilder an zwei Punkten die Donau, ohne Rücksicht auf das an Oesterreich und Preußen gegebene Versprechen, dies nicht zu thun. Aber Silistria wurde von Mussa Pascha und einem Preußen, Namens Grach, der in der türkischen Artillerie diente, so tapfer und hartnäckig vertheidigt, daß Paskewitsch, der viele seiner besten Officiere verlor und bei einer Rekognoscirung einen Streifschuß erhielt, die Belagerung aufzuheben für gut

fand (21. Juni). Grach fiel im Gefecht; Mussa Pascha starb an sei=
nen Wunden.

Der Kaiser Nikolaus hatte bei seinem Angriff auf die Türkei auf
eine Erhebung der Slaven und Griechen gegen den Sultan gerechnet.
Aber die Servier wären in diesem Fall von den Oesterreichern bedroht
gewesen, die an ihrer Grenze standen, und ihre Vereinigung mit den
Russen nicht geduldet haben würden. Die christlichen Bosnier wurden
von der mahomedanischen Miliz ihres Landes in Zaum gehalten; die
Montenegriner fühlten sich noch von ihren neulichen Kämpfen gegen die
Türken erschöpft, und die Bulgaren waren von den Russen durch die
Armee Omer Pascha's getrennt, und ohne Waffen und Organisation.
Auch schuten sich diese Völker, so sehr sie auch die Türken haßten, keines=
wegs nach der Herrschaft der Russen, die ihnen nach der Art wie die=
selben die Moldauer und Wallachen bei mehren Gelegenheiten behan=
delt hatten, nicht eben glückbringend erscheinen konnte. Nur unter den
Griechen fanden einige Aufstandsversuche statt, die, ohne Plan und
Einheit unternommen, bald gedämpft wurden. Am lebhaftesten sprach
sich das griechische Nationalgefühl und der unauslöschliche Haß gegen
die Türken im Königreich Griechenland und dessen Hauptstadt aus.
Dort wurde die Bevölkerung von der Erinnerung an die Vergangenheit
und der Hoffnung auf die Zukunft zu so stürmischen Kundgebungen
fortgerissen, daß die türkische Gesandtschaft Athen verlassen mußte, und
fast die ganze Besatzung zu den Aufständischen überging. In der Nähe
des Königs selbst trug man sich mit dem Gedanken an eine Erneuerung
des byzantinischen Reichs. Aber die Westmächte konnten, selbst ganz ab=
gesehen von dem was in den Erwartungen der Griechen Uebertriebenes
lag, schon wegen ihres Bundes mit den Türken und der Sicherheit ihrer
eigenen Operationen, die Unruhen in Griechenland nicht dulden. Am 23.
Mai setzte ein kleines französisches Geschwader eine Brigade Truppen im
Pyräus an das Land, und die griechische Regierung wurde genöthigt mit
Hülfe der Franzosen gegen ihre eigenen Unterthanen einzuschreiten. Mit
Ausnahme der Räubereien, welche die Klephten unter politischen Vor=
wänden in den Gebirgen von Epirus und Thessalien noch eine Zeit lang
gegen Griechen wie Türken verübten, wurde die Ruhe unter den Griechen
wieder vollständig hergestellt, obgleich allerdings der Wunsch in ihnen
lebendig blieb, unter günstigeren Umständen das unterbrochene Werk der
Befreiung mit stärkeren Kräften von neuem anzufangen.

Nach der Kriegserklärung der Westmächte konnten sich dieselben
nicht mehr auf eine Demonstration wie die Einfahrt ihrer Flotten in

das ſchwarze Meer beſchränken, ſie mußten der bedrohten Türkei mit
einer angemeſſenen Landmacht zu Hülfe kommen. Sobald der Entſchluß
einmal gefaßt war, ließ die Ausführung nicht auf ſich warten. Die
Schwierigkeiten waren beſonders für England bei deſſen weiter Entfer=
nung vom Kriegsſchauplatz groß, aber weder Mühe noch Koſten wurden
geſcheut. Lord Raglan, lange Wellington's Adjutant in Portugal,
Spanien, Frankreich und Belgien, der bei Waterloo einen Arm verlo=
ren, erhielt den Oberbefehl über ein Korps ausgeſuchter Truppen von
20,000 Mann, das ſpäter bedeutend verſtärkt wurde. Einige engliſche
Regimenter gingen über Paris nach dem Orient, und wurden von den
Franzoſen mit den lebhafteſten Freudenbezeugungen aufgenommen. Der
Marſchall St. Arnaud, Napoleon's rechte Hand beim Staatsſtreich vom
2. December und ſeitdem in ſeiner Gunſt noch geſtiegen, wurde an die
Spitze von 40 — 50,000 Mann geſtellt, die großentheils in Algerien
gedient hatten, und mit dem den franzöſiſchen Soldaten eigenen Feuer
die dort erworbene Gewohnheit der Abhärtung gegen Beſchwerden und
Entbehrungen verbanden. Die Unterfeldherren, im engliſchen wie im
franzöſiſchen Heer, waren ſämmtlich Männer, die ſchon in vielen Käm=
pfen ihre Befähigung und Tapferkeit bewährt hatten. Zwei Mitglieder
der franzöſiſchen und engliſchen Dynaſtie, Prinz Napoleon und der
Herzog von Cambridge, ſchloſſen ſich den Heeren an. Gallipoli, unter=
halb der Dardanellen auf einer Halbinſel gelegen, war der erſte Lan=
dungsplatz der Verbündeten. Da der Transport der Truppen, un=
geachtet alles Eifers, doch nur langſam vor ſich gehen konnte, ſo unter=
nahmen die Flotten in der Zwiſchenzeit, um den Ruſſen zu zeigen,
daß es ernſt gemeint ſei, einen Angriff auf Odeſſa und bombardirten
daſſelbe, aber mehr um zu ſchrecken als zu ſchaden, da ſich in dieſem
Freihafen viel fremdes Gut, namentlich engliſches, befand, das man
ſchonen wollte.

Oeſterreich fühlte ſich durch den im März vollzogenen Uebergang
der Ruſſen über die Donau, der ausdrücklich gegebenen Zuſagen zuwider
lief, verletzt und erſchreckt, denn wenn die ruſſiſche Nachbarſchaft dem
Wiener Kabinet ſchon an der galliziſchen Grenze unbequem erſchien, ſo
mußte das Uebergewicht dieſer Macht an der unteren Donau geradezu
gefährlich werden. Der Kaiſer Nikolaus gab als Grund des Vorgehens
ſeiner Truppen das Einlaufen der verbündeten Flotte in das ſchwarze
Meer an, was aber eine Ausflucht und keine Rechtfertigung war.
Oeſterreich, das die Ruſſen um keinen Preis über den Balkan bringen
laſſen wollte, wo ihnen der Weg nach Konſtantinopel offen gelegen

hätte, ging mit Preußen ein Schutz = und Trutzbündniß ein, in welchem
beide Mächte sich anheischig machten, Rußland zu bekriegen, wenn das=
selbe die Donaufürstenthümer sich förmlich einverleiben, oder seine Heere
den Balkan überschreiten lassen sollte. Gleichwohl sah es aus als neige sich
der preußische Hof im Geheimen noch immer zu Rußland, und erkläre sich
nur von den Umständen gezwungen gegen dessen Politik. Denn der Kriegs=
minister General von Bonin mußte seine Entlassung nehmen, weil er eine
Allianz mit Rußland in diesem Falle als einen Selbstmord für Preußen
bezeichnet hatte, und der preußische Gesandte in London, Bunsen, sonst
ein Günstling Friedrich Wilhelm IV., wurde seines Postens enthoben,
weil er zu sehr die Ansichten des englischen Kabinets in die Auffassung
der orientalischen Frage theilte. Indessen konnte der preußische Hof, er
mochte wollen oder nicht, den Forderungen der Politik und dem Einfluß
der allgemeinen Meinung sich nicht entziehen, denn schon am 10. Juni
kam der König von Preußen mit dem Kaiser von Oesterreich in Teschen
zusammen, und Preußen schloß sich einer österreichischen Note an, in
welcher die sofortige Räumung der Donaufürstenthümer verlangt wurde.
Am 14. Juni ging Oesterreich mit der Pforte einen Vertrag ein, der den
österreichischen Truppen die Besetzung der Donaufürstenthümer gestat=
tete. In Deutschland steckten die Träger des Partikularismus, die
Mittelstaaten, einen Augenblick lang die Fahne der Centralisation auf,
und wollten, während sie sich sonst möglichst selbstständig vom Bundes=
tag hielten, von demselben jetzt die auswärtige Politik Deutschland's
abhängig machen. Unter Bayern's und Sachsen's Auspicien traten acht
deutsche Regierungen durch Bevollmächtigte in Bamberg zusammen, und
richteten auf die Mittheilung von dem am 20. April zwischen Oesterreich
und Preußen eingegangenen Vertrage eine identische, aber nicht kollektive
Note an die beiden Höfe (20. Juli), in der sie für den deutschen Bund,
als eine Großmacht, eine Stimme bei Lösung der orientalischen Frage
in Anspruch nahmen. Die Bamberger Konferenz neigte sich im Stillen
zu Rußland und war mit dem österreichisch = preußischen Vertrage vom
20. April unzufrieden. Die in ihr vertretenen Staaten hätten gern in
die zwischen den Westmächten und Rußland schwebende Wagschale ein
entscheidendes Gewicht werfen und Oesterreich's und Preußen's Einfluß
beschränken mögen. Dieser unzeitige und ohnmächtige Versuch mißlang
gänzlich. Denn als Oesterreich und Preußen den Vertrag vom 20. April
dem Bundestag vorlegten, stimmten alle Bundesglieder, mit alleiniger
Ausnahme Mecklenburgs, demselben und der in ihm ausgesprochenen Po=
litik zu. Nachdem die Russen sich in der zweiten Hälfte des Juli über

den Pruth zurückgezogen hatten, rückten die Oesterreicher in die Donau=
fürstenthümer ein.

Während die englisch=französische Hauptmacht sich in der Nähe
des schwarzen Meeres sammelte, war eine englische Flotte, der sich ein
französisches Geschwader anschloß, unter dem Oberbefehl des Admirals
Sir Charles Napier, in die Ostsee gesegelt, um Rußland auf dieser
Seite zu bedrohen. Aber Kronstadt, auf dessen Einnahme es abgesehen
gewesen, war durch die viele Jahre hindurch fortgesetzten Bemühungen
des Kaisers Nikolaus zu einer uneinnehmbaren und fast unnahbaren
Festung, zu einem zweiten Gibraltar, geworden. So unternehmend
Napier war, er überzeugte sich bald von der Vergeblichkeit jedes An=
griffs, wenigstens mit den Mitteln, die bis jetzt der Schiffsartillerie zu
Gebot standen. Die Flotte der Verbündeten vermochte nichts weiter, als
Handelsschiffe aufzubringen, friedliche Städte und Dörfer an der Küste
zu bombardiren und einige russische Kronmagazine zu zerstören, Unter=
nehmungen, die den gehegten Erwartungen wenig entsprachen. Die ein=
zige kriegerische, wenn auch nicht sehr bedeutende That, war die Ein=
nahme der Festung Bomarsund, auf einer der Alandinseln, deren Be=
satzung sich den französischen Landtruppen unter dem General Baraguay
d'Hilliers kriegsgefangen ergab (16. August). Im Herbst hörte der
Krieg in der Ostsee und im finnischen Meerbusen ganz auf. Einige
englische Schiffe blokirten Archangel und zerstörten den Hafen von Kola,
andere beunruhigten den russischen Handel in den Meeren von Japan
und Kamschatka. Es bewies dies aber mehr die Gegenwart der engli=
schen Seemacht auf so vielen Punkten, als daß es auf den Lauf des
Kriegs irgend einen Einfluß gehabt hätte.

Die Landmacht der Alliirten, die sich in Gallipoli gesammelt und
geordnet hatte, wurde theils auf dem Landwege, theils zu Schiffe nach
Varna geführt. Nur die Depots blieben in Konstantinopel zurück. Ein
unvorsichtiger Versuch der Franzosen, die Dobrutscha zu besetzen, raffte
in kurzer Zeit zweitausend Soldaten hin, die dem schlechten Wasser, der
Hitze und Cholera erlagen, welche Krankheit sich schon in Gallipoli
gezeigt, und mehre höhere Offiziere, unter ihnen den zweiten Sohn des
Marschalls Ney, den General Herzog von Elchingen, der Armee ent=
rissen hatte. In Varna litten die Truppen, die dort massenhaft ange=
häuft waren, ebenfalls an der Cholera und schlechter Verpflegung, und
bei einem Brande, der den größten Theil der Stadt verzehrte, hatten
sie nur mit genauer Noth ihr großes Pulvermagazin retten können. In
Varna wurde von den obersten Führern ein Kriegsrath gehalten. Bei

der großen Beweglichkeit und Unsicherheit der politischen Verhältnisse, von welchen die militairischen Operationen beeinflußt wurden, hatte für den beginnenden Feldzug kein bestimmter Plan in voraus angenommen werden können. Der französische und englische Oberfeldherr mußten an Ort und Stelle sein, um den Zustand der eigenen Truppen übersehen, und besonders um genau wissen zu können, in wie weit auf die türkischen Streitkräfte zu zählen sei, ehe ein endgültiger Entschluß gefaßt werden konnte. Von der türkischen Armee in Asien, die bisher fast immer unglücklich gewesen war, kam Ferhat Pascha in Barna an, und forderte die Verbündeten zur Unterstützung derselben auf. Auch ein Schwager Schamyl's erschien mit einer Anzahl Tscherkessenhäuptlingen, und wies nach, wie leicht es einem französisch = englischen Heer, von den Türken unter Omer Pascha unterstützt, sein würde, die Russen aus Transkaukasien herauszuwerfen, und ihre Macht dort für immer zu brechen. Aber der Marschall St. Arnaud, der an militairischem Talent, an Thatkraft und Scharfblick alle seine Umgebungen überragte, entschied für den Angriff auf Sebastopol, dem großen Kriegshafen in der Krim, um der russischen Macht schnell einen Schlag zu versetzen, der dieselbe empfindlich berühren, und auf ganz Europa einen starken Eindruck hervorbringen werde. Sebastopol war das Toulon Rußland's. Auch Lord Raglan ging auf diesen Plan ein, weil damit die Zerstörung der russischen Seemacht im schwarzen Meer verbunden werden konnte. Ein Feldzug in Asien versprach jedenfalls weniger rasche Erfolge, als ein Angriff auf die Krim. St. Arnaud wurde zu diesem Entschluß, wie aus manchen seiner mündlichen und brieflichen Aeußerungen hervorgeht, noch durch persönliche Beweggründe bestimmt. Er war schon seit längerer Zeit leidend, hatte sich krank in Marseille eingeschifft, und sein Zustand war durch eine aufreibende militairische Thätigkeit in Gallipoli, Konstantinopel und Barna verschlimmert worden. Er ahnte, daß der Tod ihm nicht fern sei, und wollte nicht sterben, ohne seinen Namen an eine ruhmvolle Kriegsthat geknüpft zu haben. Daher kam die fieberhafte Ungeduld, mit der er die Eröffnung des Feldzugs betrieb, die ihn aber nicht hinderte, auf alles Einzelne die sorgfältigste Aufmerksamkeit zu richten und die zweckmäßigsten Maßregeln zu treffen. Dieser Mann, der eine leichtsinnige, zerfahrene Jugend durchlebt hatte, war durch Geist, Willenskraft und Erfahrung ein bedeutender Feldherr geworden.

Nachdem eine Kommission, aus französischen und englischen Offizieren bestehend, die Landungsplätze der Krim untersucht, Nachrichten über die Stellung der Russen eingezogen und darüber berichtet hatte, ging die Kriegsmacht der Alliirten, von 6000 Türken begleitet, unter Segel. Die Flotte nahm einen Raum von mehr als sieben Stunden ein und soll den prachtvollsten Anblick, den man sich denken kann, gewährt haben. Am Morgen des 12. September erblickte man die Küste der Krim, die sich wie eine unabsehbare röthliche Sandbank ausbreitete, an deren äußerstem Horizont sich die zackigen Gipfel einer hohen Gebirgskette erhoben. Am Abend desselben Tages warf die Flotte in der Bucht vor Eupatoria, wie schon in Varna bestimmt worden, die Anker aus. Die Luft war rein, das Meer spiegelglatt. Die Ausschiffung des Heeres am anderen Tag bot ein seltenes Schauspiel dar. Zahllose Schiffe verschiedener Größe, alle mit Soldaten besetzt, deren Bayonette im ersten Morgenstrahl glänzten, fuhren wie eine schwimmende Stadt nach dem Strande, dessen Stille und Oede einen sonderbaren Gegensatz zu dem bunten Gewimmel der Flotte und der kriegerischen Musik bildete, welche die Ausschiffung begleitete. Die schwierige Operation der Landung eines großen Heeres ging mit mathematischer Genauigkeit vor sich. Die französische Fahne wurde von dem General Canrobert mit eigener Hand auf russischem Boden aufgepflanzt (14. September). Es waren gerade, Tag um Tag zweiundvierzig Jahre her, daß Napoleon in Moskau einzog.

Die Verbündeten, die in Gallipoli, Varna und in der Dobrutscha an 15,000 Soldaten durch Krankheiten verloren hatten, waren bei ihrer Landung ungefähr 60,000 Mann stark. Es lagen eben so viel russische Truppen in der Krim, aber in verschiedenen von einander entfernten Standquartieren, und fingen erst bei der Nachricht von der Ankunft des Feindes sich zu sammeln an. Am 19. September brachen die Alliirten gegen die Russen auf. Der russische Obergeneral und Gouverneur der Krim, Fürst Menschikof, hatte eine geringere Streitmacht als der Feind zur Hand, besaß aber den Vortheil der Stellung, indem er jenseits des Flusses Alma auf Höhen Posto gefaßt hatte, deren steiler Abhang vor jedem Angriff zu schützen schien. Der Marschall St. Arnaud hatte nach den ihm zugegangenen Nachrichten den Plan zur Schlacht entworfen, der von Lord Raglan in allen seinen Theilen angenommen wurde. Am 20. September um elf Uhr Morgens begann der Kampf. Der General Bosquet erstieg mit den Zuaven, einer orientalisch gekleideten, aber aus lauter Franzosen bestehenden leichten Infanterie, die im Ruf besonderer Unerschrockenheit stand, die jähen Höhen, deren Einnahme Menschikof auf dieser Seite für unmöglich erachtet hatte, brachte, obwohl mit unsäglicher Mühe, sein Geschütz herauf, und griff die Russen in der linken

Flanke mit solchem Ungestüm an, daß sie zum Rückzug gezwungen wurden, und wenn es den Franzosen nicht an Reiterei gefehlt hätte, vernichtet worden wären. Von dem Anblick des stürmischen Vordringens
der Truppen unter Bosquet begeistert, drangen jetzt alle französischen
Korps zu dem Plateau empor, auf dem sich die Hauptmacht der Russen
befand. Die Engländer, welche, gegen die getroffene Verabredung,
durch zu späten Aufbruch den Beginn des Kampfes um mehre Stunden
verzögert hatten, machten ihre Versäumniß durch die Ausdauer wieder
gut, mit der sie den stärksten russischen Batterien gegenüber Stand
hielten, und sich dann der Stellung der Russen durch einen mörderischen Bayonettangriff bemächtigten. Um drei Uhr Nachmittags war die
Schlacht von den Verbündeten gewonnen. Am Abend stand das Zelt
des Marschalls St. Arnaud auf derselben Stelle, wo am Morgen das
des Fürsten Menschikof gestanden hatte. In dieser Schlacht, nach dem
Flusse, in dessen Nähe sie geliefert wurde, die Schlacht an der Alma genannt, kostete den Franzosen 1343; den Engländer 1683; den Russen
4617 Todte und Verwundete. Der Marschall St. Arnaud, der, obgleich er sich kaum zu Pferde halten konnte, während des Kampfes
überall sichtbar gewesen, hatte an diesem Tage seine letzte Kraft verbraucht, und sah sich genöthigt, den Oberbefehl an den General Canrobert abzugeben. St. Arnaud wehrte sich noch einige Tage gegen das ihn
verzehrende Uebel, und starb am 29. September an der Cholera, auf
dem Schiff: „Berthollet", das ihn nach Konstantinopel bringen sollte,
wo seine Gemalin ihn erwartet hatte, die mit der Leiche nach Frankreich
zurückkehrte.

Der Zweck der Landung in der Krim war die Einnahme Sebastopol's gewesen, wo, wie man wußte, unermeßliche Vorräthe von schwerem
Geschütz, Munition und Schiffbauholz aufgehäuft waren. Auch hatten
die Verbündeten gehofft, sich der Flotte des schwarzen Meers, die dort
im Hafen lag, zu bemächtigen, oder wenigstens dieselbe zu einer Schlacht
zu zwingen, wo man an ihr die Niederlage der Türken bei Sinope zu
rächen dachte. Denn auffallend genug hatte, seitdem die Flotte der Alliirten in das schwarze Meer eingelaufen war, kein einziges russisches
Kriegsschiff sich nur zu zeigen, geschweige sich mit dem Feinde zu messen
gewagt. In der ersten Begeisterung nach dem Siege an der Alma war
besonders St. Arnaud geneigt, unmittelbar auf Sebastopol loszugehen,
und die Einnahme dieser Festung zu bewerkstelligen. Bei näherer Erwägung erkannte man aber die Schwierigkeiten oder Unmöglichkeiten
einer solchen Unternehmung, und war genöthigt, dieselbe, obwohl sehr

32 *

ungern, aufzugeben. Das Belagerungsgeschütz der Alliirten hatte nicht gleichzeitig mit den Truppen ausgeschifft werden können, und die Festung war, obgleich weit entfernt, das zu sein, was sie einige Monate später wurde, an der Nordseite bereits stark befestigt. Die von den Russen in aller Eile angelegten Vertheidigungswerke beherrschten die Einfahrt des Flusses, und setzten der Ausschiffung der Truppen, des Kriegsmaterials und der Mundvorräthe große Hindernisse entgegen. Nur ein äußerst mörderischer und zuletzt immer noch zweifelhafter Kampf hätte Sebastopol schon damals in die Hände der Alliirten liefern können, die dann vielleicht zu dessen Behauptung nicht einmal stark genug gewesen wären, da die an der Alma erlittenen Verluste von Menschikof bald ersetzt wurden, und ihm in kurzer Zeit von allen Seiten Verstärkungen zukommen konnten. Die Franzosen und Engländer hätten dann die Rollen mit den Russen vertauschen müssen, und wären aus Belagerern zu Belagerten geworden. Auch ergriffen die Russen ein, bei der numerischen Stärke ihrer Flotte, mehr vorsichtiges und kluges als ehrenvolles und muthiges Mittel der Vertheidigung. Sie versenkten schon am zweiten Tage nach der Schlacht an der Alma sieben ihrer Kriegsschiffe am Eingang des Hafens von Sebastopol, und fuhren damit so fort, daß ihre Seemacht im schwarzen Meer vernichtet, aber Sebastopol von dieser Seite her uneinnehmbar wurde. Der Flotte der Alliirten wurde es durch diese Versenkungen unmöglich gemacht in den Hafen von Sebastopol einzudringen. Der veränderten Sachlage gemäß sahen die Verbündeten sich genöthigt den Angriff auf die Nordseite aufzugeben, Sebastopol ostwärts zu umgehen, sich Balaclava's zu Lande zu bemächtigen, und Sebastopol von der Südseite anzugreifen.

Die Franzosen schlugen ihr Lager an der Bucht von Kamietsch, die Engländer an der von Balaclava auf. Nachdem das Geniekorps das Terrain untersucht hatte, fingen die Belagerungsarbeiten an, die bei der harten Beschaffenheit des Erdreichs auf ungewöhnliche Schierigkeiten stießen, von der großen Ueberlegenheit der Russen an Artillerie und ihren häufigen Ausfällen unaufhörlich bedroht, aber dessen ungeachtet mit einer Geschicklichkeit, Ausdauer und Entschlossenheit ohne Gleichen bis zu dem erstrebten Ziel fortgeführt wurden. Ein Versuch, den die Alliirten am 17. Oktober machten, Sebastopol von der Land= und Seeseite zugleich anzugreifen und womöglich zu nehmen, mißlang. Die Belagerungsarbeiten waren noch nicht weit genug vorgeschritten, die Batterien standen der Festung noch nicht nahe genug, um einen Sturm wirksam unterstützen zu können. Besonders hatte die Flotte von dem Feuer der

russischen Batterien gelitten, während ihre Beschießung der Festung
nur geringen Schaden zufügte. Die Vertheidigungswerke der Russen
wurden unterdessen durch die Talente eines jungen Officiers vom Genie=
korps Namens Franz Totleben, den Sohn eines Rigaer Kaufmanns,
verstärkt, der mit seltener Geschicklichkeit und unermüdlicher Thätigkeit
die von der Artillerie der Belagerer zerstörten Schanzen wieder herstellte,
auf allen bedrohten Punkten deren neue errichtete, und die Seele dieser
denkwürdigen Vertheidigung wurde. Fürst Menschikof, der große Ver=
stärkungen erhalten, denn die Verbindung zu Lande konnte ihm bei der
eigenthümlichen Lage Sebastopol's nicht abgeschnitten werden, befahl
dem General Lipranbi die Engländer bei Balaclava anzugreifen, wo
die englische Reiterei bei einem von ihr mit der größten Tapferkeit aus=
geführten, aber strategisch nicht gerechtfertigten Angriff ungeheure Ver=
luste erlitt, und nur durch die vor kurzem aus Algerien nach der Krim
gebrachten Chasseurs d'Afrique, welche die russischen Artilleristen bei
ihren Geschützen niederhieben, vor gänzlicher Vernichtung bewahrt wurde
(25. Oktober). Elf Tage später wurde bei Inkerman mit wo möglich
noch größerer Anstrengung gefochten, und die Engländer entgingen, von
einer überlegenen russischen Macht angegriffen, einer Niederlage nur
durch die trefflichen Anordnungen der Generale Canrobert und Bosquet,
und den begeisterten Wetteifer mit dem alle französischen Truppenkorps
kämpften (5. November). Die Schlacht von Inkerman ist durch die Er=
bitterung, mit der auf beiden Seiten gefochten wurde, indem meist das
Bayonett entschied, eine der blutigsten in diesem mörderischen Kriege ge=
wesen. Prinz Napoleon und der Herzog von Cambridge waren anwe=
send, und letzterer befand sich mehrmals im stärksten Feuer. Wenn die
Russen bei Balaclava, wenn auch nicht vollständig gesiegt hatten, aber
doch im Vortheil gewesen waren, so wurden sie dagegen bei Inkerman
gänzlich geschlagen, und zuletzt gezwungen sich in großer Eile unter den
Schutz der Festungsbatterien zu flüchten. Das Plateau von Inkerman,
wo Franzosen und Russen mit glühender Kampflust Mann gegen Mann
fochten, wird von der umwohnenden Bevölkerung noch jetzt die „Schlacht=
bank" genannt. Als die französische Infanterie nach hartnäckigem Wider=
stande dieses Plateaus sich bemächtigte, wurden die Russen, die sich nicht
durch die Flucht retteten, von der steilen Höhe in die Tiefe hinabgestürzt,
wo alle den Tod fanden. Lord Raglan konnte nicht umhin, so sehr er
auch Engländer war, in dem über diese Schlacht an seine Regierung
gesandten Bericht sich in den lebhaftesten Ausdrücken über die von der
französischen Armee an diesem Tage der gemeinsamen Sache geleisteten

Dienste, und insbesondere über die Hülfe auszusprechen, die sie den englischen Truppen in einigen kritischen Momenten geleistet hatte. Bald nachher fingen die Herbstregen an in Strömen zu fallen, und machten die Gefechte im offenen Felde unmöglich, obgleich die Belagerungs= und Vertheidigungsarbeiten mit demselben Eifer nach wie vor fortgesetzt wurden.

Der folgende Winter war für die Verbündeten, namentlich die Engländer, eine Zeit großen Elends, wie seit der Zeit des Napoleon'= schen Rückzugs aus Rußland vielleicht nicht mehr gesehen worden. Es fehlte bei zum Theil starkem Frost in der baumlosen Gegend an Holz, es fehlte an Fleisch, an Branntwein, an warmer Kleidung, an Aerzten und Arzeneien. Alle Mängel der englischen Armeeverwaltung, die im Frieden verborgen geblieben, traten jetzt hervor. Die Türken waren noch schlimmer daran, und litten, wie die Engländer mit stoischer, mit fatalistischer Geduld, Uebel, die sie für unvermeidlich hielten. Für die Franzosen war von Hause aus besser gesorgt worden, und außerdem verstanden sie es bei ihrer Gewandtheit, sich überall erträglich einzurich= ten. Ihre natürliche Fröhlichkeit blieb so ungebrochen, daß sie in ihrem Lager sogar ein Theater errichteten. Ungeachtet aller Noth und Ent= behrung hielten die verbündeten Truppen standhaft aus, schlugen die einzelnen Ausfälle der Russen, die übrigens selbst leidend, zu keiner be= deutenden Unternehmung die nöthige Kraft besaßen, tapfer zurück, bis im Frühjahr zahlreiche Verstärkungen aus Frankreich und England an= langten, welche die Verluste mehr als ersetzten und Muth zu neuen Kämpfen einflößten.

Die Diplomatie war unterdessen unermüdlich thätig gewesen, um dem großen Streit Einhalt zu thun, und ihn auf die Bahn des Frie= dens zu lenken. Nach vielen Berathungen und Vorschlägen, die zu keinem Ziel geführt hatten, waren von den Westmächten endlich vier Punkte aufgestellt worden, welche die Grundlagen zu allen ferneren Unterhandlungen bilden sollten (22. Juli 1854). Dieselben waren: Auf= hebung des russischen Protektorats in der Moldau, Wallachei und Ser= vien — vollkommene Freiheit der Donauschifffahrt — Durchsicht der älteren Verträge, um das bisherige Uebergewicht Rußland's auf dem schwarzen Meer zu beseitigen — Verwerfung jedes besonderen Protek= torats über die Christen im türkischen Reich, und Errichtung eines ge= meinsamen, von sämmtlichen Großmächten auszuübenden Schutzrechts. Oesterreich und Preußen traten diesen Forderungen bei. Da sie von Rußland verworfen wurden, so verstärkte Oesterreich sein Heer in Sie=

benbürgen, und zog ein zweites an der russischen Grenze, in Gallizien,
zusammen. Preußen schien durch den Rückzug der Russen über den
Pruth im Wesentlichen befriedigt zu sein, und traf keine kriegerischen
Vorbereitungen, obgleich es fortfuhr, Rußland Vorstellungen im Sinn
der vier Punkte zu machen. Rußland war seit lange gewohnt, in
den politischen Verhältnissen Deutschland's das entscheidende Wort zu
sprechen, Rathschläge zu ertheilen, Drohungen einfließen zu lassen, und
Graf Nesselrode konnte auch jetzt, obgleich die russische Macht nach der
Schlacht an der Alma ihres Nimbus wenigstens zum Theil schon entkleidet war, diesen hohen Ton nicht vergessen. Er erklärte in einer
Depesche vom 6. November (1854) an den Baron von Budberg, russischen Botschafter in Wien, auf die Spaltung zwischen den beiden deutschen Großmächten und die Schwäche des deutschen Bundes, dessen
Dasein dadurch gefährdet werden könne, anspielend, daß Rußland, um
einem solchen Uebel vorzubeugen, geneigt sei, auf Friedensvorschläge
einzugehen, dagegen aber auch auf die beharrliche Neutralität Deutschland's als Erwiederung rechne. Der preußische Ministerpräsident von
Manteuffel wies diese Anmaßung in nachdrücklicher Weise zurück. Oesterreich schloß jetzt mit den Westmächten ein förmliches Schutz = und Trutzbündniß ab (2. December). Da schien endlich das russische Kabinet zur
Nachgiebigkeit geneigt, und Fürst Gortschakof, sein außerordentlicher
Bevollmächtigter in Wien, versicherte, daß es die Erklärung der Westmächte vom 22. Juli als Ausgangspunkt zu Unterhandlungen gelten
lassen wolle. Die unterbrochene Konferenz trat in Wien wieder zusammen, aber ohne Erfolg, da es Rußland mit dem Frieden nicht Ernst
war, und es nur damit umging, die Verbündeten im Verlauf der Unterhandlungen von einander zu trennen. Die verschiedenen Interessen der
deutschen Mächte, ihre unseligen Rivalitäten und inneren Zerwürfnisse
kamen den Absichten des Kaisers Nikolaus entgegen. Preußen trat
Rußland wieder näher, und die Bamberger Koalition schloß sich, um
ein Gegengewicht gegen Oesterreich aufzustellen, der sich zu Rußland
neigenden Neutralitätspolitik an, die im Berliner Kabinet vorherrschte.
Da Rußland von Zeit zu Zeit seiner feindseligen Stimmung gegen
Oesterreich, dem es Undankbarkeit vorwarf, den Zügel schießen ließ, und
ein zahlreiches Heer in Volhynien aufgestellt hatte, von dem Wien bedroht werden konnte, so trug der österreichische Bevollmächtigte am
Bundestag auf ein sofortiges Aufgebot der deutschen Bundeskontingente
an, um den Kampf gegen Rußland nicht allein auf sich nehmen zu
müssen. Aber die Mittelstaaten ließen sich nur zu einer Kriegsbereit-

schaft herbei, von der bis zu einer wirklichen Aufstellung der Truppenkorps noch ein weiter Weg war, und Preußen stimmte ihnen hierin bei.
Unter solchen Umständen wagte Oesterreich, dessen Finanzen ohnedies
sehr zerrüttet waren, nicht das Schwert zu ziehen, da es der Hülfe
Deutschland's nicht gewiß war, und Preußen möglicher Weise sogar
gegen sich haben konnte. So arbeiteten die deutschen Regierungen einander entgegen, und lähmten sich gegenseitig im entscheidenden Augenblick zu Gunsten Rußland's. Während die beiden deutschen Großmächte
und der deutsche Bund, die zusammen eine Million Soldaten aufstellen
konnten, sich mit der Abfassung von diplomatischen Noten und der Aufstellung von Propositionen begnügten, und dem Laufe der großen Ereignisse der Zeit unschlüssig zusahen, trat ein kleinerer Staat, Sardinien,
der nicht viel mehr Einwohner als Bayern besaß, entschieden auf, schloß
sich den Westmächten bei der Bekämpfung Rußland's an, und ließ ein
Korps von 15,000 Mann zu den Verbündeten in der Krim stoßen,
das den Vergleich mit den ersten Truppen Europa's nicht zu scheuen
brauchte, und dem italienischen Namen Ehre machte.

Oesterreich und Preußen waren eifrig, obwohl vergeblich, bemüht
gewesen den Frieden zu vermitteln. Aber die kriegführenden Mächte
hatten wenig an die Wirksamkeit dieser Unterhandlungen geglaubt, und
umfassende Vorbereitungen zur Fortsetzung des Kampfes getroffen. Der
Kaiser Nikolaus errichtete eine Reichswehr, zu der alle waffenfähigen
Männer seines Volks gehörten, und Frankreich und England ersetzten
nicht nur den Verlust, den ihre Heere seit Eröffnung des Kriegs erlitten
hatten, sondern verstärkten dieselben über die ursprüngliche Zahl hinaus.
Von Napoleon III., der, obgleich er damals noch keine Proben von
Feldherrntalent abgelegt hatte, die Theorie des Kriegs kannte, und
unter seinen Umgebungen sehr erfahrene Militairs besaß, ward der General vom Geniekorps, Niel, der sich bei der Einnahme Rom's und
neuerdings bei der der Festung Bomarsund ausgezeichnet hatte, nach
der Krim geschickt. Dieser, der sich bald als einen der ersten Meister in
seinem Fach bewähren sollte, war der Meinung, daß Sebastopol's Einnahme von der des Malakoffthurms abhänge, und daß dieser deshalb
um jeden Preis genommen werden müsse. Die Belagerung wurde nach
Niel's Anweisung mit verstärkten Kräften und nach einem neuen Plan
fortgesetzt. Die französische Armee in der Krim wurde in zwei große
Korps, das erste unter dem General Pelissier, der vorher in Algerien befehligt hatte, das zweite unter Bosquet, getheilt. Canrobert behielt das
Oberkommando. Pelissier war durch seine Entschlossenheit bekannt, hatte

aber bisher keine Gelegenheit gehabt, seine militairischen Fähigkeiten im Großen zu zeigen. Der Kaiser Nikolaus, dessen Ehrgeiz in diesem von ihm so muthwillig angefachten Krieg bisher wenig Befriedigung gefunden hatte, schickte Verstärkung über Verstärkung nach der Krim, von denen aber ein großer Theil auf dem weiten Wege in dem strengen Winter, von Hunger und Krankheit hinweggerafft wurde. Es war von Petersburg aus ein Angriff auf Eupatoria, wo Omer Pascha mit einem Theil seines Heeres stand, anempfohlen worden. Der Ueberfall, den General Chruleff am 17. Februar (1855) mit bedeutenden Kräften (36 Bataillone und 80 Geschütze) mit Tagesanbruch gegen Omer Pascha unternahm, scheiterte an der Tapferkeit und Wachsamkeit der Türken, und wurde mit großem Verlust für die Russen zurückgeschlagen. Bald nachher (2. März 1855) starb der Kaiser Nikolaus, dessen schon seit längerer Zeit sehr geschwächte Gesundheit dem übeln Eindruck der aus der Krim einlaufenden Nachrichten nicht widerstanden hatte. Die kräftige und stolze, aber starre und beschränkte Natur dieses Fürsten hatte ihn gegen den Tadel und Widerspruch, den sein Charakter und sein System erregten, unempfindlich gemacht, und er starb ohne zu ahnen, daß er mit seinem ungerechten Angriff auf die Türkei eine für Rußland gefährliche Krisis heraufbeschworen habe. Sein Ende wurde von allen seinen Unterthanen, mit Ausnahme derer, die von seiner Regierung unmittelbaren Vortheil gezogen hatten, als eine Befreiung von einer zuletzt unerträglich gewordenen Last angesehen.

Nikolaus Nachfolger, Alexander II., war schon als Thronerbe dafür bekannt gewesen, milder und friedliebender als sein Vater zu sein, und befand sich eher in der Lage Zugeständnisse machen zu können, da er diesen Krieg nicht verschuldet hatte, sondern ihm vielmehr entgegen gewesen war. Aber an ein augenblickliches Nachgeben des neuen Kaisers war nicht zu denken, da er sich dadurch sowohl in den Augen seines eigenen Volks als denen Europa's herabgesetzt haben würde. Obgleich Rußland in diesem Krieg bereits an 250,000 Mann, vornehmlich durch Krankheiten verloren hatte, so erklärte dennoch Alexander II. den Kampf fortsetzen und im Geiste seines Vaters regieren zu wollen. Er rief jedoch den Fürsten Menschikof von seinem Posten ab, der, durch sein schroffes Auftreten in Konstantinopel, die öffentliche Meinung gegen sich erregt hatte, und, obwohl mit Unrecht, für den Anstifter dieses Krieges galt, der des Kaisers Nikolaus eigenes Werk war. Den Oberbefehl in Sebastopol und der Krim erhielt der General Fürst Gortschakof, ein Bruder dessen, der in Wien für Rußland unterhandelte. Die Westmächte konnten aber eben so wenig an eine Beendigung des Krieges, ohne die vorangegangene Einnahme Sebastopol's, denken. Ein Rückzug aus der Krim, ohne daß dieses Bollwerk Südrußland's und diese Zwingburg des schwarzen Meeres gefallen, würde in England den übelsten Eindruck gemacht und die Verantwortlichkeit des Ministeriums ernstlich in Anspruch genommen haben. Für Napoleon III. wäre aber ein solches Verhalten einer Niederlage gleichgekommen, und vielleicht der erste Schritt zu seinem Sturz geworden. Auf beiden Seiten war man deshalb zur eifrigsten Fortsetzung des Krieges entschlossen. Die Belagerung sollte für Franzosen und Engländer, die ihr schweres Geschütz vermehrt hatten und mit den Gefahren und Arbeiten ihres Unternehmens vertraut geworden waren, jetzt erst recht anfangen. Deshalb mußten auch alle Vermittlungsversuche der Wiener Konferenz vergeblich bleiben. Oesterreich hatte an England und Frankreich erklärt (12. April), daß es die Beschränkung der russischen Seemacht auf dem schwarzen Meer, worauf die Westmächte großen Werth legten, für keine Nothwendigkeit halte, und Rußland erst dann bekriegen werde, wenn dasselbe sich weigern sollte, das türkische Reich in seinem gegenwärtigen Bestand anzuerkennen. Am 4. Juni gab Oesterreich ein Ultimatum dahin ab, daß, aus Rücksicht auf Rußland's Ehre und um die Abschließung des Friedens zu erleichtern, die Zahl und Stärke der russischen Kriegsschiffe auf dem schwarzen Meer von der freien Uebereinkunft zwischen Rußland und der Pforte abhängen sollte. Da die Westmächte diesen Antrag verwarfen, so erklärte Oesterreich eine abwartende Stellung einnehmen zu wollen, und entließ einen Theil der in Gallizien stehenden Truppen, wodurch es Rußland möglich wurde, sein Heer in der Krim zu verstärken. Die Westmächte schlossen sich hierauf noch fester an einander an. Lord Palmerston war schon im vergangenen December in Paris gewesen, jetzt (16. April 1855) begab sich Napoleon mit seiner Gemalin zum Besuch der Königin von England nach London, um Europa zu zeigen, daß die beiden Völker ganz eines und desselben Sinnes seien.

Die Alliirten suchten jetzt mit verdoppelter Kraftanstrengung ihr Ziel, die Eroberung von Sebastopol zu erreichen. Der Kaiser der Franzosen hatte an dem Krieg in der Krim persönlich Antheil nehmen wollen. Aber höhere politische Rücksichten, denn seine Stellung schien für eine längere Abwesenheit noch nicht hinlänglich fest zu sein, zwangen ihn im Mittelpunkt seiner Macht zurückzubleiben. Er schickte aber einen Theil seiner neu errichteten Garde nach Sebastopol, das jetzt vierzehn Tage lang aus fünfhundert Feuerschlünden beschossen wurde. Aber die Russen,

Die noch mehr Geschütze besaßen, erwiederten das Feuer mit noch grö=
ßerer Heftigkeit, während Totleben alle Beschädigungen mit unglaub=
licher Schnelligkeit ausbesserte, und in die Stelle der zerstörten Batterien
neue aufstellte. Die Langsamkeit, mit der die Belagerung ungeachtet
aller Anstrengung fortschritt, der Mangel an glänzenden Erfolgen rief
in den maßgebenden Kreisen in Paris eine gewisse Unzufriedenheit mit
Canrobert hervor, der, obgleich ein begabter und erprobter General,
gegenwärtig kein Glück zu haben schien. Auch war zwischen dem fran=
zösischen Obergeneral und seinem englischen Kollegen, Lord Raglan,
eine Erkaltung und Spannung entstanden, indem dieser Canrobert's
Meinung nicht so willig wie früher der St. Arnaud's beistimmte, und
die Engländer durch die Langsamkeit ihrer Bewegungen zu häufigen
Klagen im französischen Generalstab Veranlassung gaben. Canrobert,
der mehr Patriotismus als persönlichen Ehrgeiz besaß, trug selbst in
Paris auf Ernennung eines neuen Oberbefehlshabers an, der zu Ra=
glan in ein besseres Verhältniß treten könnte. Napoleon ernannte in
Canrobert's Stelle den General Pelissier, der dafür bekannt war, rück=
sichtlos vorwärts zu gehen, und keinen Menschenverlust zu achten, wenn
er ein großes Ziel vor Augen hatte. Canrobert besaß die edle Selbst=
verläugnung, unter das Kommando seines bisherigen Untergebenen zu
treten und jetzt an der Spitze einer Division eben so eifrig wie vorher
an der des ganzen Heeres für die gemeinsame Sache zu wirken. Pelissier
ließ Tag und Nacht an dem Vorrücken der Laufgräben arbeiten, um die=
selben den feindlichen Schanzen so nahe als möglich zu bringen, und
entriß den Russen nach einem hartnäckigen Widerstand den sogenannten
grünen Mamelon*), wo der tapfere französische Oberst Brancion in
dem Augenblick fiel, als er die dreifarbige Fahne auf das eroberte Fe=
stungswerk aufpflanzte. Die Franzosen legten Minen, die Russen Ge=
genminen an, französische und russische Sappeurs stießen auf einander,
und es ward unter wie über der Erde gekämpft. Aber ein allgemeiner
Sturm, den die Verbündeten am 18. Juni unternahmen, wurde von
den Russen abgeschlagen, wobei die Franzosen außer zwei ihrer besten
Generale, Brunet und Mahran, gegen 5000 Mann an Todten und
Verwundeten verloren, während die Engländer, von ihrer Stellung be=
günstigt, viel weniger gelitten hatten. Am 28. Juni starb Raglan wie
St. Arnaud an der Cholera. Er war schon sehr bejahrt, und obgleich als
Soldat im Gefecht oft von einer an Verwegenheit grenzenden Tapferkeit,

---

*) Mamelon: Warze; Erhöhung.

hatte sich seine Thätigkeit als Oberbefehlshaber in diesem schwierigsten aller Feldzüge, wo zu gleicher Zeit eine große Festung eingenommen und eine außerhalb derselben stehende feindliche Armee geschlagen werden sollte, nicht immer ausreichend erwiesen. Der General Simpson, ebenfalls schon in vorgerückten Jahren, übernahm an Raglan's Stelle das Kommando über die brittischen Truppen. Am 11. Juli wurde in Sebastopol der unerschrockene Admiral Nachimof getödtet, der die türkische Flotte bei Sinope zerstört hatte, und mit einem Fernglas in der Hand am Rande der Batterien, den feindlichen Kugeln ausgesetzt, so sorglos einherzuschreiten pflegte, als sei er auf einem Spaziergang begriffen. Pelissier befolgte Niel's Weisung, die stärksten Angriffe auf den Malakofthurm zu richten, von dessen Besitz der Sebastopol's abhing. Er ließ deshalb die Laufgräben den feindlichen Befestigungswerken immer näher führen, damit zwischen beiden ein möglichst geringer Zwischenraum übrig bliebe, der von den Stürmenden rasch durchschritten werden könnte, und sie von den feindlichen Batterien weniger zu leiden hätten. Zu den Anstrengungen täglicher Kämpfe während einer glühenden Hitze kam die Cholera hinzu, die unter Belagerern und Belagerten gleich sehr wüthete. Ein Ausfall der Russen am 16. August unter General Read versprach, von einem dichten Nebel begünstigt, anfänglich Erfolg. Read warf die französischen und sardinischen Vorposten zurück und drang über die Tschernajabrücke vor, wurde aber von dem rasch herbeieilenden General Faucheur mit solchem Ungestüm in der Flanke angegriffen, daß seine Truppen bald zum Weichen gebracht wurden und nach der Brücke stürzten, wo die französische Artillerie unter den sich drängenden Massen ein großes Blutbad anrichtete. Die Sardinier nahmen an diesem Kampf einen ruhmvollen Antheil, und ihr Feuer that dem Feind großen Schaden. Wie viele Russen an diesem Tage verwundet wurden, ist unbekannt geblieben, aber 3329 ihrer Todten wurden auf dem Kampfplatz begraben. General Read war im Gefecht gefallen. Die Verbündeten verloren kaum 1500 Mann. Diese Schlacht, welche fünf Stunden ohne Unterbrechung gedauert hatte, überzeugte die Russen, daß es ihnen unmöglich, die Linien der Verbündeten zu durchbrechen.

Der französische Obergeneral glaubte jetzt, daß der entscheidende Augenblick nicht mehr fern sei. Ungeachtet des unermüdlichen Widerstandes der Russen, ihrer häufigen nächtlichen Ausfälle und der Schwierigkeiten des Bodens waren die Belagerungsarbeiten dem Malakofthurm ganz nahe gebracht worden. Vom 19. August an wurde Sebastopol aus 800 Feuerschlünden so furchtbar beschossen, daß die Soldaten und

Einwohner, die seit zehn Monaten im Kanonendonner und Pulver=
dampf wie in ihrem natürlichen Element gelebt hatten, davon betäubt
zu werden anfingen. Der unaufhörliche Hagel von Kugeln des schwer=
sten Kalibers machte zuletzt Totleben's Kunst zu Schanden, da die kaum
wieder hergestellten Schanzen alsbald wieder zerstört wurden. Die Be=
dienung mancher russischen Batterien mußte im Laufe eines einzigen
Tages dreimal erneuert werden. Die Erde bebte vom Donner der Ge=
schütze und die Luft schien von dem ungeheuren Pulververbrauch zu
glühen. Innerhalb drei Tagen wurden 5000 Russen auf den Wällen,
in den Häusern und Straßen getödtet oder verwundet. Es war den
Belagerten nicht mehr möglich, das zertrümmerte Mauerwerk zu er=
neuern und die verschütteten Gräben auszuräumen. Gortschakof, der
die Vergeblichkeit eines längeren Widerstandes begriff, ließ eine große
Schiffbrücke über den Meerbusen schlagen, der die Stadt in zwei Hälf=
ten theilt, um dieselbe rasch räumen zu können, sobald es nothwendig
geworden.

Am 3. September hatte Pelissier einen Kriegsrath versammelt,
dem auch der General vom englischen Genielorps, Sir Harry Jones,
beiwohnte, um die letzten Maßregeln zur Einnahme Sebastopol's zu
verabreden. Canrobert war schon vorher nach Paris zurückgerufen wor=
den, da die Soldaten mehr an ihm als an Pelissier hingen, und die
Einheit des Oberbefehls durch seine längere Anwesenheit gestört werden
konnte. Aber Niel war zugegen. Die anwesenden Generale erklärten
sich einstimmig für den Sturm in kürzester Frist. Pelissier hätte gern
noch auf vierhundert Mörser gewartet, deren Sendung aus Frankreich
versprochen war, die eine furchtbare Wirkung hervorgebracht haben wür=
den. Aber Niel bemerkte, daß es bei längerem Zögern an Munition
fehlen würde, von der mehr als je in einem anderen Kriege verbraucht
worden war. Auch kam die Ungeduld der Soldaten in Betracht, die
laut ihr Verlangen nach dem Sturm aussprachen. Pelissier gab nach,
behielt sich aber die nähere Bezeichnung des entscheidenden Tages vor.
In einer Zusammenkunft zwischen den Generalen der verbündeten
Armeen am 7. September wurde der Sturm, zu welchem Bosquet den
Plan entworfen, auf den folgenden Tag um Mittag festgesetzt. Die
Tage vorher schien das Bombardement ein immerwährender Donner=
schlag zu sein, als wolle man die Russen nicht zur Besinnung kommen
lassen. Dieselben setzten aber den einzelnen Angriffen auf ihre Schan=
zen denselben unerschütterlichen Widerstand wie zuvor entgegen. Die
Franzosen erlitten bei den unausgesetzten Kämpfen, deren Gefahren

vornehmlich sie auf sich nahmen, ungeheure Verluste. Allein vom 5. bis 7. September waren 51 Officiere und 3917 Unterofficiere und Soldaten kampfunfähig geworden. Am 7. September bei anbrechendem Abend nahm das Bombardement an Heftigkeit noch zu und dauerte ohne Unterbrechung fort. Als es Tag wurde erhob sich ein starker Nordwind und vermischte in den Schluchten, von denen Sebastopol umgeben ist, sein schauerliches Geheul mit dem Donner der entfesselten Artillerie. Um acht Uhr standen die Belagerungstruppen zum Sturm bereit. An der Spitze jeder Kolonne befand sich eine Abtheilung Sappeurs, die zum Ausfüllen der Gräben, zum Durchbrechen von Mauerwerk, zum Anlegen der Sturmleitern bestimmt waren. Der Hauptangriff der Franzosen war auf den Malakofthurm, der der Engländer auf den sogenannten Redan *) gerichtet; alle übrigen Angriffe sollten nur jene maskiren und die Aufmerksamkeit des Feindes theilen. Den französischen Truppen ward kompagnienweise eine Proklamation vorgelesen, deren Aufforderung zu einem todesmuthigen Kampf sie mit einem begeisterten Ausbruch kriegerischen Ungestüms beantworteten. Alle Uhren der Divisionsgenerale wurden nach der des Obergenerals gestellt. Es sollte kein besonderes Signal gegeben werden, sondern wenn der Zeiger auf Zwölf stand, die Sturmkolonnen ohne weiteres den Befehl zum Vorgehen erhalten. Das Bombardement ward, um die Russen über die Absichten der Verbündeten zu täuschen, bis um Mittag unterhalten. Da schwieg es plötzlich auf allen Seiten, und die Franzosen, die vorher auf ihre Gewehre gestützt unbeweglich dagestanden, gingen unter dem tausendfachen Ruf: „Es lebe der Kaiser!" auf die russischen Verschanzungen los. Die Außenwerke des Malakofthurms waren von der Division Mac Mahon bald genommen, aber im Innern der Befestigung erhob sich ein wüthender Kampf Mann gegen Mann, der, wenn die Bayonette zerbrochen waren, von beiden Seiten mit den Kolben und den am Boden liegenden Steinen fortgesetzt wurde. Die Russen, die allein an dieser Stelle vier Generale verloren, unterlagen zuletzt, und der Malakofthurm blieb in der Gewalt der Franzosen. Dieses weitläufige Befestigungswerk war von den Russen unterminirt worden. Zu ihrem Glück entdeckten die Franzosen die Drähte, die von den Minen nach der Stadt führten, durchschnitten sie und zogen in größter Geschwindigkeit einen Graben um den Thurm, und verhinderten dadurch seine Explosion.

---

*) Redan: Sägewerk; ein Befestigungswerk mit aus und eingehenden Winkeln, die einander bestreichen können.

Doch flog eine Seitenbatterie in die Luft, und begrub unter ihren Trüm=
mern den General Motterouge, der jedoch lebend aus dem Schutt her=
vorgezogen wurde, aber viele feiner Soldaten lagen entſeelt da. Bos=
quet, der ſich dem feindlichen Feuer ſehr ausgeſetzt hatte, ward an der
Schulter verwundet, führte aber deſſenungeachtet das Kommando fort,
bis er von dem ſtarken Blutverluſt ohnmächtig geworden, fortgetragen
werden mußte. Mit der Einnahme des Malakofthurms war viel, aber
nicht alles geſchehen. Am ſogenannten „Kleinen Sägewerk" leiſteten
die Ruſſen, wie überall an dieſem blutigen Tage, den tapferſten Wider=
ſtand, und warfen die Franzoſen mehrmals zurück, die hier drei ihrer
Generale: Saint Pol, Marolles und Pontevès und mehrere Stabs=
officiere verloren. Vor der Centralbaſtion fielen die Generale Rivet,
Breton und General Truchu wurde verwundet. Aber die franzöſiſchen
Soldaten ſtiegen über Haufen von Leichnamen zu den Verſchanzungen
empor, machten die ruſſiſchen Artilleriſten an ihren Geſchützen nieder
und behaupteten ſich in der gewonnenen Poſition. Die Franzoſen hat=
ten jetzt ihre Aufgabe gelöſt, aber in wenigen Stunden 7300 Mann an
Todten und Verwundeten verloren. Während dieſer Zeit hatten die
Engländer mit derſelben Tapferkeit, aber nicht mit demſelben Erfolg
wie ihre Verbündeten gefochten. Sie rückten in geſchloſſenen Kolonnen,
ſo ruhig und feſt wie auf dem Exercierplatz, unter dem furchtbarſten
Kartätſchenfeuer der Ruſſen gegen den Redan vor, erſtiegen die Bruſt=
wehr mit Hülfe der Sturmleitern, und drangen in den inneren Raum
ein, wo ſie aber von verſteckt liegenden Batterien mit einem ſolchen
Kugelregen überſchüttet wurden, daß ſie im Verlauf von noch nicht zwei
Stunden 2400 Mann verloren, und ihre Eroberung aufgeben mußten.
Aber es war dies nur eine Epiſode in der Hauptaktion. Die Einnahme
Sebaſtopol's ward durch die Erſtürmung des Malakofthurms, des
„Kleinen Sägewerks" und der Centralbaſtion entſchieden. Bei ein=
brechendem Abend ließ Gortſchakof ſchleunig die nöthigen Vorbereitun=
gen zum Rückzug treffen. So war denn dieſe ſtolze Feſte nach einer
elfmonatlichen Belagerung *), der denkwürdigſten und an Thaten reich=
ſten aller Belagerungen der neueren Geſchichte, gefallen. In der Nacht
vom 8. zum 9. September zündeten die Ruſſen die unterminirten Boll=
werke, den Redan und die Baſtionen an, die mit furchtbarem Krachen
zuſammenſtürzten, und verſenkten von ihrer großen Flotte alles was

---

*) Am 9. Okt. (1854) war der Laufgraben, am 17. Okt. das Feuer auf
Sebaſtopol eröffnet worden. Das Bombardement hatte 322 Tage gedauert.

noch übrig geblieben war. Am folgenden Tage zogen sie sich nach der Nordseite der Stadt zurück, nachdem sie die Schiffsbrücke hinter sich abgebrochen hatten, und Gortschakof nahm mit dem größten Theil seiner Truppen eine Stellung ostwärts in den Gebirgen. Er hatte am Tage des Sturms 13,000 Mann verloren. Am 10. September durcheilte Pelissier, von einem zahlreichen Stabe begleitet, die rauchenden Trümmer Sebastopol's und dessen Vertheidigungslinien, über deren Größe und Mannigfaltigkeit er, ungeachtet der Zerstörung, erstaunte, und erst jetzt die von ihm überwundenen Hindernisse vollkommen begriff. Am 11. September rückten die Verbündeten in die Stadt, aus der noch überall Dampf emporstieg, in der aber die Explosionen aufgehört hatten. Eine ungeheuere Menge von Waffen und Kriegsgeräth (4000 Kanonen), Kugeln, Pulver, Schiffsbauholz, selbst noch große Vorräthe von Lebensmitteln, fielen in die Hände der Sieger.

Die Einnahme von Sebastopol hatte die Ueberlegenheit der französischen Truppen, die offenbar zu diesem Erfolg das Meiste beigetragen, glänzend bewährt. Napoleon sah das Ziel, das er sich von Anfang seiner Regierung vorgesetzt, die Erneuerung des Waffenruhms und des staatlichen Uebergewichts Frankreich's erreicht, und wünschte jetzt eifrig den Frieden, obgleich er dies Verlangen hinter einer stolzen Ruhe und Gleichgültigkeit verbarg. Außer dem Menschenverlust hatte Frankreich auch sonst seine Erfolge theuer bezahlt. Der Feldzug hatte die französische Staatsschuld um 1500 Mill. Fr. vermehrt. Zu einer bedeutenden materiellen Schwächung Rußland's, zu einem Losreißen der altpolnischen Provinzen, Finnland's und Transkaukasien's hätte die Mitwirkung Oesterreich's, Preußen's, Schweden's, hätte eine andere Türkei gehört, als die, welche vorhanden war. An solche Eroberungen konnte unter den vorhandenen Umständen nicht gedacht werden. In Petersburg, wo der endliche Fall Sebastopol's schon seit einiger Zeit vorausgesehen worden, und deshalb keinen außerordentlichen Eindruck hervorgebracht hatte, rechnete man auf die im Innern des Reichs vorhandenen großen Hülfsquellen, und zögerte auf die Mahnungen des österreichischen und preußischen Kabinets zu hören, welche dringend zum Frieden und der Darbringung einiger davon unzertrennlichen Opfer riethen. Bei dieser Stimmung des russischen Hofes mußten die Verbündeten noch immer gerüstet bleiben und sich auf Fortsetzung des Kampfs gefaßt machen. Der Stolz des englischen Volks fühlte sich durch die untergeordnete Rolle, die sein Heer in der Krim gespielt, verletzt, und wollte durch umfassende Vorbereitungen zu einem Feldzug für das kommende Jahr, durch eine Ver-

mehrung der Land= und Seemacht das Versäumte nachholen und sich
Rußland furchtbar machen. Auf Betrieb der Engländer wurde in Kon=
stantinopel beschlossen Omer Pascha mit einer türkischen Armee nach
Kleinasien übersetzen zu lassen, wo die Truppen des Sultans seit langer
Zeit gegen die Russen im Nachtheil waren. Von Seite Napoleon's
wurde Canrobert, der wie Pelissier *) und Bosquet den Marschallsstab
erhielt, mit einer Sendung nach Stockholm beauftragt, um Schweden den
Westmächten näher zu bringen. Rußland, damit nicht zufrieden durch
den Besitz der Alandinseln beständig Stockholm zu bedrohen, hatte von
der schwedischen Regierung die Abtretung eines Küstenstrichs in Nor=
wegen verlangt, unter dem Vorwand den benachbarten unter russischer
Hoheit stehenden Lappländern Gelegenheit zur Fischerei zu geben, in
Wahrheit aber um daselbst einen russischen Kriegshafen anzulegen, da die
See an der dortigen Küste wegen des weit hinaufgehenden warmen
Golfstroms im Winter vom Eise befreit bleibt. Canrobert, der in
Stockholm aus Abneigung gegen die Russen vom Hofe mit Auszeich=
nung, vom Volke mit Begeisterung aufgenommen wurde, schloß mit dem
schwedischen Kabinet einen Vertrag ab, in welchem dasselbe sich an=
heischig machte ohne Zustimmung der Westmächte keinen Theil seines
Gebiets an Rußland abzutreten.

Die Flotten der Verbündeten hatten weder im schwarzen Meer
noch in der Ostsee etwas ausgerichtet, das von der Geschichte erhalten
zu werden verdiente. Aber sie hatten zuletzt allem russischen Seehandel
ein Ende gemacht, die Küsten verheert, die Russen zur Vernichtung ihrer
eigenen Flotte im schwarzen Meer gezwungen, und die Flotte im bal=
tischen Meer in Kronstadt eingeschlossen. In den russischen Staatsein=
nahmen zeigten sich große Ausfälle, und auf dem Lande fing es an, da
so viele tausend Leibeigene zur Reichswehr ausgehoben worden, an Ar=
beitskräften zu fehlen. Der Adel ward für seine Einkünfte besorgt. Die
englischen Kaufleute waren die hauptsächlichsten Käufer der russischen
Rohprodukte, und dieser Absatz hatte seit einem Jahr gänzlich aufgehört.
Die öffentliche Meinung sprach sich demnach in allen Klassen des russi=
schen Volks für den Frieden aus, aber die Regierung war zu stolz, um
demselben große Opfer zu bringen, die nach dem Fall von Sebastopol
von den Verbündeten vielleicht verlangt werden konnten. Da kam den
Russen ein wichtiger von ihnen in Kleinasien erlangter Vortheil zu
Hülfe, um die Ansprüche der Westmächte herabzustimmen, und den gan=

*) Pelissier wurde außerdem zum Herzog von Malakof ernannt.

gen Krieg mit einer für die russischen Waffen ruhmvollen That zu schlie=
ßen. Die in Kleinasien kämpfenden Truppen des Sultans waren, von
unfähigen und eigennützigen Paschas befehligt, die ihre Soldaten an
Allem Mangel leiden ließen und das zur Führung des Kriegs bestimmte
Geld in ihren eigenen Nutzen verwandten, bei jeder Gelegenheit geschla=
gen worden. Als endlich ein besserer Heerführer, Wassif Pascha, der
von zwei ausgezeichneten fremden Officieren, dem Engländer Williams
und dem Ungarn Kmety unterstützt wurde, den Oberbefehl über die
Türken in jener Gegend übernommen hatte, war es zu spät um dem
Laufe des Krieges eine glücklichere Wendung zu geben. Wassif Pascha
mußte sich mit dem was ihm von Truppen übrig blieb in die Festung
Kars einschließen, und sich ungeachtet der tapfersten Vertheidigung,
nachdem der Hunger einen großen Theil der Einwohner und der Be=
satzung fortgerafft hatte, an die Russen ergeben (28. November 1855).
Der russische Obergeneral Murawiew *) behandelte die Ueberwundenen
mit ausgezeichnetem Edelmuth. Die Einnahme dieser wichtigen Festung
schien den Verlust von Sebastopol aufzuwiegen. Rußland konnte jetzt
das Ansehen haben aus Friedensliebe und nicht aus Schwäche nachzu=
geben. Omer Pascha war zwar an der anatolischen Küste gelandet, hatte
aber Kars nicht retten können, und wäre zu schwach gewesen, um die
Fortschritte Murawiew's aufzuhalten. Die unglückliche Kriegführung
der Türken in Kleinasien blieb nicht ohne Einfluß auf die Entschließun=
gen des Londoner und Pariser Kabinets. Zu gleicher Zeit arbeiteten
Preußen und Oesterreich aus allen Kräften an einer Annäherung der
kriegführenden Mächte, indem sie besorgten, bei längerer Fortsetzung
des Kampfes vielleicht aus ihrer Neutralität heraustreten und Par=
tei ergreifen zu müssen. Besonders lag Oesterreich, das von den orien=
talischen Interessen so nahe berührt wird, an der Beilegung des Krie=
ges. Bald nachdem die Nachricht von der Einnahme von Kars in Wien
eingetroffen, hatte das österreichische Kabinet den Fürsten Paul Ester=
hazy nach Petersburg geschickt, wo derselbe mit dem Grafen Nesselrode
sich sehr bald über ein Protokoll einigte, das als Friedensbasis dienen
konnte. Am 26. Januar (1856) nahm der Sultan einundzwanzig Ar=
tikel an, die ihm von Oesterreich und den Westmächten vorgelegt wurden,
welche die Gleichheit der Christen mit den Mahomedanern im türkischen
Reich, Verbesserungen im Steuer= und Gerichtswesen u. s. w. betrafen,
durch die den Russen für immer der Vorwand zu Einmischungen in die

---

*) Es war dies nicht der General Murawiew, der jetzt (1863) in Lithauen
kommandirt.

inneren Angelegenheiten der Türkei entzogen werden sollte. Nach diesen Vorarbeiten ward am 25. Februar in Paris ein Kongreß zur Abschließung eines definitiven Friedens eröffnet. Napoleon III. hatte sich durch diesen Krieg zu einer sehr hohen Stellung in Europa emporgeschwungen, und stand als Schiedsrichter der streitigen Interessen und Parteien da. Oesterreich und noch mehr Rußland bewarben sich um seine Gunst. Sein Minister der auswärtigen Angelegenheiten, Graf Walewski, ein geborner Pole, aber natürlicher Sohn Napoleon I., leitete die Berathungen. Auch Sardinien wohnte in der Person des Grafen Cavour und des Marquis von Villamarina zum erstenmal einen Kongreß der Großmächte bei. Da Preußen an diesem Kriege gar keinen Antheil, auch nicht einmal durch Aufstellung eines Observationskorps, genommen hatte, so sah es sich auch von den Unterhandlungen ausgeschlossen. Insofern aber von dem Kongreß Abänderungen in den Wiener Verträgen, zu deren Geranten Preußen gehörte, getroffen werden konnten, beanspruchte Preußen mit seiner Meinung ebenfalls gehört zu werden, welchem gerechten Verlangen auch nachgegeben wurde, und der preußische Minister= präsident von Manteuffel sich nach Paris begab. Um die militairischen und diplomatischen Erfolge des Kaisers der Franzosen zu krönen, kam seine Gemalin, die Kaiserin Eugenie, eine spanische Gräfin aus dem Hause Montijo, mit einem Sohn und Thronerben nieder (16. März), ein Ereigniß, das unter den Anhängern der neuen Ordnung der Dinge in Frankreich große Freude erregte, und die Hoffnung auf die Dauer der Napoleonischen Dynastie vermehrte.

Am 30. März (1856) wurde das Friedensinstrument in Paris unterzeichnet. Rußland verstand sich dazu die Donaumündungen mit einem kleinen am linken Ufer zunächst dem schwarzen Meer gelegenen Landstrich abzutreten, dem einseitigen Protektorat über die Donau= fürstenthümer und über die griechischen Christen in der Türkei zu ent= sagen, und Kars zurück zugeben. Dagegen lieferten die Westmächte Se= bastopol und alle sonst von ihnen besetzten Punkte an Rußland aus. Die Ausführung der vom Sultan versprochenen Reformen und die Lage der Christen im türkischen Reich sollte von der Gesammtheit der christlichen Großmächte überwacht werden. Die österreichischen Truppen blieben in den Donaufürstenthümern bis über deren Zukunft von den Großmächten entschieden worden sei. Es handelte sich in Betreff ihrer vornehmlich darum, ob sie, wie bisher, unter zwei Hospodaren stehen, oder vereinigt werden sollten, worüber Frankreich und Rußland auf der einen, und England und Oesterreich auf der anderen Seite verschiedener

33*

Ansicht waren. Rußland machte sich anheischig am schwarzen Meer keine Arsenale zu errichten, und daselbst nicht mehr Kriegsschiffe als die Pforte zu halten. Die Donauschiffahrt ward für unbedingt frei erklärt. Rußland wollte sich aber nicht dazu verstehen, die Integrität des türkischen Reiches für die Zukunft zu gewährleisten, weshalb Oesterreich und die Westmächte nachträglich (15. April) einen Separatvertrag zum Schutz der Türkei gegen Rußland, wenn es nöthig werden sollte, schlossen. Preußen hielt in diesem Fall zu Rußland.

Dieser Friede entsprach nicht den großen Anstrengungen und ausgezeichneten Thaten der kriegführenden Heere, und nicht den Erwartungen, welche die Welt von dem Ausgang des Kampfes gehegt hatte. In dem Territorialbesitz der Mächte ging keine Veränderung vor, da die kleine Gebietsabtretung Rußland's kaum in Anschlag gebracht werden konnte. Rußland hatte allerdings eine moralische Demüthigung, aber keine wesentliche Verminderung seiner Macht erfahren, und blieb in der Lage seine alten Eroberungsplane gegen die Türkei bei gelegener Zeit zu erneuern. Oesterreich und Preußen hatten sich schwach gezeigt, indem sie im Besitz einer großen Militairmacht kein derselben entsprechendes Gewicht in die Wagschale der Ereignisse warfen, sondern deren Verlaufe unentschlossen zusahen, und einer thatkräftigen Betheiligung sich entzogen. Auch England hatte nichts vollbracht was seines alten Rufes würdig gewesen wäre und an Nelson und Wellington erinnert hätte. Nur Frankreich war in der Meinung der Regierungen und Völker gestiegen, und hatte das Andenken an die letzten Niederlagen Napoleon I. verwischt. Es hatte von Neuem bewiesen, daß seine natürlichen Hülfsmittel und der kriegerische Geist seiner Bevölkerung nur einer kräftigen Leitung bedürfen, um ihm unter allen Umständen eine hervorragende Stellung in Europa zu verschaffen. Mit dem Pariser Kongreß war Napoleon III. in ein neues Stadium seiner Existenz getreten, das ihm noch glänzendere Aussichten auf Macht und Ruhm als bisher eröffnete.

---

8. Deutschland von der Wiederherstellung des Bundestags bis zur Einsetzung der Regentschaft in Preußen.

Die Wiederherstellung des Bundestags an seinem alten Sitz und mit allen früheren Formen war ein klares Zeichen gewesen, daß von oben her mit der freiheitlichen und volksthümlichen Richtung von 1848 gebrochen worden, und daß die öffentlichen Einrichtungen in Deutsch=

land wieder auf den vormärzlichen Standpunkt zurückgeführt werden
sollten. Im Vergleich zu dem, was die deutsche Nation damals gefor=
dert hatte und zu erreichen nahe gewesen, trat jetzt allerdings ein Still=
stand und Rückschritt ein, der aber, je nach dem Charakter der Regie=
rungen und dem von den Völkern erreichten Bildungsgrad, eine sehr
verschiedenartige Gestalt annahm. In manchen Staaten suchte man
zwar die während der Jahre 1848 und 1849 erschütterte Fürstengewalt
möglichst wieder herzustellen, ließ aber die eingeführten Reformen, so
weit dieselbe von ihnen nicht berührt wurde, bestehen; in anderen war
man bemüht, sich Zuständen zu nähern, die allmälig dem Bewußtsein
des deutschen Volks fremd geworden waren, oder demselben geradezu
widersprachen. Im Ganzen und Großen gelang es der Reaktion nur
selten, die vormärzlichen Einrichtungen vollkommen, am wenigsten aber
ihrem Geist nach zu erneuern, weil der Eindruck mächtiger Ereignisse
sich aus dem Gedächtniß der Völker, besonders wenn sie bei denselben
selbst thätig gewesen, nie ganz verdrängen läßt. Das größte Unglück
für Deutschland bestand nicht in dem Verluste einzelner Errungenschaf=
ten, die zum Theil sehr gemischter Natur waren, und unter vielem Wah=
ren und Werthvollen auch manches Irrthümliche und Schädliche ent=
hielten, sondern darin, daß der Hauptpunkt und Zweck, auf den es bei
den Besseren und Einsichtsvolleren vornehmlich abgesehen gewesen, die
Herstellung eines einigen Deutschland's verfehlt worden, und die alte
Zersplitterung mit ihrer Ohnmacht nach Außen und ihrer Zwietracht
im Innern wieder zu voller Blüthe gediehen war. Denn ein Volk kann
in seinen socialen und politischen Einrichtungen an vielen Mängeln lei=
den und doch wirklich groß sein, sobald es ein in sich übereinstimmendes
Ganzes ausmacht, das in allen entscheidenden Fällen die widerstre=
benden einzelnen Richtungen zur Anerkenntniß seines höheren Rechts
nöthigt, und dem Ausland als ein geschlossener Phalanx gegenübersteht.
Dieses Bedürfniß der Einheit, deren Bedeutung von der Mehrheit der
Gebildeten in Deutschland im Lauf der Zeit begriffen worden, und das
auch die Massen instinktartig fühlten, war durch das Scheitern des deut=
schen Parlaments und der mit ihm verbundenen Bestrebungen unbe=
friedigt geblieben, aber das Ziel war einmal erkannt, der Weg dazu
betreten gewesen, und derselbe konnte, wenn er auch für den Augenblick
verlassen worden, wieder gefunden, und mit Vermeidung der damals
begangenen Fehlgriffe von Neuem beschritten werden.

Die einzelnen deutschen Regierungen zeigten sich im Wesentlichen
in dieser Epoche der Reaktion dem Geiste treu, der sie schon vor den

Stürmen des Jahrs 1848 erfüllt hatte. Oesterreich, das von jeher ein Gegner der Freiheit und des Fortschritts und der vornehmste Hort des Absolutismus in Europa gewesen, suchte, nachdem es seine Absichten in Kurhessen und Holstein=Schleswig erreicht und am Bundestag wieder die erste Stelle eingenommen hatte, auch bei sich das konstitutionelle System so schnell als möglich zu beseitigen. Die Verfassung vom 4. März 1849, die den österreichischen Einheitsstaat verkündigt hatte, war den Völkern, die, wie Magyaren und Kroaten, schon vorher im Besitz repräsentativer Institutionen gewesen, verhaßt, weil sie dieselben ohne angemessenen Ersatz ihrer wichtigsten, althergebrachten Rechte be= raubte. Die übrigen Bestandtheile Oesterreich's, selbst die deutschen Provinzen, hatten nach der Art wie die konstitutionellen Garantien un= aufhörlich verletzt wurden, und an ihre Stelle der Militairdespotismus getreten, die Hoffnung, daß auf dem Wege der Octroyirung ein besse= rer Zustand herbeigeführt werden könnte, verloren. Sie waren für den Augenblick gelähmt und gleichgültig geworden. Die Finanznoth — die Ausgaben für die Armee hatten von November 1848 bis November 1849 die gesammte Staatseinnahme um 13 Millionen Gulden über= stiegen — der Druck der Steuern, die Theuerung der nothwendigsten Lebensbedürfnisse lagen einem so entmuthigten Volke näher als die Fra= gen über öffentliches Recht und politische Freiheit. Welche Bedeutung hatte in der That auch eine Konstitution, die in jedem Augenblick durch die Einführung des Belagerungszustandes unwirksam gemacht werden konnte? — Sie wurde zuerst in Flugschriften, die zum Theil aus der Nähe des Hofes hervorgingen, dann in Blättern angegriffen, die unter dem Einfluß des Ministeriums standen. Man traf Anordnungen; nahm Maßregeln, die mit der Verfassung, wie sie auf dem Papier stand, un= vereinbar waren. Franz Joseph hatte dieselbe nicht beschworen und hielt sich deshalb auch nicht durch sie für gebunden. Sie wurde am 31. De= cember 1851 durch eine kaiserliche Erklärung außer Wirksamkeit gesetzt. Obgleich Oesterreich auf diese Art zu den vor 1848 vorhanden gewese= nen Zuständen zurückkehrte, so waren dennoch die Ereignisse jenes Jah= res nicht ohne heilsamen Einfluß geblieben. In den politischen Formen kehrte es zum Alten zurück, in den viel wichtigeren socialen Einrichtun= gen trat eine erhebliche Verbesserung ein. Unter der Herrschaft des kon= stitutionellen Systems war ein großes Princip proklamirt worden, das unter dem wieder hergestellten Absolutismus nicht nur nicht zurückge= nommen, sondern ausdrücklich anerkannt und für nothwendig erklärt wurde. Der Reichstag hatte das Unterthanenverhältniß des Landvolks zu den Gutsherren, und alle aus dem Feudalwesen stammenden Dienste und Lasten aufgehoben. Die Regierung führte diese wesentliche Reform im Dasein der großen Mehrheit der Bevölkerung, ungeachtet aller entgegenstehenden Schwierigkeiten, mit unermüdlicher Thätigkeit durch. Bei der Lähmung des öffentlichen Geistes, der Abwesenheit einer freien Presse und dem Mangel an parlamentarischer Aufsicht über die Verwaltung blieben in derselben viele Mißbräuche bestehen, und traten bei der immer größer werdenden Finanzverlegenheit neue hinzu, die später in einem gefahrvollen Augenblick sich in ihrer ganzen Schädlichkeit fühlbar machen sollten, aber die Befreiung des ländlichen Eigenthums und die Gleichheit aller Klassen vor dem Gesetz blieb bestehen, und konnte für einen Ersatz für anderweitig unerfüllt gebliebene Hoffnungen gelten. Das alte Oesterreich, wie es bis zum März 1848 bestanden, war nur eine politische Macht gewesen, das aus dieser Erschütterung hervorgegangene neue Oesterreich ist ein organischer Staat, oder kann wenigstens ein solcher werden.

Die preußische Politik hatte sich seit Ablehnung der deutschen Kaiserwürde in fast ununterbrochenem Nachtheil gegen die österreichische befunden. Kaum hatte sie in einer Frage eine feste Stellung genommen und Miene gemacht, sie vertheidigen zu wollen, als sie dieselbe, wenn ihr Hindernisse entgegentraten, ohne angemessene Kraftanstrengung wieder aufgab. Es war von ihr mehr als einmal das Gegentheil von dem gethan worden, was sie kurz vorher laut erklärt hatte thun zu wollen. So war es in Bezug auf die Union, Schleswig-Holstein, Kurhessen und zuletzt den Bundestag gegangen. Sie hatte so wenig Erfahrung, Voraussicht und Entschlossenheit bewiesen, daß sie des ihr anfangs in Deutschland so reichlich entgegengebrachten Vertrauens verlustig ging, zuletzt aber auch das Ausland gegen sich hatte, und wenn sie es zu spät auf einen Kampf gegen Oesterreich hätte ankommen lassen wollen, von aller Welt verlassen dagestanden wäre. Obgleich sie es gewesen, die in Dresden und im südwestlichen Deutschland die Revolution besiegt hatte, so besaß sie auch dort nicht den gebührenden Einfluß. Nur in einem Punkt, der allerdings eine doppelte, politische und kommercielle Wichtigkeit besaß, in Bezug auf den Zollverein, hielt die preußische Regierung an dem von ihr errungenen Standpunkt fest. Nachdem Oesterreich's Plan, mit seinem gesammten Staatenkomplex in den deutschen Bund einzutreten, vornehmlich an dem Widerstand Frankreich's und Rußland's gescheitert war, wollte es, um Preußen entgegenzuarbeiten und seinen Einfluß auf Deutschland zu erweitern, in den Zollverein aufgenommen werden. Da brachte Preußen durch Specialvertrag vom 7. September 1851 eine Handelseinigung mit Hannover unter Gewährung eines Zollpräcipuums zu Stande, der auch bald Oldenburg, Braunschweig und Schaumburg-Lippe, d. h. sämmtliche Mitglieder des 1834 von Hannover als Gegensatz zum preußischen Zollverein gestifteten Steuervereins, beitraten. Die Lage der Dinge hatte sich seitdem geändert, und die Erfahrung diesen norddeutschen Staaten bewiesen, daß der Anschluß an den von Preußen gegründeten Zollverein für sie nützlich sein würde. Die Bekanntmachung des ganz im Stillen abgeschlossenen Vertrags vom 7. September, der als eine Sonderverbindung erschien, brachte unter den sich zu Oesterreich neigenden Zollvereinsstaaten eine große Bewegung hervor. Als Preußen, in Rücksicht auf seinen neuen Vertrag mit Hannover, den Zollverein im December 1851 in der Ueberzeugung kündigte, daß die Vortheile, welche seine bisherigen Genossen aus demselben geschöpft, wenn auch einige derselben ihn jetzt aufgeben sollten, früher oder später seine Wiedervereinigung herbei führen würden, so benutzte dies Oesterreich, um Preußen die Absicht unterzulegen, als wolle es diese nationale Handelsschöpfung ganz zerstören, und knüpfte hieran den Versuch zur Anbahnung eines deutsch-österreichischen Zollvereins. Oesterreich berief zu diesem Zweck für den 2. Januar 1852 eine Zollkonferenz nach Wien, die, mit Ausnahme Preußen's, Holstein's, Mecklenburg's und der thüringischen Fürstenthümer, von allen übrigen deutschen Staaten beschickt wurde. Wegen der für Deutschland unvortheilhaften Vorschläge führte diese Konferenz zu weiter nichts als zu einer allgemeinen Kundgebung der Geneigtheit für eine Zolleinigung mit Oesterreich. Die Vertreter der auf Preußen eifersüchtigen Staaten versammelten sich hierauf (5. April 1852) in Darmstadt, wo der Wiedereintritt in den Zollverein von der Bedingung abhängig gemacht wurde, daß auch Oesterreich in denselben aufgenommen werde. An der Geltendmachung dieses Beschlusses scheiterte der von Preußen auf der Zollkonferenz der bisherigen Zollvereinsstaaten zu Berlin am 19. April gemachte Versuch einer Wiederherstellung des Zollvereins. Preußen war einer Handelseinigung mit Oesterreich nicht durchaus entgegen, wollte aber erst nach Rekonstruirung des Zollvereins darüber in Unterhandlung treten. Die Frage, ob diese Unterhandlungen vor oder nach der Wiederherstellung des Zollvereins statt finden sollten, war von entscheidender Bedeutung. Denn wenn die Wiederherstellung vor den Unterhandlungen zu Stande kam, so wurde Preußen auf gleiche Linie mit den übrigen deutschen Staaten gestellt, während es im entgegengesetzten Fall als das Haupt der

deutschen Handelseinigung und als der Wahrer der deutschen Handelsinteressen, gegenüber den speciellen Handelsinteressen Oesterreich's, erschien. Die preußische Regierung gab nicht nach und wurde hierin von
der Zustimmung der Gewerbetreibenden in allen Theilen des Zollvereins
unterstützt. Die zu Oesterreich haltenden Staaten versammelten sich
von Neuem, richteten aber, da auch der Steuerverein fest auf preußischer
Seite blieb, nichts aus. Dem österreichischen Kabinet, an dessen Spitze,
im Vergleich zu dem hochfahrenden Fürsten Schwarzenberg, der am
3. April 1852 plötzlich mit Tode abgegangen, der gemäßigte Graf
Buol-Schauenstein getreten, schien es, aus Rücksicht auf die Lage Europa's, gerathen, Preußen wieder näher zu treten. Es ließ deßhalb in seinem Eifer in den Zollverband aufgenommen zu werden etwas nach,
und begnügte sich zuletzt mit dem Abschluß eines Handelsvertrags mit
Preußen auf zwanzig Jahre (19. Februar 1853), der den Eintritt
Oesterreich's in den Zollverein nicht unmöglich machte, aber doch weit
hinausschob. Die Darmstädtische Koalition sah sich zum Nachgeben genöthigt, und der bisherige Zollverein ward wieder hergestellt, nur daß
er durch den Beitritt des Steuervereins eine Erweiterung erhielt. Die
preußische Regierung hatte in dieser Frage durch kluge Berechnung und
Ausdauer einen vollständigen Sieg davon getragen, was um so mehr
bedauern läßt, daß es bei den früheren politischen Unterhandlungen nicht
dieselbe feste Haltung angenommen hatte. Selbst Preußen's Nebenbuhler und Gegner wurden zu der Ueberzeugung genöthigt, daß sie desselben nicht entbehren konnten. Auch erwarb es zu derselben Zeit, im
Interesse seiner aufkeimenden Seemacht, von Oldenburg, nicht ohne
Widerspruch Hannover's, den Jahdebusen und damit einen Hafen in der
Nordsee, der ihm seit dem Verlust Ostfrieslands gefehlt hatte.

Die Reaktion, die in ganz Deutschland seit dem verfehlten Versuch
einer großen Reform im Sinne der nationalen Einheit und politischen
Freiheit, eingetreten war, zeigte sich in Preußen besonders in der Art,
wie der Ausbau der Verfassung aufgehalten, und die nothwendigen
Konsequenzen des konstitutionellen Systems künstlich umgangen oder
offenbar verletzt wurden. Nachdem die von der Krone selbst ausgegangene Verfassung durch die vor der Beschwörung derselben stattgehabte
Revision in manchen Bestimmungen wesentlich verändert worden, ward
ein Preßgesetz erlassen, das die freie Meinungsäußerung in fast eben so
enge Fesseln, wenn auch unter etwas anderen Formen, als zur Zeit der
Censur schlug. Die Stellung der Beamten war durch die Disciplinar-
höfe abhängiger als früher geworden, es wurde ein strenges Gesetz über

ben Belagerungszustand eingeführt, der vor 1848 unbekannt gewesen, und jetzt den militairischen Befehlshabern und Kriegsgerichten eine mit der Freiheit und den Rechten der Staatsbürger unvereinbare Gewalt in die Hände gab. Während eine Anzahl von Verfassungsbestimmungen durch Specialgesetze aufgehoben wurde, schien es in anderen Fällen als wolle man die Verfassung unausgeführt lassen. Die evangelische Kirche, die nach Artikel 15 der Verfassung eine von der Einmischung der weltlichen Behörden befreite, selbstständige Organisation erhalten sollte, kam unter die Aufsicht eines Kollegiums, der „Evangelische Kirchenrath" genannt, der ausschließlich der Krone verantwortlich sein sollte. Der Kultusminister von Raumer erklärte mehrmals, daß die Kammern gar kein Recht hätten sich in die inneren Angelegenheiten der evangelischen Kirche zu mischen, die eben so unabhängig wie die katholische Kirche sei. Diese vermeintliche Unabhängigkeit bestand aber darin, daß sie ganz allein vom Könige regiert werden sollte. Der Begriff der Unabhängigkeit schien für dieselbe blos deshalb aufgestellt zu sein, um sie der Kontrolle der gesetzgebenden Körperschaften zu entziehen. Der größte Sieg der Reaktion in Preußen bestand aber in der Sistirung der von der Verfassung über die Reorganisation der Gemeindeordnungen und Kreisvertretungen gegebenen Bestimmungen. Durch die Art wie diese bei Seite gesetzt oder umgestaltet wurden, erhielten die Rittergutsbesitzer einen großen Theil ihrer frühern Vorrechte zurück. Auch blieb die Ungleichheit in der Besteuerung bestehen. Der Kampf zwischen dem modern = repräsentativen und dem mittelalterlich = ständischem Princip, der in den meisten civilisirten Ländern längst beseitigt worden, dauerte in Preußen fort, und führte in dessen Entwickelung eine Begriffsverwirrung und Disharmonie ein, die seiner Stärkung im Innern wie seinem Einfluß nach Außen hin hemmend entgegentrat. Indessen gelang es der Reaktion nicht, ungeachtet der angestrengtesten Bemühungen, die vormärzlichen Zustände, wie ihre Koryphäen dies beabsichtigten, vollkommen wiederherzustellen, noch weniger vermochte sie es ihre Bestrebungen der öffentlichen Meinung annehmbar zu machen, und ihnen im Volk eine moralische Anerkennung zu verschaffen. Mit geschickter Benutzung günstiger Umstände, die aber in der Zeit, wie sie einmal geworden, den Charakter des Vorübergehenden an sich tragen mußten, konnte die Reaktion den Fortschritt hemmen, und einzelne Institutionen aus der Epoche des Absolutismus und Feudalismus wieder herstellen, dieselben aber frische Wurzeln schlagen zu lassen, ihnen einen organischen Zusammenhang mit dem Ganzen und eine dauernde Bedeutung zu verschaffen, und sie an die Stelle der konstitutionellen Einrichtungen zu setzen, lag außer dem Bereich des Möglichen. Die Bewegungen des Jahrs 1848 waren auch für Preußen, wie für ganz Deutschland, ungeachtet alles Widerstandes der Reaktion, nicht ohne heilbringende Ergebnisse geblieben. Es war damals Vieles falsch angegriffen, Vieles verfehlt, aber dennoch einige wichtige Schritte vorwärts gethan worden, die sonst noch lange unterblieben sein würden. Es ward vom preußischen Volk das Geschwornengericht, die Gleichheit vor der Justiz, ein viel besseres Strafgesetzbuch als vorher bestanden, vor Allem aber eine Repräsentativverfassung erworben, die, wie unvollkommen sie auch in ihren einzelnen Theilen sein mag, eine Nation an den Gebrauch ihrer Rechte gewöhnt, und sie aus einem passiven Zuschauer, zu einem aktiven Mitarbeiter bei ihren Angelegenheiten macht.

Im übrigen Deutschland, in Bayern, Württemberg, Sachsen, Baden, Oldenburg, Nassau u. s. w., machte sich die Reaktion insofern geltend, als entweder die vormärzlichen Ministerien wieder hergestellt oder solche, die in deren Geiste wirkten, eingesetzt, die zur Zeit der Nationalversammlung dem Volk verliehenen Rechte zurückgenommen, die Presse beschränkt, die politischen Vereine unterdrückt, mit einem Wort: die liberalen Ideen und Institutionen in ihrer fortschreitenden Entwickelung gehemmt wurden. Aber nirgends, außer in Kurhessen, wurden die bestehenden Einrichtungen als ein Ganzes, einseitig aufgehoben, und andere willkührlich an deren Stelle gesetzt. Der Bundestag, der weder etwas verlernt noch vergessen hatte, und wieder vollkommen in die vor 1848 gelegten Gleise getreten war, erklärte am 27. März 1852 die kurhessische Verfassung von 1831 für unvereinbar mit den Bundesgesetzen, und beauftragte den Kurfürsten seinen Ständen eine neue Verfassung zur Annahme vorlegen zu lassen. Die kurfürstliche Regierung entsprach dieser Aufforderung nur zu gern, zu der sie selbst den ersten Anstoß gegeben hatte. Es wurde vom Kurfürsten eine Verfassung bekannt gemacht, welche die Volksrechte aufs äußerste schmälerte und ihnen kaum einen Schatten von Wahrheit übrig ließ. Hassenpflug berief zur Berathung dieser Verfassung nur eine Ritterkurie und keine zweite Kammer, aber auch diese Adelsversammlung verwarf die von ihm vorgelegte Verfassung, weil in ihr die althergebrachten Rechte des Landes zu sehr verletzt waren. Er versuchte noch einmal eine Vereinbarung, aber eben so vergeblich. Diese zu Recht gar nicht bestehende und von der großen Mehrheit der Bevölkerung mit äußerstem Widerwillen betrachtete Verfassung war unterdessen dem Lande mit Gewalt aufgelegt worden. Auch nach Hassenpflug's Entlassung (1855), in dessen Stelle gleichgesinnte Nachfolger traten, ward hierin nichts geändert. Als beide Kammern die Verfassung von 1831 zurückverlangten, wurden sie abschlägig beschieden, und als die Verfassungsangelegenheit beim Bundestag zur Berathung kam, erklärte sich nur Preußen entschieden für die Rechte des kurhessischen Volks und die Verfassung von 1831, während Oesterreich und die Mehrheit des Bundestags auf Seite des Kurfürsten trat. Der Rechtsbruch in Kurhessen war noch schlimmer als was ungefähr zwanzig Jahre vorher in Hannover geschehen, denn der König Ernst August hatte die Verfassung, die er damals willkührlich beseitigte, nicht selbst unterzeichnet, der Kurfürst Friedrich Wilhelm aber sich an ihr betheiligt und sie lange Zeit über beobachtet. Die Kluft zwischen dem Kurfürsten und dem Lande ward immer größer. Nach jeder Wahl protestirten die Kammern gegen die Gültigkeit der Verfassung von 1852, die gleichwohl weder zurückgenommen noch mobificirt wurde. Selbst der bessere Theil der Reaktion nahm an diesem Verfahren des Kurfürsten Anstoß, da dadurch die Monarchie und die gesetzliche Ordnung in den Augen der Völker offenbar herabgesetzt werden mußten. Dieser unwürdige Zustand hätte noch lange fortdauern können, wenn nicht Preußen sich endlich (1862) zu einer kräftigen Dazwischenkunft und drohenden Erklärung gegen den Kurfürsten zu Gunsten des hessischen Volks erhoben hätte, der als er Ernst sah, den verletzten Rechtszustand wieder herzustellen versprach.

Unter allen deutschen Staaten war Mecklenburg in socialer und politischer Beziehung am meisten zurückgeblieben. Man kann wohl ohne Uebertreibung behaupten, daß es das einzige civilisirte Land in Europa war, wo eine vollkommen der Vergangenheit angehörige Verfassung bestand, in welcher der Fürst nur dazu da zu sein schien, um die Vorrechte des Adels zu schützen, und das Volk, um denselben zum Fußschemel zu dienen. Auch in diese veralteten Zustände, die sich bisher allen Einflüssen und Wandlungen der Zeit entzogen hatten, griff das Jahr 1848 erschütternd ein. Bei der Kunde von dem, was im südwestlichen Deutschland, in Wien und Berlin vorgegangen, entstanden Unruhen in Stadt und Land. Es wurde ein außerordentlicher Landtag einberufen, auf den eine verfassungsgebende Abgeordnetenkammer folgte (31. Oktober 1848), die von dem Großherzog Friedrich Franz in Person eröffnet wurde, der in seiner, im Dom zu Schwerin gehaltenen Thronrede, für Mecklenburg die Nothwendigkeit anerkannte, durch eine volksthümliche Verfassung in die Reihe der konstitutionellen Staaten eingeführt zu werden. Der lange Druck hatte die liberale Partei in diesem Lande erbittert, und der Entwurf zu einem neuen Staatsgrundgesetz, welcher der verfassunggebenden Abgeordnetenkammer vorgelegt wurde, war so extrem=demokratischer Natur, daß er nahe an die Republik streifte. Derselbe hatte nicht nur die Grundaristokratie, der selbst ihre Titel nicht gelassen werden sollten, sondern auch einen Theil des Beamtenstandes und die Geistlichkeit gegen sich. Aus der mehrmaligen Revision dieses von vielen Seiten angefochtenen Entwurfes ging endlich ein Staatsgrundgesetz hervor, das vom Großherzog angenommen wurde, und die Aufhebung der alten landständischen Verfassung zur Folge hatte (11. Oktober 1849). Bald nachdem dasselbe erschienen, wurde von dem Könige von Preußen und anderen erbberechtigten Agnaten gegen dessen Rechtsbeständigkeit protestirt. Die einheimische Reaktion wandte sich mit ihren Beschwerden über die neue Ordnung der Dinge an den Wiener und Berliner Hof, an die interimistische Centralgewalt nach Frankfurt, wo sie geneigtes Gehör fand, und bat dringend, den Großherzog und das Land aus den Händen der Demokratie zu retten. Indessen waren aus dem früheren Verfassungsentwurf alle übertriebenen Bestimmungen entfernt worden, und das neue Staatsgrundgesetz enthielt nichts, was mit der konstitutionellen Monarchie unverträglich gewesen wäre. Die Reaktion wollte aber um jeden Preis die aufgehobenen Einrichtungen wieder hergestellt wissen, und dies weniger, als irgendwo in Deutschland, aus einer sentimentalen Anhänglichkeit an das Alte, als um der materiellen Vortheile willen, die sie dem herrschenden Stande gewährt hatten. Das aus der volksthümlichen Bewegung hervorgegangene Ministerium Lützow zeigte sich schwach, und die Menge fiel, nachdem die von den Zeitereignissen entzündete Begeisterung mit diesen selbst verraucht war, wieder in die frühere Lethargie und Passivität zurück. Die alten Landstände traten mit einem förmlich organisirten Widerstande hervor, dem Niemand kräftigen Einhalt that. Der unterdessen in ganz Deutschland erfolgte Umschlag leistete der Reaktion mächtigen Vorschub, und der Großherzog ließ sich, da der Konflikt immer lebhafter wurde, zum Eingehen auf eine Kompromißinstanz bewegen, nach welcher Preußen und Hannover über den zwischen dem Alten und Neuen in Mecklenburg entstandenen Kampf entscheiden sollten, ein Ausweg, auf den man nur in einem Staate fallen konnte, dem der Begriff einer nationalen Autonomie ganz fremd war. Die im Sinne des neuen Staatsgrundgesetzes gewählte Abgeordnetenkammer wurde vertagt, das Ministerium Lützow reichte seine Entlassung ein, und der bisherige Unterstaatssekretair im Ministerium des Auswärtigen in Berlin, Graf Bülow, ein entschiede=

ner Anhänger des Alten, wurde an die Spitze des mecklenburgischen
Staatsministeriums gestellt. Friedrich Wilhelm IV. ernannte den Vice-
präsidenten des Obertribunals, Götze; Ernst August den Geheimenrath
von Scheele, zu Schiedsrichtern. Beide Ernannte wählten den Präsidenten des sächsischen Oberappellationsgerichts von Langenn zum Obmann. Diese sollten zwischen dem Großherzog, der das Staatsgrundgesetz vertrat, als Beklagtem, und der mecklenburgischen Ritterschaft, als
Klägerin, entscheiden. Der Rechtsspruch erfolgte am 11. September
1850 zu Freienwalde in der Mark Brandenburg, und erklärte, daß die
Einführung des Staatsgrundgesetzes und die Aufhebung der landständischen Verfassung null und nichtig, und daß der Großherzog gehalten
sei, nach Anleitung des mecklenburgischen landesgrundgesetzlichen Erb-
vergleichs vom Jahr 1755, für den Herbst des Jahrs 1850 einen
Landtag auszuschreiben. Von jetzt an hatte die Reaktion gewonnenes
Spiel und ließ sich durch nichts mehr aufhalten. Das Staatsgrundgesetz ward abgeschafft, die vorher nur vertagte Abgeordnetenkammer
förmlich aufgehoben, und der Landtag in der früheren Form einberufen.
Nach und nach kehrten die alten Zustände vollständig zurück, als hätten sie nie eine Unterbrechung erfahren. Die mecklenburgische Reaktion,
nicht zufrieden mit ihrem Siege, ließ sich später gehässige und ungerechte
Verfolgungen gegen diejenigen zu Schulden kommen, welche sich an den
Protesten gegen die Aufhebung des von dem Großherzog selbst anerkannten Staatsgrundgesetzes betheiligt hatten. Ungeachtet der Niederlage, welche die konstitutionellen Ideen in Mecklenburg erlitten, hat das
Jahr 1848 auch dort Spuren zurückgelassen, welche von dem nachfolgenden Druck nicht mehr ausgelöscht werden konnten. Die freisinnige
Partei ist, wenn sie auch zu schwach war, um unter ungünstigen Zeit-
verhältnissen ihr Werk aufrecht zu halten, sich ihres Zwecks und Ziels
viel lebendiger als früher bewußt geworden, und wird bei dem unaus-
bleiblichen nationalen Aufschwunge Deutschland's nicht verfehlen, ihre
Rechte wieder geltend zu machen.

Ein besonders ergiebiges Feld für die Reaktion war Hannover,
nur daß sie daselbst mit etwas mehr Behutsamkeit als in Mecklenburg
auftreten mußte, da ersteres, vermöge seiner Lage und Geschichte, von
den Ueberzeugungen und Ereignissen der Zeit tiefer und allgemeiner als
letzteres berührt worden war. Aber an dem guten Willen so viel als
möglich sich von der Gegenwart abzuwenden und auf die Vergangenheit
zurückzukommen, fehlte es in Hannover so wenig als in Mecklenburg.
Nachdem die aristokratische Partei seit dem Regierungsantritt Georg V.

mehrmals, aber ohne Erfolg, dahin gewirkt, ihre durch die Verfassung von 1848 geschmälerten Vorrechte wieder herzustellen, namentlich die erste Kammer in ihrem Sinne umzugestalten und das Wahlrecht zur zweiten Kammer zu beschränken, wandte sie sich mit der Beschwerde wegen Vorenthaltung ihres Zustimmungsrechts bei Verfassungsverände= rungen an den Bundestag, der gern auf diese Angelegenheit einging, und die hannoversche Regierung zur Verantwortung gegen die betreffen= den Klagepunkte aufforderte. Es war dabei vornehmlich auf die Wieder= herstellung der 1848 beseitigten Provinziallandschaften abgesehen, in denen, im Gegensatz zu der allgemeinen Ständeversammlung, die In= teressen der adeligen Grundbesitzer vertreten waren. Die hannoversche Regierung neigte sich damals, wie die meisten deutschen Regierungen, auf Seite der bevorrechteten Stände, in denen sie, sehr irrig und kurz= sichtig, einen Damm gegen das Umsichgreifen der demokratischen Ideen erkennen wollte, während ein solcher Schutz in wahrhaft monarchischen Staaten nur in der Gesammtheit des Volks gefunden werden kann. Während das hannoversche Land zahlreiche Petitionen an den König um Erhaltung der Verfassung von 1848 richtete, ward eine Proklama= tion erlassen (19. Mai 1855), in welcher die der Reaktion mißfälligen Gesetze von 1848 bis 1851 von Bundes wegen für aufgehoben erklärt wurden. Dennoch berief das Ministerium die von ihm selbst als unge= setzlich bezeichneten Stände von 1848 zum 15. Juni ein, und legte den= selben den Entwurf zur Bildung einer ersten Kammer vor, in welchem die Forderungen der Provinzialritterschaften ihre Erledigung gefunden hatten. Ein aus beiden Kammern gebildeter Ausschuß lehnte in seinem Bericht die Einmischung des Bundestags in die inneren Angelegen= heiten des Landes ab, und führte Beschwerde über das Ministerium, besonders wegen der weiteren Kompetenz, die dasselbe dem Bundestag zugestanden, mit dem es von Hause aus gegen die hannoverschen Ver= fassungszustände einverstanden zu sein schien. Da wurden die Kammern vertagt (13. Juli 1855), und der König ernannte ein specifisch ritter= schaftliches Ministerium, in welchem zwei entschiedene Anhänger der Reaktion: der bisherige Bundestagsgesandte, Graf Kielmannsegge, das Portefeuille des königlichen Hauses und der Finanzen, und Graf Platen= Hallermünde, bisher Gesandter in Paris, die Leitung des Auswärti= gen, übernahmen. Schon am 31. Juli wurden von den neuen Mini= stern die Beschlüsse von 1848 außer Wirksamkeit gesetzt. Jetzt wur= den alle Forderungen des Bundestags erfüllt, und die früheren Wahl= ordnungen wieder eingeführt, was zu Reklamationen, denen in Kur=

heſſen nicht unähnlich, Veranlaſſung gab, durch welche die Gemüther
des Volls dem monarchiſchen Princip entfremdet, und die Ideen von
1848, die man zerſtören wollte, neu belebt wurden.

Schlimmer als alles, was ſonſt in Deutſchland geſchah, waren die
Zuſtände in Schleswig = Holſtein, da es ſich daſelbſt nicht um einen
Streit innerhalb deſſelben Landes und Volkes, der für einen Familien=
zwiſt gelten lonnte, ſondern um die Unterbrückung eines deutſchen Stam=
mes durch eine fremde Nation, alſo um die Gefährdung der Ehre von
ganz Deutſchland handelte. Der Entwurf zu einer Verfaſſung für die
Herzogthümer, den die däniſche Regierung einer nach Flensburg berufe=
nen Verſammlung von Notabeln vorgelegt hatte (Juli 1851), verletzte
die älteſten und theuerſten Rechte dieſer Länder, und ſelbſt Oeſterreich,
das ſich ſonſt immer ſo lalt gegen die Herzogthümer gezeigt hatte, ſah
ſich bewogen, das däniſche Kabinet von den Inlorporationstendenzen in
Bezug auf Schleswig abzumahnen, Provinzialſtände für beide Herzog=
thümer zu verlangen, und an die geſchichtlichen Rechtsverhältniſſe zu
erinnern, durch welche Schleswig und Holſtein miteinander verbunden
waren. Am 27. Januar (1852) erließ das däniſche Kabinet ein Mani=
feſt, in welchem die Norm für die lünftige Regierung der däniſchen Ge=
ſammtmonarchie angegeben war. Schleswig auf der einen und Holſtein
und Lauenburg auf der anderen Seite, ſollten jedes unter einem beſon=
deren, nur dem König verantwortlichen Miniſter ſtehen, und die Stände
in den Herzogthümern, aber getrennt, fortdauern. In Schleswig wurde
die deutſche und däniſche Sprache für gleichberechtigt erllärt und eine
Amneſtie verſprochen. Im Februar wurde Holſtein von den öſterreichi=
ſchen Truppen geräumt. Der Schwäche gegenüber, welche Deutſchland
fortwährend gegen die Dänen bewies, legten ſich dieſelben jetzt weniger
Zwang als je an. Von der Amneſtie wurden, außer den Prinzen des
Hauſes Auguſtenburg, außer Reventlow, Beſeler und ſiebenzehn anderen
Perſonen, auch alle diejenigen ausgenommen, welche am 24. März
1848 in der Armee Officierſtellen belleidet und an dem Kriege Theil
genommen hatten. Alles Kriegsmaterial wurde von Rendsburg nach
Kopenhagen gebracht und die Feſtung ſelbſt geſchleift. Von der Kieler
Univerſität wurden acht Profeſſoren entlaſſen, und in Schleswig wurde
der rückſichtsloſeſte Kampf gegen deutſche Sprache und Nationalität
unternommen. So ſollte es Jahre hindurch fortgehen. Seit lange arbei=
tete die däniſche Regierung darauf hin, bei den Großmächten Europa's
eine Garantie für das Beſtehen des Geſammtſtaats zu erlangen. Ruß=
land förderte dieſes Streben eifrig im eigenen Intereſſe, und England

und Frankreich traten dabei aus Mangel an Verständniß für die deutsch-dänischen Beziehungen, und Gleichgültigkeit gegen das Loos der Herzogthümer auf Dänemark's Seite. Am 8. Mai 1852 unterzeichneten die Bevollmächtigten der Großmächte in London einen Vertrag, wonach die Erhaltung des dänischen Gesammtstaats als permanenter Grundsatz aufgestellt, und zu dem Ende die Erbfolge für sämmtliche Theile der Monarchie auf den Prinzen Christian von Glücksburg übertragen wurde, den der König Friedrich VII. sofort adoptirte. Dieser Vertrag war ein Gewaltstreich, der vielfach persönliche und sachliche Rechte, besonders aber die unläugbaren Ansprüche des Herzogs von Augustenburg verletzte, dem das nähere Erbrecht in den Herzogthümern zustand. Bei dem allen wurde die Versicherung gegeben, daß die Rechtsverhältnisse Dänemark's und des deutschen Bundes nicht verändert werden sollten. Aber was hatte eine solche Erklärung gegenüber den Thatsachen und den Konsequenzen dieses Vertrags zu bedeuten! Nachdem die Verfassung für den Gesammtstaat eingeführt worden, kehrten sich die dänischen Minister nicht mehr an die Bestimmung, daß die deutschen Herzogthümer zwar zur dänischen Monarchie gehören, aber ihre besonderen Rechte und Verfassungen behalten sollten. Man ging so weit, die Domainen der Herzogthümer zur Tilgung der dänischen Staatsschulden zu veräußern. Oesterreich und Preußen nahmen sich jetzt, aber jedes für sich, ohne Zuziehung des deutschen Bundes, der Herzogthümer an, verlangten Einstellung des Domainenverkaufs, und daß die Verfassung des Gesammtstaats den Ständen Holstein's, Schleswig's und Lauenburg's, so weit sie in deren besondere Verhältnisse eingriff, zur Begutachtung vorgelegt werde. Die dänische Regierung erwiederte: Oesterreich und Preußen hätten den Gesammtstaat anerkannt und gegen die Verfassung keinen Protest erhoben, die durch den Widerspruch der Provinzialstände nicht mehr ungültig gemacht werden könnte. Oesterreich und Preußen brachten die Angelegenheit vor den Bundestag, der mit Dänemark in Unterhandlungen trat, das endlich zugab (15. Juli 1858) die Gesammtverfassung sollte einstweilen für Holstein unverbindlich sein, bis die der Vereinbarung entgegenstehenden Schwierigkeiten kommissarisch ausgeglichen sein würden. Ueber die Gränzen dieser Unverbindlichkeit wurde wiederum lange hin und hergestritten. Der Bundestag erklärte, Dänemark dürfe ohne Zustimmung der holsteinischen und lauenburgischen Stände keine Gesetze für diese Länder erlassen. Aber das Kopenhagener Kabinet trieb, im Vertrauen auf den Beistand Rußland's, Frankreich's und England's mit seinen eigenen Versprechungen und den Vorstellungen des deutschen

Bundes ein trügeriſches Spiel. Die Dänen gaben zuweilen in der Form nach, erhoben dann wieder Einwendungen und fuhren in der willkührlichen Behandlung der Herzogthümer fort. Die beiden deutſchen Großmächte hatten zu viel bei ſich ſelbſt zu thun und nahmen zu viele Rückſicht auf die allgemeine Lage Europa's, um mit dem Schwert für die Rechte der Herzogthümer einzutreten, wozu die Dänen unaufhörlich Veranlaſſung gaben. Daß ein ſo kleiner Staat, wie Dänemark, die mächtige deutſche Nationalität ſo lange ungeſtraft reizen und heraus= fordern darf, kann nur aus den zerriſſenen Zuſtänden Deutſchland's erklärt werden, deſſen einzelne Glieder ſich gegenſeitig hemmen und lähmen, und wird einſt, wenn das deutſche Volk zum freien Ge= brauch ſeiner Kraft gelangt ſein wird, noch mehr Erſtaunen als Zorn erregen.

Die zwiſchen Oeſterreich und Preußen von jeher beſtandene Kluft war, ſeitdem letzteres gezwungen worden ſeine Plane auf eine Reform des deutſchen Bundes aufzugeben, noch tiefer als früher geworden. Ueberall arbeiteten ſich die beiden deutſchen Großmächte geheim oder öffentlich entgegen. Jede in Bezug auf die Bundesorganiſation auf= tauchende Frage enthielt Keime des Zwiſtes. Ueber die Einrichtung des Bundesheers, über die Wahl eines Oberbefehlshabers für daſſelbe herrſchte unauflösbarer Streit. Bayern und Sachſen ſtrebten danach die Mittel= und Kleinſtaaten zu einem kompacten Ganzen neben Oeſter= reich und Preußen zu vereinigen, es gelang dies aber nur bei vorüber= gehenden Tagesfragen, ſonſt herrſchte auch in dieſen Kreiſen gegenſeitige Eiferſucht und Mißgunſt. Die fühlbare Entmuthigung der liberalen Partei in Deutſchland nach den getäuſchten Hoffnungen und verfehlten Beſtrebungen der Jahre 1848 und 1849, die wiederhergeſtellte regel= mäßige Verwaltung in den einzelnen Staaten, der Mangel an Gelegen= heit zu einem großen Kampfe gegen einen auswärtigen Feind, verhüll= ten die tiefen Schäden in der Organiſation des Ganzen, die aber den= noch vorhanden waren, und die Völker wie die Regierungen zu keinem vollen Gefühl der Ruhe und Sicherheit kommen ließen. Man verhehlte ſich nicht die Gefahren dieſes Zuſtandes, wußte aber eben ſo wenig wie vor 1848 wie ihnen abzuhelfen, und fürchtete, daß jede durchgrei= fende Veränderung noch größere Uebel als die beſtehenden herbeiführen könnte.

Nachdem in Oeſterreich die freie ſtaatliche Bewegung durch die Aufhebung der Verfaſſung abgeſchnitten worden, glaubte die Reaktion die im Volk dadurch entſtandene Leere durch Begünſtigung der kirchlichen

Interessen ausfüllen und an diesen selbst sich eine Stütze bereiten zu können. Sobald die Geistlichkeit diese Hinneigung der weltlichen Macht gewahr wurde, begünstigte sie dieselbe aus allen Kräften, und versprach Wunderdinge für die sittliche Erweckung und Belebung der Massen, wenn man ihr nur freie Hand ließe. Der päbstliche Hof benutzte diese Stimmung zum Abschluß eines Konkordats mit Oesterreich (25. September 1853), in welchem die schon früher der Kirche bewilligten Rechte noch weiter ausgedehnt und den Bischöfen ein Eingreifen in die weltlichen Verhältnisse eingeräumt wurde, das die Gesetzgebung seit langer Zeit nicht mehr gekannt hatte. Die Bischöfe erhielten, außer einer verstärkten geistlichen Autorität in ihren Diöcesen, noch die Befugniß, Bücher und Tagesblätter, die nach ihrer Meinung schädliche Grundsätze und Lehren enthielten, zu verbieten, und die Verfasser mit einem öffentlichen Tadel zu belegen. Dieser Anfang zur Wiederherstellung einer zwar unblutigen, aber doch immer drückenden und unter Umständen gefährlichen Inquisition, gab zu vielen Mißbräuchen auf der einen und zu häufigen Beschwerden auf der anderen Seite Veranlassung. Der katholische Klerus zeigte sich sehr bald feindselig gegen Andersgläubige, und rief Kollisionen hervor, die eine weit um sich greifende Verstimmung verursachten. Württemberg und Baden ahmten das Beispiel Oesterreich's nach und schlossen mit der Kurie ebenfalls ein Konkordat ab, das aber in letzterem Lande, wo die Regierung lange in ärgerlichen Streitigkeiten mit dem Erzbischof von Freiburg gelegen, und das Recht in der Regel auf Seite dieses letzteren gewesen, von den Ständen verworfen wurde (1859). In der protestantischen Kirche suchte man auf eine von oben her begünstigte Strenggläubigkeit und ihr entsprechende Einrichtungen zurückzugehen, stiftete Vereine in diesem Sinn, hielt Versammlungen, wirkte auf die Presse, und bemühte sich das häufig locker gewordene Band zwischen der Geistlichkeit und dem Volk wieder fester zu knüpfen. Aber diese Bemühungen wurden, so gut auch die Absichten dabei gewesen, in beiden Lagern, dem katholischen, wie dem protestantischen, im Vergleich zu den in Bewegung gesetzten Mitteln, im Ganzen von geringem Erfolg gekrönt. Es fehlte ihnen einmal an einer populairen Grundlage, durch die im Mittelalter in dieser Beziehung so große Wirkungen hervorgebracht worden, und dann erschienen dieselben fast immer mit der Reaktion im Bunde, wodurch sie sich den Verdacht zuzogen, unter kirchlicher Hülle einseitige weltliche Zwecke zu verfolgen. Sie haben das Unglück gehabt als Parteisache angesehen zu werden, und sind großentheils an dem von diesem Standpunkt unzertrennlichen Uebelständen gescheitert. Eine religiöse

34*

Richtung, die dem Zeitgeist, anstatt ihn zu reinigen und zu veredeln, vor den Kopf stößt, eine demselben entgegengesetzte Weltansicht aufstellen will, und, anstatt die Gegenwart zu verklären, die Ideale des Lebens aus der Vergangenheit zurückholen will, müht sich in einem so ungleichen Kampfe vergeblich ab, und erreicht selbst das nicht, was ihr bei einer richtigeren Auffassung ihrer Aufgabe zu erlangen möglich wäre.

Ueber Preußen lag eine schwüle und trübe Atmosphäre, und es gab sich im Volk eine gedrückte Stimmung kund. Der König, der sich durch die Ereignisse von 1848 in seinen Ueberzeugungen verletzt, in seinen Erwartungen getäuscht sah, und später nichts von dem was er für Deutschland's Einigung und Kräftigung unternommen, durchzuführen vermochte, griff von da an wenig in die Regierung ein. Er überließ dieselbe einem Ministerium, von dem ein Theil der Reaktion aus Ueberzeugung, ein anderer aus Nachgiebigkeit diente, das aber zuletzt im Innern allgemeine Unzufriedenheit erregte, und Preußen dem Ausland gegenüber in eine schiefe von dem nöthigen Ansehen und Einfluß entblößte Stellung brachte.

Unter Friedrich Wilhelm IV. erwarb der preußische Staat die hohenzollerschen, im ehemaligen schwäbischen Kreise gelegenen Lande, wo die Wiege des preußischen Herrscherhauses stand, indem die beiden Fürsten, die daselbst regierten, zu Gunsten des Hauptes ihres Stammes abdankten. Während die preußische Krone auf diese Art in Süddeutschland Fuß faßte, sah sie sich von den Umständen genöthigt, dem Fürstenthum Neuenburg zu entsagen, dessen Besitz ihr keinen Vortheil gebracht hatte, aber als eine Erinnerung an frühere Zeiten werth gewesen war. Obgleich Neuenburg sich mit Gewalt von Preußen losgerissen und sich ganz mit der Schweiz vereinigt hatte, so hatte das preußische Königshaus in den höheren Klassen der Bevölkerung Anhänger behalten, die sich nach der Erneuerung des alten Verhältnisses zurücksehnten. In der Nacht vom 2. zum 3. September 1856 brach plötzlich ein Aufstand in der Stadt Neuenburg zu Gunsten Preußen's aus, das Schloß ward von einer Schaar Royalisten überfallen, und die Mitglieder der in den Augen der preußischen Partei revolutionairen, aber mit der Schweiz in der engsten Verbindung stehenden Regierung wurden verhaftet. Die Royalisten wurden jedoch schon am zweiten Tage von bewaffnetem Zuzug aus den radikalen Theilen des Kantons und eidgenössischen Truppen überwältigt. Die schweizerischen Behörden wollten sie als Empörer behandeln und ließen ein gerichtliches Verfahren gegen sie einleiten. Preußen verlangte die augenblickliche Freilassung der Gefangenen, unter

denen sich zwei durch ihre Anhänglichkeit an die preußische Regierung
bekannte Männer, der Graf Friedrich von Pourtalès und der Oberst=
lieutenant von Meuron befanden, und drohte im Weigerungsfall mit
Krieg. Oesterreich, Rußland und Frankreich erkannten, wie es auch
nicht anders möglich war, das Recht des Königs von Preußen an und
riethen der Schweiz zur Nachgiebigkeit. Von beiden Seiten rüstete man.
In Berlin waren schon die Operationskorps und deren Anführer er=
nannt, und die Schweiz hatte den General Dufour an die Spitze ihrer
bewaffneten Macht gestellt. Da kam durch Vermittelung Frankreich's,
besonders da auch Oesterreich und die süddeutschen Staaten den Angriff
preußischer Truppen auf die Schweiz äußerst ungern sahen, ein Vergleich
zu Stande. Die gefangenen Royalisten wurden von den Schweizern ohne
Bedingung entlassen, worauf der König von Preußen seinen Rechten auf
Neuenburg entsagte, nur den Fürstentitel von diesem Lande als Erinne=
rung unter seinen übrigen Titeln beibehielt, und freiwillig auf die ihm
angebotene Geldentschädigung Verzicht leistete (26. Mai 1857).

Friedrich Wilhelm IV. hatte bis zum Jahr 1848 bei jeder Ge=
legenheit eine ungewöhnliche geistige Regsamkeit bewiesen, die auch von
einer fast ununterbrochenen körperlichen Rüstigkeit begleitet gewesen war.
Der große Widerspruch, der 1848 zwischen seinen Ueberzeugungen und
den Zeitereignissen hervortrat, hatte ihn, ungeachtet aller vorangegan=
genen Anzeichen, im höchsten Grade überrascht und wenigstens im ersten
Augenblick überwältigt, aber ohne auf seine innerste Gesinnung einen
Einfluß ausüben zu können. Er mußte zwar den Thatsachen nachgeben,
aber seine Ideen blieben von ihnen unberührt. Die ganze Zeit erschien
ihm, gerade in ihren mächtigsten und lebensvollsten Richtungen, als ein
Abfall von der Wahrheit und dem Recht, den anzuerkennen ihm unmög=
lich war, den er aber auch nicht zu überwinden vermochte. Er sah zwar,
daß die Revolution an ihren Uebertreibungen und Ausschweifungen ge=
scheitert war, begriff aber auch, daß, da ihr Princip nicht besiegt, son=
dern nur in seiner äußeren Verbreitung aufgehalten worden, ihre Er=
neuerung immer möglich und selbst wahrscheinlich blieb. Der Wider=
spruch zwischen dem Geist der Zeit und den Grundsätzen dieses Fürsten
schwächte seine Heiterkeit und Lebenslust, aber die körperliche Kraft blieb
noch eine Zeit lang ungebrochen. Erst nach dem Krimkrieg, wo die Fa=
milienbande, die ihn seit so lange an Rußland knüpften, zu den Forde=
rungen der Politik in einen schneidenden Gegensatz traten, brachen die
Keime eines inneren Leidens in einer Gehirnkrankheit hervor, die so
schnelle Fortschritte machte, und ihn an Geist und Leib bald so schwächte,

daß er am 24. Oft. 1857 seinen Bruder, den Prinzen von Preußen, zu seinem Stellvertreter in der Regierung auf drei Monate ernennen mußte, eine Maßregel, die dann dreimal erneuert wurde. Da aber der Gesund=heitszustand des Königs sich nicht verbesserte, so übernahm der Prinz von Preußen am 8. Oktober 1858 die volle Regierungsgewalt mit dem Titel eines Regenten, eine nothwendig gewordene Veränderung in der obersten Leitung des Staats, zu der die beiden Häuser des Landtags am 20. Oktober ihre Zustimmung ertheilten. Mit der Uebernahme der Re=gentschaft von Seiten des Thronfolgers trat bald eine fühlbare Verän=derung in der öffentlichen Meinung und Stimmung ein. Der König hatte schon vor seiner Krankheit in einem engen Kreise von Vertrauten und Günstlingen gelebt, die auf die Führung der Regierung, an der er selbst keinen thätigen Antheil mehr nahm, von einem lähmenden Einfluß gewesen waren und jedem Fortschritt absichtlich entgegengearbeitet hatten. Man wußte, daß der Regent, körperlich und geistig vollkommen kräftig und frisch, von Niemand, am wenigsten aber von den bisherigen Um=gebungen des Königs abhing. Man hoffte viel von dem Prinzen, der, als die Mängel des bisherigen Systems sichtbar geworden, sich von demselben getrennt zu haben schien, und von den Mißdeutungen der Reaktion nicht unverschont geblieben war. Derselbe vermied jedoch einen allzuraschen Wechsel, der einem Bruch ähnlich gesehen hätte, veränderte die bisherigen Räthe der Krone nur nach und nach, und bildete ein Mi=nisterium, dessen Mitglieder eben so sehr durch politische Mäßigung als Freisinnigkeit bekannt, und unter der früheren Regierung zurückgesetzt worden waren. An die Spitze dieses Ministeriums trat der katholische Fürst von Hohenzollern=Sigmaringen, der sein Land an Preußen abge=treten hatte, durch seinen Charakter allgemeines Vertrauen erregte, und durch seine Religion den preußischen Katholiken eine besondere Garantie für die staatliche Parität der beiden Konfessionen zu bieten schien. Die übrigen Minister, die sich sämmtlich schon in früheren Zeiten bewährt hatten, waren: Rudolph von Auerswald, von Schleinitz, General von Bonin, von Patow, von Bethmann=Hollweg, Flottwell, in dessen Stelle später Graf Schwerin trat. Von den Mitgliedern des entlassenen Mi=nisteriums traten in das neue nur der Justizminister Simons und der Handelsminister von der Heydt über. Mit der Regentschaft hat in Preu=ßen eine neue Epoche sowohl in der Politik der Regierung als der Stim=mung des Volks begonnen, deren Wirkungen sich aber noch nicht übersehen lassen, und über die deshalb kein begründetes Urtheil möglich ist.

9. Der italienische Krieg.

Die Wiedereroberung Lombardo=Venetien's durch die österreichi=
schen Waffen, die Rückkehr der Herzoge von Modena und Parma in
ihre Staaten, die Aufhebung der Konstitution in Toskana, die Wieder=
herstellung des päpstlichen Regiments im Kirchenstaat, die zügellose
Reaktion in Neapel und Sicilien trafen die italienischen Patrioten um
so schwerer, je größere Hoffnungen sie 1848 und 1849 gehegt hatten,
und je näher sie der Erfüllung derselben gewesen waren. In der Lom=
bardei lehrte nicht nur der zermalmende Druck der österreichischen Mili=
tairherrschaft, der erniedrigende Mißbrauch der polizeilichen Gewalt
mit ihren demoralisirenden Wirkungen zurück, sondern es wurden auch
dem materiellen Wohlstande der Bevölkerung durch Auflegung ungeheu=
rer Kontributionen, durch Beschlagnahme der Güter der zahlreichen
Ausgewanderten, durch die Verpflichtung, eine große Heeresmacht mit
den Kräften des ohnedies erschöpften Landes zu unterhalten, schwer zu
heilende Wunden geschlagen. Das italienische Nationalgefühl war zur
Zeit des letzten Krieges noch nicht tief in die unteren Schichten der Ge=
sellschaft, besonders nicht in die Masse des Landvolks eingedrungen, das,
wenn auch der österreichischen Herrschaft keineswegs geneigt, sich aus
eigenem Antrieb gegen dieselbe nicht erhoben haben würde. Man suchte
deshalb den reichen und vaterländisch gesinnten Adel und die wohlhaben=
den Klassen der städtischen Eigenthümer durch die ihnen auferlegten
außerordentlichen Leistungen, durch Konfiskationen und Sequestrationen
zu Grunde zu richten, und war bemüht, die Pächter und Tagelöhner
durch die Aussicht auf eine Verbesserung ihrer Lage auf Kosten der
Grundherren und überhaupt der besitzenden Klassen, zu diesen in ein
feindliches Verhältniß zu versetzen. Aber diese Bemühungen blieben
vergeblich. England und Frankreich unterstützten die sardinische Re=
gierung bei deren Einsprache gegen die über die Ausgewanderten ver=
hängte Beschlagnahme ihrer Güter, wenn dieselben, was häufig der Fall
war, zugleich in Piemont ansässig waren, sich dort neutralisiren ließen
und dadurch Anspruch auf sardinischen Schutz bekamen. Viele begüterte
Flüchtlinge kehrten nach einiger Zeit in die Heimath zurück, und hoben
dadurch den Grund zu den gegen sie ausgesprochenen Vermögensstrafen
auf. Die höheren Klassen in der Lombardei blieben, ungeachtet der
gegen sie getroffenen Maßregeln, reich. Das Landvolk traute den Ver=
heißungen der fremden Eroberer nicht, welche sich das Ansehen gaben,

seinen Zustand mit der den vermögenden Ständen abgenommenen Beute
verbessern zu wollen, und fühlte seine Armuth weniger, als die Härte
und Willkühr, mit der es bei so vielen Gelegenheiten von den österreichi=
schen Militair = und Polizeibehörden behandelt wurde. Der Einfluß der
niederen Geistlichkeit, die in ihrer großen Mehrheit allmählig von der
Idee eines unabhängigen Italien's eben so wie Adel und Mittelstand
erfüllt wurde, zog zuletzt auch das Landvolk auf Seite der nationa=
len Partei. Die Abneigung zwischen den Italienern und den öster=
reichischen Militairs und Beamten, die unaufhörlichen Reibungen, die
Bezeugungen gegenseitiger Verachtung nahmen einen immer leidenschaft=
lichern Ausdruck an, der die Einheimischen oft alle Klugheit und Rück=
sicht, die fremden Gebieter jede Schonung und Menschlichkeit vergessen
ließ. Es war ein Verhältniß eingetreten wie zwischen zwei von der Na=
tur mit einem feindseligen Instinkt gegen einander beseelten Racen, die,
wenn sie sich berühren, einander nur schaden können.

Der Herzog von Modena war nach den Siegen der Oesterreicher
in seine Staaten zurückgekehrt, und begann seine frühere Regierungs=
weise von Neuem, indem er den Jesuiten den höheren Unterricht zurück=
gab, eine die Kräfte des Landes weit übersteigende Militairmacht hielt,
und die Gefängnisse mit den Anhängern der Nationalpartei anfüllte.
Der wiedereingesetzte Herzog von Parma, Ludwig II., früher Herzog
von Lukka, ein spanischer Bourbone, dankte bald ab, und an seine Stelle
trat sein Sohn, Karl III., der ein wüstes Leben führte, und sich durch
die Grausamkeit auszeichnete, mit der er alle die behandelte, welche sich
während der Revolution für Sardinien erklärt hatten und im Lande
geblieben waren. Das Prügeln von Männern, die patriotische Lieder
gesungen, ein Lebehoch auf Italien und Viktor Emanuel ausgebracht,
oder sonst dem herrschenden Zustand sich abgeneigt gezeigt hatten, war
in Parma an der Tagesordnung, und in der ersten Hitze der Reaktion
sind daselbst auch viele anständige und unbescholtene Frauen, wenn
etwas in ihrer Kleidung an die italienischen Nationalfarben erinnerte,
auf das schimpflichste behandelt worden. Bei Begehung solcher Abscheu=
lichkeiten that sich besonders ein Günstling des Herzogs, der einige Jahre
später vom Volk ermordete Gensd'armerie = Oberst, Graf Anviti, her=
vor. Karl III., der sich jede Laune nachsah und sich auch gegen seine
Gemahlin, eine Schwester des französischen Kronprätendenten, Grafen
von Chambord, übel benahm, überließ die Regierung einem Engländer,
Namens Ward, der anfangs Stalldiener bei ihm gewesen, und den er
zum Minister und Baron ernannt hatte. — In Toskana trat die Real=

tlon im Ganzen am mildeſten auf, obgleich die Todesſtrafe für politiſche
Verbrechen eingeführt, die Cenſur verſchärft, und das dort von jeher
beſtandene Späherweſen außerordentlich erweitert, und ihm ein für die
öffentliche Moral äußerſt verderblicher Einfluß geſtattet wurde. Gleich=
wohl blieb der Großherzog Leopold beim Volk noch lange in Gunſt, und
man würde ihm, wenn er ſich von der öſterreichiſchen Bevormundung
hätte frei machen wollen, die er förmlich zur Schau trug, ſelbſt die Auf=
hebung der Verfaſſung verziehen haben. — Die Wiederherſtellung der
päbſtlichen Regierung nach der Einnahme Rom's durch die Franzoſen
hatte, außer den von derſelben von jeher unzertrennlichen Mängeln,
noch neue Uebelſtände in ihrem Gefolge, die, wenigſtens in dieſem
Grade, vorher unbekannt geweſen. Die Reaktion wollte überall in Ita=
lien, und in Rom noch mehr als anderswo, ſich nicht blos für die Zu=
kunft ſicher ſtellen, ſondern vor allem für die Vergangenheit Rache
nehmen. Die Oeſterreicher in Oberitalien traten hart, aber offen auf,
verbargen ihren Haß gegen die Italiener nicht, und gaben unverholen
zu erkennen, daß ſie nur durch Gewalt zu regieren dachten. Dagegen
nahm die Reaktion im Kirchenſtaat im Anfange den Anſchein der Milde
ſchon um des Auslandes willen an, und verſprach eine weit umfaſſende
Amneſtie, kehrte ſich aber, als ſie ſich einigermaßen befeſtigt ſah, an
dieſe Zuſagen nicht, und legte ihren Leidenſchaften keinen Zügel an.
Innerhalb eines einzigen Jahres wurden 1644 Perſonen hingerichtet,
darunter in einem Monat (Oktober 1851) 24 in Sinigaglia, der Vater=
ſtadt Pius' IX., das verhältnißmäßig während der Revolution am ruhig=
ſten geblieben war. Der Amneſtie unwürdig wurden erklärt: ſämmtliche
Mitglieder der konſtituirenden Verſammlung von 1849, alle Beamte,
welche der Republik gedient hatten, bis auf die Schreiber hinunter, die
Officiere und ſelbſt die Unterofficiere, zuletzt alle, welche ſich an der
Vertheidigung Rom's betheiligt hatten, ſo weit man ſie auffinden konnte.
1854 gab es im Kirchenſtaat 13,006 politiſche Gefangene; 1855 wur=
den 19,000 politiſche Flüchtlinge gezählt. Das Verſprechen der Ein=
führung adminiſtrativer Reformen, welches Pius IX. von Gaeta aus
gethan, wurde nicht ausdrücklich zurückgenommen, blieb aber unerfüllt.
Wenn die fremden Mächte und deren Vertreter in Rom zu Verbeſſerun=
gen riethen, was ſeit 1832 oft, aber immer vergeblich geſchehen, ſo wies
man ſie auf die Erklärungen Pius' IX. hin, und meinte, daß wenn nicht
alle Reformpläne ſogleich ausgeführt werden, die unruhigen Zeitum=
ſtände daran Schuld ſeien, und gab Verſprechungen für die Zukunft.
Weder die Mahnungen der Mächte noch die Verheißungen des päbſt-

lichen Hofes waren ernstlich gemeint. Das Kapitel über die Reformen im Kirchenstaat war ein diplomatischer Ball, den sich Oesterreich und Frankreich gegenseitig zuwarfen. Sie fanden die römischen Zustände gut oder schlecht, je nachdem diese oder jene Auffassung derselben ihrer Politik für den Augenblick zusagte. Auf diesem Wege konnte ein Ziel nicht erreicht werden. Pius IX., der das Dasein des Pastthums zu ge= fährden glaubte, wenn er den Forderungen der Zeit nachgebe, war über das Verkennen seiner ursprünglich guten Absichten verstimmt und er= bittert, und erinnerte sich der vor 1848 gemachten Verheißungen nicht mehr. Er schien seitdem ein anderer geworden zu sein, beschränkte sich auf seine geistlichen Funktionen, und überließ die Regierung dem Kar= dinal = Staatssekretair Antonelli, der mühsam die stockende Maschine des geistlichen Regiments im Kirchenstaat im Gange zu erhalten suchte, sich dabei aber mehr auf den Beistand des Auslandes als die eigene Kraft verließ. Rom und Civitavecchia blieben von den Franzosen besetzt, in den Legationen standen Oesterreicher, beide dazu bestimmt den Pabst ge= gen die Revolution zu schützen, aber auch geneigt ihren Einfluß in jeder Weise auszudehnen.

In Neapel herrschte nach Beseitigung der Kammern und der Un= terwerfung Sicilien's der schrankenloseste Militair= und Polizeidespo= tismus. Ferdinand II., von Natur zur Härte geneigt, glaubte nach den gemachten Erfahrungen sich im Zustande der Nothwehr zu befinden und hielt jedes Mittel zu seiner Erhaltung für gerechtfertigt. Aus Scheu vor der öffentlichen Meinung in Frankreich und England, die ihn als den mächtigsten unter den italienischen Fürsten mit besonderer Aufmerksam= keit beobachtete, versagte er es sich jetzt für politische Vergehen die Todes= strafe eintreten zu lassen, hielt sich aber für diese erzwungene Mäßigung durch die zahlreichen Einkerkerungen schadlos, wo ehemalige Minister, Generale, Deputirte Tag und Nacht mit den gemeinsten Verbrechern in denselben Bagnos zusammenlagen. Sein schroffer Absolutismus ver= feindete ihn sogar mit den Jesuiten, die früher seine vertrautesten Rath= geber gewesen. Ihre unbedingte Hingebung an die römische Kurie schien ihm eine Beeinträchtigung seiner Herrscherrechte zu sein. Er war so ver= blendet durch seine Ausfuhrverbote während des Krimkriegs die franzö= sische und englische Regierung zu verletzen, und seine Theilnahme für Rußland an den Tag zu legen, das ihm so fern lag und so wenig hel= fen konnte. Er war und blieb gegen die Vorstellungen England's und Frankreich's taub, die endlich ihre Gesandten zurückriefen, und allen diplomatischen Verkehr mit ihm abbrachen. Er verließ sich einzig auf seine

Armee und Polizei, obwohl er deren Unzulänglichkeit gegen einen ent=
schlossenen Angriff von außen her, oder eine große Bewegung im Innern,
aus der Geschichte seines Landes und Hauses hätte wissen können. Die
Erscheinung eines englischen und französischen Kriegsschiffes an der nea=
politanischen und sicilianischen Küste erregte in der Bevölkerung eine
fieberhafte Erwartung, ein Zeichen wie schlimm es um Ferdinand II.
Thron stand.

Auf welcher lichten und verheißungsvollen Höhe mußte damals
Piemont den in den Staub getretenen Bewohnern des übrigen Italien's
erscheinen, welche Begeisterung und Hoffnung mußte sich an den Namen
Viktor Emanuel knüpfen! Wie schwer auch das kleine Land durch zwei
gegen eine europäische Großmacht unternommene und unglücklich ausge=
fallene Feldzüge getroffen worden, es verzweifelte nicht an sich und der
Sache für die es sich erhoben hatte. Piemont übte eine großmüthige
Gastfreundschaft gegen die aus ihrer Heimath vertriebenen italienischen
Patrioten, während es zugleich die unruhigen Köpfe unter ihnen im
Zaum zu halten, und die unverbesserlichen Demagogen von sich auszu=
stoßen verstand. Ungeachtet der Wunden, die der Krieg den Finanzen
geschlagen, wurde in Piemont ein ausgebreitetes Eisenbahnnetz herge=
stellt, und hinter dem Po und Tanaro das Festungswerk Alessandria,
Valenza und Casale angelegt, wo bei einem nicht nur möglichen, sondern
höchst wahrscheinlichen Kriege gegen Oesterreich das sardinische Heer
eine Zeit lang Schutz finden konnte, bis Frankreich Beistand gebracht
hätte. Das Vertrauen, welches Viktor Emanuel's männlicher und ge=
rader Charakter, seine im letzten Kriege oft bewiesene Tapferkeit ein=
flößte, ward noch vermehrt, als man vernahm, daß er allen lockenden
Anerbietungen Oesterreich's widerstanden hatte, das bei den Friedens=
unterhandlungen nach der Schlacht bei Novara ihm günstige Bedingun=
gen anbot, wenn er die Verfassung beseitigen und den italienischen Far=
ben und der mit ihnen verbundenen Nationalitätsidee entsagen wollte.
Zu seinem Glück besaß Sardinien in dem Grafen Camillo Cavour
einen Staatsmann von der seltensten Befähigung, der weitgehende Plane
zu fassen und deren Ausführung vorzubereiten mußte, der je nach den
Umständen fest und biegsam, kühn und vorsichtig war, und damit eine
brennende Liebe für Italien's Unabhängigkeit und Größe verband, die
in seinem Geist mit dem Glanze des Hauses Savoyen und der Begrün=
dung der konstitutionellen Freiheit zusammenfiel. Ein auf volksthüm=
licher Grundlage ruhender Staat, wie der sardinische, der langsam und
geräuschlos in sich gereift und jetzt mit so reichen moralischen Mitteln

verschen war, zog wie ein Magnet das übrige gebrückte und zerrissene Italien an sich, und mußte bei kluger und ausdauernder Benutzung der Umstände die Zukunft für sich haben, die sich für das was wahr und nothwendig ist zuletzt immer günstig gestaltet.

Die Hauptsache für das italienische Volk blieb allerdings immer, daß das Nationalgefühl, der Drang nach äußerer Unabhängigkeit und innerer Freiheit sich in ihm ausbreitete, stärkte und immer mehr alle Schichten der Bevölkerung durchdrang. Aber so wichtig ein solcher Fortschritt auch war, er hätte, ohne eine für Italien günstige Veränderung in der gegenseitigen Stellung der Großmächte und in der politischen Lage Europa's, zu dem vorgesetzten Ziel nicht hingereicht. Oesterreich, der mächtigste und entschlossenste Gegner der italienischen Unabhängigkeit, lastete nicht nur mit dem Bleigewicht seiner ungeheuren Militairmacht auf dem unglücklichen Lande, sondern war auch die Hoffnung und der Schirm der Reaktion in ganz Italien, die sich im Vertrauen auf diesen Schutz alles erlaubte, indem sie gewiß war jeden Widerstand mit Hülfe ihres natürlichen Bundesgenossen erdrücken zu können. So lebhaft auch das Unabhängigkeitsgefühl sich regen mochte, seine bei der politischen Zersplitterung Italien's von einander getrennten Ausflüsse konnten sich nicht zu einer alles mit sich fortreißenden Strömung vereinigen. Der Mangel an einem gemeinsamen Mittelpunkt, an einer bestimmten Organisation, stellte den zu einer großen nationalen Erhebung nöthigen Vorbereitungen unübersteigliche Hindernisse entgegen. Oesterreich's Macht und Einfluß mußte erst gebrochen werden, bevor ein besserer Zustand herbeigeführt werden konnte. Sardinien mit seinen fünf Millionen Einwohnern war zu diesem Zweck nicht stark genug, der nur mit fremder Hülfe zu erreichen war, die wiederum nur von Frankreich herkommen konnte. Und selbst Frankreich's Macht hätte hierzu nicht hingereicht, wenn ihm nicht die in der europäischen Politik eingetretene Umgestaltung ein Unternehmen der Art möglich gemacht hätte.

Zwischen Rußland und Oesterreich war seit dem Krimkrieg eine große Spannung eingetreten. Nicht nur das russische Kabinet, sondern auch das russische Volk klagte laut über die Undankbarkeit Oesterreich's, das, nachdem es 1849 durch Rußland's Beistand gerettet worden, die Russen im Kriege gegen die Engländer und Franzosen im Stich gelassen habe. In wie weit dieser Vorwurf gegründet war, soll hier nicht untersucht werden, aber er bestand und gab sich bei jeder Gelegenheit mit großer Bitterkeit kund. Rußland hatte seine Vergrößerungspläne auf Kosten der Türkei an der unteren Donau und im Orient, weil dorthin die insinktartige Richtung seiner Bewegung als Staat und Volk geht, die ihm durch lange Gewohnheit zur anderen Natur geworden ist, auch nach dem Pariser Frieden keinesweges aufgegeben. Es kann auf Mittel, sich der lästigen Bedingungen dieses Vertrages zu entledigen, und in die von ihm verlassene Bahn sobald als möglich wieder einzulenken. Der unternehmende Charakter Napoleon III., das Glück, das ihn begleitete, die im Krimkrieg unzweifelhaft bewiesene Trefflichkeit seines Heeres, mußten den übrigen Mächten seine Freundschaft eben so wünschenswerth wie seine Feindschaft gefährlich erscheinen lassen. Rußland begriff, daß es nur im Bunde mit Frankreich sein durch die letzten Niederlagen etwas erschüttertes Ansehen wiederherstellen und seine Pläne im Orient durchführen könne. Das russische Kabinet war deßhalb, da es sich in seinen Verhältnissen zum Ausland nicht von abstrakten Principien, sondern nur von realen Interessen bestimmen läßt, zu einer Annäherung an Napoleon III. geneigt, von dem es bei einem einträchtigen Verhältniß eben so viel zu hoffen, als im entgegengesetzten Falle zu fürchten hatte. Der französische Kaiser, dem seine Stellung in der Welt, die Ruhmliebe des französischen Volks und der Thatendurst seiner Armee eine langdauernde Ruhe unmöglich machte, sann auf neue Unternehmungen, für die ein ergiebiges Feld nur in Italien gefunden werden konnte. Dort war eine Gährung wie sonst nirgends in Europa vorhanden, die er zu seinem Vortheil ausbeuten, und der er eine seiner Politik gemäße Richtung anweisen konnte. Dort hatte sich das Andenken an die Thaten seines großen Oheims fast eben so lebendig wie in Frankreich erhalten, und war der Name Bonaparte populair geblieben, oder konnte es wenigstens wieder leicht werden. Der Gewaltstreich, den er 1849 gegen die römische Republik begangen, wurde ihm nur noch von der exaltirten Demokratie zum Vorwurf gemacht, da der im italienischen Volk erwachte Drang nach politischer Einheit das Dasein einer einzelnen Republik als unvereinbar mit seiner Zukunft erscheinen ließ, und ihre Beseitigung nicht bedauert wurde. Napoleon sah wohl voraus, daß er bei seiner Absicht, sich in die inneren Angelegenheiten Italien's einzumischen, auf einen Kampf mit Oesterreich gefaßt sein müsse, ein Gedanke, der ihn aber eher anzog, als daß er ihn geschreckt hätte. Er war überzeugt, daß bei einem Zusammenstoß die französische Kriegsmacht sich der österreichischen eben so überlegen wie vorher der russischen zeigen würde. Eine europäische Koalition gegen Frankreich zu Gunsten Oesterreich's war unter den vorhandenen Umständen nicht zu besorgen. Der Haß Rußland's gegen Oesterreich war offenkundig, die Eifersucht und Abneigung Preußen's gegen dasselbe, wenn auch verschleiert, nichts desto weniger vorhanden, und die Sympathie England's für die Monarchie der Habsburger, die zur Zeit der ersten französischen Republik und Napoleon I. auf vorübergehenden politischen Interessen beruhte, hatte mit diesen aufgehört. Der talentvollste und populairste der englischen Staatsmänner, Lord Palmerston, galt schon seit lange für einen entschiedenen Gegner der österreichischen Politik, und entsprach diesem Ruf bei jeder Gelegenheit. Es war demnach vorauszusehen, daß Oesterreich bei einem Kampfe gegen Frankreich vereinsamt dastehen, und ihn allein zu tragen haben würde. Ein Bundesgenosse in Italien, durch dessen Vermittlung Napoleon, unter dem Vorwand, ihm gegen Oesterreich Hülfe zu leisten, dieses selbst bekriegen konnte, war von den Umständen und, so zu sagen, von der Natur selbst gegeben worden. Es war dieß der nächste Nachbar Frankreich's, Sardinien, das vor Sebastopol an dessen Seite gekämpft, und das alte Band der Racenverwandtschaft, der Sprache und Sitte durch die neue Waffenbrüderschaft noch fester gezogen hatte. Der Krimkrieg hatte den Franzosen Ruhm, aber keinen äußeren Vortheil gebracht, Napoleon dachte an eine Vergrößerung des französischen Gebiets, weil nichts seinen Namen populairer bei den Franzosen machen konnte. Ein Angriff auf das linke Rheinufer hätte Frankreich unmittelbar mit Oesterreich, Preußen, dem deutschen Bunde, vielleicht auch mit England in Kampf verwickelt, und ein Angriff auf Belgien würde wenigstens von England und Preußen nicht geduldet worden sein. Aber ein Einfall in die Lombardei bedrohte die englischen Interessen in keiner Weise, und konnte Preußen und dem deutschen Bunde nicht den Vorwand zu einer Einmischung geben, da diese Provinz außerhalb des deutschen Bundesgebiets lag. Gelang es, die Oesterreicher aus Italien zu vertreiben oder ihre Macht dort zu schwächen, so konnte Sardinien mit der Oesterreich und seinen italienischen Bundesgenossen abgenommenen Beute vergrößert werden, und dieses wiederum einen Theil seines Gebiets als Entschädigung und Dank für die empfangene Hülfe an Frankreich abtreten. Dazu eignete sich besonders das an Frankreich grenzende Savoyen, dessen Bewohner zu der französischen Volksfamilie gehören, und von derselben, ungeachtet der getrennten Regierung, in nichts wesentlich verschieden sind. Es konnte in dieser Beziehung auch an die Grafschaft Nizza und die Insel Sardinien gedacht werden, die allerdings rein italienisch sind, aber eben so wie Korsika sich an Frankreich gewöhnen würden, das seit neunzig Jahren demselben einverleibt ist, und ohne Widerstreben dessen

Schicksale theilt. Dies waren die Plane des französischen Kaisers, an deren Verwirklichung er von jetzt an unabläßig arbeitete. Er begriff, daß die europäische Politik seit dem Pariser Frieden, vornehmlich durch die veränderte Stellung, die Rußland und Oesterreich gegen einander angenommen, in eine neue ihm günstige Phase getreten war, und richtete demgemäß sein Verhalten ein. Er suchte vornehmlich Sardinien immer näher an sich heranzuziehen, weil es ihm sonst an Gelegenheit zu einer direkten Dazwischenkunft in den Angelegenheiten Italien's und zu einem Kriege mit Oesterreich gefehlt hätte. Viktor Emanuel war mehr Soldat als Diplomat, und würde, sich ganz selbst überlassen, der Idee sein Stammland, Savoyen, sogar gegen viel werthvollere Erwerbungen in Italien abzutreten, wahrscheinlich große Schwierigkeiten entgegengesetzt haben. Aber sein erster Minister, Graf Cavour, der großen Einfluß auf ihn ausübte, war ein Mann, der die Lage der Dinge so gut wie Napoleon selbst zu beurtheilen wußte, und die ehrgeizigen Absichten desselben im Interesse Piemont's und Italien's zu benutzen beschloß.

Wann die erste Annäherung zwischen Napoleon III. und Cavour statt gefunden hat, ist bis jetzt nicht bekannt geworden. Auf dem Pariser Kongreß legte der sardinische Minister, offenbar schon in geheimem Einverständniß mit den Westmächten, eine Denkschrift vor, in der er nachzuweisen suchte, daß Europa nicht eher dauernd beruhigt werden könne, bis die italienische Frage in angemessener Weise gelöst sei. Er verlangte von den Großmächten die Anerkennung der nationalen Einheit Italien's, die Verleihung liberaler Institutionen für das lombardisch = venetianische Königreich, die Entfernung der fremden Truppen aus dem Kirchenstaat, der, obwohl unter päbstlicher Oberhoheit, von einem weltlichen Vikarius regiert werden solle, und eine Intervention in Neapel und Sicilien, um die daselbst bestehenden Mißbräuche zu beseitigen. Obgleich Cavour's Denkschrift verfrüht erschien und derselben keine Folge gegeben wurde, so hatte sie sich doch der moralischen Zustimmung England's und Frankreich's zu erfreuen gehabt, und es waren in ihr bestimmte Forderungen formulirt und eine Grundlage zu weiteren Entwickelungen gelegt worden. Das Uebrige hing von der Zeit, von dem Verhältniß Rußland's zu Frankreich und Sardinien, und dem Fortschritt der nationalen Idee in Italien ab. Der Geneigtheit England's konnte man in dieser Beziehung gewiß sein. Von einer Annäherung des russischen zu dem sardinischen und französischen Kabinet traten bald unzweideutige Zeichen hervor. Graf Stackelberg, der russische Gesandte in Turin, schloß sich Cavour an, betrieb einen antiösterreichischen Kon=

greß italienischer Fürsten, und bereitete die Ankunft der Kaiserin Mutter von Rußland in Nizza vor, die während ihres dortigen Aufenthalts von Victor Emanuel mit besonderer Aufmerksamkeit behandelt wurde (September 1856). Im folgenden Jahr brachte die St. Petersburg=Odessaer Dampfschifffahrtsgesellschaft den Hafen von Villafranca käuflich an sich, was unter anderen Umständen schwer oder unmöglich gewesen wäre. Es hatte sich dabei anfänglich dem Schein nach nur um ein Kohlenlager gehandelt, bald aber liefen russische Kriegsschiffe ein, und es ward daselbst eine Station für die russische Flotte eingerichtet. Im April 1857 besuchte der Großfürst Konstantin den Kaiser Napoleon in Paris, wo er als ein vertrauter und ersehnter Gast aufgenommen wurde. Prinz Napoleon wurde zur Begrüßung des Kaisers Alexander II. nach Warschau abgeschickt. Einige Monate später (27. September 1857) kam der Kaiser der Franzosen mit dem russischen Monarchen in Stuttgart bei dem mit Beiden verwandten König von Württemberg zusammen, wo über den Zustand der Donaufürstenthümer, die Zukunft Italien's, und wahrscheinlich auch über die Stellung zu Oesterreich verhandelt wurde. Das zurückhaltende Betragen, das man an den beiden Hauptpersonen bei dieser Zusammenkunft bemerken wollte, war eine Maske, die sie im beiderseitigen Interesse vornahmen. Die Begegnung des Kaisers Alexander auf dessen Rückreise mit dem Kaiser Franz Joseph in Weimar, die nach dem Wunsche der Anhänger Oesterreich's den Eindruck der Zusammenkunft in Stuttgart schwächen sollte, blieb ohne politische Resultate.

In Italien, mit Ausnahme Piemont's, brach der tiefe Widerwille gegen die bestehenden Einrichtungen, die Unvereinbarkeit zwischen dem alten und neuen Geist, der allmälig zur Leidenschaft gewordene Drang nach einem Umschwung, auf vielen Punkten in unverkennbaren und drohenden Zeichen hervor. Vergebens suchten die Regierungen hier und da mildere Saiten aufzuziehen, und Vertrauen und Gunst zu erwerben. Es war zu spät. Sie fanden alle Herzen verschlossen. Der Kaiser von Oesterreich besuchte seine italienischen Staaten, und erließ im Januar 1857 eine Amnestie für politische Vergehen. In Venedig und Mailand wurden geräuschvolle Kundgebungen einer anscheinenden Begeisterung von den Behörden veranstaltet, die bei ihnen selbst, wenn sie italienischen Ursprungs waren, nicht aus dem Herzen kam. Die Menge eilte mit ausgelassener Neugierde herbei, um den jungen Herrscher zu sehen, der von seiner Gemalin begleitet war, wie sie es bei jedem anderen Schauspiel gethan haben würde, aber die höheren und unabhängigen Klassen hielten sich in einer gleichgültigen Entfernung. Pius IX. machte im bianeraufstände, die Zerrüttung der Finanzen, die Auflösung aller Bande der Ordnung bedrohten die Republik mit einem unvermeidlichen Untergange, wenn sie den Krieg länger fortzusetzen wagte. Der Kongreß von Queretaro gab endlich der Nothwendigkeit nach. Mexiko leistete auf Texas und Kalifornien gegen eine Entschädigung von 15 Millionen Dollars Verzicht, und erkannte den 32. Breitegrad als die Grenze zwischen sich und den Vereinigten Staaten an.

Die Grenzen der Vereinigten Staaten wurden nicht nur durch diese Eroberungen erweitert, sondern auch innerhalb des Gebiets selbst nahmen ursprünglich fast menschenleere Territorien wie Wisconsin, Arkansas, Michigan u. s. w. an Bevölkerung dergestalt zu, daß sie als selbstständige Staaten in die Union eintreten konnten. Die Einwohnerzahl stieg sowohl in den Städten als auf dem Lande in sonst nie dagewesenen Verhältnissen. Bodenkultur, Handel, Schifffahrt, Kapital wuchsen in unerhörter Weise. Die Vereinigten Staaten standen wie ein Ideal, wie das Land der Zukunft, in den Augen des alternden und mit sich selbst unzufriedenen Europa da. Aber ein Krebsschaden nagte an der Blüthe dieses sich so kräftig und rasch entwickelnden Volks. Derselbe lag weniger in der demokratischen Schrankenlosigkeit mit ihrer Selbstsucht und Ungebundenheit, in den religiösen Verirrungen mit ihren zahllosen Sekten, deren Lehren zuweilen mit der Sittlichkeit unvereinbar waren, in der Willkühr und Haltungslosigkeit des ganzen Lebens — diese Uebelstände hätten, wie sie zum Theil durch das Uebermaß der Freiheit entstanden waren, durch einen weiseren Gebrauch derselben beseitigt werden können. Die eigentliche Gefahr war die mit der Zeit zunehmende Spaltung zwischen dem Norden und Süden, deren innerster Grund die Sklavenfrage, immer mehr in den Vordergrund tretend, zuletzt einen entschieden feindlichen Charakter annahm, und den Frieden zwischen den beiden großen Fraktionen der Union selbst bedrohte. Vom Kongreß war schon 1776, um die Zunahme der Sklaven zu verhindern, deren Einfuhr untersagt worden, aber die Habgier der Pflanzer in den Südstaaten hatte dieses Verbot zu umgehen gewußt. Aufgeklärte und weitblickende Staatsmänner hatten lange nach einer friedlichen Lösung dieser die ganze Zukunft ihres Landes enthaltenden Frage gesucht, ohne eine solche finden zu können. Vergebens ließ der Präsident der Vereinigten Staaten, Tyler, früher Vicepräsident, der für den vor Ablauf seiner Amtszeit verstorbenen Präsidenten Harrison eingetreten war, durch den talentvollen Staatssekretair Webster mit England 1842 einen Vertrag abschließen, in Folge dessen der Sklavenhandel von neuem, unter den strengsten Strafen verboten wurde. Dieses und Aehnliches war wie ein Tropfen Wasser auf einen heißen Stein, der bald verdunstet. Die Sklaverei dauerte nicht nur in den Staaten fort, wo sie von jeher bestanden, sondern suchte sich auch dadurch auszudehnen, daß die Sklavenhalter in die Gesetzgebung der sich zu Staaten erhebenden Territorien die Sklaverei einzuführen suchten, und es sich angelegen sein ließen, die Zahl der Sklavenstaaten um jeden Preis zu vermehren. Wo dies auf dem von der Verfassung vorgeschriebenen Wege nicht möglich war, wurde die Anwendung der gewaltthätigsten Mittel, selbst Brand und Mord, nicht gescheut. Auf solche Weise wurde Kansas zu einem Sklavenstaat gemacht. Die Clay'sche Kompromißbill, welche zwischen den nördlichen und südlichen Staaten in der Sklavenfrage eine billige Ausgleichung herbeiführen sollte, die sogenannte Nebraskabill, die es jedem neu aufzunehmenden Territorium frei stellte, ob es Sklaven halten wolle, oder nicht (1854), wurden zu Gunsten der Sklavenhalter unaufhörlich verletzt. Die Südstaaten, ihre Vertreter im Kongreß, ihre Presse, ihre Meetings, setzten die Langmuth ihrer Gegner bei jeder Gelegenheit auf die Probe, und gesellten zu dem Trotz gegen die Gesetze, Prahlerei, Hohn und selbst Mißhandlungen gegen die Personen. Sie waren in ihrem Uebermuth zuletzt dahin gekommen, sich als Sklavenhalter für besser als die zu halten, welche diese unsittliche und verderbliche Einrichtung verwarfen. Die Sklavenstaaten drohten schon 1858 damit in Richmond einen aus ihren Vertretern bestehenden Kongreß dem in Washington entgegenzustellen. Auf diese Art wurde der Bürgerkrieg vorbereitet, der jetzt schon seit zwei Jahren zwischen den Nord = und Südstaaten wüthet, die Verfassung, die Weltstellung, das Dasein der Union auf das Spiel setzt, und bisher (1863) noch keine Entscheidung herbeigeführt hat.

Die Erhebung der englischen Kolonien gegen das Mutterland, aus welcher die nordamerikanische Union hervorging, war nicht aus einem den Einzelnen auferlegten Joche, sondern aus dem Verlangen nach staatlicher Unabhängigkeit entstanden, und würde auch ohne die damals von der englischen Regierung begangenen Mißgriffe, wenn auch später, erfolgt sein. Die Nordamerikaner wurden, als Einzelne, durch die Trennung von Großbritannien nicht freier, als sie es bisher gewesen, da sie dieselben bürgerlichen Rechte wie die Engländer besessen hatten. Sie trugen aber, als Gemeinwesen, das Gefühl einer besonderen Bestimmung in sich, welche sie, bei einer selbst nur ganz im Allgemeinen bestehenden Abhängigkeit von Großbritannien, nicht erreicht haben würden. Anders verhielt es sich mit den Ursachen, welche die südamerikanischen

Kolonien Spanien's zum Abfall trieben. Dort war es nicht der Drang nach einem selbstständigen Staatsleben, wozu die spanischen Kreolen, wie die Folgezeit bewiesen hat, geringe Befähigung besaßen, sondern der mehr oder weniger auf allen Klassen lastende Druck, der den Bruch mit dem Mutterlande veranlaßte. Wenn schon Spanien selbst von dem lähmenden Einflusse einer blinden und starren Gewaltherrschaft litt, so fand dies in noch unendlich höherem Maße in seinen amerikanischen Niederlassungen statt.

In diesen Kolonien waren es nicht allein die obersten Civil = und Militairstellen, welche mit geborenen Spaniern besetzt wurden, sondern alle königlichen Beamten gehörten ausschließend dem Mutterlande an. Es gab keine Volksvertretung irgend einer Art, keine einheimische bewaffnete Macht. Die Vicekönige und Generalkapitaine waren während ihrer Amtsführung so unumschränkt wie der König selbst, und die spätere Verantwortlichkeit, welcher sie unterworfen werden konnten, bot, bei der Bestechlichkeit der Richter, und der Neigung der geborenen Spanier, unter allen Umständen für ihre Landsleute gegen die Kreolen, oder in Südamerika gebornen Abkömmlinge von Spaniern, Partei zu nehmen, keine Sicherheit dar. Das Beispiel der Willkühr, welches die vornehmsten Machthaber im Ganzen aufstellten, ward von ihren untergeordneten Vertretern im Einzelnen nachgeahmt, von denen Jeder in seinem Kreise nach Belieben verfuhr. Die Verwaltung war in allen ihren Abstufungen vom Geiste des Militairdespotismus durchdrungen. Obgleich die südamerikanischen Kreolen meist von den Eroberern des Landes oder den ersten Ansiedlern abstammten, so wurden sie gleichwohl von den geborenen Spaniern als Fremde oder selbst als Besiegte behandelt. Der Kastilier von der dunkelsten Herkunft stand hoch über dem angesehensten Amerikaner da. Die Ausschließung von allen einflußreichen Aemtern hatte die Einheimischen allmälig in diese erniedrigende Stellung gebracht. Nur mit der Geistlichkeit ward eine Ausnahme gemacht, und dieselbe im Besitz ihrer Rechte und Einkünfte gelassen, wogegen sie sich von ihrer Seite als Werkzeug zur Erhaltung eines solchen Zustandes hergab. Die Inquisition, die Censur, der geistige Druck, die Beschränkung des Unterrichts und der Aufklärung wurden in den Kolonien noch weiter als im Mutterlande getrieben.

Das Bestreben des Madrider Kabinets war von jeher darauf gerichtet gewesen, die Kolonien von jeder anderen Verbindung als der mit Spanien abzuhalten. In ihre Häfen konnten nur spanische Schiffe einlaufen. Sie durften nur mit dem Mutterlande Handel treiben, und er-

hielten von dort her alle Verbrauchsgegenstände, welche sie nicht selbst
hervorbrachten, zugesandt. Manche Kulturzweige blieben ihnen, um sie
in Abhängigkeit zu erhalten, und ihnen Spanien unentbehrlich zu machen
ganz untersagt. Selbst die Bodenerzeugnisse waren den einzelnen Provinzen vorgeschrieben, welche nur diese und keine anderen Artikel an-
bauen durften.

Es war jedoch, ungeachtet dieses Jochs und der Hindernisse,
welche dadurch einer Verbesserung des Bestehenden entgegengestellt wurden, in den südamerikanischen Kolonien eine gewisse fortschreitende Bewegung nicht ganz ausgeblieben. Der regsame Geist des Europäers
läßt sich, im Gegensatz zum Orientalen, nicht nur nicht in seiner Heimath, sondern selbst in einer ihm ursprünglich fremden Natur, und unter
den strengsten staatlichen und kirchlichen Formen, zu keiner durchgängigen und immerwährenden Unbeweglichkeit verdammen.

Zuerst war es das Losreißen der nordamerikanischen Kolonien von
England, dann die französische Revolution, besonders aber die von Napoleon in der Stellung der Staaten und Völker veranlaßten Umwälzungen, was die spanischen Kreolen aus ihrem langen Schlummer aufstörte.
Außerdem war es dem spanischen Despotismus unmöglich gewesen, sich
auf allen von ihm besetzten Punkten gleichmäßig zu befestigen. In den
Küstenstaaten Südamerika's hatte nicht jede Verbindung mit Europa
und dessen Ideen abgeschnitten werden können, und diese waren auf
solche Art allmälig in die inneren Gegenden eingedrungen. So durch-
greifend und wachsam sich auch die Gewaltherrschaft zeigen mochte, die
hohen Gebirge, die tiefen Wälder, die weiten Steppen dieser unermeßlichen Landstrecken hatten in gewissen Schichten der Bevölkerung das
Gefühl der Unabhängigkeit nicht ersterben lassen. In den großen Städten war Alles dem Einflusse der spanischen Behörden unterworfen.
Aber das in einzelnen Höfen zerstreut lebende Landvolk, die halbwilden
Hirten, die jagdliebenden Indianer waren bereit, unter günstigen Umständen gegen das spanische Joch aufzustehen. Die im Stillen in den
Gemüthern lange vorbereitete Erhebung der Kolonien wurde von den
im Mutterlande eingetretenen Unruhen, von der Thronrevolution in
Aranjuez, welche die Krone an Ferdinand VII. bei Lebzeiten seines Vaters brachte, von den Abdankungen in Bayonne, welche die Napoleoniden
an die Stelle der Bourbonen setzten, begünstigt. Durch die Ereignisse,
welche das Recht und den Besitz der obersten Gewalt zweifelhaft machten,
und eine so tiefe Veränderung im Leben des spanischen Volkes herbei-

führten, wurde die unter den Kreolen und Indianern schon seit Jahren vorhandene Gährung zum Ausbruch gebracht.

Es ist hier nicht der Ort und Zweck eine in das Einzelne gehende Darstellung der südamerikanischen Revolutionen zu geben, sondern es soll nur deren moralischer und politischer Charakter und ihre Stellung unter den Weltbegebenheiten nachgewiesen werden.

Der Kampf der Kreolen und Indianer gegen die spanische Herrschaft brach zuerst in Carcacas aus (April 1810), und pflanzte sich von da nach Neu=Granada fort. Fast gleichzeitig aber ohne Verbindung mit Mittelamerika erhob sich Buenos=Ayres, das mitten unter dem Wechsel der Ereignisse seine Unabhängigkeit zu behaupten wußte. Die Kortes von Kadix hatten, um die Kolonien dem Mutterlande zu erhalten, die spanischen Handelsmonopole in Südamerika abgeschafft, und die despotische Gewalt der Vicekönige beschränkt. Diese Zugeständnisse konnten, außerdem daß sie mangelhaft ausgeführt wurden, die beginnende Bewegung nicht mehr aufhalten. In den aufgestandenen Provinzen traten die Kreolen zu Junten zusammen, welche die den Indianern auf=erlegte Kopfsteuer und die spanische Zollgesetzgebung aufhoben und da=durch die Masse der Bevölkerung für sich gewannen. Auf den großen weiten Ebenen am La Platastrom waren es die zahlreichen berittenen Hirten (Gauchos), welche den Spaniern entgegentraten, in Mexiko machten die Indianer, unter der Anführung von Geistlichen, die Stärke des Aufstandes aus. Der Kampf dauerte lange ohne Entscheidung fort, indem die Eingeborenen den Vortheil der Zahl, die Spanier aber den der Kriegszucht auf ihrer Seite hatten.

Nach Ferdinand VII. Rückkehr wurden von Spanien größere An=strengungen als vorher zur Unterwerfung der überseeischen Besitzungen gemacht. Die spanischen Generale Morillo, La Torre, Robil waren mehrmals nahe daran, das Werk der Wiedereroberung zu vollenden. Aber die unzureichende Unterstützung, welche sie vom Mutterlande er=hielten, der allgemeine Haß gegen die eingeborenen Spanier, welcher nicht nur die Kreolen, sondern auch die Indianer entflammte, das Auf=treten einiger bedeutenden militairischen Talente unter den Eingebore=nen, wie Bolivar, San Martin, Paez u. s. w. führten zuletzt den gänz=lichen Untergang der spanischen Herrschaft in diesen Gegenden, wo sie so lange unumschränkt gewaltet hatte, herbei.

Die Kämpfe, welche zur Entscheidung über das Schicksal des spa=nischen Amerika am meisten beitrugen, waren der Sieg Bolivar's an der Brücke von Boyaca (8. August 1819), bei Carabobo (24. Junius 1821) und bei Ayacucho (8. December 1824). San Martin's Zug über die Anden (Januar 1817), um den Spaniern in den Rücken zu fallen, während dessen dieser General sich, mit Geschütz und Gepäck, mehre Tage lang auf einer den Montblanc überragenden Höhe befand, und über reißende Gebirgsströme, mitten unter den furchtbaren Schneestürmen der Cordilleren, setzte, kann für eine der kühnsten Thaten der Kriegsgeschichte gelten. Am 19. Januar 1826 mußte Rodil Callao räumen, und damit war die spanische Fahne für immer von der Küste des amerikanischen Festlandes verschwunden. In Madrid trug man sich noch Jahre lang mit der vergeblichen Hoffnung auf eine Wiedereroberung der verlorenen Kolonien, welche erst unter der Regentschaft der Königin Marie Christine von Spanien als selbstständige Staaten anerkannt wurden.

Die spanischen Kreolen hatten während des Krieges gegen das Mutterland Muth und Ausdauer bewiesen, und zur Erreichung ihres Zieles keine Opfer gescheut. Da sie aber für den Gebrauch der Unabhängigkeit nicht vorbereitet waren, und in ihren früheren Zuständen keine Grundlage für ein freies und geordnetes Gemeinwesen besaßen, so folgte unter ihnen ein unbefriedigender Versuch der inneren Gestaltung auf den anderen, entstanden unter den Republiken sich unaufhörlich erneuernde Streitigkeiten, und wurden die ersten Stellen meist durch Gewalt erlangt. Der Militairdespotismus der spanischen Monarchie dauerte unter der südamerikanischen Demokratie fort, und alle politischen Fragen wurden, nicht von den bürgerlichen Obrigkeiten und dem Volke, sondern von den Generalen und den auf ihre Seite tretenden Truppen, entschieden. Die anarchischen Zustände in den ehemaligen spanischen Kolonien sind aber nicht eine vorübergehende Krisis gewesen, aus dem plötzlichen Zerreißen Jahrhunderte lang bestandener Bande hervorgebrochen, sondern scheinen zu der Natur dieses Volkes zu gehören. Denn bis auf die heutige Stunde (1862) sind Bürgerkriege, Staatsstreiche, willkührliches Umwerfen oder Aufbauen von Verfassungen, Unterdrückung von der einen, Zügellosigkeit von der anderen Seite die vorherrschenden Erscheinungen im Leben der südamerikanischen Republiken geblieben.

Brasilien, durch die von ihm mitten unter dem republikanischen Südamerika bewahrte monarchische Staatsform ausgezeichnet, ist von den Umwälzungen und inneren Kämpfen der Nachbarn frei geblieben, und schreitet, wenn auch langsam, aber ungestört fort. Der Anblick der in den südamerikanischen Freistaaten Alles lähmenden Zerrüttung hält die aufgeklärten Klassen an der konstitutionellen Monarchie fest, die übrigens daselbst auf einer ziemlich demokratischen Grundlage ruht.

Die lange Anwesenheit des Hauses Braganza in Brasilien, während die spanischen Kolonien nie ein Mitglied ihres Herrscherhauses bei sich gesehen haben, und die mildere portugiesische Verwaltung hatten zwischen dem Mutterlande und der Kolonie keinen so tiefen Gegensatz, wie im spanischen Amerika, aufkommen lassen. Die Ursachen der endlichen Trennung Brasilien's von Portugal sind in der Geschichte dieses letzteren Staates erwähnt worden *).

Die Insel Haybti enthielt bis zu der französischen Revolution zwei Kolonien, von denen die größere zu Frankreich, die kleinere zu Spanien gehörte. Als die europäische Herrschaft dort vernichtet wurde, erhoben sich auf ihren Trümmern zwei Republiken, von welchen die eine, das Gebiet der ehemaligen französischen Kolonie umfassend, Haybti, nach dem alten Namen der Insel, die andere, spanischen Ursprunges, St. Domingo hieß. Bald nachdem die Versuche der Franzosen, Haybti wiederzuerobern, vereitelt worden, wurde Dessalines, ein Negergeneral, der sich durch seine wilde Tapferkeit hervorgethan hatte, von seinen Kriegsgefährten zum Kaiser von Haybti ernannt, und nahm den Namen Jakob I. an. Nachdem er in einem Volksaufstande umgekommen, ward ebenfalls ein Negergeneral, Christoph, an die Spitze von Haybti gestellt, und 1811 als Heinrich I. zum Kaiser ausgerufen. Als derselbe tyrannisch zu regieren anfing, erhoben sich mehre seiner Generale gegen ihn, verleiteten seine Truppen zum Abfall, und er gab sich durch einen Pistolenschuß selbst den Tod (1820). St. Domingo war eine Republik geblieben, und hatte erst Pethion, dann Boyer zu Präsidenten gehabt. Letzterer vereinigte, nachdem Heinrich I. umgekommen, beide Theile der Insel zu einer Republik. Frankreich erkannte 1825 gegen eine Entschädigung von 150 Mill. Franken (welche 1838 auf 60 Mill. Franken ermäßigt wurde) die Unabhängigkeit von Haybti an. Später trennten sich wiederum die ehemaligen französischen und spanischen Antheile von einander, und der Präsident von Haybti, ein geborener Sklave, Soulouque, ahmte das von Christoph gegebene Beispiel nach, ließ sich unter dem Namen Faustin I. zum Kaiser wählen, ist aber gestürzt und die republikanische Staatsform wiederhergestellt worden. St. Domingo hat sich unter spanischen Schutz begeben.

Während in Amerika die inneren und äußeren Verhältnisse der Völker sich seit einigen Menschenaltern fast gänzlich umgestaltet haben, ist Afrika nur an seiner Nordküste von den Weltereignissen berührt wor-

*) Siehe Bd. XVII. S. 186.

ben. Es ist in diesem Werke, in den Abschnitten über Frankreich, der Gründung und Ausbreitung der französischen Herrschaft in Algerien, und, bei Gelegenheit der orientalischen Frage, der Kämpfe zwischen der Pforte und dem Vicekönig von Egypten gedacht worden. Die Nieder=lassungen der Britten und Franzosen an der Küste von Guinea sind bis jetzt ohne Bedeutung geblieben, und der frühere Glanz der portugiesi=schen Kolonien in Mozambik und Zanguebar ist mit dem Sinken Por=tugal's erloschen. In Südafrika führen die Engländer einen nur durch kurze Waffenstillstände unterbrochenen Krieg mit den hottentottischen Stämmen in der Nähe des Kaplandes, von denen diese Kolonie beun=ruhigt wird. Die katholischen und protestantischen Missionen haben in Afrika weniger als anderswo ausgerichtet, und unter den unabhängigen Negervölkern hat der Islam mehr Fortschritte als das Christenthum gemacht. Der europäische Geist hatte in Amerika seine Aufgabe so voll=ständig gelöst, daß sein unmittelbares Eingreifen dort unnöthig gewor=den war. Die im 16. und 17. Jahrhundert auf dem amerikanischen Kontinent gegründeten Kolonien sind selbstständige Staaten geworden, und die noch unter europäischer Botmäßigkeit stehenden Inseln werden über kurz oder lang diesem Beispiel folgen. Nordasien und ein großer Theil Südasien's, die Inseln im stillen Ocean haben sich der Herrschaft oder dem Einflusse Europa's nicht entziehen können. Nur zum Innern Afrika's ist bis jetzt der Eingang nicht gefunden worden. Aber das rast=lose Streben der europäischen Menschheit wird, von den Umständen begünstigt, einst auch diese noch von Nacht bedeckten Gegenden umfassen, und dort, wie früher in Amerika, das Licht der Gesittung entzünden.

Im Norden Asien's herrschen die Russen, im Süden die Englän=der, im Innern dieses Welttheiles stehen sich die beiden Nationen schon seit langer Zeit drohend gegenüber. Die Eroberung Georgien's und Armenien's, die Besitznahme der südlichen und östlichen Küstenstrecken des kaspischen Meeres, die geheimen Ränke an den Höfen der Fürsten von Afghanistan und Kabul hatten Rußland den Grenzen der engli=schen Besitzungen in Asien näher geführt, und einen Angriff auf diesel=ben vorbereitet. Durch die von Südsibirien bis nach Tibet gehenden russischen Karavanen war ein großer Theil des Weges nach Indien in allen Einzelheiten ausgeforscht worden. Ein einziges, lange für un=überwindlich erachtetes Hinderniß stellte sich den Russen bei ihrem Vor=dringen in Innerasien entgegen. Es war dies der von den kaukasischen Bergvölkern, welche Rußland nicht unbezwungen in seinem Rücken lassen durfte, mit äußerster Anstrengung geführte Kampf für ihre Unabhängig=

keit. Derselbe hatte schon im Anfange dieses Jahrhunderts begonnen, und war von den Russen im Vergleich zu den ungeheuren von ihnen entwickelten Angriffsmitteln lange mit geringem Erfolg geführt worden. An den Schwierigkeiten des Terrains und der natürlichen, von Frei-heitsliebe und religiösem Fanatismus noch verstärkten Tapferkeit der Bevölkerung war ein russisches Heer nach dem anderen, wie ein Schiff an einem Felsenriff, gebrochen, und mehr als ein sonst berühmter Gene-ral hatte im Kaukasus seinen Ruf verloren. Aber allmälig waren die Russen, welche ihre oft großen Verluste leicht ersetzen konnten, immer tiefer in die wilden Gebirge eingedrungen, hatten die sonst unburchbring-lichen Wälder niedergebrannt, und jede nach heißen Kämpfen errungene Position mit Blockhäusern befestigend und diese immer weiter fortführ-rend, zuletzt im Herzen des feindlichen Landes Fuß gefaßt. Die russi-sche Regierung verwandte zu diesem auf einem Gebiet von mäßiger Ausdehnung geführtem Kriege zuweilen an 100,000 Mann,·und wußte sich dort, wie die Franzosen in Nordafrika, eine Kampfschule für mili-tairische Athleten zu bilden. Aber auch russisches Gold wirkte auf diese armen, rohen und unter sich häufig uneinigen Völker, in deren Wesen sich mahomedanischer Glaube, mittelalterliches Feudalwesen und korsi-kanische Blutrache zu einer seltsamen, zuweilen großartigen, noch öfters abstoßenden Gestalt vereinigt hatten. Manche der tapfersten von diesen Stämmen verbluteten sich während dieses langen, fast sechzigjährigen Krieges, andere wurden durch die russischen Verheerungen zur Flucht nach Persien und der freien Tartarei gezwungen, aber die meisten unter-warfen sich zuletzt, als sie sahen, daß sie von den Engländern und selbst von den Türken verlassen blieben, und sogar während des Krimkrieges keine Diversion zu ihren Gunsten unternommen wurde. Als nach dem Pariser Frieden die Russen ihr Heer in jenen Gegenden auf eine vor-her nie dagewesene Höhe gebracht hatten, unterlag der letzte und größte Held des kaukasischen Freiheitskampfes, Schamyl, nachdem er lange der Schrecken der Russen und die Bewunderung des übrigen Europa ge-wesen, in dem Felsennest Gunib, von hundertfacher Uebermacht ein-geschlossen und dem Hungertode Preis gegeben. Er unterwarf sich aber erst, als alle seine Getreuen (Müriden) bis auf siebenundvierzig gefal-len, an den russischen Obergeneral Fürsten Barhatinski (8. September 1859), der den überwundenen Feind mit Edelmuth behandelte und ihm sogar seine Waffen und Schätze ließ. Der Kaiser Alexander bestätigte das Verfahren seines Feldherrn, und wies Schamyl, der damals drei-undsechzig Jahre alt war, einen ehrenvollen Aufenthalt in Kaluga an.

Die tapferſten unter den kaukaſiſchen Bergvölkern wanderten nach Scha=
myl's Fall in Maſſe aus, und was zurückbleibt, wird ſeine Unabhängig=
keit gegen die immer unaufhaltſamer vordringenden Ruſſen nicht lange
mehr vertheidigen können. Rußland, im Beſitz des Kaukaſus, wirft jetzt
von dieſer hohen Warte aus viel kühnere und begehrlichere Blicke auf
die aſiatiſche Türkei, auf Perſien, und über dieſes hinaus nach dem
Indus, und wird nicht ruhen noch raſten, bis es die Herrſchaft über
Mittelaſien an ſich gebracht haben wird.

England's Beſtrebungen in Aſien waren lange Zeit über vornehm=
lich darauf gerichtet, ſein oſtindiſches Reich abzurunden, die Völker, von
welchen ein Angriff auf daſſelbe ausgehen konnte, zu ſchwächen oder zu
unterwerfen, und daſſelbe bis zu ſeinen natürlichen Grenzen, welche zu=
gleich ſeine Vertheidigungslinien ſind, auszudehnen. Durch die Beſie=
gung des zwiſchen den brittiſchen Beſitzungen und Tibet liegenden Re=
paul fielen die wichtigſten Gebirgspäſſe des Himalaya, die Quellen des
Ganges und der Jumna unter die Gewalt der Engländer, und wurde
ein Handelsweg zu Lande mit China eröffnet (1816). Durch den gegen
den Peiſchwa der Maratten von 1818 bis 1819 geführten Krieg wurde
dem einzigen rieſſeits des Ganges noch beſtehenden unabhängigen Staate
ein Ende gemacht. Der Kampf gegen die Birmanen gab England Ge=
legenheit in Hinterindien Fuß zu faſſen. Das Heer des „Monarchen mit
den goldenen Füßen‟, wie ſich der Beherrſcher des birmaniſchen Reichs
nennen läßt, wurde in der dreitägigen Schlacht bei Promeſi (1. bis
3. Dec. 1825) gänzlich geſchlagen. Im Frieden von Yandabu (24. Febr.
1826) mußten die Birmannen die ganze weſtliche Küſte ihres Reiches
abtreten und ſich zu einer Kriegskontribution von 1 Mill. Pfd. Sterling
verſtehen. Alle dieſe Kämpfe waren von den Engländern, unter Ueber=
windung großer natürlicher Hinderniſſe, und gegen von einer wilden
Tapferkeit beſeelte Völker, mit eben ſo viel Einſicht als Muth geführt
worden.

Während England ſein indiſches Reich nach außen hin vergrößerte,
wurden zugleich in demſelben manche Verbeſſerungen eingeführt. Un=
geachtet der außerordentlichen Fruchtbarkeit des Bodens, der Mannig=
faltigkeit der Erzeugniſſe, des gewinnreichen Handels mit dem Auslande,
verarmte die einheimiſche Bevölkerung nicht nur immer mehr, ſondern
blieb auch der öffentliche Schatz leer, trat zuweilen, wie nach dem bir=
maniſchen Kriege, eine wirkliche Finanznoth ein. Die übermäßig hohen
Beſoldungen, und die Menge der Beamten, die nachläſſige Beauffſchti=
gung derſelben, und das drückende Abgabenſyſtem waren an dieſen

Uebelständen schuld. Durch die Ernennung befähigter und wohlgesinn=
ter General = Gouverneurs, besonders des Lord William Bentink, wurde
die Rechtspflege und Verwaltung von einzelnen Mißbräuchen befreit,
der bisher von den Behörden gegen die Eingeborenen häufig verübten
Willkühr vorgebeugt, und in der Verwendung der öffentlichen Ein=
nahmen eine strengere Ordnung eingeführt. Im Ganzen dauerten gleich=
wohl die von einer fremden Herrschaft, namentlich einer solchen wie die
England's über Ostindien, die ihren Mittelpunkt in so weiter Ferne hat,
unzertrennlichen Uebel fort. Die bedeutendste Reform in den englisch=
indischen Verhältnissen war die schon seit lange vergeblich beantragte,
unter dem zweiten Ministerium Lord Melbourn's, endlich durchgesetzte
Freigebung des Handels mit dem Mutterlande, während derselbe früher
ein Monopol der ostindischen Kompagnie gewesen.

Die heißesten Kämpfe hatten die Engländer, bei ihrem Streben
ihr indisches Reich abzurunden und vor Angriffen sicher zu stellen, ge=
gen die Afghanen, ein aus dem Norden eingewandertes, aber im Laufe
der Zeit mit einheimischen Stämmen vermischtes, Volk tartarischen Ur=
sprunges zu bestehen. Rußland hatte sich durch geheime Sendlinge
Einfluß in Afghanistan zu verschaffen gewußt, und es war dadurch, an
der Grenze der englischen Besitzungen, eine dieselben bedrohende Gäh=
rung unter der Bevölkerung entstanden. Afghanistan ist die nördliche
Grenzwache Indien's, und sein Besitz hat in früheren Zeiten mehrmals
über das Schicksal der Gangesländer entschieden. Auch ist Kabul, die
Hauptstadt des Landes, einer der vornehmsten Punkte für den Verkehr
Mittelasien's mit Indien und den im indischen Ocean gelegenen Inseln.
In dem Afghanistan benachbarten Persien herrschte damals der russische
Einfluß vor, dessen weitere Verbreitung die Engländer durch eine Ein=
mischung in die inneren Angelegenheiten Afghanistan's verhindern woll=
ten. Das Oberhaupt von Afghanistan, der Schah Schudschah, war von
einem seiner Brüder, dem Khan Dost Mohammed, gestürzt und vertrie=
ben worden. Schudschah suchte den Schutz der Engländer nach, welche
ihn mit Waffengewalt in seine Rechte wieder einsetzten (1838), und ein
Heer in seinem Lande zurückließen. Dost Mohammed stellte sich im eng=
lischen Hauptquartier als Gefangener ein, und die Afghanen schienen
unterworfen zu sein, sannen aber im Stillen darauf, sich der Engländer
zu entledigen. Nachdem alle Vorbereitungen mit orientalischer Schlau=
heit, unter dem Deckmantel der tiefsten Ergebenheit, gegen die fremden
Eroberer getroffen waren, brach ein allgemeiner Aufstand aus, als dessen
erstes Opfer der englische Gesandte bei dem Schah Schudschah, Sir

Alexander Burnes, durch seine tiefe Kenntniß der Sprachen und Völker Mittel = und Südasiens ausgezeichnet, fiel. Die englischen Truppen lagen als Besatzungen in verschiedenen Theilen des Landes weit zerstreut auseinander. Der General Elphinstone ließ sich von listigen Unterhandlungen so lange hinhalten, bis die Lebensmittel aufgezehrt waren, und die kalte Jahreszeit begonnen hatte. Bei dem endlich unvermeiblich gewordenen Rückzuge des englischen Heeres ging, was dem Schwerte des Feindes entkam, durch Hunger und Kälte zu Grunde. Von der aus 5000 Mann bestehenden Besatzung von Kabul konnten sich nur zehn Mann retten. Im Jahre 1842 führten die Generale Nott und Pollock ein neues Heer gegen die Afghanen, die jetzt gänzlich geschlagen, deren Städte verbrannt, die Felder, Gärten und Weinberge verwüstet wurden, wobei sich besonders die eingeborenen indischen Truppen in englischem Dienst, Sipahis genannt, durch Raubsucht und Grausamkeit hervorthaten. Die Folge dieses Krieges war, daß die Engländer die Provinz Sind mit ihren Besitzungen vereinigten, und Afghanistan unter englischen Einfluß kam.

Die den Afghanen benachbarten Sikhs, ein Volk vom Stamme der Hindu, aber verschiedener Religion, das nicht lange vorher unter dem Maharadschah (Oberkönig) Runbschit Sing ein bedeutendes Reich gebildet, seitdem aber durch Thronstreitigkeiten geschwächt war, trugen sich, im Geheimen von Rußland und Persien aufgereizt, mit der Hoffnung, die Engländer aus Indien vertreiben zu können. Von den Sikhs ward dabei auf den Beistand ihrer Stammgenossen im englischen Indien gezählt. Es kam zum Kriege, und die Sikhs waren fast viermal so stark als die Engländer, von denen sie aber in zwei Schlachten, bei Mubki und Sobraon (December 1845) nach verzweifeltem Widerstande überwältigt wurden. Der englische Oberfeldherr Sir Henry Harbinge nahm die Hauptstadt des Landes, Lahore, ein, und theilte das Reich der Sikhs unter verschiedene Fürsten, welche England's Oberhoheit anerkennen, und nichts ohne Bewilligung der bei ihnen beglaubigten englischen Gesandten unternehmen dürfen. Als aber die Sikhs, von Afghanen unterstützt, abermals zu den Waffen griffen, und von den Engländern unter General Gough geschlagen wurden (21. Februar 1849), machte der General = Gouverneur von Ostindien, Lord Dalhousie, ihrem Reich ein Ende, indem er den Adoptivsohn Runbschit Sing's, Dhulip Sing, den letzten Beherrscher von Lahore, absetzte, ihm ein Jahrgehalt gab, und das ganze Land unmittelbar der englischen Herrschaft einverleibte. Durch diese Reihe von oft gefahrvollen, zuletzt aber immer glücklich endigenden

Kriegen hatte Großbritannien die natürliche Grenze Borderindien's erreicht, welche von dem Indus bis über Attock hinaus, von der an Pe-
schawer sich anlehnenden Gebirgskette und von dem Himalaya gebildet
wird, und einem von außen her kommenden Angriffe auf seine indischen
Besitzungen schwer zu überwindende Schwierigkeiten entgegenstellt. Aber
hiermit nicht zufrieden suchten die Engländer ihre Besitzungen auch in
Hinterindien zu erweitern, und benutzten die zwischen englischen Schiffs-
eigenthümern und birmanischen Behörden ausgebrochenen Streitigkeiten
zur Erregung eines neuen Kriegs mit den Birmanen, nachdem der erste,
wie oben erwähnt worden, durch den Frieden von Yandabu beendigt
worden. Der General Godwin fiel 1852 in das Gebiet der Birmanen
ein, und erlitt anfänglich bei mehren Gelegenheiten erhebliche Verluste,
schlug aber zuletzt den Feind, und erlangte mit Hülfe einer Thronrevolution von dem Hofe von Ava die Abtretung der Provinz Pegu und
eines großen Küstenstriches (1854).

Dem Anschein nach war die ganze ungeheure Ländermasse, vom
Indus und Himalaya nördlich bis zum Kap Komorin südlich, den Engländern unbedingt und für immer unterworfen. Aber die Verschiedenheit des Glaubens, der Sitte, der Sprache war noch eben so groß, wie
hundert Jahre vorher, als Clive (1757) mit seinen Abentheurern in
Borderindien zum erstenmal Fuß faßte. Der Hochmuth, die Eroberungs-
sucht und das Unterdrückungssystem der Britten hatten den Haß der
einheimischen Bevölkerung gegen die fremde Herrschaft immer lebendig
erhalten. Dieser Haß war in allen Klassen derselbe. Die eingebornen
Fürsten, zuletzt noch der König von Oude (Audh), waren, je nach den
Umständen, vertrieben, entsetzt, pensionirt worden, oder befanden sich,
wenn ihnen eine nominelle Gewalt übrig geblieben, bei deren Ausübung
in der größten Abhängigkeit von den Civil- und Militairagenten der
ostindischen Kompagnie, die das anglo-indische Reich für ihre Rechnung
verwaltete, und deren Direktoren ihren Sitz in London hatten. Ein großer Theil des höheren Lehnsadels war durch frühere Konfiskationen,
durch Geldstrafen und kostspielige Processe in seinen Vermögensverhält-
nissen herabgekommen, und sah sich bei dem geringsten Verdacht der
Auflehnung in seinem Eigenthum und seiner Freiheit bedroht, und mußte
sich das willkührliche Eingreifen der Eroberer in alle seine inneren Verhältnisse gefallen lassen. Die kleinen Besitzer und die arbeitende Menge
wurde von der Last der Abgaben und noch mehr von der Art ihrer Erhebung zu Boden gedrückt, bei der besonders die einheimischen Steuer-
einnehmer, im Vertrauen auf den Schutz ihrer englischen Vorgesetzten,

sich oft die größten Ungerechtigkeiten und Härten erlaubten. Der Unter=
schied der Religion zwischen den Engländern und den Eingebornen
dauerte in seiner ganzen Stärke fort. Die englische Herrschaft hatte im
Ganzen wenig zur Verbreitung des Christenthums in Indien gethan,
und die etwaigen Bemühungen ihrer Missionaire waren fast ohne Er=
folg geblieben. Die Anhänger des Brahmanismus fühlten sich von der
Geringschätzung verletzt, welche die Britten gegen ihre Kastenunterschiede
bewiesen; die zahlreichen Anhänger des Islam, unter ihnen viele Ab=
kömmlinge der mongolischen Eroberer des Landes, deren religiöser Eifer
durch die häufigen Pilgerfahrten nach Mekka und die Berührung mit
ihren Glaubensgenossen immer wieder aufgefrischt wurde, ertrugen mit
äußerster Ungeduld das ihnen auferlegte Joch. Der exklusive Charakter
des Engländers, die Geringschätzung, mit der er auf alles Fremde herab=
sieht, die starre Entfernung, in der er sich von den Eingebornen in den
ihnen unterworfenen Ländern hält, machte jede Annäherung zwischen
den beiden Racen unmöglich, und flößte dem Hindu, je nach seiner
Stellung, Furcht oder Haß ein. Der brittische Gebieter, als Beamter,
Officier, Kaufmann, Pflanzer, denn die protestantischen Missionaire
kamen wegen ihrer geringen Zahl und abhängigen Stellung kaum in
Betracht, wußte nichts von der gewinnenden Vertraulichkeit, der liebe=
vollen Gleichstellung, der Sorge für das geistige und leibliche Wohl
seiner fremden Untergebenen, welche den katholischen Glaubensboten, be=
sonders Franciskaner und Jesuiten, auf so vielen Punkten in Asien und
Amerika ausgezeichnet hatten. Aber auf der anderen Seite stand dem
stolzen ausschließenden Wesen der Engländer bei den Eingeborenen in
Indien nicht eine weiche kindliche Gemüthsart, nicht eine ihre ersten
Schritte versuchende Gesittung, sondern eine selbstsüchtige, verschlagene
Gesinnung, eine uralte, in manchen Richtungen äußerst kunstreiche, aber
seit lange versteinerte Kultur gegenüber. Der Hindu, wenn auch unter=
jocht und äußerlich unterwürfig, stellte sich in Gedanken weit über den
über das „unreine" Meer gekommenen, von animalischer Nahrung le=
benden Europäer, der zu keiner Kaste gehörte, und ganz außerhalb des
Kreises stand, der nach der brahmanischen Vorstellung die mit der gött=
lichen Weltordnung in Verbindung stehende Menschheit umschließt. Je
mehr der Haß gegen die englische Herrschaft unter den Eingebornen
um sich griff, je weniger schienen die, gegen welche er gerichtet war, wie
dies in ähnlichen Lagen nicht selten geschieht, denselben gewahr zu wer=
den. Nie hatten die Engländer: Beamte, Officiere, Soldaten, Matro=
sen, die Hindus aller Klassen mit mehr Verachtung behandelt, als in

der Zeit, wo unter diesen der Entschluß zu einer großen Erhebung gegen ihre Unterdrücker zur Reife gedieh. Die Anhänger des Brahmanismus und des Islams traten einander in einem großen Theil Indien's durch Boten und geheime Zeichen näher, die den Engländern unbekannt blieben oder unverständlich waren. Vergebens hatte einige Zeit vorher der geniale General Napier bei seiner Anwesenheit in Indien (1851) sich mit bitterm Tadel über die Mißbräuche der Verwaltung, über die Demoralisirung der Truppen geäußert, und seine Besorgnisse vor dem unter den Einheimischen herrschenden Geist zu erkennen gegeben. Seine Warnungen waren an den Uebermuth und dem Sicherheitsgefühl seiner Landsleute gescheitert. Um eine Bevölkerung von 180 Millionen Seelen zwischen dem Himalaya und dem Kap Komorin zu beherrschen, bedurfte es eines großen Heeres, das ganz aus Engländern und Europäern zusammenzusetzen unmöglich war. Unter den 250,000 Soldaten, die von der ostindischen Kompagnie unterhalten wurden, gab es (1857) nur 30,000 Britten, die übrigen waren Eingeborne, auf welche die englischen Officiere keinen moralischen Einfluß ausübten, indem sie sich um dieselben außerhalb des Dienstes nicht im entferntesten bekümmerten. Um so ungestörter konnten die Sipahis ihre Vorbereitungen zum Aufstande treffen. Als Vorwand zu demselben diente die Einführung neuer Patronen, die mit Rinder= oder Schweinefett eingerieben sein sollten, wovon ersteres die religiösen Gefühle der Hindus, letzteres die der Mahomedaner beleidigte. Die Erregung moralischen Skrupels und physischen Abscheus war bei der rohen und abergläubigen Menge der äußere Hebel zu der Bewegung, deren erste Ursachen aber tieferer und allgemeinerer Natur waren. Der Aufstand der einheimischen Truppen brach zuerst in der bengalischen Armee aus, während die Madras= und Bombayarmee noch eine Zeit lang ruhig blieb. Am 9. Mai 1857 verweigerten die in Mirut bei Delhi liegenden Sipahis die Annahme der neuen Patronen, tödteten die englischen Officiere, deren Frauen und Kinder und zündeten die Kaserne an. Zwei Tage später erhob sich Delhi, die alte Hauptstadt des mongolischen Reichs. Die Engländer hatten die Wichtigkeit dieses Centralpunkts übersehen, und es lagen daselbst nur wenige europäische Truppen. Die Sipahis bemächtigten sich in Delhi eines Artillerieparks von 150 Kanonen, unermeßlicher Kriegsvorräthe und eines Schatzes von 2 Mill. Pfd. Sterling. Die englische Besatzung ward überwältigt, und die gesammte europäische Bevölkerung, Männer Weiber, Kinder, meist unter gräßlichen Martern umgebracht. Lieutenant Willoughby sprengte sich und mit ihm an tausend Rebellen in die Luft, indem er in ein großes Pulvermagazin Feuer warf. Der ehemalige Kaiser oder Großmogul, Akbar, ein Nachkomme Timur's, der in seinem Pallast zu Delhi von einer englischen Pension lebte, wurde zum rechtmäßigen Beherrscher von Indien ausgerufen. Da er zweiundneunzig Jahre alt war, so traten seine Söhne und Enkel für ihn ein, die sich an den Vorbereitungen zu der Empörung betheiligt hatten, und, wie wenigstens die Engländer behaupteten, auch an den begangenen Gräueln nicht schuldlos waren. Gleichzeitig brach der Aufstand in allen bengalischen Garnisonsstädten aus. Ueberall fielen dieselben Scheußlichkeiten vor. Die erfinderische Grausamkeit des Orientalen übertraf an Menge und Mannigfaltigkeit der Unthaten alles, was in Europa Unmenschlichkeit und Verruchtheit in einzelnen Fällen verübt haben mag. Die Gefangenen und Wehrlosen wurden lebendig verbrannt, in Stücke gehauen, es wurden ihnen die Augen ausgerissen, die Finger und Zehen langsam abgeschnitten, die Haut abgezogen, die Frauen wurden öffentlich geschändet, die Kinder auf dem Pflaster zerschmettert und alle erstinnlichen Gräuel verübt. Die massenhaftesten Grausamkeiten wurden in Cawnpur, nachdem die englische Besatzung überwältigt worden, unter Anführung des Nena Sahib, der zum Stamme der Marattenfürsten gehörte, begangen. Dort wurden 88 gefangene Officiere, 190 Soldaten und 120 Frauen und Kinder ermordet und die Leichname in einen Brunnen geworfen. Der Aufstand verbreitete sich über Nordindien wie ein Lauffeuer und war überall von denselben Freveln begleitet.

Die Engländer waren anfänglich überrascht, und im ersten Augenblick von der Kunde über diese entsetzlichen Vorfälle wie erstarrt. Aber bald ermannten sie sich, und die Beamten und Officiere, die bis dahin meist an ein schwelgerisches Leben gewöhnt und in Weichlichkeit versunken gewesen, erhoben sich im Moment der höchsten Gefahr zu einer Thätigkeit, einem Muth, einer Todesverachtung, die nie übertroffen worden ist, und einen glänzenden Beweis von der Kraft des englischen Volkscharakters geben. Das Verhalten ihrer Feinde kam ihnen dabei zu Hülfe, indem diese ohne Plan, Zusammenhang und Uebereinstimmung handelten, und nur auf Befriedigung ihres Rachegefühls bedacht waren. In Kalkutta, dem Sitz der Regierung, wurden die tüchtigsten Maßregeln ergriffen, um der Empörung zu widerstehen. Die englische Bevölkerung daselbst bewaffnete sich und hielt die Hindus und Mahomedaner in Zaum. Zum großen Glück für die Engländer blieben ihnen die Regimenter, die sie unter den Ghorkas, einem kriegerischen Stamm, der im Himalaya seinen Sitz hat, und die, welche sie unter den ebenfalls tapferen Sikhs angeworben hatten, aus Haß gegen die Sipahis treu, und leiſteten gegen dieſelben weſentliche Dienſte. Die Madras= und Bombaiarmee hatte es verſäumt, ſich gleichzeitig mit der bengaliſchen Armee zu erheben, und ihre ſpäter unternommenen Verſuche der Art wurden von den dort ſtehenden engliſchen Truppen alsbald unterdrückt. Von den indiſchen Fürſten ſchloß ſich, mit Ausnahme der kaiſerlichen Prinzen in Delhi und Nanna Sahib's, aus Furcht vor den Engländern, aus innerer Uneinigkeit und gegenſeitiger Eiferſucht keiner ſonſt dem Aufſtand an. Das eigentliche Volk betheiligte ſich nur hier und da an den Plünderungen und Metzeleien, ſchlug ſich aber nicht, und die Sipahis blieben auf ſich beſchränkt. Auf dieſe Weiſe ward es dem General Wilſon möglich, nach einer Belagerung von drei Monaten, bei der die Engländer, welche, außer mit einem verzweifelten Feinde, noch mit einer glühenden Sonnenhitze und der Cholera zu kämpfen hatten, eine ſeltene Ausdauer und Tapferkeit bewieſen, das große Delhi, mit einem Verluſt von 66 Officieren und 1178 Soldaten, mit Sturm zu nehmen. Nie hat die moraliſche und militairiſche Ueberlegen= heit europäiſcher über orientaliſche Truppen ſich mehr als bei dieſem Kampf bewährt. Denn die Aufſtändiſchen, welche Delhi vertheidigten, waren nicht mit Pfeil und Bogen bewaffnete Wilde, wie deren von den Spaniern unter Cortes und Pizarro in Südamerika angetroffen wur= den, ſondern Soldaten, die Jahre lang unter den Engländern gedient hatten, und eben ſo gut mit dem Feuergewehr wie dieſe umzugehen wußten. Dennoch unterlagen ſie zuletzt gänzlich, weil ſie nach einem wilden Aufſchwung bald in eben ſo große Ermattung verfielen. Beſon= ders waren den Eingebornen die engliſchen Bayonettangriffe furchtbar. Die Sieger machten im erſten Augenblick der Wuth, als ſie in das In= nere der Stadt eindrangen, Bewaffnete wie Unbewaffnete nieder, aber es dauerte dies nur kurze Zeit und war von keiner der langſamen und ſcheußlichen Martern begleitet, welche die Aufſtändiſchen überall, beſon= ders aber in Delhi verübt hatten. Der alte Kaiſer Akbar wurde aus ſeinem Pallaſt gefangen nach Kalkutta abgeführt, und zwei Söhne und drei Enkelſöhne von ihm, die ſich der Empörung angeſchloſſen hatten, wurden erſchoſſen. Das Heer, welches Delhi vertheidigt hatte, ergoß ſich in regelloſer Flucht an beiden Ufern der Jumna hin, ward aber von den Engländern erreicht und vollends auseinander geſprengt. Einem Theil gelang es, ſich mit den Aufſtändiſchen im Königreich Dude zu vereinigen, deſſen von der oſtindiſchen Kompagnie penſionirter König neutral blieb, die ganze Bevölkerung sich aber gegen die Engländer erhob.

Dort hatten sich die Engländer mit 400 Frauen und Kindern in die Citadelle von Lucknow, der Hauptstadt des Landes, geworfen, die Tag und Nacht von den Rebellen beschossen und unaufhörlich bestürmt wurde. Die englische Besatzung unter Sir Henry Lawrence schlug alle Angriffe ab, und war entschlossen, sich im schlimmsten Fall sammt der weiblichen Bevölkerung eher in die Luft zu sprengen, als den Sipahis in die Hände zu fallen. Als die Noth am größten war und man in der Citadelle glaubte nur noch vierundzwanzig Stunden leben zu können, rückte General Havelock, der sich unterwegs mit seinem Kollegen Outram vereinigt hatte, zum Ersatz heran. Von Zorn über die von den Aufständischen begangenen Gräuel und von Liebe zu ihren bedrängten Landsleuten erfüllt, griffen die Engländer die fünffach stärkere Belagerungsarmee mit solchem Nachdruck an, daß sie deren dichteste Reihen durchbrachen und in die Citadelle einzogen (25. September 1858), nachdem sie den vierten Theil ihrer Mannschaft verloren hatten. Aber die Stadt Lucknow selbst, wo 50,000 Sipahis lagen, konnte von Havelock nicht eingenommen werden, der froh sein mußte die Citadelle erreicht und die Besatzung mit seinen und Outram's Truppen verstärkt zu haben. Am 16. November wurde Havelock durch den von Kalkutta herbeiziehenden Obergeneral Campbell entsetzt und glücklich aus dem Bereiche des Feindes gebracht. Havelock, der eben so menschlich und fromm als tapfer und hochherzig war, starb bald nachher an der Cholera. Sein Name wurde im ganzen brittischen Reich mit Bewunderung genannt.

In England waren unterdessen die gewaltigsten Anstrengungen gemacht worden, um die Truppen in Ostindien zu verstärken. Ueberall meldeten sich Freiwillige zum Eintritt in die Armee, und alle Parteien und Klassen waren fest entschlossen die englische Herrschaft in Ostindien um jeden Preis aufrecht zu halten. Nach und nach wurden über 100,000 Mann europäische Truppen nach Ostindien geschickt. Außerdem ward das englische Heer von 20,000 Gorkhas und 15,000 Sikhs verstärkt. Im December 1857 und Januar 1858 siegten Campbell und Outram über den Feind in mehren Schlachten. Am 13. März ward Lucknow nach einem dreitägigen Sturm genommen. Die Streitmacht der Rebellen schmolz von jetzt an rasch zusammen, und der Krieg löste sich in viele einzelne Guerillakämpfe auf, in denen die Engländer ebenfalls Meister blieben. Die letzten Siege über größere Massen der Aufständischen wurden im Sommer 1858 von General Hope Grant bei Nawabgunge, und im

Herbst von General Michel bei Bohahg erfochten. Bei dieser Gelegenheit wurde der Maratte Tantia Topi, einer der fähigsten und tapfersten
Leiter der Empörung, gefangen genommen, und am 18. April (1859)
in Sipri hingerichtet. Unter den hervorragenden Führern entging nur
Nana Sahib der Rache der Engländer. Außer den fünf Prinzen der
kaiserlichen Familie wurden unzählige aus dem Volk erschossen, häufig
in der Art, daß man sie, nicht um ihre Qual, sondern den Schrecken bei
den Zuschauern zu vermehren, an die Mündung der Kanonen band,
oder gehenkt, aber in der Regel nur solche, die des Mordes an Gefangenen und Wehrlosen schuldig waren. Manche von den vornehmen
Hindus, die in die Hände der Engländer gefallen, entleibten sich im
Kerker. Sehr viele Verhaftete, unter ihnen offenbar Schuldige, ließ
man später frei. Der General-Gouverneur von Indien, Lord Canning,
ein Sohn des berühmten englischen Staatsmannes dieses Namens, hatte
während des Krieges die Militairmacht durch seine Maßregeln nachdrücklich unterstützt, zeigte sich aber gegen die Besiegten mild, und trug
durch seine weise Mäßigung viel zur Stillung der Unruhen bei. Am
28. Juli 1859 wurde ein großes Dankfest für Besiegung des Aufruhrs
begangen.

Das wichtigste Ergebniß dieses Kampfes, bei dem die englische
Herrschaft einen Augenblick lang auf dem Spiel stand, und bei größerer
Einheit unter ihren Feinden vielleicht gestürzt worden wäre, oder wenigstens eine tödtliche Wunde erhalten hätte, war die Aufhebung des
Privilegiums der ostindischen Kompagnie. Die Verwaltung der ungeheuren Ländermassen zwischen dem Himalaya und dem Kap Komorin
ging wieder an die Krone und deren verantwortliche Rathgeber zurück.
Damit hat für Indien und sein Verhältniß zu Großbritannien eine neue
Epoche begonnen, von der man hofft, daß sie zu wesentlichen Verbesserungen in der Lage der einheimischen Bevölkerung führen werde. Die
englische Herrschaft über ein so großes und fern gelegenes Land, und
über so zahlreiche, von ihren Gebietern ganz verschiedene Völker, wird
immer für ein Meisterstück der Politik gelten, und die Bewunderung
aller Zeiten erregen. Aber sie bleibt aus denselben Gründen, die sie
so erstaunenswerth erscheinen lassen, für die Zukunft unsicher, indem
die in der Natur der Dinge liegenden Hindernisse, welche der dauernden Erhaltung eines solchen Besitzes entgegenstehen, von menschlicher
Weisheit wohl hinausgeschoben, aber nicht gänzlich weggeräumt werden können.

China war bis in die neueste Zeit hinein von der übrigen Welt

38*

so abgesondert wie vor Jahrtausenden geblieben. Seitdem die von den Jesuiten im siebenzehnten Jahrhundert angestellten Versuche, daselbst das Christenthum zu begründen, gescheitert waren, hatte jeder fremde Einfluß in China aufgehört. Die Lage des Landes, welches auf der einen Seite von hohen Gebirgen und weiten Steppen, auf der anderen vom Meere umgeben wird, und der unbewegliche ausschließende Charakter der Bevölkerung hatte die Behauptung einer vereinzelten Stellung lange möglich gemacht. China war den Fremden nur auf zwei Punkten geöffnet: zu Lande und im Norden den Russen in Kiachta, und dem Seehandel im Süden zu Kanton, wo die Europäer aber nur im Herbst, und nur mit einer Anzahl von der Regierung privilegirter chinesischer Kaufleute, Hong genannt, in Verkehr treten durften. Ein gewisser Grad von äußerer Gesittung, welcher von China früh erreicht worden, auf dem dasselbe dann aber stehen geblieben war, der Umstand, daß die Chinesen sich selbst genügten, während sie von den Fremden gesucht wurden, und ihre gänzliche Unbekanntschaft mit den Fortschritten, namentlich dem Heer- und Flottenwesen Europa's, hatte ihnen eine blinde Zuversicht auf ihre Macht und eine große Berachtung des Auslandes eingeflößt. Sie sollten von diesem Wahn auf eine sie im höchsten Grade bemüthigende Weise zurückgebracht werden.

Die Engländer hatten für den ihnen, seit dem Anfange des achtzehnten Jahrhunderts, zu einem Bedürfniß gewordenen Thee bisher ungeheure Summen nach China geschickt, daselbst aber von ihren eigenen Erzeugnissen wenig oder nichts abgesetzt. In neuester Zeit hatten die Chinesen angefangen, sich dem Genuß des Opiums mit Leidenschaft hinzugeben. Von der ostindischen Kompagnie waren auf ihrem Gebiet große Opiumpflanzungen angelegt worden, deren Erzeugnisse die Chinesen außerordentlich theuer bezahlten. Da der Gebrauch des Opiums immer allgemeiner wurde, so neigte sich der Handelsvortheil, welcher früher ausschließend bei China gewesen, auf Seite England's hin. Bon der chinesischen Regierung wurde jetzt die Einfuhr des Opiums wegen seiner narkotischen Wirkung verboten, obgleich dieselbe sonst manche schädliche und selbst abscheuliche Gewohnheiten unter ihren Unterthanen duldet, wenn sie nur die Staatseinnahmen nicht beeinträchtigen. Der Schleichhandel mit Opium nahm in Folge dieses Berbotes eine große Ausdehnung ein. Vergebens wurde auf den Kauf und Gebrauch des Opiums die Todesstrafe gesetzt, und in mehren Fällen vollzogen. Die Neigung dazu war mächtiger als die Furcht. Endlich nahmen die chinesischen Behörden 20,291 Kisten Opium, welche einen großen Geldwerth

darstellten, von englischen Handelsschiffen fort. Nach fruchtlosen Unterhandlungen kam es zum Kriege, von dessen Ausgange die Chinesen in
ihrer Verblendung und Unwissenheit keine Ahnung hatten.

Am 24. Mai 1841 wurde Kanton von 2400 Engländern unter
dem Marinekapitain Elliot, gegen 45,000 Chinesen, welche eine durch
Natur und Kunst starke Stellung inne hatten, angegriffen. Alle chinesischen Befestigungen wurden im ersten Anlauf genommen, ihre Batterien
zum Schweigen gebracht, ihre Kriegsschiffe versenkt oder verbrannt.
Nachdem die Engländer Verstärkungen an sich gezogen, erzwangen sie
den Eingang zu dem von Peking nach dem Meere gehenden, schönsten
und größten, Kanal China's, der Kaiserstrom genannt, welcher die Puls-
ader des Reiches ist, indem auf ihm dem weniger fruchtbaren Norden
die Erzeugnisse des reichen Südens zugeführt werden. Im Mai 1842
wurde Tschinkiang (Stromeshut), eine der stärksten chinesischen Festungen, von den Engländern besetzt. Die Chinesen waren außer Stande
einen irgend wie erheblichen Widerstand zu leisten. Die Engländer hätten, wenn sie gewollt, bis nach Peking vordringen, und „dem Sohne
des Himmels", wie der Kaiser von China von seinen Unterthanen genannt wird, einen Besuch abstatten können. Da aber die Engländer
nicht Eroberungen machen, sondern sich Handelsvortheile sichern wollten, so kam am 29. August 1842 in Nanking eine Friede zu Stande,
vermöge dessen die Insel Hongkong, unfern Macao gelegen, die Bocca
Tigris und den Zugang zu Kanton beherrschend, an Großbritannien
abgetreten, die fünf Häfen: Kanton, Amoi, Futschou, Ningpo und
Schanghai aber dem Handel aller Nationen geöffnet wurden. Die sich
unaufhörlich erneuernden Niederlagen der chinesischen Kriegsmacht zu
Land und zu Wasser, der Friede zu Nanking, der die Ohnmacht des
Pekinger Hofes vor allen Augen enthüllte, erregten im Volk eine lebhafte Unzufriedenheit, und ermuthigte die zahlreiche Klasse derer, welche
im geheimen mit den bestehenden Verhältnissen seit lange unzufrieden
waren, zu offenem Widerstand. Es entstand eine große Bewegung
gegen die kaiserliche Regierung, die in den südlichen Küstenstrichen begann, sich aber bald in das Innere des Landes ausbreitete, und von
einer durch einen gewissen Hung=sing=tsiuen gestifteten Sekte, deren
Mitglieder sich Taiping (Männer des allgemeinen Friedens) nennen,
ausging. Diese Bewegung hatte einen nationalen Zweck, indem sie die
eigentlichen Chinesen von der Herrschaft der Mandschu befreien sollte,
nahm aber zugleich einen religiösen, nach einzelnen Ideen und Formen
zu urtheilen, halbchristlichen Charakter an. Die Stärke, die wahre

Tendenz dieser Sekte, die verschiedenen Phasen, welche sie in der letzten Zeit durchlaufen hat, sind noch so ungewiß, dunkel und voller Widersprüche, daß ein bestimmtes Urtheil über sie unmöglich ist, und nähere Aufklärungen von der Zukunft abgewartet werden müssen. So viel scheint aber schon jetzt klar zu sein, daß dieser Aufstand, von welcher Natur er auch sein mag, die chinesische Regierung noch mehr als bisher geschwächt hat. Es kam wegen Beleidigung der englischen Flagge durch den Vicekönig von Kanton, Yeh, wiederum zu Streitigkeiten zwischen Chinesen und Engländern, in Folge deren der Admiral Seymour Kanton bombardiren und die Vertheidigungswerke zerstören ließ. Am 31. December 1857 wurde Kanton von den Engländern, denen sich ein französisches Geschwader mit Landungstruppen angeschlossen hatte, mit Sturm genommen, und Yeh gefangen nach Kalkutta abgeführt. Die englisch-französische Flotte segelte nach der Mündung des Peiho, und machte Miene, den Fluß hinaufzufahren und bis in die Nähe von Peking vorzugehen. Da wurde die chinesische Regierung endlich ihrer Ohnmacht sich bewußt, und schloß mit den Bevollmächtigten England's und Frankreich's, Lord Elgin und Baron Gros, einen Vertrag ab, vermöge dessen China den Engländern 2 Mill. Pfd. Sterl., den Franzosen 1,500,000 Pfd. Sterl. Entschädigung für ihre Kriegskosten, und Religions- und Handelsfreiheit versprach (7. Juli 1859). Als aber die Chinesen Schwierigkeiten erhoben und Treulosigkeiten begingen, brach der Krieg von Neuem aus, der mit der Einnahme Peking's durch die Verbündeten und der Unterwerfung der chinesischen Regierung unter die von den Siegern aufgestellten Friedensbedingungen endigte.

Auch Japan, dieses bis in die letzte Zeit den Europäern, mit Ausnahme der Holländer, unzugänglich gebliebene Land, hat sich dem Andrange der großen Weltbewegung, die alles, mit oder wider Willen, in ihre Kreise zieht, erschließen müssen. Die Nordamerikaner, von den Erfolgen, welche die Engländer über die Chinesen davon getragen, zur Nacheiferung gereizt, glaubten, daß Japan einer ernsten Aufforderung zum Verkehr mit ihnen nicht lange widerstehen werde. Sie hatten sich nicht geirrt. Die japanesische Regierung war schon seit einiger Zeit überzeugt, daß ihr System der Abschließung nicht ferner durchgeführt werden könne. Im Jahre 1853 erschien der Kommodor Parry mit einem Geschwader vor Jeddo, ward freundlich empfangen, und legte die Grundzüge zu einem zwischen den beiden Staaten abzuschließenden Handelsvertrage vor, der von der japanesischen Regierung angenommen wurde. Dieses Beispiel wurde von England am 14. Oktober 1854, von Rußland am 26. Januar 1855 befolgt. Später hat Japan, erst nach den Vereinigten Staaten, dann nach Europa Gesandtschaften zur Anknüpfung von Handelsverbindungen abgeschickt, und ist mit der christlichen und civilisirten Welt in einen regelmäßigen Verkehr getreten, der, wie es scheint, einen dauernden Charakter annehmen wird.

Britten, Franzosen und Holländer streben danach die vielen, im indischen und stillen Ocean liegenden, zum Theil Kontinenten gleichenden, Inseln zu einer Pflanzstätte für Europa zu machen, aber von England ist sowohl für Entdeckung als Niederlassung in diesen Gegenden am meisten gethan worden. Die Kolonisation Australien's hat einen alle Erwartungen übertreffenden Fortgang genommen. In Neuseeland, den Marquesas=, Gesellschafts=, Sandwichsinseln ist das Christenthum, und dies nicht in der Weise wie einst von Spaniern und Portugiesen in Amerika, eingeführt worden. In der Südsee wird künftig, besonders nach Durchstechung der Landenge von Panama, ein reiches Leben erblühen, und den Küstenländern des atlantischen Oceans eine gefährliche Nebenbuhlerschaft bereiten.

Register
über den vierzehnten bis achtzehnten Band.

(Die römische Zahl bezeichnet den Band, die arabische die Seitenzahl.)

A.

Aachen, Congreß, XVII, 113.
Aargau, Canton, Volksaufstand und Einführung einer neuen Verfassung, XVII, 444.
Abbas Mirza, Thronfolger von Persien, XVII, 247.
Abballah, Pascha v. Akre, XVIII, 82.
Abb-el-Kaber, XVIII, 156.
Abb-ul-Medschib, XVII, 261. XVIII, 87.
Abel, baierischer Minister, XVIII, 68.
Abercrombie, XV, 208, 280.
Aberdeen, englischer Minister, XV, 152. XVI, 327. XVIII, 487.
Abisbal, Graf, s. O'Donnell.
Abo, Zusammenkunft in, XVI, 35.
Abrantes, Marquis, XVII, 188. (Herzog, General Junot, XV, 433.)
Abukir, Schlacht, XV, 161, 216.
Abyberg, Oberst, XVII, 452.
Achmet Pascha, Admiral, XVIII, 86.
A'Court, engl. Gesandte, XVII, 156.
Acte, abbitionelle, in Frankreich, XVI, 299.
Acton, XV, 172.
Abelstitel in Frankreich abgeschafft, XIV, 177. Wiederhergestellt, XV, 485.

Abelaibe, Prinzessin von Orleans, XVII, 283.
Ablerkreuz, XV, 421.
Abrianopel, von den Russen besetzt, XVII, 260. Friede, 260. Befreit Griechenland, XVIII, 60.
Aegypten, XV, 151.
Affre, Erzbischof von Paris, ermordet, XVIII, 305.
Afghanistan, XVIII, 587.
Afrancesabos, XVI, 137.
Afrika, XVIII, 583.
Agar, Pedro, XVII, 37.
Aiguillon, Herzog, XIV, 106
Aix, Insel, XVI, 336.
Albar, XVIII, 592.
Akjerman, Vertrag, XVII, 251.
Akre, unter Napoleon, XV, 167. Belagerung u Einnahme, XVIII, 82.
Akropolis, XVII, 212. XVIII, 56.
Alagon, Herzog von, XVIII, 6.
Alaba, XVII, 29.
Alazan, XVII, 37.
Albani, Cardinal, XVII, 429
Albanien, XVIII, 73.
Albert, XVIII, 275.
Albrecht, Erzherzog von Oesterreich, XVIII, 324, 554.
Albrecht, Professor, XVIII, 114.

Aleſſandria, Revolte, XVII, 76. XVIII, 539.

Alexander I., Kaiſer von Rußland, beſteigt den Thron, XV, 278. Verbündet ſich mit Preußen, 355. Stellung zu Napoleon, 497, 566. Kriegeriſche Stimmung, XVI, 1. Bündniß mit Schweden, 35. Stiftet die heilige Allianz, XVII, 2. Charakter und Regierung, 223, in Polen, 225, in Betreff Griechenland's, 229. Verſchwörung gegen ihn, 231. Stirbt, 236.

Alexander II., Kaiſer von Rußland, XVIII, 505.

Alexandrien, XV, 157.

Alfieri, XV, 272. XVII, 74.

Algarvien, XVIII, 47.

Algier, erobert, XVII, 275. XVIII, 155.

Algreen Uſſing, XVIII, 180.

Alibaud, XVIII, 154.

Ali Paſcha, XVII, 204

Alma, XVIII, 498.

Alpen, XV, 258.

Alpenjäger, XVIII, 555.

Alpuentes (Romero), XVII, 171.

Altenſtein, preuß. Miniſter, XVIII, 200.

Althorp, Lord, engliſcher Miniſter, XVII, 517.

Amalia Joſepha, Königin v. Spanien, XVIII, 15.

Amarante, Graf, XVII, 182, 188.

Ambray, XVI, 220.

Amiens, Friede von, XV, 281.

Ancillon, preuß. Miniſter, XVII, 91.

Andreoſſy, XV, 227.

Andrian, XVIII, 347.

Angleſey, Marquis, Vicekönig von Irland, XVII, 164.

Angoulême, Herzog v., XVI, 224, 272, 293, in Spanien, XVII, 173, 176, 179.

—, Herzogin, XVI, 224, 293.

Ancona, beſetzt von den Oeſterreichern, XVII, 426, von den Franzoſen, 430.

Anſalbi, Oberſt, XVII, 76.

Anſpach, XV, 351.

Anſtett, Baron, XVI, 103.

Antibes, Napoleon landet, XVI, 270.

Anton, König von Sachſen, XVII, 395.

Antonelli, Cardinal, XVIII, 538.

Antwerpen, XVII, 316, wird bombardirt, 322, eingenommen, XVIII, 53.

Apoſtoliſche Partei in Spanien, XVIII, 7, 11.

Arago, Franz, XVIII, 271, 274, 292.

Arcole, Schlacht, XV, 89.

Arena, XV, 284.

Argos, Schlacht, XVII, 214.

Argout, franz. Miniſter, XVII, 474, 484.

Arguelles, XVII, 29, 171.

Armansperg, Graf, XVIII, 68, 71.

Arndt, Ernſt Moritz, XVIII, 189.

Arnim-Boytzenburg, Graf, XVIII, 333, 337.

—, Freiherr, Miniſter, XVIII, 333.

Arnoldi, Biſchof von Trier, XVIII, 202.

Arthaber, XVIII, 321.

Artois, Graf, verläßt Frankreich, XIV, 26, kehrt zurück, XVI, 224, 272, 293, beſteigt den Thron als Karl X. (ſ. daſelbſt).

Arundel, XVII, 165.

Aſhburton-Vertrag, XVIII, 570.

Aſien unter ruſſiſcher und engliſcher Herrſchaft, XVIII, 584.

Aſpern, Schlacht, XV, 542.

Aſſignaten, XIV, 150, 154, 199, 452. XV, 76, 100.

Athen, XVIII, 70.

Attwood, XVII, 523.

Auber-Roche, XVIII, 265.

Aubigné, XVIII, 240.

Auerſtädt, Schlacht, XV, 383.

Auerswald, Alfred, XVIII, 218, 337.

—, Rudolph, XVIII, 434, 534.

Auerswald, General, ermordet, XVIII, 352.
Augereau, General. XV, 109. XVI, 75, 121, 296.
August Ferdinand, Prinz v. Preußen, XV, 386.
Augustenburg, Herzog von, Kronprinz v. Schweden. XV, 422, 423.
—, dessen Sohn, XVIII, 180, 342.
Aumale, Herz. v., XVIII, 229, 272.
Austerlitz, Schlacht, XVI, 357.
Australien, XVIII, 599.
Avignon, XIV, 235, 276. XVI, 205, 367.
Ayacucho, XVIII, 582.
Aymer, General, XVIII, 142.

B.

Babeuf, XV, 73.
Bacchiocchi, XV, 344.
Bach, Minister, XVIII, 362.
Baden, XV, 364. XVII, 17, 315, 347, 489. XVIII, 441, 451.
Bagration, XV, 355. XVI, 22, 27, 37, 41.
Bailly, XIV, 60, 94.
Bakunin, XVIII, 361, 439.
Balaclava, XVIII, 500.
Balbo, XVIII, 371.
Ballesteros, XVII, 173, 176. XVIII, 14.
Ballhaus, Schwur, XIV, 66.
Bamberger Konferenz, XVIII, 495.
Bannos, Lopez, XVII, 177. XVIII, 18.
Barbaroux, XIV, 380, 517.
Barbé-Marbois, franz. Minister, XVI, 363.
Barbès, XVIII, 57, 301.
Barclay be Tolly, XVI, 22, 29, 37, 91.
Bariatinsky, Fürst, XVII, 585.
Barnave, XIV, 240, 300, 489.
Baroche, XVIII, 418.
Barras, XV, 61, 68, 103.
Barrère, XIV, 381. XV, 41.

Barrot, XVI, 275, 297.
Bartenstein, XV, 397.
Barthelemy, XV, 28, 104, 111.
Basel, XV, 145. Landschaft, XVII, 447.
Baskische Provinzen, XVIII, 21 ff.
Bassano, Herzog, XVI, 24, 101.
Bassermann, XVIII, 315, 444.
Bastibe, XVIII, 299, 308.
Bastille, XIV, 81.
Basville, XIV, 405.
Batavische Republik, XV, 207.
Batthyani, Graf, XVIII, 389.
Baube, XVII, 280.
Baudin, Schiffscapitän, XVI, 335; Volksrepräsentant, XVIII, 417.
Bautzen, Schlacht, XVI, 88.
Bayern, XV, 364. Verfassung, XVII, 13. Concordat, XVII, 14.
Beauharnais, XIV, 457. XV, 9.
—, Eugen, Vicekönig von Italien, XV, 364. XVI, 342.
—, Josephine, XV, 9. S. Josephine, Kaiserin.
Beaulieu, General, XV, 80.
Beaurepaire, XIV, 355.
Becher, XVIII, 446.
Becker, General, XVI, 334.
Beckerath, XVIII, 218.
Bebeau, General, XVIII, 260, 268, 307, 415.
Behrends, XVIII, 354.
Belgien, XIV, 363. XVI, 242. XVII, 306, 323. Verfassung. 325. Anerkennung, XVIII, 50.
Bellerophon, XVI, 336.
Belleyme, be, XVII, 277.
Belliard, XVI, 184.
Bem, XVII, 400. XVIII, 366, 393.
Benedek, XVIII, 555.
Benevent, XV, 367.
Bennigsen, XV, 397.
Bentinck, XVIII, 587.
Bentivegna, XVIII, 545.
Benvenuti, Cardinal, XVII, 423, 426.

Beranger, XVII, 475.
Berbice, Insel, XVI. 243.
Beresford, Lord, XVII, 38, 43.
Berestna, XVI, 59.
Berg, ruff. General, XVII, 405.
Bergami, XVII, 149,
Bergara, XVIII, 36
Bergpartei in Frankreich, XIV, 368, 439.
Berlin, Stadt, XV, 386. Universität, 413. Gewerbeausstellung, XVIII, 206. Aufruhr, 329.
Bern, XV, 142. XVII, 445.
Bernadotte, XV, 152, 215, 351. Thronfolger v. Schweden, 423, 548. XVI, 8, 13, 35, 82, 244, s. Karl Johann.
Bernburg, XVIII, 424.
Bernetti, XVII, 429.
Bernstorff, dän. Minister, XVII, 197.
—, preuß. Gesandter, XVIII, 466.
Berry, Herzog von, XVI. 224, 272, in Gent, 293, 296, 342. XVII, 116, ermordet, 119.
—, Herzogin, XVII, 119. XVIII, 135. Verhaftung, 138.
Berryer, XVI, 371.
Berthier, XV, 136. XVI, 202, 307.
Bertin, XVI, 296. XVII, 281.
Bertrand, XVI, 269, 340. XVIII, 129.
—, Verschwörer, XVIII, 547.
Beseler, XVIII, 342, 427, 529.
Besenval, XIV, 75, 115.
Bessières, Marschall, XV, 475. XVI, 85. XVIII, 12.
Bestuscheff, XVII, 235, 242.
Bethmann-Hollweg, XVIII, 534.
Bethmont, XVIII, 276.
Beugnot, XVI, 190, 296.
Beurnonville, XIV, 354. XV, 252.
Beust. XVIII, 438
Beylan, Schlacht, XVIII, 83.
Beyme, XVIII, 189.
Bialystock, XVI, 77.

Biebenfeld, XVIII, 460
Biegeleben, XVIII, 466.
Bignon, XVI, 331. XVII, 471.
Bilbao, XVIII, 24, Belagerung 28.
Billaud-Varennes, XV, 3, 13, 41.
Birmanen, XVIII, 586.
Biron, General, XIV, 459.
Bischofswerder, preuß. Minister, XIV, 266.
Bismarck-Schönhausen, XVIII, 435.
Bixio, XVIII, 307.
Blaarer, XVII, 449.
Blacas, XVI, 202, 292.
Blanc, Louis, XVIII, 230, 274, 293.
Blanqui, XVIII, 157, 295.
Blender, XVIII, 440.
Blücher, XV, 381. XVI, 111, 162, 185, 306, 311. 320.
Blum, XVIII, 346, 367.
Bobolina, XVII, 210.
Bobelschwingh, preuß. Minister, XVIII, 222, 469.
Bötticher, XVIII, 467.
Boireau, XVIII, 154.
Boissy d'Anglas, XV, 39.
Boivin, XVII, 377.
Bolibar, XVIII, 581.
Bologna, XVII, 421, 425, 429.
Bonald, XVII, 91.
Bonaparte: Hieronymus, XV, 329, 403. XVI, 27.
—, Joseph, XV, 135, 254, 267, 362, 457. XVI, 137, 143.
—, Lucian, XV, 180, 254, 329. XVI, 325.
—, Ludwig, XV, 329, 368, 573
—, die Familie, XVII, 468.
Bonin, General, XVIII, 463, 495, 534.
Bordeaux, XIV, 464.
—, Herzog von, XVII, 123; siehe Chambord.
Borelli, XVII, 427.
Borodino, XVI, 39.
Borghese, Pauline, XVI, 268.

Bosnien, XVIII, 75.
Bosquet, XVIII, 498.
Bouillé, XIV, 203, 213, 236.
Boulogne, XV, 306.
Bourbon, Familie, XVI, 206.
—, Herzog, XVI, 272, 293.
—, Herzogin, XVI, 293.
—, Insel, XVIII, 150.
Bourbesoult, XVI, 191.
Bourbonnaye, XVII, 126, 275.
Bourgeoisie, XVII, 298.
Bourienne, XVII, 283.
Bourke, XVII, 176.
Bourmont, XVI, 309, XVII, 274.
Boyen, XVIII, 189.
Boyer, XVIII, 583.
Bomarsund, XVIII, 498.
Bozzaris, XVII, 211, 216.
Braganza, Dynastie, XVII, 42.
Brandenburg, Stadt, XVIII, 358.
—, Graf, XVIII, 357, 477.
Brasilien, XV, 432, XVIII, 582.
Braunschweig, Herzog von, Karl
   Wilh. Ferdinand, XIV, 286, 318,
   354. XV, 16, 381, 386.
—, Friedrich Wilhelm, XV, 541, 549.
   XVI, 312.
—, die Söhne, XVII, 351; Aufstand,
   353.
Brea, General, XVIII, 306.
Bredy, General, XVIII, 364.
Bregenz, XVIII, 477.
Bremen, XVI, 83. XVII, 12.
Brentano, XVIII, 443, 451.
Brescia, XVIII, 383.
Brest, XV, 24.
Breteuil, XIV, 73, 91.
Brienne, XVI, 163.
—, Loménie be, XIV, 36, 44.
Briqueville, XVII, 467.
Brissot, XIV, 245, 287, 438.
Bristol, XVII, 524.
Broglie, Bischof, XVII, 309.
—, Marschall, XIV, 72, 77.
—, Herzog u. Minister, XVII, 471.
   XVIII, 147.

Bronckowski, XVII, 375.
Bronzell, XVIII, 478.
Brougham, XVII, 517.
Brueys, XV, 160.
Brune, XVI, 367.
Brunet, General, XVIII, 507.
Brüssel, XVII, 315.
Bruyx, XV, 220.
Bubendorf, XVII, 447.
Bubna, XVI, 73, 98.
Bucharest, XV, 429.
Buenos-Ayres, XVIII, 581.
Bugeaud, XVIII, 139, 156, 258,
   405, stirbt, 407.
Bulletin, XV, 259; 29stes, XVI, 63.
Bülow, XVI, 109, 115, 135, 311,
   316.
—, Minister, XVIII, 525.
Bund, deutscher, XVI, 258. XVII,
   83.
—, heiliger, XVII, 3.
Bundesversammlung, XVII,
   364. XVIII, 340, 472, 481.
Bunsen, XVIII, 425, 495.
Buol-Schauenstein, östreich.
   Staatsminister, XVIII, 521, 553.
Buoncompagni, XVIII, 559.
Burbett, XVII, 147.
Burgdorf, XVII, 446.
Burgos, span. Minister, XVIII,
   10, 25.
—, Festung, XVI, 138.
Burnes, XVIII, 588.
Burschenschaft, XVII, 87.
Byron, Lord, XVII, 216.

C.

Cabanis, XIV, 215.
Cabet, XVIII, 230, 294.
Cabreira, XVIII, 46.
Cabrera, XVIII, 34, 37.
Cabaval, XVIII, 48.
Cadix, Centraljunta, XV, 600.
Caboubal, XV, 250, 310, 322.
Cairo, XV, 160, 169.
Calatrava, XVIII, 31.
Calomarde, XVIII, 5, 18.

Calonne, XIV, 34.

Calvo, XV, 473.

Cambaceres, XV, 241. XVI, 284.

Cambridge, Herzog von, XVII, 146, 360.

Cambronne, XVI, 194, 319.

Campbell, XVIII, 594.

Camphausen, XVIII, 218; wird Minister, 337, 434.

Campo Formio, Frieden, XV, 122.

Camprebhyn, XV, 207.

Canning, XVII, 113, 156; ß., 159.

—, General, XVIII, 595.

Canitz, Minister, XVIII, 448.

Canosa, XVII, 73.

Canova, XVI, 353.

Canrobert, General, XVIII, 498, 513, 557.

Canterac, XVIII, 28.

Canton, XVIII, 596.

Capo d'Istria, XVI, 241; Präsi-dent von Griechenland, XVII, 250. XVIII, 60, ermordet, 65.

—, Augustin, sein Bruder, XVIII, 66.

Caracas, XVIII, 581.

Caraccioli, XV, 200.

Caraman, Marquis, XVII, 66.

Carascosa, General, XVI, 291. XVII, 69.

Caretto, bei Marquis, XVII, 415.

Carignan, Prinz, XVII, 77.

Carlota, Königin von Portugal, XVIII, 181, 185.

Carnot, XV, 16, 35, 68, 103, 111. XVI, 163, 290.

Carrier, XIV, 499. XV, 11.

Carvajal, XVIII, 14.

Casa Irujo, XVIII, 6.

Castannos, XV, 476. XVIII, 10.

Castlereagh, Lord, XV, 550. XVI, 11. XVII, 146, ß., 154.

Castro, XVIII, 171.

Cateau, XV, 19.

Cathcart, XVI, 169.

Catbelineau, XIV, 421, 459. XVIII, 138.

Cauchy, XVI, 374.

Caulincourt, XV, 495. XVI, 160, 284, 323, 331.

Caussibière, XVIII, 274, 302.

Cavaignac, XVIII, 276, 299, 304, 415.

Cavour, Graf, XVIII, 515, 539.

Cawnpur, XVIII, 592.

Caylus, Gräfin, XVII, 266.

Cazales, XIV, 139.

Censur in Frankreich, XVI, 227; in Deutschland, XVII, 101; in Sachsen-Weimar, XVII, 12; Baden, 347, 366.

Central-Gewalt, provisorische, in Deutschland, XVIII, 347.

Central-Untersuchungs-Com-mission in Mainz, XVII, 102; in Frankfurt, XVIII, 107.

Cerachi, XV, 294.

Chabot, XV, 295.

Chalier, XIV, 466.

Chambord, Graf von, XVIII, 134, 236, 408.

Champagne, XIV, 359.

Champagny, XV, 499.

Championnet, XV, 174, 257.

Changarnier, General, XVIII, 307, 405, 411, 415.

Chantelauze, XVII, 276, 474.

Chapalongara, XVII, 177.

Chapuis, General, XV, 19.

Charbonnel, XVIII, 307.

Charbonnier, XV, 18.

Charette, XV, 51.

Charlotte von England, XVII, 145, ß., 148.

Charras, XVIII, 300, 415.

Charte von Frankreich, XVI, 212. XVII, 283.

Chartres, Herzog v., XVIII, 232.

Chassé, XVII, 322. XVIII, 53.

Chasteller, XV, 544.

Chateaubriand, XVI, 199, 296. XVII, 135, Minister, 137, Entlas-sung, 264, in Rom, 273, 497. XVIII, 132, 236.

Chatillon, XVI, 169.
Chaumette, XIV, 493, 497, 509.
Chaumont, XVI, 173.
Chenier, XIV, 517.
Cherbourg, XVII, 285. XVIII, 549.
Cheverus, Erzbischof v. Borbeaur, XVII, 465.
Chimena, XVIII, 9.
China, XVIII, 595.
Chios, XVII, 213, 284.
Chlapowski, XVII, 401.
Choiseul, Minister, XIV, 13.
Chollet, Schlacht, XIV, 461.
Chosrew Pascha, XVIII, 87.
Chouans, XV, 44.
Christian. VIII., König von Dänemarf, XVIII, 177, ft., 181.
—, Prinz von Glücksburg, XVIII, 529.
Christophe, auch König Heinrich von Hayti, XVIII, 583.
Chrzanowski, XVII, 396. XVIII, 382.
Church, General, XVIII, 58.
Churschid Pascha, XVII, 214.
Cisalpinische Republik, XV, 115, 119.
Cisterna, Fürst, XVII, 76.
Clairfayt, XV, 65.
Clam Gallas, XVIII, 557.
Claparede, XV, 533.
Clarence, Herzog von, XVI, 202. XVII, 146, 220 (f. Wilhelm IV. von England).
Clarke, XVI, 179, 363.
Clausel be Coussergues, XVII, 122.
Clauzel, Marschall, XVI, 139. XVIII, 129, 156.
Clermont-Ferrand, XVIII, 228.
— —Tonnerre, XVII, 211.
Clifford, XVII, 165.
Clive, XVIII, 589.
Clopicki, XVII, 381. Diktator, 382, tritt ab, 387.
Clotilbe, Prinzessin von Sarbinien, XVIII, 552.

Cobenzl, Graf, XV, 265.
Cochrane, XVIII, 58.
Cobrington, XVII, 220.
Colletta, XVII, 61.
Collot b'Herbois, XIV, 295, 469. XV, 12, 13, 41.
Conciliis, be, XVII, 59.
Concha, XVIII, 166.
Conbé, XIV, 27, 96. XV, 18.
Conborcet, XIV, 245, 486.
Consalvi, Carbinal, XVI, 237, 260.
Constant (Benjamin), XVI, 298. XVII, 472.
Conti, Prinz von, XIV, 8, 96.
Corbière, XVII, 133, 263.
Corbay, Charlotte, XV, 443.
Corvetto, XVI, 363.
Costa Cabral, XVIII, 173.
Courbière, XV, 397.
Courtais, XVIII, 268, 276.
Courtray, XV, 18.
Couthon, XIV, 351, 535.
Crémieur, XVIII, 261, 271, 417.
Cubières, XVII, 430. XVIII, 247.
Culm, XV, 113.
Cumberland, XVII, 146. XVIII, 112 (f. Ernst August).
Cunin-Gridaine, XVIII, 224.
Curée, XV, 324.
Cusa, Oberst, XVIII, 552.
Custine, XIV, 360, 456.
Czartoryski, Abam, XVII, 373, 379, 383, 388, 404.
Czetnischeff, XVI, 11.
Czerski, XVIII, 202.

D.

Dahlmann, XVII, 36, 88. XVIII, 114. 340.
Dalberg, Herzog, XVI, 187.
Dalhousie, XVIII, 589.
Dalrymple, XV, 482.
Dampierre, XIV, 425, 428.
Damremont, XVIII, 156.

Dänemark, die Flotte, XV, 276, 415. XVI, 244. XVII, 197. XVIII, 174.
Danton, XIV, 246, 339, 359, 409, Sturz, 503.
Danzig, XV, 403. XVI, 251.
Darmes, XVIII, 154.
Daru, Graf, XVI, 51.
Daumesnil, XVII, 475.
Daunou, XIV, 392.
David, XIV, 453. XV, 13. XVII, 464, 466.
Davoust, XV, 532. XVI, 27, 96, 307, 346.
Dawkins, XVIII, 69.
Debreczin, XVIII, 393.
Decazes, XVI, 348, 363. XVII, 107, 116, 122.
Delessart, XIV, 284, 291.
Delessert, XVIII, 253.
Delhi, XVIII, 591, 593.
Demagogische Umtriebe, XVII, 100.
Dembinski, XVII, 401, 406. XVIII, 394.
Demerara, XVI, 243.
Dennewitz, Schlacht, XVI, 115.
Denon, XV, 154.
Deral, XVII, 275.
Deroy, XVI, 33.
Desaix, XV, 262.
Deslon, XIV, 235.
Dessalines, XVIII, 583.
Dessolles, XVII, 115.
Detmold, Minister, XVIII, 445.
Deutsche Farben, XVIII, 319.
Deutscher Orden, XV, 533.
Deutsche Reichsfürsten, XV, 273; Ende des Reichs, XV, 337, 373; deutscher Bund, XVI, 252. XVII, 783; Oesterreich's Einfluß, 342; geheime Gesellschaften, 365.
Deutsch-Katholiken, XVIII, 202.
Deuz, XVIII, 138.
Dhulip Sing, XVIII, 589.
Diaz Porlier, XVII, 33.

Dibier, XVII, 111.
Diebitsch-Sabalkanski, XVII, 391, 398, ff. 400.
Dillon, General, XIV, 297.
Directorium, XV, 66, 100, 129, 180, Veränderung, 183, Sturz, 229.
Dobrutscha, XVIII, 496.
Doctrinäre, XVII, 468. XVIII, 151.
Dombrowski, XVI, 57.
Donaufürstenthümer, XV, 501. XVII, 250, 257, 260. XVIII, 495.
Dönhoff, Graf, XVIII, 356.
Dörnberg, XV, 539.
Dost Mohammed, XVIII, 587.
Downie, XVIII, 569.
Dreifarbige Kokarde in Frankreich, XIV, 79; Fahne in Deutschland, XVIII, 319.
Drei-Königs-Bündniß, XVIII, 449.
Dresdner Conferenzen, XVIII, 480.
Dreux, XVIII, 26.
Droste-Bischering, Erzbischof von Köln, XVIII, 123, 124, 189.
Drouet, XIV, 232.
Drouet d'Erlon, General, XVI, 305, 313.
Drouot, XVI, 269, 321.
Drohsen, XVIII, 340, 427.
Dubarry, Gräfin, XIV, 12, 499.
Dubois, XVI, 301.
Dubouchage, XVI, 363.
Duchatel, XVIII, 141, 224, 248.
Dudworth, XV, 426.
Dugommier, General, XV, 24, 29.
Dumas, XV, 367.
Dumouriez, XIV, 293, 301, 412, ff. 417.
Duncker, Max. XVIII, 471.
Dundas, Admiral, XVIII, 488.
Dungern, Minister, XVIII, 317.
Dunin, XVIII, 125, 126, 189.
Duperré, XVIII, 224.

Dupetit-Thouars, Admiral, XVIII, 239.

Dupin, XVI, 303, 371. XVII, 470. XVIII, 264.

Dupont, General, XV, 475, 477. XVI, 190.

Dupont de l'Eure, XVII, 471, 478. XVIII, 129, 271, 275.

Duport, XIV, 395.

Duportail, XIV, 205.

Dupoty, XVIII, 229.

Düppel, XVIII, 463.

Durando, XVIII, 374.

Durchsuchungsrecht, XVIII, 570.

Duroc, XV, 252, 455, XVI, 90.

Duttlinger, XVII, 348.

Duvergier de Hauranne XVIII, 245, 419,

Dwernidi, XVII, 396.

E.

Ebelsberg, XV, 533.

Eben, Baron, XVII, 41.

Eckernförde, XVIII, 462.

Eckmühl, XV, 532.

Edgeworth, XIV, 394, 397.

Equia, XVII, 25, 174. XVIII, 7.

Ehrenbreitstein, XV, 270.

Ehrenlegion, XV, 293.

Eichhorn, XVIII, 201.

Eichmann, XVIII, 356.

Eidsvold, XVII, 199.

Eitemeyer, XIV, 360.

Einzug der Verbündeten in Paris, XVI, 185.

Eisenbahnen in Nordamerika, XVIII, 572.

—— in Preußen, XVIII, 199.

Eisenstud, XVIII, 440.

Eiserne Krone, XV, 343.

Eisernes Kreuz, XVI, 78.

Elba, XVI, 194.

Elchingen, XV, 352.

Elio, XVII, 25, 34; hingerichtet, 170.

Elise, Schwester Napoleon's, XV, 328.

Elliot, Capitän, XVIII, 597.

Elphinstone, XVIII, 589.

Emancipation der Katholiken in England, XVII, 164..

Emigranten in Frankreich, XIV, 278, XV, 43, 287; Entschädigung, XVII, 269.

Emil, Prinz von Hessen, XVIII, 453.

Empecinado, XVII, 173.

Endlicher, Prof., XVIII, 322.

Engbien, Herzog von, XV, 316.

England, XVII, 139; innere Zustände, 143; unter Georg IV., 149; Whigs u. Tories, XVII, 508; unter Wilhelm IV., 513; Parlamentsreform, 527; Stellung zu Rußland, XVIII, 94; Erweiterung seiner Macht in Ostindien, XVIII, 595.

Epidaurus, Nationalversammlung, XVII, 212. XVIII, 58.

Epirus, XVII, 201.

Erfurt, XV, 498; Reichstag, XVIII, 470.

Eriwan, XVII, 248.

Ernst August, König v. Hannover, hebt die Verfassung auf, XVIII, 112, 113; neue Verfassung, 115.

Erro, XVII, 174.

Erzerum, XVII, 260.

Esang, XVIII, 14.

Escoiquiz, XV, 437. XVIII, 25.

Espanna, Graf von, XVIII, 12, 14; getödtet, 37.

Espartero, XVIII, 34; schließt den Vertrag von Bergara, XVIII, 36; wird zum Siegesherzog ernannt, 163; Regent von Spanien, 165; Aufstaud gegen ihn, 166.

Esterhazy, Fürst. XVIII, 514.

Etoges, XVI, 166.

Etrurien, Königreich, XV, 270, 432.

Eugenie, Kaiserin der Franzosen, XVIII, 515.

Eulenburg, Graf, XVIII, 474.

Eupatoria, XVIII, 498.

Ewald, XVII, 361.

Exaltados, XVIII, 163.
Axcelmans, XVI, 305.
Eylau, XV, 396.
Eyxarb, XVII, 217.

F.

Fabre d'Églantine, XIV, 497, 505.
Fallouy, XVIII, 405.
Faucher, Gebrüder, XVII, 378.
—, Minister, XVIII, 406.
Fauchet, XIV, 280.
Faure, XIV, 375.
Favras, Marquis, XIV, 169.
Februar-Revolution, XVIII, 268.
Feldzug von 1813, XVI, 147.
Fenner v. Fenneberg, XVIII, 440.
Ferdinand IV., König von Neapel, XVI, 239, 383; König beider Sicilien I., XVII, 57; geht nach Laibach, 67; zieht in Neapel ein, 72; stirbt, 414.
Ferdinand II., König beider Sicilien, XVII, 415. XVIII, 539.
Ferdinand VII., König v. Spanien, XV, 445; in Bayonne, 451; abgesetzt, 455; wieder eingesetzt. XVI, 144; zieht in Madrid ein, XVII, 26; Aufstand gegen ihn, 31; giebt die Constitution, XVII, 166; wird befreit durch französische Hülfe, 173; setzt seine Regierungsweise fort, 180; vermählt sich mit Marie Christine, XVIII, 15; erläßt die pragmatische Sanction, 16; stirbt, 19.
Ferdinand, Kaiser von Oesterreich, XVIII, 326, 360.
Ferdinand, Prinz von Sachsen-Coburg, Gemahl der Königin von Portugal, XVIII, 170
Fère Champenoise, XVI, 177.
Ferrand, XVI, 221, 231.
Ferronays, de la. XVII, 66, 273.
Fersen, Graf, XIV, 229.
Fesch, Cardinal XV, 366.

Festungs-Viereck in Italien, XVIII, 559.
Feth-Ali-Schah von Persien, XVII, 247.
Feuillants, XIV, 251, 269.
Fichte, XVII, 84.
Ficquelmont, XVIII, 359.
Fidler, XVIII, 453.
Fieschi, XVIII, 146.
Filangieri, XVIII, 380.
Finnland, XV, 119.
Firenzuola, Treffen bei, XVII, 425.
Fischhof, XVIII, 323.
Flahault, Graf, XVI, 170. XVIII, 414.
Flesselles, XIV, 79; ermordet, 89.
Fleury, Cardinal, XIV, 9.
Fleurieu, XIV, 206.
Fleuriot, XIV, 525.
Flocon, XVIII, 275.
Florida, den Vereinigten Staaten einverleibt, XVIII, 570.
Flotte, XVIII, 300.
Föderalisten, XVIII, 573.
Föderationsfest in Frankreich, XIV, 172.
Follenius, XVII, 94.
Fontainebleau, XVI, 196.
Fontenay, XIV, 427, 530.
Forli, Eroberung, XVII, 429.
Forster, Georg, XIV, 360.
Fouché, Polizeiminister unter Napoleon, XV, 283, 330: entlassen, 576; tritt wieder ein, XVI, 281; gegen Napoleon, 329: an der Spitze der provisorischen Regierung, 331; Minister unter Ludwig XVIII., 349; Verbannung und Tod, 359.
Foulb, XVIII, 405.
Foulon, ermordet, XIV, 100.
Fouquier-Tinville, XIV, 511. XV, 11.
Fourrier, XVIII, 230.
Foy, XV, 376.
Foy, XV, 487. XVII, 137.
Fra Diavolo, XV, 197.
Franchecomté, XIV, 103.

François, XIV, 134.
François de Neufchateau, XV, 112.
Frankfurt a. M., XVI, 258.
XVII, 12; Aufruhr, XVIII, 104.
Frankb. Buchhändler, XVIII, 104.
Frankreich wird in Departements eingetheilt, XIV, 145; Verfassung von 1791, 259; neue Zeitrechnung, 285; Verfassung von 1793, 453; neuer Kalender, 490; Preßfreiheit, XV, 7; Constitution von 1795, 55; Directorium, 66; Consulat. 244; Kaiserreich, 325; unt. Ludwig XVIII., XVI, 349. XVII, 125; unter Karl X., 263; Ministerium Polignac, 274; Ordonnanzen, 277; Juli-Revolution, 287; unter Ludwig Philipp, 298, 457; legitimistische, republikanische, bonapartistische Bewegungen, XVIII, 123; Februar-Revolution, 255; provisorische Regierung, 271; Republik, 271; Verfassung derselben, 309; Nationalversammlung, 415; zweites Kaiserreich, 422.
Franz IV., Herzog von Modena, XVII, 51, 419; flieht, 425; kehrt zurück, 427.
Franz Joseph, Kaiser von Oesterreich, XVIII, 561, 564.
Franz II., deutscher Kaiser (als Kaiser von Oesterreich I.), XIV, 294, 317, 353. XV, 16; Krieg gegen Frankreich, 355; Mitglied der heiligen Allianz, XVII, 2, 332; fl., XVIII, 111.
Franz I., König beider Sicilien, XVII, 414; fl., 415.
Franz von Assisi, Infant von Spanien, XVIII, 169.
Fraubrunnen, XV, 147.
Freiburg, Universität, XVII, 366.
Freitag, XVII, 359.
Freiwillige, Königliche in Spanien, XVIII, 8; in Portugal, 42.
Freyre, Bischof, XVII, 43
—, Gomez, General, XVII, 39, 40.

Friede, von Verfailles, XIV, 32; Basel, XV, 28; Leoben, 99; Campo Formio, 122; Luneville, 267; Amiens, 282; Preßburg, 359; Tilsit, 400; Bucharest, 429; Paris, erster, XVI, 205, zweiter, 364; Adrianopel, XVII, 260: zwischen Preußen u. Dänemark, XVIII, 174; Paris, 515.
Friedrich I., König von Würtemberg, XVII, 14.
Friedrich VI., König v. Dänemark, XVII, 197. XVIII, 176; fl., 177.
Friedrich VII., König von Dänemark, XVIII, 171, 342.
Friedrich August, König von Sachsen, XVI, 87, 247. XVII, 358.
——, Mitregent, XVII, 358; König von Sachsen, XVIII, 208, 439.
Friedrich, Prinz der Niederlaube, XVII, 317; marschirt auf Brüssel, 320; zieht sich zurück, 321.
Friedrich Wilhelm II., König von Preußen, XIV, 267; Krieg gegen Frankreich, 317, 354. XV, 17.
Friedrich Wilhelm III., König von Preußen, XV, 355; gegen Frankreich, 378; in Dresden, XVI, 18; Freiheitskrieg, 75; in Paris, 155; Mitglied der heiligen Allianz, XVII, 2; verspricht Reichestände, 335, 342; Toleranz und Conflict mit dem katholischen Clerus, XVIII, 120; stirbt, 127.
Friedrich Wilhelm IV., König von Preußen, in Paris, XVI, 155; besteigt den Thron, XVIII, 127, 188; erste Regierungshandlungen, 189; Huldigung in Königsberg und Berlin, 190; lehnt die allgemeine Landesvertretung ab, 190; Kölner Dombaufest, 197; am Vereinigten Landtage 214; in den Märztagen, 334; zum deutschen Kaiser gewählt, 432; lehnt die Krone ab, 433; beschwört die Verfassung, 469; erkrankt, 533.

Grimont, General, XVI, 290.
XVII, 425.
Fröbel, XVIII, 366.
Fürsten-Kollegium, XVIII, 499.
Fürsten-Kongreß in Berlin, XVIII, 471.
Fürst-Primas, XV, 372.
Fuenta de Higuera, XVI, 137.

G.

Gagern, Heinrich von, XVIII, 318, 344.
—, Friedrich, General, XVIII, 341.
Galego, XVII, 29.
Galiano, XVII, 171.
Galicien, XV, 585, 592.
Gallizien, XVIII, 211, 363.
Gambier, XV, 416.
Ganges, XVIII, 586.
Garat, XIV, 367, 394.
Garcia, General, XVIII, 36.
—, Sergeant, XVIII, 30.
—, della Torre, XVII, 37.
Garbe, französische, bei Belle Alliance, XVI, 319.
Garibaldi, XVIII, 375, 386, 555.
Garnier-Pagès, XVIII, 271, 276.
Gauchos, XVIII, 581.
Gazan, XVI, 139, 142.
Gefion, XVIII, 462.
Geismar, General, XVII, 241.
Genbebien, XVII, 321.
Gendre, XVII, 376.
Genf, XIV, 362.
Genoude, XVIII, 267.
Gent und Ludwig XVIII., XVI, 296.
—, Frieden, XVIII, 569.
Genz, XV, 527.
Genua, XVI, 236.
Geoffroy, XVIII, 132.
Georg III., König v. Englanb, XVII, 145; ff., 149.
Georg IV., König v. Englanb, XVII, 149, Prozeß gegen seine Gemahlin, 150, besucht Irland, 151; ff., 513.
Georgien, Einfall ber Perser, XVII, 247.

Geppert, General, XVII, 425.
Gerarb, General, XVI, 305, Minister, 471; Marschall, XVIII, 53, 261.
Gerlach, XVIII, 434.
Germanos, XVII, 210.
Gervinus, XVIII, 114, 318.
Gesellschafts-Inseln, XVIII, 599.
Gewerbeausstellung in Preußen, XVIII, 206.
Ghortas, XVIII, 592.
Gielgub, General, XVII, 401.
Gioberti, XVIII, 370.
Giorbali, XVII, 206, 209.
Girarbin, XVIII, 262, 419.
Girob be l'Ain, XVIII, 129.
Girona, XV, 597.
Gironbisten, XIV, 272, im Ministerium, 292, im Jakobinerclub, 297, 366, im Nationalconvent, 405, Sturz, 424.
Gisquet, Polizeipräfect, XVIII, 131.
Giulay, XVI, 129, 181.
—, General, XVIII, 555.
Gneisenau, XVI, 155.
Gobel, XIV, 493, 509.
Goberich, Lorb, Minister, XVII, 159.
Goboy, XV, 29, 434; Friedensfürst 436, 444.
Gobwin, XVIII, 589.
Görgei, XVIII, 394, 400.
Göthe, XV, 500.
Göttin ber Vernunft, XIV, 494.
Gogo, XVII, 214.
Gohier, XV, 183.
Golbmark, XVIII, 323.
Goltz, v. b., Graf, XV, 23.
Gomez, Karlistenführer, XVIII, 33.
—, Verschwörer, XVIII, 547.
Gortschakoff, Minister, XVIII, 458, 557.
—, General, XVIII, 505.
Goubchaux, XVIII, 276.
Gough, XVIII, 559.
Gourgaub, General, in St. Helena, XVI, 338, 340.

Gouvion, St. Cyr, Marschall, XV, 514. XVI, 111, 134, 348.
Gower, Lord, XIV, 399.
Grabowski, Graf, XVII, 379.
Grach, XVIII, 492.
Granada, Neu-, XVIII, 581.
Grant, General, XVIII, 594.
Grasse, Admiral. XIV, 31.
Grawert, General, XVI, 33.
Gregoire, XIV, 191. XVII, 115.
Gregor XVI. Papst, XVII, 422. XVIII, 125; stirbt, 371.
Greiner, Ministerialrath, XVIII, 70.
Grenier, XVI 331.
Grenoble, XVI, 271.
Grenville, Lord, XV, 253.
Grey, Graf, Minister, XVII, 327, 517; Rücktritt, 526; tritt wieder ein, 527, XVIII, 45.
Griechenland unter türkischer Herrschaft, XVII, 199; Befreiungsversuch, 203; Erneuerung der Hetäria, 206; allgemeiner Aufstand, 208; Vertrag zwischen England und Rußland, 220; XVIII, 57; unt. Capo d'Istria, 59; innere Zwietracht, 64; Regentschaft für König Otto, 68; Regierung König Otto's, 71; Einführung einer Verfassung, 72, 493.
Grimm, Gebrüder Jakob und Wilhelm, XVIII, 114.
Gröben, von der, Graf, XVIII, 456.
Gros, Gesandter, XVIII, 598.
Großbeeren, XVI, 109.
Großdeutsche, XVIII, 428.
Große Armee, XVI, 54.
Großgörschen, XVI, 84.
Großmann, XVIII, 451.
Grouchy, General, XVI, 305, 315; Antheil am Verlust der Schlacht bei Belle-Alliance, XVI, 319.
Grundrechte des deutschen Volks, XVIII, 424.
Gruczineka, Johanna, Fürstin von Lowicz, XVII, 237, 374.
Gubin, General, XVI, 32.
Guergué, karlist. Gener., XVIII, 36.

Guernonbe Ranville, XVII, 474.
Guerreiro, XVIII, 48.
Gürth, XVIII, 105.
Guillotine, XV, 336.
Guinea, XVIII, 584.
Guizot, XVI, 229, 296. XVII, 281; Minister, 471, 473. XVIII, 141, 239; Ministerpräsident, 249; tritt ab, 255; verläßt Frankreich, 286.
Gunis, XVIII, 585.
Gustav III., König von Schweden, ermordet, XIV, 292.
Gustav IV. Adolph, König von Schweden, XV, 349, 565, 418; Sturz, 422. XVI, 245.

H.
Hafiz Pascha, XVIII, 86.
Hagelsberg, XVI, 110.
Hagenau, Unterhandlungen, XVI, 345.
Halen, Juan van, XVII, 320.
Hallett, General, XVIII, 343.
Haller, Karl v., Staatsrechtslehrer, XVII, 91.
Halsband-Proceß, XIV, 25.
Hambach, Volksversammlung, XVII, 363.
Hamburg, XVI, 96, 135.
Hamelin, Admiral, XVIII, 488.
Hamilton, Lady, XV, 172, 198.
Hanau, XVI, 131.
Hanneken, XVIII, 440.
Hannover, XV, 305. XVII, 10; Unzufriedenheit, 359; Staatsgrundgesetz 361; wird aufgehoben und ein neues geschaffen, XVIII, 112. 114; nicht im Zollverein, 110; tritt ein, 520; Verfassung, 526.
Hansemann, XVIII, 218, 319; Minister, 337.
Hanseftädte, XVI, 579. XVIII, 110.
Hardenberg, Fürst, XV, 28, 363. XVI, 78. XVII, 98, 113.
Harbinge, Sir Henry, General, XVIII, 589.

Harrison, XVIII, 577.
Haspinger, XV, 236.
Haffelt, Schlacht, XVII, 486.
Hallenpflug, Staatsminist., XVIII, 101, 476, 523.
Hahfeld, Fürst, XVI, 76.
Haugwih, Staatsminister, XV, 355, 359, 365.
Hauffez, Minister, XVII, 275.
Havelock, General, XVIII, 594.
Haynau, XVIII, 375.
Hayti, XVIII, 553.
Hebert, XIV, 432, 497.
—, Minister, XVIII, 251, 258.
Heder, XVIII, 315.
Hedscher, XVIII, 348.
Heibegg, General, XVIII, 69.
Heilige Allianz, XVII, 2, 231.
Helena, St., Insel, XVI, 339.
Helene von Mecklenburg-Schwerin, Herzogin von Orleans, XVIII, 149 (f. Orleans).
Helvetische Republik, XV, 149.
Hengstenberg, Profeffor, XVIII, 205.
Henriot, XIV, 435, 536.
Henry, XVIII, 155.
Hermes, Profeffor, XVIII, 123.
Hervilly, Graf, XV, 47.
Herwegh, XVIII, 342.
Hessen, Kurfürstenthum, XVII, 11, 354, XVIII, 101, 475; Aufhebung der Verfassung, 523.
Hessen-Darmstadt, XVII, 18.
Hessen-Homburg, Prinz, XVI, 66.
Heß, General, XVIII, 555.
Hetäria, XVII, 204.
Heubner, XVIII, 439.
Heyden, Admiral, XVII, 220.
Heydt, v. b., Minister, XVIII, 534.
Hildburghausen, XVIII, 424.
Hiller, XV, 533.
Himalaya, XVIII, 586, 589.
Hinderfin, Major, XVIII, 457.
Hirschfeld, General, XVI, 110.
—, General, XVIII, 457.

Hobhouse, Minister, XVII, 535.
Hoche, XIV, 477, XV, 47, 105.
Hofer, XV, 536, 557.
Hohenlinden, XV, 265.
Hohenlobe, Fürst, XV, 382, 387.
Hohenlohe-Kirchberg, XIV, 353.
Hohenzollern, XV, 533, XVIII, 532.
Hohenzollern-Sigmaringen, Fürst, XVIII, 534.
Höllenmaschine, XV, 285.
Holstein, XVI, 244, XVII, 197; deutsche Nationalität, XVIII, 342; Krieg gegen Dänemark, 350, 461.
Hompesch, Großmeister, XV, 155.
Hong, XVIII, 596.
Houg-Kong, XVIII, 597.
Hoogvorst, Baron, XVII, 319, 321.
Hormayr, XV, 536.
Hornbostl, XVIII, 363.
Hortensia, Stieftochter Napoleon's, XVI, 268, 333, 335.
Hotham, Admiral, XVI, 338.
Hohe, General, XV, 201, 206.
Houcharb, XIV, 475.
Hougoumout, XVI, 316.
Hoym, Graf, XV, 368.
Hrabowski, General, XVII, 430.
Hubert, XVIII, 154.
Hudson Lowe, XVII, 130.
Hüningen, XVI, 364.
Hugo, Victor, XVIII, 419.
Hullin, XVI, 54, 191.
Humann, Minister, XVIII, 228.
Humboldt, Wilhelm v., XVI, 103, 169, XVII, 113, XVIII, 189.
Hunt, XVII, 147.
Huskiffon, XVII, 159.
Huffein, Dey von Algier, XVII, 275.
— Pascha, XVII, 258, XVIII, 83.
—, Albanesenführer, XVIII, 76.
Hyde de Neuville, XVII, 126.
Hydra, XVII, 201, 213.
Hye, Profeffor, XVIII, 322.

J.

Jbanez, XVIII, 36.
Jbrahim Pascha gegen bie Griechen, XVII, 217; gegen bie Wechabiten, XVIII, 78; gegen ben Sultan, 82.
Jllyrien, XVI, 135.
Jnbianer in Norbamerika, XVIII, 571, 574.
Jnfantabo, Herzog, XV, 438. XVI, 382. XVII, 25, 174. XVIII, 10.
Jnterman, XVIII, 501.
Jnterim, XVIII, 466.
Jpfara, XVII, 201.
Jrlanb, XVII, 151; feine Lage, 160; Stellung ju Englanb, 529; Unruhen, 534; Kirchenreform, 535.
Jfabella, Prinzeffin von Afturien, XVIII, 18; wirb Königin als Jfabella II., 21; volljährig, XVIII, 168; Vermählung, 169.
Jfly, Schlacht, XVIII, 158.
Jfnarb, XIV, 278.
Jfturij, XVIII, 30.
Jtalien, Umgeftaltung, XV, 83; König Napoleon, XV, 342; alte Formen, XVII, 47; Aufftänbe unb Oefterreich's Einfluß, XVII, 411; Revolution unb Krieg, XVIII, 535.
Jtzehoe, XVIII, 176.
Jyftein, XVII, 348. XVIII, 315.

Jablonowski, Fürft, XVII, 368.
Jacinto, Schlacht, XVIII, 575.
Jackfon, General, XVIII, 569; Präfibent, 574.
Jacqueminot, Gen., XVIII, 253.
Jaffa, XV, 168.
Jahbebufen, XVIII, 521.
Jahn, XVII, 88; verhaftet, 100. XVIII, 169.
Jakobi, Johannes, XVIII, 192, 357.
Jakobiner-Club, XIV, 217; in ber Nationalverfammlung, 269, 367; im Convent, 405. XV, 6; gefchloffen, 10.
Jalowidi, XVIII, 366.

Janina, XVII, 204.
Janitfcharen, XV, 426. XVII, 253.
Jankowski, XVII, 392.
Janfeniften, XIV, 185.
Japan, XVIII, 598.
Jay, XVI, 327.
Jebbo, XVIII, 598.
Jellachich, Banus von Kroatien, XVIII, 365.
Jemappes, XIV, 363.
Jena, XV, 383; Univerfität, XVII, 87.
Jervis, Abmiral, XV, 94.
Jefuiten in Frankreich, XVII, 271. XVIII, 240; in China, 596.
Jezierski, Graf, XVII, 383, 356.
Johann, Erzherzog von Oefterreich, XV, 538, 549. XVIJl 347, 467.
Johann VI., König von Portugal, XVII, 41; nimmt bie Verfaffung an, 45; feine Regierung, 181; Königin gegen ihn, 185; ft., 186.
Johann, König von Sachfen, XVIII, 208.
Joinville, Prinz von, XVIII, 272, 413.
Jonifche Jnfeln, XVI, 236. — Republik, XV, 281.
Jorban, XVIII, 319.
Jorbao, Tellez, XVII, 189. XVIII, 42, 48.
Jofephine, Kaiferin, XV, 9, 329. XVI, 198; ft., 199.
Joubert, XV, 203.
Jourban, XIV, 277. —, XV, 20, 505.
Juben in Frankreich, XV, 493.
Juli-Revolution, XVII, 279.
Junot, XV, 433; ft., XVI, 135.
Junta von Bayonne, XV, 459. — von Cabix, XV, 600.
Juramenha, XVII, 40.
Juft, St., XIV, 531.
Jufte-Milieu, XVII, 301, 485.

K.

Kabel, XVIII, 567.
Kachowsky, XVII, 242.

Rabiz, Aufstand, XVII, 32; Sitz der geflüchteten Kortes, 176; von den Franzosen eingenommen, 177.
Kalifornien, XVIII, 575.
Kalisch, XVI, 81.
Kaltreuth, XV, 397.
Kalkutta, XVIII, 592.
Kaluga, XVI, 53.
Kamarilla am spanischen Hofe, XVII, 27. XVIII, 6.
Kampp, Minister, XVII, 91, 101.
—, Diplomat, XVIII, 465.
Kanaba, Aufstand, XVIII, 574.
Kanaris, Konstantin, XVII, 213, 216.
Kandia, XVII, 219.
Kansas, XVIII, 578.
Kantakuzenos, Georg, XVII, 207.
Kantonalsouveränetät in der Schweiz, XVII, 443.
Kapland, XVIII, 584.
Kara Georgiewitsch, XVIII, 551.
Kara Mahmud, XVIII, 76.
Karbonari, XVII, 56.
Karl X., König von Frankreich, seine Persönlichkeit und sein Charakter, XVII, 267; bildet das Ministerium Polignac, 274; erläßt die Juli-Ordonnanzen, 277; dankt ab, 285; verläßt Frankreich, 286. XVIII, 134.
—, Herzog von Braunschweig, XVII, 352; wird vertrieben, 353.
—, Erzherzog von Oesterreich, XV, 97, 188, 349, 535, 542.
— Emanuel, König von Sardinien, XV, 119, 176.
— Felix, König v. Sardinien, XVII, 79, 415.
— Albert, König von Sardinien, XVII, 75, 79, 415, 416. XVIII, 370; stirbt, 383.
— August, Großherzog von Sachsen-Weimar, XVII, 12.
— Johann, König von Schweden, XVII, 198. XVIII, 183 (s. Bernadotte).
— IV., König von Spanien, XV, 435.

Karl Ludwig, Infant von Spanien, XVI, 237.
— (ob. Carlos), Infant von Spanien, XVIII, 11; Aufstand zu seinen Gunsten 21; Erfolge in den baskischen Provinzen, 26; verfehlter Zug nach Madrid, 34; muß Spanien verlassen, 37.
Karlsbad, Minister-Congreß, XVII, 101.
Karlsruhe, Aufruhr, XVIII, 442.
Karoline, Prinzessin von Braunschweig, Gemahlin des Prinzen-Regenten von England, XVII, 145; Prozeß gegen sie, 149; st., 150.
—, Schwester Napoleon's, XV, 328.
Kars, türkische Festung, XVII, 258. XVIII, 514.
Katakazy, XVIII, 69.
Katholicismus in Frankreich, XIV, 184, 493, 513. XV, 287.
— in England, XVII, 161.
— in Preußen, XVIII, 119.
Katte, XV, 539.
Katzbach, XVI, 111.
Kaukasische Bergvölker, XVIII, 584.
Kaunitz, General, XV, 18.
Kellermann, XIV, 354, 468.
—, dessen Sohn, XV, 262. XVI, 305, 312.
Kent, Herzog, XVII, 146.
Kersaint, Graf, XIV, 392.
Khalet Efendi, XVII, 253.
Kjachta, XVIII, 596.
Kiel, XVI, 135; Universität, XVIII, 175.
Kielmannsegge, XVIII, 527.
Kienmayer, XV, 530.
Kinkel, XVIII, 461.
Kirchenstaat, XV, 520. XVI, 236; alte Formen, XVII, 50; Oesterreich intervenirt, 417; Reformen, 428; Theilung, XVIII, 567.
Kirchgeßner, XVIII, 318.
Klapka, XVIII, 394.
Kleber, Gen., XV, 91, 167, 218, 279.

Kleindeutſch, XVIII, 428.
Kleiſt, General, XVI, 109.
Kleiſt=Retzow, XVIII, 435.
Klerus in Frankreich, XIV, 141.
183; Eid auf die Verfaſſung, 192.
279. XV, 289. XVII, 109, 271.
465.
Klootz, Anacharſis, XIV, 176.
Knobelsdorf, XV, 379.
Knyff, Polizeidirector, XVII, 315.
Kobell, XVIII, 70.
Koburg, Prinz von, General, XIV,
412. XV, 16.
Köln, XV, 274.
König, Abvokat, XVII, 359.
Königthum in Frankreich, XIV,
112, 352.
Körner, XVI, 96, 110.
Kolettis, XVIII, 212. XVIII, 66.
Kollowrat, XV, 530.
—, Miniſter, XVIII, 321.
Kolokotronis, XVII, 214. XVIII,
58, 66, 70.
Konburiottis, XVIII, 66.
Konferenz in London, XVII, 327.
Kongregation, XVI, 376. XVII,
271.
Kongreß in Erfurt, XV, 495; in
Wien, XVI, 232; Troppau, XVII,
65; Laibach, 67; Karlsbad, 101;
Aachen, 113; Verona, 135; Paris,
XVIII, 514.
Konieh, Schlacht, XVIII, 83.
Konkordat in Frankreich, XV, 289.
XVI, 69.
— in Baiern, XVII, 14.
— in Oeſterreich, XVIII, 531.
Konſtantin, XVII, 225, 237, 374,
377; ſt., 400.
Konſtantine, eingenommen, XVIII,
156.
Konſtantinopel, Griechen daſelbſt,
XVII, 209; Aufſtand und Vernich=
tung der Janitſcharen, 254.
Konſulat in Frankreich. XV, 237,
282.
Kontinentalſperre, XV, 391, 570.

Kopenhagen, XV, 276.
Koron, XVII, 221.
Korſakoff, XV, 204.
Korſika, XV, 25. XVI, 379.
Kortes in Portugal, XVII, 44; in
Spanien, 168.
Kosciuszko, XV, 392.
Koſeritz, XVIII, 105.
Koſſuth, XVIII, 321, 388, 396.
Kotzebue, XVII, 93.
Krakau, Freiſtaat, XVI, 251; Auf=
ruhr, XVIII, 210; in Oeſterreich
einverleibt, 211, 343.
Kray, General, XV, 263.
Kreml, XVI, 46, 52.
Kremſier, Reichstag zu, XVIII,
367, 428.
Kreolen, XVIII, 582.
Krukowiedi, XVII, 393, 404,
406.
Kruſemark, XVI, 79.
Lübeck, Miniſter, XVIII, 359, 467.
Kutajah, Friede, XVIII, 84.
Kutuſoff, General, XVI, 37.

L.

Labedoyere, Oberſt, XVI, 271;
verurtheilt und erſchoſſen, 388.
Labouchère, XV, 575.
Labrador, XVI, 237.
Lacépède, XVI, 67.
Lacy, General, Verſchwörung und
Hinrichtung, XVII, 33.
Lafayette, XIV, 79, 130, 162, 218,
275, 303, 337; in öſterreichiſcher
Gefangenſchaft, 338. XVI, 345.
XVII, 283, 471, 479; ſt., XVIII,
143.
Lafitte, XVII, 115, 281, 467;
Miniſter, 471; Präſident, 474;
tritt aus, 483. XVIII, 129.
Laforet, XVI, 190, 345.
Lagarde, Graf, ermordet, XVI,
377.
Lagrange, XVIII, 142, 255, 258,
274.

Lagranja, Militäraufstand, XVIII, 30.

Labarpe, Staatsmann, XVI, 241. XVII, 222.

—, Literaturhistoriker, XV, 57.

Lahore, Stadt, XVIII, 588.

Laibach, Congreß, XVII, 67.

Lainé, XVI, 158. 222. 359.

Lallemand, XVI, 279.

Lalot, XVII, 126.

Lamarmora, XVIII, 354.

Lamarque, General, XVI, 295, 306. XVIII, 129; Aufstand bei seinem Leichenbegängniß, 130.

Lamartine, XVIII, 234; seine Opposition, 235. 241, 270; Mitglied der provisorischen Regierung, 271, 275.

Lamballe, Prinzessin, XIV, 348.

Lamberg, Graf, XVIII, 391.

Lamennais, XVII, 300. XVIII, 299.

Lameth, Gebrüder, XIV, 275.

Lamoignon, XIV, 39, 44.

Lamoricière, General, XVIII, 261, 304, 415.

Lamotte, Gräfin, XIV, 25.

Lamourette, Bischof, XIV, 314.

La Mure, Dorf, XVI, 270.

Landau, von Frankreich abgetreten, · XVI, 364.

Landwehr, XVI, 77.

Langenn, XVIII, 526.

Langeron, XVI, 109.

Lanjuinais, XIV, 300, 385, 437. XV, 13.

Lannes, XV, 81, 542.

Lansbowne, XVII, 517.

Lareveillere-Lepaur, XV, 68, 103, 135.

Laroche, XVIII, 142.

Larraga, Pater, XVIII, 36.

Lasalle, General, XV, 475.

Las Cases, Graf, XVI, 336; begleitet Napoleon n. St. Helena, 340.

Latorre, General, XVIII, 581.

Latouche, Admiral, XIV, 405.

Latour, General u. Minister, XVIII, 359; ermordet, 365.

Latour-Foissac, Gen., XVIII, 9.

Latour-Maubourg, XIV, 239.

Lauenburg an den König v. Dänemark, XVI, 244. XVII, 197.

Launey, XIV, 60. 86.;

Laugier, XVIII, 374.

Lauriston, XVI, 10, 21, 50, 108, 127. XVIII, 417.

Lavalette, Graf, XVI, 268. 369.

Law, XIV, 8.

Lawrence, XVIII, 594.

Layard, XVIII, 489.

Lebon, XV, 12.

Lebrun, XV, 241. XVI, 200.

Lebzeltern, Graf, XVII, 242.

Leclerc, XV, 236, 293.

Lecomte, XVIII, 154.

Lecourbe, XV, 201, 263.

Lebru-Rollin, gegen die constitutionelle Monarchie, XVIII, 242; für eine provisorische Regierung, 271; Mitglied derselben, 271, 275; flieht, 407.

Lefebvre, General, XV, 227.

Lefebvre-Desnouettes, XVI, 279, 252.

Leflo, XVIII, 415.

Legationen, im Aufruhr gegen den Papst, XVII, 429.

Legeditsch, XVIII, 480.

Leiningen, XVIII, 401.

—, General, XVIII, 445.

Leipzig, Schlacht, XVI, 124; Aufruhr, XVIII, 209.

Lelewel, XVII, 373, 358.

Lenzburg, Zusammenkunft, XVII, 444.

Leo XII., Papst, XVII, 418. XVIII, 121.

Leoben, XV, 99.

Leon, Bischof von, XVIII, 35.

—, General, XVIII, 166.

Leopold II., deutscher Kaiser, XIV, 264, 268. 284, 288; st. 292.

—, Großherzog v. Baden, XVII, 347.

Leopold, Prinz von Sachsen-Koburg, vermählt sich, XVII, 148; König der Belgier, 329, XVIII, 51; vermählt sich zum zweiten Male, 52.

Leopold II., Großherzog von Toscana, XVIII, 379, 384.

Leopoldine, Erzherzogin v. Oesterreich, XVII, 187.

Lepelletier, XIV, 405. XV, 57.

Lescuyer, XIV, 276.

Lestocq, XV, 394.

Letourneur, XV, 68.

Leuchtenberg, Herzog von, XVII, 325. XVIII, 170.

Lezarbière, XIV, 420.

Liberale, XVII, 170.

Liberia, Negerkolonie, XVIII, 571.

Librp-Baguano, XVII, 312, 315.

Lichnowsky, XVIII, 352.

Lichtfreunde, XVIII, 205.

Liestal, XVII, 418.

Ligny, Schlacht, XVI, 311.

Ligurische Republik, XV, 177.

Lillo (und Liefkenhoel), Schelbeforte, XVIII, 53.

Limburg, XVIII, 51, 54.

Lindenau, Minister, XVII, 358.

Linkes Rheinufer, XV 125.

Lipraudi, General, XVIII, 501.

Littbauen, XVI 24.

Liverpool, Minister, XVII, 11, 146.

Lobau, General, XV, 541.

Löwe von Kalbe, XVIII, 447.

Löwen, XVII, 486.

Loire-Armee, XVI, 350.

Loisou, General. XV, 201.

Lola Montes, XVIII, 336.

Lombardei, österreich. Regierungsweise, XVI, 81 XVII, 53; geheime Gesellschaften, 55. XVIII, 535; fällt an Sarbinien, 565.

London, Conferenz, XVII, 327, XVIII, 51; Protokoll, 529.

Londonderry, s. Castlereagh, XVII, 154.

Londoner Protokoll, XVIII, 475.

Lornsen, XVIII, 175.

Louis, Baron, XVI, 342. XVII, 471, 474.

Loulé, Marquis, XVII, 184.

—, dessen Sohn. XVIII, 43.

Loubel, XVII, 119.

Lubecki, Fürst, XVII, 379, 384.

Lubowibzki, XVII, 376.

Lucchesini, XV, 378.

Ludner, XIV, 286, 312, 509.

Luckow, XVIII, 594.

Ludwig, Großherzog von Baden, XVII, 347.

—, Großh. von Darmstadt, XVII, 16.

— I., König von Baiern, XVII, 217, 347. XVIII, 100; dankt ab, 336.

— Ferdinand, Prinz von Preußen, XV, 378, 382.

Ludwig XIV., König von Frankreich, XIV, 4.

— XV, König v. Frankreich, XIV, 10.

— XVI., König v. Frankreich, besteigt den Thron, XIV, 19; eröffnet die Reichsstände, 53; Einzug in Paris, 95, 133; Stimmung im Volke über ihn, 158; erhält das Recht der Kriegserklärung, 165; Hofausgaben, 167; gegen eine Contre-Revolution, 222; verhaftet, 234; nach Paris gebracht, 242; beschwört die Verfassung, 259; seine Anhänger, 259; verhaftet im Temple, 333; Prozeß, 365; letzte Stunden, 393.

— XVII., sein Sohn †, XV, 29.

— —, Tochter, Maria Theresia, XV, 71; s. Herzogin von Angoulème.

— —, Schwester, Elisabeth, XIV, 513.

— XVIII., König v. Frankreich. XV, 52, XVI, 201; Ankunft in Frankreich, 202; Einzug in Paris, 293; Declaration von St. Ouen, 207; giebt eine Verfassung, 211; er und seine Familie, 222; flieht, 277; in Gent, 294, 341; kehrt nach Paris zurück, 347; seine Politik, XVII, 125, 265; st., 267.

— Philipp, König der Franzosen,

früher Herzog von Orleans, General-
statthalter, XVII, 283; König, 294;
seine Regierungsweise, 299; von den
fremden Mächten anerkannt, 304;
Stellung zu Italien, 423; Stellung
zur Nationalgarde, 459; zum Kle-
rus, 465; die Opposition nimmt zu,
488; Mordanfälle auf ihn, XVIII,
154; auswärtige Politik, 160; letzte
Regierungstage, 259; entsagt dem
Throne, 262; flieht nach England,
271; stirbt, 410.
Lübeck, XVI, 258. XVII, 12.
Lübers, XVIII, 488.
Lüttich, XVI, 243.
Lützow, Minister, XVIII, 525.
Lützower, XV, 95.
Luftballon, XV, 20.
Luise, Königin v. Preußen, XV, 386;
st., XVI, 8.
—, Infantin von Spanien, Herzogin
von Montpensier, XVIII, 169, 244.
Luisiana, Provinz, XVIII, 575.
Lucca, XVI, 237.
Lunéville, XV, 267.
Lushington, XVII, 150.
Lux, Adam, XIV, 450.
Luxemburg, XVII, 243, 328.
XVIII, 51, 54.
Lyndhurst, Lord, XVII, 158, 524.
Lyon, XVI, 465; Aufruhr, XVII,
459. XVIII, 141.

M.

Maanen, van, Justizminister, XVII,
311.
Macao, XVIII, 597.
Macdonald, Marschall, XVI, 160,
193, 272, 351.
—, portug. General, XVIII, 49.
Mac Donough, XVIII, 569.
— Leod, XVIII 575.
— Mahon, XVIII, 510, 557.
Macerone, Oberst, XVI, 381.
Mack, General, XIV, 414. XV, 18,
351.
Mabai, Professor, XVIII, 342.

Mahler de Montjau, XVIII, 417.
Magdeburg, XV, 387.
Magenta, Schlacht, XVIII, 557.
Magnan, General, XVIII, 407.
Mahmud II., wird Sultan, XV, 428.
XVII, 204, 253; reformirt das Heer,
255; Krieg gegen Rußland, 257;
Frieden, 260; Aufstand in Albanien,
XVIII, 75; Stellung zu Mehemed
Ali, 80; st., 87.
Mahmud Pascha, XVII, 214.
Maignet, XIV, 501.
Mailand, XVIII, 372.
Maillard, XIV, 127.
Maine, XVIII, 569.
Mainoten, XVII, 201, 210.
Mainz, XIV, 360; der Kurfürst,
XV, 17.
Maison, Marschall, XVI, 125. XVII,
474.
Maistre, de, Diplomat und Publicist,
XVII, 91.
Maitland, Capitän, XVI, 336,
340.
Malachowski, General, XVII, 392.
Malakof, XVIII, 505.
Malcolm, Admiral, XVIII, 53.
Malesherbes, XIV, 31, 383, 513.
Malet, Verschwörung, XVI, 54, 67.
Mallet du Pan, XIV, 318.
Malleville, XVIII, 245, 405.
Malmö, XVIII, 350.
Malta, XV, 155, 268.
Mameluten, XV, 159.
Manchester, XVII, 149.
Manbat, XIV, 324; ermordet, 328.
Manin, XVIII, 373, 394.
Manteuffel, XVIII, 357, 479, 503,
515.
Mantua, XV, 87, 95.
Manuel, XVII, 139.
Manzanares, General, XVIII, 19.
Marat, XIV, 210, 248, 339, 429,
443.
Maratten, XVIII, 586.
Marceau, XIV, 355, XV, 92.
Marengo, XV, 261.

Maret, Herzog von Bassano, XIV, 403. XVI, 24, 321.

Marie, XVIII, 267, 271.

Marie Antoinette, Erzherzogin v. Oesterreich, Gemahl Ludwig's XVI., XIV, 23; ihre Stimmung, 121; Stimmung des Volls über sie, 161; Verhaftung, 333; Hinrichtung, 483.

Marie Luise, Erzherzogin v. Oesterreich, Gemahlin Napoleon's I., XV, 567. XVI, 71, 194; wird Regentin von Parma, 237. XVII, 51.

Maria Christina, Prinzessin von Neapel, Königin v. Spanien, XVIII, 15; wird Regentin, 19, 21; vermählt sich wieder, 32; legt die Regentschaft nieder, 162, 165.

Maria Francisca, Königin von Portugal, XVII, 41.

Maria Isabella, Regentin v. Portugal, XVII, 156. XVIII, 43.

Maria II. da Gloria, Königin von Portugal, XVII, 157. XVIII, 48, 49; vermählt sich, 170.

Marienburg, XVI, 305, 364.

Marl, be la, Graf, XIV, 271.

Marmont, Marschall, XVI, 182, 192, 296. XVII, 280.

Marotto, Kaiser von, XVIII, 9.

Marolles, General, XVIII, 511.

Maroto, General, XVIII, 35; verläßt Don Carlos, 36; stirbt, 37.

Marquesas-Inseln, XVIII, 239.

Marrast, Armand, XVIII, 145, 274.

Marseille, XIV, 321, 471. XVI, 366.

Marsfeld, XVI, 300.

Martignac, Minister, XVII, 138, 273, 475.

Martigno, Treffen, XVII, 451.

Martin, XIV, 66.

Martinez bella Rosa, XVII, 29, 171. XVIII, 25, 26.

Marwitz, von der, im Freiheitskriege, XVI, 119.

Massena, XV, 23, 201, 366, 602. XVI, 270, 272, 307, 332.

Massenbach, v., XV, 391, 397.

Mastricht, XVII, 316, 322.

Matafloriba, Marquis, XVII, 171. XVIII, 7.

Maubeuge, XVI, 305.

Maupas, XVIII, 414.

Maurepas, XIV, 30.

Maurer, XVIII, 69.

Maurokorbato, Alexander, Präsident des griechischen Nationalkongresses, XVII, 212, 214.

Mauromichali, Pietro, XVII, 210. XVIII, 64.

—, Georg, dessen Sohn, XVIII, 65.

—, Konstantin, des erstern Bruder, XVIII, 65.

Maury, Abbé, XIV, 139. XV, 523.

Maximilian, Prinz von Sachsen, XVII, 358.

— I. Joseph, König v. Baiern, XVII, 13.

— II., König v. Baiern, XVIII, 336.

— Ferdinand, Erzherzog v. Oesterreich, XVIII, 552.

Mazebo, Pater, XVII, 189.

Mazzini, XVIII, 360, 545.

Mecklenburg, XV, 580; außerhalb des Zollvereins, XVIII, 110; Verfassung, 524.

Mediationsacte, XV, 276.

Meerveldt, XVI, 123.

Mehemed Ali, Vicekönig v. Aegypten, XVII, 217. XVIII, 77; Regierungsweise, 79; Krieg gegen die Pforte, 82; erhält Syrien, 84; die Großmächte bezwingen ihn, 89, 90.

Melas, General, XV, 192, 257.

Melbourne, Lord, Minister, XVII, 517, 535; tritt zurück, 536. XVIII, 557.

Mellinet, XVII, 320.

Memel, XV, 398.

Mendizabal, XVIII, 29.

Menehould, Sainte, XIV, 232.

Mengen, General, XVII, 425.

Menotti, XVII, 420.

Menou, General, XV, 50.

Menschenrechte, XIV, 105, 112.
Menschikof, XVIII, 486, 499.
Merba, XIV, 535.
Merlin, XIV, 272. XV, 112.
Merode, Graf, XVII, 321.
Messenhauser, XVIII, 366.
Messina, Bombardement, XVIII, 351.
Messolunghi, XVII, 215; erstürmt, 219.
Meszaros, XVIII, 393.
Metternich, XV, 576. XVI, 71, 99. 249, 253. XVII, 63, 96, 340. XVIII, 98, 108, 322; bankt ab, 325.
Meunier, XVIII, 154.
Mexiko, XVIII, 576.
Miaulis, Andreas, XVII, 213. XVIII, 64
Michael, russ. Großfürst, XVII, 399.
Michaud, XVI, 187.
Mieroslawski, XVIII, 334, 361, 455.
Miguel, Infant von Portugal, Erziehung und Charakter, XVII, 181; sucht sich des Throns zu bemächtigen, 185; muß Portugal verlassen, 186; Aufstand zu seinen Gunsten, 190; Regent und König, 191; Gewaltherrschaft, XVIII, 39, 41; wird geschlagen und bankt ab, 48; verläßt Portugal, 49
Milano, XVIII, 545.
Milans, General, XVII, 34.
Milde, Minister, XVIII, 355.
Milhaud, XVI, 305.
Miloradowitsch, XVII, 239.
Milosch, Fürst v. Serbien, XVII, 206.
— Obrenowitsch, XVIII, 551.
Mina, XVII, 32, 173, 177.
Minichini, XVII, 59.
Minel, XVI, 27.
Miot, XV, 367.
Mirabeau, Graf, XIV, 69, 119; für die königlichen Rechte, 164, 180; Stellung zum Hofe, 211; stirbt, 216.
Miranda, XIV, 414.
Mirut, XVIII, 591.

Missionaire in Ostindien, XVIII, 590.
Mittermaier, XVII, 348. XVIII, 339.
Mniewski, XVIII, 460.
Mobilgarde, XVIII, 281.
Mochnacki, XVII, 375.
Modena, XV, 83. XVI, 238. XVII, 51, 419; der Herzog von Oesterreichern wieder eingesetzt, 427; flieht. XVIII, 559.
Moderados, XVIII, 165.
Mödern, XVI, 123.
Möllendorf. Gener., XV, 16, 22, 27.
Mobilem, XVII, 27.
Molé, Graf, XVI, 348. XVII, 471, 474. XVIII, 255.
Moleville, Minister, XIV, 283.
Molitor, XVII, 174.
Moncey, Marschall, XVI, 181, 371. XVII, 177.
Moniteur von Gent, XVI, 296.
Monroe, Präsident der Vereinigten Staaten, XVIII, 572.
Montalembert, Graf, XVIII, 309, 420.
Montalivet, Graf, Minister, XVII, 474, 484. XVIII, 129.
Montbrun, XVI, 20.
Montebello, XVIII, 556.
Montecucoli, Graf, XVIII, 323.
Montenegro, XVIII, 481.
Montenotte, XV, 50.
Montereau, XVI, 164.
Montespan, Marquise, XIV, 3.
Montesquieu, XIV, 17.
Montesquiou, Abbé, XVI, 226.
Montgelas, XVII, 13.
Montholon, XVI, 340. XVIII, 159.
Montiel, Minister, XIV, 309.
Montijo, XVII, 34, 175.
Montmartre, XVI, 181.
Montmorency, Minister, XVII, 134, 136.
Montmorin, XIV, 54.
Montpensier, XVIII, 244.

Mont St. Jean, XVI, 316.
Moore, General, XV, 512.
Moraub, XVI, 83.
Moreau, XV, 18, 113, 265, 316.
XVI, 109; ſtirbt, 112.
Morelli, XVII, 59.
Morey, XVIII, 154.
Morillo, General, XVII, 32, 173,
176. XVIII, 581.
Morny, XVIII, 414.
Mortara, Jude, XVIII, 550.
Mortemart, Herzog, XVII, 281.
Mortier, Herzog von Treviſo, XV,
305. XVI, 160. XVIII, 146.
Moslau, XVI, 43.
Motterouge, General, XVIII, 511.
Moulins, XV, 183.
Mounier, XVII, 113.
Mouton, XV, 475.
Mozambique, XVIII, 584.
Mubki, Schlacht, XVIII, 588.
Müller, Johannes von, XV, 17.
Münſter, Graf, XVII, 352, 361.
Muñoz, Herzog von Rianzares,
XVIII, 32.
Murat, XV, 254, 366, 456; König
von Neapel, 459; XVI, 33, 129,
238, 288, 292, 379; landet in Cala-
brien, 382; wird erſchoſſen, 383.
Murawiew, General, XVIII, 514.
Murawiew-Apoſtol, XVII, 235,
241.
Muriben, XVIII, 585.
Muſtapha IV., Sultan, XV, 427.
— Bairaktar, XV, 428.
—, Paſcha von Stutari, XVIII, 75.

N.

Nabielak, XVII, 375.
Nachimoff, XVIII, 491, 508.
Nanking, XVIII, 597.
Nanfouty, General, XV, 256.
Nantes, Edict von, XIV, 5.
Napier, Admiral, XVIII, 47, 90,
496.
—, General, XVIII, 591.
Napoleon (I., Bonaparte) in Tou-
lon, XIV, 471; in Paris, XV, 60;
vermählt, 78; in Italien, 79; ſiegt,
88; zurück nach Paris, 126; nach
Aegypten, 153; kehrt zurück, 218;
im Rath der Alten, 233; erſter Con-
ſul, 241; über die Alpen, 258; bei
Marengo, 261; Conſul, 292; lebens-
länglicher Conſul, 297; Kaiſer, 328;
Krönung, 335; in Erfurt, 498; in
Spanien, 507; verläßt es, 515; in
Schönbrunn, 553; Kaiſerthum auf
ſeiner Höhe, 557; Scheidung von
Joſephine. 565; Vermählung mit
Marie Luiſe, 568; Zug nach Rußland, XVI, 21; Rückzug, 58; in
Paris, 67; Feldzug in Deutſchland,
107; Kriegsmuth, 120; bei Leipzig,
132; in Paris, 157; wird abgeſetzt,
189; in Fontainebleau, 197; auf
Elba, 260; landet in Frankreich,
270; Ankunft in Paris, 277; geſchlagen bei Waterloo, 322; bankt ab,
330; in Rochefort, 335; fährt nach
St. Helena, 341; XVII, 128; letzte
Augenblicke, 131; Einbruch ſeines
Todes in Frankreich, 132: Leiche
nach Frankreich gebracht, XVIII,
226.
Napoleon (II.), Herzog von Reich-
ſtadt, geboren, XV, 583, XVI, 330;
ſtirbt, XVIII, 134.
Napoleon III., Louis, Neffe des I.,
XV, 573. XVIII, 149, 159, 302;
Präſident der Republik, 311, 313,
402; Kaiſer, 422; Krieg gegen Ruß-
land, 492; Zuſammenkunft mit deut-
ſchen Herrſchern, 544; Krieg gegen
Oeſterreich, 551 ff.
Napoleon, Prinz, XVIII, 494, 552.
Napoli di Romania, XVIII, 61, 67.
Narbonne, Miniſter, XIV, 283,
—, Graf, XVI, 23, 92; ſtirbt, 134.
Narbi, XVII, 421.
Narvaez, XVIII, 167.
Naſſau, Verfaſſung, XVII, 18.
Nationalconvent, XIV, 351, 367.
XV, 3, 31, 54.

Nationalgarde in Paris, XIV, 79. XVII, 159.

Nationalversammlung, die erste, XIV, 62; hebt das Feudalwesen auf, 101; den Zehnten, 109; zieht nach Paris, 133; Auflösung, 259.

—, die zweite, XIV, 269, 342.

Nationalwerkstätten in Frankreich, XVIII, 283, 303.

Ravarin, Schlacht, XVII, 220.

Navas, las, Graf, XVIII, 29.

Neapel, besetzt von den Franzosen, XV, 170; wird Republik, 175; wieder Königreich unter Ferdinand, 199; unter Joseph, Bruder Napoleon's, 366; unter Murat, 159. XVI, 235; wieder unter Ferdinand, XVII, 57; Aufstand und Niederlage desselben, 71; unter Franz I., 414; unter Ferdinand II., 415; XVIII, 376, 535.

Nebraska-Bill, XVIII, 578.

Necker, Finanzminister, XIV, 33; tritt aus und wieder ein, 44, 56; verwiesen, 73; kehrt zurück, 92, 115, 151; dankt ab, 196.

Negrier, General, XVIII, 306.

Nelson, XV, 161, 361.

Nemours, XVII, 326, 328. XVIII, 233, 262.

Nena Sahib, XVIII, 592.

Nepaul, XVIII, 586.

Nesselrode, Graf, Minister, XVI, 152, 157. XVII, 113.

Nettelbed, XV, 397.

Neu-Granada, XVIII, 581.

Neuenburg, XV, 366, XVI, 240, 241. XVII, 450. XVIII, 532.

Neujahrstag im J. 1859, XVIII, 551.

Neuhof, XVIII, 105.

New-Orleans, XVIII, 569.

New-York, XVIII, 569.

Ney, Marschall, XV, 506, 585, 592. XVI, 191, 311, 370; verhaftet, 371; erschossen, 375.

Nibau, Gefecht, XVII, 446.

Niederlande, XV, 18, 207, 569. XVI, 135, 242. XVII, 194. XVIII, 54.

Niel, General, XVIII, 504, 562.

Niemcewicz, XVII, 373.

Niemojewski, XVII, 373.

Nikitas, XVII, 211.

Nikolaus I., Kaiser von Rußland, besteigt den Thron, XVII, 238; Aufstand gegen ihn, 239; sein Regierungssystem, 245; Krieg gegen Persien und die Türkei, 250; Stellung zu Polen, 370; Sieg u. Züchtigung, 408; Stellung zur Pforte, XVIII, 89; zu Deutschland, 476; Krieg mit der Pforte, 482; stirbt, 505.

Nillon, XVII, 322.

Nimes, Verfolgung der Protestanten, XVI, 377.

Nisib, Schlacht, XVIII, 86.

Nizza, XIV, 362. XV, 81. XVIII, 542.

Noailles, XIV, 267.

Nordamerika, XIV, 31. XVIII, 568.

Norfolk, XVII, 165.

Northumberland, XVI, 340.

Norwegen, XVI, 244. XVII, 198. XVIII, 184.

Nostitz, XVI, 311.

Notabeln, XIV, 35, 46.

Nott, XVIII, 588.

Novara, Schlacht bei, XVIII, 353.

Novi, XV, 203.

Nugent, XVII, 59.

Nunziante, XVI, 382.

O.

Ober-Censur-Collegium in Preußen, XVIII, 193.

Oberhaus in England, XVII, 495.

Oberkirchenrath (evangelischer) in Preußen, XVIII, 522.

Oberleubenbach, XVIII, 452.

Oborski, XVIII, 457.

O'Connell, XVII, 162; ins Unterhaus gewählt, 163; für Irland, 534.
Obilon Barrot, XVII, 474. XVIII, 129, 237, 243, 256, 405.
O'Donnell, Heinrich, XVII, 33, 35, 173, 175.
—, Joseph, XVII, 38.
—, Karl, XVII, 37.
O'Donoju, XVII, 29.
Oesterreich, XV, 369, 525. XVI, 12, 237. XVII, 332. XVIII, 320, 431, 518, 565.
Ofalia, Graf, XVIII, 5.
Oldenburg, XVI, 3.
Olmüy, XVIII, 479.
Omer Brione, Pascha, XVII, 214.
Omer Pascha, XVIII, 513.
Oñate, XVIII, 27.
Opiumhandel, XVIII, 596.
Oporto, XVII, 42; belagert, XVIII, 47.
Oppizoni, Erzbischof von Bologna, XVII, 426.
Oranien, XVII. 148, 317, 321; besteigt den Thron, XVIII, 55.
Oregon, Gebiet, XVIII, 570.
Orleans, Herzog v., Regent, XIV, 7.
— —, sein Urenkel Joseph Philipp (Egalité), XIV, 125, 137; Hinrichtung, 486.
— —, sein Sohn, Ludwig Philipp, s. daselbst.
— —, Ferdinand Philipp, dessen Sohn, XVIII, 149; Tod, 232.
—, Helene, Herzogin von Orleans, Prinzessin von Mecklenburg, XVIII, 149, 232, 234, 265, 272, 408.
Orloff, Graf, XVI, 182. XVIII, 52, 492.
Orsini, XVIII, 546.
Oskar I., König von Schweden, XVIII, 183.
Osterode, Unruhen, XVII, 359.
Ostindien, englische Besitzungen daselbst, durch Kriege vergrößert, XVIII, 590 ff.

Ostindische Compagnie; Aufhebung ihres Privilegiums, XVIII, 595.
Ostolozza, XVII, 25.
Ostpreußen, XVI, 76.
Ostrolenka, XVII, 399.
Ostrowski, Graf, XVII, 373.
Otabeiti, von den Franzosen besetzt, XVIII, 239.
Ottenfels, Gesandter in Konstantinopel, XVII, 251.
Otto, Prinz von Baiern, König von Griechenland, erwählt, XVIII, 67; trifft in Athen ein, 68; tritt die Regierung an, 70.
Oube, XVIII, 589, 593.
Oubinot, XVI, 63, 109, 167. XVIII, 385.
Ouessant, Schlacht bei, XV, 25.
Outram, General, XVIII, 594.
Ouvrard, Banquier, XV, 575.

P.
Pache, Minister, XIV, 370, 407.
Pacthob, General, XVI, 177.
Paez, XVIII, 581.
Packenham, XVIII, 569.
Pahlen, XVII, 392.
Pairskammer in Frankreich, XVI, 213; Reform derselben, XVII, 468. XVIII, 276.
Pajol, XVI, 305.
Palachy, XVIII, 361.
Palafox, XV, 473, 516.
Palm, XV, 374.
Palmella, Graf, später Herzog, XVII, 184. XVIII, 46, 49; st., 71.
Palmerston, Lord, XVII, 517. XVIII, 491, 542.
Panama, Landenge, XVIII, 571, 599.
Panslavismus, XVII, 235.
Papinis, XVII, 214.
Parant, XVII, 320.
Paris, XIV, 343; erster Friede, XVI, 204; Stimmung gegen Ludwig XVIII., 218; gegen Napoleon,

275, 332; zweiter Friede, 364; Befestigung, XVIII, 241; Friede wegen der Türkei, 515.

Paris, Graf von, XVIII, 232, 266.

Parl aux cerfs, XIV, 11.

Parlament in England, Reform desselben, XVII, 508, 518.

— in Frankreich, XIV, 37; Aufhebung, 146, 262.

— in Deutschland, XVIII, 344; Ende, 447.

Parma, Herzogthum, XV, 82. XVI, 237. XVII, 151; Aufruhr, 422; von Oesterreich unterdrückt, 425; Gewaltherrschaft, XVIII, 536, 559.

Parthenopäische Republik, XV, 175; ihr Fall, 194.

Partonneaux, XVI, 61.

Paskewitsch, Graf (Eriwanski), XVII, 247; siegt in Armenien, 258; in Polen, XVII, 402, 405; in Ungarn, XVIII, 399, 492.

Pasquier, XV, 487; Minister, XVI, 348. XVII, 107.

Passos, XVIII, 171.

Passy, XVIII, 405.

Pastoret, XIV, 273. XVIII, 410.

Patow, Freih. v., Minister, XVIII, 534.

Paul I., Kaiser von Rußland, XV, 186, 270; ermordet, 277.

Pauline, Schwester Napoleon's, XV, 328.

Paulskirche, XVIII, 338, 344.

Pedro, Kronprinz von Portugal und Reichsverweser in Brasilien, XVII, 45; als Kaiser anerkannt, 187; tritt Portugal an seine Tochter ab, 189; legt die Krone von Brasilien nieder, XVIII, 46; nimmt Portugal in Besitz, 48; stirbt, 49.

Peel, Sir Robert, Minister, XVII, 536; tritt zurück, 537.

Pegu, XVIII, 589.

Peking, XVIII, 598.

Pelissier, General, XVIII, 504.

Pepe, Wilhelm, General an der Spitze des neapolitan. Aufstandes, XVII, 59; von den Oesterreichern geschlagen, 69, 70. XVIII, 378.

—, Florestan, dessen Bruder, XVII, 61.

Pepin, XVIII, 154.

Perczel, General, XVIII, 395.

Perenyi, XVIII, 401.

Perier, Casimir, XVII, 263, 281, 430, 473; Conseil-Präsident, 483; stirbt, 491.

Perron, XVII, 76.

Perrot, General, XVIII, 307.

Persien, XVII, 247.

Persigny, XVIII, 405.

Persil, XVII, 475.

Pestel, Oberst, XVII, 234, 241; hingerichtet, 242.

Peta, Gefecht bei, XVII, 214.

Pethion, XVIII, 583.

Petion, Maire von Paris, XIV, 240, 275, 438.

Peucker, XVIII, 347, 456.

Peyronnet, Minister, XVII, 134, 276, 474.

Pfingstweide, XVIII, 351.

Pforbten, v. d., Minister, XVIII, 335, 449.

Pforzheim, XVIII, 102.

Pfuel, v., General, Gouverneur von Neuenburg, XVII, 450; Minister, XVIII, 356.

Pfull, XVI, 29.

Phanarioten, XVII, 201, 209.

Philhellenen, XVII, 214.

Philippeaux, XIV, 498.

Philippeville, XVI, 364.

Pichegru, XIV, 476. XV, 18, 315; Selbstmord, 322.

Piemont, XV, 271.

Pieri, XVIII, 547.

Pignatelli, Fürst, XV, 175.

Pilenmänner, XIV, 289.

Pillersdorf, XVIII, 359.

Pillnitz, Erklärung, XIV, 267.

Pinet, XVI, 32.

Piombino, XV, 344.

Pisacane, XVIII, 546.

Pitt, William. XIV, 401. XV, 278, 341; ſtirbt, 361.

Pius VI., Papſt, XIV, 187. XV, 86, 139.

— VII., XV, 270; krönt den Kaiſer Napoleon, 335, 517. XVI, 69, 237. XVIII, 121.

— VIII, XVII, 418. XVIII, 22.

— IX., XVIII, 371; flieht nach Gaeta, 379; Regierungsweiſe, 537.

Pizzo, XVI, 382.

Platen, Graf, XVIII, 184.

Platen-Hallermünde, Miniſter, XVIII, 527.

Platoff, General, XVI, 42, 118.

Plombières, XVIII, 549.

Poiſchwitz, Waffenſtillſtand, XVI, 91.

Polen, zweite Theilung, XIV, 474. XV, 30, 391, 402; unter Napoleon, XVI, 23, 65; im Wiener Congreß, 261; unter Alexander I., XVII, 225; Stellung zu Rußland, 367; unter Nikolaus I., 370; verſchiedene Parteien, 372; Aufſtand in Warſchau, proviſor. Regierung, Reichstag, Abſetzung des Kaiſers, Niederlage, Unterdrückung, 375 — 410. XVIII, 289, 339, 343.

Polignac, Fürſt von, XVII, 274, 281, 474.

Pollack, General, XVIII, 588.

Poloczk, XVI, 33.

Pomare, Königin v. Otaheiti, XVIII, 239.

Pompadour, XIV, 12.

Poniatowski, Joſeph, Fürſt, XVI, 19, 127.

Porlier, XVII, 33.

Portalis, XVII, 273.

Portugal unter Napoleon, XV, 430, 452, 587. XVII, 38; unter Johann VI., 45; neue Verfaſſung, 46, 180; aufgehoben, 185; unter Dom Miguel, 189. XVIII, 37; Dom Pedro, Regent, Königin Maria da Gloria, 48.

Poſen, XVI, 251. XVIII, 210, 339, 343.

Potter, de, XVII, 314.

Pourtales, XVIII, 533.

Pozzo di Borgo, XVI, 154. XVII, 113.

Prabt, de, Erzbiſchof, XVII, 18, 187.

Prag, XVI, 303.

Praslin, Herzog u. Herzogin, XVIII, 247.

Preßburg, XV, 359.

Preßfreiheit in England, XV, 301.

— in Frankreich, XVI, 227. XVII, 278. XVIII, 409.

Preußen gegen Frankreich, XV, 378; Reformen unter Stein, 407; Erhebung im Freiheitskriege, XVI, 75; Kriegserklärung, 79; Hauptquartier, 155; am Wiener Congreß, 247; Verfaſſungsfrage, XVII, 7; Stellung in Deutſchland, 333; Provinzialſtände, 344. XVIII, 98; kirchliche Verhältniſſe, 120; Stellung unter Friedrich Wilhelm III. u. IV., 186; ſtändiſche Ausſchüſſe, 198; vereinigter Landtag, 212; Nationalverſammlung, 353; Verfaſſung, 468.

— in Frankreich, XVI, 353.

—, Wilhelm, Prinz von Preußen, XV, 405.

— Prinzeſſin, XVI, 80.

—, Auguſt, Prinz von Preußen, XVI, 154.

Preußer, XVIII, 462.

Prinz, XVIII, 452.

Prinz von Preußen, XVIII, 354, 456, 534.

Prinz-Regent von England, XVII, 145.

Pritchard, Miſſionar, XVIII, 240.

Progreſſiſten in Spanien, XVIII, 163.

— in Portugal, XVIII, 171.

— in Nordamerika, XVIII, 573.

Proleſch-Oſten, XVIII, 448.

Proly, XIV, 415.
Promesi, Schlacht bei, XVIII, 586.
Prondzynski, XVII, 396. 397.
404.
Protestanten in Frankreich, XVI,
377.
Protokoll von London, XVIII, 529.
Proudhon, XVIII, 231.
Provence, Graf von der, später Kö-
nig Ludwig XVIII., XIV, 26, 170;
verläßt Frankreich, 230. XV, 337,
404.
Provinzialstände in Preußen,
XVII, 344. XVIII, 192.
Prozeß gegen die Minister Karls X.,
XVII, 474.
— gegen Karoline, Königin von Eng-
land, XVII, 149.
Pückler, Graf, XV, 388.
Puisaye, Marquis, XV, 46.
Pulawski, XVII, 403.
Pyramiden, XV, 159.

Q.
Quabrupelallianz, XVIII, 27,
89.
Quatrebras, von Wellington be-
setzt und gehalten, XVI, 312, 313.
Quenisset, XVIII, 229.
Queretaro, XVIII, 577.
Quesaba, General, XVIII, 28; er-
mordet, 30.
Quiberon, XV, 47.
Quinette, XVI, 331.
Quintana, XVII, 29.

R.
Rabaub de St. Etienne, XIV, 392.
Rabetzly, XVIII, 364, 373.
Radikale in England, XVII, 147.
Rabowitz, General, XVIII, 316,
467, 477.
Radziwill, Michael, Fürst, XVII,
391.
Raglan, Lord, XVIII, 494; stirbt,
507.

Ramel, General, XV, 111; in Tou-
louse ermordet, XVI, 378.
Rapp, XV, 357.
Raspail, XVIII, 294.
Rastatt, Congreß u. Gesandtenmord,
XV, 189.
—, Festung, XVIII, 441.
Rasumowsky, XVI, 169.
Rateau, XVIII, 405.
Raumer, Friedrich v., XVIII, 343.
—, Minister, XVIII, 522.
Rauschenplatt, Dr. v., XVII, 360.
XVIII, 105.
Raveaux, XVIII, 346, 446.
Recamier, Frau, XV, 9.
Reben, XVIII, 443.
Rebing, XV, 149.
Reformationsfest, XVII, 89.
Reformbankette in Frankreich,
XVIII, 246, 250.
Reformbill in England, XVII,
517—527.
Reformers in England, XVII,
147.
Regnault de St. Jean d'Angely,
XVI, 325.
Reichenbach, Gräfin, XVII, 355.
Reichs-Deputations-Haupt-
schluß, XV, 274.
Reichsstände, französische, eröffnet
am 5. Mai 1789, XIV, 53.
Reichs-Verweser in Deutschland,
XVIII, 349.
Reille, General, XVI, 305.
Reinhard, XVI, 211.
Reinhardt, Diplomat, XV, 211.
Remusat, XVIII, 244, 405.
Rendsburg, XVIII, 480.
Repealers, XVII, 535.
Reschid Pascha, Großvezier, XVIII,
74.
Restauration in Frankreich, XVI,
204, 349.
Reveillon, ermordet, XIV, 51.
Reventlow, Graf, XVIII, 342.
Revolution, französische, ihr Ein-
fluß auf Europa, XIV, 261.

Revolution vom Juli, europäischer
Einfluß, XVII, 305.
Rembel, XV, 68, 103.
Reyber, Minister, XVIII, 337.
Reynier, General, XVI, 20, 65,
127.
Rezende, Graf, XVII, 43.
Rheinbaiern, XVII, 362.
Rheinbund, XV, 372, XVI, 17, 129.
Rheingränze, XV, 28.
Rheinübergang, XVI, 162.
Rbigas, XVII, 204.
Rbobue, XVII, 201.
Richelieu, Herzog, XV, 287; Minister, XVI, 362. XVII, 107, 112;
tritt zurück, 115; tritt wieder ein,
122; scheidet aus, 133.
Ricord, Admiral, XVIII, 64.
Rieb, Vertrag, XVI, 130.
Riego, für die Constitution, XVII,
36, 178; hingerichtet, 179.
Rigny, Admiral, XVII, 228; Minister, 454.
Rimini, Gefecht bei, XVII, 425.
Rios, be los, XVII, 177.
Rivière, Marquis, XVI, 367.
Rivoli, Schlacht, XV, 95.
Robespierre, XIV, 209, 219, 250,
339, 495, 510; sein Untergang,
518.
Rochambeau, XIV, 286.
Rochefort, XVI, 335.
Rochefoucauld, XVI, 187.
Rochejaquelein, de la, Ludwig,
XVI, 294.
—, Marquis, XVIII, 267.
Rochow, v., Diplomat, XVIII, 481.
Rocroy, XVI, 305.
Robbertus, XVIII, 355, 434.
Robil, General, XVIII, 49, 582.
Roeberer, XIV, 327.
Römer, XVIII, 319, 446.
Römisches Reich, XV, 373.
Roestilbe, XVIII 176.
Roger-Ducos, XV, 163, 237.
Rogier, XVII, 321.
Rohan, Carbinal, XIV, 25.

Roland, Minister, XIV, 192, 302.
—, seine Frau, XIV, 192, 378, 488.
Rom, XV, 132; Republik, 138; König von, 583.
Romana, Marquis, XV, 419, 508.
Romarino, XVII, 405, 454. XVIII,
382.
Romme, XV, 42.
Ronge, XVIII, 202.
Rosen, General, XVII, 392, 397.
Rosily, XV, 474.
Roß, General, XVIII, 569.
Rossi, XVIII, 378; ermordet, 379.
Rostopschin, General, XVI, 44.
Roth, General, XVII, 241.
Rothe Fahne, XVIII, 280.
Rothière, XVI, 164.
Rotteck, von, XVIII, 196.
Rouarie, Marquis, XIV, 407.
Rousseau, XIV, 17.
Roussin, XVIII, 46, 83.
Roy, XVII, 273.
Royer-Collarb, XVI, 229, XVII,
138, 263, 270; Präsident der Deputirtenkammer, 273. XVIII, 148.
Rozycki, General, XVII, 406.
Rubharbt, XVIII, 71.
Rubio, XVIII, 545.
Rüchel, XV, 378.
Rübiger, General, XVII, 398.
XVIII, 400.
Ruffo, Carbinal, XV, 197.
Runbschitt Sing, XVIII, 588.
Ruffell, Lord John, XVII, 517;
Minister, 537.
Rußland, XVI, 1, 22, 54. XVII,
221, 234, 259, 367. XVIII, 93.
Rybineli, XVII, 405, 407.
Ryleseff, XVII, 234, 240; hingerichtet, 242.

S.

Saalfeld, XV, 382.
Saarlouis, XVII, 364.
Sabatbier, XIV, 37, 41.
Sachsen, Königreich, XVI, 247,

XVII, 9, 356; Verfaſſung, 359.
XVIII, 208, 439,
Sachſen-Weimar, XVII, 12.
Saden, XVI, 185.
Sa da Bandeira, XVIII, 171.
Saez, XVIII, 6.
Sakrilegien-Geſetz in Frankreich,
XVII, 270.
Salaitla, XVI, 28.
Salbanha, General, XVIII, 48.
Salerno, Fürſt von, XVII, 60.
Salvandy, XVIII, 409.
Samos, XVII, 201.
Sampayo, General, XVII, 183.
Sand, XVII, 95, 104.
Sandels, Graf. XVIII, 184,
San Domingo, XIV, 256; XV,
292, XVIII, 583.
Sandwichs-Inſeln, XVIII, 599.
San Gallo, XV, 367.
San Martin, XVIII, 591.
Sansculottiden, XV, 56.
Santa Anna, General. XVIII, 575.
— Lucia, Schlacht, XVIII, 374.
Santarem, XVIII, 48.
Santa Roſa, XVII, 77, 80, 218.
Santerre, XIV, 304, 458. XV,
229.
Sanz, General. XVIII, 36.
Saragoſſa, XV, 516.
Sarbar Abad, perſiſche Feſtung.
XVII, 248.
Sardinien, Königreich. XVII, 61;
ſeine Beſtandtheile, 74. XVIII, 369.
Sarner Bund, XVII, 450, 453.
Sarsfield, XVIII, 27.
Sartorius, XVIII, 47.
Sauſſet, XIV, 233.
Sauzet, XVIII, 265.
Savary, XV, 449. XVI, 180, 205,
269, 340.
Savoyen, XVI, 205, 364. XVII,
74. XVIII, 542.
Schachowsky, XVII, 392.
Schampf, XVIII, 497, 585.
Schanghai, XVIII, 597,
Scharnhorſt. XV, 12, 78, 86.

Scheele, XVIII, 113.
Scherer, General, XV, 66, 187.
Schill, XV, 540.
Schimmelpennink, XV, 341.
Schleinitz, Freiherr von, Miniſter,
XVIII, 534.
Schleswig, XVIII, 175, 178, 330.
Schleswig-Holſtein, XVIII, 181,
528.
Schlid, General, XVIII, 393, 561.
Schlöſſel, XVIII, 351.
Schmalz, XVII, 91.
Schmerling, XVIII, 340.
Schneidemühl. XVIII, 202.
Schneider, XIV, 501.
Schnell, XVII, 446.
Schön, XVIII, 191.
Schönhals, XVIII, 466.
Schreckensherrſchaft in Frank-
reich, XIV, 479, 510. XV, 31.
Schubſchab. XVIII, 587.
Schüler, XVIII, 446.
Schumla, XVII, 260.
Schwalbach, XVIII, 171.
Schwarzenberg, General, XVI,
109.
—, Fürſt, XVIII, 374, 428, 449,
521.
—, Fürſtin, verbrannt, XV, 577.
Schwarzer, XVIII, 362,
Schweden, XVI, 244; unter Karl
Johann, XVII, 198. XVIII, 182.
Schweiz. XV, 140; Kantonaleinthei-
lung, XV, 148, 275; XVI, 136,
238; innere und äußere Verhältniſſe,
XVII, 190; Oligarchie und Uneinig-
keit, 434; Nachgiebigkeit gegen Oeſter-
reich, 439; Volksbewegungen, 445;
Gegenbeſtrebungen der Anhänger des
Alten, 452.
Schweizer Leibgarde in Frankreich,
XIV, 325, 335.
Schwerin, Graf, Miniſter, XVIII,
333, 435, 471, 534,
Schwyz, Kanton, innere Trennung,
XVII, 449, 452.
Scott, General, XVIII, 576.

Sebastiani, XV, 301. XVI, 345. XVII, 115, 263, 281.
Sebastopol, XVIII, 84, 91, 497, 511.
Segur, XV, 487. XVII, 15.
Seidenstider, XVII, 360.
Selim III., Sultan, XV, 425.
September-Morde, XIV, 347.
— -Gesetze, XVIII, 148.
Sepulveda, XVIII, 42.
Serbien, XVIII, 390, 551.
Sercognani, Oberst, XVII, 422.
Serrano, General, XVIII, 166.
Servan, Minister, XIV, 301.
Sevilla, XVII, 175.
Seymour, XVII, 431.
— Hamilton, XVIII, 485.
Seze, de, XIV, 383.
Shrewsbury, XVII, 165.
Sicard, XIV, 347.
Sicilien, XVII, 61. XVIII, 372.
Siebener-Konkordat, XVII, 449.
Sieyes, XIV, 62, 109. XV, 209. XVII, 466.
Sigl, XVIII, 454.
Sigmaringen, XVIII, 424.
Siguenza, XVIII, 12.
Silse, XVIII, 588.
Silvio Pellico, XVII, 74. XVIII, 370.
Simon, aus Breslau, XVIII, 214, 435, 446.
— aus Trier, XVIII, 351, 435.
Simoneau, XIV, 298.
Simons, Minister, XVIII, 534.
Simson, XVIII, 471.
Sinope, XVIII, 491.
Sipahis, XVIII, 591.
Slandinavien, XVIII, 185.
Sklavenhandel, XVI, 245.
Strzynecki, XVII, 394, 397; wird seiner Rolle als General enthoben, 402, 403.
Smith, Sibney, XV, 167, 217.
Smolensk, Schlacht, XVI, 31.
Sobraon, XVIII, 588.

Sobrier, XVIII, 274.
Soiron, XVIII, 347.
Soissons, XVI, 172.
Solferino, XVIII, 561.
Solignac, General, XVIII, 47.
Soltyt, Roman, Graf, XVII, 373, 388.
Sombreuil, XIV, 348. XV, 48.
Sonntagsfeier in Frankreich, XVI, 226.
Soulouque, als Faustin I., Kaiser von Hayti, XVIII, 583.
Soult, XV, 585, 591. XVI, 143, 307; Kriegsminister, XVII, 474, 479. XVIII, 151, 224; nimmt seine Entlassung, 248.
Spanien, XV, 29, 270, 341, 434, 462, 485. XVII, 20; Constitution der Kortes, 22; Vertrag von Valencay, 23; unter Ferdinand VII., Aufstände u. Verfassungswechsel, 27 bis 38; Kortes-Regierung, französische Intervention, 170—180; Aufhebung des salischen Gesetzes, XVIII, 16; Regentschaft, königliches Statut, Karlistische Aufstände, 21—37; unter Isabella, 168.
—, Colonien in Südamerika, XVIII, 578.
Spezzia, XVII, 201.
Sphakioten, XVII, 201.
Spiegel, Erzbischof v. Köln, XVIII, 122.
Staatsstreich Napoleon's I., XV, 238.
— Napoleon's III., XVIII, 415.
Stadion, Graf, XV, 369. XVI, 89, 93, 169.
Stael, Frau von, XIV, 54, 345. XV, 9, 107, 339, 491.
Stahl, XVIII, 434.
St. Amand, XVI, 311.
St. Antoine, Vorstadt, XIV, 305. XV, 41.
Staps, XV, 555.
St. Arnaud, XVIII, 139, 413, 494; stirbt, 499.

St. Aulaire, XVII, 431.
Stein, vom, Staatsminifter, XV, 409. XVI, 49, 76, 78, 81, 132, 156.
Steinheil, General, XVI, 57.
Stephan, Erzherzog von Oesterreich, XVIII, 390.
Stewart, Sir Charles, XVI, 169.
St. Germain l'Auxerrois, Kirche, vom Volke verwüstet, XVII, 481.
St. Marsan, XVII, 78.
Stoczek, XVII, 392.
Stofflet, XV, 51.
Storthing in Norwegen, XVII, 198. XVIII, 184.
St. Prié, Marquis, XVII, 76.
St. Priest, Minifter, XIV, 206. —, XVIII, 135.
Stratford Canning, Sir, XVIII, 66.
Strobbach, XVIII, 364.
Strotha, General, XVIII, 357.
Struve, XVIII, 315, 423, 456.
St. Simoniften, XVII, 489. XVIII, 231.
Stourdja, XVII, 93.
Stubienla, XVI, 59.
Stüve, XVIII, 335.
Stuttgart, XVIII, 446.
Suberbic, General, XVIII, 275.
Subferra, XVII, 184.
Suchet, XV, 598. XVI, 144.
Süd-Amerika, fpanifche Colonien, XVIII, 578; ihr Abfall von Spanien, 581; als felbftändige Staaten anerkannt, 582.
Sulioten, XVII, 201.
Surlet de Cholier, Präfident des belgifchen Nationalcongreffes, XVII, 322; Regent, 328.
Suspenfiv-Veto in Frankreich, XIV, 113.
St. Ouen, XVI, 207.
Suffex, Herzog von, XVII, 146.
Sutter, XVIII, 576.
Suwarow, XV, 196, 205.
Suzannet, XVI, 295.

Suzzo, Michael, Hofpodar der Moldau, XVII, 205.
Sveaborg, XV, 419.
Sybow, Prediger, XVIII, 354.
Sznaybe, XVIII, 455.

T.

Tabago, Infel, XVI, 205.
Taganrog, XVII, 236.
Taiping, XVIII, 597.
Talavera, XV, 595.
Talleyrand, Bifchof, XIV, 142; Minifter, XV, 107; unter dem Confulat, 252; erhält Benevent, 367; kapitulirt, XVI, 183, 189; Minifter, 219; am Wiener Congreß, 235; unter Ludwig XVIII., 356, 361; unter Ludwig Philipp, XVI, 471.
Tallien, XV, 50.
Tanger, XVIII, 9.
Tann, b. b., XVIII, 350.
Tantia Topi, XVIII, 595.
Tarifa, XVIII, 9.
Tauenzien, XV, 115, 382. XVI, 134.
Tauroggen, XVI, 64, 77.
Taylor, General, XVIII, 576.
Tejeiro, XVIII, 36.
Telegraph, XV, 22.
Temme, XVIII, 434.
Terceira, Herzog, f. Villaflor. —, Infel, XVIII, 46.
Terray, Minifter, XIV, 13.
Teft Alte in England, XVII, 160.
Tefte, Minifter, XVIII, 247.
Tettenborn, XVI, 83.
Texas, Provinz. XVIII, 575.
Thaon, Graf, XVII, 80.
Theot, Katharina, XIV, 524.
Thermidoriften, XV, 3.
Theroigne de Mericourt, XIV, 329.
Thibaudeau, XV, 63.
Thiers, XVII, 283; Minifter des Innern, XVIII, 139, 226; in der Oppofition, 241, 243, 249; ins Mi-

nifterium berufen, 259; Deputirter, 309, 415.
Thorigny, Minifter, XVIII, 413.
Thugut, Minifter, XV, 265.
Thuriot, XIV, 63.
Thurn und Taris, XVI, 259.
Tiebemann, XVIII, 460.
Tiers-État, XIV, 58.
Tiersparti, XVII, 470. XVIII, 153.
Tillifch, XVIII, 474.
Tilfit, XV, 399.
Tinguy, XVIII, 409.
Tocqueville, XVIII, 309, 405.
Todt, XVIII, 439.
Tolentino, XV, 130.
Toll, XVI, 44.
Toreno, Graf, XVIII, 26, 28.
Tories, XVII, 509.
Tormaffoff, XVI, 22.
Torre, bella, Graf, XVII, 79.
Torrijos, XVII, 177. XVIII, 18.
Toscana, XVI, 237. XVIII, 536, 559, 566.
Totleben, General, XVIII, 501.
Toulon, XIV, 471.
Touffaint-Louverture, XV, 292.
Trachenberg, XVI, 102.
Trafalgar, XV, 361.
Treilhard, XV, 180.
Trent, von der, Baron, XIV, 517.
Trenta Capelli, XVI, 382.
Treftaillon, XVII, 377.
Trier, XVIII, 201.
Tripolizza, von den Griechen erftürmt, XVII, 211.
Troja, Minifter, XVIII, 377.
Tronchet, XIV, 382.
Troppau, Congreß, XVII, 65.
Trubetzloi, Fürft, XVII, 235, 239, 242.
Trütfchler, XVIII, 458.
Tfchintiang, XVIII, 597.
Tfchirner, XVIII, 439.
Tfchitfchagoff, XVI, 22, 58.
Tfchech, XVIII, 206.

Tfchernaja, XVIII, 509.
Tugendbund, XV, 410.
Tuilerien, Erftürmung derfelben, XIV, 324.
Turin, Aufftand, XVII, 77, beffen Unterbrüdung, 80.
Turgot, XIV, 30.
Türkei, XV, 424. XVII, 199; gefährliche Lage, 252; Einrichtung des Heeres auf europäifchen Fuß, 255; Krieg mit Rußland, 260; Stellung zu den europäifchen Mächten, XVIII, 90; Krieg mit Rußland, 483.
Turmantfchai, Traltat zwifchen Rußland und Perfien, XVII, 249.
Turnlunft, XVII, 88.
Turnplätze in Preußen gefchloffen, XVII, 100.
Tyler, XVIII, 577.
Tyrol, XV, 535.
Tyffowsti, XVIII, 210.

U.

Ugarte, XVIII, 6.
Ubland, XVIII, 340, 446.
Ublich, XVIII, 206.
Ulm, XV, 353.
Ultraroyaliften, XVI, 296; in Südfrankreich, 376. XVII, 271.
Ungarn, XVIII, 321, 387.
Union der Lutheraner u. Reformirten in Preußen, XVII, 89. XVIII, 118.
—, deutfche, XVIII, 444.
Univerfitäten, deutfche, XVII, 87; unter Regierungs-Bevollmächtigten, 102.
Unliar-Steleffi, Bertrag, XVIII, 84.
Unterhaus, XVII, 500.
Unterwalben, XV, 150.
Urbansti, XVII, 375.
Urgel, Seu be, XVII, 174.
Ufter, Bolksverfammlung, XVII, 445.
Urbridge, General, XVI, 314.

B.

Balazé, XIV, 374.
Balbez, XVIII, 8, 18, 27.
Balença, XVII, 39.
Balençay, XVI, 144. XVII, 23.
Balenciennes, XVI, 305.
Balladolid, XVI, 140.
Balmy, XIV, 357.
Bandamme, General, XVI, 113, 305.
Baquerville, protestantisches Dorf, angezündet, XVI, 377.
Barennes, XIV, 233.
Barna, XVII, 258.
Baublanc, XVI, 363.
Bauvillers, XIV, 128.
Benaissin, XIV, 253. XVI, 205.
Bendée, XIV, 417. 458. XV, 43. XVI, 294.
Benedig, XV, 115; kommt an Oesterreich, 122. XVIII, 373.
Benegas, XVII, 36.
Benlo, XVII, 322, 327.
Beracruz, XVIII, 576.
Berdes, XVI, 377.
Berbier, General, XV, 350.
Bereinigter Landtag in Preußen, XVIII, 212.
Bergniaub, XIV, 272, 313, 438.
Berona, Congreß, XVII, 135; beschließt Intervention in Spanien, 136.
Berfailles, XIV, 127.
Bertrauensmänner, XVIII, 340.
Besev, Fitzgerald, XVII, 163.
Better, General, XVIII, 399.
Biborg, XVIII, 176.
Bictor, General, XV, 585, 587, 595.
Bictor Emanuel, König von Sardinien, XIV, 361. XVII, 51; dankt ab, 77.
— II., König von Sardinien, XVIII, 383, 539.
Bictoria, Königin v. England, XVII, 538.
Bibal, XVII, 35.
Bigos, XVIII, 18.

Bilagos, XVIII, 400.
Billacampa, XVII, 27.
Billaflor, XVIII, 46; Herzog von Terceira, 47, 171.
Billafranca, Friede, XVIII, 564.
Billareal, XVIII, 34.
—, Stadt, XVIII, 47.
Billaret, Admiral. XV, 47.
Billavicencio, Admiral, XVII, 32.
Billemain, XVIII, 224.
Billeneuve, Admiral, XV, 345, 361.
—, Admiral, XVIII, 53.
Bincke, Georg v., XVIII, 219, 435, 471.
Bisconti, XV, 204.
Bittoria, Schlacht, XVI, 142; Aufstand. XVIII, 21.
Bogt, XVIII, 446.
Boirol, XVIII, 149.
Boltaire, XIV, 17.
Borparlament, XVIII, 338.

W.

Waabtland, XV, 142.
Wachau, XVI, 123.
Wagram, XV, 547.
Walcheren, XV, 551.
Walbeck, Prinz v., General, XV, 21.
—, Deputirter, XVIII, 434.
Wales, Prinzv., Prinz-Regent, XVII, 145; König (f. Georg IV.), 148.
Walewski. Graf, XVIII, 515.
Wallis, XVII, 451.
Wallmoden, General, XVI, 118.
Warb, Minister, XVIII, 536.
Warschau (Herzogtbum) unter Napoleon, XV, 402; fällt an Rußland, XVI, 251.
—, Stadt. Aufruhr, XVII, 375; von den Russen geräumt, 377; wieder eingenommen, 406.
Wartburg, Fest, XVII, 91.
Washington, XVIII, 569.
Waffif Pascha, XVIII, 514.
Waterloo, XVI, 318.
Wavre, XVI, 318.

Weber, Professor, XVIII, 14.
Webster, XVIII, 577.
Wechabiten, XVIII, 78.
Welcker, XVII, 348, 365; XVIII, 319, 431.
Welden, General, XVIII, 395.
Wellington in Spanien, XV, 482, 587, 596. XVI, 138, 306; bei Waterloo, 320; Stellung zu Ludwig XVIII., 343; in Aachen, XVII, 113; Minister, 359, 364; tritt ab, 517; wieder ein, 526; dankt ab, 527.
Wessenberg, XVI, 178. XVIII, 362.
Westphalen, Königreich, XV, 403. XVI, 132.
Wetherell, XVII, 529.
Whigs, XVII, 508.
Whitworth, Lord, XV, 303.
Wibichi, XVI, 23.
Wieland, XV, 500.
Wiener Friede, XV, 555; Kongreß, XVI, 232.
— Minister-Conferenzen, XVIII, 109.
— Schlußacte, XVII, 103.
Wilhelm, Herzog von Braunschweig, XVII, 353, 354.
— IV., König von England, XVII, 513; stirbt, 538.
— I., König von Würtemberg, XVI, 131; XVII, 16. XVIII, 436.
— I., Kurfürst von Hessen, XVII, 11, 354.
— II., dessen Sohn, XVII, 354; Aufstand, Mitregentschaft, 356.
— I., Prinz von Oranien, wird König der Niederlande, XVI, 243; giebt eine Verfassung, XVII, 194; sein Charakter und seine Regierung, 307; Belgien gegen ihn, 31; willigt in dessen Abtretung, XVIII, 54; legt die Regierung nieder, 55.
Willich, XVIII, 457.
Willisen, XVIII, 474.
Willoughby, XVIII, 591.
Wilna, XVI, 23.

Wilson, General, XVI, 369.
—, General, XVIII, 593.
Wimpfen, General, XIV, 441.
Windischgräz, XVIII, 362, 392, 564.
Winter, XVII, 348.
Wirth, Schriftsteller, Hambacher Fest, XVII, 362.
Wirth, Advocat, XVIII, 424.
Wislicenus, XVIII, 206.
Witepsk, XVI, 30.
Wittenberg, Luther's Denkmal, XVII, 89.
Wittgenstein, Fürst, XVII, 101.
—, Graf, XVII, 241.
—, Oberbürgermeister, XVIII, 330.
Wützleben, XVIII, 457.
Wladimiresko, XVII, 206, 207.
Wohlfahrtsausschuß, XIV, 425.
Wrangel, XVIII, 342, 357.
Wrede, Fürst, XVI, 58, 130.
Württemberg, Verfassung, deren Annahme, XVII, 14—17.
Wurmser, General, XIV, 475. XV, 87.
Wysocki, XVII, 375.

Y.

Yandabu, XVIII, 586.
Yarmouth, Lord, XV, 375.
Yeh, Vicekönig von Kanton, XVIII, 595.
Yermoloff, XVII, 247.
York, Herzog, XV, 16, 26. XVII, 146.
York, General, XVI, 64, 81, 123, 162, 181.
Ypsilanti, Alexander, erhebt sich gegen die türkische Herrschaft, XVII, 205; geschlagen und gefangen, 207, 208.
—, Demetrius, des vorigen Bruder, XVII, 205, 211, 215.

Z.

Zaimi, XVIII, 66.
Zajonczek, XV, 351.

Zallwski, XVII, 375.
Zanguebar, XVIII, 584.
Zariateguy, XVIII, 34.
Zastrow, XV, 389.
Zavellas, XVIII, 66.
Zea Bermudez, XVIII, 10, 19, 21.
Zichy, Graf, XVIII, 394.
Zieten, XVI, 91.
Zitz, XVIII, 351.

Zollverein, Preußen's Schöpfung, XVII, 346. XVIII, 110, 519.
Zuaven, XVIII, 498.
Zucchi, General, XVII, 425.
Zürich, Kanton, Umgestaltung der Berfassung, XVII, 445.
—, Frieden zu, XVIII, 567.
Zumalacarreguy, XVIII, 24, 28, 32.
Zymirski, XVII, 392.

Druck der Hofbuchdruckerei (H. A. Pierer) in Altenburg.